让 我 们 一 起 追 寻

[英] 丹·琼斯（DAN JONES） —— 著

谭 琦 —— 译

Crusaders: An Epic History of the Wars for the Holy Lands

by Dan Jones

Simplified Chinese edition copyright © 2022 by Social Sciences Academic Press (China)

封底有甲骨文防伪标签者为正版授权

CRUSADERS

十字军

AN EPIC HISTORY OF
THE WARS FOR THE HOLY LANDS

一部争夺圣地的战争史诗

社会科学文献出版社
SOCIAL SCIENCES ACADEMIC PRESS (CHINA)

献给沃尔特

目　录

第三部　稼穑已成

附　录

是时，世人心求灵魂不朽之切，不亚于追逐皮毛之急。

——不来梅的亚当[①]（约 1076 年）

---

① 1050~1081 或 1085 年，德国中世纪编年史家，著有《汉堡大主教史》。（除特别标注外，本书脚注均为译者注，后文不再特别说明。）

地图列表

第一次十字军东征后的欧洲
和圣地，约1099年

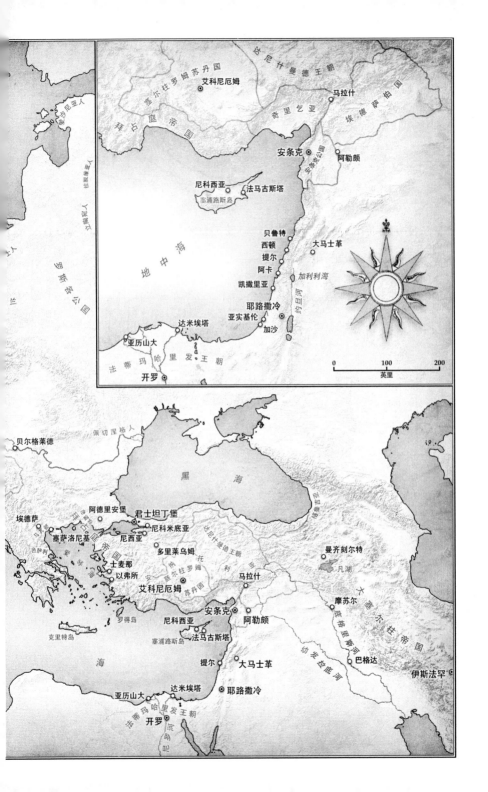

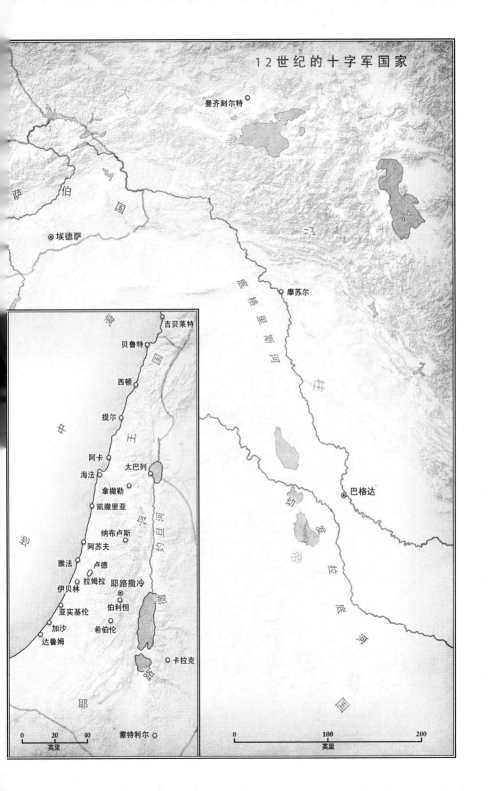

12世纪的十字军国家

曼齐刻尔特

埃德萨

摩苏尔

底格里斯河

巴格达

幼发拉底河

吉贝莱特
贝鲁特
西顿
提尔
阿卡
海法
太巴列
拿撒勒
凯撒里亚
纳布卢斯
阿苏夫
雅法
卢德
拉姆拉
伊贝林
亚实基伦
加沙
达鲁姆
耶路撒冷
伯利恒
希伯伦
卡拉克
蒙特利尔

| 0 | 20 | 40 |
英里

| 0 | 100 | 200 |
英里

圣地亚哥-德
孔波斯特拉

莱昂

布尔戈斯

卡斯蒂利亚和莱昂联合王

杜罗河

波尔图

萨拉曼卡

泰法国 (1065)

马德里

科英布拉

塔霍河

托莱多

大西洋

圣塔伦

拉斯纳瓦斯-
德托洛萨
(1212)

里斯本

萨尔堡
(1217)

瓜迪亚纳河

瓜达尔基维尔河

锡尔维什

塞维利亚

格拉纳达埃米尔国 (1252)

格

马拉加

直布罗陀

收复失地运动的进展

丹吉尔

休达

摩

洛

0   100   200

哥

英里

地

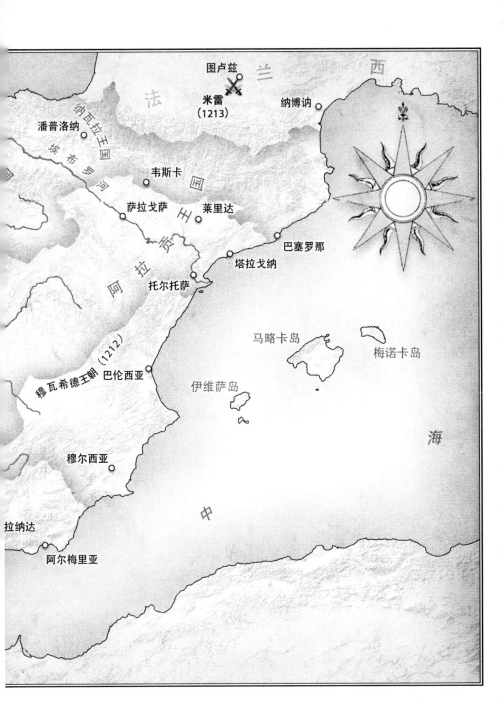

序　章

一部鲜血写就的史诗……

1188 年复活节前不久，英格兰王国的坎特伯雷大主教前 往威尔士，开展一段征兵之旅。在距离此地数千英里之遥的地中海东部，战争已经打响。这位大主教名为福登的鲍德温（Baldwin of Forde），他的任务是为正要部署到战场上的军队招募数千名身强力壮的战士。

从表面上看，这绝非易事。对于那些决定参军的人来说，通过陆路和海路到达东方、再从那里返回家园至少要 18 个月，而且耗资不菲。在到达目的地——位于巴勒斯坦的耶路撒冷基督教王国——之前，他们遭遇海难、抢劫、埋伏或因疾病而死亡的概率很高。带着沿路掠夺的大批财物返乡的可能性可以忽略不计。实际上，就连回家的希望都渺茫得令人胆寒。

敌军领袖就是埃及与叙利亚的库尔德裔苏丹萨拉赫·丁·优素福·伊本·阿尤布（Salah al-Din Yusuf ibn Ayyub），俗称萨拉丁。他的用兵出神入化，西方基督徒——统称为"法兰克人"——的军队在他手下连吃败仗，经受了毁灭性的打击。前一年夏天，他在战场上击垮了一支基督徒大军，囚禁耶路撒冷国王，夺走圣物基督的十字架，并将耶路撒冷的基

2   督教宫廷逐出城外。而对于参军者来说，这场旨在向萨拉丁
报仇的战争所能带来的唯一确定回报，就是在来世得到救
赎：上帝会善待这些仁人志士，让他们更快、更顺利地升入
天堂。

尽管与我们今日所处的时代相比，这笔交易在一个痴迷于
算清并赦免罪过的宗教时代看起来更加诱人，但鲍德温还是有
自己的工作要做，故而他与他的随从们在威尔士艰难跋涉，从
一个城镇来到另一个城镇：讲经布道，说服他的听众们投身于
一场战争，煽动参军热情。这些听众与这场战争中的敌人素未
谋面，而对于将要发生战斗的那片土地，在想象以外几乎无人
踏足过。

在威尔士西部地区一个名为阿伯特维（Aberteifi）① 的小
镇，鲍德温的到来引发了一对年轻夫妇之间的争吵。丈夫已经
下定决心应征参加十字军，而他的妻子则坚持他哪里都不能
去。作家威尔士的杰拉尔德（Gerald of Wales）与鲍德温大主
教同行，并为这次旅行留下了一份生动的记录（但可惜的是，
他省略了这对夫妇的姓名），他写道妻子"紧紧抓住丈夫的斗
篷和腰带，在大庭广众之下阻止他前往大主教那里"。[1]他们撕
打起来，结果妻子得胜。但是，杰拉尔德写道，事实证明她的
胜利短命得可怕："三个夜晚之后，她听到一个可怕的声音在
她耳边响起：'既然你将我的仆人夺走，那么你必爱之人也将
被夺去。'"

是夜，就寝之后，她于睡梦中的一个翻身，竟意外地让与
她同床、尚在襁褓的儿子窒息而死。这是一个悲剧。这也是一

---

①　阿伯特维是卡迪根（Cardigan）的威尔士语名称。

个不祥的预兆，她意识到了这一点。尽管此时鲍德温大主教已经离开，这对悲痛欲绝的夫妇还是去求见他们的教区主教，向他报告这一可怕的事故并请求宽恕。

事已至此，只有一条出路。所有人都心知肚明。那些同意离开家乡、前去与萨拉丁作战的基督徒将用布做成的十字架标识缝在外衣的袖子上，以此宣扬他们在基督之军中是宣誓过的圣战士。

这位妻子亲自为丈夫缝上了十字架标识。

✝

本书内容就是十字军东征：在中世纪由基督徒领导，受教廷认可，针对被认为是基督和罗马教会的敌人所发动的战争。本书书名《十字军》既表明了创作主题，又反映了写作方法。在中世纪的很长一段时间里，没有一个单独的词语可以描述我们今天所认为的"十字军东征"：从西欧出发，深入圣地的八至九次大规模远征行动，辅之以一系列其他相关的战争，从烈日炎炎的北非海岸城市到天寒地冻的波罗的海森林。然而，在这种现象出现的最早期，的确有一个词语用来形容那些参与其中的人。参加这些带有忏悔性质的战争、希冀得到精神救赎的男男女女在拉丁语中被称为 crucesignati——领取十字架之人。于是，从这种意义来说，十字军（crusader）的概念先于十字军东征（crusades）产生，这也是我为什么偏爱于使用前者作为本书题目。

但更加重要的是，《十字军》这一题目反映了我在本书中讲故事的手法。整本书由一系列描绘参加十字军东征的人物的章节组成，这些章节按年代顺序排列，讲述了一段横跨整个十

3

字军时间段的鲜活历史。那些被我委以重任、引导我们走入时光之旅的人物正是本书标题中的"十字军战士",而且我希望,他们作为一个全明星阵容,能从第一线的角度向我们讲述十字军东征的故事。

在挑选这些十字军战士时,我特意广泛撒网。被我选中的对象既有男又有女,既有东方教会和西方教会的基督徒,也有逊尼派和什叶派的穆斯林,还有阿拉伯人、犹太人、突厥人、库尔德人、叙利亚人、埃及人、柏柏尔人和蒙古人。他们来自英格兰、威尔士、法兰西、斯堪的纳维亚、德意志、意大利、西西里、西班牙、葡萄牙、巴尔干和北非。甚至还有一群维京人也牵涉其中。有些人物是主角,有些则只是配角。但这本书就是关于他们的故事。

4　　其结果显而易见,总而言之,一部多元化的十字军东征史就此出炉。从历史编纂学的角度来说,这部作品并不仅仅关注十字军国家在巴勒斯坦和叙利亚的创建、生存和崩溃,以及在那些地区与穆斯林的战争。而且,故事的中心部分被置于同时代发生的各种历史事件背景下,包括在伊比利亚半岛、波罗的海、东欧、法兰西南部、西西里岛和安纳托利亚的官方十字军东征战争,以及在其他地方兴起的非官方民粹性质运动。从故事叙述的角度来说,这意味着我们的故事是由一大批人讲述的,他们齐聚一堂,以丰富多彩的视角来看待他们共同的时代,为我们提供了一个令人心驰神往的"万花筒"世界。

无论如何,这种效果就是我想达到的目标。当然,在向读者呈递这本书之时,我敏锐地注意到史学界在近年来关于十字军东征所涌现的诸多优秀研究成果,并对这些作品怀有深深的感激之情。其中最伟大的——尽管年代久远——可能当数斯蒂文·朗西曼爵士（Sir Steven Runciman）值得称道的三卷本编年史《十字军东征史》（*A History of the Crusades*，1951～1954年）。但在距离我们更近的年代，以下著作的出版也为英语读者带来了福音：克里斯托弗·泰尔曼（Christopher Tyerman）的《上帝的战争：十字军东征新史》（*God's War：A New History of the Crusades*，2006年）、托马斯·阿斯布里奇（Thomas Asbridge）的《十字军东征：圣地的战争》（*The Crusades：The War of the Holy Land*，2010年）①、乔纳森·菲利普斯（Jonathan Phillips）的《神圣战士：十字军东征现代史》（*Holy Warriors：A Modern History of the Crusades*，2010年）、伟大的已故作家乔纳森·赖利-史密斯（Jonathan Riley-Smith）的第三版《十字军东征：一部历史》（*The Crusades：A History*，2014年）②，以及保罗·M.科布（Paul M. Cobb）的《竞逐天堂：十字军东征之伊斯兰史》（*The Race for Paradise：An Islamic History of the Crusades*，2014年）。所有这些著作都是关于这一历史时期的上佳指南，而且，虽然在本书的全部叙述中我将自己限定于原始资料的范围内，但书架上能有这些堪称典范的现代历史著作，连同其他学者撰写的数以百计的书籍和文章（一般性的和专门性的皆有），这让我甚是宽心。如果没有从过去到现在一代代十字军史学家的工作成果，拙作无以成书。

　　《十字军》一书分为三个部分。第一部涵盖了从11世纪60年代起影响十字军运动发展的诸多思想、活动和战争，渐 5

---

① 马千译，《战争的试炼：十字军东征史》，民主与建设出版社，2020年。
② 欧阳敏译，《十字军史》，商务印书馆，2016年。

趋惊心动魄的第一次十字军东征，并以耶路撒冷于 1099 年 7 月的陷落为高潮。

本书第二部的故事从数年后的 12 世纪初讲起，在追溯叙利亚和巴勒斯坦十字军国家发展壮大的同时，也关注着伊比利亚半岛上基督教统治者与伊斯兰教政权之间的战争［通称为收复失地运动（Reconquista）］，并探索了十字军运动在上述两个舞台之外扩散到的新区域——波罗的海海滨。这一部分的叙述基于两场重大危机：埃德萨于 1144 年陷落，触发了第二次十字军东征；耶路撒冷于 1187 年被萨拉丁攻占，引燃了第三次十字军东征的战火。

本书第三部描述了西方基督教世界在 13 世纪上半叶为夺回耶路撒冷所做的种种不顾一切的努力，之后蒙古帝国和马穆鲁克王朝崛起，东方十字军国家衰落。这一部分还描述了英诺森三世执掌教廷期间及其故后十字军思想和体系的急剧扩张和政治化，以及十字军运动转向新的敌人的过程。这些敌人遍布教会内外，既存在于现实中也存在于想象中。为了与本书初衷保持一致，即讲述一个漫长且广泛的故事，《十字军》的叙事并没有在耶路撒冷王国于 1291 年最终崩溃时戛然而止，而是到 1492 年才结束，彼时收复失地运动业已大功告成，十字军运动的冲动和能量向新大陆传播。最后，在尾声一章中，我简要概述了时至今日十字军记忆的生存和变异。

在大多数情况下，本书的每一章自身就是一项完整的研究。我希望广大读者会受到以下内容的启发，从而更深入地探究十字军东征的历史，而那些对这一历史时期早已广泛涉猎的读者会欣赏我处理史料时采用的方法。一如我的其他作品，我

最希望的是，这是一部既能丰富读者知识又能让读者心情愉悦　6
的故事集。因为，正如斯蒂文·朗西曼爵士曾经写道："十字
军东征的浪漫故事是一部鲜血写就的史诗。"[2]

过往如是，而今亦然。那么，就让我们开始吧。

丹·琼斯

泰晤士河畔斯泰恩斯

2019 年春

第一部

天断神裁①

---

① 原文 trial by ordeal，原意为神裁法，系中世纪的一种审判方法，被告经受赤足蹈火、手浸沸水等对肉体有伤害的考验，如不受伤即被判无罪，格斗裁判也是其延伸之一。作者以此意指十字军在征程中经历的艰难困苦。

第一章　伯爵与伊玛目

他思得两全其美之策，

灵魂可赎，物利可收……

　　西西里的罗杰伯爵微一抬腿，排出腹中之气。"以吾教真 9
理之名，"他咆哮道，"你说的这些玩意屁用没有！"[1]

　　他的谋士们站立不安，还带有一丝茫然无措。他们面前的
这位伯爵大人已经年近五旬，而且身经百战，足迹踏遍意大利
南部和地中海中部的各处岛屿。当他还是一位年轻武士的时
候，一个阿谀奉承者恭维他"身形高大，玉树临风，谈吐如
流，足智多谋，运筹帷幄无不高瞻远瞩，待人接物无不和颜悦
色"。[2]当他年至不惑的时候，就变得有些冷石心肠，对待愚昧
之人一贯惜字如金。

　　谋士们提出的方案看起来不错，却一如侍臣们以往提出的
计划，被脾气暴躁的主子批驳得体无完肤。在与西西里隔海相
望的地方——两者之间最近处相隔大约 75 英里（约 120 千
米）——坐落着古时被称作迦太基（Carthage）的故地，之后
成为罗马帝国的阿非利加行省，而如今，在 11 世纪晚期，这
一地区被称为伊夫里奇亚（Ifriqiya）①。此地的名城包括沿海 10
都城马赫迪耶（Mahdia，阿拉伯语 al-Mahdiyya）和内陆城市

---

　　① 今属马格里布（Mahgreb）东部地区：北非沿海的部分地区，大致包括阿
　　　尔及利亚东北部、突尼斯和利比亚西北部。——原注

凯鲁万（Kairouan，阿拉伯语 Qayrawan），后者拥有一座大清真寺，同时也是一座学府，世代以来北非最伟大的哲学家和自然科学家频频光顾此地。伊夫里奇亚现处于一个柏柏尔裔穆斯林王朝的衰落统治之下，这个名为齐里（Zirids）的王朝日薄西山，任由乡村地区被阿拉伯贝都因人（Arab Bedouin）的各部落占据，而这些部落正是由埃及方面派过来驱逐这个王朝的。政治局势由此陷入激烈的动荡之中。那里气候温暖，坐拥良田沃土、繁华港镇。一切似乎都唾手可得？罗杰的谋士们深以为然，因而向他们易怒的主人推荐这一出自他堂兄之手的方案，罗杰伯爵的这位堂兄在史料中仅留单名"鲍德温"（Baldwin）。[3]

这位鲍德温手握一支由基督徒士兵组成的大军，正在四处寻觅渎神之地加以征服。他之前就请求罗杰允许他来到西西里并以其为跳板入侵伊夫里奇亚。"你我将会比邻而居。"他好似这是天大的喜讯一般喊道。但西西里的罗杰可丝毫没有感受到比邻之喜。他说道，伊夫里奇亚毫无疑问是由各路穆斯林人马统治，但那些异教徒恰好是西西里人的合作伙伴，彼此都宣誓同意和平相处，且他们得到允许，可以在岛上的市场和港口进行有利可图的商品交换。他向这群部下怒吼道，这是下下之策，一个堂兄利用他的热情好客，发动一场不计后果的战争，胜则西西里的贸易毁于一旦，败则拖累他分兵支援、劳师靡饷。

伊夫里奇亚可能的确不堪一击，但假如有人要利用这一点的话，那也只能是罗杰本人。他在这里苦心经营了 25 年之久——几乎倾尽自己的壮年岁月，如果他此时贸然行事的话，那只会给自己的基业留下软肋，更何况这个不着边际的计划还

11

是由一个从未在西西里岛上辛勤耕耘过的亲戚所炮制的。

　　罗杰说道，这个鲍德温如果这么想要跟穆斯林开战的话，就应该在地中海上另寻他处开始自己的事业。他可以列举出一连串比西西里的后院更为合适的地方。罗杰传召了鲍德温的私人使节来到他的面前并告知自己的决定。他说道，如果你的主人是认真的话，那么"（可行的）最好方法就是征服耶路撒冷"。[4]

　　而这就是一切的开始。

　　西西里伯爵罗杰是 11 世纪欧洲最后一个白手起家的枭雄。他于 1040 年前后出生，父亲名为欧特维尔的坦克雷德（Tancred of Hauteville），是一个来自诺曼底（Normandy）的小贵族，而罗杰是 12 个儿子中最小的那个。根据继承法，即便是次子出身也意味着毕生求财的重担，而不是随随便便就能继承父业。如此说来，前面排着 11 位兄长简直就是灾难。但是，到了 11 世纪末诺曼人（Normans）已经开始在西欧攻城略地。1066 年，他们制服撒克逊人（Saxon），君临英格兰。与此同时，诺曼人还对意大利南部虎视眈眈。对于家族里年纪相对较小的儿子们来说，如若安于诺曼底一隅，出人头地的机会可能寥寥无几；但对于任何准备踏上征途的人来说，机遇可谓数不胜数。因此，作为一个年轻人，罗杰离开如今是法国西北部的家乡，启程前往已经吸引了他众多亲人和同胞的地域：富饶却不稳定的意大利南部地区卡拉布里亚（Calabria）和阿普利亚（Apulia）。

　　卡拉布里亚和阿普利亚位于意大利靴形半岛的脚尖与足踵部位，物产丰饶，群雄逐鹿，一个身具政治野心和战争热情的年轻人有可能在其中崭露头角。欧特维尔氏族的其他诺曼成员已经在这里有所斩获，他们与这一地区的敌对强权势力作战：主要有拜占庭希腊人和罗马教皇，这两派势力都对诺曼人疑忌有加，心存戒备。这些诺曼人里最成功的包括罗杰的兄弟"铁臂"威廉（William Iron Arm）、德罗戈（Drogo）以及天才卓绝的罗贝尔·吉斯卡尔（Robert Guiscard，在古法语里，吉斯卡尔就是狡猾和诡诈的意思）。待罗杰抵达的时候，前两位已经身故，而罗贝尔·吉斯卡尔则以"阿普利亚和卡拉布里亚伯爵"的头衔自居。但那里依然是天地广阔，大有可为。这个家族已经通过砍手跺脚、割鼻挖眼等酷刑让南意大利的人民俯首称臣。[5]诺曼人的部落历史讲述了他们的血统传承自一位名叫罗洛（Rollo）的斯堪的纳维亚军阀，这位军阀选择皈依基督教主要是因为他可将其作为手段确保各色各样的王国的臣民屈膝臣服。[6]无论是罗杰还是罗贝尔，以刀剑来说服的手段都不失其维京家风。

很大程度上受这种残暴声名影响，并不是所有人都认同诺曼人对意大利南部的入侵。在当时一位著名教士的眼里，诺曼人是"这个世界上最恶臭难闻的垃圾……污秽的后代，从贱民里抬头的暴君"。[7]但是，从 11 世纪中叶起，罗马教廷的看法有所改变，连续几代教皇逐渐软化了对诺曼人的敌意，并开始将他们视作虽不尽如人意但实际上还可一用的潜在盟友，认为可以利用他们推进罗马教廷的既定计划。在某种程度上，教廷得出此种结论也是出于被迫：诺曼人于 1053 年在战场上摧毁了一支教皇国军队，并将尼古拉二世（Nicholas II）的前任——教皇利奥九世（Leo IX）俘虏。尽管如此，教皇尼古拉二世还是在 1059 年承认了欧特维尔家族对卡拉布里亚和阿普利亚的统治，并允许他们上战场的时候在己方军队前方高举一面教皇的

旗帜①：这是他授予罗贝尔·吉斯卡尔的一项荣誉，作为对罗
贝尔献上的四只骆驼的回礼。而这不仅仅是对现状的接受。教 13
皇料想，有朝一日，一支诺曼氏族可能会"在天主和圣彼得
的帮助下"征服并统治西西里：这座墨西拿海峡（Straits of
Messina）对面的三角形大岛自9世纪起就一直处于阿拉伯人
的统治之下。8这将代表着教廷的宏图大业取得重大进展，整个
意大利南部都将被牢牢掌控在罗马教会手中。9如果诺曼人真能
做到这一点，以此推断，这些粗鲁的北方人的到来在意大利本
土上引起的数十年纷争可能也算值得了。

✝

　　征服西西里这一目标强烈地吸引着罗杰和他的兄弟罗贝
尔·吉斯卡尔，尽管他们的原因与教皇的初衷不尽相同。如
想取悦上帝，通过一些地方性的工作就能达成圆满的效果，
比如说建立并维持僧侣和修女的团体，赞美基督并庆祝圣徒
的节日。西西里岛的面积达1000平方英里（约2500平方千
米），海岸线长将近930英里（约1500千米），而且岛屿中
心是一大片火山区。而发起一场远征、夺取并征服这样一个
大岛可是需要更多实质性、世俗性的正当理由才能进行下去
的虔诚行为。

　　幸运的是，在西西里，这类原因不胜枚举。受益于冬季潮
湿而夏季炎热的天气，岛上拥有一些地中海最优质的农场，在

---

① 数年之后，又一面教皇旗帜被送给另外一位诺曼贵族——私生子威廉，
也就是诺曼底公爵。他在1066年入侵英格兰的时候也在其军队前方高举
这面旗帜。——原注

穆斯林埃米尔①的统治下，这些农场凭借高度改良的农艺方法出产大量的谷物。大米、柠檬、海枣和甘蔗产业蓬勃发展。西西里的作坊生产棉花和莎草纸②。周边静水无波的海域使得渔夫们生意繁忙；从穆斯林统治的西班牙南部前往麦加（Mecca）进行哈吉（hajj）③的朝圣游客们会在这里停留休息。包括巴勒莫（Palermo）、锡拉库萨（Syracuse）、卡塔尼亚（Catania）、墨西拿和阿格里真托（Agrigento）在内的沿海城镇是中部地中海的中转市场，使得来自中东和非洲东北部的商人可以与那些运作欧洲中部和西部贸易线路的商人进行商业往来。当地人口由阿拉伯裔和柏柏尔裔穆斯林、希腊东正教徒与犹太人组成，代表着丰厚的纳税基础，当地埃米尔则遵循伊斯兰惯例，向那些不愿意皈依的非穆斯林人口征收一种名为吉兹亚税（jizya）的异教徒税。

有鉴于此，教廷于1059年就西西里征服行动为罗杰和罗贝尔·吉斯卡尔高唱赞歌就显得意味深长了。正如一个叫作杰弗里·马拉泰拉（Geoffrey Malaterra）的西西里修士兼编年史作者所述：

---

① 埃米尔是阿拉伯国家的贵族头衔。其最初有军事统帅的意思，最早用于哈里发派驻在外的军事统帅及各地总督，亦作为最高级别的贵族称号。随着阿拉伯帝国的内乱，各地总督与哈里发的关系愈加疏离，最后不少地方的埃米尔与哈里发之间的从属关系仅仅是象征性的，埃米尔遂在此权力交替中取得一地的军政大权，并成为当地的君主。
② 又称纸莎草、莎草片，是由古埃及人发明并广泛采用的书写载体，直至中世纪仍被广泛使用。这种书写载体不是现代概念的纸，只是对纸莎草这种植物做一定处理而做成的书写介质，类似于竹简，但比竹简的制作过程复杂。
③ 专指伊斯兰教徒前往麦加的朝觐。

> 当最为高贵的年轻志士罗杰……听说西西里仍处于
> 异教徒的魔掌之中时……他朝思暮想以求收复失地……
> 他思得两全其美之策，灵魂可赎，物利可收，如果他能
> 使一个自甘堕落到崇拜邪神的国度重回神圣信仰怀抱
> 的话。[10]

金钱与永生：这两个恒久不变的诱惑足以诱使罗杰和罗贝尔·吉斯卡尔从 11 世纪 60 年代初期开始越过墨西拿海峡，发起一系列入侵行动。从阿拉伯人手里夺取西西里既非轻而易举，也无法速战速决。但是，当这对诺曼兄弟全力投入、组织海上封锁并且带来数量虽少却专精诺曼式战斗风格的战士们时（这些战士轻甲重骑，装备有木质大盾和攻城塔），他们就成了一股难以抵挡的力量。他们将岛上穆斯林派系的对手收为己用，后者在过去就不时从意大利本土雇用基督教佣兵，现在更是乐意与诺曼军队合作，进一步满足对政治地位的野心。[11]他们乐此不疲地采用卑鄙却有效的心理战：强奸敌人的妻室或派出沾满鲜血的信鸽来宣布自己的胜利。结果，巴勒莫在历经五个月的围城后于 1072 年陷落。到了 11 世纪 80 年代中期，岛上大部分地区已在诺曼人控制之下。本性难移的冒险家罗贝尔·吉斯卡尔于是离开西西里，转而在与拜占庭帝国的战争中寻求更大的刺激，并将诺曼人的统治范围推进到达尔马提亚（Dalmatia）、马其顿（Macedonia）和色萨利（Thessaly）等地区。他将弟弟罗杰留下，只要后者乐意，便能以西西里伯爵的身份统治这个地区。

　　到了 1091 年，征服西西里的大业已经大功告成，罗杰作为欧洲最受钦佩的基督教霸主之一而陶醉其中：在法兰西、德意

志和匈牙利的国王向他女儿们的求婚提议中左右逢源，纵贯全岛建立起听命于罗马教廷的主教辖区（而不是听命于东正教会的东部教区牧首），监管着在信仰和文化上一如既往千差万别的庞大人口。罗杰在西西里岛建造并资助教堂和修道院——这是那个时代的统治者在世俗层面表达虔诚的惯常做法，对于一个手上沾满鲜血的统治者来说虽显尴尬但尤为必要。巴勒莫的清真寺原本就是从拜占庭时代的巴西利卡式①教堂改造而来，现在又一次被改造成遵循拉丁仪式的教堂。有时他似乎会强迫战败的穆斯林敌对势力皈依基督教。[12]吉兹亚税体系被他高效地逆用，所以现在是穆斯林而不是基督徒要为维持他们的异教信仰权利而纳税（censum 或 tributum②）。[13]犹太人也缴纳一种摊派税。然而罗杰绝无建立神权政体之意。实际上，从欧洲更远的北方跋涉过来的教士们对罗杰颇有微词，因为他不仅允许穆斯林在其军队中服役，而且（据他们所言）并没有积极地引导这些穆斯林皈依天主正道。[14]而伯爵本人更多地是以实用主义而非神学教条主义的形象出现在臣民的面前。他铸造一种名为提佛拉里（trifollari）的铜币以供基督教臣民使用，上面展现了罗杰作为基督教骑士身骑骏马手执神枪的光辉形象，并以拉丁文刻着他的名字——罗杰伯爵（ROQERIVS COMES）。[15]每个金币塔里（tari）——这种货币铸造出来以供穆斯林臣民使用——上面则刻有阿拉伯文"万物非主，唯有真主。穆罕默德，安拉先知"。罗杰发行的其他阿拉伯货币上，同一种语言

16

---

① 原为古罗马的一种公共建筑形式，后来被基督教沿用来建造教堂。
② 这两个拉丁词语都是"税收"的意思。

对他的称呼各异：伊玛目①、马利克（malik）和苏丹，对应着领主、君主和国王。[16]

✝

但是，罗杰拒绝通过支持入侵伊夫里奇亚来扩大自己在西西里的战果，对于这种匪夷所思的故事，我们又该如何理解呢？这个故事是通过一位名叫伊本·阿西尔（Ibn al-Athir）的学者之口，传到我们这个时代的。他于1160～1233年生活在摩苏尔（Mosul，如今位于伊拉克），并终老于此。他的传世佳作是一部权威编年史，被作者自信地赋名为《历史大全》（*al-Kamil fi'l ta'rikh*）。

伊本·阿西尔治学严谨，以洋洋洒洒数十万字的鸿篇巨制记叙世界历史，全景式描述了始自创造世界，直至他自己平生所见的广大伊斯兰世界里所发生的政治和军事斗争，并常常以极富洞察力的目光为读者透析史实。考虑到他所生活的那个年代，十字军和他们的动机自然得到了他的高度关注。在他有生之年，圣战常于地中海盆地②以波澜壮阔之势兴起，他对此进行了严肃认真的思考。他将责任归咎于西西里的罗杰，这一结论很重要（罗杰在他笔下被描绘成粗鄙不堪、臭不可闻且见利忘义——典型的十字军贵族形象），即便此事不能单凭表面

---

① 伊玛目是伊斯兰教社会的重要人物。在逊尼派中，伊玛目等同于哈里发，是穆罕默德指定的继承人。逊尼派认为伊玛目也可能犯错误，但假如他坚持伊斯兰教的仪式，信徒仍要服从他。在什叶派中，伊玛目是拥有绝对宗教权力的人物，只有伊玛目才能知晓和解释《古兰经》的奥秘，他是真主选定的，不会犯错。

② 指地中海周围的陆地区域。

17　理解。① "鲍德温" 这一人物很可能指的就是未来的耶路撒冷国王鲍德温一世（Baldwin I），但上文中两人之间的这种交流尚无确凿证据。

伊本·阿西尔很可能是将他对在圣地（Holy Land）发生的十字军东征所持的后见之明，与一个更具当地身世和口味的特定故事整合在一起。根据编年史作者马拉泰拉的记述，在1087年，伊夫里奇亚遭受了一场水陆两栖攻击，来犯者是由比萨（Pisa）商人组织的一支军队，这群商人"原本打算去非洲经商，却受到了某些伤害"。[17]马拉泰拉的风格不似伊本·阿西尔那般怪诞诡奇、生动有趣，他只是简单地提到比萨人提议将伊夫里奇亚的王冠赠予罗杰，如果罗杰能派兵帮助他们占领马赫迪耶城的话。罗杰反对提议的理由是他刚刚与那里的政权签订了一份和平协议。他并没有提到耶路撒冷。马拉泰拉记载道，比萨人自己与齐里统治者达成了协议，在接受一笔赔款后放过了马赫迪耶城。

然而，这一事件依然大有深意。当伊本·阿西尔在引入他关于罗杰伯爵和伊夫里奇亚现状的故事时，将其放在一个更为广阔的地中海背景之下。就在诺曼人征服西西里并且威胁伊夫里奇亚海岸的大约同一时间，阿西尔写道，他们还"占领了托莱多（Toledo）城和西班牙其他城市……后来他们又夺取了

① 有趣的是，罗杰已被证实患有肠胃气胀，关于这一细节的记录并非伊本·阿西尔独此一家。杰弗里·马拉泰拉记述了一支诺曼军队在1064年包围巴勒莫期间，为狼蛛所困扰。"任何人只要被它们螫咬过，都会发现自己体内气胀肿塞，饱受折磨，以至于无法阻止这些气体从后门以连连作响之势喷出。"见 Wolf, Kenneth Baxter（trans.）, *The Deeds of Count Roger of Calabria and Sicily and of his Brother Duke Robert Guiscard; by Geoffrey Malaterra*（Ann Arbor, 2005）, p. 114。——原注

其他地区，正如你将看到的那样"。[18]而事实上，"他们"确实这么做了。在西班牙、北非、地中海诸岛以及其他地方，在第一次十字军东征开始之前的数十年间，不同信仰的敌对统治者之间爆发冲突已是司空见惯。

这些并不是宗教战争——事实上，宗教常常被非常明显地置于商业和地缘政治的考量之下。[19]但这些战争确实在教徒之间进行，而且它们产生的后果延及数代人之后，以至于在伊本·阿西尔的时代仍然呈现出显而易见的影响。将争夺领土的战争，与基于信仰和教义所发动的战争、获取宗教之无上地位的目标整合在一起，这一做法将在发动一场长达 200 多年的战争中发挥关键作用。这场冲突的主要表述形式是，为唯一的真正信仰而战。

18

第二章　诗人与泰法王

既然羽翼已丰，兵强马壮，

基督徒无不渴望光复沦丧敌手的山河……

　　　随着西西里在 11 世纪 70 年代逐渐落入诺曼人的统治之下，罗杰伯爵的蛮族士兵手持形如巨大泪滴状的盾牌东征西讨，岛上的城市望风披靡，一位年轻的穆斯林诗人携家带口，逃往他乡。他的名字叫作伊本·哈姆迪斯〔Ibn Hamdis，阿拉伯语全名为阿巴德·贾巴尔·伊本·哈姆迪斯（Abd al-Jabbar Ibn Hamdis）〕，时年 24 岁。他于 1054 年前后出生在锡拉库萨，作为一个富家子弟，他在优雅舒适的环境中长大，饱受文学教育的熏陶，培养出熟练创作通俗阿拉伯诗歌（在当时是高雅文化的标志）的能力，终生受用不尽。这种才能使他就自己漫长而又历经沧桑的一生中所目睹的毁灭、痛苦和失去创作出有意义的作品，也使他声名鹊起，进入了很多学风浓厚的地中海穆斯林宫廷。

　　离开西西里不啻一场心灵上的创伤，这种出走让他永远都为他的出生地——这个动荡不安的岛屿伤感不已。"我被逐出天堂。"他曾经如此写道。他笔耕不辍，直至耄耋之年，诗篇里弥漫着怀旧与思乡之情。[1]但如果说颠沛流离的生活令他痛苦的话，却也有裨益之处。离开西西里后，伊本·哈姆迪斯一路

向西，成为一位领着固定薪水的伴读，他的主人就是当时最伟

大的艺术赞助人中的一位：穆罕默德·穆塔米德·伊本·阿巴德（Muhammad al-Mu'tamid ibn Abbad），塞维利亚泰法国（taifa of Seville）的国王。穆塔米德在伊本·哈姆迪斯到来之时年届四十，自己本就是一位有天赋的诗人；他从作风粗野却又口才极佳的父亲那里继承了赋文修辞的本事。通过冷酷无情的军事行动，老国王穆塔迪德（al-Mu'tadid）将塞维利亚泰法国打造成这一地区最强大的国家之一，而且他对付敌人的手段可谓阴狠狡诈，有一次他竟然在自己的宫殿浴室里将一群来访的外交官活活闷死。[2]

穆塔米德是一位比他父亲稍微宽厚一些的统治者，也是一位更有才华的诗歌创作者。[3]他将伊本·哈姆迪斯招纳为他创作抒情诗的几个陪练伙伴之一，并给这位诗人发放薪水。于是这位西西里流浪者在西方最富于学术气息和感官享受的宫廷之一定居下来，在那里，纵酒和随意性行为的犯禁之乐唾手可得，而生活，他写道，"只有当我们沿着快乐的海岸行走，抛弃所有的束缚时才可得到原谅"。[4]伊本·哈姆迪斯一直思念着自己的故乡，但至少在那一刻，一切还好。

✚

塞维利亚泰法国的崛起时间相对较晚。如果在一个世纪之前，一个年轻的穆斯林文人想在这一地区寻求庇护的话，他可能毫不犹豫地直奔科尔多瓦（Córdoba），即倭马亚哈里发王朝的地区性首府：一座拥有50万居民的超大城市，也是全世界最发达、最令人景仰的大都市之一。在这里，科学家、占星家、哲学家和数学家探索宇宙的奥秘，匠人和建筑师则检验完美艺术的界限。但是在1031年，倭马亚哈里发王朝土崩瓦解，科尔多瓦就此跌落神坛，学术发展迟滞不前，图书馆被洗劫一空，书籍被付之一炬，有名的工坊也闲置荒废。

21　　在这种权力真空状态下出现了许多名义上独立的小王国，这些名为泰法（taifas）的小国中，塞维利亚泰法国的国力首屈一指［其他的泰法国还包括马拉加（Malaga）、格拉纳达（Granada）、托莱多、巴伦西亚、德尼亚（Denia）、巴利阿里群岛（Balearic Islands）、萨拉戈萨（Zaragoza）和莱里达（Lerida）］。泰法一词意为独立的君主，有时候被译为"帮派王国"（party kingdom）。塞维利亚泰法国占据了西班牙南部伊斯兰世界（或被称为安达卢西亚）的一大片土地。塞维利亚城（王国即由此城得名）位于直布罗陀海峡以北125英里（200千米）处，围绕着瓜达尔基维尔河（Guadalquivir）①畔的一座阿尔卡扎（alcazar，城堡或宫殿）发展起来。王国领土从其最远处，也就是现代葡萄牙大西洋沿岸的锡尔维什（Silves）和阿尔加维（Algarve）一直延伸到东部的穆尔西亚（Murcia）。在穆塔米德王朝，即名为阿巴德家族（Abbadids）的统治下，塞维利亚泰法国吞并了周围的许多小王国，并将优良的农田、繁忙的港口以及连接北非和欧洲大陆的战略贸易路线也一起吸纳。它以高质量的乐器、深红色布料染料、甘蔗和橄榄油而闻名于世。统治阶级的普遍态度在穆塔米德父亲的诗歌中得到诠释："时光一分二，忙中犹有闲。白日问国事，黑夜尽狂欢！"⁵

穆塔米德的统治标志着塞维利亚泰法国的国家实力达到了巅峰。如果他是一个更走运的统治者，或者面临着不同的挑

————————

　　①　西班牙的第五长河，是西班牙境内唯一可以通航的大河。

战，那么他就有可能继续稳步扩张塞维利亚泰法国的领土，直至他将所有泰法国重新统一，再次形成一个类似倭马亚哈里发王朝（在他出生前不久就崩溃了）这样的大国。结果，在他统治期间，塞维利亚泰法国遭遇了悲惨解体的命运，当先发难的是一位来自伊比利亚半岛另一端的国王：卡斯蒂利亚和莱昂联合王国（Castile and León）的阿方索六世（Alfonso Ⅵ）。

✝

　　塞维利亚东北偏北约 250 英里（400 千米）处矗立着托莱多高耸的角楼石墙。托莱多曾是西哥特（Visigothic）帝国的伟大都城，如今在穆斯林的统治下，这里遍布着精致的桥梁、公共浴场、集市和清真寺。河道宽阔、水流湍急的塔霍河（Tagus）环绕着托莱多，是伊比利亚半岛内最长的水路，发源于乌尼韦尔萨莱斯山脉（Montes Universales），流经 620 英里（1000 千米）后在里斯本汇入大西洋。沿途的河谷和盆地是边境地带，在这片充满争议、空间有限的地带以北，是由西班牙北部的基督教诸王所控制的领土。那里的国度与南方的情形一样，土地被互相敌对的统治者瓜分，他们虽然信仰相同，却为了霸权争斗不休。加利西亚（Galicia）、莱昂、卡斯蒂利亚、阿拉贡、纳瓦拉（Navarre）和巴塞罗那的实力在这些北方国家中最为强大。与南方相似的是，这里也有一个国家及其统治者在权力和影响力上超乎同类。

　　从 1072 年直至 1109 年在 70 岁生日前夕去世，国王阿方索六世就是这样一位统治者。他的绰号叫作"勇者"（El Bravo），而他决心让这个绰号名副其实。他戴上了卡斯蒂利亚和莱昂联合王国的王冠，并且统治了加利西亚的全部和纳瓦拉的部分地区。从领土和声望来看，他称得上是比利牛斯山下基督教君主第一人。一位心怀钦佩之情的编年史家形容他是"一位各方面都堪称楷模的天主教徒"，而"邪教宵小畏之如虎，向来不敢妄留于他的视野之内"。[6]另一位编年史家写道，"他拥有凡人之中极为罕见的准确判断力和强大的武力"。[7]

毫无疑问，这些称赞的话语显得老套俗气〔而且在西班牙民众的心目中，阿方索给人留下的印象比他曾经的家臣——罗德里戈·迪亚斯·德·维瓦尔（Rodrigo Díaz de Vivar）要微弱得多，也没那么浪漫，后者则以熙德（El Cid）①之名留名青史〕，但这些溢美之词反映出这样一种现实：正如穆塔米德在西班牙南部的泰法国中主宰沉浮一样，阿方索在北方也能呼风唤雨。他在推翻自己的弟弟加西亚（Garcia）的统治、攫取加利西亚后得势掌权，后来又从其长兄桑乔（Sancho）的暴死中渔翁得利，后者在一场围城战中不幸中人奸计，遇刺身亡。

23 在漫长的一生中，阿方索娶了五位妻子并且拥有两位宠妾，他历经大小战役无数，与基督徒和穆斯林敌人屡次交手，集各项尊贵头衔于一身，包括1077年获得的称号——全西班牙皇帝（imperator totius Hispaniae）。这一称号虽然野心有余，但从严格意义来说并不准确：他的统治权从加利西亚的大西洋沿岸向东延伸至巴塞罗那，但在塔霍河南面却从未得到完全的保障，在那里，穆塔米德和其他几位泰法国王向阿方索缴纳被称为帕里亚斯（parias）的巨额贡赋，以求得安宁。即使这一头衔不能完全反映政治现实，也肯定指明了阿方索的前进方向。他决

---

① 卡斯蒂利亚贵族，巴伦西亚的征服者和城主，西班牙英雄史诗《熙德之歌》中的不朽人物。由于他英勇善战，赢得了摩尔人的尊敬，因此被称为 El Cid（Al-Sayyid，阿拉伯语对男子的尊称）。

心要为自己的王国开疆辟土，而敢于阻挡他前进步伐的正是一位勇敢的统治者。

✚

在 11 世纪的下半叶，阿方索和与他志同道合的基督教王公的野心受到罗马教廷的大力鼓动。当然，罗马与西班牙之间有着悠久的历史渊源——征服伊比利亚半岛从公元前 3 世纪起就成为罗马共和国对外扩张的一个主题，直至公元前 19 年奥古斯都使其臣服于己；此后将近 500 年这个行省便一直是罗马帝国的一部分。到了公元 11 世纪，教皇们坐在执政官和暴君们曾经君临天下的高位，自然也心怀同样的征服方略。从 11 世纪 60 年代开始，连续几位教皇都筹谋将西班牙信仰基督教的地区纳入信仰体系，使其服膺罗马的教廷权威：推动该地区的教会取消许多阿拉伯基督徒都遵循的莫扎勒布（Mozarabic）① 礼拜仪式，大力支持拉丁化礼拜仪式，并主张教廷有权指导宗教事务，从当地的基督教信徒那里收取贡赋。

在这一做法上教廷或多或少与大众的行为一致，因为来自西欧各地的骑士、神职人员和普通朝圣者都对比利牛斯山下的事务愈发关注。武士们看到了参战致富的机遇：在那里，各个 24 王国与泰法国之间的小规模战斗频繁发生。修道士们在克吕尼（Cluniac）改革运动（该运动得名于其 10 世纪的发源地——勃艮第的克吕尼修道院）后秉承其制度精神，日益渴望将他们的清规戒律引入各家修道院。虔诚的平民教徒则希求洗刷自

---

① 专指安达卢西亚地区处于摩尔人统治下的西班牙基督徒，他们尽管仍然信仰基督教，没有改信伊斯兰教，但是大部分人精通阿拉伯语，并深受阿拉伯文化影响，Mozarab 一词本身即意为阿拉伯化。

己内心的罪恶，沿着忏悔之路前往加利西亚，即圣詹姆斯之路①，这条路通向使徒圣地——圣地亚哥－德孔波斯特拉（Santiago de Compostela），基督教世界最神圣的地点之一。这可能是一段危险的旅程：一本 12 世纪早期的法国旅行指南曾发出严重警告，提醒朝圣者们路边的河水里含有致命的杂质，而且那里居住着道德低下的刁民，比如纳瓦拉农民与他们的骡子和母马"进行不洁的通奸行为"。[8]但为了这趟旅程，所有的不适都是值得的。朝圣之路上各种奇迹频频发生：士兵们的长矛插在萨阿贡（Sahagún）附近的一片田地里，竟然开枝散叶；圣詹姆斯曾使一个因蒙受盗窃罪名之冤而被绞死的旅行者复活；他还曾治愈了一个为通奸行径赎罪而自宫的年轻人。[9]而在遥远的过去——据传是在公元 834 年或 844 年——圣詹姆斯据说曾在一场与西班牙穆斯林的战斗中披挂上阵，帮助基督教军队取得胜利，这为他赢得了"圣地亚哥·马塔莫罗斯"（Santiago Matamoros）的绰号，即摩尔②杀手圣詹姆斯（St James the Moor-slayer）。

任何一位圣彼得御座的占有者如若对这一趋势熟视无睹的话，必然是疏忽职守，于是从 11 世纪 60 年代起，教皇的谕令就对基督教王公们扩大自己在西班牙势力范围的努力予以明确支持。1063 年，教皇亚历山大二世（Alexander II）主动为那

① 又称为"圣雅各之路"，这条忏悔之路朝圣的对象是圣徒雅各（在希伯来语、法语、德语中被称为圣雅各，在英语中被称为圣詹姆斯，在西班牙中被称为圣地亚哥，其实所指都为同一基督教主保圣人），他于公元 44 年在耶路撒冷殉道，800 多年后其遗体却在西班牙被发现，此后一直被供奉在圣地亚哥大教堂内。

② 在中世纪，北非、伊比利亚半岛、西西里岛和马耳他岛等地的穆斯林被欧洲基督徒称为"摩尔人"。摩尔人并非单一民族，而是包括阿拉伯人、柏柏尔人和皈依伊斯兰教的欧洲人等。"摩尔人"也被用来泛指穆斯林。

些"决心前往伊比利亚"的法兰西或意大利骑士赦免了部分罪过。从同一时期的其他信件中可以得知，"前往伊比利亚"的含义是这些骑士将与穆斯林作战。[10]这些战士的最终目的地是忠于萨拉戈萨穆斯林统治者的城镇巴瓦斯特罗　25（Barbastro）。一位名为伊本·哈扬（Ibn Hayyan）的编年史家记述了这些骑士为期40天的围城战，将他们一概称为"基督徒"，而实际上这些人当中既有人来自近如加泰罗尼亚的地方，也有人从遥远的诺曼底和意大利南部长途跋涉而来。这场围城战一开始似乎将以和平的方式结束，当基督徒们通过堵塞一条引水渠来切断巴瓦斯特罗的供水时，极度口渴的市民们提议用奴隶和贿赂换取和平。但随后不久一场大屠杀就开始了，军官们下令在全城进行抢劫和杀戮。"超过6000名穆斯林死于基督徒的刀剑之下。"伊本·哈扬写道，他详细记述了巴瓦斯特罗的居民由于恐慌而向城墙和城门奔逃时互相踩踏，结果导致很多人在挤压之下窒息而死。军队的暴行还包括在父亲面前强奸他们的女儿、在丈夫面前强奸他们的妻子，以及无情地杀害平民，这位编年史家将这种暴行称为"基督徒一成不变的习俗，每当他们用武力夺取一个城镇时，他们都习惯如此……这就是基督徒在这种情况下必然犯下的累累罪行，罄竹难书"。[11]

从五湖四海汇聚而来的骑士群体，罗马教皇的背书，残忍嗜血、骇人听闻的手段，以及公然以一项宗教议程作为幌子，1063年对巴瓦斯特罗的袭击显然预示了许多后来被视作基督教"十字军东征"的基本要素。然而，在11世纪晚期的伊比利亚背景之下，这种做法意义重大，因为这预示着北部的基督教王国开始转向更富于进取性的扩张政策（后来被世人称为"收复失地运动"或"再征服运动"）。于是这些王国的扩张运

动不可避免地针对他们在泰法国的穆斯林邻居，并且一直得到
罗马教廷由衷的鼓励。当亚历山大二世于 1073 年去世后，格
列高利七世（Gregory Ⅶ）当选为教皇，他很快就发表了自己
关于伊比利亚收复失地运动的看法。

26　　"我们认为……西班牙王国自古以来就完全处于圣彼得的
权威之下。"格列高利七世在他继任教皇之初便提笔写下以上
意见。尽管阿方索六世已经声称自己是全西班牙的皇帝，但教
皇的话语给了他莫大的鼓励。当阿方索派遣他的一位领主向南
深入格拉纳达，向那里的泰法王公收取其理应缴纳的帕里亚斯
时，这位王公阿卜杜拉（'Abd Allah）明确表示他已完全清楚
当前的政治风向。在其名为《提比安》（Tibyan）的杰出编年
史著作中，阿卜杜拉在一段话里对新的形势加以总结："安达
卢西亚原来属于基督徒。然后他们被阿拉伯人击败……现在，
既然他们羽翼已丰，兵强马壮，基督徒无不渴望光复沦丧敌手
的山河……"[12]

✝

　　阿卜杜拉是在 11 世纪 90 年代才写下这些话的，虽是后见
之明，但其判断十分准确。继巴瓦斯特罗大屠杀之后，基督徒
又发动了一系列协调一致的作战行动，由无处不在的阿方索六
世领军。1082 年或是 1083 年，在经受一系列愈加蛮横的敲诈
勒索之后，塞维利亚泰法国的穆塔米德决定不再向阿方索缴纳
帕里亚斯。为了强调他的立场，穆塔米德诉诸他父亲最穷凶极
恶的做法，将阿方索派去索要贡赋的使者处以极刑。[13]作为回
应，阿方索在 1083 年的夏天向塞维利亚大举进犯。他的部队
在穆塔米德的土地上长驱直入，而阿方索更是一路驰骋，杀向

塔里法（Tarifa）①，他纵马冲进拍在海滩上的浪花里，放眼望去，北非的崎岖海岸线清晰可见。"这是西班牙的尽头，我已经踏上了它！"他宣布。

一年之后，他将目光转向了离自己大本营更近的猎物——托莱多城，那里的穆斯林统治者卡迪尔（al-Qadir）懦弱无能，被自己不满的臣民废黜。阿方索假意要为失去地产的君主同行伸张正义，于是便发兵包围托莱多。这座城市于 1085 年 5 月 6 日陷落。但是卡迪尔并没能重返王位；相反，他被送往托莱多曾经的殖民地巴伦西亚，充当那里的傀儡统治者。对于直到最近还是西班牙伊斯兰世界中一座伟大城市的托莱多，阿方索直接将其攫为己有。因此，无论是在政治上还是象征意义上，此次征服是一个分水岭。伊斯兰世界广受震撼。[14] "我们遇到了一个不肯放过我们的敌人：一个人怎可能与蛇群在篮子里共存呢？"一位观察者悲叹道。[15] 阿方索现在控制了塔霍河流域的一大片地区，托莱多城墙内外的大量穆斯林现在发现他们不是生活在泰法国内，而是生活在一位基督教国王的保护之下。

阿方索避免了 20 年前发生在巴瓦斯特罗那种惨无人道的大屠杀；他保证了穆斯林的信仰自由，以此换取他们每年缴纳的税赋，并且允许托莱多市中心的清真寺保留在穆斯林的手中。然而，他并非全然的宗教宽容之模范人物：1086 年，他为自己征服托莱多的行为向神职人员们辩护，理由是他已深知"天主如若看在眼中，必感欣慰，我，皇帝阿方索，在基督的

---

① 塔里法是西班牙本土的最南端，同时也是欧洲大陆的最南端，可以远眺直布罗陀海峡对岸的摩洛哥海岸。其命名来自塔里克·伊本·齐亚德（Tariq ibn Ziyad），这位阿拉伯帝国倭马亚王朝的将军于公元 710 年开始进攻西哥特王国，开启了伊比利亚半岛的伊斯兰化进程。

领导下，能为他的信徒收复这座城市。很久以前，邪恶之人在首恶穆罕默德的阴险蛊惑下从基督徒那里夺去此城"。[16]此外，他还在妄自尊大的头衔"全西班牙皇帝"之上增添了一个称号：同样自命不凡的"双教之帝"。为了实现阿方索的大胆主张，一代又一代的西班牙基督教统治者在随后的四个世纪里奋战不懈。

诗人国王穆塔米德遭到了阿方索的羞辱，随着托莱多泰法国的陷落，阿方索的王国与他的国土直接接壤。为求自保，穆塔米德将目光转向南方，越过直布罗陀海峡，向摩洛哥和阿尔及利亚西部求援，那里的权力掌握在穆拉比特王朝（Almoravids，阿拉伯语 al-murabitan）[①] 手中，这是一个臭名昭著、心狠手辣而又清心寡欲的柏柏尔部族。穆拉比特人严格遵守着《古兰经》的教律，将自己的头脸用面纱遮盖，以名为里巴特（ribats）[②]的军事化清真寺为立身根本，无暇顾及穆塔米德宫廷里的酒池肉林，那里的生活用国王自己的话来形容就是，"万花丛中过，美色显位高。武者驱浊夜，妙女斟晨曦"。[17]他们的领袖名为优素福·伊本·塔什芬（Yusuf ibn Tashfin），自称穆斯林之埃米尔（amir al-muslimin），其唯我独尊的程度不亚于可憎的阿方索。穆拉比特人在北非的征服表明他们的军事能力毋庸置疑，不过请求他们前来安达卢西亚相助显然是引火烧身。但穆塔米德一点选择的余地都没有。托莱多一陷落，他便立刻邀请

────────────

① · Almoravids（西班牙语称为阿尔莫拉维德王朝）是从西班牙语转写而来，源于摩洛哥伊斯兰教学者阿卜杜拉·伊本·亚辛（Abdullah ibn Yasin,？~ 1059）所号召的净化伊斯兰教的圣战运动。译者在此处采用传统的阿拉伯语译名。

② ribat 是阿拉伯语单词，原意为碉堡，意即聚集力量保卫伊斯兰教。

优素福·伊本·塔什芬率兵入侵，并且引用了苦涩至极的幽默来为自己辩解：他宁愿为南方的同胞放牧骆驼，也不愿为异教徒看守猪圈。

实际上，他这是在将自己的王国拱手相让。在 1086 年的初夏，穆拉比特王朝的军队大举越过海峡，偏安一隅的塞维利亚泰法王慷慨出资，以作劳军之用，他们随后向阿方索的军队所在进发，并于 10 月 23 日的萨拉卡之战 ［Battle of Sagrajas，又称扎拉加（Zallaqa）之战］中大败基督徒军队。阿方索在白刃战中被一位非洲黑人战士刺穿大腿，其匕首扎得如此之深，以至于阿方索的腿被钉在了马鞍的坐垫上，身受重伤。[18]他损失了300 余名骑士，2500 人之众的部队也阵亡了一半左右，但与这些相比，他的威望所遭受的打击更甚。一位摩洛哥编年史家后来将这场战役称为"安达卢西亚最值得庆祝的胜利之一……真主借此……打消了阿方索的狼子野心"。[19]优素福将成为手下败将的基督徒斩首，用这些头颅堆成恐怖的人头塔，装在木质大车上，送往安达卢西亚的各个城市示众。[20]随后，他引军返乡，将托莱多留给阿方索。两人都有很多事情需要细细思虑。

当穆塔米德遣使向穆拉比特王朝求援时，他便已自知是与恶魔立下了契约，而在 1090 年，这一策略的可怕后果便开始显现。优素福一心维护伊斯兰教的神圣不可侵犯和安达卢西亚的统一，这毋庸置疑。但是在咨询摩洛哥的法学专家之后，他得出结论，这一初衷并不意味着他有义务去保全那些无能且孤立无援的泰法国国王。后者愿意向北方的异教徒君主称臣纳贡，这一事实表明他们已无可救药，而且优素福推断，废黜这些君主、由更适合守护伊斯兰教的人取而代之的时机已经成熟。

当穆拉比特王朝的军队于这年 9 月闯入穆塔米德的邻

国——马拉加和格拉纳达两国，并废黜他们的国王时，接下来将会发生的事便一清二楚，穆塔米德惊恐不已。1091年的夏天，优素福的兵锋转向穆塔米德并包围了塞维利亚城。令人啼笑皆非的是，穆塔米德此时竟派人向阿方索国王求援，后者正远离此地，与萨拉戈萨的另一位泰法王交战。虽然阿方索六世答应了他的请求，但是为时已晚。塞维利亚于11月陷落。穆塔米德的儿子们被迫将阿尔卡扎（城堡）的钥匙交了出来，而诗人国王则被押到船上，带往摩洛哥囚禁起来。他终结的不仅仅是他自己王国的命运，更是其他所有泰法国的命运。到了11世纪末，几乎所有的小王国都向穆拉比特王朝屈服，成了一个北非帝国的一部分，这个帝国在宗教事务上臣服于（至少在理论上）远在巴格达的阿拔斯（Abbasid）王朝哈里发。从北方基督教国家夺回的领土很少，尽管帕里亚斯已不用再缴纳。否则，穆塔米德的政策就是彻头彻尾的失败。

✝

穆塔米德离开自己王国时的情景显然非常凄凉。诗人伊本·莱巴奈（Ibn al-Labbana）与伊本·哈姆迪斯同处一个时代，也与后者在同一个文人圈子里为友，他们曾一起在塞维利亚的宫廷里嬉戏游乐。这个圈子此时已解散，伊本·莱巴奈下笔写道：

> 本欲尽忘三生事
>
> 怎奈何
>
> 当时清晨瓜河（瓜达尔基维尔河）旁
>
> 离者受缚登船日

犹如亡者入坟场……[21]

这种伤感显然不无道理，因为穆塔米德在被囚于阿格玛特（Aghmat）时，也曾以悲伤的语调述说自己的囹圄之痛：

> 悄语向铁索，
>
> 问君胡不知？
>
> 此身既已降，
>
> 何故无怜养，
>
> 柔情又何妨？[22]

他于 1095 年被人谋杀。他的对手阿方索六世则一直活到 1109 年，临死之前仍在穆拉比特王朝的进攻下保卫托莱多。为了试图迎合自己统治下的穆斯林臣民，他曾将穆塔米德的一位儿媳——名叫萨达（Zaida）的女子纳为妾室。但这也就是他对穆斯林能做出的最大妥协了。

　　与此同时，伊本·哈姆迪斯则再一次开始了流浪的生活。在从西西里来到塞维利亚 13 年之后，他目睹了第二故乡与他的出生地走上了同样的道路：因战争而分崩离析，而后被一名外来入侵者占据——尽管这次的外来者是一名穆斯林而不是基督徒。当穆塔米德于 1091 年被囚之后，伊本·哈姆迪斯出逃，然后终其余生都在伊夫里奇亚、阿尔及利亚和摩洛哥的宫廷之间辗转流离，依靠笔头本事谋生，最后在马略卡岛了却残生。1133 年，他已将近 80 岁高龄，双目失明，孑然一身，终至抱憾离世。在他的诗篇中，他建议他人要不惜一切代价避免自己的经历。"束心爱故土，"他写道，"死亦当返乡。"[23]

第三章　帝国受困

希腊基督徒最神圣的帝国

正……遭受灭顶之灾

　　　1083 年 12 月 2 日，拜占庭公主安娜·科穆宁娜（Anna Komnene）降临人世。按照文献记载，她出生在父亲的君士坦丁堡大皇宫中的紫色寝宫，也就是斑岩大厅（Porphyry Chamber）。她的出生过程既缓慢又艰难，但在后来的人生中，她会自豪且不厌其烦地重复她母亲喜欢讲的故事，来解释一次超过 48 个小时的分娩是如何达成的。然而，随着安娜出生日期的来临，她的父亲，即拜占庭皇帝本人却不在宫中。此时，他正与意大利南部的诺曼人作战，宫廷人员都在紧张不安地等待他从战场上返回。她 15 岁的母亲此刻不停地在自己隆起的巨大腹部上画着十字，发誓在其夫君安全返家之前绝不生下孩子。这在皇宫中引发了一些人的焦虑，因为皇帝的归程恐怕仍要有一个月之久。所幸皇帝还是及时返回，他的第一个孩子健康地生下。对于安娜来说，这一事实"十分清楚地表明，即使在（母亲的）子宫里，我也注定要在将来深爱我的父母。因为从那以后，当我年已及笄、思想成形时，我对他们两人都怀有深厚的感情，这是毫无疑问的"。[1]

　　出生即成为拜占庭帝国的一名公主可谓三生有幸，逐渐融入斑岩大厅内的世界更是平添一分荣耀。从这里可以俯瞰博斯普鲁斯海峡，港湾风景和远处蔚蓝的马尔马拉海也一览无余。四面墙壁围成方形，然后向上收缩成金字塔形房顶，大厅内铺覆着大理石，"普遍呈现出紫色……但是其间点缀着白点，就像沙子撒在上面一样"。[2] 斑岩是一种帝国专用的石料，原本采自埃及东部沙漠的石场。在君士坦丁堡的其他地方，此物还被用来建造君士坦丁之柱（Column of Constantine），以庆祝这座城市于公元 4 世纪被确定为罗马帝国的新都。紫色是皇室的颜色，只供帝国皇族专用。皇帝们身着紫袍，而染料则是一种提取自海螺的恶臭物质。他们在自己的宫殿悬挂着紫色的装饰物。他们甚至用紫色的墨水签署文件。而只有在位皇帝的孩子才可以在这一紫墙房间里出生：那些被称为"生于紫室者"（porphyrogennetos）和"生于紫室女"（porphyrogenneta）[①] 的皇家骨肉。安娜作为这个独一无二的皇室群体中的一员，对自己的身份永远感念在怀。

安娜的皇族父母是阿莱克修斯一世·科穆宁（Alexios I Komnenos）和他的妻子伊琳娜·杜卡伊娜（Irene Doukaina）。伊琳娜是一位高级军官和一位保加利亚贵族的女儿。阿莱克修斯是一位精明强干的将军，在 1081 年夏的一场政变中大权在握，加冕为拜占庭皇帝，两年后他的女儿出生。安娜·科穆宁娜在描述自己的双亲时不吝溢美之词：阿莱克修斯"给人一种炽烈旋风的感觉……一双黑色的弯眉之下，他的双眼射出时而可怕时而亲切的目光……他肩膀宽阔，手臂肌肉发达，胸膛深厚，举手投足无不带有一股英雄气概，总是能唤起人们的惊

---

① 原文为希腊语，转换成英文为 purple-born，此称号始自马其顿王朝第四位皇帝君士坦丁七世。

奇和欢乐"。而伊琳娜"亭亭玉立，像一株一直在开花的嫩芽，风华正茂，一身傲骨，她的四肢和全身都完美对称，和谐无瑕……她的脸上闪耀着柔和的月光……她的脸颊上盛开着玫瑰花，在很远的地方都能看见"。[3]至于安娜本人，由于出生并且长大在博斯普鲁斯岸边富丽堂皇的环境里，从小就表现出对学识、文字、修辞和哲学的渴望，终生孜孜不倦。她的周围都是学者，她对他们慷慨资助并喜欢与其辩论。其中一人称她为"聪慧的安娜，博学慎思，优雅之至"。[4]

安娜·科穆宁娜送给她至爱的双亲和学者们的一份大礼是在其晚年撰写的一部关于她父亲统治的历史长卷：第一部由女性撰写的西方重要历史著作。她的史书名为《阿莱克修斯传》（*Alexiad*），以希腊文写就，因出于为其父开脱的目的而存在严重的歪曲史实之嫌，记述了从阿莱克修斯于1081年崛起掌权至1118年去世之间的历史事件，其中不乏为这些事件寻求理由和解释的话语。这部史书以非凡的洞察力再现了拜占庭帝国在11世纪和12世纪之交云谲波诡的政治局势。《阿莱克修斯传》内容充实，收录了流言蜚语和内部消息，对拜占庭人、他们的朋友和敌人进行了详细描述，记载了大大小小的战斗故事和错综复杂的政治阴谋。由于作者本人的学术造诣深厚，对过往历史学家的著述也是信手拈来。尽管安娜对她父亲有所偏袒——被她形容为一个拥有"至高无上之美德"的男人——但她的作品仍以丰富多彩的文字揭示了拜占庭帝国及其皇帝在11世纪80年代和90年代所经受的重重压力。[5]最重要的是，这部史书解释了阿莱克修斯在1095年做出的重大决定，即请求西方基督教统治者们帮助他稳定自己的国土，最终向十字军打开了东方的大门，蜂拥而入的十字军则带来了石破天惊的历史巨变。

✝

安娜·科穆宁娜出生所在的拜占庭帝国，尽管在语言和文化上都已希腊化，但实际上是罗马帝国的直系传承。拜占庭帝国的这一名称系中世纪晚期由历史学家创造的一个术语，源自其都城：君士坦丁堡，这座城市曾经被称作拜占庭（Byzantion或 Byzantium，今天则被称为伊斯坦布尔）。但是在安娜和她父亲的时代，人们用来描述这座城市和帝国的术语与上述称谓完全不同。在公元 330 年，这座城市被君士坦丁大帝神圣化为一个"新罗马"（Nova Roma）——这个战略位置优越的大都市位于多条贸易路线和军事大道的交会之处，罗马皇帝可以从这里管理东地中海地区的帝国利益，其权力辐射范围包括埃及、色萨利、色雷斯、小亚细亚、叙利亚和上美索不达米亚等地区。它是一个不折不扣的罗马城市，到处都是优雅的建筑和广阔的公共空间，包括一个广场和竞技场。在罗马帝国于公元 395 年分裂以后，君士坦丁堡成为东部帝国的都城；当"老"罗马于 15 年后遭遇浩劫，西罗马帝国随之灭亡时，这座都城反而屹立不倒。自这些剧变发生后七个世纪以来，安娜、她的家族和其他所有人都以古典术语称呼拜占庭。阿莱克修斯仍是"罗马皇帝"。他的人民自然也是罗马人。他们生活在罗马帝国或"罗马尼亚"（Romania）①。甚至阿拉伯语使用者也迎合这一说法：这是比拉德－罗姆（Bilad al-Rum，罗马人的土地）。[6]

① 原文"Romania"并不等同于现代国家罗马尼亚，而是指自罗马帝国建立以来，人们对都城罗马周围地区的称谓。

在 11 世纪中期，除了君士坦丁堡及其周围地区外，拜占庭人仍占据着一片广袤的领土。在西面，帝国领土延伸到意大利的阿普利亚和卡拉布里亚，以及亚得里亚海东北端的达尔马提亚。在巴尔干，多瑙河和伯罗奔尼撒之间几乎所有的地方在理论上都听从皇帝的号令，而且他的影响力也已直抵黑海的东北海岸和克里米亚半岛。克里特岛、罗得岛和塞浦路斯岛等地中海东部岛屿悉数归于帝国治下。在陆地上，拜占庭的领土一直延伸到中东，囊括小亚细亚、奇里乞亚、连同安条克城在内的大叙利亚海岸区、底格里斯河和幼发拉底河的上游地区，以及由于火山运动而形成的咸水湖——凡湖（Lake Van）①，这些火山在今日成了土耳其、阿塞拜疆和伊朗三国的分界线。从理论上来说，所有这些地区都由阿莱克修斯在君士坦丁堡统治着，他通常都待在最心爱的住所：重建后守卫森严的布拉赫内宫（Blachernae），这座宫殿坐落在君士坦丁堡的北部，被保护城市内陆通道的巨大城墙包裹在内。

或许也不尽然。因为当阿莱克修斯于 1081 年从不幸的尼基弗鲁斯三世（Nikephoros Ⅲ）那里攫取帝位时，他发现围绕帝国皇冠存在着一长串的问题。首先，类似他本人率兵推翻尼基弗鲁斯三世的这种贵族叛乱继续发酵，作为一个篡位者，年仅 25 岁的阿莱克修斯统治拜占庭帝国的合法性在本质上就有争议，这一事实更是使叛乱之势愈演愈烈。同样严重的问题是在帝国边远之处显现的外部威胁。在意大利（正如前文所提到的），诺曼冒险者罗贝尔·吉斯卡尔和西西里的罗杰一世已经占领了卡拉布里亚和阿普利亚，而且正在通过征服西西里来巩固

---

① 土耳其最大湖泊，位于安纳托利亚高原东部，靠近伊朗边境。

他们在那一地区的胜利果实。而西西里在被阿拉伯人占据之前也曾是一块拜占庭的殖民地。诺曼人还推进到了巴尔干地区：在1081年于都拉基乌姆（Dyrrhachium）[都拉基恩（Dyrrakhion），或现代阿尔巴尼亚的都拉斯（Durrës）] 的一场会战中取得对帝国军队的大胜，罗贝尔·吉斯卡尔开始着眼于夺取马其顿和色萨利的帝国领土。

与此同时，在北方，帝国领土一直饱受来自多瑙河方向的佩切涅格人（Pechenegs）[或称为帕奇纳克人（Patzinak）] 的骚扰，这个半游牧化的民族惯于兴风作浪，肆意为虐，在不同的时期对包括拜占庭人在内的所有邻居都发动过侵袭。安娜·科穆宁娜经常将佩切涅格人称为"斯基泰人"（Scythians）[1]，这一术语是对生活在黑海和里海北部无数民族的统称。

最后，在东面出现了一个名为塞尔柱人（Seljuqs）的突厥民族，与诺曼人一样执着地入侵，带来的威胁在凶险程度上不亚于佩切涅格人。与佩切涅格人大体上相似，塞尔柱人是一个松散的突厥部落联盟，起源于中亚大草原的乌古斯（Oghuz）[2] 语地区。到了安娜·科穆宁娜的时代，他们已经征服了波斯地区的大部，并在这一过程中皈依了伊斯兰教逊尼派。一位名叫伊本·哈苏尔（Ibn Hassul）的官员曾经为塞尔柱人工作，他写道："造物主将他们塑造成狮子的外形，脸宽鼻平，肌肉结实，铁拳有力……他们涉足于高山之巅，驰骋于

36

---

① 在国内又被译作"西徐亚人"，原指希腊古典时期活动于欧洲东北部至中亚一代的游牧民族。

② 乌古斯人系中世纪中亚突厥人的一支，凡24部。其起源由于现存古突厥、波斯、中国、阿拉伯、拜占庭等史料转写名称不同，记载又有出入而不易探明其原委。

险境之中，攀遍千峰万壑，勇闯深渊峡谷，深入未知之地。"[7]
作为马上骄子和勇猛武士，塞尔柱人在 11 世纪 70 年代席卷安
纳托利亚地区。1071 年 8 月，帝国军队在安纳托利亚东部的
曼齐刻尔特（Manzikert）遭遇了一场耻辱性大败，被塞尔柱
苏丹阿尔普·阿尔斯兰（Alp Arslan）率领的部队打得溃不成
军。[1] 自那以后，塞尔柱人一直忙于在小亚细亚建立自己的帝
国，也就是后来为人熟知的罗姆苏丹国（sultanate of Rum）。

　　可以理解的是，安娜对这些帝国的劫掠者深恶痛绝，因此
将突厥人（Τοὺρκοι，她不曾使用塞尔柱这个称谓）刻画成阴
险狡诈的野蛮人。[8]另一位与她年代相近的历史学家将他们称作
"带翼毒蛇……嗜血猛兽……野蛮成性的异教徒民族"。[9]当然，
他们的效率之高一如其恶名所指。到了 1085 年，塞尔柱人已
经占领或即将占领帝国境内的各个城市，向西进抵士麦那
（Smyrna），距君士坦丁堡仅 185 英里（300 千米）。到了 1091
年，帝国已是四面受敌。关于拜占庭帝国濒临崩溃的传言不胫
而走，在遥远的西欧宫廷传得沸沸扬扬。这已不是蛮族第一次
兵临罗马城下。因此，与他的同时代人——塞维利亚泰法国的
国王穆塔米德一样，皇帝阿莱克修斯认为保住帝位的最大希望
就是鼓励其他人为他而战。

✝

37　　　阿莱克修斯决定通过向境外势力求援来化解拜占庭所面临

---

① 令人尴尬不已的是，在曼齐刻尔特战役中（1071 年 8 月 26 日），阿尔普·
阿尔斯兰俘虏了当时的皇帝罗曼努斯四世·狄奥吉尼斯（Romanos Ⅳ
Diogenes），然后在收到一大笔赎金后将其释放。回到君士坦丁堡后，罗
曼努斯遭遇了一连串的叛乱，随后被废黜，并可怕地被刺瞎双眼。1072
年，他死于伤口感染。——原注

的威胁，这一做法并不新鲜。实际上，军事联盟在拜占庭的世界里大行其道，由于庞大的体量，帝国经常需要运用不同形式的政治和军事现实主义，而不是僵化的教条主义，遑论基于信仰的决策机制。随着他所面临的问题层出不穷，皇帝开始四处寻找盟友。

1091 年 4 月 29 日，阿莱克修斯给予佩切涅格人决定性的一击，通过诱敌深入，他在莱布尼翁山（Mount Lebounion）侧、接近色雷斯的赫布罗斯河 [River Hebros，又叫作马里查河（Marica）]① 口的一块平原上将他们的主力聚而歼之。敌人一败涂地——这可能是他最伟大的军事胜利。而他成功的关键在于当日拜占庭军队的一大臂助：另一群名叫库曼人（Cumans）② 的部落武士。拜占庭人与库曼人之间几乎没什么情谊可言：安娜将其形容为"渴望食人血肉……迫不及待地准备从我们的领土上大肆搜刮战利品"。[10]但是，他们收受了拜占庭人的厚币后心满意足，帮助阿莱克修斯赢得了这场惊人的胜利。在安娜对这场战斗的描述中，她的父亲自然而然地成了主角：

> 他在敌军之中往复冲杀……将迎面之敌劈成肉泥。他纵声长啸，远处敌兵莫不望风披靡……一整支部族，远非成千上万，而是不计其数的人，连同他们的妻子儿女，在那一天彻底亡族灭种。[11]

---

① 位于今天保加利亚境内。

② 库曼人是一个突厥游牧民族，主要活跃于 10～13 世纪，居住在黑海以北，是草原上凶悍的战士，后迁居黑海以西，给基辅罗斯、匈牙利和拜占庭等国都带来了很大冲击。

如果佩切涅格人还算相对容易打发的话，东面的塞尔柱突厥人则绝非易与之辈。在某种程度上，他们带来的威胁源于阿莱克修斯在他统治的头十年里与塞尔柱人暧昧不清的交往。尽管他们频繁入侵拜占庭的领土，皇帝有时还是会向这些突厥人伸出友谊之手。登基的第一年，他曾在都拉基乌姆战役前向塞尔柱人求援以对抗诺曼人，而后在 11 世纪 80 年代又与巴格达的塞尔柱苏丹马利克沙（Malik-Shah）以及数位突厥大酋长在小亚细亚的战场上培养出一种合作关系。阿莱克修斯通过在那些突厥人觊觎的小亚细亚城镇建立起一套协作规则，或是将这些城镇委任给那些乐意配合帝国政策的突厥领主，来达到安抚的目的，条件是他们要守卫这些城镇，抵抗反叛的帝国封臣或来自更远地方的其他敌人。[12] 这位皇帝甚至一度认真考虑过马利克沙的建议：将安娜许配给苏丹的长子。只不过由于安娜在出生之际就已经与其母系家族的一位拜占庭亲王订婚，这桩政治交易才悻悻作罢。① 在与塞尔柱人打交道时进行此类运作，阿莱克修斯实际上是在玩火，但他也没有更好的选择。

正如后来发生的那样，与塞尔柱人进行谨慎合作的政策在 1091 年惨遭失败。马利克沙在那一年去世，其子辈中继位成为苏丹的那位很快就证明他比其父更难相处。不久，负责管辖

---

① 安娜的未婚夫是君士坦丁·杜卡斯（Constantine Doukas），他的父亲是米哈伊尔七世·杜卡斯（Michael Ⅶ Doukas），被废黜的前任皇帝（1071 ~ 1078 年在位）。君士坦丁·杜卡斯也是生于紫室者，并且在 1081 ~ 1087 年（根据官方说法）是阿莱克修斯的"次任皇帝"。在与安娜·科穆宁娜订婚之前，君士坦丁曾与罗贝尔·吉斯卡尔的一个女儿奥林匹娅丝（Olympias）订婚。在此项订婚协议被宣布无效后，罗贝尔以此为借口入侵帝国领土。"拜占庭的"（byzantine）这个词在现代成为"复杂得令人困惑"的代名词并非毫无原因。——原注

拜占庭据点的突厥总督都由态度友好的人被更换为怀有敌意的人。四年以后，整个脆弱的绥靖体系在1095年全面瓦解。突厥人从东到西控制了安条克、尼西亚、尼科米底亚和士麦那等城市，并且占据了小亚细亚的全部爱琴海临海地区。在巴尔干地区，来自塞尔维亚的部落南下进入帝国领土烧杀抢掠，使得发起驱逐他们的军事远征行动势在必行。在各方向威胁的撕扯之下，阿莱克修斯的资源捉襟见肘；而持续不断的战役行动所带来的重负，以及贿赂盟友的耗费，使得国库也日渐空虚。帝国金币的贬值严重地损害了其价值和信用。在君士坦丁堡，到处都能听到谈论反叛的低声密语，贵族、军队、内廷和教会则暗中支持。阿莱克修斯是通过政变上台的，他的臣民开始窃窃私语：为什么不以同样的方式除掉他呢？[13]皇帝正面临着一场严重的危机。在这种情况下，阿莱克修斯选择了一条最终会决定命运的行动路线，尽管这种选择完全符合阿莱克修斯的性格：他决定向西方求助。

✝

考虑到这些年来诺曼人给拜占庭帝国造成的不少困扰，尤其是像罗贝尔·吉斯卡尔这样的麻烦制造者，阿莱克修斯在11世纪90年代竟然选择向麻烦源头求助，可能会让人感到匪夷所思。对于带着后见之明来写作的安娜·科穆宁娜来说，西方人或"拉丁化"欧洲一概被冠以"凯尔特人"的称呼，而他们通常都是她最不会推荐委以信任的那伙人。然而，在11世纪90年代中期，她的父亲确实亟待援手，而他的经验也表明，在与凯尔特人打交道时，这一群体的某些人在某些时候并非完全不可靠。在其执政之初，他就曾向神圣罗马帝国皇帝亨利四世支付了一笔 36 万金马克的巨额贡金，诱使后者在意大利攻击罗贝尔·吉斯卡尔：这样一笔颇有价值的交易牵制了这个诺曼人对拜占庭领土的进攻。[14] 十年之后，阿莱克修斯最伟大的军事胜利——在 1091 年将佩切涅格人一举铲除的莱布尼翁之战中，有 500 名佛兰德的骑士前来助阵，派遣他们的正是其宗主佛兰德伯爵罗贝尔①，后者在 1089 年从耶路撒冷朝圣的返途中与阿莱克修斯有过一面之缘。[15] 凯尔特人并不全都是穷凶极恶之辈。正如阿莱克修斯在认为对自己有利时便将突厥人或库曼人引为盟友一样，他也非常乐意向西方求助，如果这看起来符合帝国的最大利益的话。

　　1091 年，大约在莱布尼翁之战的同一时间，一封来自君士坦丁堡的信件以致"罗贝尔，佛兰德的领主和崇高的伯爵，并致全境所有的王公、基督信仰的挚爱者、普通教徒以及神职人员"开头。信中诉说道"希腊基督徒最神圣的帝国正因为佩切涅格人和突厥人的日夜蹂躏而遭受灭顶之灾"。这封信的作者还讲述了突厥人在帝国其他领地犯下的骇人听闻的暴行：捣毁圣地，滥杀无辜，凌辱主教，强行对男孩施以割礼并强迫他们对自己在圣洗池中的鲜血小便，强奸犯们在"少女的母亲面前夺去她们的贞洁，并强迫她们歌唱淫邪之曲直至完成自己的兽行"。作者哭诉道"（帝国）境内几乎所有城市都已沦陷，现在只剩下君士坦丁堡，而这些突厥人很快也要将其从我们的手中夺走"，然后他乞求佛兰德伯爵以天主仁爱之名派遣基督教武士增援，拯救"信仰忠贞的希腊基督徒"。[16]

---

① 罗贝尔一世，佛兰德伯爵，与诺曼人有家族联姻关系：他的姐姐玛蒂尔达（Matilda）嫁给了征服者威廉，即英格兰的第一代诺曼国王（1066～1087 年在位）。——原注

　　这封信的作者到底是何人尚无法断定。据说这是阿莱克修斯自己的手笔，结果被驳斥为彻头彻尾的伪造。但不容争论的是，整个西方都流传着其他内容相似的请求信，且都是以阿莱克修斯的名义发出。从1091年开始，一场声势浩大的求援行动拉开序幕，紧急呼吁被发往欧洲各地的贵族和王室，其中痛斥野蛮人的各种暴行和违背基督教礼仪的荒唐罪过。使者们被　41
派往四面八方，身兼争取国际同情和经济援助的双重任务。在威尼斯，利润丰厚的贸易特权摆在总督面前，包括税收减免、对威尼斯商人的法律豁免权，以及对帝国境内所有港口条件最好部分的独占权——所有这些都用来换取威尼斯人对业已枯竭的帝国国库所进行的财政支持。在法兰西和德意志，拜占庭外交官将用于教堂的圣物作为礼物呈上，外加东方的基督教世界和教徒危若累卵的可怕警告。他们宣称，其命运有赖于全世界全体基督教社会同仇敌忾，反抗邪恶的"异教徒"。在讲述帝国的苦难故事之余，他们又渲染了一些危言耸听的传闻，比如朝圣者遭受虐待，圣地在叙利亚和巴勒斯坦被亵渎——其中就包括耶路撒冷，这座基督传教和受难之城。这些可怕故事背后的意图显而易见，且用意深刻：激起西方基督徒对拜占庭敌人的仇恨，希望他们能帮助皇帝对付那些所谓的作恶者。

✝

　　阿莱克修斯尽管屡屡为人所欺，却并非愚不可及。在位统治期间，每当他向远方的势力寻求帮助时，他深知这项政策可能会适得其反。在请求西方施以援手、抗击在小亚细亚来势汹汹的突厥人时，他十分了解这些被他请来加入战斗的武士的名声。他们与那些在塞维利亚的穆塔米德召唤下从摩洛哥跨海来到西班牙南部的蒙面伊斯兰苦行僧截然不同。法兰克人可是声名狼藉，因为他们"狂性大发时无法自制，性情古怪且捉摸不定，更不用说……他们利欲熏心……以至于他们破坏自己签订的协议时无所顾忌"。[17]他的女儿记载道，阿莱克修斯对这一点心知肚明，但他还是向他们发出召唤。他所不希望的是，"生活在亚得里亚海和直布罗陀海峡之间的整个西方世界和全体人民，拖家带口，从欧洲的一端走向另一端，作为一个整体一起迁徙到亚洲"。[18]

然而最令人担心的事还是发生了。阿莱克修斯从东方发出的甜言蜜语收效奇高，远超乎他、安娜，或是他们周围的任何人，甚至包括给他们制造麻烦的突厥人的想象。因为他的话语在经过一位才华横溢而又十分危险的演说家——教皇乌尔班二世（Urban Ⅱ）歪曲篡改之后，传达给求之不得的听众。他在他的教众中所煽动起的情绪将会扭转地中海地区乃至更遥远地区的历史进程，其效果竟达数个世纪之久。

第四章　天主之意

你们必须刻不容缓，星夜驰援，

东方的同胞们止翘首以盼……

　1088 年 3 月 12 日，意大利滨海城镇泰拉奇纳（Terracina），教皇乌尔班二世在一场由部分红衣主教组成的秘密会议上当选。这对教皇来说并不是一个非常吉利的开端。泰拉奇纳位于罗马以南大约 50 英里（80 千米），可是教皇的传统座堂此时却对乌尔班和他的朋友们大门紧闭。反之，圣彼得的宗座此时正由一位名为克雷芒三世（Clement Ⅲ）的对立教皇（antipope）① 占据：他是倔强倨傲的神圣罗马帝国皇帝亨利四世的傀儡和仆役。亨利四世的帝国军队封锁了各处大门，而反复无常的民众则惯于在不合他们心意的赴任教皇抵达时掀起暴乱。前一年，当他作为罗马港口奥斯蒂亚（Ostia）的枢机主教时，乌尔班曾在永恒之城（Eternal City）② 为短命的教皇维克托三世（Victor Ⅲ）主持了祝圣典礼。但是现在轮到他来受苦了，他发现自己被困在一个二流滨海度假地的小教堂里。

　　乌尔班已经见惯了大场面。他于 11 世纪 30 年代出生于法国东北部香槟省区，马恩河畔的沙蒂永（Châtillon-sur-Marne）

---

① 又称伪教皇，专指与按教会法规遴选的教皇分庭抗礼的教皇。

② 罗马城的别称。

的一个贵族家庭，俗家姓名为拉杰利的奥多（Odo of Lagery）。
德国编年史家圣布拉辛的伯诺德（Bernold of St Blasien）形容
44 他"以虔诚好学闻名于世"。[1]在奥斯蒂亚的枢机主教任上，他
从1078年开始一干就是十年，颇得人望。由于突出的表现，
他荣膺为教廷使节，以外交家的身份出访德意志的帝国宫廷。
世事无常，奥多在那里经历了磨难，包括在皇帝的命令下度过
了一段短暂的牢狱生活。他因而对神圣罗马帝国与罗马教廷之
间的恶性政治角力有了深刻的体会。神圣罗马帝国皇帝通常也
是德意志国王（king of the Germans）① 和中欧一大片土地的宗
主，根据可以追溯到查理大帝时代的传统，素来由教皇加冕。
但是在11世纪的下半叶，皇帝与教皇之间的友好关系彻底破
裂。虽然这意味着乌尔班的加冕礼有些虎头蛇尾，但这也让他
时刻注意那些可以帮助基督教社会重新团结起来的事业——这
个愿望最终在十字军东征中惊人地实现了。

✝

尽管乌尔班已经勉强升任教皇，但他成长的关键期是在其
剃度为僧而非头顶主教法冠的岁月，因为他一生中的大部分时
间都是在位于勃艮第的克吕尼修道院作为修士度过的，那是一
座宏伟又极具影响力的修道院。克吕尼修道院是一个宗教机构
网络的中枢所在，这一庞大而活跃的体系于10世纪和11世纪
期间兴起并遍及西欧各地。这座修道院是由阿基坦公爵"虔
诚者"威廉一世（Duke William I 'The Pious' of Aquitaine）于

---

① 德意志国王也称罗马人的国王，由大德意志地区诸多半自治邦国的贵族
与诸侯选举产生。

910 年所建；他将其献给了圣彼得，居住在那里的修士也被他赐予极大的自由：除教廷以外不受任何权力机构的管辖。修士们终其一生都在那里进行着周而复始、神圣庄严的礼拜，这种名为永恒祈祷的仪式永无休止，仪式的场所——巍峨的建筑群中矗立着一座宏伟壮观的修道院教堂，就在乌尔班当选教皇的当年，这座教堂的第二次重建开始。[①] 克吕尼运动的改革者们并没有将修道院制度推倒重来，但他们在从 6 世纪起执行的本笃会制度之上推广了一种更为严格的形式。他们鄙夷体力劳动，因为他们认为这会让人从沉思冥想的生活中分心，反之，他们采用了一种更为严格的方法，在宏大的场合进行宗教仪式，但同时又以苦修禁欲式的专注力践行静默、祈祷和独处的原则。

与重塑修道院制度的日常行为同样意义重大的是，克吕尼运动开创了一种管理修士及其院所的新方式。其成员组成了克吕尼修道会（Cluniac Order），这些志同道合的宗教人士力求形成一种具备包容性和国际化特点的联合体，强调目的、尊严和财富的深刻意义，在兴建教堂时注重夸张的表现手法。

传统的本笃会修道院虽然遵循同一套制度，却是孤立的社区，由独立自主的院长领导，而克吕尼派的修道院则是一个严密管控的集体中的一部分，克吕尼修道院是其中的领头羊。各座分院（Daughter house）无论位于何处王土，均被归类为小修道院，每座分院都听命于克吕尼修道院的院长。[2]至 11 世纪末，克吕尼修道会已设立了 1000 多座分院：一些原始的基金

① 历史学家将克吕尼修道院教堂的第二次重建称为“克吕尼三世”；当其完工后，它将是当时世界上最大的教堂类建筑。——原注

会组织和其他修道院都已经被其捐建者全盘移交给了克吕尼
体系。

　　早在青年时期，拉杰利的奥多就投身克吕尼修道会，并在
声名显赫的总院门下拜师求学。他到达克吕尼以及在日后出人
头地的时期正值伟大的政治家、后被封圣的修道院院长于格
[瑟米尔的于格（Hugh of Semur），后来被称为克吕尼的圣于
格]的任期。于格的精力超乎常人，极富个人魅力，与同时
代的主要王公贵族关系密切，树立了神职人员走出修道院、参
与高层政治活动的事业典范。而且，这位修道院院长成了奥多
一生中的贵人：将奥多拔擢为地位崇高的克吕尼修道院副院
长，鼓励他踏足高层外交圈，并且终身都是他的亲密顾问。奥
多深爱着这个地方，后来他曾说克吕尼"就如同另一轮太阳
普照着大地"。[3]在克吕尼的见闻学识使他满怀壮志豪情，积极
推动教会改革和集权化管理；也使他对环地中海地区基督徒和
穆斯林的关系以及大众朝圣的变革性力量了若指掌。所以，即
便他于1078年离开克吕尼修道院前往罗马，投入一位新的恩
主良师——同样令人敬畏的教皇格列高利七世的门下时，他在
克吕尼学到的东西已大半融入他的精神血肉中，直至他离世之
日。在克吕尼所涉及的各类事务及其赖以运作的结构体系塑造
了他的教皇权力，从而影响了十字军运动的整个发展过程。[4]

✝

　　克吕尼修道院坐落于勃艮第南部的马孔内（Mâconnais）
地区，距离西班牙的伊斯兰国家500多英里（800千米），距
离西西里700英里（1130千米），距离君士坦丁堡1200英里
（1930千米），它似乎在11世纪远离了穆斯林和基督徒之间关

系紧张的前线。然而它的近期历史讲述了一个截然不同的故事。故事就发生在100年前，时任克吕尼修道院院长马儒略（Majolus，954或956~994年在任）是一个羞涩腼腆、书生气重而又恪守戒律的人，他虔诚至极，几乎每天都有喜极而泣的习惯。[5] 马儒略曾目睹了穆斯林与基督徒之间的冲突。972年，这位修道院院长在游历阿尔卑斯山时，他与他的同伴受到阿拉伯流寇的袭击，这帮来自安达卢西亚的亡命之徒在弗拉克辛内［Fraxinet，阿拉伯语名字为贾巴尔奇拉尔（Jabal al-Qilal），也就是今天的拉加尔德弗雷内（La Garde-Freinet），位于圣特罗佩（St Tropez）附近］设立了一片守备森严的飞地。这群阿拉伯人绑架了马儒略，给予他改宗伊斯兰教的机会，当他拒绝后，便用铁链将他锁起来扔进山洞，派人向克吕尼的修士们传话，索要1000磅白银的赎金。[6] 对于马儒略来说，幸运的是，克吕尼修道院富可敌国。于是这位善良的院长毫发无损地返回了克吕尼并且继续活了20年，其间还展现出治愈被狗咬伤以及失明、瘫痪和发烧等疾病的神奇能力。然而，弗拉克辛内的阿拉伯人就不那么走运了。第二年，也就是973年，为了给克吕尼修道院报仇雪恨，普罗旺斯伯爵威廉一世（Count William I of Provence）召集了一支军队，在弗拉克辛内附近一个名为图尔图（Tourtour）的平原上击溃了绑架马儒略的匪徒。这群阿拉伯人或逃或死，或是沦为奴隶。虽然这一切都发生在奥多的时代之前，但这样一个家喻户晓的故事给后人留下了两个印象颇深的教训。首先，克吕尼修道会的敌人与基督的敌人很容易被混为一谈。其次，惩罚性的军事行动通常是基督子民唯一能理解的语言。

马儒略与阿拉伯人之间扣人心弦的冒险故事并非克吕尼修

47

道院影响奥多的世界观的唯一方式，因为这座修道院还密切地插手了收复失地运动——西班牙北部基督教王国与南部穆斯林泰法国之间的战争。从法兰西和意大利北部进入西班牙的道路上，克吕尼修道院的分院随处可见，因为有名望的修道院被刻意设置成落脚点，前往圣地亚哥－德孔波斯特拉的朝圣者或参加西班牙当地战斗的志愿者们在穿越比利牛斯山时可以在那里睡觉、吃饭、祈祷和欣赏圣物。[7]此外，随着西班牙北部的基督教王国开疆拓土，克吕尼修道会的修士们也紧随其后开设新的分院，作为指导中心为莫扎勒布基督徒和穆斯林改宗者提供思想教育，同时也以他们的名望、正直和圣洁来感化当地的领主和农民。[8]

在奥多于克吕尼修道院求学期间，西班牙与这座修道院的关系愈发稳固且呈现出私人交往的特点。修道院院长于格是伟大的收复失地运动战士、卡斯蒂利亚和莱昂联合王国的国王阿方索六世的知己、谋士和叔父，故而克吕尼派的修士们也格外用心地为阿方索的安康和救赎祈祷（考虑到阿方索囚禁了自己的一个兄弟，并且有可能参与杀害了另外一个兄弟，还是有很多事务需要为他祈祷的）。为了嘉奖克吕尼修道会在净化他的灵魂、增进他的王国的精神福祉和促进旅游业发展中所发挥的作用，阿方索确保这个修道会得到了丰厚的回报。从1077年开始，他每年都会向克吕尼修道院捐献2000枚奥里斯（aurei）① 金币，倘若后者再有需求，也是一次付清。这种慷慨的布施，使于格得以大兴土木、广建楼宇，而这些资金则来源于阿方索对泰法国兴师讨伐后的予取予求，对他称臣纳贡的国王包

① aureus 是古罗马和罗马帝国的标准金质货币单位。

括塞维利亚的穆塔米德、萨拉戈萨的穆克塔迪尔（al-Muqtadir）
和巴达霍斯（Badajoz）① 的穆塔瓦基勒（al-Mutawwakil）。⁹这条
资金流动的链条十分清晰：阿方索对他的异教徒邻居巧取豪
夺，再通过克吕尼修道会投入重金，提升教会的荣耀。

　　于是，这就为乌尔班对教会的总体愿景提供了一个现成模
式：中央集权，扩张主义，全力支持对地中海地区的穆斯林势
力发动进攻，对可能引发民众献身的事件保持敏感，尤其是当
此类事件既涉及长途旅行，又能与世俗国王的当务之急甚至家
族事务协调一致时。实际上，前克吕尼派修士乌尔班在其教皇
任期的第一年最引人注目的举动之一便是发布一道敕令，授予
西班牙城市托莱多（1085 年由阿方索从穆斯林的统治下夺取）
在比利牛斯山下所有的宗教事务中的首要地位，这一举动使他
的用意昭然若揭。他随后将塞迪拉克的伯纳德（Bernard of
Sédirac）任命为托莱多的第一任大主教，此君也曾是克吕尼派
的修士。在对这一任命的确认令中，乌尔班颇为赞同地指出：

　　　　通过无上光荣的阿方索国王以及基督子民的艰苦努
　　力，在穆斯林被驱逐以后，托莱多城重归基督徒的势力之
　　下……（我们）对天主感恩不尽，因为他在我们这个时
　　代赐予基督子民一次如此伟大的胜利。¹⁰

这是一个巧妙且诱人的如意算盘：战士掠夺在先，教皇圣化　49
在后。

---

　　①　西班牙西南部城市。

✝

至此，克吕尼在乌尔班的思想上留下了烙印。然而这只是故事的一部分，因为作为教皇乌尔班二世，奥多在其执政方针中深深地受到了其最为好斗的前任的影响：伟大的"改革派教皇"格列高利七世。他在1015年前后出生于托斯卡纳地区（Tuscany）①，血统远比乌尔班要卑微得多的父母为他取了个农民的名字希尔德布兰（Hildebrand）。格列高利七世是一个粗鲁无情的教皇：身材矮小，声音微弱，但终其一生都好勇斗狠，刚愎自用，凭借几乎令人难以置信的高压手段来推动目标的实现。他的朋友、文人彼得·达米安（Peter Damian）② 对他的形容非常出名："神圣的撒旦"。至于他的敌人，对他的称呼就恶毒得多了。

从他于1073年加冕为教皇至1085年去世，格列高利七世矢志不渝地改造教皇在基督教世界的地位，遵循并延续一项可以追溯至教皇尼古拉二世时期（1059～1061年在任）的传统。引起改革者们热切关注的原因包括圣职买卖和神职人员的婚姻。但"格列高利式"改革方案的核心是坚持所有世俗统治者——无论皇帝、国王抑或其他人——都应承认基督代理人在凡世间至高无上的地位。1075年，格列高利七世颁布了他的教皇敕令（*Dictatus Papae*），其中以强硬的措辞规定了他作为教皇的政治权力：以27条公理断言教皇绝对至上且永无谬误，

---

① 意大利中部地区，首府为佛罗伦萨。
② 另译圣伯多禄·达弥盎，红衣主教，与希尔德布兰（即教皇格列高利七世）同为教会改革派人士，是一位刚强有力的讲道者和作家，呼吁禁止神职买卖、禁绝教士婚姻并改革教士制度。

宣布所有教皇依此定义都为圣人，并授予他们唯一的权力，可以召集宗教会议、选任主教、在教会法庭上审判最重要的案件、罢黜违逆他们的国王和皇帝。[11]

格列高利七世对于教皇权力的这种极其直率的看法，不仅仅是自大或专制的问题，更导致了他与神圣罗马帝国皇帝亨利四世之间激烈而漫长的争斗，在此期间，格列高利七世二次将亨利四世开除教籍，皇帝也转而宣布将格列高利七世罢免，另立自己一派的对立教皇，并使用军事力量将他们安插在罗马。作为反击，格列高利七世与明显不敬畏上帝的罗贝尔·吉斯卡尔及意大利南部的诺曼人缔结了己方的军事同盟（这一同盟成败参半：1084 年，诺曼人在帮助格列高利七世抵御敌人的同时，洗劫并烧毁了罗马的一半城区）。

格列高利七世与亨利四世之间的争端通常被称作叙任权斗争（Investiture Contest），事关到底是皇帝还是教皇最适合"叙任"（即任命）主教的两极化问题。然而，这一问题演变成一场旷日持久的斗争，在两人身故后继续恶化，闹得西方的基督教世界乌烟瘴气，教士与国王互不相让，偶尔甚至以谋杀收场。① 而且斗争从一开始就对乌尔班二世的教皇政策产生了显著的影响。奥多之所以选择"乌尔班"这个名号，正是为了表达他想将格列高利七世毁掉的沟通桥梁重建的愿望（去世于公元 230 年的乌尔班一世，生前曾因以熟练的手腕处理教派分裂的问题而闻名于世）。他曾寻找一项可以将西方基督教世界重新团结起来的共同事业。1095 年，也就是他出任教皇

① 坎特伯雷大主教托马斯·贝克特（Thomas Becket）惨遭效忠于英王亨利二世的骑士们杀害，这一事件与同类的长期争端直接相关。——原注

的第七年，当四面受困的拜占庭帝国皇帝阿莱克修斯一世·科穆宁派出的使者们出现在阿尔卑斯山脚下时，他发现这恰好是他日思夜想的大业。使者们前来恳请乌尔班帮助他们召集基督教军队，援助他们在东方的可怜兄弟们，他们说，这些骨肉同胞正惨遭横冲直撞的突厥人屠杀。

✛

51　　1095 年 3 月的第一周，阿莱克修斯的使者们在伦巴第的皮亚琴察（Piacenza）找到了乌尔班二世，此地是朝圣者前往罗马途中的一个小站，位于波河岸边。从严格意义来说，皮亚琴察是神圣罗马帝国皇帝的领土，但实际上这里的人民已经将亨利四世的官员拒之门外——很可能是因为五年前亨利四世的党羽将当地主教的眼珠挖出而惹怒了他们。[12] 乌尔班二世此时正在皮亚琴察召开一场宗教会议，这次教务委员会的目的是就从皇室丑闻到普通的教会改革等一系列问题进行辩论和发表意见。这位教皇对召开宗教会议情有独钟——在他 11 年的统治中，他召开了十次宗教会议。根据官方记录，参加皮亚琴察宗教会议的人数尤为众多，总计 4000 名神职人员和三万名普通教徒出席。代表人数如此之多，以至于有几次会议是在户外开阔的田野上举行的。

皮亚琴察的与会者要倾听的内容有很多。法兰西国王腓力一世（Philip I）的外交官为其陈词辩护，因为乌尔班二世为了惩罚他与妻子非法离婚而对他施以绝罚，法王以原配生育能力不足且过于肥胖的理由与她离婚，然后便以他的情妇取而代之，而棘手的是，后者已经嫁给了因为暴躁易怒而得名"恶人"富尔克（Fulk the Repulsive）的安茹（Anjou）伯爵。神圣罗马帝国皇后普拉塞迪斯（Praxedis）则控诉自己的丈夫亨利四世是一个虐待狂。不那么猥琐的事务包括已经提上教务日程的关于买卖圣职、分裂教会以及歪门邪说的具体禁令。这些内容虽然都是乌尔班二世改革方案的重要组成部分，但在影响的持久性上，没有一项能比得上拜占庭代表带来的坏消息。

使者们姓甚名谁、何时抵达（此次宗教会议从3月1日持续至7日），以及他们所言何物都已湮没于历史长河中。[13]但由圣布拉辛的伯诺德撰写的一份记录保留了他们所说的基本内容。伯诺德写道：

> 使者们谦恭地恳请教皇和基督的所有忠实信徒给他们 52
> 一些帮助，以抵御异教徒，保卫神圣的教会。异教徒已将
> 他们家园的教堂摧毁殆尽，鲸吞那里的土地，兵临君士坦
> 丁堡的城墙之下。教皇大人因此鼓励众人施以援手，于是
> 他们慨然起誓，蒙天主相助，他们将共赴前线，竭尽全
> 力，襄助皇帝，忠心护国，驱除异教。[14]

到东方去，乌尔班二世向齐集一处的成千上万名教徒和神职人员说道。令人吃惊的是，他们对于他的话笃信不疑。

乌尔班二世决定支持阿莱克修斯·科穆宁既非出于一时冲动，也非突发奇想，而是早有此意。自上台伊始，他就对像阿方索六世和西西里伯爵罗杰这样与穆斯林统治者大动干戈的基督教国王鼓励有加。至于拜占庭帝国，他早已启动试探性的谈判，以图改善罗马与希腊教会之间渐行渐远的关系：有一次，他曾专程前往西西里（拉丁和希腊的教会仪式在那里并用），正是为了听取罗杰伯爵关于此事的建议。[15]基督教会的这两大

阵营自 1054 年以来就正式分道扬镳，双方在圣灵本质的问题上存在着根本性对立的神学论点，对到底是发酵的还是未发酵的面包适用于圣餐各执一词，就连罗马教皇与君士坦丁牧首的排位先后顺序也无法达成一致。正如他渴望弥合西方教会中皇帝与教皇的嫌隙一样，乌尔班二世也急于寻求方法来消除东方与西方之间更大的隔阂。

乌尔班二世对 20 年前的旧事也十分清楚。在拜占庭帝国于 1071 年的曼齐刻尔特战役中惨败给突厥人之后，教皇格列高利七世致信西方基督教世界的名流显贵，信中大言不惭，宣称他打算"为那些饱受撒拉森人频繁蹂躏之苦的基督徒送去援助"，[16] 最终却一无所获。在 11 世纪 70 年代，西方各界对这些号召兴味索然，应者寥寥。然而，到了 11 世纪 90 年代，君士坦丁堡遭受的威胁更加严重，也愈发真实。与此同时，阿莱克修斯的宣传试图将小亚细亚的求援与突厥人在圣地对朝圣者和圣殿所犯下的骇人听闻的暴行结合起来，再添加上耶路撒冷已经血流成河的残忍描述（经常是子虚乌有的捏造）和整个基督教世界危在旦夕的恐吓。"趁你们还有时间，赶紧行动起来吧！以免你们失去基督徒的王国，更为甚者，失去主之圣墓，"从君士坦丁堡寄给佛兰德伯爵罗贝尔的匿名信里如此写道，"这样你们才不会遭受厄运，而是从天堂获得嘉奖。"[17]

正如前文所述，给佛兰德的罗贝尔写信的人是谁，这是一个存在争议的问题。然而这封信明确了一个论调——将君士坦丁堡的命运与"主之圣墓"（即耶路撒冷）的命运混为一谈，而乌尔班二世在皮亚琴察接见帝国使者们之后正是对这一点大做文章。在结束了他在皮亚琴察的事务之后，教皇并没有返回罗马，而是启程翻越阿尔卑斯山，在法国南部开始了一次说服、布道和劝勉的夏季之旅。他此行会见了教会的首要贵族和王公——诸多地方实力派人物，例如图卢兹伯爵雷蒙（Raymond）［又被称为圣吉勒（Saint-Gilles）的雷蒙］、勃艮第公爵奥多和勒皮（Le Puy）① 主教阿德马尔（Adhémar），他们的话语对于各自地区的乡民来说具有很重的分量。通过这些大佬和其他人士，他将发生在东方的残忍骇人之事传播出去，后来在荒诞不经的编年史里以血淋淋的细节呈现：突厥人在拜占庭和耶路撒冷的基督教领地上横行霸道，奸掳烧杀，滥行割礼，并且肆意折磨上帝的信徒。

当乌尔班二世讲述东方这一激起他的怜悯之心的悲惨景象时，他对自己担当教皇的使命大谈特谈——一项让基督教世界重归于一统的政策。他在寻求大批作战人员的支持，以便发动一次向东方的军事远征。他说道，那些响应拜占庭苦苦求援的人，也可以被派去进攻那些亵渎圣地的基督之敌。第一个目标是君士坦丁堡。最终目的地将是耶路撒冷。

✝

乌尔班二世的旅程以两场盛大的活动收尾。1095 年 10 月，他荣归克吕尼修道院，四分之一个世纪前，他走向教皇宝座的权力之路就是从这里开始的。他的老师于格此时仍然是修道院院长，由于穆拉比特王朝在西班牙的征服行动切断了他丰厚的资金来源——穆塔米德等泰法国国王上缴的贡金，他现在面临着经济上的困难。尽管如此，他并没有放弃建设修道院的

① 全名为勒皮昂瓦莱（Le Puy en Velay），法国南部城市，历史悠久，是法国著名的文化名城，也是前往西班牙的圣地亚哥－德孔波斯特拉的朝觐之路的三大起点之一。

激情。新的修道院教堂正在施工中，一座圣殿盘旋向上，直指苍穹。在一场隆重的仪式上，乌尔班二世站在于格的旁边，正式为这座高耸的祭坛祈福。他在修道院驻留了一个星期，在此期间他宣布他将于 11 月 18 日召开另一次大型宗教会议，地点位于 90 英里（150 千米）之遥的克莱蒙（Clermont），会期十天。这一地区最有权势的人物都受到鼓励参加这次会议，而他们之中的大多数也确实到场。12 位大主教、80 位主教和 90 位修道院院长响应了教皇的号召。他们收到的消息几乎不是什么秘密，因为整个夏天，乌尔班都在城里乡间不遗余力地制造声势。尽管如此，这是他巡视之旅的最后一场重大活动，不容错过。

乌尔班二世在克莱蒙会议上布道的确切文本已经佚失，但很多年代相近、部分内容可靠的记录告诉了我们其内容。这次布道演说是他在 1095 年 11 月 27 日举行的一次户外集会上发表的，当时正值冬季来临。根据一位名叫沙特尔的富歇（Fulcher of Chartres）① 的牧师所撰写的编年史（实际成书于七年之后）记载，乌尔班二世老调重弹，猛烈抨击买卖圣职、异端邪说、破坏和平和侮辱主教的行为。然而，他随后发出了一个即将回响数个世纪之久的战斗口号，"这是一项属于你们和上帝的紧迫任务"。

他继续说道：

---

① 约 1055 或 1060 ~ 约 1127 年，法兰西教士与史学家，除了留下乌尔班二世在克莱蒙会议上布道演讲的文字记录之外，他后来追随布洛涅的鲍德温（后来的埃德萨伯国第一代伯爵和耶路撒冷王国国王鲍德温一世）参加了第一次十字军东征，撰写了关于此次东征和耶路撒冷王国初期的史书。

你们必须刻不容缓，星夜驰援，东方的同胞们正翘首以盼，屡屡求援。

因为突厥人，一个来自波斯的民族，正在攻击他们……而且已经深入罗马的领土，到达了被称为圣乔治之臂（Arm of St George）的地中海地区（也就是君士坦丁堡）。他们从基督徒那里攫取了越来越多的土地，并已经在七次战役中打败了他们，杀死或俘虏了很多人，破坏教堂，毁灭天主之国。

因此，我以至诚之心祈祷……上帝劝诫你们，作为基督的使者，要不断地敦促所有阶层的人，无论是骑士还是步兵，无论贫富，赶快从我们的土地上出发去消灭这个邪恶的种族，并及时帮助那里的基督徒居民……

对于所有前往那里援助的人，无论在通过陆路抑或海路进军中，或是在与异教徒的斗争中，如果他们受缚的生命在此过程中走到终点，那么他们的罪过必将得到赦免。我借着主所赐予我的能力，将这一福音赐给所有动身上路的人。[18]

富歇对乌尔班演讲的记述中没有提及耶路撒冷，但后来一位名叫修士罗伯特（Robert the Monk）的作家记载道，乌尔班号召他的听众"踏上前往圣墓的道路，把那片土地从邪恶的种族手中拯救出来，夺为己有……位于世界中心的天主之城（即耶路撒冷）……祈求和渴望自由，不断祈祷你们能前来救助她。事实上，她格外需要的正是你们的帮助，因为上帝在战争中赐予你们相比其他民族无上的荣耀……所以，坚定地在这条道路上走下去，你们必将身负天国坚不可摧的荣耀，你们的罪过将得到赦免"。在乌尔班二世讲完之后，罗伯特写道，人群的呼声开始汇聚成同一个声音："天主之意！天主之意！"[19]

在教皇激动人心的独白行将结束之时，勒皮主教阿德马尔以一个精心设计好的动作站起身来，当众向教皇跪下，请求教皇允许他参加这次光荣的远征。图卢兹的雷蒙也当众表态要鼎力支持。这些大人物纷纷誓言要承担起这样一个大胆而又雄心勃勃的任务，此情此景，在场的人们也深受感染，顺理成章地陷入群体性忏悔的狂热之中，他们捶打着自己的胸口，向前拥去，乞求教皇在他们返回家中准备新任务之前赦免他们的罪过。

乌尔班告诉所有期望加入东方朝圣之旅的人，要在"（他们的）前额或胸前标记出十字"[20]，以同他们的邻居区分开来。再一次，他们对他的话笃信不疑。从那时起，将"领取十字"的字面意义付诸实践成了十字军东征视觉表现的一个重要部分。在克莱蒙上演的一幕成为一场轰轰烈烈、令人生畏的胜利，这一幕——尽管当时的人还不曾料到——将会被后世数个世代的人效仿。后来被称为第一次十字军东征的"大激荡"开始了。

✝

在随后的九个月里，一支名副其实、由虔诚教士们组成的
57 队伍前往法兰西的城镇、乡村以及更远的地方，号召人们加入这场新运动。其中的典范当数教皇本人，他先后在利摩日（Limoges）①、勒芒（Le Mans）②、图卢兹、图尔、蒙彼利埃

---

① 法国中部城市，著名的历史文化古城，中世纪时为法国西部的宗教中心。
② 法国西北部城市，见证了安茹伯爵和英格兰国王亨利一世之女玛蒂尔达的婚姻，以及金雀花王朝创建者亨利二世的诞生。

（Montpellier）①、尼姆（Nîmes）和鲁昂（Rouen）等地召开大型集会。他在所到之处举行弥撒，赐福教堂的圣坛，笼络贵族，捐赠和转交圣物（包括从教廷收藏中取出的圣十字架的许多小碎片），头戴金银三重冕教皇法冠出席宏大的典礼，在露天布道，还勉励基督徒拿起武器、出征到远离家乡的地方并夺走其他人类的性命。那些听到他鼓动的人都遵从了他的号召。在克莱蒙，乌尔班曾试图缓和被煽动起来的大众情绪，他发出指示说，只有那些健康、富有、能打仗的人才应该加入他的军队，并且警告，那些已经领取十字但没有出发的人将蒙受耻辱。然而，随着时间的推移，他所面临的问题将不再是那些止步不前的人，而是那些不合适新任务的狂热分子，他既无法阻止也无法控制他们。

从某种意义来说，这种状况不足为奇。一位教皇骑马越过阿尔卑斯山，率领着一大群红衣主教、大主教、主教和其他达官显贵走过数百英里的法兰西大地，这可是一生中难得一见的景象，使得亲眼看见的基督徒欣喜若狂。这个时期的西欧正在经历艰难时世。自 1092 年以来，一连串的旱灾、饥荒和瘟疫肆虐西欧大地，使得民生凋敝；在前一年夏天，一些最贫困的人被迫在土地里挖草根为食。[21]到了 1095 年和 1096 年，这些问题有所缓解，但取而代之的是惊人的天象征兆，包括流星雨、月食和罕见的极光，漫天的流光溢彩和奇形异色引发了人们关于末日降临的思考。[22]他们认为，由于凡人犯下的罪恶，上帝将种种不幸施加于他的子民，而乌尔班二世恰恰在此种背景之下为人们提供了一个赎罪的机会。当乌尔班提及耶路撒冷和拜

———————————

① 法国南部城市。

58　占庭时，这一信息显得尤为有力——耶路撒冷作为世界的中心、基督受难地和他空空如也的坟墓所在地，有着明确的意义。

　　因此，报名参加乌尔班二世所发动的武装朝圣之旅的志愿者很快人满为患。"很多来自不同行业的人，当他们发现自己的罪过会得到赦免时，便发誓要带着净化的灵魂依令而行，"沙特尔的富歇写道，"看到这些由丝绸、金织物或其他精美材料制成的十字架，被这些朝圣者，包括骑士、普通信徒和神职人员缝在斗篷肩上，这再合适不过了，令人心生快意。"[23]

　　当乌尔班在克莱蒙布道时，他所希望的是发动教会的军事力量进行远征。而现在他取得的成功已超乎他最大胆的想象。

第五章　布道者传奇

戴上救赎头盔，拿起心灵之剑

此乃天主之言

1096 年的西欧，成千上万的基督徒先是受到教皇乌尔班拿起
武器的号召，继而在教廷代理人密集布道的宣扬下，感觉自己已
然觉醒。这些人来自所有阶层：上自实力雄厚的伯爵和大主教，
他们可以为十字军筹集大量的资金，还可以依仗他们属下的大批
骑士和随从充实东征大军；下至普通村民，除了信仰之外身无长
物。有些人来自城镇，有些人来自乡村。参军的志愿者中一部分
是为了冒险求财，其他人则是真正地感到有必要捍卫基督，抵御
外侮——"丧心病狂的野蛮人"，按照乌尔班的说法。[1]很多人就
像那位名叫弗雷特瓦勒的尼维洛（Nivelo of Fréteval）的骑士一
样，被赎罪的前景深深地吸引了。这位骑士来自法国北部的布卢
瓦（Blois）地区，与一帮暴徒为伍，靠威胁恐吓布卢瓦的穷苦村
民为生，而他现在发现了一个消除自己罪愆的机会，即通过参加
朝圣大军"来获得上帝对我罪行的赦免"。[2]然而，有少数几个人，
比如隐士彼得（Peter the Hermit）这样奇特的人物，给当时的作
家留下了深刻的印象：一位白发苍苍、干瘪枯瘦、来自皮卡第
（Picardy）① 的宗教隐士，在诸多方面看起来最不可能却还是

---

① 法国北部一地区名。

成了十字军东征的第一位领导者，率领第一支基督徒军队离开西方，沿着多瑙河向君士坦丁堡进发，在历史上毁誉参半。

彼得魅力非凡，游历广泛，是一个让他的同时代人着迷、兴奋和震惊的人物。他来自亚眠（Amiens），但据其自述，他一生四处漂泊，早在乌尔班开始布道向东方发动战争之前，他就去过圣地和君士坦丁堡。毫无疑问，他精力充沛，是一位极具说服力的演说家：作为一位民粹主义煽动家，他知道如何煽动同胞们的梦想和偏见，并将促使他们达到一种与自己一样虔诚而又活跃的状态。编年史家诺让的吉贝尔（Guibert of Nogent）在彼得人气极盛时曾有幸与其谋面（但并不完全认可他），不屑地形容他身着"一件长及脚踝的羊毛外套，上面戴着兜帽；他套着一件披风，以遮住其上半身和胳膊的一部分，但他的脚是光着的"。但就连吉贝尔也不得不承认彼得"对于穷苦大众极为慷慨，将自己收受的礼物都转赠给他们……所到之处皆能化干戈为玉帛。其言语行为几乎恍若神迹"。[3]另一位作者形容彼得具有非同小可的说服力，为他所折服的人包括"主教、修道院院长、神职人员、修士……然后是最为高贵的普通教徒、五湖四海的王公显贵……所有的普通民众，无论是虔诚还是有罪之人，通奸者、谋杀犯、盗贼、伪证者、抢劫犯；也就是说，基督信仰的所有子民，甚至女性都对他心悦诚服"。[4]他是如此受人崇敬，以至于贫民争相从他所骑乘的驴子尾巴上扯下毛发作为圣物来保存。

彼得的成功之处部分在于他就自己的身世讲了一个好故事。根据后世史料记载，他年轻时前往耶路撒冷朝圣，而在他于当地停留时，基督曾在梦中向他传谕，授予他一封信件，要求他鼓舞自己的同胞去完成将耶路撒冷从穆斯林的统治下解放出来的使命。彼得讲道，当他醒来时，耶路撒冷宗主教向他走了过来，提出同样的请求，于是，天意感召之下，他继而直接向阿莱克修斯和教皇乌尔班二世进言圣战的想法。[5]换言之，隐士彼得自称是先驱者和精神建设者，他所践行的正是教皇在克莱蒙宣扬的圣战使命。

虽然彼得的才能毋庸置疑，但他天生就是一个吹牛大师。因此，尽管他可能确实在教廷于克莱蒙正式号召圣战之前就一直在鼓动信徒向耶路撒冷发动一场进攻，以求千年应许①、赎罪重生，但他同样也可能只是附和 1096 年初的大众情绪，无论向教廷寻求正式支持与否，他都在四处游说，尽其所能地布道。而我们现在是否相信他的故事无关紧要。重要的是，他在 1096 年传播这一信息的效率之高，令人称奇。乌尔班二世和他的主教们在法国南部、西部和中部的领地上大造声势，与经验丰富的军事和宗教领袖计议如何以最佳方式组建起一支实战成功机会较大的军队，招募最好的士兵，主持宣誓仪式，任命有能力的指挥官，为那些希望参加十字军的人提供资金和补给方面的建议。与此同时，隐士彼得则在法国北部、莱茵兰（Rhineland）②和德意志西部那些大体上被教廷布道者忽略的地区独辟蹊径。他一路赤足而行，昂扬布道，以一种更具有自发性和平民化的方式来促使这一使命转化为实际行动，邀请所有体验到精神感召的人加入并放手一搏。于是，那些响应他号召的人包括了从小贵族和具有战场经验的骑士到那些即使被描述为非战斗人员也对其过于慷慨的各类人等，以及那些乌尔班

① 原文 millenarian 意指源于基督教教义的"千禧年"，简要的意思是在最后的审判前一千年，基督会再度降临并统治一个由圣徒领导的王国。

② 旧地区名，也称"莱茵河左岸地带"，今德国莱茵河中游地区。

62　明确警告过不要奢想参加行动的人：神职人员、老人、妇女、儿童和赤贫如洗以至于无事可做的人。①

　　教皇乌尔班二世宣布，他的十字军的出发日期为 1096 年 8 月 15 日——圣母升天节，夏季最神圣的日子。但是在正式出发日期前的五个月，也就是复活节那天，隐士彼得的乌合之众——后来被称为平民十字军（People's Crusade）——就已经出发上路了。他们并没有以统一的部队行军，而是分为相互错开的好几股分队，互不统属，其中既有由经验丰富的军事活动者组成的团体，例如在最早出发的几支分队中就有法兰西领主"穷汉"瓦尔特（Walter of Sans Avoir）率领的八位骑士和数十名步卒，也有跟随在展现出神迹的一只鹅和一只母山羊后面向东进发的数千名农民，他们认为这两只生物曾归圣灵所有。6 彼得本人则边行军边挥舞着一封他声称是从天上掉下来的神授信件。这是一群鱼龙混杂、性情乖戾之徒。但到了 1096 年的初夏，这群夜郎自大的平民十字军的第一批分队已经开始出现在拜占庭。

　　当他们到达君士坦丁堡时，许多人的手上已经沾满了鲜血。

✝

　　尽管参加圣战的狂热在 11 世纪 90 年代席卷整个西欧——

---

①　教皇的代理人坚决劝阻那些只会空耗资源的人加入这项运动。在一个令人难忘的案例中，图卢兹的主教颇费了一番功夫才说服了一位富裕的妇女——阿尔泰亚斯的埃梅里亚斯（Emerias of Altejas），让她相信她不适合与异教徒战斗，而应该把她的慈善事业专注于在离家更近的地方建立一个贫民收容所。关于她的事迹，可参阅 *A Database of Crusaders to the Holy Land, 1095 - 1149*, https://www.dhi.ac.uk。——原注

第五章 布道者传奇 / 071

无论是乌尔班和他属下的官方布道者，还是隐士彼得及其他自由职业煽动家的努力所致——一个令人尴尬的悖论却成为其核心问题。既然耶稣基督的教会在表面上是以宽仁之心为立教之本，那么他的追随者又怎能以他的名义来畅想战争呢？在登山宝训（Sermon on the Mount）① 中，基督说道："使人和睦的人有福了，因为他们必称为神的儿子。"[7]然而，就是这群将来要成为上帝之子的人正在召集一支战争大军，其规模在教会历史上闻所未闻。他们所为之事对于其集体良知的干扰甚小，这一事实充分说明，惊人的柔性思维已成为基督教在其诞生的第一个千年里的一个标志。

拿撒勒的耶稣是一位爱好和平之人。即便有时不免于尘世所需，甚至易于发怒，但福音书里所描述的基督仍反复声明他喜欢温和胜过侵略，宁愿受苦也不愿报复。然而，乌尔班二世很清楚，基督对于宽容大度的个人兴趣并没有完全凌驾于数千年来所产生的大量犹太 - 基督教文献之上，而这些文献提倡的内容恰恰与宽容相左。

尽管基督说了很多抚慰人心的话语，但对于中世纪的基督徒仍然很重要的《旧约》中却描述了一个猜忌心重的上帝，他永远对压迫者予以重创，对不公者施以严惩：以眼还眼，以牙还牙，对犯下贪食、酗酒、破坏安息日（Sabbath）纪律和鸡奸之罪的人都要用石块砸死。[8]《马加比书》讲述了一个以色列王朝家族作为自由斗士的冒险经历，在这样一本流行著作所呈现的世界里，游击战、强制阉割和大屠杀都是上帝的战士

---

① 亦作"山上宝训"，指的是《圣经·马太福音》第五章到第七章里耶稣基督在山上所说的话。山上宝训当中最著名的是"八种福气"，这一段话被认为是基督徒言行的准则。

64　用之不疑的战术。① 诸如此类的故事似乎表明，虽然上帝的一位仆从可能看起来与基督相像，但他也同样有可能与犹大·马加比（Judas Maccabeus）② 形似："他身披铠甲，宛若巨人。他拿起武器，冲向战场；他用自己的剑保卫营地。他像凶猛的狮子咆哮着进攻。"9

　　而尚武精神也不仅仅局限于《旧约》。圣保罗（St Paul），一位洗心革面的罪人、使徒和出色的书信作者，深深地着迷于军事类比。他在给以弗所人（Ephesians）的信中鼓励他们万事皆要效仿基督，"戴上救赎头盔，拿起心灵之剑"。10保罗的信息，虽然出发点是和平主义思想，却采用了一个容易被误解的暴力类比。而保罗也绝非不通刀兵之人。帕特莫斯的约翰（John of Patmos）在《启示录》③ 中认为伴随末世（在第二个千禧年之初，似乎即将来临）到来的将是一场大屠杀，而他对此不胜欢喜。在一段令人毛骨悚然、预言了两位先知命运的文字中，约翰这样写道：

　　　　从深渊里爬出的野兽将会攻击他们，扑倒并杀死他们……
　　他们的尸骸暴露于所有民族、部落、语区和国家的目光之
　　下足有三天半的时间，不得下葬。大地上的住民为他们的

---

① 根据诺让的吉贝尔所记载的乌尔班在克莱蒙的布道词，这位教皇以《马加比书》为例，解释了为什么"你们这些基督教士兵，通过武装斗争来保卫你们祖国的自由是公正的"。吉贝尔记录的这段话是在为已经发生的事辩护，但他显然认为这个例子会吸引他的读者。参见 Levine, Robert（trans.）*The Deeds of God through the Franks：A Translation of Guibert de Nogent's Gesta Dei per Francos*（Woodbridge：1997），p. 43。——原注
② 公元前 167 ~ 前 160 年反抗塞琉古帝国统治的犹太起义军领袖。
③ 《圣经·新约》中的一卷，记载了使徒约翰在帕特莫斯岛看见的异象及其所做的预言。

> 死欣喜若狂，互赠礼物以示庆祝，因为这两位先知曾让他
> 们饱受折磨。[11]

这两位先知最终得以复活。但整件事的基调再一次敲定。基督
也许憎恶暴力，但战争、杀戮、流血甚至种族灭绝仍然是基督
教经文诠释中为人熟知的内容。

在保罗和约翰归天数百年以后，基督教信仰与世俗暴力结
合的问题并没有消失。更为甚者，随着基督教在公元 380 年被
立为罗马帝国的国教①，这一问题变得明确且具体。在基督教
化中的温和属性与通过军事征服、镇压和战争来维系帝国生存
的现实治国方略之间寻得平衡的需求日益紧迫。众多严肃思考
的有识之士投身于这项任务当中，引经据典，追根溯源，直至
亚里士多德（卒于公元前 322 年）时代的政治思想，由此萌
发出"正义战争"的概念：暴力固然令人遗憾，但只要用于
保卫祖国并且最终有助于造就或恢复和平，那么就合乎法理，
甚至道德要求。[12]

在公元 4 世纪，这一主题被赋予了具体的基督教倾向，先
是由米兰主教安布罗斯（Ambrose）着手，然后是由希波的圣
奥古斯丁（St Augustine of Hippo）② 发扬光大。奥古斯丁绝非
一个好战之人：他是一个神学家和哲学家，涉猎广泛，从原罪
和神之恩典的本质到果园偷盗和梦中遗精的道德问题，无所不

65

---

① 原文如此，疑有误，基督教在公元 393 年被狄奥多西一世立为国教。

② 354～430 年，出生于古罗马帝国统治下的努米底亚，基督教早期神学家、
　教会博士，以及新柏拉图主义哲学家。其思想影响了西方基督教会和西
　方哲学的发展，并间接影响了整个西方基督教会。其重要的作品包括
　《上帝之城》、《基督教要旨》和《忏悔录》。

包。[13]然而他也深知，一旦基督教从叛逆邪教的地位摇身一变为帝国信仰，宗教信条就必须加以改造，与为战争而建立起来的帝国的要求相一致。在《上帝之城》一书中，奥古斯丁坚定地捍卫基督教在罗马帝国中的地位，论证道"贤者必然发动正义战争……正是由于敌方的不义，贤者才有必要发动正义的战争"。[14]此外，他还提出了四个可以明确识别的条件，只有在这些条件之下，一场战争才可被认定是正义的：开战的理由名正言顺；开战的目的要么是保家卫国，要么是夺回财产；开战的行动当由合法机构批准；参战之人的动机必须光明正大。

奥古斯丁是一个实用主义者——而奥古斯丁式的实用主义在他作古以后继续盛行于世。当西罗马帝国土崩瓦解，其领土被来自德意志北部的各大部落瓜分之后，拉丁基督教会很快就适应了这样一种文化：帝国扩张或防御的边境战争让位于小王公和军阀之间的混战。基督教的思想家们再一次想方设法，改造信仰，使之与他们所处的环境相匹配，交替地寻求为暴力圈定界限并将其神圣化。10世纪的教士发明出两个孪生概念：神赐和平与神命休战（Peace and Truce of God），两者都在诸如皮亚琴察和克莱蒙（由乌尔班二世召开）这样的宗教会议上得到积极推广。神赐和平系由骑士和其他战士宣誓，承诺在任何时候都要避免攻击穷人、弱者、无助者或虔诚的信徒。神命休战与之类似：武士们宣誓遵守全面和平的期限约定，在此期间他们不会互相攻击。教会也开始积极地为武士国王祈祷求福，甚至欢迎他们响应殉道的传统。因此，教会册封的圣人中包括圣奥斯瓦尔德（St Oswald），即诺森布里亚（Northumbria）① 的

----

① 公元5世纪至9世纪英格兰七国时代的王国之一。

国王（卒于 641 年，一说 642 年），可敬的比德（Venerable Bede）① 这样的作家认为，他在不列颠群岛的征服杀戮可由其受洗热情和战前祈祷所抵消；以及吉罗纳的威廉（William of Gellone），一位图卢兹公爵（卒于 812 年，一说 814 年），他在 8 世纪晚期杀死了成千上万的西班牙穆斯林，而后放下屠刀，皈依教会，以修士身份度过余生。

当伟大的征服者查理被教皇利奥三世（Leo Ⅲ）于公元 800 年圣诞节当日加冕为神圣罗马帝国皇帝时，武士国王与拉丁教会之间的协定也随之固化。而到了 11 世纪，基督教——至少是在西方——已成了一个欣然接纳那些杀人残戮之徒的宗教，只要这些人如此行事是为了尊重礼拜仪式和保护教会财产。因此，11 世纪 60 年代以来的历任教皇都能以正当理由向桀骜不驯的诺曼兄弟罗贝尔·吉斯卡尔和西西里伯爵罗杰等人发放教皇的战争旗帜；历任教皇数十年来一直在为西班牙当地反对穆斯林和其他异教徒的战争摇旗呐喊；这也是为何格列高利七世在 1074 年认定他关于召集一支上帝的军队为拜占庭人复仇（当他们在曼齐刻尔特惨败给阿尔普·阿尔斯兰之后）的建议合情合理。也正因为如此，教皇乌尔班和隐士彼得，以及各级教士在法国四处奔走，真诚地宣扬一种基于个人忏悔和集体正义来发动神圣战争的教义精神，这种景象虽然不同寻常，却也并非新鲜。[15]

67

---

① 672～735 年，英格兰历史学家，著有《盎格鲁人教会史》。作为一位知识渊博的学者，他毕生完成了近 40 部拉丁文著作，成为早期盎格鲁－拉丁文学的杰出代表，被后人尊为"可敬的比德""英国历史之父"。

✝

1096 年的晚春，在布道者们刻意掀起一场基督教沙文主义的浪潮之后，先期出发的十字军在隐士彼得的鼓动下离开了莱茵兰，开始寻找任何可能被视为基督敌人的人，这并不奇怪。他们不必离家很远就可以找到假想敌。十字军先头部队的第一批目标和受害者并不是君士坦丁堡城门前可怕的异教徒，而是生活在诸如科隆、沃尔姆斯（Worms）①、施派尔（Speyer）②和美因茨这类西欧和中欧城市的犹太人社群。

在 1096 上半年中，受隐士彼得以及圣战布道所宣扬的民粹观点强烈影响而充当马前卒的小头目中，有一个名叫弗隆海姆的埃梅科（Emicho of Flonheim）的人，他是一个富有的贵族，被一位编年史家评价为"由于其暴虐的生活方式而声名狼藉"。[16]在 1096 年，埃梅科率领的小分队是集结在美因茨的 1.2 万名莱茵兰十字军部队中的一部分。他们在那里向该市的犹太人发动了一场荒唐的攻击。"当他们通过莱茵河、美因河（Main）③和多瑙河上的主要城市时，要么彻底毁灭一路所见的劣等种族——犹太人（即使他们在十字军东征一事上积极为基督教效力），要么就迫使他们皈依教会。"同一位编年史家如此写道，流露出与埃梅科同样的反犹主义偏见，即使他对这位伯爵的品性颇有意见。[17]

---

① 位于莱茵河的西岸，德国历史最悠久的城市之一，也被称为"尼伯龙根之城"和"路德之城"，是英雄叙事诗《尼伯龙根之歌》的舞台。
② 位于莱茵河上游，市中心的同名大教堂是欧洲最大且最具代表性的罗马式建筑。
③ 莱茵河在德国境内的右岸支流。

美因茨的犹太人在这股恐怖狂潮沿着交通大道一路蔓延到他们的城市之前便已听闻此事：附近的许多城市都发生了房屋和犹太会堂被焚毁的暴行，伴随着殴打、大规模谋杀以及从犹太人那里偷窃大量钱财的事件（失窃的受害者从事着教会法禁止基督徒参与的放贷业务）。当暴力攻击发生后，很多犹太人向美因茨的大主教罗特哈特（Rothard）求助，后者为大约700人提供庇护，避难所"位于他自己宅邸的宽广大厅里，远离埃梅科伯爵及其爪牙的视野，在这样一个安全又坚固的地方，难民们也许会安然无恙"。但这个大厅既不安全也不牢固，不足以抵御十字军的邪恶，他们在黎明时分包围了大主教的住所，砸碎了大门，开始了一场大屠杀，根据编年史家亚琛的阿尔贝特（Albert of Aachen）记载：

> 妇女也难逃他们的毒手……幼小的儿童无论年龄性别皆惨遭刀剑刺穿。犹太人亲眼看见他们的基督教敌人攻击他们和他们的孩子，这些敌人没有放过任何年龄的人，杀戮无差别地落到所有人身上，兄弟、孩子、妻子、姐妹，于是受害者们互相了结对方的生命。其可怕的情形真是难以言表，母亲们用刀割开正在受乳的孩子的喉咙，又刺向族人，她们宁愿自己亲手杀死孩子，也不愿他们被未受割礼的人用武器杀死。[18]

这种惨象绝非美因茨独有。在沃尔姆斯，丹尼尔之子伊萨克（Isaac）的脖子套上了绳子，被拖着穿行过泥泞的街道，折磨他的人逼迫他要么改变信仰，要么去死。最后，当他的舌头从嘴里伸出来时，伊萨克用他的手指划过自己的喉咙。他周围的十字军战士和沃尔姆斯的市民不需要更多的请求了：他们砍掉了他的头颅。[19]在科隆北面的韦沃灵霍芬（Wevelinghofen），大批男女跳入莱茵河中自尽，而父亲则宁愿杀死自己的孩子也不愿他们落入敌人的手中。[20]这场反犹的暴力狂欢到底是由十字军的广泛共识所引发（他们打算报复耶稣被钉死在十字架上时遭受的背叛），还是这件事只是代表了一群狂热暴民的嗜血欲望（他们迫不及待地想要发泄他们的正义之怒），我们已经无从得到确切的答案了。[21]但此事对美因茨犹太人的悲惨影响是显而易见的。"从这场残忍的屠杀中逃出的犹太人寥寥无几，"亚琛的阿尔贝特写道，他发现在生还者中有些人已被迫受洗成为基督徒，"带着从这些苦难者身上夺来的丰厚战利品，埃梅科伯爵……以及所有这些让人无法忍受的男男女女，继续踏上了前往耶路撒冷的旅程，前往匈牙利王国。"[22]

✝

十字军的第一批先头部队所选择的路线古已有之，好几代朝圣者和商人已经在这条道路上往来于东方，其历史至少可以追溯到公元4世纪。这条路线发源于德国南部，最初随着多瑙河的河道延伸，带着那些沿多瑙河行进的人离开阿尔卑斯山，穿过森林、田野和沼泽地，然后向贝尔格莱德转了一个大弯。在那里可以找到一条名为对角线干道（Via Diagonalis），又被称为军事大道（Via Militaris）的罗马古道，这条路线一路穿过巴尔干半岛直达君士坦丁堡。这段路程总计大约1250英里（2000千米）：如果步行的话是一段很长的距离，在这条路线上行军，定期进行再补给并且与当地统治者保持友好关系是至关重要的。然而，在隐士彼得的鼓动下上路后，平民十字军的各个分队发现，这远非易事。

最初的问题出现在匈牙利。尽管这里在名义上是友好地域，由一位基督教国王卡尔曼一世（Coloman I）统治，但稍微了解一点这片王国领土历史的人都会注意到匈牙利统治者只是在11世纪早期才皈依基督，而最近造成一片腥风血雨的反基督教起义至今还历历在目。[23]匈牙利还没有形成西方式的封建贵族体系，而是呈现出一个半部落式王国的特点，对于不熟悉这样一个不同世界的西方人来说，这一点可能十分危险。这是一片陌生的土地，明智之人都会建议小心行事。但是，在远离家乡且狂热暴躁的情况下，很多早期十字军战士的行为十分残暴，因而遭遇了同等对待。

第一批进入匈牙利领土的平民十字军成员是由彼得的盟友，即富有的法国小领主——"穷汉"瓦尔特所率领的小部队。由于其部队规模甚小，不构成威胁且不会对外国乡村造成沉重负担，瓦尔特和他的追随者们被允许安全通过匈牙利，还获得了在当地市场购买食品和其他补给的权利。他们平安无事地通过了这个王国，在贝尔格莱德被拜占庭向导接到并引领向君士坦丁堡。

两周之后，手中挥舞着天堂来信的隐士彼得也到达此地，身后是1.5万~2万人的大军——其中的一些人全副武装甚至受过战争的训练，但也有相同数量的人是寂寂无闻的朝圣者。在向莱茵兰地区的犹太人发泄出他们的些许愤恨之后，这些分队在6月也相对平安无事地通过了匈牙利。但是，对于下一波紧随他们身后到来的十字军来说，情况就截然不同了。7月，两支互不统属的德意志十字军抢劫和虐待当地人民，尤其是在一伙十字军"在市场上用一根木桩刺穿了一个年轻的匈牙利人的私处后"[24]，当场就爆发了一场严重冲突，这使得卡尔曼国王勃然大怒。他无意容忍十字军欺侮他的人民或是滥用他的好客，因此派出军队，先是将十字军缴械，继而处死肇事者。当残暴的弗隆海姆的埃梅科伯爵率领着规模更大、好斗成性的部队于8月初抵达时，卡尔曼干脆封锁了边界。这导致埃梅科围攻了一座位于维瑟尔堡（Wieselburg）的边境要塞，持续了三周之久。结果，埃梅科的军队在匈牙利人的打击下全军覆没。[25]对于后续的平民十字军分队而言，匈牙利的国门至少是暂时性关闭了。

而在前方，贝尔格莱德以东的拜占庭领土上也是麻烦不断。尽管阿莱克修斯的帝国官方机构对第一批十字军小分队多加照顾，甚至组织起由会说西方语言的官员管理的市场，但随着聚集在拜占庭领土上的西方人数量从数百人膨胀到数万人，双方关系趋于紧张，不时爆发的打斗成为常态，在尼什（Niš）① 以及通往索非亚的道路上，十字军与当地希腊民兵的冲突不断。到目前为止，单是十字军的存在就已成为一个严重问题。帝国公主安娜·科穆宁娜回忆，当民众得知他们期待已久的"法兰克军队"，其第一批部队竟是这样一些不法狂徒时，君士坦丁堡城内一片忧惧不安。安娜听到人们在窃笑，叫那位领头之人为"布谷鸟彼得"（Koukoupetros），而且她还注意到，一场将葡萄藤一扫而空的蝗灾预示了他的到来。她说道，这只"布谷鸟"的军队，其中只有几个战士，被"一群平民包围，人数远远超过海边的沙子和天上的星星，他们手持

---

① 塞尔维亚南部城市，是巴尔干半岛乃至欧洲最古老的城市之一，在古代就被认为是连接东西方世界的重要通道。

棕榈枝，肩扛十字架"。[26]

　　可以预料的是，平民十字军在 8 月 1 日到达拜占庭都城后，引发了更大的骚动，因为"这些人缺乏一位明智的王公来领导他们"，很快就"毁坏城内的教堂和宫殿，抢夺里面的财富，从屋顶剥下铅条并将其卖给希腊人"。[27]没过多久，目睹自己的城市被破坏成一片废墟的阿莱克修斯不堪其扰，于是他鼓励隐士彼得和"穷汉"瓦尔特率领他们的联合部队渡过博斯普鲁斯海峡，在基博托斯（Kibotos）设营待援。但是在那里，事实再一次证明了他们毫无耐心可言。安娜记述道，一旦在小亚细亚扎营，十字军立刻就以"残忍无道的行为对待那里的全体人民；婴儿被砍成碎块，插在木刺上，置于火上炙烤；老人受到各种折磨"。

　　现在的形势很明显，不管彼得征召新兵的努力多么令人印象深刻，也不管他在召集并带领一支庞大的志愿军走完 1250 英里（2000 千米）的征程，且大部分情况下是在外国领土上行军的成就有多么惊人，平民十字军的军队要做的事已经严重地超出了他们的能力范围。他们除了依靠阿莱克修斯越过博斯普鲁斯海峡送来的补给品来维持生存之外，只能在附近地区尽其所能地搜寻，劫掠当地的希腊人和突厥人。他们现在也非常容易受到攻击，因为一旦他们进入君士坦丁堡以东的地区，便处于拜占庭人与罗姆苏丹国的塞尔柱人互相争夺的领土。当一队德意志和意大利骑士夺取了尼西亚附近一座名为谢里戈多（Xerigordo）的废弃城堡后，他们便被军阀基利杰·阿尔斯兰一世（Qilij Arslan I）召集的突厥部队团团围住，后者统治着尼西亚，他所控制的突厥化小亚细亚领地如此之多，足以使他自封为一位苏丹。

　　被围困在谢里戈多城堡里的十字军恰逢安纳托利亚特有的炎炎盛夏，遭受着可怕的干渴之苦，为了生存下去不得不喝马血、饮人尿。虚弱不堪的他们最终被一支由"熟练使用角骨弓且来去自如的战士"组成的军队歼灭。最后，敏捷的突厥骑兵攻占了城堡，将一些面容姣好之人和大部分年轻的十字军战士掳为人质，对于剩下的人则是以各种发明的手段屠戮殆尽（包括将他们绑在木柱上并向他们射箭）。然后，突厥人将尸体堆成小山，任其腐烂，以此作为对后续从西方逼近尼西亚的拉丁军队的警告。[28] 宿营在基博托斯的主力部队要求他们的领导人向尼西亚进军，以为死者报仇雪恨，却只是招来了突厥军队的更多攻击。待到秋天来临的时候，平民十字军的朝圣者和战士们已经被日灼、饥饿和敌人的袭扰磨去了心志。10 月 21 日，基利杰·阿尔斯兰向基博托斯发动了一次大规模进攻，杀死了"穷汉"瓦尔特和其他一些人，将可怜的十字军残部击溃。

　　隐士彼得逃脱了这可怕的命运，他急忙越过博斯普鲁斯海峡，逃回君士坦丁堡。有朝一日，他将继续布道，在十字军东征的进程中将仍然是一个经常出现的（虽然现在大体上是一个次要的）角色。但是他的许多追随者都死于非命，而那些从基博托斯幸存下来的骑士发现他们已经失去了指挥官。显然，他们——以及其他所有人——都迫切需要由举止庄重和富有经验的将军来领导。阿莱克修斯·科穆宁已经遣使到西方去召唤上帝的军队。1096 年春，他似乎完全打开了帝国的后门，让一群恶魔进入。

第六章 诸侯出征

齐心协力，坚阵勿退！信耶稣，圣十字必胜！

今日，得上帝欢喜者必将多有斩获……

博希蒙德（Bohemond），罗贝尔·吉斯卡尔之子，命中注定要成长为一位人君。当他尚在襁褓中时，他的父母就知道他的命运必然不同凡响。他的受洗名是马可（Mark），但是他的父亲看了一眼儿子的个头之后便给他起了一个听起来颇为怪异的绰号，这一即兴之作取自一个传奇巨人——博阿蒙德斯·吉格斯（Buamundus Gigas），罗贝尔曾在一场晚宴上听人讲述其趣闻逸事。[1]事后证明这一绰号恰如其分。成人之后，博希蒙德周游世界，亲身参与诸多令人毛发直立的冒险当中，而且即便不能取悦于人，他也会给每一个遇到他的人都留下深刻印象。"即使在最伟大的人群中，他也能鹤立鸡群。"一位钦慕的编年史家写道。[2]另一位编年史家则看到了"一个顶天立地的英雄"。[3]第三位编年史家将他描述成一个"伟大的战士"和"极为卓越之士"。[4]十字军东征史诗《安条克之歌》（*Chanson d'Antioche*）的作者称赞博希蒙德"高贵且英勇"。[5]安娜·科穆宁娜则认为他居心叵测、阴险狡诈、反复无常、贪得无厌，遇事只会怨天尤人，天生就爱信口雌黄，而且"其挑拨离间之能事，厚颜无耻之丑态"，在所有过境拜占庭的拉丁人中"无人能出其右"。[6]不过，即使是她也不得不承认博希蒙德极富魅

拜占庭帝国

黑

君士坦丁堡

尼科米底亚

尼西亚
（1097年5~6月）

大

多里莱乌姆
（1097年7月）

第
一
次
十
字
军
东
征
军
联
军

塞　尔　柱　罗

丹
苏

美
尼

艾科尼厄姆

赫拉克利亚

马米斯特

塔尔苏斯

坦克

洛涅的鲍德温

安条

（1097年10月~1098年6月

拉塔基

托尔托

的黎波里

琴

海

地

中

海

从君士坦丁堡出发的第一次十字军
东征路线，1097~1099年

0   100   200   300
英里

耶路撒冷
（1099年6~7月）

海

尼什曼德王朝

西尔

叙里乞亚王国

底格里斯河

科辛侬

马拉什

布洛涅的鲍德温

埃德萨

阿勒颇

摩苏尔

迈阿赖努曼
（1098年11~12月）

图卢兹
的雷蒙

幼发拉底河

阿克尔
（1099年2~4月）

大马士革

78　力，风度翩翩：身材魁梧、胸膛宽阔且英俊潇洒，手掌宽大，浅蓝色的眼珠勾人心魄，皮肤白皙，一头齐耳短发，下巴由于胡须刮尽而十分光滑。后两者都颇有挑衅的意味，与这个以头发和胡须通常是男性气概象征的世界格格不入。[7]

　　尽管自外于主流时尚，博希蒙德却野心勃勃、诡计多端并且天生就是一个战士，专精于围城拔寨。与他的父亲罗贝尔和叔叔西西里伯爵罗杰一样，他发现在这个世界上出人头地的最可靠方式便是仗剑在手，而他则拥有得天独厚的身体素质和家族人脉来进行这样的事业。安娜·科穆宁娜对他如此奚落的原因可谓一言难尽：博希蒙德在 11 世纪 80 年代早期加入了其父对拜占庭的军事进攻行动，当时意大利南部的诺曼人试图将他们的领土扩张到巴尔干半岛。当他父亲于 1085 年去世后，他在 1088 年认领了塔兰托亲王的意大利头衔，所获声名虽显，实际上却等同于承认这一事实：放弃了对他父亲名下任何实质性领土的统治权。地位显赫的阿普利亚公爵头衔则落到了博希蒙德平庸无奇的同父异母兄弟罗杰·博尔萨（Roger Borsa）头上。不过，博希蒙德以战场上的长期经验弥补了世袭领地的缺失——他的履历中包括在著名的都拉基乌姆战役中统率着诺曼军队的一部。[①] 当 1095 年拉丁世界在教皇乌尔班的布道后开始动员时，博希蒙德正处于他军事生涯的黄金时期。他推测这次新的圣战将会使他成就一番丰功伟业——他是对的。

✝

　　有关博希蒙德参加十字军东征的大部分已知史料是由一位

---

　　① 博希蒙德当时统率着诺曼军队的左翼部队，也是承受敌方压力最大的一翼。

极力奉承的匿名追随者留下的，其著作的编年史，即今日的《法兰克人功绩史》（*Gesta Francorum*），记述了从 1096 年起塔兰托亲王的十字军生涯。在描述博希蒙德决定加入这一运动时，作者给世人留下了一个领主受到全能上帝的精神感召而自发行动的印象：

> （1096 年 7 月至 8 月），当他正在围攻阿马尔菲（Amalfi）① 时，听闻一支由法兰克十字军组成的大军已经到达附近，准备前往圣墓并与异教徒作战。于是他开始仔细调查一番，派人打探大军所携带的武器、他们在向基督朝圣时所佩戴的徽章，以及他们在战斗中呼喊的战斗口号。有人告诉他："他们装备精良，在右臂或者肩膀之间佩戴着基督的十字徽章，而且他们一起呼喊的战斗口号是'天主之意！天主之意！天主之意！'"于是，在圣灵的感化下，博希蒙德毫不犹豫地下令将自己最昂贵的披风割下来做成十字徽章，而参加围攻战的大多数骑士都立刻加入了他的行列。[8]

这是一个很动听的故事，但作者宁愿穷极想象地相信老于世故和人脉广泛的博希蒙德竟然只有在看到基督教大军从他的战地帐篷前经过时才听说了乌尔班二世的宏图大业。他可是诺曼氏族的一位成员，而正是这个氏族曾为格列高利七世和乌尔班二世提供了军队，使其不受教廷敌人的侵犯。十字军东征离不开

---

① 意大利南部城市，曾是阿马尔菲航海共和国的首都，是公元 839 年至大约 1200 年在地中海的一股重要的贸易势力。阿马尔菲海岸于 1999 年被《国家地理》杂志评为全球最美的 50 个景点之一。

地位尊崇之人的关注和参与，此事从一开始便已了然，并且已由平民十字军的反面例子证实。[9]由于博希蒙德通晓希腊语，很可能也在一定程度上掌握了阿拉伯语，对科穆宁王朝知根知底，还具有在安纳托利亚边缘地带的战斗经验，因此，几乎可以肯定的是，乌尔班很早就对其信任有加。1096 年夏天，他突然在围攻阿马尔菲的过程中宣布加入十字军的举动不过是一场闹剧而已；真正令人吃惊的是他居然将自己的意图隐瞒了如此之久。

第一次十字军东征的很多领导人都带有一股强烈的诺曼风格。诚然，图卢兹伯爵雷蒙和勒皮主教阿德马尔，这两位首先在克莱蒙响应十字军号召的大贵族和主教都是法国南部人士，而法王腓力一世的弟弟韦芒杜瓦（Vermandois）伯爵于格（Hugh）——另一位加入十字军的高级贵族——其参军的目的是确保卡佩（Capetian）王朝的王室成员也在其中占有一席之地。[①] 但其他大多数显赫的"诸侯"（虽然不是完全准确，但就已知史实而言可以将他们统称为诸侯）不是诺曼人就是与诺曼人沾亲带故。诺曼底公爵罗贝尔·柯索斯（Robert 'Curthose'）[②] 和布卢瓦伯爵斯蒂芬（Stephen）招募了一支主力军团，两人分别是已故的英格兰国王征服者威廉的儿子和女婿。[③] 另外一支主力军团则由下洛林（Lower Lorraine）公爵布

---

① 法兰西国王在 1095 年仍处于被教皇绝罚的状态，因此不受教会欢迎。——原注

② "柯索斯"（Curthose）来自诺曼底法语 Courtheuse，意为短林。这是罗贝尔的绰号，根据史家记载，罗贝尔的父亲征服者威廉曾嘲笑他为"brevis-ocrea"（短靴子）。

③ 征服者威廉于 1087 年去世，继承英格兰王国的是他三个儿子中的次子威廉二世·鲁弗斯（卒于 1100 年）。——原注

永的戈弗雷（Godfrey of Bouillon）和布洛涅的鲍德温（Baldwin
of Boulogne）统率，这对兄弟的父亲曾与征服者威廉在黑斯廷斯
战役中并肩作战。与他们同行的还有佛兰德伯爵罗贝尔二世，
他的姨母玛蒂尔达是征服者威廉的王后。然后便是博希蒙德，
代表着诺曼人南迁的分支。与博希蒙德并辔而行的是他20岁的
侄子欧特维尔的坦克雷德，和来自萨莱诺（Salerno）①的堂弟、
人称元首理查（Richard of the Principate），以及许许多多与其
家族过从甚密的骑士，而博希蒙德的叔叔西西里伯爵罗杰本人
由于对十字军的想法嗤之以鼻、恶语相向而声名狼藉，"几乎
被孤立起来"。[10]

　　到底是何种因素促使这些人——西方一些最强大、最富
有、最令人畏惧的贵族——离开安乐窝、加入十字军？同时代
的史家对此众说纷纭。[11]东方教会的需要理所应当地受到了重
视。[12]赎罪的前景是另外一个巨大诱惑，尤其对那些以作恶为
生的人：骑士以及其他支配诺曼宫廷的战士（《法兰克人功绩
史》着重强调了赎罪这一条，暗示洗涤灵魂的前景对于博希
蒙德和他的亲信圈子来说真的很重要）。[13]"教会认可，武士征
伐"的黄金时代已快被人淡忘，重现其荣光也自有吸引人之
处：一位编年史家暗示诸侯们受到勉励，"不要辜负你们先人
的勇气，振奋起来"。[14]最后，还有掠夺战利品的承诺。对南部
诺曼人知之甚深的杰弗里·马拉泰拉就曾断言，博希蒙德参加
十字军首先是为了征服，至于他自己灵魂的问题则等而下之。
这一说法或许有些不公平：信仰、荣耀和黄金，三者纠结在一
起无法轻易分清（博希蒙德的一支军队从东方返回时兴高采

81

————————

　　①　意大利南部海港城市。

烈，因为他们得到了一些自认为比金钱和爵位更加弥足珍贵的宝物：圣母玛利亚的一缕头发）。[15]实际上，1095～1096 年各路贵族和骑士参加十字军东征的原因不一而足；重要的是，他们最终得以成行了。

✝

　　博希蒙德及其他诸侯积极备战至教皇建议的最后期限 8 月 15 日，通过不同的路线交错出发以缓解穿越各国领土时的后勤需求，他们于 1096 年的晚夏和秋季间启程前往拜占庭，此时恰逢平民十字军灰飞烟灭之际。他们的追随者总数可能达到八万之众：骑士、扈从、仆人、教士、厨师、导航员、马夫、工程师、翻译、手无寸铁的朝圣者、妇女、儿童以及其他各类人等。编年史家生动地描述了欧洲各地城镇和家庭的场景，丈夫满怀虔诚之心和出游之欲，与妻子依依作别——或是带上全家老小一同前往，进行一生的旅行——而骑士们则将自己的房屋抵押出去以筹集资金，为预计将持续一年或更长时间的远征做准备。其中的一些人，比如蓬特-埃坎弗雷（Pont-Echanfray）的"红武者"拉尔夫（Ralph the Red），和来自意大利南部市镇蒙泰斯卡廖索（Montescaglioso）的"狂战士"休（Hugh the Berserk），都是能征善战之士，在诺曼人的战争里摸爬滚打多年（拉尔夫在加入十字军之前既为博希蒙德，也为他的父亲效力过）。其他人则是第一次离开家乡。博希蒙德的军队牧师——卡昂的拉尔夫（Ralph of Caen），后来为欧特维尔的坦克雷德撰写了一部十字军征战的传记，描述了后者在十字军东征开始时的心情：

仿佛先前沉睡之人重新焕发出勃勃生机，他的力量被唤醒，双目睁开，勇气注入后的躯体开始活动……他的灵魂曾在岔路口徘徊。两条道路何去何从？福音还是俗世？戎马生涯（现在）召唤他为基督效力。这个两全其美的奋斗机会使这个人活力四射。[16]

✝

这种活力将使诸侯们在即将到来的旅途中受益良多。博希蒙德和坦克雷德于 1096 年 10 月横渡亚得里亚海，在巴尔干登陆并且沿着朝圣之路穿过马其顿和色雷斯向东进发，这条道路从罗马时代起就被称为厄纳齐雅大道（Via Egnatia）。其他十字军诸侯，如布永的戈弗雷等人，则从陆路穿过匈牙利，沿着平民十字军的路线进军。博希蒙德麾下 3000 至 4000 兵力的部队在这些诸侯的军队中可能规模最小，而且起初他看起来并不急于赶路。他的士兵好整以暇地行走，其行军速度平均每天只有微不足道的三英里（五千米）。他们在卡斯托里亚（Kastoria）①欢度圣诞节，然后继续行军，直到复活节才看到君士坦丁堡。然而，缓慢的进军步伐并非漫不经心的表现。博希蒙德意识到，他在某种程度上是阿莱克修斯·科穆宁最不喜欢的拉丁战士；他放缓行军速度乃至近乎龟速，其目的在于避免显得他过于热心向拜占庭都城投入作战部队。他还坚决要求他的士兵保持克制，不要去抢劫或与拜占庭臣民发生冲突。作为回报，阿莱克修斯确保博希蒙德的军队由他的两位高级王室

83

---

① 今希腊北部城市。

顾问（kyriopalatios）护送，这两位大臣对其既保持警惕又不失尊重，尽量将拉丁军队与心怀疑虑的当地人之间的不和控制在最低限度。[17]

1097 年 4 月 1 日，博希蒙德将其军队停驻在距离君士坦丁堡约 120 英里（190 千米）处的鲁萨 [Rusa，今土耳其城市凯尚（Keshan）]，随后只带了一名扈从前往拜占庭都城，在城区北部的布拉赫内宫受到皇帝的接见，这座美轮美奂的皇宫近来刚刚以巨额的费用修复一新。即便对于一个长期与拜占庭打交道的人来说，君士坦丁堡仍是一处神话般的胜景。修士罗伯特以心醉神迷的文辞描写道，"城墙之巍峨，楼殿之宏伟，非罗马不能与之比肩"。高耸入天的防御工事之后，群星璀璨般的精美教堂建筑群收藏着当时世界上数量最多的基督教圣物，包括一小瓶圣血、圣十字架的几大块碎片、耶稣受难荆棘冠、所有使徒的身体部分和七块圣人的头骨，其中的两块属于施洗者约翰（John the Baptist）。①

君士坦丁堡是否乐于接见博希蒙德要另当别论。关于博希蒙德在拜占庭的第一次登场亮相，双方的记载充斥着敌意。对于安娜·科穆宁娜来说，博希蒙德就是背信弃义的拉丁人的化身，"一个天生的伪誓者"，妄想"将帝国都城占为己有"。[18]拥护诺曼人的作家则将阿莱克修斯称为"令人憎恶的皇帝"和"老奸巨猾、巧舌如簧的暴君"，"一个挖空心思、滔滔不绝的骗子"。[19]然而，当博希蒙德抵达君士坦丁堡时，往昔恩怨暂且成为昨日旧事。[20]诺曼与拜占庭的敌对关系可以追溯到近20 年前，但既然博希蒙德是作为一个朋友而不是麻烦制造者

---

① 在大马士革可以找到施洗者约翰的第三块头骨。——原注

前来，宿仇就让位给了谨慎的亲切感。重要的是，博希蒙德知道如何对待这位皇帝，通常不过是极尽奉承之能事，不管多么虚伪都无所谓。其他诸侯则随着时间推移才渐渐谙熟此道。当韦芒杜瓦的于格写信宣布他将要访问帝国宫廷时——在那里，奥古斯都和君士坦丁的继承者已习惯安坐于紫色的御座之上，巨大的狮子形机械装置守卫在侧，成群的太监侍候在旁——于格介绍自己是"万王之王，天下至尊"，并且要求"在我到达的时候应受到与我高贵出身相称的隆重礼遇"。[21] 安娜·科穆宁娜对此讥讽道："荒谬可笑。"

博希蒙德对于此事更为熟稔。尽管总是心存戒备（他指责皇帝在他的食物里下毒，引发了一场小小的外交风波），他还是无端地展现出自己的魅力，接受皇帝令人窒息般的好客，欣然笑纳皇帝慷慨赠予的珠宝和小饰品。同样重要的是，他确保自己的士兵克制住对拜占庭造成任何可以避免的破坏。

对于后续十字军东征的进程最重要的是，在博希蒙德于君士坦丁堡停留期间，他以非常接近于封建领主效忠的形式宣誓忠于皇帝。然后，他哄骗、恐吓乃至胁迫其他很多前一年12月来到这座城市城门外的诸侯与他做同样的事。在某些情况下，他的做法引发了相当大的反感。虽然如此，在圣十字架和荆棘冠前，布永的戈弗雷、韦芒杜瓦的于格、佛兰德的罗贝尔、布卢瓦的斯蒂芬、欧特维尔的坦克雷德和很多次要贵族，都纷纷发誓在前往耶路撒冷的道路上如若夺取突厥人控制的城镇和据点，将会归还给拜占庭帝国。[22] 甚至对拜占庭皇帝厌恶不已的图卢兹伯爵雷蒙，也不情愿地承诺不会损害皇帝的财产。作为回报，阿莱克修斯也发誓他"绝不会诱使或允许任何人给前往圣墓路上的朝圣者带来任何麻烦或困扰"。他还向十字军诸侯们赠送了令人瞠目结舌的巨额财宝和昂贵的宗教法衣，并以向他们赐予封地的前景为诱惑，而这些封地实际上远在小亚细亚东部——假如十字军能到达那里的话。[23]

85　　博希蒙德突然做出屈从于阿莱克修斯的姿态让《法兰克人功绩史》的作者大惑不解："为何如此勇敢和坚定的骑士会做出这等事情？这一定是他们在急迫的需求下不得已而为之。"[24]另一位编年史家则惊诧于强大的拉丁人竟然准备向"弱小的希腊人，所有民族中最为懒惰的民族"[25]卑躬屈膝。实际上，双方这么做，都是为了自己的巨大私利。阿莱克修斯邀请这些军队进入他的领土，完全是希冀看到他们在开拔往耶路撒冷之前将小亚细亚的突厥人一扫而空。而对于十字军来说，如果没有皇帝的善意和财政支持，他们就不可能奢求继续前进。博希蒙德本人带来的军队规模最小，在所有诸侯中地位最低；他深知如果他能成为将东方和西方领导者团结在一起的人，那么就会在声望和权力上收获良多。为了达到这一目的，博希蒙德甚至请求皇帝将他任命为都统（domestikos）①——这个头衔意味着小亚细亚的最高指挥权——但是阿莱克修斯拒绝了；博希蒙德不能"比克里特人（Cretan）再克里特人"了，安娜说道。② 在博希蒙德的撮合下，拉丁人与拜占庭人交换了誓言，实际上巩固了一种关系，这种关系在一段时间内将为双方创造出惊人的效果。

---

① 原文 domestikos 是拉丁文 domesticus 的音译，原指罗马帝国御林军中的精锐部队。

② 克里特人因狡猾而臭名远扬。这句习语的现代版本是"不要胡说八道"。——原注

✝

随着复活节已然欢度，宣誓效忠仪式也已完毕，成千上万的部队——包括 7500 名重骑兵和可能六倍于此的轻步兵——正在等待渡过博斯普鲁斯海峡，踏上小亚细亚的西端，浪费时间就毫无意义了。5 月初，博希蒙德和其他诸侯率领他们的军队向东南开进，奔赴与皇帝达成一致的第一个目标：尼西亚，塞尔柱罗姆国苏丹基利杰·阿尔斯兰的都城。他们于 5 月 6 日到达并安营扎寨。一周后，他们包围了这座城市。

博希蒙德一生中进攻过的城市不计其数，但尼西亚的防御工事使他一筹莫展。这座城市的三面由巨大的城墙保护着，城墙上每间隔一段距离就矗立着装备有弩炮的塔楼。[26]一汪名为阿斯卡尼亚［Askania，又名阿斯卡尼俄斯湖（Ascanius）或伊兹尼克湖（Iznik）］的大湖使得围城者们无法进攻该城的第四面，但能允许城内居民补充食物、木柴、盔甲和其他给养。修士罗伯特认为此城"在安纳托利亚没有其他地方能与之相比"。[27]诸侯们井然有序地在城墙周围筑营（博希蒙德的人马在尼西亚主城门前占据了他们的阵地），以便在他们的工程师建造攻城器械的同时实施地面封锁。一位目击者看到了攻城槌，名为"母猪"、"猫"和"狐狸"等旨在保护地道工兵的移动式掩体车，木制攻城塔，以及牵引式投石机（petrariae）或投石弩炮。[28]当这些攻城器械建造完毕后，十字军与守军便开始了你来我往的火力投射，围城者与被围者之间还不时爆发了小规模战斗。"基督的支持者们在城市周围部署了他们的部队并且英勇地进攻，"修士罗伯特写道，"为了生存而战的突厥人则进行激烈的抵抗。他们射出毒箭，所以即使是那些受了轻伤

86

的人也会遭遇可怕的死亡。"[29]

很快，在这些战争机器半成品的切削劈砍中，来自城墙的石头撞击声和嘘声中传来了更多不祥的尖叫声。5月16日，十字军背后的树林里突然传来了动静：基利杰·阿尔斯兰派来的一支援军冲了出来，"他们笃定自己必胜无疑，因而兴高采烈，带好了绳索准备将我们捆往呼罗珊（即作为奴隶带往波斯）"。[30]他们策马冲向围城军队，双方在城墙外开始了一场大战。

这支援军可能以为一支十字军部队与另外一支非常相似，而这些诸侯的军队可以像前一年隐士彼得的追随者那样被轻易除掉。他们很快就发现这种想法大错特错，被图卢兹的雷蒙和阿德马尔主教指挥的一次骑兵冲锋击退。两边都有大批人员被杀，随后便是严厉的报复。十字军战士砍下尸体的首级，将它们扔过尼西亚的城墙。城内居民则从城墙上放下爪钩，猎杀拉丁士兵，把他们的尸体吊在塔楼上，以示嘲弄。

6月1日，十字军工兵将地道挖到尼西亚城的一座塔楼之下。当夜，他们点火引燃支撑地道的木制支柱，结果地道塌陷，其上的一段城墙进而崩垮。现在出现了一个可以集中兵力攻入城内的缺口。一场持续了一整天的血战就此开始，十字军部队屡次试图冲破这个缺口，而城内的守军则堆起瓦砾来阻挡他们。对于那些参与其中的人来说，这几乎是令人难以置信的兴奋。"我认为没有人曾经见过，也不会再见到这么多英勇的骑士。"一位拉丁目击者如此宣称。[31]

然而，在经历几天这种毫无结果的混战后，围城陷入了僵局。只要这座城市能通过阿斯卡尼亚湖获得补给，它就能经受住任何程度的轰炸。打破僵局的并不是博希蒙德和他的拉丁盟友所采取的行动，而是他们曾费尽心力去讨好的拜占庭皇帝。阿莱克修斯并没有参与尼西亚的作战行动中，因为他无意在被他雇用的外国人以他的名义挑起的战斗中以身涉险。但他也渡过了博斯普鲁斯海峡，在与尼西亚相距一天的骑马行程之外驻扎，安居于一个华丽的帐篷里监视着事态的发展。这座帐篷形似一座小城，其天井呈角楼状，而运输这座帐篷足足用了 20 头骆驼。[32]他将自己最信任的一位军事顾问派往诸侯们的大营作为自己的代表，这位头发花白、诙谐幽默的太监名叫泰提修斯（Tatikios），是一个阿拉伯-希腊混血儿，曾在 11 世纪 80 年代与博希蒙德的父亲罗贝尔在战场上交手，他的出众之处不仅在于其堪称典范的军事履历，更在于他失去了鼻子，因而以金制的假鼻代之。而对十字军更添臂助的是，阿莱克修斯派遣了一支小型船队，从博斯普鲁斯海岸出发，由牛群和肩上绑着皮带的苦力从陆地上拖拽了 25 英里（40 千米），悄悄运到阿斯卡尼亚湖，为一次大规模联合攻击做好准备。

6 月 18 日破晓，这支小型舰队扬帆起航，穿过阿斯卡尼亚湖，驶向尼西亚的滨水区。这些船只满载着身披重甲的土科波利尔（turcopoles）佣兵（与敌人来自同一种族的帝国雇佣兵），带着不祥的杀气缓慢地进入尼西亚守军的视野中。在陆地一侧，十字军操作攻城塔和弩炮，正在进行着猛烈的攻击。修士罗伯特记载道：

> （当）城内的那些守军看到这些船只后，顿时被吓得魂不附体，丧失了抵抗的意愿，直坠地面，似乎已然毙命。所有人都在悲声号恸，母亲与女儿、年轻男女、老人

与孩童都抱在一起号啕大哭。到处都是悲伤和痛苦，因为他们已经没有了逃生的希望。[33]

在坚持了七个多星期后，尼西亚人的心志崩溃了。他们请求停战，而且守军（连同基利杰·阿尔斯兰的妻子和孩子）投降，被押往君士坦丁堡的监狱。随着这座城市的陷落，大量的战利品也随之而至：一些法兰克骑士从死去的敌人手中夺来了土耳其弯刀，如获至宝。尼西亚的攻陷源于拉丁人与拜占庭人之间建立起的一种合作模式。"高卢力保，希腊相帮，终得上帝成全。"卡昂的拉尔夫心满意足地评论道。[34]

✝

按照先前的誓言，尼西亚被移交给了阿莱克修斯。他向包括博希蒙德在内的拉丁诸侯赠送了大量的礼物，并向十字军的普通士兵发放了军饷。十天后，十字军完成休整，恢复了体力，听取了拜占庭皇帝关于在野战中对付突厥人的最佳方法（以及得到了他仁慈的许可后离开）。[①] 诸侯们收拾好行装，向东出发深入安纳托利亚内陆。他们将其军队分为两个纵队，以平行进军的方式前往位于多里莱乌姆［Dorylaeum，或称为多里莱昂（Dorylaion）］的一处废弃的罗马帝国军事营地，行程大约四天。第一支纵队由图卢兹的雷蒙、阿德马尔主教、布永的戈弗雷和韦芒杜瓦的于格率领。第二支纵队则由博希蒙德、坦克雷德和诺曼底公爵罗贝尔·柯索斯领导。一场横跨小亚细

---

① 阿莱克修斯对加入法兰克人继续向东的征程毫无兴趣：他在君士坦丁堡的政治地位并不足够稳固，而且他担心如果要启程前往东方的话，帝国西部的领土会遭到攻击。——原注

亚的漫长而艰难的夏季行军在等待着他们。基利杰·阿尔斯兰肯定会集结自己的军队，发动另一场攻击。

没过多久，基利杰·阿尔斯兰的下一轮攻击就来临了。7月1日清晨，当博希蒙德的军队接近位于两个山谷交汇处的多里莱乌姆时，"无数可怕的突厥人突然以排山倒海之势（向他们）猛冲过来"。[35]《法兰克人功绩史》的作者回忆说，他听见"一些我无法理解的邪恶"吼声——这肯定是穆斯林的战吼："真主至大"（Allahu Akhbar）。[36]编年史家们暗示（以破格修辞①）突厥人的数量超过了25万人，在得到了阿拉伯战士的增援后，全军压向博希蒙德的军队，迫使后者勉力采取守势。骑士们击退了第一波攻击，轻装步兵们则匆忙搭建保护非战斗人员的营地。这一阵型维持了一段时间，但很明显，脱离了雷蒙、戈弗雷和阿德马尔的军队，拉丁人寡不敌众。随着突厥人逼近营地，每一个能战斗的人都被动员起来：妇女们来回送水，为前线的男人加油打气。尽管在人数上处于下风，而且间或感到恐慌，以致包括博希蒙德在内的领袖都在考虑不顾秩序地撤退，但十字军的队列并没有瓦解。根据《法兰克人功绩史》的记载，一句激励性的格言传遍全军上下。"齐心协力，坚阵勿退！信耶稣，圣十字必胜！今日，得上帝欢喜者必将多有斩获。"[37]

在后来的岁月里，多里莱乌姆战役将会在第一次十字军东征真正焕发生机的那一刻占据传奇性的地位。作家阿吉勒尔的雷蒙（Raymond of Aguilers）当时身处图卢兹伯爵雷蒙的随行

90

---

① 原文 poetic licence，指在英文写作或演讲中为创造某种特定效果而打破通常的语法规则。

队伍中，记载说有人看见拉丁阵营中出现了奇迹般的保卫者，神出鬼没："两位英俊的骑士，身穿光彩夺目的铠甲，在我方士兵前方纵马驰骋，突厥人长矛的突刺似乎不能伤其分毫。"[38] 这些听起来就像古时曾保护犹大·马加比的天兵天将的传说，可能绝非偶然。[39] 毫无疑问，这是十字军与突厥弓骑兵之间爆发的第一场全面战争，后者在一阵箭雨后进行闪电突袭和故作退却的战术，就是意欲在敌军阵列中引起混乱，迫使他们分散，引诱敌方骑兵尝试追赶他们，而不是保持纪律严整的队形。阿莱克修斯派出戴着金制假鼻的太监泰提修斯随诸侯们行军，就是为了建议他们防备这一策略（而"坚阵勿退"这句格言表明他的话被采纳了）。虽然如此，博希蒙德和罗贝尔·柯索斯所能做的一切就是阻止他们的战士放弃营地和在混乱中逃跑，而他们绝望地给其他诸侯送信，让后者赶快越过乡野前来支援。

　　一场残酷的近距离弓箭对射战从上午 9 点左右一直持续到中午，箭雨冲坚毁锐，将战场变为屠场。在一个危险的时刻，突厥人突入拉丁营地的中央，一场溃败可能在所难免。图卢兹的雷蒙率领麾下的数千名骑士冲入山谷，作为战场上的生力军出现；突厥人转身就逃，希望改天再战。法兰克人如释重负，为自己能生存下来而充满自豪，他们咏唱着《旧约》中好战的诗句来庆祝胜利（"噢主啊，您的右手将敌军撕裂成碎片"），将所有戴着十字标识的死者当作殉道者埋葬，对那些没有标识的尸体大加掠夺和侮辱，然后准备继续向东进军。

　　于是，在博希蒙德和其他诸侯的领导下，平民十字军的溃败渐渐被遗忘。修士罗伯特后来想象出一幅画面：狂怒的基利杰·阿尔斯兰严厉斥责逃离多里莱乌姆的突厥部队。"您全然疯了。您从来没有见到过法兰克人的英勇，也没有体验过他们的勇气。他们的力量不是来自凡人，而是来自天堂——或是魔鬼。"[40]这可能有点异想天开，但基利杰·阿尔斯兰确实不再试图与十字军在战场上交手。在某种程度上，他不需要这么做。在胜利的鼓舞下，诸侯们决定向横亘于安纳托利亚和叙利亚之间的门户——大城安条克进军。他们将在酷暑时节艰难跋涉三个月，穿过充满敌意的乡间地区。他们将会遇到足够多的问题。

第七章 漫漫凛冬

大地上血流成河……

那些参加诸侯们从君士坦丁堡到圣地的陆上长征的善男信女，从出发伊始就明白他们将要面对的是一趟残酷的，甚至是致命的艰苦旅程。在多里莱乌姆经受了兵戈之苦的考验后，他们随后忍受了长达三个月的艰辛、物资匮乏和凶险，武装的和未武装的朝圣者排成长列纵队，足有数以万计之众，向东南方向的艾科尼厄姆［Iconium，又称科尼亚（Konya）］以及更远的安条克前进。在他们的前方，基利杰·阿尔斯兰统领的突厥人实施了焦土政策，放弃城池，撤出守军，转移了大量的牲畜和食物、金银、教堂装饰物和其他对法兰克军队有用的东西。

这些消耗战术并非什么神机妙算，却判断正确，加剧了拉丁人行军时的困难。王公们听从了阿莱克修斯和他的代表——戴着金制假鼻的太监将军泰提修斯的建议，刻意筹划了一条向东穿过小亚细亚的迂回路线，包括一条穿过托罗斯（Taurus）山脉、长达180英里（300千米）的偏道。其目的是收复阿莱克修斯失去的领土——而且他们成功了。在几乎没有遇到什么顽固抵抗的情况下，他们从突厥人的统治下收复了几个重要的拜占庭城市：皮西迪亚的安条克城（Antioch-in-Pisidia）、艾科尼厄姆、赫拉克利亚（Heraclea）、卡帕多西亚的凯撒里亚城

（Caesarea-in-Cappadocia）、科辛侬（Coxon）和马拉什 95
（Marash）。解放耶路撒冷可能是十字军的终极目标，但是王公们也没有忘记他们对拜占庭的责任和他们对帝国皇帝的誓言。

这对回到君士坦丁堡的阿莱克修斯大有裨益：当法兰克人的领袖们造访他的都城时，他慷慨赠予大把礼物并且盛宴款待，而这些都换来了物有所值的回报。但对十字军来说，这是一次漫长的征途，其间的每一片地方都险恶异常，因为突厥弓骑兵不时出现，袭扰他们。干旱的安纳托利亚高原绵延不绝，地势陡峭，崎岖不平，不宜居住；穿越高原的行动给许多十字军战士带来了他们在领取十字时为了赎罪而要追寻的痛苦。[1]编年史作者彼得·图德伯德（Peter Tudebode）是来自普瓦图（Poitou）附近的锡夫赖（Civray）的一位牧师，他记录道："饥饿和干渴无时无刻不在困扰着我们。我们唯一的食物是随手采摘的带刺植物，然后用手搓（剥）去外皮……我们的很多骑士开始步行，因为大多数马匹已经死亡。"[2]随着他们的坐骑纷纷倒下，战士们被迫骑上牛，用山羊、绵羊甚至狗来驮他们的包裹。十字军被"口渴的痛苦击倒"。一位编年史作者描写了怀孕的母亲由于严重脱水而流产，躺在路边痛不欲生："她们的喉咙干涩，子宫萎缩，全身的血管都被烈日所发出的难以形容的酷热和那片焦土烤干了。"[3]

有时军队也经过肥沃且水源充足的地带，比如皮西迪亚，在那里干旱和炎热被富饶和丰沛取代，在"怡人的草甸"里，十字军普通战士可以补充他们的水袋和饲料，或者讨价还价购买补给品，而诸侯领袖们则在"野物繁多的周遭环境中恣意游猎，娱乐其心情，野蛮其体魄"。[4]然而，即便是如此畅意的

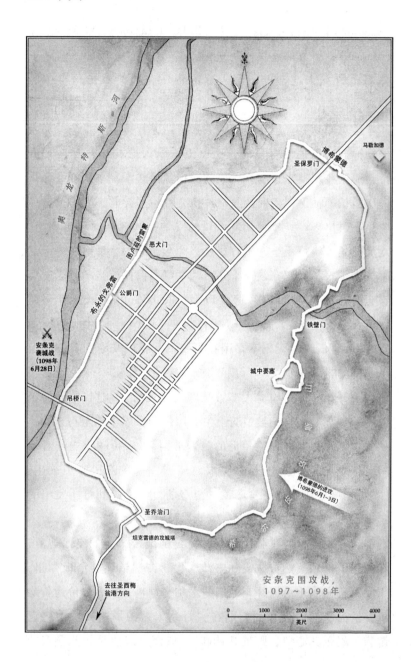

安条克围攻战，
1097～1098年

环境也危险丛生。当军队在一片林木茂盛之地停下扎营时，布永的戈弗雷突遭一头体型巨大的野熊袭击，它用利爪将他从战马上扯了下来，试图撕咬他的喉咙，"用可怕的吼声唤醒了整座森林和群山"。恐急之下，戈弗雷将他的剑缠在了腿上，割破了他自己小腿肌肉上的一块肌腱。一位名叫胡赛因（Husechin）的农民凭借机智和勇敢才救了戈弗雷一命；他跳上熊背，刺穿了它的肝脏。伯爵因而死里逃生，接受了军医的治疗；而那只熊的皮肉则被瓜分殆尽。但是，"这个坏消息使全军上下乱作一团"。[5]

　　另外一个混乱之源则与戈弗雷的弟弟——布洛涅的鲍德温有关。当十字军大军经过赫拉克利亚，准备改道绕圈进入托罗斯山脉时，一意孤行的鲍德温决定脱离主力部队，率领他的人马径自向南前往奇里乞亚的塔尔苏斯〔Tarsus，又称为塔尔索斯（Tarsos）〕。这是一个生动故事层出不穷的城市：这里既是马克·安东尼与埃及艳后克里奥帕特拉第一次相会的地方，也是施洗者约翰的出生地。该城还紧靠地中海海岸，如若在拜占庭与叙利亚及巴勒斯坦沿海地区（如果十字军能深入如此之远的地方）之间维持一条供应链的话，此处当是上上之选。

　　卡昂的拉尔夫如此描述塔尔苏斯："其塔楼之高耸，城墙之绵长，广厦之傲然拔立"，[6]美妙绝伦。此地是如此富庶，以至于被吸引过来的诸侯不止布洛涅的鲍德温一位，博希蒙德年轻的堂弟——欧特维尔的坦克雷德也慕名而来。他们轻而易举地便攻占了塔尔苏斯，因为城内的亚美尼亚人和以基督徒为主体的市民毫无抵抗地打开了城门。但是，当诸侯们就谁的旗帜应该悬挂在被占领的城堡上空发生争执之后，严重的暴力冲突随之发生。人们先是怒气填膺，继而不能自抑，领主的骑士们在准备好刀剑和长矛后展开一场血腥的械斗。"一同出兵携手对敌的同袍竟然刀兵相向，真是利令智昏！"卡昂的拉尔夫为之不屑。但他们就是这样大打出手，在向奇里乞亚继续推进的时候也互不相让。待到他们于 10 月中旬左右在亚美尼亚城镇马拉什重新加入十字军主力部队时，这支分队已经占领了包括阿达纳（Adana）① 和马米斯特拉（Mamistra）在内的不少城镇。但是指挥层内的第一道裂痕已经显现出来。

✝

　　1097 年 10 月中旬，十字军走出群山后直扑安条克。此城景色秀美如画，原是由塞琉古王朝（Seleucids）于公元前 4 世纪在奥龙特斯河（Orontes）② 谷一处浅滩上建城，后来东罗马帝国皇帝查士丁尼大帝于公元 6 世纪大力强化其防御工事，安条克逐渐发展为东西方帝国边界上一座雄伟的军事基地。城北，阿玛努斯〔Amanus，又称努尔（Nur）〕山脉包含着连接叙利亚和小亚细亚的关口要道。城东北，奥龙特斯河谷通往一汪沼泽死水，远处是阿勒颇高原的广阔平原，再往远去就是美索不达米亚平原。城西，一个新兴的地中海港口为安条克提供服务，这就是圣西梅翁港（St Simeon）③，虽然规模尚小，但足可满足城市需求，并且注定要在 12 世纪兴旺发达。安条克

----

① 今土耳其南部省城，是土耳其通往叙利亚、伊朗、伊拉克铁路上的重要工商业城市。

② 奥龙特斯河是黎凡特的一条主要河流，发源于黎巴嫩的贝卡谷地以东，向北流经叙利亚、土耳其，注入地中海。

③ 安条克的古代海港塞琉西亚·培里亚（Seleucia Peria），在公元 5 世纪的时候已经被泥沙淤塞，年久失修。——原注

浑然天成的防守条件令人惊叹不已。"依山傍水，侧翼无忧。这座城市甚至与高山［希尔皮乌斯山（Mount Silpius），又称为哈比卜 - 尼·内卡尔山（Habib-I Neccar）］的侧面相连，城墙直攀其峰顶，上面还建有一座卫城城堡。"卡昂的拉尔夫写道，当时的他目瞪口呆。[7]布卢瓦伯爵斯蒂芬在写给他挚爱的妻子阿黛拉（Adela）的信中说道，安条克"之大超出常人的想象，其坚固之至，无懈可击"，并且估算城墙内有"5000 名勇敢的突厥人……以及不计其数的撒拉森人……阿拉伯人、土科波利尔人、叙利亚人、亚美尼亚人和其他民族的人"。[8]

　　然而，尽管明显具备了先天的安全保障条件，安条克也并非完全安然无忧。在这座城市的地下深处，三个地壳构造上的断层错综复杂地结合在一起，引发了频繁而又灾难性的地震。公元 115 年的一场大地震使得房屋崩塌，罗马帝国皇帝图拉真（Trajan）和哈德良（Hadrian）险些丧命于此；公元 526 年的另一场大地震夺去了大约 25 万人的生命，引起的大火几乎将此处烧成一片白地。与地质环境相称的是，安条克的政治形势也是动荡不安，甚至杀机重重：将时间维度拉长看的话，安条克的历史充斥着叛乱、剧变和侵袭。

　　安条克历经罗马人、阿拉伯人和拜占庭人的统治，而当十字军出现在其城墙面前的时候，该城现由一位名叫亚吉·西延（Yaghi-Siyan）的塞尔柱埃米尔守卫。1084 年，伟大的塞尔柱苏丹马利克沙从拜占庭人的手中夺走了这座骄傲的城市，而后，亚吉·西延就一直担任塞尔柱的总督。一位编年史家写道，他此时已是位老者，头部硕大，耳宽多毛，须发皆白，长可及腹。[9]但作为安条克的统治者，他有很多烦忧之事让其捋胡扯须。在马利克沙的治下，塞尔柱苏丹国短期内归于一统、太平无事且疆域广大。至少在理论上，苏丹的权威覆盖了从东北部的梅尔夫（Merv）①和特兰索克萨尼亚（Transoxiana，又称河中地区）②到东南部的波斯湾，以及西部的爱琴海、黑海和地中海海滨的广袤领土。③塞尔柱苏丹国的竞争对手彼时都深陷困境：基利杰·阿尔斯兰在安纳托利亚高歌猛进，其所谓的塞尔柱罗姆苏丹国距离拜占庭人近在咫尺；而在叙利亚南部和巴勒斯坦，名为法蒂玛王朝的什叶派埃及哈里发国已是摇摇欲坠，被塞尔柱人牢牢压制住。

然而，当马利克沙于1092年去世后，亚吉·西延以及其他据守一方城池（如阿勒颇、大马士革、摩苏尔和霍姆斯等地）的塞尔柱埃米尔，突然陷入一场牵涉己身的内战危机当中。马利克沙的兄弟和儿子之间爆发了一场争夺苏丹国控制权的权力斗争，其影响迅速波及整个帝国。每一位埃米尔关注的都是自身命运、自己掌控的城市和个人野心，而不是帝国本身的福祉。小规模的敌对冲突和改换门庭事件此起彼伏。亚吉·西延曾支持马利克沙的兄弟突突什（Tutush）争夺苏丹大位，但是当突突什于1095年在与忠于巴尔基雅鲁克（Barkiyaruq，马利克沙之子，时年仅15岁）的军队交战中败亡后，他便朝不保夕、坐卧不安。

亚吉·西延虽然没有被撤掉安条克总督的职位，但他不可能想当然地认为自己会得到年轻的苏丹巴尔基雅鲁克的支持或

---

① 古代欧亚丝绸之路上重要的绿洲城市，现为土库曼斯坦东南部城市马雷。

② 指中亚锡尔河和阿姆河流域以及泽拉夫尚河流域，包括今乌兹别克斯坦全境和哈萨克斯坦西南部，是古代欧亚丝绸之路上的重要通道。

③ 塞尔柱人因而控制了关系中东命脉的主要陆路贸易路线，因为这些路线把欧洲的市场与中亚和中国的工坊连接起来。——原注

信任，后者的宫廷在伊斯法罕、巴格达和雷伊（Rayy）① 三座塞尔柱都城之间巡回。他还必须面对这样一个事实，即他在叙利亚的近邻和其他埃米尔因苏丹继位期间出现的派系分歧而分裂，如果安条克遭到外敌攻击，他不可能指望所有人都能发兵相援。于是，当十字军诸侯率军于1098年开进奥龙特斯河谷时，他根本没有做好准备，以守护自己的城市或捍卫塞尔柱的荣耀。

最早从1096年12月起，便有消息在叙利亚各地传播，称"法兰克人的军队从君士坦丁堡海路的方向出现，其规模不可小觑"。居住在大马士革的编年史家伊本·开拉尼希（Ibn al-Qalanisi）② 回忆道，"随着这些消息陆续传来，口口相告，远近皆知，人们变得焦虑不安、心神不宁"。[10]先前就传来了拉丁人在多里莱乌姆得胜的噩耗。"这对伊斯兰大业来说是一个可耻的灾难。"伊本·开拉尼希语带怨恚地写道。但穆斯林尚不清楚十字军何时将会出现——这就是为什么在1097年10月，亚吉·西延并没有让安条克全城做好准备以应对十字军迫在眉睫的进攻，反而正与叙利亚中部其他埃米尔所组成的一个脆弱联盟在一起作战。[11]

当博希蒙德和其他王公在一个名为铁桥（Iron Bridge）的要塞化渡口渡过奥龙特斯河的消息传来后，各路埃米尔就如何应对此事爆发了一场口角。亚吉·西延仓皇率兵退回安条克，

100

---

① 伊朗古城，距离首都德黑兰15千米，在《元史》等有关史籍中被称为"刺夷"，本是中世纪伊朗地区的中心城市，因遭到蒙古入侵，该城衰落，其地位由邻近的德黑兰取代。

② 约1071～1160年，大马士革的政治家和编年史家，曾担任该市市长。他的著作《大马士革编年史续编》是留存至今且为数不多的撰写于第一次十字军东征时代的史书，因此是重要的史料。

但他的同胞们并没有与他立即同行。总督回城后的第一个行动就是驱逐居住在那里的所有基督徒，以防他们生出肘腋之变，却也表明他对自己城市的命运信心不足。然后他派出信使向大马士革、摩苏尔和塞尔柱帝国内的其他城市告急，恳求当地领主派兵支援，阻止法兰克人推翻他的统治，进而在叙利亚取得南下攻袭耶路撒冷的立足点。安条克抵抗准备工作的延迟对十字军诸侯们来说是莫大的帮助。"我们的突厥敌人龟缩在城里，如此害怕我方大军，以至于足有两周无人敢出城攻击我们的士兵，"《法兰克人功绩史》的作者回忆道，"与此同时，我们摸清了安条克城周围的情况，并在那里找到了很多补给——结满果实的葡萄园、堆满谷物的坑窖、硕果累累的苹果树，以及其他各种美味可口的食物。"[12]穆斯林编年史家的回忆就没有这么多田园诗意了：法兰克人大肆洗劫、滥杀无辜，并煽动该地区各处城堡和营垒的居民起来造反，杀掉当地驻军。[13]这一做法在阿尔塔赫城（Artah）最有效果，或者对于穆斯林来说伤害最大，此城素以"安条克之盾"著称，拱卫着安条克通往东部的道路。[14]人们注意到，在仲夏，一颗奇怪的彗星在天空中划过，这一现象持续了20天之久，看起来愈发像是一个不祥之兆。[15]

10月20日，星期二晚，由"英勇无畏的博希蒙德"率领的第一批十字军部队到达安条克的城门前，封锁了进入该城的主干道，"这样，无人能在夜间秘密地出入"。[16]第二天，十字军主力部队在他们身后的奥龙特斯河两岸列阵，开始在庞大外围地带的关键地点进行部署，尽可能地全面封锁这座城市。他们允许被驱逐出来的基督徒和他们一起宿营，尽管有人怀疑这为间谍活动打开了方便之门，因为这些人的妻子儿女还留在城内，处于亚吉·西延的保护之下——故而其生死也掌握在总督手中。为了保护军队免受城中骑兵的突袭，王公们在他们的大本营前挖掘出一条大壕沟。他们还安排人手，紧密巡逻，防止有人将必需品和补给运进城里——根据伊本·开拉尼希的记载，面对法兰克人的警备力量，敢于铤而走险的走私贩子能否成功进出城中，致使安条克城内诸如橄榄油和食盐这样的必需品的价格剧烈起伏。[17]十字军面临的主要挑战就是这座城市规模太大——它横跨河谷，使全面封锁极其难以维系，其厚重的城墙使得用攻城槌和弩炮进行破坏的可能性微乎其微。然而，就亚吉·西延本人而言，在没有得到其他埃米尔的协助、获得足够力量之前，他毫无信心将法兰克人逐走。双方都不得不忍受一个漫长而不幸的冬天。

✝

十字军在安条克城外扎稳营盘时，叙利亚北部的各路埃米尔还在争论如何最有效地援助被困在山顶卫城城堡的亚吉·西延。此时，十字军中的一位法兰克诸侯因为他的出走而声名大噪。这位人物就是布洛涅的鲍德温，他之前在主力部队穿越小亚细亚行军时就两次离开主力部队并转向他处，这次在大军开往安条克之前又再度离队，径自寻路渡过奥龙特斯河，前往幼发拉底河，他在那里探得通往埃德萨的道路。埃德萨的总督是一位名叫索罗斯（Thoros）的亚美尼亚基督徒，作为塞尔柱人的傀儡统治着该城，他给鲍德温写信，请求后者将他从被奴役的状态中解救出来。1098 年 2 月中旬，鲍德温抵达并攻下埃德萨，说服索罗斯举办一场公开仪式——索罗斯在仪式中把鲍德温抱在自己袒露的胸前，并收养他为自己的义子。随后，鲍

102

德温率领一支由十字军－埃德萨本地军组成的联合部队一路扫荡周边的城市，当地的突厥守军非死即降。但是，就在他到达后不久，鲍德温就煽动——或者至少是拒绝阻止———一场平民暴动，在这场政变中，他新认的义父被人谋杀。3 月 10 日，鲍德温被正式宣布为埃德萨的都督（doux，一种拜占庭式的统治头衔）。他把这一头衔转换成一种更为人熟知的西方形式：成为埃德萨伯国的"伯爵"。但除此之外他刻意让自己的外表与亚美尼亚人的风格相适应，蓄发留须（他的头发是深棕色的），穿起托加长袍（toga）①。他娶了一位亚美尼亚贵族的女儿，根据传统她被称作阿尔达（Arda），尽管在私下里，他一生都喜欢和男人在一起。[18] 但这无关紧要。鲍德温在大叙利亚地区建立了第一个拉丁"十字军"国家。更多的十字军国家还将出现。

在鲍德温攻略埃德萨的同时，困守安条克的亚吉·西延从他的山顶城堡向外眺望时仍可看见剩下的十字军部队在他的城门前排兵布阵，并且沿着河谷两岸移动部署。这可不是一个鼓舞人心的景象。拉丁人在冬季开始和结束之际通过到达圣西梅翁港的西方船只各获得过一次补给，这些船只取道塞浦路斯——热那亚船队在 11 月出现，然后是 22 艘英格兰和意大利船只在 1098 年 3 月入港，而这些船只的船员也正式为十字军负责圣西梅翁港和附近的拉塔基亚港（Latakia）的安保工作。[19] 在安条克城墙北面一座名为"马勒加德"（Malregard）的小山上，随船抵达的工程师建起了一座小型堡垒。诸侯们在这一地区也收获颇丰，博希蒙德、坦克雷德、布永的戈弗雷、佛

---

① 一种体现古罗马男子服饰特点的服装，是罗马人权力和地位的象征。

兰德的罗贝尔和诺曼底的罗贝尔分兵四出，袭掠安条克或邻近城市阿勒颇统属下的城镇。此外（非常重要的是），开罗的法蒂玛王朝（属于伊斯玛仪什叶派）派来了使者，与十字军签订了互不侵犯协议。

然而，这些成功并不能掩盖十字军遭受苦难的事实。他们 103 忍受了六个多月的冬季围城所带来的艰难困苦——挨冻受寒、营养不良和疾病肆虐——以及击退阿勒颇和大马士革统治者对寻粮队发动的大规模攻击，这些埃米尔终于迟缓地组织起队伍，前来执行援助亚吉·西延的任务。布卢瓦的斯蒂芬在写给他妻子的信中表达了自己的恐惧之情：安纳托利亚灼热的夏季高温让位于一个与西北欧大同小异的冬天，"极度严寒，倾盆大雨没完没了"。[20]卡昂的拉尔夫抱怨风力如此之大，以至于"无论帐篷还是屋棚都立不起来"。战马纷纷倒毙，人员也饥肠辘辘。"所有钢铁制成的武器锈迹斑斑。盾牌上的钉子和皮革包裹不翼而飞……用来制作弓箭的动物肌腱和箭杆都严重不足。"拉尔夫写道，诸侯们的状况与穷苦士兵一样糟糕——尽管他注意到"贵族们更不好受，因为农民要比贵族能吃苦耐劳"。[21]所有人的士气都十分低下。泰提修斯于1098年2月离开围城营地，显然是想返回君士坦丁堡请求更多部队的增援。隐士彼得也参加了诸侯们的陆路行军，但是一反他在1095~1096年那次灾难中的态度，保持着更为低调的状态；他也曾试图放弃参加围城，却被博希蒙德派人拖回，并因不忠行为而受到严词训斥。

春季的天气变化给人们带来解脱，但是僵局一直持续到6月初才被打破，这一使命也许不可避免地由博希蒙德来承担。他在各路诸侯中经验最为丰富，也最工于心计；在冬季的那几个月里，由于面临着阿勒颇和大马士革方向经常派来援军解围的危险，其他诸侯推选博希蒙德为他们的总指挥。这是十字军东征在军事组织架构上的一个重大转变——在此之前，他们一直处于阿莱克修斯·科穆宁名义上的权威和勒皮主教阿德马尔的宗教指导之下。在 5 月底，博希蒙德展现出他值得同袍信任的能力。根据摩苏尔编年史家伊本·阿西尔的记载，"在安条克久围不下之后，法兰克人与守护塔楼的一名卫兵订立密约，这名卫兵是一个讲希腊语的军械官"。[22]这位军械官就是博希蒙德打开安条克城门的一把钥匙。伊本·阿西尔记录他的名字为鲁兹巴（Ruzbah），但根据伊本·开拉尼希的记载，他是一个名叫内鲁兹（Nayruz）或法鲁兹（Fayruz）的亚美尼亚人。而在基督徒的史料里，沙特尔的富歇记录了一个激动人心但又可能充满幻想的故事：基督曾三次出现在军械官的梦中，并说服军械官出卖了这座城市。[23]不管他的名字和背景故事如何，他改变了围城的进程，也改变了博希蒙德的事业。博希蒙德与鲁兹巴（或法鲁兹）交换秘密信息，并向他承诺，如果他反水的话，就会得到丰厚的报酬。

1098 年 6 月 2 日，博希蒙德祭出了自己的撒手锏。当日下午，一支庞大的十字军分遣队开始向叙利亚内陆地区佯动，使守军确信围城的兵力减少或是正在撤退。然而，这支部队在当夜返回，找到鲁兹巴（或法鲁兹）从自己看守的三座塔楼中的一座垂下的牛皮制吊梯。一接到内奸的暗号，一组精锐突击队就爬上梯子，制服塔楼顶部的守兵，开始向城下的战友们大呼"天主之意"。很快，一扇城门打开，士兵们高举博希蒙德的血红色军旗蜂拥而入。"所有人都拼命冲入城门，一路逢人便杀，将那里的突厥人和撒拉森人屠戮殆尽。"《法兰克人

104

功绩史》的作者写道，他本人也参加了这次进攻。[24]曙光随后遍洒安条克全城。

宣布博希蒙德的士兵占领城墙的号角声让亚吉·西延猛然从床上惊醒，他发现自己的士兵惊慌失措。这种恐慌情绪也传染给了他。这位埃米尔错误地认为卫城城堡已经落入法兰克人手中，"内心充满恐惧，打开城门，率领30个随从头也不回地逃走了"，伊本·阿西尔写道，"这对法兰克人不啻天大好事。如果总督能坚守一段时间，他们自然就会被消灭"。[25]相反，他率领自己的小部队向阿勒颇仓皇而去，希望保住自己的项上人头，而非他们的城市。

最后，亚吉·西延既未保住自己的属城，也未能保住自己的性命。在路上巅驰了几个小时之后，"他开始为抛弃自己的妻子、儿女和穆斯林人民而悲痛惋惜"。然后，或是由于心碎，或是由于中暑，他从马上摔下来，不省人事。"一个正在砍柴的亚美尼亚人恰好在他奄奄一息的时候路过，将他杀死并砍下其首级，带到了安条克的法兰克人那里。"伊本·阿西尔记载道。[26]这颗大耳多须的硕大头颅被当作战利品放进一个袋子里呈送给法兰克诸侯们。而亚吉·西延远非唯一身首异处之人，在城内暴动的基督徒的支持下，十字军对全城人展开了一场大屠杀。伊本·阿西尔估计"被杀害以及被俘后沦为奴隶的男女和儿童，其数目无可计算"。[27]由于屠杀是在清晨的微光中开始的，因而他们杀起人来不加区分；德意志编年史家亚琛的阿尔贝特写道："大地上血流成河，尸横遍野……基督徒、高卢人、希腊人、叙利亚人和亚美尼亚人的尸体混杂在一起。"有数百人逃到了城内的最高点——卫城城堡，这是唯一一处博希蒙德的军队无法占领的地方。但在攀爬陡峭的山路时，很多人不慎掉下道路的边缘，他们的"跌落之势触目惊心，手脚脖颈俱断而亡"。[28]

✝

安条克陷落的时刻对于十字军来说再有利不过了，因为最近几周探子连连回报，军情日益紧迫，一支规模庞大的敌方援军正在集结之中，由新苏丹的大将奇瓦姆·达瓦拉·卡布加（Qiwam al-Dawla Karbugha）统领，此人是摩苏尔的阿塔贝格（atabeg，专指代表年幼或不在的埃米尔进行统治的摄政总管或军事总督）。[①] 卡布加从大马士革、辛贾尔（Sindjar）[②]、霍姆斯、耶路撒冷、小亚细亚和其他各地征调部队，组织起一支浩荡大军，在一位狂热的史家笔下，这支大军的总数令人难以置信地达到了 80 万骑兵和 30 万步兵之多。[29] 5 月间，卡布加的紫色战旗和其他各路盟友的旗帜在埃德萨城外高举，他们在那里围攻该城的新统治者鲍德温达三周之久。然而，当他们收到安条克陷落的消息后，便放过鲍德温，拔营向西进军，在亚吉·西延抛弃其职守四天后便到达奥龙特斯河谷。

形势幡然逆转。十字军据守着安条克（尽管不包括城堡），而城墙之外则聚集着意图将他们驱除的大军。但是有一个关键的区别。虽然亚吉·西延有足够的物资来保障安条克的

---

① 四分五裂的塞尔柱帝国有好几套互相平行的政治和军事官职体系，苏丹大致相当于国王；埃米尔的级别则低于苏丹，可以掌控一座城市或一个特定地区；阿塔贝格是类似于摄政的总督，代表因年幼或羸弱而无法亲政的埃米尔来统治。

② 伊拉克北部重镇。

居民熬过九个月的封锁，但现在城内物资已几近枯竭。十字军之前的封锁收效奇高，造成了如今的食物短缺。

在意识到即将发生何事之后，数千人在卡布加的军队完成封锁之前逃离了这座城市。这些人包括布卢瓦的斯蒂芬，他称病（或佯病）并随身带走了多达 4000 名朝圣者和战士，前往友好城市亚历山大勒塔（Alexandretta）①避难。此举虽然减轻了安条克的资源压力，但也给士气造成了沉重打击。博希蒙德尽其所能去斥责和羞辱那些试图逃跑的人，但谣言在城内四处流传，说诸侯们想要求和。而据说在君士坦丁堡，阿莱克修斯·科穆宁已经拒绝了派遣增援部队的请求。阿德马尔主教竭尽全力鼓舞那些垂头丧气的朝圣者，但他对形势最好的解释也无非是殉难："立身坚定，以主之名，慷慨赴难，方不负此行之意。"[30]

到了 6 月的第三周，卡布加已经完全封锁安条克，而城内的情况已是十分窘迫。"我们的士兵靠吃马肉和驴肉为生，还把这些肉卖给别人，"《法兰克人功绩史》的作者回忆道，"缺粮的程度如此之严重，以至于士兵们把无花果树、葡萄藤、蓟和所有种类的树叶煮了吃。其他人则烹煮了干的马皮、骆驼皮、驴皮、公牛皮或水牛皮。"[31]卡昂的拉尔夫也记录了人们用旧鞋底的皮革煮汤的情景。[32]

由于被炎热、饥饿和激烈的冲突逼至崩溃的边缘，安条克城内城外的人们开始经历各种神迹和异象。6 月 13 日至 14 日的夜间，一颗流星坠入围城军队的营中。《法兰克人功绩史》

107

---

① 现为土耳其东南部城市伊斯肯德伦，最早由亚历山大大帝于公元前 333 年下令建立，其位置位于伊苏斯战役发生地以南约 37 千米处。此处地理位置险要，在奥斯曼帝国时代依旧多次成为战场。

生动地讲述了一个经过美化渲染的传说：卡布加的母亲是一位预言家，她警告自己的儿子不要去招惹法兰克人。在"研究了各大行星、黄道十二宫星座以及各种各样的征兆之后"，她"发现预言暗示，基督徒注定要彻底击败我们"，而卡布加本人最终将在一场大战的过程中被杀。[33]

与此同时，在安条克城内，一位来自普罗旺斯、名叫彼得·巴塞洛缪（Peter Bartholomew）的穷苦朝圣者开始梦见使徒圣安德鲁（St Andrew the Apostle），圣人告诉他有一件圣物埋在圣彼得教堂之下，那就是当耶稣在十字架上受刑时，曾用来刺穿其胁侧的圣矛。6 月 14 日早晨，在一片喧嚣声中，人们在教堂挖出一个洞，彼得跳了进去，"身上只穿着一件汗衫，赤着双脚"。他恰逢其时地找回了圣矛的头部，得到了疲惫不堪的战友们的欢呼，圣安德鲁最后一次于梦中来访，带来了基督并命彼得亲吻主的血足。[34]并不是所有人都相信彼得传奇般的发现，几个月后，他经受了烈火的考验，以检验他的说法是否真实，结果他死于严重烧伤的痛苦之中。[35]但在 6 月中旬，这一圣物的发现对于饥饿和沮丧的十字军战士（他们每吃掉一匹马，战斗能力就减弱一分）来说就是一线生机，是他们可以依赖的微弱的生存希望。

108　　　检验真相的时刻在 6 月 28 日的清晨来临。意识到如果再僵持下去就会面临饿死的绝望事实后，十字军以博希蒙德总领全军，各路诸侯为各分队指挥官，在圣矛的精神强化下，冲出安条克城，寻敌决战，以决定东征行动的命运。卡布加已经发誓绝不对他们网开一面，向安条克的占有者们传信"单凭吾剑即可将汝逐出"。[36]当安条克城门霍然洞开，十字军开拔出城时，这位阿塔贝格正在与手下的一名军官对弈。衣甲脏污的法兰克士兵被编成六个分队，身穿白色长袍的牧师和修士走在队列的最前方，诵唱圣歌，其他神职人员则在城头祈求上帝保佑。卡布加急忙离席，下令手下的部队列阵迎敌。[37]

天空下起了小雨。法兰克人几乎全员步行参战，因为全军可用于战斗的战马只有200匹。他们的外观给人以一种乌合之众的感觉，这种感观由于一个团的塔夫斯（Tafurs）士兵的存在而又加深了一层——这些贫民战士手持木制大盾，由于喜欢以敌人人肉为食的故事而更为恶名昭彰："他们在异教徒的众目睽睽之下将敌人尸体切成小块，或是烹煮或是炙烤……然后他们狼吞虎咽地吞食这些肉块，不用就着面包，也无须任何调料，彼此之间还交口称赞：'这绝对是人间美味，比猪肉和腊肠好吃得多。'"[38]与之相对，即使十字军看起来就像是一群不堪一击的粗鄙莽夫，他们也是军纪严明，并且是在为自己的生存而战。与此同时，卡布加统率的却是一支貌合神离的军队，一旦卷入战斗就立刻四分五裂。各派首领为哪一种战术才是抵御法兰克人出击的最好办法吵得不可开交，而这种犹豫不定的情绪又影响到部队，他们的力量本就因为部署这座巨城的外围而过于分散。

博希蒙德和十字军王公们催促他们的士兵向前推进，在奥龙特斯河的河岸投入战斗，他们迅速击溃了卡布加派驻在那里的部队，然后又击退了敌人从后方发动的攻击。恐慌情绪随即在剩下的穆斯林军队里蔓延。他们没有坚持战斗，而是径自作鸟兽散。卡布加也带着手下没有战死的军官落荒而逃，将非战斗人员和一批誓言要作为圣战者（mujahidin）战斗、渴求殉难的志愿者抛到身后。"法兰克人屠杀了成千上万人（卡布加的官兵），将他们留在营地的给养、金钱、家具、马匹和武器

109

夺为战利品。"伊本·阿西尔写道。十字军在穆斯林营地滥施暴行：儿童受马蹄践踏而亡，妇女被长矛刺穿腹部。在缴获的战利品中值得称道的是卡布加的大帐篷，这座主账被设计成"一座城镇的样式，以丝绸制成五颜六色的角楼和城墙"。[39] 参战者都不敢相信他们居然能取得胜利。阿吉勒尔的雷蒙当日也在十字军的战斗队列中，他后来感谢圣彼得和圣保罗拯救了他们，"正是通过那些圣洁的代祷者，我主耶稣将这次大胜赐予法兰克人的朝圣教会"。[40] 在安条克城内，占据城堡的守军也投降了。尽管困难重重，十字军还是占领了叙利亚最伟大的城市之一。在他们前方，耶路撒冷正在招手。

第八章　耶路撒冷

肉食者们自相残杀……

法兰克人趁势征服。

当纳吉姆丁·伊尔加齐·伊本·阿尔图格（Najm al-Din
Ilghazi ibn Artuq）——他与兄长共同统治耶路撒冷——清醒的
时候，他是一个不可小觑的人物：一位浑身是胆的将军和政治
家，也是麻烦不断的塞尔柱帝国里所有地方埃米尔中最有能力
的一位。但他也是一个积习难改的酒鬼，一旦受到葡萄酒囊或
发酵马奶（在突厥游牧文化中主要的酒类饮品）的诱惑，他
就很容易喝得酩酊大醉。由此导致的不可避免的宿醉使他虚弱
不堪，接连好几天都动弹不得。[1] 由这种间发性酒狂症引发的冲
动使他性情捉摸不定。他极尽施虐之能事，经常下令将囚犯折
磨至死：生埋活人，或是将他们吊起，然后用箭矢射得千疮百
孔。这种对残忍的嗜好在他的时代并不罕见：伊尔加齐的盟友
及同时代人、大马士革埃米尔图格塔金（Tughtakin）①，喜欢
砍下敌人的首级，把他们的头盖骨做成镶有宝石的仪式用酒
杯；而在十字军中，基督徒对敌人和可疑的间谍实行酷刑和残

---

① 在十字军对安条克和耶路撒冷进攻期间，图格塔金担任大马士革的阿塔
　贝格（太傅），辅佐阿尔普·阿尔斯兰的孙子杜卡克（Duqaq）。1104 年，
　他凭借自己手中的权力成为当地统治者。——原注

肢时，也丝毫没有良心上的不安。[2]不过，即便在这样一个残暴不仁的时代，伊尔加齐还是给他的同代人留下了变着花样残害他人的印象。

伊尔加齐和他的兄长索克曼（Sokmen）于 1091 年在他们的父亲阿尔图格（Artuq）去世后继承了耶路撒冷总督的职位，阿尔图格自 1079 年以来便担任此职。与阿尔图格一样，伊尔加齐和索克曼是在大塞尔柱苏丹马利克沙的权威之下接受任命的。但在动荡不安的 11 世纪 90 年代，就像所有塞尔柱总督一样，伊尔加齐和索克曼发现他们的地位在马利克沙驾崩后岌岌可危。他们的状况在 1098 年 8 月到了生死攸关的地步，时值安条克陷落后不久，大批攻城器械云集耶路撒冷举世闻名的城墙之前，包括 40 多台巨型投石机，石弹狂轰滥炸，导致大段城墙崩塌。根据伊本·阿西尔的记录，这场围城战持续了"40 多天之久"。[3]这是一次带着贪婪目的和宗教热情进行的突然而又猛烈的攻击，使塞尔柱人在耶路撒冷的统治濒临崩溃，直接为圣地政治的划时代变革铺平了道路。但这并不是十字军的杰作。

1098 年出现在耶路撒冷城外的抛石怪兽实际是由一个存在年代更为久远的宿敌派出的：埃及的法蒂玛王朝——一个由伊斯玛仪什叶派穆斯林创建的王朝。作为伊斯兰教一个分支的拥护者，法蒂玛王朝被忠于巴格达哈里发的塞尔柱人认定为异端分子。逊尼派和什叶派在教义上的分歧可以追溯到公元 7 世纪：先知穆罕默德的直系亲属和后裔之间恶意分裂的产物。法蒂玛王朝在 11 世纪宣称继承了穆罕默德的女儿法蒂玛及其丈夫阿里的血统及合法性。自公元 909 年在阿尔及利亚的柏柏尔部落中发迹以来，法蒂玛家族就迅速崛起，建立了一个帝国，

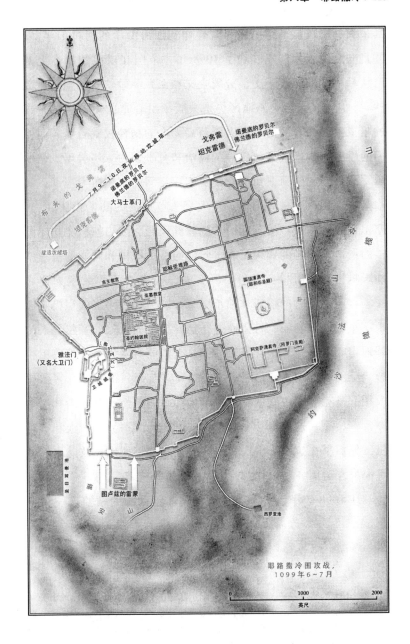

耶路撒冷围攻战，
1099年6~7月

114　其最大的疆域从马格里布一直延伸到红海沿岸的阿拉伯半岛，并且向北深入叙利亚。到了 1098 年，帝国在规模和权力上都已从鼎盛时期一落千丈，分裂主义和派系斗争使其如同一盘散沙。① 但它在东地中海地区仍是一股举足轻重的力量。法蒂玛的哈里发们在开罗的宝座上以至高无上的精神权威自居，而他们的维齐尔们则代表他们分配政治和军事权力。法蒂玛王朝的海军战舰在尼罗河三角洲和小亚细亚之间的海域游弋巡逻，其水师将军们擅于从海上向远至大马士革以北的陆地投放兵力。塞尔柱帝国和法蒂玛王朝原本就彼此厌恶，因为他们竞相向同样的港口、同样的贸易路线、同样的纳贡城镇和同样的圣地施加影响力，从而相互竞争。事实上，双方之间的敌意如此之深，以至于当时的穆斯林编年史家怀疑，法蒂玛王朝积极欢迎十字军进入叙利亚，希望通过在他们控制的土地和塞尔柱人的领地之间建立一个基督教缓冲区，来削弱突厥人对法蒂玛王朝影响范围的控制力。[4]无论这一猜测真实与否，很明显，塞尔柱人在安条克之围中所遭受的苦难远远不能促使所有穆斯林团结一致。相反，这给机会主义者送去了在两大宿敌之间渔利的良机，他们早在拉丁人出现之前就欲置对方于死地，彼此之间的仇恨根深蒂固、难以化解。[5]

　　在 1098 年率领法蒂玛军队进攻耶路撒冷的领袖是一名维

---

① 法蒂玛帝国在 11 世纪 90 年代内部分裂的主要原因是哈里发穆斯坦绥尔（al-Mustansir）于 1094 年去世后引起的继位风波。他最年长的儿子尼扎尔（Nizar）被剥夺继承权后遭人谋杀，其追随者拒绝承认新哈里发穆斯塔里（al-Musta'li）的权威。这种分裂既瓦解了法蒂玛王朝在埃及的统一，又间接导致一个信奉什叶派、源于波斯、名为尼扎里派（Nizari）的分裂组织在叙利亚的产生，这一组织通常（如果不准确的话）以哈希什派（Hashishiyya）或阿萨辛派（Assassins）著称。——原注

齐尔，其姓名毫无谦虚之意——马利克·阿夫达尔（al-Malik al-Afdal，"贤王"的意思）。13 世纪的学者和传记作家伊本·赫里康（Ibn Khallikan）将阿夫达尔颂扬为"一位有能力的统治者，判断力无人能出其右"，而他对于挥金如土并加以张扬炫耀的欲望也毫无限度。⁶伊本·赫里康写道，阿夫达尔拥有至少 100 条金丝编制的头巾，这些头巾都有单独的金制挂钩，挂在他宫殿式宅府的十个卧室中。他拥有的家畜和财宝数不胜数，使用的金制墨水瓶上镶满了珠宝，连他送给府中女奴们用于编织的针都是金制的。他来到耶路撒冷城前时，已下定决心，要从统治着圣城的两兄弟那里夺下这座城市，随他而来的是伊本·开拉尼希所说的"一支强大的阿沙克尔（askar）①"。

　　阿夫达尔对耶路撒冷发动的猛烈轰炸超出了伊尔加齐和索克曼的抵抗能力。在城墙被攻破后，阿夫达尔的士兵一路杀向卫城城堡。他向这对兄弟提出条件，饶他们不死，以换取他们将城市有条不紊地移交给法蒂玛王朝。"他向这两位埃米尔展现出宽容大度，"伊本·开拉尼希写道，"释放了兄弟俩和他们的支持者。"⁷阿夫达尔承受得起这种慷慨的代价，而伊尔加齐和索克曼也知道游戏已经结束。他们向北投奔大马士革，以期来日再战。维齐尔则返回埃及老家，留下一个名叫伊夫蒂哈尔·达瓦拉（Iftikhar al-Dawla）的官员来管理圣城。1098 年 9 月中旬，耶路撒冷又恢复了平静。但这种情况不会持续太久。

---

　　① 阿沙克尔意为"亲兵"，一位穆斯林领主或埃米尔的私人卫队，或是由训练有素的奴隶兵（马穆鲁克的前身）组成，或是由突厥贵族子弟组成，作为正规常备骑兵使用。

✚

在耶路撒冷以北 500 英里（800 千米）处，十字军第一次开始在目标上摇摆不定。攻陷安条克是一项来之不易的巨大成就，但也将十字军领导层的内部分歧暴露无遗，其焦点问题在于博希蒙德的地位和野心。1098 年 7 月的第一周，安条克山顶城堡内的守军正式投降，将卫城城堡移交给他本人，而不是全体诸侯或教皇代表、宗教领袖勒皮主教阿德马尔［不巧的是，阿德马尔于 1098 年 8 月 1 日逝世，将他作为教皇使者的权威让渡给了一位名叫绍克的阿努尔夫（Arnulf of Chocques）的佛兰德教士］。博希蒙德欣然接收了这座城市，并且搬进去以新任统治者自居。

这种夺权行为立刻引发了滔天争议。博希蒙德和其他诸侯在前一年还向阿莱克修斯·科穆宁发誓：无论谁占领安条克，都只能是一个须经拜占庭皇帝同意的临时统治者，一如当初十字军穿越安纳托利亚、一路攻城略地时的情形。然而，博希蒙德已经在卫城城堡上空升起了他的个人旗帜，毫无降下己方旗帜换上拜占庭帝国旗帜的意愿。众诸侯群情激奋，其中尤以图卢兹伯爵雷蒙反对最甚，因为他的兵马也占领了这座城市的一部分区域。面对这种情势，博希蒙德依旧坚持说，作为第一个进入安条克的诸侯，他理应保有这座城市。他提到，在十字军最黑暗的时刻，拜占庭皇帝没有派出军队支援他们。根据安娜·科穆宁娜的记载，博希蒙德质问道："我们凭什么要放弃通过汗水和辛劳赢来的战果？"[8]对于安娜来说，博希蒙德在安条克的所作所为是典型的两面三刀和不负责任，体现了他的一贯作风，也为她对其总体上严厉的批判提供了素材。对于雷蒙和其他诸侯而言，这种做法自私自利、罔顾责任到了极点。在穿越小亚细亚的途中，博希蒙德成为十字军东征中最重要的世俗领袖，而现在，当耶路撒冷遥遥在望时，他却打起了退堂鼓。但是，任何事情——甚至包括雷蒙的强烈反对——都无法改变他的想法。毕竟，在安条克城下挥洒鲜血、历尽劫难之后，总要有人承担起保卫这座城市的重任，防止发生叛乱或抵抗塞尔柱人的反扑。博希蒙德认定他就是这个人，而他就此建立了第二个十字军国家，与鲍德温新建的埃德萨伯国接壤。安条克公国，作为一个位于拜占庭、奇里乞亚和叙利亚北部之间要塞之地的强大国家，其国祚延续近200年。随着博希蒙德着手巩固他的新封地的边界，显而易见的是，他的注意力已经不在耶路撒冷了。[9]

117

泰提修斯和布卢瓦的斯蒂芬已双双西返君士坦丁堡，鲍德温出走埃德萨，阿德马尔长眠墓中（主教大人就埋在那个取出圣矛的洞里），最终于1098年11月从安条克向南出发的十字军已是一支残兵疲旅。博希蒙德、雷蒙以及其他诸侯之间的争吵使他们的作战中断了四个月，严重打击了士气，即使他们已启程进行此行冒险的下一阶段，领导层之间的分歧仍在继续。根据随军牧师阿吉勒尔的雷蒙的记载，普通的朝圣者和士兵们已经开始对诸侯们的懦弱窃窃私语，并且讨论哗变或是开小差，彼此之间说道："我的天啊！我们在异教徒的土地上已经待了整整一年，损失了20万条人命；这还不够吗？"[10]当他们终于又踏上行军之路时，每个人都变得暴力冷血。

距离安条克有四五天路程的小城迈阿赖努曼［Ma'arrat an-Nu'man，或名为马拉（Marra）］落入了十字军的视线之内。50

年前，波斯学者和诗人纳绥尔·霍斯鲁（Nasir Khusraw）① 曾游历此地，并且注意到繁荣兴旺的市场上，商贩们向市民出售无花果、橄榄、开心果和杏仁，这些本地居民的住宅都有石墙和刻有驱除蝎子的咒语的圆柱保护。[11]当十字军于 11 月 28 日抵达这里时，市民们冲向城头，开始用"石块……飞镖、火、蜂箱和石灰"向城下的军队发起猛烈轰击，以破坏敌人攀登和毁坏防御工事的企图。[12]他们的行动虽然有效，但只持续了一段时间。在接下来的两个星期里，图卢兹的雷蒙军中的普罗旺斯工程师建造了一座巨大的四轮移动式攻城塔，并努力填满了一面城墙旁边的一条壕沟，而博希蒙德的士兵则从另一边发动进攻。12 月 11 日，雷蒙的攻城塔，连同云梯和其他的攻城器械，被推向并抵住城防工事。日落时分，迈阿赖努曼陷落。一夜之间，一群群组织混乱的普通步兵在街道上横冲直撞，洗劫民宅，放火把躲在地窖里的市民熏出来。"当（在地下）抢劫到的赃物无法让他们满意时，他们便将落入其手中的不幸穆斯林折磨致死。"阿吉勒尔的雷蒙回忆道。[13]妇女和儿童也惨遭屠戮，奴隶被带回安条克的市场上售卖。《法兰克人功绩史》的作者亲眼看见了大屠杀："城市的每一个角落里都堆满了撒拉森人的尸体，除非踩在撒拉森人的尸体上，否则人们几乎无法在城里的街道上行走。"随着仲冬时节来临，无论在城内还是城外都找不到食物，这与当时在安条克的情形几乎一样，于是，食人行为的幽灵再度苏醒，令人不堪回首。"（我们的士兵）将死者的尸体撕碎，因为他

118

———————

① 波斯著名诗人，伊斯兰教什叶派宗教宣传家，一生创作了六万余行诗歌，涉及教义、教法、哲学、历史、伦理道德等方面的内容，富有哲理，笔力刚劲，风格独特。

们过去找到过藏在内脏里的拜占特（bezant，即金币）①，"《法兰克人功绩史》的作者写道，"另一些人则把死者的肉切成肉片并煮着吃。"[14]在饱食之后，十字军已经嗜杀成性，他们向着下一个目标出发。

✝

就这样，队伍前方高举着十字架，胡须里还凝结着人肉碎渣，十字军穿过叙利亚向黎巴嫩海岸进发。此时，一位名叫穆伊齐（Mu'izzi）的诗人正在伊斯法罕的宫廷为塞尔柱苏丹巴尔基雅鲁克作诗。他恳求苏丹以"阿拉伯宗教"的大义对玷污穆斯林土地的拉丁人进行报复。"您应当杀掉那些被诅咒的狗和卑鄙的生物，那些磨尖了牙齿和爪子的狼，"他写道，"您应当俘虏这些法兰克人，用您那镶嵌珠宝、吞噬生命的匕首割开他们的喉咙，让他们的鲜血喷涌而出。您应该用法兰克人的头做马球，用他们的手和脚做马球棍，当街示众。"[15]然而，随着这些被诅咒的法兰克人在"伊斯兰的家园"（dar al-Islam）一路攻城略地、杀人如麻、折磨奴役穆斯林甚至以人肉为食，在现实中用他们的头骨来玩球类游戏的可能性越来越小。整个叙利亚地区，特别是穿过黎巴嫩和巴勒斯坦地区通往耶路撒冷的沿海道路两旁，夹在塞尔柱帝国和法蒂玛王朝的影响之间的塞尔柱埃米尔和半独立的城市统治者们，纷纷向十字军诸侯们进贡，与他们谈判以求保全自己（对于那些有过与西班牙泰法国作战经验的十字军战士来说，这些事件发展的进程再熟悉

119

---

① 拜占特为西欧国家对于拜占庭货币的指称，在十字军王国内有仿制，集中见于 10 ~ 13 世纪的史料。

不过了）。与此同时，各路基督教诸侯之间争吵不断：博希蒙德于 3 月 1 日离开十字军，返回安条克，再未回来。而其他人，比如他的侄子坦克雷德，则朝秦暮楚、不断变化自己的政治阵营。普罗旺斯的十字军追随图卢兹的雷蒙，他们与诺曼人和其他的法兰克人之间的猜忌日渐加深。前一年的团结一致正在消失。然而，他们离目标也越来越近。自离开欧洲以来，他们已经走了大约 2000 英里（3200 千米）；现在，在他们和法蒂玛王朝控制的耶路撒冷之间只剩下 200 多英里（320 千米）。

最后一个挡在十字军征途上的堡垒是一个位于阿克尔（Arqa 或 Akkar）的要塞。从 1099 年 2 月至 5 月，这座要塞坚守了三个月之久，在这场残酷的围城战期间，普通的十字军士兵狼吞虎咽，以"带着蜂蜜味的小芦苇"（实际上是甘蔗）充饥，而骑士们则四处出击、打劫。[16] 阿克尔的领主，即的黎波里地区的统治者最终厌倦了看着自己的士兵死去，于是向十字军求和，缴纳了 1.5 万枚金币，连同马匹、骡子和华丽的织物作为贡品。此外，朱拜勒［Jubayl，又作贾伯莱（Jableh）］的统治者也进贡了 5000 枚金币和"大量的葡萄酒"。[17] 到了复活节，从君士坦丁堡传来谣言，说阿莱克修斯·科穆宁终于决定率领一支舰队启航，前来支援十字军，并带来了大批增援部队、黄金和补给品。拜占庭皇帝从未出现，但即使没有他的支持，十字军战士也不会收手。目前还不清楚，谁还能够指挥一场有效的抵抗，来挡住他们前进的脚步。

✝

120　　　在开罗，戴着金制头巾的法蒂玛王朝维齐尔阿夫达尔正在饶有兴趣地监视着事态的进展，如果这些事件还没有引起他的警觉的话。与基利杰·阿尔斯兰、亚吉·西延、卡布加及其他人不同，他本人还没有领略过法兰克人坚韧不拔的精神和格外好的运气，后者则愈发坚信他们受到了诸如圣乔治和圣安德鲁这样的武士圣徒的保佑。但阿夫达尔马上就会体验到了。在安条克被围攻期间，他已经与基督教诸侯们达成了一个互不侵犯协议；现在，当十字军向他的领地席卷过来时，这一协议已然作废。阿夫达尔将他的笔蘸在金色的墨水瓶里，写下一封又一封鼓舞士气的信件，通过信鸽传递给阿卡、凯撒里亚以及其他地方的统治者和忠实的穆斯林。维齐尔告诫埃米尔们要竭尽全力抵抗"这群疯狗，一个愚蠢、任性、无法无天的种族"。[18]

说总是要比做容易。5月下旬期间，提尔、阿卡、海法（Haifa）和凯撒里亚都是在做出程度最微小的抵抗后便相继允许十字军通过。"人们在十字军到来之前便惊恐地从自己的住处逃了出来。"伊本·开拉尼希记载道。[19]塞尔柱帝国和法蒂玛王朝的军队给十字军造成的麻烦还不如他们在西顿附近遭遇的"火蛇"。这种毒蛇的噬咬可置人于死地，已知的治疗方法之一是立即与某人做爱，以"摆脱肿胀和毒素引起的发热"。[20]到了6月2日，十字军已经在阿苏夫（Arsuf）向内陆转进，沿着穿过犹太山（Judean hills）到达耶路撒冷的道路向拉姆拉（Ramla）① 前进，行军途中他们发现所到之处尽是被放弃的据点。法蒂玛王朝的军队已经纵火焚烧了港口雅法［Jaffa，即今

①　现为以色列中央区首府，位于特拉维夫－雅法的东南面海岸平原上，公元716年由阿拉伯人建城，也是巴勒斯坦地区唯一一座由阿拉伯人创建的城市。

日的特拉维夫－雅法（Tel-Aviv Jafo）]，并离开了拉姆拉，使该城空无一人。就这样，道路上的困难和阻碍实际上已经一扫而空。于是，6月7日星期二，令人难以置信的事终于发生了：驻守在耶路撒冷城墙上的守卫向总督伊夫蒂哈尔·达瓦拉报告说，他们发现一支法兰克军队正在逼近，"他们士气旺盛，斗志昂扬"，喜极而泣，高唱圣歌。很多人正在忍饥受渴，其他人则饱受疾病或营养不良之苦。这支军队的人数已经缩减为不到1.5万名战士，其中只有1500名骑士，其规模只有从君士坦丁堡出发的那支军队的三分之一。它已经失去了几位最杰出的领导者，而那些留下的首脑人物则经常争吵。虽然如此，十字军还是到达了他们的目的地，而这座城市的命运即将被决定。

耶路撒冷是一个中等大小但防备完善的城市。它坐落于犹太山上，东面有约沙法（Jehoshophat）山谷的险峻一侧作为天然防御屏障；在这一面及其他各面，该城都由厚实的城墙保护着，城墙上每隔一段距离就设置有门楼和瞭望塔，中间还有一座名为大卫之塔［David's Tower，又名为米哈拉布·达乌德（mihrab dawud）］的卫城城堡俯瞰着与来自雅法方向的道路相邻的城门。北面由一系列护城河体系进一步加以保护。在前一年夏天阿夫达尔的军队在城墙上轰炸出缺口以后，整个城市的防御体系已经得到了加强。伊夫蒂哈尔·达瓦拉手下有一支由大约1000人组成的守备部队供他调遣，保护着数量不足三万的人口。除了从公民中招募的正规民兵外，这些士兵中还包括阿夫达尔从开罗派来的400名精锐骑兵，根据沙特尔的富歇记载，这些骑兵多为"阿拉伯人和埃塞俄比亚人"（他指的是非洲黑人）。[21]该城有自己的水源，而伊夫蒂哈尔·达瓦拉也煞费苦心地将城外的水井一一填平，使十字军陷入两难的境地，如果他们不想渴死的话，就不得不从数英里之外用牛皮缝制而成的大水壶取水，或是冒险进入位于城头弓箭射程之内的西罗亚池（Pool of Siloam）取水。① 尽管有几处城墙处于高地之下，入侵者在那里可以轻易地向城内的街道发射投掷物，而且该城在过去 30 年内曾两度被攻城战术攻克——法兰克人已经证明他们精熟此道（这点尤为致命）——但总督还是显得胸有成竹，因为维齐尔派来信使向他保证：他无须坚守多久，就会有一支浩荡大军从埃及过来救援他，"投入抵抗十字军的圣战中，消灭他们，救助和保护这座城市不受他们的侵犯"。[22]总督要做的就是固守待援。

权衡利弊之下，伊夫蒂哈尔·达瓦拉不得不加以考虑两大令人不安的因素。第一个因素是军事上的可行性：十字军和他一样清楚，阿夫达尔正在组织一支远征军前来救援，因为被俘的信使告诉他们，援军预计在 7 月底到达。十字军因此制订了相应的作战计划。第二个因素是动机问题。法兰克人也许在遭受过烈日炙烤、疾病缠身后疲惫不堪，但现在他们面前的正是他们认定为此次朝圣之旅的目的地，从宇宙学的观点来讲也是地球的中心。这里是基督传道、受难、复活和升天的地方；也是人类始祖亚当的头颅埋葬之处；还是使徒们旅程的起点。"试问天下何城能得此神秘莫测之奇遇，信徒之救赎皆由此出？"编年史家修士罗伯特问道。[23]对于犹太人而言，此城也极

① 许多拉丁编年史家都讲述了耶路撒冷围攻战期间水的脏臭和匮乏，这导致了疾病的广泛传播和许多不满情绪，因为那些取水的人竟把喝上一口满是虫子的污水的机会当作特权售卖，向他们的十字军战友收取高昂的费用（近乎勒索）。——原注

122

富深远意义，因为这是约柜（Ark of the Covenant）①曾经安放的故地。对于穆斯林来说，这里是阿克萨清真寺（al-Aqsa Mosque）和圆顶清真寺（Dome of the Rock）的所在地，穆罕默德曾在这里祈祷，并于此处夜行登霄②，与真主和长老们谈经论道。但在1099年7月，正是西方的拉丁基督徒在完成最不可思议的旅程后站在了耶路撒冷城墙的阴影下，这一壮举意义重大。

在围城的第一个月里，守军严密布防。所有的基督教游客和居民在法兰克人到来后被立即驱逐出城。十字军战士们忙于在几乎没有水源的山丘上补给物资和重新组装——或者从头开始建造——他们需要用来破坏城墙的攻城塔、攻城锤和弩炮。6月17日，一支由六艘热那亚船只组成的小舰队载着工程用材驶入已被夷为一堆废墟的雅法港口，为十字军的行动提供援助。这些船只在停泊时遭到埃及桨帆船的袭击，船员们被迫烧毁船只后逃跑，但他们在此之前已经卸下了宝贵的木材和木工设备。

到了7月初，守军可以观察到法兰克人的军队部署在城市周围的两个关键地点。在南面，锡安门（Zion Gate）外，图

---

① 又称"法柜"，是古代以色列民族的圣物，"约"是指上帝与以色列人订立的契约，而约柜就是放置了上帝与以色列人所立的契约的柜。这份契约指由先知摩西在西奈山上从上帝耶和华处得来的两块十诫石板。

② "夜行登霄"是《古兰经》记载的先知穆罕默德的一次神迹。621年7月27日夜间，穆罕默德在天使吉卜利勒（基督教称之为加百列）的陪同下，乘坐神兽布拉克，瞬间来到耶路撒冷的远寺（一般被认为就是阿克萨清真寺）。随后，穆罕默德登上登霄石，从今日耶路撒冷的圆顶清真寺位置登上七重天。黎明时分，穆罕默德重返麦加。根据这一说法，耶路撒冷成为穆斯林继麦地那和麦加之后的第三圣城，而登霄节也成为伊斯兰教的纪念日。

卢兹伯爵雷蒙的普罗旺斯军队在此驻营。几乎其他所有的诸侯——诺曼底公爵罗贝尔、佛兰德伯爵罗贝尔、布永的戈弗雷和欧特维尔的坦克雷德——在北面以一字长蛇阵型排开，他们在那里填平护城河，槌击城墙。这段城墙位于山谷顶端的城市东北角和距离城市西北角将近一英里（1500 米）的所谓四角塔楼（Quadrangular Tower）之间。他们沿着橄榄山（Mount of Olives）的小道布设了埋伏，信使们定期从城中防守战斗最不激烈的一侧爬出来，向开罗的维齐尔报信：当法兰克人抓住一个不幸的信差（一个男孩）时，他们对他严刑逼供，绑住他的手脚，从投石机的皮制吊兜里把他扔向城市的方向。他没能飞进城内，而是撞在离城墙不远的一块岩石上，"摔断了脖子、神经和骨头"，当场死亡。[24]

尽管有这些令人不快的场面，守军还是坚持了一个月，看着城下的十字军在高温下埋头苦干。但是在 7 月 8 日星期五，他们看到了一个新奇的现象：从约沙法山谷的方向出现了一支由忏悔者组成的宗教游行队伍。受到已故的阿德马尔主教显灵的鼓舞，以及在一位当地隐士（居住在一个"古老而高大的塔楼"里的修行者）的劝说下，十字军此前已经斋戒三天。[25] 现在，他们庄严肃穆、跣足而行，从橄榄山一直走到锡安山，接近图卢兹的雷蒙的营地。当他们手无寸铁、奉持圣物一路走来时，伊夫蒂哈尔·达瓦拉的士兵大开杀戒。在城垛上，穆斯林军队兴高采烈地从城里拿出十字架，对着它们吐口水、撒尿，把它们挂在小型绞架上，在墙上把它们摔得粉碎。然后他们用弓箭瞄准，杀死或射伤了许多神职人员和普通教徒。这似乎也太容易了一些。

然而，形势在第二周急转直下。十字军足足耗费了好几周

124

时间来组装他们最重型的炮兵装备，但一俟完成，这种武器立刻展现出它的致命威力。在宗教游行结束后的那个周末，部署在北面的十字军将他们所有的攻城器械集中运输到一处，面对着从圣斯蒂芬（St Stephen）门往东延伸半英里（700 米）长的双层城墙部署。7 月 14 日，第二周的星期四，一场全面的炮击拉开帷幕。三门弩炮开始齐声怒吼，迫使守军从城墙上撤退。城墙上原本吊挂着用稻草填塞的垫子做成的盾牌，以减弱投石机炮弹的威力，布永的戈弗雷却指挥工兵射出一轮火箭来清除这些缓冲物。接着传来了令人恐惧的撞击声，那是一个巨大的铁头撞锤，"工艺高超，重量惊人"。[26] 攻城锤在两层城墙的外城墙一侧巨响连连，最终撞开一个足够大的缺口，使得十字军可以推着较大攻城塔中的一座通过。[①] 攻城塔塔身为木质结构，比城墙本身高出一个长矛的高度，顶部立着一个闪闪发光的金制十字架，由一个通体披着阻燃的马皮和骆驼皮的柳条编笼保护着，同时也保护攻城塔里的士兵不受希腊火（一种由硫黄、沥青和熔化的蜡组成的易燃混合物）的伤害——耶路撒冷的守军将其装在"吐出"火焰的土罐里，向十字军投掷。[27]

现在形势很明显，从埃及来的援军根本无法及时赶来保卫这座城市。伊夫蒂哈尔·达瓦拉在耶路撒冷城内也有自己的 14 台弩炮，他将这些弩炮分别部署在防线上两个薄弱点之间，使十字军的进展迟滞了一段时间，阻止了他们将攻城塔移动到离城墙足够近的距离以便尝试发动攻击。但是在 7 月 14 日星

---

① 为了给攻城塔腾出空间来攻击缺口，十字军必须首先点燃攻城锤，后者在完成任务后卡在了城墙里。尽管守卫者从城墙上向下浇水灭火，十字军还是成功地将攻城锤烧毁。——原注

期四，随着夜幕的降临，经过一整天激烈的战斗，很明显守军已坚持不了多久了。在次日拂晓，巨大的金十字攻城塔终于倚住了内城墙东北角的位置，戈弗雷就在攻城塔上，用弩箭射击敌人（在南面，图卢兹的雷蒙的士兵也抵近了石墙，但他们的攻城器械被希腊火烧毁了）。戈弗雷所在的攻城塔顶部成了一个危险的地方，持续不断的投射物如雨点般袭来，火力强度逐渐升级，形势越来越令人绝望，耶路撒冷的守军几乎将其推倒向地面。他们眼看塔身摇摇晃晃，几近倾覆，马上就要把塔上的所有人都摔死。[28] 一块从城内发射出来的石块几乎就要砸到戈弗雷，却击中了站在他身边的士兵。"这位士兵被打得脑浆迸裂，折颈而死。"亚琛的阿尔贝特写道。[29]

如果塔楼坍塌或是这位诸侯就此战死，耶路撒冷也许还能得救。但是这两件事都没有发生。在城中，法兰克弩炮发射的一块石弹砸死了两名妇女，据说她们正试图对敌军的炮兵施咒，站着她们身旁的三个小女孩也一同遇难。[30] 在塔楼的高处，十字军战士们突然射出一阵箭雨，箭头包着点燃的棉布，将城墙的守军一扫而空，创造出足够长的空窗期，使攻城塔放下吊桥。[31] 第一批法兰克部队由戈弗雷率领，迅速拥上城头。很快，他们就杀出一条血路，从塔楼进入城市街区。吟唱着《垂怜经》（kyrie eleison）的白衣牧师也在帮忙运送长梯，帮助攻城塔下的军队越过被守军放弃的城墙。过了一会儿，已经不需要梯子了：城门上的门闩被拉开，十字军全军破门而入。很多人为了这一时刻已经等待了将近四年的时间。随着他们兴高采烈地蜂拥入城，进入城中基督曾为救赎他们的罪恶受尽痛苦而死的地方，他们对遇到的每一个异教徒进行报复，将其作为自己的使命。维齐尔阿夫达尔已经不见了。他的人民已被抛弃，在劫难逃。

126

✝

1099 年 7 月 15 日，耶路撒冷落入十字军之手，在随后的几天里发生的屠城是这个时代几大暴行之一，是胜利者一方有权对被征服者毫不留情的一个极端例子，也是与其他"受诺曼人启发的"大屠杀（譬如征服者威廉于 1069 ~ 1070 年对英格兰北部地区的"袭扰"）一样对《圣经》教义的一种滥用。随着十字军狂飙猛进，伊夫蒂哈尔·达瓦拉与他们达成协议，以保全自己和那些从城墙的攻防战中存活下来的埃及士兵的性命。在图卢兹的雷蒙的保护下，他们匆忙出城，被护送到离此处最近的法蒂玛据点——亚实基伦（Ascalon）。在他们的身后，用伊本·阿西尔的话来说，"城内居民成为刀剑下的猎物"。[32]既然基督徒早已在围城初始阶段就被驱逐出城，现在城内的每一个居民都被认为是合法的猎物，成千上万狂热的战士和朝圣者从一个房屋跑到另一个房屋杀人抢劫，持续了整整一个星期。阿吉勒尔的雷蒙也在其中，他随后记述道：

> 有些异教徒被仁慈地斩首了事，有些被箭射穿，从高塔上摔下来，然而还有一些人被折磨了很久，最后在烈焰中被烧死。死人的头、手和脚被成堆地扔在房屋里和街道上，甚至还有一群人和骑士在尸体上跑来跑去。[33]

127

此情此景不禁使人回想起平民十字军运动初期在莱茵兰地区爆发的可耻暴乱，当时大批犹太人在这场浩劫中被杀；他们"聚集在犹太会堂，法兰克人向他们的头上投掷火把，将会堂付之一炬"。[34]成千上万的穆斯林市民逃到圣殿山（Temple

Mount）巨大的凸起平台上，在那里及其周围地区，甚至阿克萨清真寺的顶部寻找避难处。欧特维尔的坦克雷德和另一位领主贝阿恩①的加斯东（Gaston of Béarn），向他们提供自己的旗帜以示保护，但诸侯们早就已经失去了对这场暴力狂欢的控制。死难的穆斯林数以千计，他们或是丧生于暴徒之手，或是自行了断，绝望地从圣殿山上跳下来，以逃脱被折磨致死的命运。有些人淹死在储水池里。婴儿被暴民从母亲怀里抢走，头朝前地摔在墙上和门框上。许多基督教编年史家从在所罗门圣殿（Solomon's Temple）遗址上发生的这场大屠杀中看到了《启示录》里的一则预言成为现实。他们写道，与约翰的话语相呼应，当十字军战士骑马走过时，死难者的血上涌到他们的膝盖或坐骑的缰绳。[35]自然而然的是，伴随着杀戮的是一阵疯狂的掠夺，诸侯们和贫穷的朝圣者都争相将财宝塞入自己的怀中："金子、银子、马、骡子和装满各种货物的房子"。坦克雷德尽管徒劳地关怀过穆斯林公民的福祉，但还是贪婪地洗劫了圆顶清真寺（十字军称之为"耶和华圣殿"）周围的圣殿。他的个人护卫花了两天时间"从墙上剥下了不计其数的金银"，这是一种赤裸裸的强盗行径，坦克雷德后来为此受到了谴责。[36]在这座城市的圣墓教堂里，一些朝圣者决定祈祷、拍掌和诵唱复活圣歌，而这通常是为复活节保留的仪式。[37]而他们的战友则一直在享受灭门绝户的乐趣，"以至于没有一个尚未断奶的小男孩或小女孩，乃至一岁的婴儿能逃脱谋杀者的毒手"。[38]这场暴行一直持续到当街道上堆满了尸体直至散发恶臭时才有所减少。此时，牧师下令将尸体拖出城墙外并焚烧。

128

---

① 法国一旧省份，位于法国西南部，比利牛斯山脚下。

"这些尸体在金字塔一样的柴堆上熊熊燃烧，只有上帝才知道其数量有多少。"《法兰克人功绩史》的作者写道。[39]

当设法逃离耶路撒冷的幸存者到达逊尼派阿拔斯王朝哈里发在巴格达的宫廷时，他们讲述了一个"闻者伤心、见者流泪"的故事。在周五的祷告中，这条消息在清真寺里的信徒中扩散：一个关于"在那个神圣庄严的地方，男人被杀害，妇女和儿童被奴役，以及穆斯林的财产被掠夺"的故事。[40]对于伊本·阿西尔和其他在事后书写历史的学者来说，灾难的原因显而易见："肉食者们自相残杀……法兰克人趁势征服。"[41]

在耶路撒冷，胜利的十字军对他们的征服有着更高的评价。"万能的上帝啊，在经历了闻所未闻的、任何军队都未曾经历过的苦难，如婴儿出生时的百般折磨之后，看到自己已经获得了渴望已久的神迹所带来的新鲜欢乐时，他们像新生的孩子一样，如此激动，悲喜交加。"诺让的吉贝尔热情称颂道。[42]他们的成功到底是由于敌人的政治失败，还是由于他们自己吃苦耐劳的英雄式壮举，或是由于全能者的意志，谁也说不清。无论如何，耶路撒冷已经陷落。十字军已经完成了乌尔班二世赋予的使命。法兰克人来到了圣地，现在他们在那里定居下来。

第九章　裂土封王

蛮族人不过尔尔……

1099 年圣诞节前夕，安条克的博希蒙德和埃德萨的鲍德温南下前往耶路撒冷以完成他们的朝圣之旅，这是他们第一次探访圣城。这又是一个天气恶劣的冬季，在从叙利亚北部到巴勒斯坦 250 多英里（400 千米）的旅程中，他们经历了熟悉的糟糕气候并一直饱受供应短缺之苦。沙特尔的富歇随同博希蒙德和鲍德温参加了这次朝圣之旅，并且记录了这种悲惨的状况：只有吃驴肉和骆驼肉或咀嚼甘蔗才能缓解饥饿；穆斯林强盗"埋伏在沿途的狭路小径周围"，抢劫或杀害觅食者；"天寒地冻、冷风凄雨"过后，"太阳的光热微不足道，我们还未来得及晒干湿透的衣服，下一场雨便不期而至，肆虐了四五天之久"。[1]天气如此湿冷，以至于士兵们纷纷在帐篷里冻僵而死。

一路上，除了凯撒里亚和的黎波里的埃米尔（他们与法蒂玛王朝结盟）以离谱的价格将谷物和面包出售给他们之外，他们没有遇到一个愿意卖给他们食物或补给品的人。而当他们在 12 月 21 日到达耶路撒冷时，虔诚的信徒们迸发出的喜悦感和宽慰之情很快就被五个月前在他们的十字军伙伴们胜利后仍然存留的惨象和久久不散的气味所冲淡。"城墙四周臭气熏天……那是从被我们同伴杀害的撒拉森人的尸体上散发出来

130　　的，这些尸体横七竖八地躺在它们被我们的战友砍倒的地方。"富歇写道。[2]朝圣者的队伍在经过城门时，大家不得不遮住口鼻来挡住这令人作呕的臭气。

在耶路撒冷，他们发现鲍德温的兄长——布永的戈弗雷成了最高统治者。戈弗雷于这座城市陷落后的第八天，也就是7月22日被公推为群雄之首。他拒绝接受国王的头衔，而是选择被称为"圣墓守护者（或保卫者）"（Advocate ╱ Defender of the Holy Sepulchre）。与他平起平坐的是绍克的阿努尔夫，这位教士于8月1日被确定为耶路撒冷的首任拉丁宗主教。戈弗雷刚一受命，就被迫率军从耶路撒冷出征，前往45英里（70千米）以外的法蒂玛沿海堡垒亚实基伦迎击敌人，法蒂玛王朝的维齐尔阿夫达尔刚刚在那里姗姗来迟地集结起一支军队，准备向耶路撒冷发起猛攻，驱逐粗鲁无礼的异教徒。

不知为何，十字军又一次大获全胜。8月12日，他们在亚实基伦城墙外一场可怕的战斗中击败了一支庞大的法蒂玛军队。阿夫达尔落荒而逃，连随身宝剑都被俘获（这自然是一件上好的利器，价值60个拜占特）。[3]"战斗虽然可怕，但是上帝的力量与我们同在。"《法兰克人功绩史》的作者写道。[4]确实，十字军在战场上取得的一系列成功开始看起来如有神助。不错，他们在久经沙场之后已经变得诡计多端，对极端的苦难也已经麻木不仁，但是现在他们又拥有了一件无与伦比的新圣器：真十字架（True Cross）的一块碎片。此物是十字军在酷刑折磨守护圣墓的东正教牧师后发现的，被置于一个金制的圣物箱中。当宗主教将其带上战场的时候，这件圣物——其价值明显堪与阿莱克修斯·科穆宁在君士坦丁堡拥有的另一部分真十字架碎片相媲美——被认为赋予了十字军在异教徒的攻击下仍然所向披靡的能力。然而，这件圣物并没有使他们对自己人之间的阴谋诡计全然免疫，正如博希蒙德和鲍德温在1099年圣诞节的来访将要表明的那样。

✝

随两位北方十字军国家的诸侯一同抵达耶路撒冷的还有一位大人物。在旅程的开端，他们就遇到了另一个难缠的角色——比萨大主教丹伯特（Daimbert 或 Dagobert）：一位来自美因茨周边德意志地区的高阶教士，乌尔班二世极有可能将他任命为教廷使节。[5]丹伯特参加了1095年的克莱蒙宗教会议，并在自己的意大利大主教管区内布道，鼓动教徒参加第一次十字军东征。然而他从未加入诸侯们的十字军。相反，他在1098年受教皇委派，前往卡斯蒂利亚的阿方索六世那里，代表罗马教廷协助阿方索接管从西班牙的穆斯林统治者手中新夺取的土地。根据亚琛的阿尔贝特记载（他毫不掩饰对丹伯特的鄙视之情），这是一个有利可图的差使。阿尔贝特写道，这位大主教从阿方索六世转交给他的财富中捞取了大笔横财，其中最引人注目的是"一只金制公羊，其手艺巧夺天工"，而这原本是打算献给教皇的礼物。[6]阿尔贝特声称，丹伯特并没有把这件光彩夺目的饰品送到教皇那里，而是将其据为己有。1099年秋，当他随一支比萨大舰队来到圣地时，仍然带着那只金制公羊和他的一大批西班牙财宝。一路上，他洗劫了希腊的各个岛屿，并与拜占庭的船队进行了一系列战斗，这些拜占庭舰船装备着能从口中喷射出希腊火的青铜狮头。丹伯特在拜占庭城市拉塔基亚与博希蒙德取得了联系，当时安条克的新统治者正在满腔热忱地围攻这座城市，他将自己的船队派往雅法，然后

131

随同两位诸侯的队伍南下，并于 12 月 21 日出现在耶路撒冷。

根据沙特尔的富歇留下的记录判断，博希蒙德、鲍德温和丹伯特对耶路撒冷的访问是一次平安、喜庆的活动，两位诸侯在此期间参观了圣墓教堂"和其他的神圣场所"，然后游历了耶路撒冷城南 8 英里（13 千米）处的伯利恒（Bethlehem）。平安夜，在宏大的十字式基督降生大教堂，他们与人们一起在基督降生后被放到一个马槽的原址祈祷。[7]然后他们又回到耶路撒冷度过了圣诞节。新年伊始，这支队伍再一次出城，在约旦河中沐浴。1100 年 1 月的第一周，博希蒙德和鲍德温从耶利哥（Jericho）举世闻名的树林里割下棕榈叶①，然后启程返回北方，经太巴列（Tiberias）和加利利海（Sea of Galilee）返回了他们的新家。这是一个欢快的圣诞节，或者说从表面看起来如此。

然而，在一片其乐融融的表象之下，暗流涌动。在记述节日活动的过程中，富歇注意到当博希蒙德和鲍德温在耶路撒冷逗留期间，戈弗雷"和其他主要领袖"任命"丹伯特大人为圣墓教堂的宗主教"。这就意味着担任宗主教之后仅仅过了六个月，绍克的阿努尔夫就被排挤到一边。富歇并没有解释耶路撒冷新生的领导层为何突然出现这种变化。如果真要他解释的话，他将被迫承认，这实际上是一场精心策划、有利于博希蒙德的政变。一个在漫长的十字军东征过程中毫无作为的局外人，似乎从天而降，被授予基督教世界最负盛名的新职位。新

---

① 十字军战士对这些棕榈叶视如珍宝，将其作为战利品，经常把它们带回西方，放在当地宗教机构的祭坛上，作为他们完成使命的标志。关于这一话题请参考 Riley – Smith, Jonathan, *The First Crusaders: 1095 – 1131* (Cambridge, 1997), pp. 144 –5。——原注

任宗主教当然带来了财富、比萨战舰和罗马教廷的支持——但最重要的是他对狡猾的安条克亲王颇有用处。

当安娜·科穆宁娜在她的编年史反思博希蒙德在这一时期的所作所为时，她写道，他"一点也没变，一个从未懂得如何维系和平的人……一个彻头彻尾的流氓"。[8]博希蒙德总是有一双寻找自己优势的慧眼。在 1099 年的圣诞之旅中，丹伯特运用他作为新任宗主教的权威祈求上帝祝福博希蒙德的头衔——"安条克亲王"。借此，他代表拉丁教会正式批准了博希蒙德公然违背誓言的行为——在前一年，他拒绝将这座城市移交给拜占庭。为了强调这一点，他还在安条克确认了一大批新的教职任命，凌驾于希腊宗主教的权力之上。[9]拜占庭对安条克以及这座城市周围的土地（博希蒙德打算在此基础上建国）的所有权，都被系统性地剥夺了。此外，丹伯特出任耶路撒冷的宗主教，是直接建立在拉丁人的代价之上的，因为他要求控制城内的大片土地（这些土地成了"宗主教区"，包括圣墓本身），以及在雅法港的广泛权利。因此，当安娜·科穆宁娜在多年以后撰写她的编年史时，对博希蒙德的自私自利和厚颜无耻表现得咬牙切齿，并对他的比萨盟友的堕落大加痛斥，也就不足为奇了。"蛮族人不过尔尔。"她写道。[10]博希蒙德终将受到应有的惩罚：1100 年 8 月，他在埃德萨以北、幼发拉底河上游河岸上的梅利泰内 [Melitene，又称马拉蒂亚（Malatya）]① 作战时被俘，镣铐加身，成为达尼什曼德·加齐（Danishmend Ghazi）的阶下囚，后者是小亚细亚东北部的统治者，一度与塞尔柱的小苏丹基利杰·阿尔斯兰结盟。直到

①　土耳其东部城市，位于托罗斯山东麓的肥沃河谷内，周围灌溉农业发达。

133

1103 年 5 月，在交纳了十万枚拜占特的巨额赎金后，他才被释放。然而，这并不是他事业的终点，他与阿莱克修斯皇帝之间麻烦不断的关系注定要在接下来的十年里继续下去，这给了安娜·科穆宁娜更多不快的理由。如果把法兰克人——或者凯尔特人，按照她的叫法——所有的罪孽和奸诈都赋予一个单一的人类形态，那么除了博希蒙德之外别无他选。

随着一个新世纪的曙光来临，圣地和地中海东部的地图发生了迅速的变化。1100 年末，一个拉丁王国在耶路撒冷成为现实，布永的戈弗雷去世，他的弟弟——埃德萨的鲍德温应召来到南方，第二次在伯利恒庆祝了圣诞节。12 月 25 日，他在那里加冕为耶路撒冷王国国王鲍德温一世。他的统治期注定要比自己的兄长长久一些，戈弗雷在艰苦的十字军东征作战中身体状况受到严重影响，而且他在小亚细亚与野熊搏斗时所受的重伤可能从未彻底康复。鲍德温一世将一直统治到 1118 年［他的堂弟布尔克（Bourcq）的鲍德温继承了埃德萨伯爵的头衔］。在位期间，他对法蒂玛王朝发动了一场持久的战争。由于他不仅要防御从埃及越境而来的敌军，更要保卫其他在法兰克人统治下的城市，故而这场战争势在必行。十字军王国必须将其领土从耶路撒冷到雅法和海边这条狭窄而危险的走廊地带向外扩张，这是关乎其生死存亡的大事。因此，在鲍德温执政的头十年里，他把目标对准了阿苏夫、凯撒里亚、阿卡、提尔、贝鲁特、西顿和的黎波里，并取得了不同程度的成功。在鲍德温一世统治的过程中，通过一点一滴的努力，一个真正的十字军王国初具雏形。

在这些战役中，鲍德温得到了新老战友的帮助。在克莱蒙宗教会议后出征的诸侯中，有一些人，如戈弗雷、鲍德温和欧

特维尔的坦克雷德，选择在东方定居。其他人则返回西方：佛
兰德的罗贝尔和诺曼底的罗贝尔决定重归故里，他们的老家因
为缺少稳定的领主统治而面临着内忧外患。少数人，以博希蒙
德为代表，将尝试着在地中海的两头游走，往返于法兰西、巴
尔干、拜占庭和新生的十字军国家之间。还有其他一些人仍然
试图保持第一次十字军东征的势头。布卢瓦的斯蒂芬曾于
1098 年在安条克退出十字军东征，因而被《法兰克人功绩史》
的作者痛骂为"一个恶棍和无赖"，后来他决定弥补自己的罪
愆。[11]他和韦芒杜瓦的于格，与躁动难安的图卢兹伯爵雷蒙一
道加入了一支由西方领主和农民组成的军队，在 1101 年夏天
从君士坦丁堡出发，由陆路穿越小亚细亚去增援十字军。他们
运气不佳，在基利杰·阿尔斯兰、阿勒颇埃米尔里德万
（Radwan）和达尼什曼德·加齐的合击下溃散，斯蒂芬和于格
皆死于这次战役之中。然而，雷蒙继续留在东方，一直奋战到
1105 年去世，在耶路撒冷和安条克之间建立起了第四个十字
军国家——最终在 1109 年成为的黎波里伯国。

　　与此同时，在西欧，数百名十字军东征的幸存者步履蹒跚
地回到了自己的家园———一些人病痛缠身，一些人遍体鳞伤，
只有极少数人的所得超过了他们的花销——他们手捧棕榈叶，
讲述着令人瞠目结舌的苦难历程和英勇事迹。有些人带回了圣
物，法兰西、佛兰德、英格兰、意大利和其他一些地区的大量
教堂和修道院都受赠了从圣墓的基督坟墓里切凿出的石头碎
片、取自安条克圣矛矛尖的金属碎屑、真十字架的碎片和圣徒
遗体的各个部分，包括圣乔治的手臂、肩膀和肋骨，这些使徒
遗物都是被人从奇里乞亚一处修道院的大理石柜子里盗出，最
后出现在佛兰德的安钦（Anchin）修道院。[12]但更多的十字军

135

战士带回来的只是精神和身体上的创伤。卡翁的兰博（Raimbold of Caron）曾在安条克之战中大显身手，并据称是第一个在 1099 年 7 月 15 日翻过耶路撒冷城墙的人，他在归来时已失去了一只手，并陷入一种罪恶的暴力生活当中无法自拔。最终，教会因他下令殴打和阉割一位来自博讷瓦勒（Bonneval）① 的修士而判处他 14 年苦修。

这些幸存者中很少有人愿意回到东方，但重操旧业的也大有人在。然后就是新来者。虽然耶路撒冷的陷落看上去是一场奇迹般的胜利，但它并没有终结十字军东征背后的冲动。仍有很多骑士从西方远道而来，寻求与异教徒进行忏悔式的战斗：比安德拉泰（Biandrate）伯爵阿尔贝特和他的兄弟居伊（Guy）双双加入米兰主教和其他伦巴第人在 1101 年的东方之旅，并在与突厥人的战斗中丧生。一位名叫芬查尔的戈德里克（Godric of Finchale）② 的英格兰船长在耶路撒冷陷落后的十年里先后两次加入前往东方的任务，在此之后他退休回到西方，并成了一名隐士。

对于某些家族而言，例如法国中部相互通婚的蒙莱里（Montlhéry）和勒皮塞（Le Puiset）家族，前往十字军国家的武装朝圣将成为一种传统和世代相传的责任。[13] 对于其他群体来说，比如意大利城邦国家（比萨、热那亚和威尼斯等）的

---

① 位于法国阿尔卑斯山区阿克河畔的一个小镇，曾被评为法国最美的十个村庄之一。

② 又被称为圣戈德里克，原为白手起家致富的商人，分别于 1101 年和 1102 年前往耶路撒冷。根据十字军编年史家的记载，他曾在一次战斗中解救鲍德温一世。后放弃从商，一心向圣，归隐的地方就在英格兰北部的芬查尔。作为先知，他广受敬仰，以至于当时西方基督教世界的名人——托马斯·贝克特大主教和教皇亚历山大三世都寻求他的祈祷和建议。

贪得无厌而又热爱冒险的航海商人，助力十字军国家的生存和发展不仅事关宗教虔诚，其中更孕育着绝佳的商业机会。将宗主教丹伯特送到东方的比萨船队并没有在那里逗留很长时间，但在1100年6月，威尼斯总督之子维塔莱·乔瓦尼（Vitale Giovanni）带着200艘船只经由罗得岛来到东方，并继续为十字军对黎凡特海岸的进攻提供威尼斯海军力量的支持。1100～1109年，热那亚人派出了150多艘战船，参与了从南方的凯撒里亚到北方奇里乞亚内陆的马米斯特拉等地的战役，并在他们的城市编年史中详细记录了耶路撒冷和圣地的政治生活。[14]

这些为十字军国家的稳定做出重要贡献的援助行动，既源于虔诚的意图，也来自公民个体进行忏悔式武装朝圣的梦想，更出自公民社区想通过宗教行为获得声望的广泛意愿。然而，与此同时，只有当他们的定居者在每一座被占领的城市都被授予利润丰厚的贸易权和税收利益时，这些战舰才会投入战斗。信仰和商业是同一枚硬币的两面。[15]

这并非完全的离经叛道。比萨和热那亚舰船至少从1087年开始就参与了与穆斯林敌人的战事中，为占据商业优势而对伊夫里奇亚的马赫迪耶发动两栖攻击，并美其名曰他们在追求对异教徒的正义战争，体现了"比萨民族凭借救世主（Redeemer）最强有力之手，征服了一个最不虔诚的民族"。[16]商人们因帮助十字军而被授予特殊的贸易权早有先例：1098年7月14日，就在安条克陷落一个月后，博希蒙德颁布特许状，赋予热那亚商人特权。[17]在地中海东部的新拉丁化城市购买永久性据点的良机千载难逢，不容错过，既能展现出公民的虔诚心和他们对十字军运动的拥护，又能实现经济扩张。意大利人誓言参加十字军东征，着手帮助十字军在叙利亚和巴勒斯

137

坦海岸取胜，保卫这一地区的交易站并为其提供人力，这在未来几代人的十字军东征中都是常见的景象。

✝

在西西里，博希蒙德的叔父、曾经断然拒绝他人诱惑前往伊夫里奇亚或巴勒斯坦参加圣战的罗杰一世伯爵，其统治到1099 年行将结束。他与地中海穆斯林势力之间的战争注定在历史上黯淡无光，在戏剧性和知名度上无法企及耶路撒冷十字军的丰功伟业。然而，他以自己的方式取得了同样惊人的成就。

在 11 世纪和 12 世纪之交，西西里岛永久地脱离了阿拉伯人的统治，牢牢掌握在诺曼人手中。马耳他也于 1090 年被征服。罗杰推翻了拜占庭帝国在他的新领土上监管教会这一长期存在的权利，创建了一个由伯爵本人亲自管理的拉丁教会等级制度。1098 年，教皇乌尔班二世采取了前所未有的举措，授予罗杰教廷使节的地位。这意味着他可以任命自己的主教——这是一项令人震惊的特权，因为在过去的几十年里，叙任权在整个西方一直都是教皇与国王之间争斗的核心问题。当年来到意大利南部寻求出路的非嫡子，最终成为该地区最有权势的人。他的儿子罗杰二世生于 1099 年圣诞节，长大后成为西西里的第一位诺曼国王，并在 12 世纪的地中海历史上叱咤风云。在赢得王冠后，他实现了其父称王的野心。老罗杰于 1101 年6 月去世后，被安葬在卡拉布里亚的米莱托（Mileto）修道院内一座精美的墓室中，在其罗马式大理石石棺的上方竖立着一个由斑岩（一种带有紫色斑点的石头，据说专供拜占庭皇帝使用）制成的华盖。[18] 他的遗孀阿黛莱德·德·瓦斯托

（Adelaide del Vasto）监造了这座美轮美奂的陵墓，后来成了耶路撒冷国王鲍德温一世的王后，尽管这段岁月短暂且不愉快。无论罗杰对十字军运动如何无动于衷，他已经证明自己在这项运动的发展历程和同时代范围更广阔的故事中是一个重量级人物。

✝

再回到西班牙，那里与西西里的情况类似，早在乌尔班二世鼓吹十字军东征很久之前，教皇就已经批准了当地基督教统治者对伊斯兰敌人发动战争。在 11 世纪 80 年代，这种战争改头换貌，变成了卡斯蒂利亚和莱昂联合王国国王阿方索六世——"双教之帝"与西北非的穆拉比特王朝统治者之间的战争。11 世纪 90 年代，双方围绕着熙德统治的巴伦西亚展开了一系列旷日持久的战事。穆拉比特王朝赢得了巴伦西亚争夺战的胜利：熙德于 1099 年 7 月去世，而三年后的 1102 年，他的遗孀希梅娜·迪亚兹（Jimena Díaz）在阿方索六世的建议下放弃了保卫这座城市及其附属设施的努力，将该城付之一炬后撤退，准备来日再战。除了巴伦西亚以外，穆拉比特王朝再没有从北方的基督教王公们那里赢回更多有意义的领土，但是他们戏剧性地登上欧洲大陆，在四分五裂的各个泰法国内横冲直撞，对基督教诸王虎视眈眈，极大地促进了这样一种观点的产生：半岛上无休止的边界争端已经让位于两大信仰集团之间一场事关生死存亡的大战，而这场大战中只能有一个胜利者独存于世。就阿方索六世而言，他一直活到 1109 年，当他在组织保卫托莱多——他戎马生涯中最大的战利品——免受穆拉比特王朝军队的攻击时去世。他被葬在位于圣詹姆斯之路上的萨阿

139

贡修道院，在他的指示下，这座修道院转而追随克吕尼修道院，因此在基督教圣战思想的传播和罗马教廷向穆斯林控制地区的渗透中发挥了独有的作用。这是一个适合阿方索六世安息的地方，12 世纪的突尼斯法学作家和历史学家伊本·卡德巴斯（Ibn al–Kardabus）写道，阿方索之死让所有穆斯林如释重负。[19]

　　由于阿方索和与他志同道合之人的努力，到了 12 世纪之初，西班牙已经毫无疑问地被视作拉丁基督徒与穆斯林统治者之间进行圣战的一个主要前沿阵地。如果有人对该地区的冲突与东方的战斗之间的明确联系存在任何疑问的话，这种疑问在 1096 年被一扫而光，乌尔班二世在当年写信给比利牛斯山两侧的几位贵族，力促他们不要前往圣地，而是留下来与穆拉比特王朝战斗。"如果你们当中的任何一位……计划前往亚洲的话，那么让他设法在这里实现他献身的愿望吧，"乌尔班写道，"因为把那里的基督徒从撒拉森人手中解救出来的同时，却放任这里的基督徒忍受撒拉森人的暴政和压迫，这种做法毫无美德可言。"[20]除了强调单纯的地理便利之外，乌尔班为了说服他们还增加了一项保证，即他向东方十字军承诺的赦免罪恶和"永生的参与"也对那些在西班牙战斗中殉教的烈士适用。这样看来，十字军东征似乎不仅仅关乎耶路撒冷。编年史家诺让的吉贝尔和耶路撒冷宗主教比萨的丹伯特——此二人在前往东方冒险之前都有过与穆拉比特王朝的战争经验——都用"伊比利亚"（Hispania）一词来泛指穆斯林在叙利亚和巴勒斯坦控制的领土。显然，140 他们认为，与西北非的蒙面柏柏尔狂热分子和被他们赶出伊比利亚南部的泰法王作战，以及与小亚细亚的逊尼派塞尔柱帝国和埃及的什叶派法蒂玛王朝斗争，这两者之间没有什么特别的不同。[21]

✝

至于这一切是否都在乌尔班二世召开克莱蒙宗教会议的意图之内，就永远不得而知了。而教皇对于耶路撒冷在 1099 年被征服一事做何反应也尚无记载。1099 年 9 月，丹伯特、布永的戈弗雷和图卢兹的雷蒙给教皇写了一封信，信中扬扬得意地记述了十字军勇涉险境，"通过我们实现了（上帝）在远古时代的应许"。这封信的作者们继续写道：

> 我们呼吁您、所有的主教、虔诚的牧师们、修士们和所有俗众人等，为我们兄弟们不可思议的英勇和奉献而自豪，为全能上帝光荣且又令人向往的回报而骄傲，为我们终于通过上帝恩典得偿所愿、赎免己罪而欣慰，为基督座下天主教会和整个拉丁种族的大喜而普天同庆，以求万寿无疆、统治恒久的上帝必使你们永居他右手之侧。[1]

然后他们请求教皇和所有的信徒照顾从战场上归来的老兵，帮助他们偿还债务。[22]

然而，乌尔班从未收到过这封信，他也无从得知耶路撒冷光复的消息，因为当这一消息传回西方时他已不在人世。1099 年 7 月 29 日，他停止了呼吸。继承他成为教皇的是另一位克

---

① 在《圣经》中上帝多次提到"右手"，耶稣升天后也坐在神的右边，因此坐在右手边是荣耀和能力的象征。

吕尼出身的教会人士，其名号为帕斯加尔二世（Paschal Ⅱ）。帕斯加尔继续支持基督徒与西班牙的"摩押人（Moabites）①和摩尔人"之间的战争，并对确保东方十字军国家——这些国家后来被统称为"海外之地"（Outremer）——的生存产生了极大兴趣，为了帮助这些国家付出了自己的心血。他与神圣罗马帝国的皇帝们之间的争吵经年累月、地动山摇，他试图改善与拜占庭帝国科穆宁王朝的关系，却徒劳无功。他并没有试图重复乌尔班在克莱蒙的战斗口号——事实上，要等到很多年以后，才会有另一位教皇胆敢发起第一次十字军东征那样史诗般的行动。但在此期间，有志成为十字军战士的人不在少数。

141

---

① 摩押人是中东的一个古代民族，生活在今日约旦死海东岸的山区。根据《圣经·旧约》，他们的祖先摩押是亚伯拉罕的内甥罗得与两个女儿在逃离罪恶之城索多玛后，与自己的长女乱伦所生的儿子，而罗得的女儿是为了在索多玛毁灭后留下他父亲的后裔而这样做的，于是这民族便称为摩押人。古时的摩押人经常与他们的邻居以色列人发生摩擦。大卫王即有摩押人血统。根据现存的历史资料，摩押人在波斯帝国的时代消失了。摩押人的领土随后被一拨拨来自北阿拉伯的部落占据，因而阿拉伯人被认为是摩押人的后代。

第二部

天国王朝

第十章　行者无疆

战舰六十……奉天承运，扬帆起航

身材高大，发色红棕，"虽不英俊，但比例协调"，非有重要之事绝不轻吐一言的西居尔一世（Sigurd I）年方 13 便成为挪威国王。[1]1103 年，他的父王"光腿"马格努斯（Magnús Barelegs）①被一个爱尔兰人砍中脖颈，当场战陨，将王位留给年幼的西居尔和他的两个同父异母弟弟：比他大几个月的埃斯泰因（Eystein）和奥拉夫（Olaf），后者不过是一个蹒跚学步的小孩。

马格努斯——"光腿"的绰号意指他喜欢穿着不列颠流行的过膝短款服装——是一个严厉且好战的基督教统治者，但骨子里极富传统的维京天性，向往大海的狂热驱使他征服了北海沿岸地区甚至更远的地方。当西居尔还是一个幼童时，他的父亲就带他进行了一次惯常的长途探险，他们一起航行到奥克尼（Orkney）②、赫布里底群岛（Hebrides）③、马恩岛（Isle of Man）④和北威尔士。西居尔观看他的父亲与盖尔人（Gaels）⑤、马恩岛人（Manxmen）和诺曼人搏斗。马格努斯身

---

① 即挪威国王马格努斯三世。
② 位于苏格兰北部沿海。
③ 位于苏格兰西部沿海。
④ 位于英格兰和爱尔兰之间的海上岛屿。
⑤ 族源与苏格兰人相同，属凯尔特人一族。

穿一件饰有金色狮子的深红色丝绸长袍，挥舞着一把剑柄为海象象牙的宝剑，他为这把剑起了一个昵称——"腿咬剑"（Legbiter）。[2]

西居尔曾目睹父亲杀人放火，向被征服的岛屿索要贡品。他也曾目睹父亲略发慈悲，有时甚至心怀虔诚：当马格努斯在赫布里底群岛中的艾奥纳圣岛（Holy Isle of Iona）停留时，向那里所有的居民宣布将维持和平，并出于崇敬的心情而当众拒绝掠夺圣科伦巴（St Columba）故居的请求。然而，总体而言，马格努斯更喜欢战场，而不是修道院，他曾向友人诉说心声："为王当求光芒万丈，不作长生之想。"[3]所以，他于壮年之时陨落，虽然事发突然，却并不意外。他战死之时年仅29岁，正在爱尔兰的唐帕特里克（Downpatrick）附近兴兵作战。

于是，西居尔和他的兄弟们突然之间成了联合执政的国王。两个年长的男孩将挪威王国划成数个区域后进行分配，并同意共同统治这个国家，直到奥拉夫长大成人并要求继承他那份遗产。这是一种与传统相悖的安排，故而西居尔一迈入成年，就开始策划自己的旅行，远离这个拥挤的王国。对他来说，北海和爱尔兰海只不过是沧海一粟。在12世纪的最初几年，去往更远地方的旅行者们开始陆续返回挪威。一些人游历过巴勒斯坦，另外一些人则造访过一个他们称为米克拉加尔兹（Miklagarth，意为伟大之城）的地方，他们在那里"功成名就，并将诸多事迹娓娓道来"。[4]这座城市其实就是君士坦丁堡，而且很可能有人谈到了一项有利可图的雇佣兵营生——瓦兰吉卫队（Varangian Guard），拜占庭皇帝将这支外籍军团用作私人的精英卫队，其招募的兵源来自英格兰、德意志各诸侯国和斯堪的纳维亚［在11世纪30年代，西居尔的曾祖父哈拉尔·哈德拉达（Harald Hardrada）① 曾作为该卫队的一名指挥官，在西西里、小亚细亚和美索不达米亚漫游和战斗］。而其他人也一定目睹了第一次十字军东征军和新生的十字军国家的作战行动。当然，西居尔的近邻之中也不乏投身十字军之人，丹麦的斯文（Sven）在1097年率领1500人穿越小亚细亚向安条克进军，结果受到基利杰·阿尔斯兰的部队袭击，出师未捷便过早殉难；他的手下溃不成军，斯文与他的妻子勃艮第的弗洛琳娜（Florina of Burgundy）双双被弓箭射成了筛子。⁵

所以，斯堪的纳维亚人远离家乡、与地中海东部地区的各民族并肩作战或是兵戎相见，这种观念并不奇怪。⁶但在12世纪的第一个十年，谈论起基督教世界的另一边发生的大事使挪威人感到前所未有的兴奋，全国各地的人都开始讨论前往圣地的旅行。当西居尔成长到17岁时，受年轻人的冒险本能支配，或许还受维京人世代相传的观念影响，认为大洋彼岸通常会发现巨大财富，他同意领导这些人出去闯荡一番。他与兄长订立协议，自己将率领一支远征军前往地中海，而埃斯泰因同意在此期间统治整个王国。1107年秋，西居尔组建了一支舰队，并率领一万人（根据后人的估计）出海。"战舰六十，板饰华

147

---

① 即挪威历史上著名的哈拉尔三世（约1015年出生，1046~1066年在位），其兄长就是挪威的主保圣人——圣奥拉夫。哈拉尔·哈德拉达意为"无情者哈拉尔"，人称"最后一个北欧海盗"，少年时在兄长战死后逃脱敌人追杀前往异国他乡；随后白手起家在基辅罗斯声名鹊起，博得大公赏识；继而凭借一腔孤胆在拜占庭帝国夺尽财富和荣誉，足迹遍布地中海；载誉而归、衣锦还乡问鼎挪威王位，实施中央集权改革；最后于1066年在著名的斯坦福桥一役（为争夺英格兰王位）中战殁，他的逝世也标志着北欧海盗时代的结束。

丽，奉天承运，扬帆起航。"一位名叫托拉林·斯图特菲尔德
（Thórarin Stuttfield）的冰岛吟唱诗人（或吟游诗人）写道。[7]这
支大舰队由 60 艘维京长船组成——这种舰船船身通常为 30 米
（100 英尺）长，每艘船最多可载 60 名桨手，船首巨龙咆哮欲
出，方形船帆随风鼓荡——远远望去确是一番气势磅礴、令人
生畏的景象。[8]

✝

西居尔将他旅程的第一站设在英格兰，哈拉尔·哈德拉达
曾于风云激荡的 1066 年在那里争夺王位。① 50 年后，诺曼人
已经完全控制了这个国家，一位后世的编年史家声称此时
"国泰民安"。[9]然而，这一断言并非实情。征服者威廉的儿子、
诺曼底公爵罗贝尔是第一次十字军东征中协助攻克耶路撒冷的
诸侯之一，他在 1100 年从圣地返回后发现他最年幼的弟弟已
经荣登英格兰王座并加冕为国王亨利一世（Henry I）。罗贝尔
已经失去了戴上王冠的机会，并且在 1105～1106 年遇到了更
不利的局面。亨利入侵罗贝尔的诺曼底公爵领地，并在坦什布
赖（Tinchebray）② 附近的战斗中击败并俘虏了他，将他带回
英格兰投入大狱。当西居尔来到英格兰过冬时，这位参加过十
字军东征的英雄正被关在迪韦齐斯（Devizes）城堡。他在狱
中度过了余生，1134 年在加的夫（Cardiff）城堡去世，享年
80 多岁。

既然西居尔并不是前来生事，他受到的待遇就比罗贝尔好

---

① 哈拉尔由于家族联姻关系也宣称自己享有英格兰王位的继承权，遂于
1066 年与征服者威廉、英王哈罗德角逐英格兰王位。

② 诺曼底城镇，位于今天法国的奥恩省。

得多。编年史家马姆斯伯里的威廉（William of Malmesbury）称赞他"堪与当世最勇敢的英雄比肩"，而且他得到了诺曼王室的全面保护。[10]为表谢意，同时为了彰显他作为前往圣地的朝圣者身份，西居尔向英格兰各大教堂捐赠了大笔钱财。然后，在 1108 年春，当海风渐起时，他离开英格兰，穿过英吉利海峡向南航行。他的舰队以庄严之势沿着法兰西的大西洋海岸线前进，直到绕过比斯开湾（Bay of Biscay）。夏末，他们进入了加利西亚的港口，挪威人将其称为雅各之地（Jákobsland）——圣詹姆斯或圣地亚哥 – 德孔波斯特拉的土地。

他们在这里再度越冬，尽管这里不如英格兰太平。加利西亚的统治者——卡斯蒂利亚和莱昂联合王国的国王阿方索六世再有不到一年就将离开人世，他的注意力都集中在广阔领土的其他地方。他的男性继承人桑乔已经在当年夏天与穆拉比特王朝的作战中被杀，而阿方索新指定的继承人——他的女儿乌拉卡（Urraca）的权威在国王决定将她嫁给哪位中意的权贵之前极不稳定。因此，加利西亚的热情好客有赖于当地贵族的善意。[11]他们试图与一位姓名未知的伯爵（贵族）达成协议，让当地为挪威人提供一个永久性的冬季市场，但失败了。圣诞节后，这些北方来客为生计所迫，不得不到农村寻找食物，其结果可想而知。伯爵和西居尔的手下发生了冲突，"然后伯爵落荒而逃，因为他只有一小股部队"。[12]西居尔洗劫了伯爵的城堡，补给了他的军队，然后再次向南启航。他的士兵现在已经在战场上初试锋芒，当他们遇到第一批穆斯林时——一支在海上袭击他们的海盗舰队——他们凶猛地还击，夺取了八艘海盗船并将其余的船只驱散。

149 　　他们继续航行，舰队的左侧就是葡萄牙的城池。这是一个处于斗争前线的国度：此地正处于穆斯林的统治之下，但阿方索六世的女婿勃艮第的亨利（Henry of Burgundy）对此觊觎已久，试图在这一地区扩张自己的基督教领地。挪威人经过此地时并非风平浪静。根据13世纪的冰岛诗人和编年史家斯诺里·斯图鲁孙（Snorri Sturluson）① 的记载，挪威国王攻击了穆斯林在辛特拉（Sintra）的城堡，"异教徒盘踞在那里并袭扰基督徒。他征服了这座据点并将里面所有的人屠杀殆尽，因为他们拒绝受洗入教"。尽管斯诺里的作品成书于此事发生很久之后，但他对西居尔作为基督战士的身份信之不疑，即使西居尔没有做出任何正式加入十字军的誓言。斯诺里还指出，他的英雄"在那里大发横财"。[13]

　　下一个发财的地点在距离此处稍远一些的里斯本（在阿拉伯语里为 al‑Ushbuna），那里的居民既有基督徒也有穆斯林。西居尔并不是第一个在里斯本持剑上岸的斯堪的纳维亚武士：公元844年，一个名叫哈尔施泰因（Halstein）的丹麦人和瑞典国王"铁骨"比约恩（Bjorn Ironside）② 率领一支维京军队在向塞维利亚发动一次大胆的长途奔袭中曾占领这座城市达13天之久。同时代的阿拉伯语历史学家伊本·伊达里（Ibn Idhari）想象他们是如何"用暗红色的鸟填满海洋，就像他们用恐惧和颤抖填满人们的心灵"。[14]当然，这里有一个重要的区别：844年的来客是异教徒海盗，而在1109年，西居尔作为

---

① 北欧文学史上第一位最重要和最杰出的作家。他最重要的著作就是记述北欧神话的《散文埃达》，或者叫《新埃达》。

② 瑞典蒙森王朝的开创者。在其统治时期，欧洲其他国家深受其苦，法兰西、西班牙以及地中海沿岸的大多数城市都是他的掠夺目标。

一个名正言顺的基督教掠夺者来到这里，他的同代人、吟唱诗人哈尔多·斯科瓦尔德里（Halldór Skvaldri）称赞他征服了"不幸的异教徒"。[15]

西居尔在进一步袭击了里斯本以南的一座城堡，并在诺瓦松德（Norvasund，或直布罗陀）附近与穆斯林海盗接战之后，又在巴利阿里群岛的福门特拉岛（Formentera）这个干旱的前哨据点登陆。巴利阿里群岛，包括马略卡岛、梅诺卡岛（Menorca）和伊维萨岛（Ibiza）在内，此时仍然是一个独立的泰法王国，因为穆拉比特王朝还未来得及跨过巴利阿里海（Balearic Sea）、征服这里的穆斯林。福门特拉岛贫瘠多沙，整体面积不过30平方英里（80平方千米），被黑皮肤的非洲海盗占据，他们"从岛上四处打劫"，并通过为悬崖上的洞穴群加筑石墙而建造了一个凑合用的要塞，其位置很可能处于该岛最东端、如今叫作莫拉灯塔（Far de la Mola）的地方。他们根本没把悬崖脚下这帮肤色白皙的北方佬放在眼里。根据斯诺里·斯图鲁孙的记载，他们"把贵重的物品和其他价值连城的东西搬到城墙上，对着挪威人摇晃炫耀，大喊大叫，嘲弄并且挑衅他们上来"。[16]

于是挪威人便如他们所愿攻上悬崖。遵循其父"光辉事迹胜于长命百岁"的信条，西居尔指挥他的士兵找到一条可以将两条小船拖上悬崖顶部的小路。当他们找到这条捷径之后，士兵们在甲板上堆起人梯，用结实的绳子将小船吊到洞穴口。从这个位置上，挪威人投射出冰雹般的石块和羽箭，迫使守军从最外端的城墙撤退。与此同时，西居尔身先士卒，沿着悬崖峭壁向上攀爬，整个过程惊心动魄。当他和同伴到达顶部之后，他们将防护墙破坏，点火使洞穴里充满呛人的浓烟。

150

"一些异教徒丧生（于烈火之中），其他一些人扑上去面对挪威人的武器，但所有人不是被杀死就是被烧死，"斯诺里·斯图鲁孙写道，"挪威人获得了此次远征中最丰厚的战利品。"[17]看起来，以上帝的名义战斗已经被证明是一项有利可图的事业。

✝

在福门特拉岛的战斗之后，西居尔和他的战士们又花费了些许功夫，恐吓了伊维萨岛。然后，用哈尔多·斯科瓦尔德里的话来说，"在翠绿的梅诺卡岛上染红了"他们的长矛。在此之后，他们穿过大海前往西西里岛这一对他们更为友好的地区，并于1110年春天到达那里。[18]在这里，西居尔受到了一位与他年龄相仿的统治者的欢迎，因为伯爵罗杰二世当时也只有14岁。然而，与西居尔不同，罗杰二世还没有独自行使权力。相反，西西里岛由他的母亲阿黛莱德统治，在西居尔到达时，她是"伟大的女性统治者，西西里和卡拉布里亚的女王（malikah），基督教信仰的保护者"。[19]

斯诺里·斯图鲁孙声称西居尔和罗杰在一起欢宴了整整一个星期，年轻的伯爵曾亲自在酒桌上服侍挪威国王。此话可能是对的也可能不对——斯诺里在提到西居尔以国王的全套礼仪对待罗杰二世时肯定是弄错了，西西里伯爵直到1130年才登上国王宝座。不过，对于任何向东航行的人来说，西西里岛都是一个天然的停靠点。对于这两位年轻的统治者来说，在西居尔的士兵修理并重新为他们的船只装备补给的时候，他们利用一段时间的宴会和相互庆祝来打发时间，这也是可以理解的。作为新一代武士统治者中的成员，他们必须在世界上找到自己的位置，而在这个世界里，基督徒与穆斯林势力之间的战争将不可避免地框定在十字军东征的背景之下，也许他们讨论过这一事实。或者他们也可能只是在罗杰二世富有异国情调的宫廷中寻欢作乐。不管他们之间发生了什么，对于西居尔和他的维京团伙来说，巴勒斯坦海岸已经近在咫尺了。

✝

1110 年的夏天，巴勒斯坦周边的海上航线既非常繁忙，又有点危险。12 世纪的第一个十年见证了来自基督教世界各地的朝圣者大量拥入圣地，他们的船只使得通常只存在着商船、法蒂玛海军巡逻船和海盗船的航线上交通流量猛增。一本写于 1102 年或 1103 年后的朝圣者日记中记录了意大利南部的盛景：朝圣者从巴里（Bari）、布林迪西（Brindisi）、巴勒塔（Barletta）、西旁托（Siponto）①、特拉尼（Trani）、奥特朗托（Otranto）和莫诺波利（Monopoli）等阿普利亚地区在亚得里亚海沿岸的各个主要港口乘船奔赴圣地。[20]而这仅仅是阿普利亚一个地区的情况。西居尔在穿越"希腊海"，也就是爱琴海时需要经过数十个这样繁忙的港口，他从伯罗奔尼撒群岛出发，紧贴海岸，跨岛而行，穿过基克拉泽斯群岛（Cyclades）②和多德卡尼斯群岛（Dodecanese）③，然后沿着安纳托利亚南部海岸前行，再经由塞浦路斯到达巴勒斯坦。[21]这条路线上来往

152

———————

① 于 13 世纪的一场地震后被遗弃。
② 位于爱琴海南部、希腊本土东南方，包括提洛岛、圣托里尼岛、纳克索斯岛等著名岛屿。
③ 即现属希腊的十二群岛，位于爱琴海的东南部，靠近安纳托利亚西南部的海岸，主岛为罗得岛。

的人员络绎不绝，游客从不列颠群岛到乌克兰大草原之间的各个地区来到地中海东部。当西居尔和他的手下在 1110 年驶进海岸视野的时候，正好与被法蒂玛海军舰队追击的三艘船不期而遇，其中两艘船载着来自佛兰德和安特卫普的朝圣者，还有一艘来自拜占庭的船满载着"商品和补给品"。[22]十字军东征戏剧性地重塑了叙利亚和巴勒斯坦的力量平衡，为那些期望祈祷、战斗和发财（或者希望在这三者中都有所作为）的人提供了诱人的可能性。这可真是一片繁忙的水域。

当挪威人到达巴勒斯坦附近水域时，他们试图向亚实基伦市民挑起第一战。尽管十字军在 1099 年 8 月于城外的战斗中获胜，但亚实基伦还处于法蒂玛王朝的控制之中，成为埃及舰船的一个避风港，这些船只可以在那些位于更远海岸线上的穆斯林城市遭到十字军国家攻击时前去支援。西居尔的舰队接近了亚实基伦，并且"在城镇的港湾里下锚……等了一整个昼夜，观察是否会有人通过陆路或水路出城与他会面，这样他就可以通过意外事件或有意制造事端挑起战斗"，亚琛的阿尔贝特写道。"但是……亚实基伦的市民一直保持安静，不敢出来。"[23]看来只能等到来日再战了。由于无仗可打，西居尔于是命令他的舰队北上，在雅法下船，然后继续向阿卡进发。在雅法，西居尔见到了国王鲍德温一世，两位君主彼此亲吻，以表尊重之意，然后一道向东前往圣城。

153　　西居尔有幸成为第一位访问十字军国家的西方国王，而且他也得到了恰如其分的王室待遇。他和鲍德温在一场盛大华丽的入城式中进入耶路撒冷，伴随左右的是"所有神职人员，他们身着白袍，披着圣教的华服，唱着赞美诗和圣歌"。[24]两位国王接着参观了耶路撒冷城内和周边的圣地，然后一起在约旦河里沐浴。伟大的吟唱诗人埃纳尔·斯科拉森（Einar Skúlason）后来作诗一首以纪念这一时刻：

泰然朝圣风波平，
天高海阔任我行。
圣地虽有豪门宅，
何人能及吾王名。[25]

鲍德温送给西居尔一片圣十字架的碎片，年纪较小的后者承诺要将其带回家乡，供奉于圣奥拉夫的陵墓前。圣奥拉夫曾是一位挪威国王，因为在当时还信奉异教的王国内推广基督教而声名远扬，并因此在数十年后被封为圣徒。他的一生多姿多彩却又为人残暴，终在 1030 年遭自己的臣民谋杀身亡。[26]尽管如此，两位基督教国王还是一致认为，奥拉夫是一个值得用一片世界上最神圣的圣物加以崇敬的人。他们还达成共识：他们的下一个任务是向北进发，围攻西顿。

✝

当西居尔到达东方的时候，十字军诸国的版图已经大为扩张。耶路撒冷王国开疆拓土，几乎控制了雅法和阿卡之间的全部海岸线，就连阿卡这座风光秀丽、守卫森严的港口城市也于 1104 年陷落。北面，新建立的的黎波里伯国以及更远的安条克公国几乎控制了贝鲁特和亚历山大勒塔之间的每一个主要定居点。然而，这两个地区之间的黎巴嫩城市提尔和西顿还在顽强地坚守着。西居尔麾下有一支战舰云集的船队和数千名战士，完全有能力将其中的一座城市或者两座城市全部纳入拉丁

154

人的统治之下。

根据伊本·开拉尼希于大马士革写就的史料，西顿围攻战从 1110 年 10 月 19 日开始，持续了 47 天之久。西居尔的 60 艘舰船"满载着全副武装的士兵"，执行了封锁任务，而他们的数量优势也使驻扎在 22 英里（36 千米）之外、安居于提尔港内的埃及舰队不敢轻举妄动，北上干扰围城。[27]与此同时，鲍德温在陆上一侧准备向城墙发动进攻。西顿市民试图用手扔掷石块和发射一门弩炮来驱离攻城者。拉丁军队的工程师开始着手建造一座底部带有滑轮的攻城塔，上面还有一张用"藤蔓、垫子和潮湿的牛皮制成的带状织物，保护其不受投射物和希腊火的损害"。[28]

这一攻城利器准备就绪后，便被推向西顿的城墙，使站在攻城塔上层的士兵得以居高临下地向城市街道发射弩箭。根据伊本·开拉尼希的记载，这些战士配备了水桶和醋，一旦守军用火攻来对付他们的话，便可以用这些东西来浇灭自己身上的火。亚琛的阿尔贝特还听闻西顿的市民试图在攻城塔下方挖掘地道，但这一计划被泄露出去并遭到挫败。最终，被围者决定他们已经受够了，于是西顿在 12 月 4 日向国王鲍德温一世投降。守军在得到安全通行权的保证后离城，所有希望离开的穆斯林都被允许前往大马士革。那些留下的市民则不得不集体缴纳总额达两万第纳尔的贡金，用伊本·开拉尼希的话来说"这使他们变得一贫如洗"。[29]斯诺里·斯图鲁孙则一如既往地提到西居尔的部队得到了大量战利品。[30]他们在这趟旅程中掠夺了如此之多的战利品，以至于当他们在海上巡航时，他们的船帆上都贴着闪闪发光的昂贵饰物——用以宣扬己方的威名。

在帮助十字军攻克西顿并完成自己前往耶路撒冷的朝圣之

旅后，西居尔认为他的使命已经完成了。他经由阿卡离开十字　　155
军王国，在拜占庭治下的塞浦路斯停留了一段时间，然后，在
1111 年，沿着小亚细亚西部的海岸直达君士坦丁堡。斯诺里
写道，随着他们接近"米克拉加尔兹"，他们的舰船以紧密的
阵型排列，以至于舰队看起来"像一道牢不可破的城墙"。[31]

✝

　　阿莱克修斯·科穆宁一如既往地张开双臂欢迎这些来访
者。其他人可能已经受够了十字军，因为在 1107 ~ 1108 年，
当西居尔还在加利西亚为祸一方的时候，拜占庭皇帝的老对手
博希蒙德率领一支大军进攻伊利里亚——帝国在巴尔干半岛的
领土。博希蒙德声称这是一场十字军东征［博希蒙德军队的
兵员从法兰西、英格兰、意大利、德意志和其他地区招募而
来，并且包括至少一个挪威人，名为瓦特斯福德的哈蒙德
（Hamundr of Vatnsfjord）］，然而这场冲突却以阿莱克修斯的胜
利告终。在都拉基乌姆遭受一次惨败之后，博希蒙德被迫同意
一项协定，承认自己是拜占庭皇帝的封建附庸，并允诺他将尊
重拜占庭在安条克的权利。安娜·科穆宁娜欣喜若狂地记下了
博希蒙德含羞忍辱的言辞。"就像一个在暴风雨中措手不及的
渔夫一样，（我）得到了我的教训，"她用自己的笔使博希蒙
德如此说道，"我恢复了理智，尤其是在（陛下的）矛尖帮助
下……我承诺武装起我的右手，用其去对付所有反抗您权威的
人，无论反叛者是基督徒还是对我们信仰陌生的人，也就是我
们称作异教徒的人。"博希蒙德再也没有从这场巨大的灾难中
恢复过来。就在《德沃尔条约》（treaty of Devol）签署六个月
后，这个狡猾的诺曼老兵便在伦巴第离开人世。

令拜占庭皇帝高兴的是，西居尔并不是另一个博希蒙德，而阿莱克修斯也承担得起慷慨招待他的费用。斯诺里·斯图鲁孙写道，西居尔在君士坦丁堡受邀出席了一系列极其奢华的市内比赛，阿莱克修斯为此支出了相当于 600 镑黄金的费用。西居尔收到了大量礼物，人们对他百般奉承。然后，终于到了回家的时刻。西居尔用他的船只和阿莱克修斯交换马匹，同时为了表示敬意，他向拜占庭捐赠了王家旗舰上巨大的船首镀金龙像，将其安放在皇帝的一座教堂里。很多船员则选择留在了拜占庭，并且为皇帝服役。那些没有留下的人随同西居尔经陆路旅行，穿越了保加利亚、匈牙利和德意志各诸侯国。当他回到故乡时，发现自己的王国欣欣向荣，他的人民很高兴看到他回来。"众人都认为，有史以来从挪威启航的远征中，没有比这更为光荣的远征了。"斯诺里写道。[32]而西居尔当时才 20 岁。

✚

在他的余生里，挪威的西居尔变得疯疯癫癫。他幻想自己看到鱼在浴缸里游泳，然后就会永远陷入狂躁的咯咯声中，这让他感到无助。尽管如此，他还是设法与他的兄弟们和平地分享了王权，并且比他们都长寿。据推测，他可能患有某种形式的创伤后应激障碍，但是否如此就不得而知了。他并没有把真十字架的碎片放到备受尊崇的奥拉夫陵墓里，而是将其捐赠给了他自己在康加哈拉（Kungahälla）建造的一座教堂，连同一件他在拜占庭委托制作的祭坛装饰品，"由青铜和白银打造而成，镀金精美，镶嵌着珐琅和珠宝"。[33] 1135年，这座离今天瑞典的哥德堡（Gothenburg）不远的城市被一支名为文德人（Wends）① 的异教徒族群洗劫并烧毁。那时，西居尔已经撒手人寰，享年 40 岁，作为国王统治了 27 年之久。

西居尔在 1107～1111 年几乎踏遍了基督教世界的每一个角落，他的这段旅程不仅让我们得以一窥地中海世界因第一次十字军东征和基督教军队在伊比利亚和西西里等地区的其他入侵行动而改变后的大致面貌，也暗示了在未来数十年里这个世界——以及十字军运动——将以何种方式发展。挪威人对里斯本的袭击预示着一场规模更大的十字军攻势在 1147 年的到来，导致这座城市的市区被摧毁了一半。在伊比利亚半岛的另一端，西居尔的士兵在巴利阿里群岛为有进取心的基督徒战士开辟了另一条道路。在挪威人的打击之后，一支由比萨人和加泰罗尼亚人组成的基督教联合军队，以及来自意大利各城市共和国和法兰西南部的志愿者，开始筹划一场更为协调一致的行动，以征服这些岛屿，荡平当地的泰法国。1113～1115 年，他们发动了一系列进攻，这些作战行动都在教皇的官方认可——帕斯尚尔二世颁布的法令下进行；他们占领了群岛上所有的主要城市，包括马略卡岛上的帕尔马（Palma）。这一战果最后还是徒劳无功，因为在 1116 年，穆拉比特王朝最终还是大举越过巴利阿里海，驱逐了基督教征服者，这一行动将确保这些岛屿继续在穆斯林手中保留一个世纪甚至更长的时间。然而，西居尔早先在伊维萨岛、梅诺卡岛和福门特拉岛削弱穆斯林力量的行动，已经向基督徒表明了何事可为。

与此同时，在西西里岛，西居尔也与罗贝尔·吉斯卡尔和

① 在后文第十五章将会详细提及。

罗杰一世创立并维护的诺曼欧特维尔政权日益增长的威望大有关联。如果斯诺里·斯图鲁孙的史料可信的话，他出现在西西里岛，并与阿黛莱德女伯爵和年轻的罗杰二世交好，与此同时，他也为后人标记出一条可行之路，其影响对 12 世纪末狮心王理查的十字军东征行动最为显著。

当他抵达东方的拉丁国家后，西居尔准确地演示了进行武装朝圣的西方君主与一直渴求从拉丁世界获得更广泛援助的耶路撒冷国王之间应当建立何种合作关系。西居尔的手下似乎并没有像比萨、热那亚和威尼斯的海上冒险家那样，对垄断东方的永久贸易权表现出强烈的兴趣；他们的经济利益远在北海和波罗的海。然而，他们向世人表明，对于那些敢想敢做的人来说，在圣地进行掠夺来发家致富可谓大有前景。而他们与阿莱克修斯皇帝的交往则展现了，无论 1098 年安条克陷落之后的分赃问题引起了何等程度的深仇大恨，外来者仍然有可能与地中海东部的拉丁人和希腊人同时保持友好关系。很多人可能达不到这种两派合作的理想。

西居尔的旅程是否能归类为一场真正的十字军东征，还有待揣摩。到 1110 年为止，第一次十字军东征的目标早已实现，耶路撒冷已经落入拉丁人的手中。乌尔班二世已魂归天堂。据我们所知，西居尔并没有正式宣誓参加十字军东征。他不是在响应罗马教廷甚至是拜占庭的号召，而是在顺应他自己的挪威臣民的心意，这些臣民更喜欢进行长途奔袭的远征行动，以寻找"战利品"，并与在记述这次冒险的史料中被无情提及的"异教徒"作战。他的事迹为他赢得了一个绰号——"耶路撒冷旅行者"（挪威语为 Jórsalafari）西居尔。这清楚地表明，到达耶路撒冷是他的目标，也是他最显著的成就。但这是否就使他成为一个十字军战士，或仅仅是一个武装朝圣者呢？[34] 或者，这种区别对他来说，也许并不是很重要？

西居尔是否最终认为自己是一名朝圣者、一名虔诚却碰巧杀人无算的掠夺者，或者他是一个领导者，其使命与第一批十字军所承担的使命有直接的相似之处？这是无法判断的，可能也无关紧要。更具重要意义的是，这位北方的国王感受到自己与南方和地中海东部的战争之间有足够强烈的羁绊所在，值得他离家三年，冒着生命危险参与这些战争。西居尔的旅程——无论是朝圣之旅还是十字军东征——表明 1095～1099 年发生的事件已经开启了一个进程，在此过程中，扩张和保卫基督教的土地（从巴勒斯坦到里斯本）业已成为一项吸引整个西方基督教世界的事业：形形色色的志愿者有如过江之鲫般加入这一大业，希望在这个世界或下一个轮回的世界中获得丰厚的回报。

159

第十一章　血地之战

不仅贫民弱者命悬一线……

　　1111 年 3 月，哈里发于斋月期间在巴格达举办的婚礼本应是盛大的公众庆祝活动。穆斯塔兹尔·安拉（Al‑Mustazhir bi‑Allah）是伊斯兰教逊尼派世界的精神领袖和阿拔斯王朝（这一世系已经延续了 350 多年）的元首。作为信士的长官（amir al‑mum'minin），自他于 1092 年即位以来，他的名字就在每周五的祈祷上被所有顺从的臣民高声诵读，在巴格达的铸币厂里铸造出的精美第纳尔金币上也刻有他的名字。的确，随着苏丹、埃米尔和各地军阀的实际权力上升，阿拔斯王朝的权威在许多代人的时间里日渐瓦解。但穆斯塔兹尔·安拉仍然是哈里发，就像先知的岳父阿布·伯克尔（Abu Bakr）① 在过去的年代里一样。他希望自己在近期的大婚能操办得气派非凡，得到穆斯林的交口称赞。

　　他的新娘是伊丝玛·可敦（Ismah Khatun），大塞尔柱苏丹阿尔普·阿尔斯兰的孙女、马利克沙的女儿和现任苏丹穆罕默德一世的姐妹。她的名字伊丝玛意为"谦逊"。她的血统令人肃然起敬，而她的性格更是令人印象深刻。一位 13 世纪的巴格达学者称赞她为"一位天资聪颖的女士、高贵之人和坚

---

　　① 在先知穆罕默德去世后成为伊斯兰教史上的第一任正统哈里发，"四大正统哈里发"（穆罕默德逝世后最初的四个继任者）之一。

定不移的女中豪杰"。[1]在一生当中，伊丝玛·可敦创建了世界　162
上最重要的法学院之一。1111 年 3 月，她从伊斯法罕（这对
夫妇已经在那里完婚）前来，准备入主哈里发的后宫。为了
迎接她的到来，巴格达的街道封锁交通，到处都悬挂着奢华的
装饰物。[2]

　　在走完大约 620 英里（1000 千米）的旅程后，伊丝玛·
可敦于 3 月 22 日风光无两地入城。根据伊本·开拉尼希的记
载，她入城时的"仪式如此盛大华丽，携带的珠宝、钱币、
器皿、马车和林林总总的骑兽、家具、各式各样的华服，以
及侍者、警卫、女奴和随从，其数量如此之多，不计其数"。[3]
然而，就在这支豪奢的队伍抵达巴格达的那一刻，所有精心
安排的公众庆祝活动所带来的欢乐感都已消散。这一搅局，
正如之后经常发生的那样，正是源于被诅咒的法兰克人所干
的好事。

　　在塞尔柱公主抵达前一个月，另一个代表团已经先期到达
巴格达。这个来自阿勒颇的代表团由苏菲派教徒、不满的商人
和律师组成，带来的并不是骆驼、女奴和贵重的饰物，而是满
腔怨恨：哈里发和苏丹并没有向叙利亚的穆斯林提供有效的支
持。十多年来，他们一直在孤军奋战，但没有取得任何有意义
的成功。他们无法阻止欧洲的异教徒占领他们的城市、攻击他
们的要塞、抢劫他们的商队、杀害他们的邻居、绑架他们的妻
子儿女。尽管他们使用围攻、野战和签订停火协议等手段不下
数十次，尝试遏制和驱退十字军，法兰克人仍然冥顽不化、贪
婪如故，既威胁着广大信徒的安全，也消耗着这片土地的资
源。就在最近，鲍德温国王和另一个异教徒国王——他带来了
60 艘船——占领并征服了西顿。不难想象，像提尔、阿勒颇

或大马士革这样由穆斯林统治的大城市可能会成为下一个目标。

于是，在恐惧和挫折的驱使下，阿勒颇示威者在 2 月 17
163　日星期五第一次出现在巴格达的苏丹清真寺内。根据伊本·开
拉尼希的记载：

> 他们将传道者赶下讲坛，并把布道坛打砸得稀碎，大
> 声疾呼并为穆斯林在法兰克人的手里所遭遇的不幸而痛哭
> 流涕……他们阻止那里的信徒举行宗教仪式，而参加祈祷
> 的教徒和领袖们为了安抚他们，代表苏丹承诺会派出
> 军队。[4]

但军队不可能在弹指之间招之即来，于是在下一个周五，即 2
月 24 日，示威者又将打砸之事重演一遍。这回他们的目标是
宫殿，在那里，哈里发自己的清真寺遭到肆意破坏：又一个布
道坛被毁坏，又一些祈祷被打断，通往哈里发私人祈祷室
（maqsura）的栏杆也被损坏。[5]

在巴格达，阿莱克修斯·科穆宁遣使前来、大胆地请求结
盟以共同抵抗叙利亚北部的拉丁人一事已经尽人皆知，这一事
实使当局颜面扫地。"拜占庭皇帝对伊斯兰教表现出的热情竟
然更胜一筹，尔等在全能的真主面前不觉得羞耻吗？"愤怒的
阿勒颇暴民诘责道。[6]他们的质问无人回答。因此，抗议者在巴
格达又逗留了一段时间。然后，可以理解的是，当伊丝玛·可
敦的婚庆队伍在数周后到达这座城市并散发出纸醉金迷的气息
时，他们再一次愤怒得难以自抑。"城市的宁静和她的到来所
带来的欢乐都被扰乱了。"伊本·开拉尼希辛辣地写道。哈里

发恼羞成怒，要求逮捕和惩罚这些示威者。可能是在他聪慧的
女强人姐妹的建议下，苏丹穆罕默德拒绝了这一要求。相反，
他在巴格达各处传令，命所有在那里的埃米尔和将军都返回各
自的城市"做好准备，对真主的敌人——异教徒发动圣战"。[7]

✛

在耶路撒冷、的黎波里、安条克和埃德萨，真主的敌人，
或者说自视为被天主洪恩及其圣物（包括真十字架在内）的
威力所庇护的人，也自有其隐忧。尽管他们沿着海岸线稳步推
进，并开始加强对内陆腹地的控制，但扩张和保卫十字军国家
也使他们付出了巨大的代价，其人力和补给严重依赖于地中海
西端的支持。的确，正如阿勒颇痛苦的市民所抱怨的那样，法
兰克人击退了叙利亚多位埃米尔的攻击，其中包括由大马士革
阿塔贝格图格塔金在 1110 年对埃德萨发动的一次大规模远征。
然而，总有这样一种观点，就如鲍德温国王的牧师——沙特尔
的富歇所表述的那样，如果伊斯兰世界看清团结的必要性并且
合力进击的话，那么法兰克人就在劫难逃了。"我们作为征服
者生活在成千上万之众的被征服者中，逼迫其中的一些人成为
我们的臣属，又通过烧杀掳掠毁灭了另外一些人，这真是一个
了不起的奇迹。"他写道。[8]

　　游历拉丁国家的朝圣者几乎都注意到了基督教东方世界危
若累卵的安全态势。修道院院长丹尼尔（Daniel the Abbot），
一位来自基辅以北某地［很可能是切尔尼戈夫（Chernigov）①］

164

---

① 乌克兰北部城市，位于第聂伯河中游左岸支流杰斯纳河畔。在中世纪时，
　是罗斯国家最重要的公国之一。

的罗斯教士，在第一次十字军东征结束后不久便开始了前往耶路撒冷、为期 16 个月的朝圣之旅，敬畏地记录下他所看到和崇拜的圣地，约旦河的宽阔河岸使他想起了家乡的斯诺夫河（River Snov）。但他也警告其他的朝圣者，巴勒斯坦的道路很危险，"大量异教徒会冒出来并发动攻击"；至于伯利恒周围的多山地带，只有找到一位穆斯林向导陪同才能一探究竟，"群山之中匪患丛生，这都是因为异教徒撒拉森人在作祟"。[9]

大约在同一时期，一个名为西伍尔夫（Saewulf）的英国朝圣者也进行了一次类似的旅行。他曾遭遇数次海难，受到法蒂玛海盗的袭击，并记录他目睹了其他旅行者的尸体被随意扔到穿过雅法和耶路撒冷之间的犹太山的道路两边，没有下葬，尸体的喉咙被绑匪割开。"不仅贫民弱者命悬一线，富人豪强同样如此。"他写道。[10]

对西伍尔夫、丹尼尔和他们的同侪而言，不幸的是，耶路撒冷国王鲍德温一世和其他十字军国家的领主能为他们提供的保护也就这么有限。① 自从 1111 年阿勒颇示威者在巴格达的抗议活动促使哈里发和苏丹采取行动后，十字军国家不仅饱受普通的劫匪和海盗困扰，还面临着来自塞尔柱帝国的新一轮攻击。1111 年夏，由包括美索不达米亚和突厥人控制下的亚美尼亚的埃米尔在内组成的一支联军，在摩苏尔阿塔贝格马乌杜德（Mawdud）的率领下，向埃德萨附近的土贝塞（Turbessel

---

① 在 1111 年，其他十字军国家的统治者依次为：安条克公国的博希蒙德二世［塔兰托的博希蒙德的幼子，先是由欧特维尔的坦克雷德，然后由萨莱诺的罗杰（Roger of Salerno）这两位摄政辅佐］；的黎波里伯爵贝特朗（Bertrand），图卢兹的雷蒙之子；埃德萨伯爵布尔克的鲍德温（也就是后来的耶路撒冷国王鲍德温二世）。——原注

或 Tell Bashir）发动了一次大有成效的进攻，迫使该城的统治者库特奈的若斯兰（Joscelin of Courtenay）进贡以保全自己的城墙。第二年，由耶路撒冷国王鲍德温一世率领的法兰克军队围攻提尔，却未获成功，因为提尔市民焚毁了攻城器械，而图格塔金也威胁要派兵来援。1113 年 5 月，由图格塔金和马乌杜德率领的部队组成的另一支联军突袭了巴勒斯坦北部，并在加利利海岸边太巴列城附近的一场战役中，几乎生擒鲍德温一世本人，耶路撒冷国王丢盔弃甲，仅以身免。鲍德温一世虽然逃出生天，但他手下的士兵战死者甚众，根据伊本·开拉尼希的记载，"湖里血水滔滔，以致士兵们避之不饮"。[11]

塞尔柱人虽然短暂地占据了上风，却没能充分地利用时机。1113 年 10 月 2 日，马乌杜德遇刺，在前往大马士革清真寺的路上被一名行凶者砍倒，刺客很可能是一个尼扎里派伊斯玛仪信徒，也就是史上臭名昭著的阿萨辛派。① 阿萨辛派将其大本营建于叙利亚东部和波斯的山中要塞，同为逊尼派和什叶派所不齿，尤其是因为他们的精英武士受过自杀式袭击的训练，明知自己会被护卫或寻求报复的普通暴民撕成碎片，但还是会在公开场合杀死知名的政治家。而这正是在大马士革发生于马乌杜德身上的悲剧。一名阿萨辛派刺客在他下腹部和大腿处各刺一刀，于是他一个小时内就流血而死，尽管医生们尽了最大努力为他缝合伤口。这名刺客被当场抓获并被斩首。马乌杜德的死使得他和他的盟友于太巴列之战中加诸鲍德温的痛苦一扫而空，这一事件也加剧了塞尔柱帝国各埃米尔之间的紧张

166

---

① 阿萨辛派又被称作巴特尼派（Batani）或哈希什派（Hashishiyun），他们的现代口语版名字便是来源于此。"哈希什"被理解为该教派有吸食大麻（Hashish）的嗜好，尽管这有可能是史家的污蔑。——原注

关系。他们的内斗最终使巴格达的苏丹未能从中枢组织起任何有意义的攻势来驱逐法兰克人，这一情况持续了数年之久。即使这样，塞尔柱人抵抗运动高涨的势头也并没有被完全遏制住。最终给法兰克人造成最严重伤害的人不是苏丹穆罕默德，而是伊尔加齐·伊本·阿尔图格。1098 年，也就是第一次十字军东征军到来的前一年，当耶路撒冷落入法蒂玛王朝的手中时，这位酗酒的职业军人被人看到骑马逃出城外。

✝

从巴勒斯坦离开后，伊尔加齐在塞尔柱的势力圈内度过了一段丰富多彩而又充满活力的职业生涯，先是为巴格达的苏丹效力，然后接管了要塞城镇马尔丁（Mardin）①，这个据点大致位于阿勒颇和摩苏尔中间，他在那里指挥着一支从附近的底格里斯河岸两边招募而来的土库曼战士组成的军队。这很自然地将他纳入了埃德萨和安条克的拉丁统治者的势力范围内。一开始，他与法兰克人的关系相对融洽，但是随着他于此地落脚已将近十年，双方之间将以惊人的方式爆发冲突。这一系列冲突都集中在阿勒颇。

尽管阿勒颇人曾大闹哈里发的婚礼，抗议他的无所作为，然而直到 1119 年他们也未能得偿所愿。他们的一个主要敌人便是萨莱诺的罗杰，他代表未成年（年仅 11 岁）且不在安条克城中的博希蒙德二世摄政。罗杰与他已经过世的亲戚博希蒙德和坦克雷德几乎是从一个模子里刻出来的。他通过铸造带有

_____

① 现为土耳其东南部城市，据考古挖掘证实公元前 4500 年就已经有人类在此居住生活，这座古城被联合国教科文组织列为世界文化遗产。

圣乔治屠龙图案的钱币来炫耀自己的武功。一段时间以来，他一直在向阿勒颇稳步推进，希望利用在阿勒颇长期统治的里德万（死于1113年）和阿塔贝格卢鲁（Lulu，死于1117年）相继去世的机会乘虚而入。罗杰在此时颇有施展的空间，因为阿莱克修斯·科穆宁也于1118年8月驾崩，这在君士坦丁堡引发了他的儿子约翰和女儿安娜之间的继位者战争，暂时缓解了拜占庭帝国从西面对安条克施加的压力。① 于是，罗杰控制了阿勒颇北部和西部道路上的一些卫星城堡——其中最著名的便是阿扎兹（Azaz），此城是通往阿勒颇的门户。城内的市民曾向所有邻近的穆斯林王公写信告急，请求援助；根据一位后世的阿勒颇编年史家伊本·阿迪姆（Ibn al－Adim）② 记载，送达伊尔加齐手里的信警告称法兰克人"攻势不断，形势令人绝望"。[12]虽然伊尔加齐是一个自私自利的实用主义者，而不是一个宗教狂热者，但他也不情愿坐视拉丁军队进一步蚕食近邻，逼近自己的边境土地。他与岳父大马士革的图格塔金联手，开始组织起一支庞大的军队——有人估计其数目达四万之众——意图摧毁"那些异教徒和误入歧途的派系……援助信众并根除那些顽固的异教徒"。[13]

168

当敌方正在组建一支大部队的消息开始传来时，萨莱诺的罗杰感觉到麻烦来了。他也开始召集自己的军队来阻止他的新领地被穆斯林夺回，保卫安条克不受任何报复性攻击。他的军

---

① 约翰赢得了权位之争，他继位皇帝，即约翰二世·科穆宁。他一直统治至1143年4月8日逝世。——原注

② 1192～1262年，出身阿勒颇的阿拉伯传记家和历史学家，著有《阿勒颇名人传》、《阿勒颇史》和一本香水制造指南。他的作品是后世了解叙利亚阿萨辛派的重要史料。他还在后来崛起的阿尤布王朝担任外交官。

队包括了安条克公国上下几乎所有的军事力量——除了守备城堡所需的士兵之外——以及一支由几百名亚美尼亚雇佣兵和土科波利尔（也就是从叙利亚北部和小亚细亚招募的轻骑兵）组成的分遣队。罗杰的各路纵队在位于安条克和阿勒颇之间的道路上、萨尔马达（Sarmada）附近的巴拉特（Balat）集结，等待伊尔加齐来犯。他们并没有等待太久。马尔丁的领主于 6 月 28 日突然袭来。

一场恶战于当天打响，后来被称为血地之战（Ager Sanguinis）。伊尔加齐大获全胜。成千上万的拉丁人和亚美尼亚人惨遭屠戮，其中就包括萨莱诺的罗杰，他被敌兵投出的一把利剑"穿鼻而过，透脑而亡"。[14]根据伊本·开拉尼希的记载，整个战事只持续了一个小时，之后"法兰克人成片地倒伏于地上，无论骑兵还是步兵，以及他们的战马和武器，这样一来他们中间没人能逃出来向同胞讲述惨败之事"。战场上到处都是死马，"四蹄张开……如同刺猬一般，因为数不清的箭射入了它们的躯体"。[15]后来名为大法官①沃尔特（Walter the Chancellor）的安条克历史作者在血地之战后被俘虏并被囚禁，他记载道，不幸的基督徒幸存者要么被当场剥皮或斩首，要么双手被绑在背后、脚戴镣铐，"以脖子套绳、类似绑狗的方式两两捆在一起"。[16]战争结束后的第二天，这些被五花大绑的囚犯在烈日下赤裸着身体，被带到附近的一个葡萄园，很多人在那里饱受折磨后被剑刺穿。其他人则被带回阿勒颇，等待赎

169

---

① 大法官一职最早可上溯至法兰克王国的加洛林王朝，当时有一名官吏负责掌管王室印玺。在中世纪，由于教士是王国中少有的受过教育的人，大法官一职几乎都是由神职人员担任。大法官曾有不少职责，包括保管国玺、担任首席王室神父，以及任教会和世俗事务上的顾问。

回、死亡或被卖为奴隶。这是一个残酷的命运。由此带来的战略逆转也同样糟糕；仅用了一上午的功夫，伊尔加齐就改变了叙利亚北部的势力均衡。[17]他因此纵酒狂饮了数周之久以示庆祝。[18]阿勒颇得救了。安条克公国则失去了它的摄政王、军队和地区主宰权。

✝

祸不单行，法兰克人又受到了另一次打击：十字军失去了他们的第一位国王。在血地之战的灾难发生之前不到三个月，老战士鲍德温一世就去世了。在第一次十字军东征后的最初几年里，他为了保卫耶路撒冷王国而受尽创伤，其中的一处伤口因感染而不时发作，断断续续折磨了他许多年。1118 年 4 月 2日，在对埃及东北部的法蒂玛势力发动的一次远征行动中，国王吃了一顿用刚捕捞上来的鱼做的早餐，然后就发病去世了。按照他的临终遗愿，他的身体被除去内脏，"从里到外，眼、口、鼻、耳都填满了盐，再涂抹上香料和香脂防腐，然后缝入兽皮，裹进地毯"，之后被系于马背上星夜送回耶路撒冷。[19]这个粗糙的木乃伊虽然与他的死亡地点颇为相适，但其制作初衷是为了将鲍德温的尸体保存足够长的时间，以便让其被埋葬在他的哥哥戈弗雷位于圣墓门廊里的墓旁。这一处理达到了其目的。在棕枝主日（Palm Sunday）①，他的尸体在一队士兵的护

---

① 庆祝耶稣胜利进入耶路撒冷的节日，也称基督苦难主日（因耶稣在本周被出卖、审判，最后被处十字架死刑），日期是复活节前的星期日。根据基督教多个教派的传统，信徒在这一天要手捧棕榈枝，举行宗教游行，以纪念耶稣进入耶路撒冷时群众在他面前抛洒棕榈枝。在有些国家，因为难以获得棕榈枝，也可以用本土其他树的树枝代替。

卫下被抬过约沙法山谷，然后被安葬在大教堂内被认为是髑髅地（Calvary，各各他）①脚下的地方。

鲍德温一世身后的继承之事并没有顺风顺水。鲍德温一世宁愿与他最喜欢的男仆们睡在一起，也不愿与他的三个妻子中的任何一个同床共枕，因此他没有留下任何直系继承人。他还留下了几位并不快乐的前妻，其中包括亚美尼亚公主阿尔达，即他的第二个妻子，他将其抛弃并把她送入一家修道院，之后她又从那里逃到了君士坦丁堡；还有西西里摄政女王阿黛莱德，她与鲍德温的短暂婚姻在 1118 年出于政治原因被宣布无效，因而怒气冲冲地离开了耶路撒冷，不久之后去世的她将这份怨恨传给了她的儿子西西里的罗杰二世，后者对耶路撒冷王国的事务产生了一股强烈的蔑视，以至于有生之年从未对十字军王国施以援手。[20]接替鲍德温一世的人选有他的弟弟——布洛涅的尤斯塔斯伯爵（Count Eustace of Boulogne），一位参加第一次十字军东征的老兵，现已返回他在西方的领地；还有布尔克的鲍德温，已经统治埃德萨伯国将近 20 年。后者比他的远房表亲尤斯塔斯距离耶路撒冷近了 1000 英里，轻松地赢得了这场王位争夺赛。在老国王的葬礼后不久，他就被涂上了圣膏，并最终于 1119 年圣诞节在伯利恒与他的妻子和王室正配——亚美尼亚公主莫菲娅（Morphia）一起加冕。

鲍德温二世在继位时已近 60 岁，而提尔的威廉（William

---

① 罗马统治以色列时期耶路撒冷城郊的一座小山，据《新约》中的四福音书记载，耶稣基督被钉在十字架上，这十字架就在各各他上。多年来，"各各他"与十字架一直是耶稣基督受难的标志。

of Tyre）①尽管由于彼时年纪尚幼而从来没有见过他本人，但听旁人转述国王"相貌出众，平易近人。尽管胡须稀疏，却长髯拂胸；他的肤色在他的时代里是特有的红润……他在战争艺术方面拥有丰富的经验，善于统御他的部下，在他的战役中无往而不利"。²¹ 他的经验和睿智将从一开始就接受严峻的考验，他即位之初便试图在安条克和阿勒颇之间的地域提振法兰克人的力量，因为伊尔加齐在血地之战中的胜利突然改变了那里的力量平衡。²²

✝

血地之战不仅损害了安条克公国的战斗能力，导致拉丁东方世界的诸王公之间进行了重新洗牌，还强烈打击了法兰克人不可一世的自信，自从上个世纪完成君士坦丁堡到耶路撒冷城墙前的长征后，这种狂妄自大就一直在滋长。鉴于第一次十字军东征期间和之后的每一次成功都被解释为上帝对拉丁人和他们的英勇事迹进行明白无误地支持的迹象，现在十字军战士写给他们地中海另一边的战友的信中慢慢体现出一种自我怀疑的语气。他们开始质疑自己本身的道德行为。是饕餮酗酒、淫乱狎猥，还是十字军定居者喜欢在妓院里寻欢作乐，使上帝感到气恼？这很难说得清。皮基尼的瓦尔蒙德（Warmund of Picquiny）在鲍德温二世登基后被任命为耶路撒冷宗主教，他在血地之战后不久就给他在加利西亚的同事——圣地亚哥 - 德孔波斯特拉的大主教迭戈·赫尔米雷斯（Diego Gelmirez）写

171

---

① 于 1130 年前后出生于黎凡特，后成为提尔大主教。大约在 1174～1184 年，威廉撰写了一部关于第一次十字军东征以来海外之地历史的重要史书。

信。圣墓教堂的一位咏礼司铎（他只将其简称为"R"）最近正在西班牙执行一项外交任务，而瓦尔蒙德热衷于鼓励在西方基督教世界的两大圣殿之间建立一种相互祈祷的文化。他也想借此发泄一下苦闷之情。在抱怨瘟疫、干旱、蝗虫和"数不清的蚱蜢"糟蹋田地里的庄稼之后，瓦尔蒙德哀叹道："我们被撒拉森人从四面八方包围着。巴比伦（即巴格达）在东，亚实基伦在西，（提尔）在海岸边，大马士革在北……我们无一日不遭受入侵、强掳或屠杀。我们身首异处，成为飞禽走兽的腹中之物。我们像绵羊一样任人买卖。斯至如此，夫复何言？"[23]

　　话虽如此，可这位宗主教随后又滔滔不绝地说了很多。虽然他与圣墓教堂的修道院副院长杰拉德（Gerard）共同签署了这封信件，声称他们已准备好为保卫耶路撒冷和圣墓捐躯，但是他们又争辩说，如果加利西亚的人民能"慨然加入基督之军，迅速驰援我等，此事将大有转机。如果你们无法亲身前来，便将可用部队派来……蒙天主之助，我们将为任何来援之人解除罪恶之锁链，只要他承诺笃行忏悔"。[24]尽管这段言辞强调了十字军运动背后持续已久的宗教层面的考量——以军事服务来换取原罪赎免——却也忽略了一个事实，即教皇的法令明确要求那些在西班牙的信徒留在原地，而不是前往东方参加十字军东征。但这绝非十字军显贵们在随后几十年里向西方发出的最后一条此类信息。十字军国家的福祉和生存在很大程度上取决于遥远的盟友们对这些呼吁的重视程度。

✝

　　1122 年，伊尔加齐死于中风，这让鲍德温二世和他的支持者感觉些许轻松。这位久经沙场的老将或许是一个嗜酒如命的施虐狂，但他为阿勒颇的保卫工作出谋划策，在这个过程中入城成为统治者，并在叛乱初起时便将其扑灭（可以预见的是，反叛者要么被刺瞎或弄残，要么被割掉舌头或灼伤双眼）。[25]尽管从黑海海岸南下的格鲁吉亚战士对他在叙利亚北部的领地进行袭掠，使他不得不分心与其交战①，伊尔加齐仍然连续三年成为叙利亚拉丁人的痛苦之源。"他如同一条啮人之虫，一有可乘之机便暴起伤人。"提尔的威廉抱怨道。[26]他的死意味着法兰克人征服阿勒颇的野心可以再次复活。

然而，伊尔加齐生前的成功在他身后依然继续，就在他死后的数月内，拉丁人两次遭遇羞辱、一败涂地。1122 年 9 月 13 日，埃德萨伯爵若斯兰（就是前文提到的那位土贝塞领主，继承了鲍德温二世在北方伯国的领土）被伊尔加齐的一个侄子兼前任副帅巴拉克（Balak）活捉，后者是"一位伟大而强有力的君主"，在其叔父死后崛起，填补了权力真空。[27]若斯兰在自己的领地中了敌人埋伏，被缝在一张骆驼皮中送往哈普特（Kharput）要塞中关押，尊严尽失。不久之后，更严重的打击接踵而来。六个多月后，1123 年 4 月，鲍德温二世——在萨莱诺的罗杰于血地之战中丧生后成为安条克公国的摄政——也沦为阶下囚。他和若斯兰被关在同一个监狱。巴拉克随后引军前往阿勒颇，接替了已故叔叔的位置，成为这座城市的主人。

鲍德温二世被监禁了一年多的时间，直到巴拉克于 1124 年 5 月亡故——在组织围攻一个自己麾下反叛的埃米尔时肩膀中了一箭——后才被释放。阿勒颇的统治权被传给了伊尔加齐

173

---

① 1121 年 8 月 12 日，伊尔加齐在迪格德里战役中败给格鲁吉亚国王大卫四世。

的儿子蒂穆尔塔什（Timurtash），根据伊本·阿西尔的记载，这是一个"热爱平静安逸生活的人"。蒂穆尔塔什更愿意作为一个缺席领主，从自己的世袭领地马尔丁遥控管理阿勒颇。[28]他在耶路撒冷国王承诺缴纳八万第纳尔赎金后便给予他自由。鲍德温二世自由地离开后便撕毁这一协议，并开始计划进攻释放他的这个人。夺取阿勒颇的最后机会在向他招手，鲍德温二世试图充分利用这个机会。

✝

在鲍德温二世脱身囹圄之后，另一条喜讯也让他为之振奋。提尔，亚实基伦北面最后一座未被十字军征服的主要沿海据点，在一次由王室司厩长（constable）[①] 尤斯塔斯·格勒尼耶（Eustace Grenier）和威尼斯总督多梅尼科·米基耶利（Domenico Michiel）领导的联合进攻之下，终于落入了基督徒的掌控之中。在受到教皇加里斯都二世（Calixtus Ⅱ）援助东方拉丁人的鼓励后（并且得到了教皇旗帜作为回报），威尼斯总督武装了 72 艘舰船，为每艘船都配齐了领取十字的武士，通过科孚岛（Corfu）和塞浦路斯一路航行到黎凡特[②]海岸，于1123 年到达目的地。[29]威尼斯的海军力量在整个地中海都享有盛誉，而威尼斯共和国更是自古以来便擅于寻找机会，在提升该城虔诚之名的同时大发其财。根据提尔的威廉所听闻的故

174

---

① 司厩长的官职起源于罗马帝国，最初是管理马匹的官员，在中世纪欧洲演变成负责国王的军械保管及维护的官员，再后来变为军队的重要指挥官甚至总司令。与中国古代的官职"司马"演变历程类似。

② 黎凡特是历史上的地理名称，一般指的是中东、地中海东岸、阿拉伯沙漠以北的一大片地区。在中古法语中，"黎凡特"一词即"东方"的意思。

事，当他们与一支在亚实基伦附近巡逻的法蒂玛海军舰队交战时，威尼斯水手杀得性起，大发神勇，以至于战斗结束时他们"浑身上下都是被杀之人的鲜血"，"海岸上……到处都是被海水卷上来的死尸，堆叠成厚厚一层，空气为之污染。尸体腐烂导致周边地区瘟疫横行"。[30]

作为威尼斯人帮助夺取提尔的交换条件，十字军向总督大人许诺了诸多有利的贸易特权：提尔一旦陷落，其收入的三分之一将归威尼斯人所有；定居在这座城市里的威尼斯人有规定自己的度量衡，建立自己的教堂、法庭、浴室和磨坊的自由；免于缴纳几乎所有的税赋和关税；得到了任何居住在提尔的威尼斯人将像"在威尼斯一样自由自在"的保证。[31]总督之所以提出如此广泛的要求，是因为他已经算计好己方的舰队是拿下提尔的关键——而他是正确的。当法兰克人与威尼斯人联手进攻时，无论法蒂玛王朝还是大马士革的图格塔金都无意或无力来救援提尔。1124 年 7 月 8 日，提尔的总督赛义夫·达瓦拉·马苏德（Saif al - Dawla Mas'ud）正式将城市移交给法兰克人，所有身体健全的穆斯林都离开了。"提尔的陷落大大削弱了穆斯林的力量，"伊本·阿西尔哀叹道，"因为它是最强大和最坚不可摧的城市之一。"[32]

1124 年 10 月，重见天日后的鲍德温二世在这一捷报的鼓舞下，率领他麾下的男爵和士兵来到阿勒颇城墙前，他们情绪高涨，"相信自己能占领整个叙利亚"。[33]与他的王室司厩长如出一辙的是，鲍德温不仅带来了自己的部队，还带来了一个有用的盟友——什叶派阿拉伯贵族、伊拉克希拉城（al - Hilla）① 领

_____

① 伊拉克中部城市，位于巴格达以南。

主杜巴斯·伊本·萨达卡（Dubays ibn Sadaqa），他曾向鲍德温二世承诺，如果国王让他接替蒂穆尔塔什，成为阿勒颇领主，他将成为基督教国王"顺从的代理人"。[34]为了准备一场冬季围城战，鲍德温二世的工程师们在城墙外建起了半永久性的建筑，封锁开始了。当年庄稼的歉收使阿勒颇缺乏抵抗的准备。编年史家卡迈勒·丁（Kemal al-Din）写道，为了生存，人们被迫吃狗和人的尸体，这导致了疾病肆虐。[35]

在城墙外，法兰克人洗劫了穆斯林的殡仪堂，将棺材改换成营地所需的储物箱，然后在城内市民的注视下羞辱并亵渎他们死去的亲属的尸体，刺激着他们的神经。"他们把绳子绑在那些还没有腐烂的尸体的脚上，把这些尸体拖到穆斯林的前方，冲着他们喊道：'瞧瞧！这就是你们的先知穆罕默德！看看！这是阿里（Ali）①！'"伊本·阿迪姆写道，他的祖父曾是被围困的市民之一。他还记录了阿勒颇城外的一名法兰克士兵拿了一本《古兰经》，将其绑在马尾上，这样《古兰经》上就会经常沾上粪便，引来他的战友们的阵阵大笑。每当法兰克人抓住一名阿勒颇的穆斯林，他们就会砍下他的双手和睾丸。[36]

尽管有这些煞费苦心的堕落之举（通常都会成为常规的心理战术），鲍德温二世和他的阿拉伯盟友还是未能在那个冬天攻下阿勒颇。时间来到第二年1月，在马乌杜德于1113年遇刺后接任的摩苏尔领主阿克桑古尔·布素齐（Aqsunqur al-Bursuqi）连连向安条克公国的领地发动袭击，耶路撒冷国王被迫放弃了他的围城战。鲍德温二世不敢相信自己能在不失去

---

① 此处指的应为"四大哈里发"之一的阿里·伊本·阿比·塔利卜，他是逊尼派所承认的最后一位"纯洁的哈里发"，也是什叶派唯一承认的合法的哈里发。

安条克的情况下夺得阿勒颇，于是便撤军回到耶路撒冷——这是他自被囚禁以来第一次回到都城，然后又回到北方支援安条克公国。1125 年 5 月，他再次与阿克桑古尔在战场上相遇①，但从那以后，法兰克人夺取阿勒颇并确保其在叙利亚北部统治地位的企图逐渐消失。十字军的注意力转向更南边的目标，如大马士革和亚实基伦。

双方围绕阿勒颇的反复争夺，在 1111 年巴格达示威活动之前的几年里就已经初现端倪，在历经将近 15 年的腥风血雨和生灵涂炭后才告一段落，其结果只不过是维持现状而已。到 1124 ~ 1125 年为止，法兰克人确认了在第一次十字军东征后的几个月里逐渐明确的事实：他们拥有足够的资源和第三方海军力量来控制从拜占庭到埃及边境上的黎凡特海岸城市，但是没有了那种在 1098 年横扫圣地的军队，他们就无法在叙利亚内陆取得新的重大进展。与此同时，法蒂玛王朝显然正在走下坡路，看上去很快就将寿终正寝；东方的塞尔柱帝国虽然实力强劲，却陷入毁灭性的四分五裂之中，而且只有依赖如伊尔加齐这样有魅力的领导人的努力，才能卓有成效地攻入异教徒的土地。为了改变这种不稳定的力量平衡，要么需要大批新战士从西方涌入，发动一场新的十字军东征；要么开罗或巴格达须出现一位领袖，先将近东的伊斯兰力量统一，然后再将背信弃义的法兰克人沿原路赶回老家。正如接下来所发生的那样，下一个世纪里这两种情况都发生了。

176

---

① 史称"第二次阿扎兹之战"，十字军获胜。

第十二章　骑士谋新

前往人数之多……

尤胜第一次十字军东征之时

　　1125 年 5 月 2 日，国王鲍德温二世驾临阿卡。这座要塞化的滨海城市坐落于海法湾以北一个岩石嶙峋的小半岛上，正在迅速成为东方拉丁世界里最重要的商业枢纽。它通过水路和陆路与拉丁诸国的其他部分紧密相连，而它的港湾颇受朝圣者和商人的钟爱，嵌入海底的人工墙保护其不受海浪的破坏——此工程于 9 世纪阿拔斯王朝总督伊本·图伦（Ibn Tulun）的治下完成，一条于夜间封锁入口的粗大铁链则保护港湾免受敌军舰船的侵袭。[1]阿卡是耶路撒冷历代国王的一个定期停驻点，他们享有这座城市及其周围地区的直接统治权——这不同于王国的其他大部分地区，这些地区作为封建财产分封给国王下属的各位男爵和封臣。连同雅法，阿卡成为十字军国家在 12 世纪最重要的转运口岸。[2]

　　在于阿卡驻留期间，鲍德温二世确认了一项特许状，以奖励威尼斯总督多梅尼科·米基耶利和他的十字军水手们在前一年中对征服提尔所做出的贡献。[3]这些为了回报威尼斯人参加十字军而许诺的全面性特权——允许在提尔建立一个能带来丰厚

利润且由其自行管理的威尼斯殖民地，以及在东方拉丁世界的其他任何地方都按照威尼斯人自己的规则和习俗生活——在一

开始是由耶路撒冷宗主教瓦尔蒙德授予的，因为鲍德温二世那时还在牢狱之中。现在，耶路撒冷国王为这项协议加盖了自己的印章。这样一来，他就确保了圣地的事务在接下来几代人的时间里都会吸引威尼斯总督及其市民的兴趣。他承认双方有必要保持友好关系，尤其是因为在攻击提尔之后，威尼斯人洗劫了整个爱琴海和爱奥尼亚海的拜占庭城镇，对罗得岛发动了大规模进攻，并从希俄斯岛（Chios）盗走了圣伊西多尔（St Isidore）① 的遗物。② 他确认自己将致力于建设一个海外支持者网络，耶路撒冷国王可能会从中向这些支持者寻求军事支持；并进一步推行了一项管理被征服城镇的政策，即将这些城镇交由遥远的各殖民国进行瓜分。鲍德温与威尼斯的条约在十字军东征和十字军国家的历史上有着极为重要的意义——尽管全部结果还要等到近 80 年后才会明朗。而特许状的末尾还隐藏着另外一个细节，12 世纪 20 年代及以后的历史进程将证明这一点具有同等重要的意义。见证人中有一个名为于格·德·帕英（Hugh of Payns）的人，他是所罗门圣殿的贫苦骑士团（Order of the Poor Knights of the Temple of Solomon）——或者，简称为圣殿骑士团（Templars）的创始人和首任大团长。

✝

　　于格·德·帕英起初来自法兰西的香槟地区。他于第一次

---

① 此处指的是曾在罗马帝国舰队服役的基督教水手圣伊西多尔，于公元 251 年因拒绝崇拜偶像而殉难。

② 这些进攻意在公开迫使拜占庭新皇帝约翰二世·科穆宁重新签署一项对他们有利的贸易条约，该条约在他父亲去世后被他取消。他们成功了：条约在 1126 年续签。——原注

十字军东征后的某个时间点来到耶路撒冷，他最初来到东方是
179 为了与像伊尔加齐和图格塔金这样的塞尔柱突厥人战斗，还是
单纯为了膜拜圣迹并找到一个更为平和的地方思过赎罪，已经
不得而知了。不管怎样，到了 1119 年，于格已经在圣城有了
安身之地，并在圣墓教堂及周围地区度过了大部分时间。围绕
基督空墓的圆形大厅附近的庭院，早已被指定用于大规模的扩
建和重建计划，最终于 1149 年完工。但在 1119 年，这些庭院
是以作为与于格同类之人的聚会场所而广为人知的：朝圣者战
士在新生的十字军国家中寻找自己的角色。[4]

　　居住在圣墓教堂的一群奥斯定会（Augustinian）[①] 司铎负
责为每年成千上万前来朝圣的信徒提供服务，在耳濡目染了这
些身着黑袍的司铎兄弟的工作后，于格和其他几位教友决定，
他们也应该把自己的生命奉献给一种更加严格、受规则约束和
团体性的生活方式。考虑到他们的主业是骑士——训练有素的
杀手，而不是富有学识的领主仆从——这种野心殊不寻常。然
而，这并非天马行空般的想象。在圣墓教堂附近矗立着一座本
笃会修道院，名为"拉丁人之圣玛丽"（St Mary of the
Latins），系由 11 世纪中叶生活在法蒂玛王朝统治下的基督徒
所建。与这座修道院有着紧密联系的志愿者们在宗教誓言的激
励下生活，为一家声称献给施洗者约翰的辅助性朝圣者医院工
作。1113 年，教皇帕斯加尔二世将这家医院的修士们置于教
皇的庇护之下，同时授予他们自主选举领导人的权利和相当大
的教会征税豁免权。[5] 医院骑士团（Hospitallers）开始逐渐为人
们所熟知，并随着时间的推移担当起远远超乎其医疗责任的重

---

　　① 天主教四大托钵修会之一，指遵从圣奥古斯丁所倡守则的天主教隐修士。

担。他们通过志愿服务，心怀虔诚的目的去帮助同为教友的朝圣者，向基督徒展示了在东方生活的另一种模式，而于格和他的同伴们决定他们也可以效仿这种模式：将第一批十字军战士的精神作为自己的信念加以贯彻践行。

在 1119 年，这一模式付诸实践。与圣墓教堂的司铎一样，于格和他的战友们（9～30 人）正式一致同意献身于一种半修道院式的安贫、禁欲并听命于耶路撒冷宗主教指导的修行之道，以慈善救济的食品和衣物为生。与医院骑士团的修士们一样，他们云游人世、寻求天召，并帮助朝圣者。与第一批十字军战士一样，他们以手中之剑履行对上帝的职责。多年以后，提尔的威廉写道，圣殿骑士团的主要职责在于"只要力所能及，他们就应保证大小道路的安全，不受劫匪和拦路强盗的威胁，尤其要注意保护朝圣者的安全"。[6]这就意味着圣殿骑士团要在雅法和耶路撒冷之间的道路以及伯利恒和拿撒勒等圣地周边地区提供武装护送，配备巡逻人员，并与剿匪作战。这也意味着招募其他志同道合的战士加入成为同袍。正如威尔士作家和朝臣沃尔特·马普（Walter Map）所言，于格决定恳求每一个他在耶路撒冷遇到的战士"为天主的服务而献身"。[7]虽然他本人可能没有马上意识到，但于格已经领悟出一个聪明、新颖的想法，而且这一想法在基督教拉丁世界极具吸引力。

✝

就这样，1125 年 5 月，于格出现在阿卡，为鲍德温二世效力并出席了国王向威尼斯人签署他的特许状的仪式。此时，鲍德温二世和于格已经相识了至少六年。1119 年，当于格开始他的第一轮募资活动时，国王同意租借给他一套位于圣殿山

180

阿克萨清真寺的房子（这座清真寺在第一次十字军东征结束后被改为俗用，但之后便被忽视了），并将从耶路撒冷附近几座村庄的税赋和通行费中获得的收入赐予他。正是由于他们的住所位于赫赫有名的圣地——与失落已久的所罗门圣殿和至今仍存的耶和华圣殿有关——于格和他的同志们才开始扬名于世。从那以后，鲍德温二世一直是圣殿骑士团的热心支持者，向基督教世界的世俗王公和教会显贵们推荐这个新的修会。他在一封信中将圣殿骑士团描述为"蒙主感召，保卫王国"。[8]事实上，国王在 1125 年让于格陪伴自己左右，对其信任备至，使他与大主教、主教和其他高级神职人员一同列入特许状签署仪式的见证人名单，这表明鲍德温二世高度看重他的使命和才能。

两年后，鲍德温二世授予了于格第一个官方使命，命圣殿骑士团大团长同加利利亲王比尔的纪尧姆（William of Bures）及"其他几个宗教人士"返回西欧。根据提尔的威廉记载，他们的首要任务便是请求"西方的王公们召唤那里的人民前来帮助我们"。[9]具体而言，这就意味着召集部队，对大马士革发动一次大规模进攻，这座城市现在已经超越阿勒颇，成为法兰克人向叙利亚内陆的扩张中最为诱人的目标。[10]但是他们还有次要任务。比尔的纪尧姆受邀拜访元勋老兵安茹的富尔克（Fulk of Anjou）——法兰西中部最有实力的领主之一——并提议将国王的长女梅利桑德（Melisende）嫁给富尔克。因为鲍德温二世膝下无子，这一提议实际上意味着将富尔克招纳为耶路撒冷的王位继承人和候任国王。这是一项庄严的任务，而于格·德·帕英将证明自己在这项任务中大有用处，因为他与富尔克私交甚笃。与此同时，于格自己也计划利用这次去西方交游的机会来筹集资金、寻求政治支持和招募新成员加入圣殿骑士团。

✝

　　于1127年晚夏某个时间动身出发后，于格在家乡受到了热烈欢迎和盛大款待。除了施展个人魅力之外，他还提出了一种参加十字军运动的新方式：要么加入一个永久性的十字军组织，要么赞助它，如此一来虔诚的个体不必亲自前往东方就能支持这场战争，为基督教世界更广大的利益做出贡献。几乎是在他刚一到达的那一刻，人们就开始踊跃地向他捐钱捐物。10月，布卢瓦伯爵特奥巴尔德四世（Theobald Ⅳ）将普罗万（Provins）① 附近的一座房屋和农田赠予圣殿骑士团；随后不久，佛兰德伯爵威廉·克利托（William Clito）也宣布圣殿骑士团在其领地内得到的任何地产都享有免税权。这两项资助的意义非同小可，使得大人物对这一修会的认可广为传颂，并为圣殿骑士团开辟了新的财源，必将在财政方面有助于圣殿骑士团完成使命。而特奥巴尔德和威廉的身份为其资助平添一份重要意义：两人都来自十字军战士的家族，而且两人的父亲都是参加过第一次十字军东征的诸侯。② 他们对新一轮十字军东征的支持更多是来自经济方面，而不是个人方面，但于格·德·帕英很可能并不关心这个事实。他的目的是尽其所能地为十字军在东方的奋战争取支持。

182

---

① 法国中北部塞纳－马恩省古镇，位于巴黎以东80千米处。

② 特奥巴尔德的父亲是布卢瓦伯爵斯蒂芬，因为在1098年从安条克中途退出十字军而为世人不齿。威廉的父亲是诺曼底公爵罗贝尔，此时作为他弟弟亨利一世的俘房，正在英格兰的监狱里饱受折磨。——原注

1128 年 4 月，于格来到安茹的富尔克位于勒芒的宫廷。在过去的年代，这里可能是外人连看都不敢看一眼的危险之地：历代安茹伯爵都喜欢自夸为恶魔的后代。① 然而，比起他的一些祖先（甚至是他的后代）来说，富尔克伯爵远没有那么凶恶。马上就要过 40 岁生日的富尔克被提尔的威廉形容为红光满面，但"温柔、和蔼、善良、富有同情心"（威廉认为"这种肤色的人能拥有如此特性不同寻常"）。[11]富尔克唯一真正的个人缺点是他极其健忘，而且从来都记不起别人的面相，有时甚至连自己仆人的名字都会忘掉。

183　　富尔克是否立刻认出于格·德·帕英，史书并无记载。但当圣殿骑士团大团长于 1128 年春来到他的面前时，他们正在重叙旧情。1120 年前后，也就是圣殿骑士团成立后不久，于格在耶路撒冷接待了富尔克，而富尔克也充分证明了自己是一个顾念恩情的老主顾，每年都会向修士们寄来 30 磅的安茹钱币，聊作补贴之用。显然，他们的友谊成功地再续新篇。5 月 31 日，在于格和比尔的纪尧姆的见证下，富尔克领取了十字。这些来自东方的使者一起说服他为自己的灵魂、事业和国家另辟蹊径。几个月后，富尔克将会把安茹的统治权交给自己 15 岁的儿子"美男子"若弗鲁瓦（Geoffrey 'Le Bel'）②，自己则永远地移居耶路撒冷。他将在那里娶梅利桑德为妻，成为耶路

---

① 在欧洲古老的传说中，安茹人是撒旦的女儿梅露西娜的后裔。富尔克的祖父"暗黑者"富尔克三世在发现自己的第一任妻子与牧羊人私通后便将其绑在木桩上活活烧死。参见丹·琼斯著、陆大鹏译《金雀花王朝》（社会科学文献出版社，2015 年），第 11 页。

② 又名若弗鲁瓦·金雀花（Geoffery Plantagenet），英格兰国王亨利二世（Henry II）的父亲，1154 ~ 1485 年统治英格兰的金雀花家族的创建者。——原注

撒冷王位的推定继承人（heir presumptive）①。

按照富尔克离开安茹时的安排，他年轻的儿子若弗鲁瓦娶了一位门当户对的寡妇，名为玛蒂尔达（Matilda）。通过第一次婚姻获得的权利，玛蒂尔达拥有神圣罗马帝国皇后②的荣耀头衔；通过她的血统获得的权利，她是英格兰王国和诺曼底公国——安茹伯国的邻居和凶猛的对手——的继承人。若弗鲁瓦与玛蒂尔达的婚礼于 6 月 17 日举行，而如果于格也在场的话，那么他可能已经见到了玛蒂尔达的父亲——亨利一世（Henry I）。[12]无论如何，不久之后于格就会出现在亨利一世的王国请求资金和援助，以一场基督教力量与异教徒部落之间即将打响的新战争使他的听众群情激昂，以一个将有待开发的处女地并入耶路撒冷之天国王土的新计划令他的听众心醉神迷。

根据《盎格鲁－撒克逊编年史》的记载，英格兰国王饶有兴趣地听着这一消息，当即从他的诺曼财库中拨出“大笔金银财宝”赠予于格。当于格抵达英格兰时，他受到“所有良善人等的欢迎。众人争相向他捐献财物，在苏格兰也是如此”。这是一次大获成功之旅。“大量的金银财宝被送往耶路撒冷。”编年史家写道，而许多人也致力于回到东方，准备在即将到来的战争中一试身手。这并不是英格兰人和苏格兰人第一次投身于十字军运动中，很多小领主和骑士都曾在 1096 年现身于诺曼底公爵罗贝尔的随从队伍中，其中有一位不同寻常的人物，他名叫拉格马德（Lagmadr），是马恩岛和赫布里底群岛的国王，在前往耶路撒冷后便留在那里为弄瞎自己兄弟哈

184

---

① 一般是指非君主长子（女）的王位第一顺位继承人。他们的继承顺序会随着君主子嗣的诞生而延后。

② 她的丈夫是 1111～1125 年在位的亨利五世。

拉尔德一事忏悔，直至在圣城离开人世。尽管如此，这仍是一个盛况空前的狂热时期。"前往（东方）人数之多——他们或是与（于格）同行，或是在他之后——尤胜第一次十字军东征之时。"编年史家如此写道。[13]而于格所激发出的活力并不局限于不列颠群岛。从佛兰德到阿维尼翁（Avignon），于格在其所到之处都设法募集志愿者和资金。[14]实际上，他这是在鼓吹一场小型的十字军东征。

如果说为耶路撒冷国王招纳新的王位继承人是于格此次欧洲之行最引人注目的政务成就，那么，还有一个值得大书特书的场合。1126 年，鲍德温二世在于格出行之前给有实力的大人物写信，向他们担保圣殿骑士团是一个受到耶路撒冷王室青睐的组织，并鼓励他们游说罗马教廷以便圣殿骑士团得到教皇的认可。1129 年 1 月，游说活动得到了回报。在法兰西与勃艮第交界处的特鲁瓦（Troyes）召开了一次宗教会议，在此期间，圣殿骑士团得到了教皇的承认，遵循半修道院式的生活方式，并正式在教会体系内拥有了自己的一席之地。1 月 13 日，于格在一个包括两位大主教、十位主教和七位修道院院长在内的大会上发表演说。他详细阐述了支撑起圣殿骑士团这个组织的理念和实践，并将其提交众人加以讨论和改进。几天之内，西方教会第一个官方"军事修会"正式规章制度的起草工作迅速启动。在这一过程中领衔指导的是一个在十字军运动中前程无量的人物——克莱尔沃（Clairvaux）修道院①院长贝尔纳。

① 又译作"明谷"修道院（其法语原文 Clairvaux 由 Clair 和 vaux 组成。Clair 意为光明和干净，vaux 意为山谷）。

✝

克莱尔沃的贝尔纳，在今天被简称为圣贝尔纳（St Bernard），是于格·德·帕英迄今为止所找到的最有力的支持者。贝尔纳于 1090 年出生于方丹莱第戎（Fontaines-lès-Dijon），青年时就决意加入一个新兴的修道院改革运动，这一运动以其位于熙笃（Cîteaux）的母修道院而得名为熙笃会。熙笃会修士们反对本笃会的流于世俗和克吕尼派所追求的浮华气派，投身于安贫乐道、苦修心志的生活，通常栖身于远离尘世喧嚣的修道院里修行。他们身着白袍，以象征自身的纯洁，绝不允许自己耽于任何物欲。贝尔纳于 1115 年与其他 12 位修士创立了克莱尔沃修道院，由于饮食缺乏营养和生活条件艰苦，他经常生病。他的主要乐趣来自撰写布道词和书信，告诉别人如何改善他们的生活——这项技能无人能出其右。[15] 贝尔纳作为倡导者、外交家和政治顾问的才能卓绝，使得教皇和国王求贤若渴，然而他绝非势利小人，也从不会给那些堕落的年轻女子或半途而废的修士提供建议。无论他的写信对象是谁，都会对他的意见高度重视，而当他出现在特鲁瓦会议上支持于格·德·帕英时——通过鲍德温二世介绍而与后者相识——这本身就是一个极为难得的成就。

圣殿骑士团的规章制度——或者更确切地说，后来被称为《拉丁规则》或《原始规则》①的那一部分——得到了贝尔纳明确的认可。在贝尔纳看来，于格的圣殿骑士团无异于一个军

186

---

① 在圣殿骑士团的历史轨迹中，这一规则将会得到重要补充和修订，包括一部军事手册和大量关于违背规则、违反者的忏悔等案例研究。——原注

事化版本的熙笃会，战则披坚执锐，和则祈祷冥思。规则的序言将圣殿骑士团描述为骑士们的救赎之家，"面向那些直到现在仍只肯执迷于世俗身份，自甘肉眼凡胎，不识基督正道的骑士"。在修会里，这些改过自新的骑士过着修道院式的顺从和严肃的生活，饮食和休闲时间都受到严格管制。骑士团的制服根据其成员的地位（骑士—修士或军士—修士）而规定为白色或黑色；几年后，教皇批准在其制服上添加红十字的装饰。圣殿骑士只能以祈祷、巡逻和与异教徒作战为生；摒弃轻浮浪薄，贪恋女色——"男人常常由于习惯如此而身陷险境"——也必须严加规避。[16]在另一个不同的文本，也就是后来以《新骑士颂》（De Laude）① 传世的名篇中，贝尔纳将骑士团称为"一种新骑士精神"，将为基督除去圣地的"异教之子"。在他看来，圣殿骑士团就是为了捐躯殉道和铲除异教而创立的。"毫无疑问，"他就理想化的圣殿骑士写道，"如果手刃恶人，那么他就绝非杀人凶手，而是邪恶克星……而如果他不幸命丧敌手，我们知道他其实并没有死亡，而是平安回家。"[17]当特鲁瓦会议结束时，于格已不再是一个处于拉丁基督教世界边缘的志愿者小队的领导者，而是一个体现基督教圣战本质的国际化军事修会的宗师，这个军事修会得到了教皇的支持，并在体制设计上受益于当时最重要的教会人士。

✝

　　如果说于格的西欧之旅成绩斐然的话，那么他于 1129 年在特鲁瓦会议结束后返回东方的作为就没有那么光辉耀眼了。

187

---

① 全名为 De Laude Novae Militiae，意为赞美新的骑士团。

于格已经证明自己是募兵能手并且擅长为自己的修会寻求有价值的支持。但他作为首席征兵官所促成的这次十字军东征能取得多大成果是他无法控制的。很多志愿者都报名参加了这次东征——其中的大多数都是受人脉更加广泛的蒙特耶里家族（鲍德温也是其成员）吸引而加入的。[18] 还有很多人是陪同安茹的富尔克一起来到耶路撒冷王国的（于格很可能也是如此）。但正如《盎格鲁－撒克逊编年史》的作者所述，"当众人赶到那里时，发现自己可悲地受骗了"。[19] 于格承诺的是一场伟大的战争。但随之而来的是一场单调、运气不佳且最终让人蒙羞的战役。

在血地之战的惨败后放弃进攻阿勒颇的鲍德温二世，于1125 年和1126 年两度对大马士革及其周围地区发起试探性的突袭行动，每次都动用了从耶路撒冷王国内调遣的规模相对较小的分遣队。尽管在第二次战役中，他把图格塔金拖入了一场混乱却胜负不明的战斗，但他从未接近到能够占领这座城市的程度。国王开始相信，要做到这一点，关键是部署一支规模堪与25 年前占领安条克和耶路撒冷那支大军相当的部队，当时他还是个年轻人。当然，这就是为什么于格·德·帕英和其他人被他派往西方求援，而鲍德温决定等他们回来后再进攻大马士革。事实上，他是如此一心一意地等待时机，甚至当图格塔金因病痛折磨和长期奔波于战场而油尽灯枯，于1128 年2 月12 日去世时，他也放任进攻大马士革的机会溜走。[20] 以后见之明看来，鲍德温在新任阿塔贝格、图格塔金的儿子塔杰·穆卢克·布里（Taj al–Muluk Buri）继承权力的过程中无动于衷，未免显得优柔寡断。但当时他一直在等待，直到他能够在战场上投入一支被伊本·开拉尼希称为"浩荡之众"的军队。[21] 这一时机在 1129 年深秋于格和新的十字军战士到达之后来临了。

188 　　大马士革被探险家穆卡达西（al – Muqaddasi）描述为"叙利亚的大都市"，这里到处都是历史可以追溯至倭马亚王朝时代的宫殿和纪念碑，其中的一颗璀璨之星是这座城市始建于 8 世纪的大清真寺，这座美轮美奂的巨大建筑周身漆成金色装饰，令人惊叹不已，被认为是伊斯兰世界里排名第四的圣地。该城周边的风光也令人心旷神怡，远近闻名；"川流纵横，森木环绕"，穆卡达西写道，他对大马士革浴室和喷泉的无上品质赞不绝口，对当地居民的诚实正直也是如此（他认为，他们唯一严重的缺点就是喜好坚硬难嚼的肉和干面包，这一点令人失望）。[22]对于法兰克人来说，战略贸易点和圣物的分量要比清真寺重要得多，大马士革是一个非常诱人的战利品。大马士革的市场位于将中国的工坊与拜占庭和西方拉丁世界连接起来的丝绸之路上，生意兴隆。故老相传，施洗者约翰的头骨就被埋在该城大清真寺的一根柱子下。

　　11 月下旬，鲍德温出兵，据伊本·阿西尔估计，其率领的军队有 2000 名骑士和"数不清的步兵"。[23]与他并辔而行的是一批令人印象深刻的新十字军领袖：他的新女婿安茹的富尔克；年轻的安条克公爵博希蒙德二世，终于在 1128 年来到这里接管他已故父亲的公国；元勋老兵埃德萨伯爵若斯兰和的黎波里伯爵庞斯（Pons）。他们知道，在大马士革内部，新任阿塔贝格布里麻烦不断。居住在大马士革的尼扎里派（阿萨辛派）发动了一次大规模叛乱，导致街头骚乱不断，私刑猖獗。尼扎里派逆贼的尸体被钉在十字架上，点缀着城墙上的城垛，因被控纵容尼扎里派而遭斩首的前维齐尔阿布·阿里（Abu Ali）烧焦的遗骸躺在城堡附近的一堆灰烬上。一连数日，流浪狗在死尸腐肉上大快朵颐。[24]那些设法逃出城外的尼扎里派分子向拉丁人寻求庇护，并签订了转让附近城镇巴尼亚斯（Banyas）的协议，以示他们的诚意。法兰克军队从巴尼亚斯出发，在大马士革以南六英里（十千米）一个名为木桥（Wooden Bridge）的地方安营扎寨，其位置靠近达赖亚（Darayya）；据传，这里正是法利赛人扫罗（Saul the Pharisee）在去往大马士革的路上看到了耀眼的光芒而转变信仰、成为基督使徒圣保罗（St Paul）的地方。[25]

189

　　30年前，在安条克城外的冬季围城战中，一直困扰法兰克大军的补给问题在很大程度上都是通过在附近的土地搜寻粮食来解决的。而现在大马士革城前的法兰克人也依样画葫芦。比尔的纪尧姆派出了一支规模庞大的骑士分队——根据提尔的威廉的编年史，人数达到骑兵总数的一半——他们分散成较小的突袭队伍，在乡间四处扫荡以获取给养。结果这一做法被证明是一个严重的错误。布里虽不像他已故的父亲图格塔金那样是一位凶悍的统治者，但他也足够警惕，看到了机会。他向一队"大马士革最勇猛的突厥战士"，连同其他几支来到这座城市协助防御的盟军分遣队分配任务，派他们出城与寻找食物的法兰克人交战。[26]他们在布拉克（al-Buraq）村庄附近奇袭寻粮队主力，"在他们中间大肆屠戮"，打得比尔的纪尧姆望风而逃。突厥人"将残军围在当中，刀劈枪刺，箭如雨下"，直至"法兰克人尽皆倒伏于地，化作铁骑的蹄下尘泥"。[27]

　　这是一次严重的挫败，而在随后发生的事件中，十字军也没能挽回败局。当他们准备发动一次反攻时，突然间大雾弥漫、骤雨狂泻、电闪雷鸣，将道路搅成一股泥泞，无法通行。"他们因为非作恶而暴雨临头。"提尔的威廉抱怨道。[28]眼见一半部队在狂风中烟消云散，鲍德温二世别无他法，只能狼狈退走。布拉克村庄的灾难一经传报，法兰克军队便烧掉无法带走的辎重，然后逃离大马士革。伊本·开拉尼希与提尔的威廉一样，看到冥冥之中自有真主之手主宰沉浮。"（大马士革的）人民感到安全后便回到了他们的农场……摆脱了悲伤和焦虑之苦，他们未曾料到，也无从梦到真主的怜悯和仁爱竟然敲上门来——愿赞颂归于安拉，"他写道，"在这场灾难之后，异教徒几乎不可能再集结起全部力量，他们的骑士和士兵伤亡惨重，他们的辎重也丢失了很多。"[29]

✝

于是，无怪《盎格鲁-撒克逊编年史》的作者对 1129 年的十字军东征进行了严厉批判，将其总结为一事无成而只有欺骗和失败。在 12 世纪 20 年代，法兰克人向阿勒颇和大马士革大举进攻，即使他们的兵力并不亚于第一次十字军东征时的大军，却仍力有未逮。征服另一个在穆斯林统治下的伟大城市的梦想还没有破灭：对阿勒颇、大马士革和南面的开罗的更多远征还将继续下去，拔除埃及和拜占庭之间最后的沿海要塞亚实基伦一事也让法兰克人念兹在兹。但是从 12 世纪 30 年代开始，东方的扩张慢慢让位于收缩，而在 40 年代，正如我们将会看到的那样，收缩又让位于惊惶的防守。

就这一点而言，1129 年十字军东征大马士革一战中最重要的进展并不在于战斗结果的本身，而在于战役之前的征兵行动。随着圣殿骑士团在于格·德·帕英的倡导下建立，一个正式的十字军组织已被开创，这为年轻武士们参加圣战以赎己罪的强烈愿望提供了一个持久的宣泄口，也为东方和西方的拉丁人领地之间构建了永恒的联系。从 12 世纪 30 年代起，医院骑士团也效仿圣殿骑士团的使命，在医疗和慈善的职责中又增加了一个军事分支。在接下来的几十年里，圣殿骑士团和医院骑士团的城堡、瞭望塔和分团［commanderies，又称为分部（preceptories），意为修道院式的军营］将会如雨后春笋一般在十字军国家中涌现，由宗教武士组成的永久性驻军守卫，其责任不仅包括保护朝圣者，也包括保卫圣地本身。圣殿骑士团和医院骑士团的骑士逐渐被认为是法兰克军队中的精英部队，通常在战场上担当先锋和殿后的重任，在他们的敌人之中名头响亮，被誉为"所有法兰克人之中最为骁勇善战之士"。与此同时，军事修会在欧洲也蓬勃发展：在连续数任教皇为其提供制度上的支持和全面的税务减免政策下，他们在伊比利亚半岛的十字军战争中表现活跃，并在更多和平的土地上扩张和安置他们收利颇丰的地产网络——通过那些向圣殿骑士团或医院骑士团捐献财力或人力以求永恒回报的个体而达成。

虽然这些新的十字军组织开始兴起壮大，十字军的未来却并不明朗。1129 年之后，拉丁人对再一次从西向东的大规模远征兴趣索然，因为似乎没有理由需要这么做。至少对东方而言，十字军运动的复兴有赖于拉丁国家面临着明显的生存危机：这将是一个防御性而非进攻性的手段。这样一种危险还要等到十多年后才开始抬头；但是，当其显现时，这种危险呈现出一幅可怕的景象，由一位威风凛凛、有如图格塔金和伊尔加齐合体一般的领袖一手造就。

第十三章　圣地女王

您必须胸怀远大，

纵然巾帼之身，当行须眉之事……

　　1131 年的盛夏，梅利桑德——鲍德温二世的四个女儿中最年长的一个，被传召到她卧床临终的父亲面前。她发现老国王身着修士服装，躺在圣墓教堂院里的宗主教宫殿内备受折磨。几天前，在意识到自己病入膏肓后，鲍德温二世将象征王室地位的服饰置于一旁，要求他的仆人把他搬到舒适的住处，离基督的坟墓越近越好。他立下宗教誓言，身披修士斗篷，唯愿来生境遇能有所改善。"他满心期望战胜死亡的主……也将在他复生之时分给他些许福分。"提尔的威廉写道。[1]但鲍德温二世没有全然将尘世的王土弃之不顾：他对自己的王位和他的家族都有重要的计划——正如 26 岁的梅利桑德即将知晓的那般。

　　梅利桑德与她的三个妹妹——艾丽斯（Alice）、霍迪娜（Hodierna）和伊薇特（Yvette）都将以她们各自的方式在十字军国家的政治风云中大放异彩。艾丽斯嫁给安条克公国的博希蒙德二世，但此时已是一位年轻的寡妇，博希蒙德二世已于前一年在与安纳托利亚的达尼什曼德突厥人作战时阵亡，年仅 23 岁；他的头颅在战斗中被敌人砍下，传首巴格达，献捷哈里发。霍迪娜其时虽未婚嫁，但在数年之内将一跃成为这一地区闻名遐迩的女杰之一。年纪最小的妹妹伊薇特［又名为约薇塔（Joveta）］则因为在修道院的一番事业而声名远播，但她的生活从早年开始就跌宕起伏。当她还是五岁孩童时，伊薇特便被卷入将其父亲从伊尔加齐之子蒂穆尔塔什手中释放的谈判中；她被人从家中带走，在鲍德温的赎金完成支付前一直被体面地收押，这使她备受创伤。这几个女孩生来就饱受考验，乱世求生之欲将她们磨砺得坚忍顽强。这四个女孩一半是法兰克血统，一半是继承自她们的母亲莫菲娅的亚美尼亚血统，她们都成长为圣地第二代法兰克定居者中果敢决断而又引人注目的女性人物。随着第一批十字军战士的事迹慢慢从现世记忆中淡出，成为历史和传奇，她们交织在一起的人生故事将会诠释东方拉丁世界日益紧张的局势和争斗。

梅利桑德在她丈夫富尔克的陪同下，带着他们尚在襁褓的儿子来到父亲的病榻前。她在富尔克于1129年到达圣地后不久便嫁给了他，完成了鲍德温二世与安茹伯爵在十字军东征大马士革前达成的协议。这对夫妇很快就履行了他们的王朝存续义务，诞下一位继承人，并毫不意外地给他取名为鲍德温。这本可能是梅利桑德从政治圈消失的时刻：王位先是通过结婚再是通过生子已实现传承，她对王国的责任已经在最狭隘的意义上完成了。但梅利桑德并非甘于平淡之人。此外，在12世纪初，女王主政在一段短暂的时间内得到了各方的接受：在英格兰，亨利一世于1135年去世后将他的王位传给女儿（也是富尔克的儿媳）玛蒂尔达；在卡斯蒂利亚和莱昂，阿方索六世将他的王位传给女儿乌拉卡；在西西里，尚未成年的罗杰二世由其精明干练的母亲阿黛莱德管束。女王统治并没有像后来在

195　中世纪那样激起本能的反感，在鲍德温看来，这反而有很多值
得称道的地方。所以，是梅利桑德、富尔克和幼儿鲍德温聚集
在一起，知悉濒死的国王即将给他的王国带来剧变。

　　将富尔克带到圣地的协议是基于这样一种理解：安茹伯爵
的到来就是为了接手王位。然而在他生命的最后时刻，鲍德温
二世对于协议的内涵含糊其词。他没有让富尔克一人成为国
王，而是留下遗言，让耶路撒冷王国由一个家庭共同统治：富
尔克、梅利桑德以及时机成熟后的年幼王子。[2]这与双方在西方
时达成的协议并不完全一样，但老国王有权做他认为合适的
事。于是他改变了原来的计划，然后很快就去世了，于 1131
年 8 月 21 日离开人世。三个多星期后的 9 月 14 日——圣十字
架仪式日（exaltation of the Holy Cross）①——富尔克和梅利桑
德一同在圣墓教堂由耶路撒冷宗主教梅西讷的威廉（William
of Messines）施膏并加冕。年幼的鲍德温由于尚未成年，所以
没有被包括在内，而君主加冕仪式于圣诞节在伯利恒举行的传
统也被打破了。于是，一切都不循常理：地点、日期和安排方
式。这个拉丁王国及其附属国的双重——以及之后可以预见的
三重领导制度如何运作尚不明朗。正如大马士革的伊本·开拉
尼希所述："鲍德温二世的去世使（法兰克人）陷入一片混乱
与不和之中。"[3]

---

　　①　至今仍为塞浦路斯的传统节日，相传在古代，塞浦路斯一度邪魔当道，
　　　　久旱不雨。在 9 月 14 日，圣海伦降临此地，高举起十字架，驱妖降魔，
　　　　战胜天祸，从此大地回春，年年丰收。所以，农民们在这一天高举十字
　　　　架，并把 9 月作为农事良好的开端。

✝

富尔克在登上耶路撒冷王位时便已考虑清楚将如何行使自己的权力。他的计划多少等同于一场大清洗。远在诺曼底（距此虽有数百英里之遥却对富尔克的执政手段和管理方式甚为熟稔的地方）写作的编年史家奥德里克·维塔利斯（Orderic Vitalis）记载了富尔克迅速掌权后带来的剧变：

> 新王刚一登基，便将那些最初佐助戈弗雷和两位鲍德 196
> 温国王、与突厥人坚决斗争、攻城拔地的领头人物从他的
> 辅政大臣行列中驱逐出去，并用从安茹来的陌生人和其他
> 初来乍到的新人接替了他们的职位……于是，众怨沸腾，
> 如此草率更换人事的举动引发了地方实力派与君主之间强
> 硬的对立情绪。在很长一段时间里……他们把本该团结起
> 来对付异教徒的战争技能，变成了自相残杀的工具。[4]

富尔克将他自己的行政官员、城堡总管和教职人员带到了东方，并且从中另立一个排斥旧臣、以安茹人为主的王室决策圈——虽然不明智，但可以理解。他对与诺曼人有渊源的臣民表现出的偏见尤为明显，不管他们是来自诺曼底本宗，还是阿普利亚、卡拉布里亚和西西里的欧特维尔氏族——博希蒙德一世、坦克雷德以及其他著名十字军战士皆由此出。从其掌权伊始，安茹人就屡获拔擢，而诺曼人和那些与鲍德温的蒙特耶里家族相关的人则纷纷被贬斥。最令人震惊的是，富尔克将岳父临终时的遗愿置之不顾，试图将耶路撒冷的女王梅利桑德和她在安条克的妹妹艾丽斯排挤出局。

1130 年，丧夫不久的艾丽斯以她与博希蒙德二世所生的两岁女儿——康斯坦丝（Constance）的名义，主张其有权统治北方的安条克公国，从而惹恼了她的父亲鲍德温二世。她试图证明自己无须骑马领军也可通过外交手段保障安条克边境平安无虞，便主动向这一地区最有活力的塞尔柱领袖示好：伊马德丁·赞吉（Imad al - Din Zengi），摩苏尔和阿勒颇的阿塔贝格，一位年逾半百、皮肤黝黑、头发灰白的战士，无论敌人还是追随者都对他敬畏有加。[5] 提尔的威廉在多年之后听说，这些示好的举措之中包括向赞吉赠送了一匹配有银制马鞍和丝绸鞍褥的白马。[6] 虽然这匹快如鬼魅的骏马可能让赞吉心花怒放，但只能使艾丽斯的父亲怒上加怒。他麾军北上安条克，富尔克也一同随行。市民们为他打开城门，而艾丽斯被迫在其父亲的脚下跪地求饶。鲍德温二世打发她去安条克的两个港口城市劳迪西亚（Laodicea）和贾巴拉（Jabala）居住，使艾丽斯颜面扫地，他还将安条克的摄政权掌握在自己手中。

然而，当鲍德温刚一驾崩，富尔克初登王位，艾丽斯便再赌己运。"一个极其奸诈歹毒的女人。"提尔的威廉不无僭越地指责道；但他也承认，艾丽斯背后突然出现了强大的舆论力量，以及富尔克执政之初，其他权贵对他顾虑重重。自封为"安条克女亲王"的艾丽斯在争夺权力的过程中得到了的黎波里伯爵庞斯和埃德萨新伯爵若斯兰二世的支持——这两人都渴望在各自伯国的事务上保持一定程度的独立。① 为了让三人都听命于己，富尔克不得不调兵遣将，与庞斯打了一仗以确保伯

---

① 耶路撒冷国王鲍德温二世去世数周后，埃德萨伯爵若斯兰一世于 1131 年秋去世。若斯兰二世是他的嫡子。——原注

197

爵在的黎波里保持恭顺姿态，并且在安条克强行设立了一个由王室司厩长雷纳德·马祖瓦尔（Rainald Mazoir）领导的王室政权。这种不和谐的状况在拉丁人中极为罕见。在大马士革，伊本·开拉尼希惊异地注意到"（法兰克人）自相残杀，死者甚众"。[7]然而，富尔克面临的问题远没有结束。他刚使安条克和的黎波里屈服，回到耶路撒冷，旋即发现更多的叛乱正在酝酿。这些精心策划的叛乱意在支持艾丽斯的长姐——他的妻子梅利桑德。

审视1130年初的这些事件就不难得出结论，富尔克的很多麻烦都是咎由自取。他自信鲍德温二世的临终遗愿不会强加于他［这位德高望重的老国王在各各他（Golgotha）① 地下的墓穴中尸骨未寒］，就蔑视礼节，从上台统治的一开始就试图把梅利桑德从政府的事务处理中排挤出去。但梅利桑德并非逆来顺受之辈，且不乏支持者。富尔克因为自己的盲目乐观而遭受了一场全面的反抗，领头的是这个拉丁王国的两位首要贵族：出身名门的雅法伯爵勒皮赛的于格（Hugh of Le Puiset），以及勒皮的罗马努斯（Romanus of Le Puy），后者是外约旦（Transjordan 或 Oultrejordain）——耶路撒冷以东约旦河两岸土地的前任领主。

根据提尔的威廉在数十年后所记载的一个带有恶意毁谤性质的故事，麻烦源于勒皮赛的于格——年轻高大，英俊潇洒，剑艺高超——据说与他的远房堂妹梅利桑德有一段风花雪月之事。"流言甚嚣尘上，伯爵与女王过从甚密，而且似乎有很多

198

---

① 各各他，与前文中的"髑髅地"为同一地点，位于耶路撒冷西北郊，相传为耶稣死难地。

佐证，"威廉写道，却没提及这些证据是什么，"因此，出于一位丈夫的嫉妒心理，据说国王深恨此人，无法释怀。"[8]这个故事不过是一种罗曼蒂克式的奇谈罢了，与八卦绯闻无甚差别。于格不满的根源绝非他对堂妹的偷香窃玉，而是对新国王为所欲为、践踏其所在大家族的利益且边缘化梅利桑德女王的深切忧虑。

在 1134 年最高评议会（haute cour，聚集耶路撒冷王国主要贵族的高级法庭）的一次集会上，这些问题已经到了一触即发的关头，一位忠于国王的领主——凯撒里亚的沃尔特当庭指控于格大逆不道，图谋杀害富尔克。于格要求比武决斗以捍卫自己的荣誉，却没有在约定好的时间出现，很可能是受到其妻埃莫拉塔（Emolata）的压力所致，因为沃尔特系由她早先婚姻所生。于格在其本人缺席的情况下被判有罪，他以能想象得出的最愚蠢的方式做出了回应：乘船前往法蒂玛王朝控制下的亚实基伦城，同意了一项襄助穆斯林、武力对抗耶路撒冷国王的条约。一时之间，法蒂玛王朝的袭扰部队"频频入侵我国领土，肆无忌惮之狂态罕所见闻"，提尔的威廉写道。[9]

正如艾丽斯公主不自量力、企图借讨好赞吉（以固自身）一样，勒皮赛的于格此时也发现自己由于轻率鲁莽而承受其宗主的雷霆之怒。富尔克将犯境的亚实基伦部队赶走后，便率兵将于格围困在雅法，很快就迫使他屈膝投降，因为这座城市的市民拒绝与他们的国王作战。于格被剥夺了他的封地并被判罚从王国放逐三年。他可能庆幸自己死里逃生，但也只能苟且偷安一时。在乘船返回西方前，于格在耶路撒冷料理自己的事务。一天夜里，当他正坐在一条以皮货商店闻名的街道上玩骰子时，一名来自布列塔尼（Brittany）①的骑士出手袭击并刺伤了他，于格几乎丧命。他一直等到伤势痊愈后才离开耶路撒冷王国，但不久之后就死于阿普利亚——西西里国王罗杰二世同意他在那里避难并赐予他领主身份。

现在，又轮到富尔克承受压力了。他拒绝承认自己参与此事，下令对出刀的骑士处以肢解之刑——尽管他指示行刑官不要割下受害者的舌头，唯恐旁人说他想隐瞒真相。但富尔克仍然无法钳制悠悠众口，这些言论——无论公平与否——都谴责他对一个身具高贵血统的人进行可耻的攻击。他也无法罔顾这样一个事实：他试图阻止梅利桑德扮演一个积极的政治角色，却造成了他本可以避免的麻烦。就算不挑起内战，也已经有足够多的危险迫在眉睫了：法蒂玛王朝已经表明，他们对进攻王国南部领土的欲望分毫不减；北方的安条克伯国和埃德萨伯国承受着愈来愈大的压力，赞吉从摩苏尔和阿勒颇、拜占庭皇帝约翰二世·科穆宁从安纳托利亚和奇里乞亚对这两个十字军国家交相夹攻。富尔克迟钝地认识到，与他的妻子及她的派系相斗只能毫无意义地干扰真正能巩固其统治的事务。1135年，他退让了，同意按照鲍德温的要求与她共同统治。这是改弦易辙之举。"国王变得如此溺爱王后，以至于他着力平息她之前被激起的怒火，"威廉继续写道，"甚至在一些无关紧要的事情上，他也要在王后知情并相助的情况下才有所举措。"[10]

200

✝

随着梅利桑德终于被提升到与她丈夫平起平坐的合法位

---

① 法国西部一地区名。

置——见证特许状签署、参与政治决策并且在 1136 年产下第二个王子，取名为阿马尔里克（Amalric）——耶路撒冷王国万象更新。这个年轻的王国被彻底改造——很多地方都是推倒重来，第二代法兰克殖民者与西方的新来者唇齿相依，统治着一个由形形色色的基督徒连同犹太人、阿拉伯人、叙利亚人和突厥人浑然一体的庞大人口。年复一年，一个焕然一新的王国开始出现在世人面前。为梅利桑德和富尔克设计的建筑物和艺术品常常令人眼花缭乱，反映出一种来自波斯、拜占庭、埃及和整个地中海地区的商人、工匠、艺术家和朝圣者混杂在一起的环境。

最能体现出梅利桑德时代十字军国家杰出艺术的典范之一是一部名为《梅利桑德圣咏经》（Melisende Psalter）的珍本，体形虽小，构造绝妙，系一本包含礼拜日历和《圣经·旧约》诗篇文本的祷告手册。这件艺术瑰宝出自圣墓教堂内一家工坊——可能是由富尔克委托制作并送给梅利桑德以缓和他们的婚姻矛盾——其令人叫绝的奢华手笔，恰是这个十字军王国内各路能工巧匠发挥超凡技艺、集各家文化之所长于一体的缩影。这部有幸留存至今日的圣咏经，五彩缤纷，工艺精湛：书页上以色泽明亮的字体展现秀丽雅致的拉丁文，以鲜艳的插图描绘基督的生平事迹，其中又间杂着黄道十二宫的图像，并贴合镌刻有希腊文的金箔。这部对开本式书籍用雕刻精美的象牙封皮装订成册，封面上绘有大卫王（King David）的生活情形、动物互相撕扯的场面，以及代表美德的军人形象狂暴屠杀那些邪恶支持者的场景。整部书籍用绣花绸带绑固系牢。[11]这部圣咏经由四到六名颇有造诣的艺术家在一位名为巴西尔（Basil）的大师指导下制作，这位大师学艺于希腊，其作品融合了法兰克、意大利、拜占庭、盎格鲁－撒克逊和伊斯兰等文化的影响。在他的工坊里，书法（calligraphy）、装订、金工制作、文字饰艺（penmanship）① 和刺绣等工艺无一不保持了最高水准。[12]

书籍制作只不过是梅利桑德女王统治期间耶路撒冷王国文化溢出的一小部分。宗教文物由富有或广结善缘的朝圣者从近东带到西方拉丁世界：梅利桑德和富尔克统治初期，一所位于登肯多夫（Denkendorf）、专事供奉圣墓的德意志修道院派出一个代表团，前来耶路撒冷寻求真十字架的碎片。在得到宗主教许可后，真十字架碎片作为礼物被运回巴伐利亚。圣物被呈放在一个玲珑剔透的镀银圣髑盒里，形似一个双臂十字架（crux gemina），上面镶嵌着珍珠、紫水晶和宝贵的各各他岩石碎屑。[13]其他从十字军国家回流到西方的文物包括伊斯兰风格的印花纺织品和制作成猛兽或神兽形状的饮壶。这些文物在从圣地被进口到欧洲后，经常在拉丁工坊里被仿制，以迎合人们对东方舶来品的新奇需求。[14]

在制作华丽饰品和奢侈品的同时，几项大型建筑工程也破土动工。其中一些工程是独立于王室政策进行的，例如圣约翰医院在 1140～1155 年的大规模扩建。然而，很多工程是由国王和王后直接赞助的。耶路撒冷的一些室内市场是在梅利桑德的指示下建造的：其中一个邻近圣约翰医院和圣墓教堂，包含

202

---

① 原文中 calligraphy 与 penmanship 同时出现，二词在现代语义中皆为"书法"，但 penmanship 的准确内涵不仅仅包括最基本的书写艺术，还包括且不限于线条插画装饰技术、文字金饰技术、彩饰技术及雕版技术等众多与文字书写有所关联的技术，故译者将其意译为"文字饰艺"，与"书法"一词区分。

三条平行街道，拱形通道下拥挤的店铺林立，这三条街道分别名为草药街（Street of Herbs）、劣厨街（Street of Bad Cooking）和天棚街（Covered Street）。[15]圣殿山上，根据奥斯定会教规的一章内容，圆顶清真寺（或被十字军称为耶和华圣殿）在1141年被重新祝圣为一个基督教教堂，随后进行了修复和重新装饰。在第一次十字军东征中，圆顶清真寺受损严重：伊本·阿西尔听说，十字军在1099年掠夺了"无数"战利品，金银烛台和枝状大烛台都被洗劫一空。[16]现在，这座清真寺已经被改造成一座教堂——这个工程15年前就已开始——梅利桑德确保其富丽堂皇，令人难以忘怀。她格外关注为圣殿内部装饰配上新的马赛克镶嵌画，并下令在覆盖着大理石的巨石①周围竖起了一圈华美的锻铁格栅。附近还建有一个小型八角形洗礼堂（即今天的圆顶升天堂，Qubbat al – Mi'raj），顶部筑有一个装饰着32根短柱的小圆顶，柱身上刻有精雕细琢的大写字母。

与此同时，在圣殿山平台的东面，梅利桑德在位于城墙外1.5英里（2.5千米）处、坐落于橄榄山斜坡上的伯大尼（Bethany）创建了一座女修道院。几个世纪以来，这里一直是一个与拉撒路（Lazarus）②有关的朝圣地点，所谓的拉撒路坟墓有一座漂亮的朝圣者教堂为其服务。[17]现在，一座宏伟气派的新修道院连同第二座教堂从原址拔地而起，既是为了上帝的荣耀，也是为了慰藉梅利桑德最小的妹妹伊微特，她于圣安妮

---

① 即登宵石，据传先知穆罕默德在此处"登宵"。

② 《圣经·约翰福音》中记载的人物，他病危时没等到耶稣的救治就死了，但耶稣一口断定他将复活，四天后拉撒路果然从坟墓（山洞）里走出来，证明了耶稣的神迹。

修道院遁世成为修女，并最终在 1144 年成为圣拉撒路修道院的女院长。梅利桑德向她妹妹管辖下的修女赠予足够的财物，使她们的修道院成为全王国最富有的修道院。根据提尔的威廉记载，王后常年提供法衣、财宝、"圣杯、书籍和其他与教会仪式有关的装饰品"，从不间断。威廉目睹了圣拉撒路修道院的完全建成，注意到它由一座坚固的塔楼保护，这座塔楼"由开凿后抛光的石块"筑成，因此成为"一座坚不可摧的堡垒，用以御敌"。[18]

12 世纪 30 年代和 40 年代，整个耶路撒冷看起来一定像是一个建筑工地。[19]而没有哪项工程能比圣墓教堂的重建更加宏伟壮观或意义重大。这一工程可能早在 12 世纪 30 年代就开始规划，对于这座位于基督教世界中心的教堂来说，所有重建的方案都显得如此庞大而复杂。尽管这座教堂先是在 1009 年被"疯狂哈里发"哈基姆（al‐Hakim）① 夷为平地，后来经过修复已成为世人敬仰的圣地，但在法兰克人占领耶路撒冷后的最初几十年里，重塑圣地的雄心水涨船高。此时制订的计划是将包含圣墓的圆形大厅与髑髅地上的圣殿以及标志着基督被囚之地的小教堂连接起来。建筑师还为大教堂设计了新的唱经楼、后殿和中殿，以及一系列的小礼拜堂。一个新的穹顶将在唱经楼上方昂然而立。从教堂南院一进入新建筑，就能看见戈弗雷和两位鲍德温国王的陵墓。通向这个庭院的外门顶部是古罗马风格的飞拱，具有典型的旧拉丁世界特色；大门上方粉妆玉琢的石制门楣上雕刻着千枝万叶，基督受难（Christ's

① 埃及法蒂玛王朝第六代哈里发，在位期间暴虐无道，实行宗教迫害政策，下令拆毁基督教和犹太教的圣墓教堂，并限制伊斯兰教逊尼派的宗教活动，后于 1021 年 2 月 13 日夜晚在开罗附近的荒野游逛时失踪。

Passion) 的图案于其间历然在目。对于所有曾踏上圣地亚哥－德孔波斯特拉之路、目睹沿途修建的众多罗马式大教堂建筑群的法兰克朝圣者来说，此种大气磅礴的效果令他们顿生似曾相识之感。[20]但具体到细微之处，雕梁画栋、门廊绮窗、马赛克图案及圣像无不热烈地表现出兼收并蓄的风格：拜占庭、拉丁、阿拉伯和叙利亚的主题和影响汇聚在一起，创造出一种震撼人心、独一无二的"十字军"风格。也许这种风格没有12 世纪中期在法国异军突起、高耸入天的哥特式建筑风格那么惊世骇俗，但也足以卓尔不群了。这座巍峨的新教堂在 12 世纪 30 年代早期就已开始动工，而工程脚手架可能在 1149 年 7 月 15 日还留在那里，当天全城正在举行盛大游行，以纪念上帝的军队胜利攻占圣城 50 周年。

204

✝

在擘画宗教重建项目的宏大蓝图的同时，富尔克和梅利桑德还监督了一项城堡兴建项目的进行，他们下令建造的要塞遍及耶路撒冷王国境内和国土之外。一时间，大小堡垒星罗棋布：其中的一些，如伊贝林（Ibelin）、布朗什加德（Blanchegard）和加沙，其设计目的是对亚实基伦的法蒂玛驻军形成包围之势；还有一些拱卫着处于十字军影响下约旦河东岸的边境地带，其他则被设立在通往大马士革的道路上。这些堡垒的类型广泛：从依靠地下贮水池供应水源的小型瞭望塔到足够容纳巡逻队和突袭队、拥有城墙保护的建筑群。至 12 世纪 60 年代，这些堡垒已经发展成巨大的同心圆式要塞群，或傍沿海，或踞山顶，与完整的军营无异。在富尔克和梅利桑德主持下建造的第一批城堡之中，有一座建于巴耶·吉布林

[Bayt Jibrin，又称为贝特吉伯兰（Beth Gibelin或Bet Govrin）]，位于耶路撒冷和希伯伦（Hebron）① 之间的一个古老村庄。就提尔的威廉所知，巴耶·吉布林是"一座固若金汤的要塞，由一道坚不可摧的城墙连同塔楼、壁垒和护城河环绕"。²¹其今天仍然可见的废墟证实他所言不虚。

为了解决如何守卫这 ·孤悬于耶路撒冷之外的军事前哨站的问题，富尔克于1136年将巴耶·吉布林赐予圣约翰医院骑士团的修士们，他们接手了城堡的维护任务，并开始鼓励那些随十字军或朝圣而来，而且再也没有返回家乡的法兰克农民家庭在附近的土地上定居和耕作。²²这座城堡移交给医院骑士团管理，标志着这个修会开始转变为一个与圣殿骑士团竞争的军事辅助部队。²³这种策略绝不仅限于耶路撒冷王国本土。12世纪40年代初，医院骑士团在的黎波里伯国获得了五座重要的边境城堡——其中最主要的就是骑士堡（Crac des Chevaliers），在经过大规模的重新经营之后，它成了东方拉丁世界最壮观和最具标志性的要塞之一。圣殿骑士团则接管了安条克公国的一系列要塞——巴格拉斯（Baghras）、达布萨克（Darbsak）、拉·罗什·纪尧姆（La Roche Guillaume）和拉·罗什·德·鲁塞尔（La Roche de Roussel）——这些要塞守卫着沿阿马努斯山脉进入叙利亚的通道。到12世纪末，这两个军事修会将在所有拉丁国家内承担起守卫城堡的主要责任。

城堡兴建项目恰逢其时，因为拉丁国家对于守卫的需求与日俱增。富尔克虽然已与他的妻子言归于好，但随着他统治时日渐长，来自其他方面的压力越来越大。在诸多忧虑之中，心

205

---

① 位于耶路撒冷以南30千米，系犹太教中仅次于耶路撒冷的圣城。

腹大患就是塞尔柱阿塔贝格赞吉，这位勇悍的突厥将军正在稳步扩大他在塞尔柱帝国内部的权力，并将注意力转向异教徒在沿海的领地。在将自己的影响力从摩苏尔扩张到阿勒颇之后，赞吉在 12 世纪 30 年代向大马士革步步紧逼，一俟他征服此地，便可将叙利亚内三座最伟大的穆斯林城市统一于一人之下，从而给拉丁国家带来严重危机，甚至可能影响到其生存。

这一危机在 12 世纪 30 年代中期愈发凸显。在的黎波里，伯爵庞斯于 1137 年在与大马士革的突厥人的战斗中被杀；在同一场战役中，富尔克本人被赞吉围困于蒙费朗（Montferrand），仅是出于侥幸才逃出生天。一位新的的黎波里伯爵——雷蒙二世（Raymond Ⅱ）就此上台，他娶梅利桑德的妹妹霍迪娜为妻。雷蒙年轻且有活力，但他对的黎波里的控制却不稳固，他高度依赖迅速壮大的军事修会来接管他的大片领土，如若赞吉征服大马士革，这些领土将处于严重暴露在敌方重兵的风险之中。

安条克公国也国事多艰。在那里，艾丽斯第三次也是最后一次试图成为摄政女王的行动在 1135～1136 年以失败而告终。在由年迈的宗主教瓦朗斯的贝尔纳（Bernard of Valence）——第一代十字军尚留人间的最后几人之一——去世所造成的短暂权力真空期中，艾丽斯再一次以康斯坦丝（此时已经八岁）的名义夺取了权力。然而，她又一次被打败了，这回的对手是新任宗主教、马米斯特拉前任大主教拉尔夫。他没有将权力交给艾丽斯，而是另起炉灶，从欧洲召唤来一位新王公——普瓦捷的雷蒙（Raymond of Poitiers）。此人风度翩翩、博学多才，是富有传奇色彩的吟游诗人、阿基坦公爵威廉九世的次子。这位老公爵是 1101 年那场以在小亚细亚被基利杰·阿尔斯兰全歼的灾难而告终的十字军东征为数不多的幸存者之一；他的儿子雷蒙激情万丈地接受邀请，一心要比父亲做得更好。普瓦捷的雷蒙于 1136 年到达安条克，执掌政务，随即面临两大艰巨问题。东面，赞吉已经迫近。西面，一拖再拖之后，拜占庭皇帝约翰二世·科穆宁终于开始对安条克及其邻国奇里乞亚用兵，试图以武力获取他的父亲阿莱克修斯于 1098 年宣称但从未实现的帝国宗主权。

普瓦捷的雷蒙是积习难改的赌徒，嗜赌如命，尤其喜好掷骰子。作为安条克亲王，他将在接下来的七年里玩一个孤注一掷的走钢丝游戏：尝试寻求拜占庭的军事支持来对抗不断蚕食己方国土的赞吉军队，同时还要防止他的公国在此过程中被拜占庭吞并。他的压力曾一度减轻，尽管只是暂时的：1143 年 4 月初，约翰二世·科穆宁外出狩猎野猪，在与体格特别大的一只野猪搏斗时不慎被自己的毒箭筒擦伤了手。他的手肿得吓人；约翰不顾医生的恳求，拒绝截肢，并在该月的第八天去世，临终前选择了他的儿子曼努埃尔（Manuel）继承皇位。[24]但是，雷蒙由此获得的喘息之机非常短暂。曼努埃尔·科穆宁将证明自己是一代雄主，不坠祖父阿莱克修斯之遗风；雷蒙很快发现他周围的问题越来越多，令人头昏眼花。

✝

与此同时，耶路撒冷的问题也令梅利桑德应接不暇。1143 年 11 月 10 日，她与富尔克在阿卡附近骑马出行；当他们纵马驰骋时，仆人的马惊动了路边地沟里的一只野兔。如同所有体面的贵族一样，富尔克痴迷于将低等生物大卸八块，于是他挥舞长矛，策马冲去。就在他疾驰的时候，他的坐骑马失前蹄，将他抛在地上后又滚落在他的身上，压碎了国王的头盖骨。[25]
富尔克的脑浆从他的鼻孔和耳朵中喷出。当他永远离开了耶路
撒冷王国和尘世的时候，梅利桑德发现自己终于拥有了在他们
结婚之初就顽强争取的王室权威。她为死去的丈夫恸哭失声，
但并没有持续多久。

克莱尔沃的贝尔纳向来不惮以好为人师之意建言献策，在
听闻梅利桑德丧夫之后他曾数次致信王后［他通过自己的叔
叔蒙巴尔的安德鲁（Andrew of Montbard）——圣殿骑士团的
一位高级军官——得知了这一消息］。因为老国王已经撒手人
寰，两子之中，即使是长子鲍德温也尚未成年，贝尔纳写道：
"世人目光莫不聚焦于您，而王国重担悉系于您一身。您必须
胸怀远大，纵然巾帼之身，当行须眉之事。""万事皆应慎之
又慎，"他继续写道，"这样所有人才可能因您的行为断定您
是一国之主而非王后，也只有这样外邦人（Gentiles）才没有
机会妄言'耶路撒冷国王何在'。"[26]

1143 年圣诞节，梅利桑德在耶路撒冷圣墓教堂的工地上
第二次加冕。这一次站在她旁边的是她的儿子，他现已被正式
宣布为鲍德温三世。梅利桑德与儿子的关系将会比她与丈夫的
关系更为错综复杂，而接下来的十年，耶路撒冷不仅将迎来一
场新的十字军东征，还将爆发一场全面内战。但在 1143 年的
历史背景下，梅利桑德可能会享有片刻安宁来品尝个人胜利的
喜悦。"她已经远远跃居于普通的女性地位之上，"提尔的威
廉写道，"她敢于采取重大举措。她的抱负是效仿最伟大和最
高贵的王公们立下不世之功，并向世人表明自己的聪明才智不
输于他们。"[27]

208

第十四章　父辈之剑

人们从四面八方大声疾呼，

争相索要十字……

　　1145 年晚春，从圣地而来的使者带着坏消息出现在西方。[1]他们来自耶路撒冷和安条克，但其讲述的故事却是关于埃德萨伯国。作为第一个建立的十字军国家和东方拉丁世界最初两位国王①的龙兴之地，埃德萨伯国多年来处于重重压力之下，其边境地区一直是各路突厥埃米尔和大塞尔柱帝国的阿塔贝格的目标。近半个世纪以来，埃德萨伯国一直在坚持抗战，保卫其领土的拉丁领主中能人辈出，圣物的存在也增强了其军民的斗志，其中就包括基督的门徒——使徒犹大（Thaddeus）②和使徒多马（Thomas）③的遗骸。故老相传，埃德萨城"绝无异端者、犹太人和异教徒立足之地，暴君也无从作恶"，因为一旦不义之人进犯，使徒多马就会现身调解，

---

①　此处指耶路撒冷国王鲍德温一世和鲍德温二世，两人在加冕为国王之前的头衔均为埃德萨伯爵。

②　又译为"达太"，并非出卖耶稣的加略人犹大，而是十二使徒中小雅各的弟弟，在《圣经》中提及他的地方很少。有些学者认为他是耶稣的表弟，又是《圣经·犹大书》的作者，但有争议。

③　又称"怀疑的多马"，据说在罗马帝国范围之外传播福音，于公元 52 年抵达印度，在那里建立了教会组织。根据《约翰福音》20：24～29，耶稣复活，出现在十一位使徒面前，其他十人都相信，只有多马表示怀疑，说"我非看见他手上的钉痕，用指头探入那钉痕，又用手探入他的肋旁"，才相信他是耶稣。

这样"敌人要么退走，要么讲和"。[2]现在看来，能带来好运的多马似乎正在沉睡。

1144 年秋，伊马德丁·赞吉，这位摩苏尔和阿勒颇的残暴统治者向埃德萨发动了连绵不绝的攻势。1144 年 11 月末，当埃德萨伯爵若斯兰二世远在幼发拉底河对岸的自家城堡土贝塞时，赞吉包围了他的都城。一连四周，赞吉用他的投石机猛烈轰击这座城市。他的工兵也在此期间挖掘地道，削弱埃德萨的塔楼和防御工事。在平安夜这一天，这座城市在其护墙被地道破坏、形成突破口后陷落。信使们讲述了发生在那里的法兰克基督徒身上的悲惨故事，这些暴行随后于提尔的威廉笔下再现："敌人的各路军团从四面八方冲入城内，一路逢人便杀。"[3]妇女和儿童在逃入卫城城堡内避难时被碾为齑粉。一直在围城期间领导城防作战的埃德萨主教于格也死于马蹄之下。

尽管赞吉并未允许屠杀或毁坏城市建筑——"当他看到这个城市时，对其印象深刻，认为任何明智的政策都不会允许拆毁这样一个地方。"伊拉克编年史家伊本·阿西尔如此写道——但他攻占埃德萨的行动还是对法兰克人造成了沉重打击。[4]这些使者说道，耶路撒冷的全体人民都悲痛欲绝，并且感到失落的凄苦渗入灵魂深处。[5]因此，他们来到古老的西方王国，乞求这些王国的统治者予以反击。

✝

把埃德萨陷落的消息带给教廷的特使是贾巴拉的主教于格。由于受到冬季天气的影响，海上航线停运，于格在 1145年 5 月前后才抵达西方。他发现教皇国处于动荡不安的状态。在一个来自伦巴第的教士的鼓动下，罗马闹起了街头革命，催生出一个短命的市民公社，由民粹主义政府自行管理。这位教士名为布雷西亚的阿诺德（Arnold of Brescia），他谴责教会聚敛钱财且吞据地产。因此，教廷不得不北徙 60 英里（100 千米）迁往维泰博（Viterbo）。坐在圣彼得临时宝座上的教皇于当年 2 月才被选出，名为贝尔纳多·帕加内利（Bernardo Paganelli），他曾是比萨的主教和熙笃会修士，当选后为自己取名号为尤金三世（Eugene 或 Eugenius Ⅲ）。如今这种形势下，他已是焦头烂额。

211

罗马市民公社之所以能存在，很大程度上是因为在 12 世纪 30 年代的大部分时间里，罗马教会都处于分裂状态，与受到更广泛支持的英诺森二世（Innocent Ⅱ）对立的是一位贵族出身的伪教皇阿纳克莱图斯二世（Anacletus Ⅱ）。支持伪教皇的派系规模虽小但尚勇好战，其中包括西西里的罗杰二世，他以对阿纳克莱图斯二世的支持换取了教会对他称王权利的官方许可。在 1139 年举行的第二次拉特兰大公会议（Second Lateran Council）上，分裂派的大多数人服膺正统（罗杰则因无礼犯上而被开除教籍）。但在 12 世纪 40 年代中期，在西方教会内部被撕裂的那些伤口仍然带来阵痛和流血事件。尤金的前任卢修斯二世（Lucius Ⅱ）因为在一场街头战斗中受伤而离世，其对头正是罗马的分裂派公社成员。人们普遍认为，尤金之所以当选为卢修斯二世的继任者，是因为在这样一个令人畏惧的时刻，没有其他人足够勇敢或天真地渴望得到教皇的三重冕。着手寻找一项伟大的事业（比如一场新的十字军东征），从而使西方基督教世界的所有人重新团结起来，是他义不容辞的责任。

西方教会的分裂和罗马被公社暴民占据并非困扰尤金三世

的仅有难题。从法兰西传来消息，说那里竟有流氓牧师向善良
的基督徒头脑里灌输危险的异端邪说。其中最为出众且最不可
救药的是那位蓄着长须、用词典雅的煽动家洛桑的亨利
（Henry of Lausanne），他是一位逃亡的修士，曾在法兰西赤脚
流浪逾 30 年，说服人们放弃婚姻、婴儿受洗和圣餐等仪式，
而这些仪式早就广为人知，成为基督教信仰的支柱。亨利原与
布吕伊的彼得（Peter of Bruys）狼狈为奸，后者因在 12 世纪
30 年代砍倒十字架、堆放在教堂门外后点燃的恶行而臭名远
扬；劣迹斑斑的他被一群愤怒的暴民活活烧死，可谓以彼之道
还施彼身。[6] 然而，亨利在布吕伊的彼得死后继续以他的谬论为
祸基督教世界，因而除恶务尽的任务落在了尤金三世的肩头。

212

　　然而，西方的纷扰不安并没有使尤金三世忽视东方的危
难。早在贾巴拉的于格于 1145 年春从安条克抵达之前，尤金
三世便一直在为保卫拉丁基督教世界做准备，并寻求盟友，以
期能够加强在十字军国家和西班牙（与穆拉比特王朝的战争
仍在继续）的法兰克人的力量。他在加冕后发布的第一批谕
令中就有一道名为《上帝之军》（*Militia dei*），于 4 月加盖教
皇印玺，确认并扩大了教廷对圣殿骑士团的保护范围，通过给
予这家军事修会财政特权和税收减免来帮助他们为自己的任务
筹集资金。接下来，尤金将他的注意力转向了在西班牙与穆拉
比特王朝进行的斗争，他广发信函，呼吁重新征服塔拉戈纳
（Tarragona）①，并为那些通过向军事修会捐赠以助其完成使命
的基督教战士减轻赎罪之苦。与此同时，他对亚美尼亚教会要

---

① 古名"塔拉科"，西班牙东北部城市，濒临地中海，位于巴塞罗那以南
的弗兰科利河口。原为伊比利亚人居民点，又被希腊人殖民，公元前 218
年罗马人在此筑城，成为重要港口。

与西方建立更紧密官方联系的提议表示欢迎。

在所有这一切事务中，尤金三世得到了一群天赋异禀、博学多识的教会人士的支持。这中间包括克吕尼修道院院长可敬的彼得（Peter the Venerable）——一个对伊斯兰教义和习俗进行批判性钻研的人，他监督了《古兰经》的第一个拉丁文译本的完成，并亲临现场观察西班牙收复失地战争的进程；以及弗赖辛（Freising）[1] 主教奥托，他原是一位熙笃会修士，拥有无懈可击的政治关系，这源于他的同父异母兄弟康拉德三世（Conrad Ⅲ）是德意志国王。[7]然而，这些人无一能与克莱尔沃的贝尔纳相比，作为尤金三世的导师和顾问，他与其教廷政权有着千丝万缕的关系。

尤金是于 1135 年前后在比萨第一次见到伟大的修道院院长贝尔纳，这位来自克莱尔沃的苦行僧身材修长、富有魅力，使人大为心折，以至于尤金不久之后就加入了熙笃会，先是成为贝尔纳自家修道院的一名修士，然后又成为圣文森特和阿纳斯塔修斯（Saints Vincent and Anastasius）修道院的院长，这家修道院又名为三泉（Tre Fontane）修道院[2]，位于罗马郊区多片疟疾肆虐的沼泽之间。他扶摇直上、成为教皇固然是一鸣惊人，却也是贝尔纳和熙笃会的一大胜利。尤金是熙笃会中第一位在教会体系中获得如此显位的成员，也是乌尔班二世的继任者、克吕尼派修士帕斯加尔二世之后的第一位修士教皇。[3]

213

------

① 位于慕尼黑以北的伊萨尔河畔，以两座著名山峰闻名于世：一为主教城堡坐落的教堂山，一为世界上最古老的酿酒坊坐落的魏恩施蒂芬山。
② 相传为圣保罗被斩首殉难的地点，传说保罗的头颅落地后在地上弹起的三个位置皆涌出水来，这便是这家修道院名称的来源。
③ 除他以外只有一个加冕了教皇三重冕的熙笃会成员，即本笃十二世（Benedict Ⅻ），1334～1342 年在位。——原注

贝尔纳在写信祝贺尤金时说道："初闻喜讯，体内若有灵魂复苏，不禁自投于地，感恩天主！"[8]

因此，尤金三世对埃德萨的陷落这一消息的回应总体上带有明显的熙笃会印记，尤富圣贝尔纳之风。[9]1146 年 12 月 1 日，教皇发布了一道名为《吾辈先烈》（*Quantum praedecessores*）的谕令，表明他对东方问题的正式反应。《吾辈先烈》是对信徒们发出的庄严号召，敦促他们再次挺身而出，加入新的十字军大军，拯救在圣地被围困的兄弟们。尤金大力挖掘第一次十字军东征的英雄事迹，唤起基督徒对他们的缅怀之情，"那些法兰西王国最强壮和最有活力的战士，还有意大利的勇士，爱意深沉，激情似火"，组成一支伟大的军队，"通过自己的流血牺牲，在上天的帮助之下，从肮脏的异教徒那里将救世主为了普度众生而使其受难的城市解放"。[10]他由此提到了耶路撒冷，接着讲到了埃德萨的陷落，告诉人们那里的大主教已经死于屠刀之下，"圣人的遗骨被践踏在异教徒的脚下，已然碎裂"。他雄辩道，新一代的法兰克人责无旁贷——

应当积极地为抵抗以众暴寡的异教徒做好准备，这些野蛮人正在为战胜我们而狂欢作乐……只有这样才能在我们的时代提升基督之名的尊严，保持你们广受世人称颂的武威不堕。

这是臻至大师级别的修辞技巧：既打动了骑士阶层的虔诚之心，又抓住了他们的虚荣心理，并向他们提出挑战，证明这个世界并不太平。尤金写道，如若失败，则将证明"父辈的豪勇已在下一代身上消失殆尽"。在欧洲各地，骑士们已经听说过第一次十字军东征的故事，并且看到了他们从东方带回的战利品。欧洲大陆的教堂都堆满了随老兵来到西方的圣物和饰品：一个典型的例子是阿德尔（Ardres）① 的一个教堂里保存的圣髑盒，里面供放着耶稣的胡须、他殉难十字架上的碎屑、在安条克发现的圣矛的一块碎片和圣乔治的遗骨。[11] 在整个西方世界，诸如此类的圣物几乎无人不曾见过，尤金深知这一点。他也明白，在他那个时代，推广十字军运动的最佳方式就是将其宣扬为一项家族传统——参加十字军既能光宗耀祖，又能为《圣经》十诫中的第五诫（孝敬父母）增添光彩。

除了牵动心弦和勾起回忆之外，《吾辈先烈》还达成了更多的目标。正如教皇乌尔班二世于 1095 年所做的那样，尤金三世向听从他号召的信徒提供了可观的宗教信仰回报：教会对"参战者的妻子儿女、货物和财产"的保护，法律诉讼豁免和债务利息支付的减免。最重要的是，尤金三世承诺，"无论是谁，只要虔诚地开始并完成（前往东方的征程），或死于途中，那么他以悔恨和谦卑的心来忏悔的所有罪行都将获得宽恕"。作为造诣精深的熙笃会修士，他准确地向他的听众阐明了他们可能需要解脱的罪恶。与克莱尔沃的贝尔纳在圣殿骑士团章程中的话语相呼应，尤金将世人的注意力转向世俗骑士的荒淫无度，他们"只注重锦衣华服、风度仪表、放鹰逐犬或其他淫乱的标志……着衣花花绿绿，或以白鼬毛衣为尚，或以镀金镀银臂章为耀"。雄起吧，他劝诫骑士们，"你们将得到永恒回报的果实"。这道教皇谕令于 1145 年 12 月 1 日发布，教皇计划在来年春天进行一次布道之旅。

215

---

① 位于法国北部的一座城市。

然而，当是时，已有人首倡义军，作为最杰出的十字军战士投身于这项事业。

✝

阿基坦女公爵埃莉诺（Eleanor）据说曾将她的丈夫法王路易七世形容为"一个修士而非一位君主"。[12]她意志坚强、妩媚动人且在政治上精明机敏，出生在一个有点离经叛道却不失生机活力的南方宫廷，阿基坦的领地从比斯开湾经内陆向比利牛斯山脉延伸。路易七世是一个英俊的年轻男子，长发飘逸，面容隽美。但他志不在王位而心向修道，少时被送到巴黎的教会学校读书，好为他在教会担任要职做准备。只是当他的长兄腓力由于坐骑被路上的一只猪绊倒而摔死后，路易才被带出学校，立为卡佩王冠的继承人，并在父王路易六世于1137年夏去世后继承王位。虽然王冠自此一直戴在他的头上，却并不如一顶主教法冠或剃度更适合他。据说他怀着孩子般的嫉妒爱着埃莉诺。他们的婚姻注定命途多舛，难有圆满结局。

然而，在1145年12月，埃莉诺还贵为王后，而路易七世也端坐王位，这对王室夫妇在布尔日（Bourges）① 主持了一个盛大且奢华的圣诞宫廷宴会。这一幕被一个名为德伊的厄德（Odo of Deuil）的牧师记录下来，他作为国王的牧师之一，撰写了一部编年史，详细记载了国王在12世纪40年代后期的事迹。根据厄德的记载，路易七世邀请了"王土各地的主教和显贵，应邀前来的人数量众多"，他打算向他们吐露"心中的秘密"。[13]然后他也是这么做的。当路易七世和埃莉诺主持节日

---

① 法国中部城市。

庆典时，国王放出口风，非常宽泛地暗示了他对东方事务的兴趣。当前熙笃会院长、朗格勒（Langres）① 主教戈弗雷·德·拉·罗什（Godfrey de la Roche）发表了一场言辞激烈的布道演讲后，国王的用意已然明朗。主教抨击"狂妄自大的异教徒"摧毁埃德萨，呼吁所有在场的大人物展示他们对国王的忠诚，准备以国王的名义为拯救所有基督徒而战。[14] 会场上一片同情哀叹之声，厄德记录道。一些大事正在酝酿之中。

　　教皇尤金三世号召十字军的教谕是否在 1145 年圣诞节就已传达法国宫廷尚不清楚，或者路易七世将注意力转向东方是为了履行他过世兄长腓力的誓言也未可知。无论是何种情况，教皇和法国国王都清楚地看到了集体应对埃德萨沦陷的必要性。到了来年春天，各方的应对得到了有效的协调。1146 年 3 月 1 日，《吾辈先烈》谕令再度重发，这一回是专门下达给路易和他的臣民。当教皇谕令在整个法兰西国土上流传时，人们正在准备一次类似于 1095 年克莱蒙会议的宗教会议。离复活节还有两周时，勃艮第北部的韦兹莱（Vézelay）② 举行了一场盛大集会。城外的田野上立起了一个木制的平台。3 月 31 日，路易七世本人身着绣有十字架的王袍站在台上。站在他身边的是一个身材修长、绝不会被认错的人物——克莱尔沃的贝尔纳正准备发表关系其一生的布道演讲。

　　韦兹莱宗教会议并无神秘之处，也无计划以外之事。就像 51 年前的克莱蒙会议一样，会议上发生的一切都是精心编排

---

① 法国东北部城镇，18 世纪哲学家、《百科全书》编纂者德尼·狄德罗的出生地。

② 法国宗教圣地，传闻见证耶稣受难的圣女玛丽·玛德琳的遗物安放于当地教堂。

的公关大戏，贝尔纳就教皇谕令已经广泛宣扬的主题发表了激
动人心的演说，在场的大众也以崇拜的举动回应。人群已经聚
集在一起，渴望（甚至是急切地）振奋起来。贝尔纳投其所
好，激发出他们心中的正义狂热，然后向每一个同意加入路易
国王新十字军东征的信徒分发十字标志。根据记载，在引发这
场精心策划的自发性狂热之后，法王和教会在全国各地招募军
官和传教士。"当天堂的乐器（即贝尔纳）奏出神谕……人们
从四面八方大声疾呼，争相索要十字，"厄德写道，"当他将
事先准备好的十字播撒——而不是分发完后，他不得不将自己
的外袍撕碎做成十字标识，然后播撒出去。"15 这确实是一个可
以激发出新冒险的场面：闻名天下的修道院院长——"在其
虚弱得几至没有生命的躯体里蕴含着顽强的精神"——真的
像圣雅各一样，碎衣以哺苍生。16 由此，一个由国王和王后而
不是诸侯领衔的十字军东征开始了一段紧张准备的时间。一首
以古法语为词的流行歌曲捕捉了当时的气氛。"追随路易的人
啊，无须害怕地狱的魔鬼，因为他的灵魂将升入天堂，与上帝
派来的天使同在"，歌曲继续唱道，其中有一段坚持认为"上
帝已经安排好天堂与地狱间的一场大战"。17

在韦兹莱唤起法国人的斗志后，圣贝尔纳前往佛兰德和莱
茵兰，继续宣扬新十字军东征并展现神迹。这些神迹包括与圣
母玛利亚的雕像进行了短暂的交谈，然后治愈了数百名瘸子、
瞎子或聋子：一个小女孩干枯的手被治好了，一个人的生命被
真真切切地从死神手里夺了回来。18 贝尔纳在继续自己旅程的
同时，一如既往地保持着与他人如雪片纷纷般往来的通信，以
便他即使不能身临其地也能布道说服当地人。一封写给英格兰
人民的信交叉进行着恭维和指责："你们在干什么，英勇伟大

的武士们?"他问道,警告英格兰人耶路撒冷正面临着灭顶之灾:

> 你们要将圣物丢给恶犬,将珍珠抛给猪猡吗?自从我 　218
> 们的父辈以利剑将圣地的异教污秽涤荡一清后,有多少罪
> 人在这里含泪忏悔,终至大错得以赦免?……我的兄弟
> 们,你们是何想法?难道上帝之手鞭长莫及……以至于他
> 必须求告我们这些凡间虫豸来拯救和收回他的遗产?[19]

在另一封信里,他力促弗拉迪斯拉夫公爵 (Duke Wladislaus) 和波希米亚人民相信,十字军东征是一次"失去就不会重来的机会。我请求和建议你们摒除他念,将基督的事务放在首位"。[20]他解释说,这次十字军东征计划于 1147 年复活节从西方出发——时间已经所剩无几。

　　然而,正当贝尔纳还在布道的时候,对于一些想成为十字军战士的人来说,1147 年的复活节来得还不够快。在第一次十字军东征前的数月里,未经教会授权的民粹性布道和普通民众的偏见结合在一起,蛊惑和挑唆大批暴民对他们能抓到的非基督徒进行迫害。当时,社区内的暴力活动以莱茵兰地区最恶劣。半个世纪后,相同的事再次发生。与贝尔纳分道而行的另一位法兰西熙笃会布道者名为拉乌尔 (Raoul),他独自在莱茵河流域进行了煽动性的巡游,激起了人们对十字军东征的热情,并将基督徒对犹太人的旧有仇恨也掺入其中。贝尔纳对拉乌尔嗤之以鼻,愤怒地给美因茨大主教写信,抱怨拉乌尔是"一个毫无理智、狂妄自大之徒!一个将自己的愚蠢点亮在烛台上,好让全世界都能看见的家伙"![21]但在 1146 年的盛夏,

拉乌尔强大的个人魅力和可悲的民粹主义信息轰炸暂时淹没了修道院院长的抱怨。因此，莱茵兰地区的犹太人再一次感受到了十字军大军赤裸裸的愤怒。

219 　　一位名为波恩的埃夫拉伊姆（Ephraim of Bonn）的犹太作家记录了群氓受拉乌尔的鼓动而犯下的累累暴行，并讲述了这个流氓布道者号召基督徒"为了被钉死在十字架上的主，向站在你们面前的人复仇；然后再去与以实玛利人（Ishmaelites）① 战斗"。[22] 结果，包括美因茨、科隆、施派尔和沃尔姆斯在内的城镇又发生了谋杀、致残、致盲、殴打、入室侵犯和抢劫等暴力事件。特里尔的西蒙（Simon of Trier）被以榨酒机压碎头颅的方式斩首。施派尔的米娜（Mina）小姐被割掉了耳朵和大拇指。[23] 克莱尔沃的贝尔纳对拉乌尔煽动暴民的行为咬牙切齿、愤怒欲狂。"我发现他有三点最应受到谴责，"他写道，"未经授权的布道、蔑视圣公会权威，以及煽动谋杀。"[24] 在贝尔纳看来，犹太人是转化信仰的工作对象，而非滥行杀戮的目标。对受害者来说，这实际上不过是一种冰冷的安慰，尤其是对那些落在十字军团伙手中因被逼受洗而无奈选择自杀的悲惨受害者而言——一个名叫阿沙芬堡的古塔尔达（Gutalda of Aschenburg）的少女宁愿投河自尽也不愿放弃自己的信仰。[25] 但是到了晚秋，贝尔纳终于在美因茨找到了拉乌尔本人。他严厉斥责了拉乌尔，并"说服后者承诺服从教会权威，返回自己的修道院"。[26] 失去他们的煽动者让拉乌尔的追随者们伤心疾首，他们只是勉强出于对贝尔纳的圣洁的敬意，才

---

　　① 在《圣经》中，以实玛利为亚伯拉罕与埃及女子夏甲所生的混血后代，阿拉伯人被广泛认为是以实玛利的后裔。

听从贝尔纳的劝阻不再制造事端。然而，这确实阻止了一场更
为恶劣的反犹暴力狂欢，而且至少证明了贝尔纳不负教皇所
托，在为十字军募兵时既有能力赢得参加十字军的普罗大众的
拥护，又能收获那些世俗名门的敬意。

✝

这些世俗领主中最显贵的一位于 1146 年圣诞节在施派尔
被贝尔纳的雄辩所折服。康拉德三世于 1138 年被选为德意志
国王（或称罗马人的国王），他尽管从未加冕为神圣罗马帝国
皇帝，却还是西方最强大的君主，其势力范围和号令区域北起
丹麦，南至伦巴第，并且从法国边境一路向东延伸至匈牙利。
他对这次新十字军东征的支持将是一个极为难得的重大进展。
克莱尔沃的贝尔纳照例证明自己胜任这项工作。根据康拉德的
同父异母兄弟弗赖辛的奥托回忆，贝尔纳使正在欢度圣诞的德
意志宫廷为之倾倒，"说服了国王、腓特烈（他的侄子）以及
其他很多诸侯和杰出之士接受加入十字军的邀请，并在公开和
私下场合施展了很多神迹"。[27]

这是一个非凡的成就，不仅说明贝尔纳能通过人际交流激
发他人建功向善之心，也彰显了他的外交手腕已臻化境。德意
志政治的党派之争由来已久、愈演愈烈，为了让康拉德三世不
受束缚地离开他的王国，踏上一段漫长艰险且返回机会最多只
有五成的旅程，他必须说服许多人要么加入国王的阵营，要么
保证国王离开时境内太平。其中最关键的是说服巴伐利亚的韦
尔夫六世（Welf VI）——康拉德最危险的政治对手——也同
意加入十字军前往东方。弗赖辛的奥托写道，贝尔纳非但达到
了这一目的，还成功地吸收了一批不务正业、改过自新的罪

220

犯。"这么一大群强盗劫匪（说来也奇怪）匆匆前来（领取十字），任何一个头脑清醒的人都不会不明白，这如此突然、如此不同寻常的变化，必是冥冥之中自有天意。"他写道。[28]

于是，舞台已经搭好。到了1147年春，当贝尔纳开始逐步结束自己的布道之旅时，他已经在实际上促成了德意志境内的和平，说服了欧洲最强大的两位君主成为继挪威国王西居尔之后第一批参加十字军东征的国王，吸引了骑士和普通朝圣者见贤思齐、同求救赎，展现了数以百计的神迹，写下了车载斗量的书信，以此获得的声名如此响亮，以至于他在出行时其仰慕者和好奇者成群结队前来围观，有时甚至会给他带来人身危险。他唯一没有做的事就是承诺亲自前往十字军国家。贝尔纳一直认为对他而言耶路撒冷就在克莱尔沃——当然，由于他那纤瘦且有意削弱的身体，他很可能无法在前往东方的旅途中活下去。尽管他在一生中付出了大量时间和精力为十字军东征奔走疾呼，却终将不会近距离一睹异教徒究竟。

然而，其他人将会如此。1147年复活节，通过船只、马匹和双足，半个多世纪以来没有集结过如此规模的大军进行了祈祷和告别，战士们在将其财产委托给教会、将灵魂托付与万能上帝后，开始动身前去拯救耶路撒冷王国。并不是所有的人都能到达那里——而在那些到达目的地的人中，有许多人走的道路千回百折，一路上为新旧敌人带来的危险所困扰。当他们终于抵达东方后，发现那里的情形与他们所想象的大相径庭。尽管如此，半个世纪后，追随第一代先烈脚步的第二次十字军东征已然成真。此时距埃德萨陷落已经过去了两年半的时间。在这些新十字军战士前方的是怎样的冒险与痛苦，只有上帝知道。

第十五章　顺昌逆亡

天赐良机，以救汝魂，如君有愿，

膏腴之地，予取予求……

1146 年 6 月中旬，正当欧洲北部开始为十字军东征厉兵秣马之际，安条克的乔治（George of Antioch），这位满头银发的西西里首辅，率领一支舰队航行到穆斯林统治下的伊夫里奇亚海岸附近，准备进攻西方的的黎波里城（Tarabalus）。① 此时已年近花甲的乔治，因一头长长的银发和又直又密、修剪整齐的胡子而鹤立鸡群，作为西西里国王罗杰二世最出色的大臣，他将近半生都为王廷服务。[1]他是一位理财专家和精明能干的管理者，但他最擅长的还是统御桨帆船舰队。乔治的荣誉性头衔——ammiratus ammiratorum——可以由其拉丁语形式翻译成"埃米尔中的埃米尔"，但这一字面意义被替换翻译成"海军大元帅"（admiral of admirals）。[2]1146 年夏天，他在的黎波里的城墙下陈兵列阵，斟酌让城内居民迅速服从的最佳方案。

乔治之前就已经在这些水域饱经风浪。他出生于一个叙利亚基督教家庭，先是在十字军东征来临前的安条克接受过公共

---

① 西方的的黎波里城（Tarabalus al‑Gharb）位于现代利比亚的海岸，不要与黎巴嫩的的黎波里（Tarabalus al‑Sham）混淆，后者是东方十字军国家的都城。——原注

会计知识的培训，然后又在马赫迪耶（马哈迪亚）的齐里宫廷受教，这座伊夫里奇亚最大的港口城市距离的黎波里海岸370英里（600千米）。1108年后的某一时间，他潜逃到西西里，在墨西拿和巴勒莫等城市工作，其间还偶尔作为特使访问开罗的法蒂玛宫廷。从12世纪20年代开始，他率军屡次攻袭旧主的沿海城镇；1142年，他重返马赫迪耶，径直驶入港湾并没收了停泊其中的船只，以作为齐里王朝进口西西里谷物后却拖欠罗杰二世债务的惩罚。从那时起，他年复一年地督军作战，洗劫并征服包括吉杰勒（Djidjelli，又作Jijil）①、布拉斯克［Brask，又称西迪易卜拉欣（Sidi Brahim）］②和克肯纳群岛（Kerkennah）③在内的穆斯林据点。[3]

西西里王国突然向伊夫里奇亚掀起侵略浪潮是因为统治此地的齐里王朝本就羸弱，又偏逢饥荒。北非农业连年歉收，沿海城市和乡间地区都爆发了骚乱。"因为受饥饿所迫，流民在城镇间四处觅食，而市民则对他们关上大门，"伊本·阿西尔写道，"随之而来的是瘟疫和大规模死亡。乡村地区十室九空，家破人亡。"[4]其影响很快就波及西西里。海盗在伊夫里奇亚的各处港口猖獗一时，由苏丹地区前往此地海岸的黄金商队也由于各地的动乱而中断。难民们越过地中海涌入西西里岛，希望找到食物并得到安全庇护。他们绝望的处境使国王和他的首辅相信，征服伊夫里奇亚——这项罗杰二世的父亲曾以怀疑和谨慎的眼光视之的计划——现在已经具备了可行性，且前景诱人。[5]

---

① 阿尔及利亚东北部港口。

② 摩洛哥港口城市。

③ 突尼斯东部群岛。

的黎波里可不是小目标，因为这座城市由陆墙和海墙组成的防御体系保护着。但是根据伊本·阿西尔的叙述，城内的市民帮助安条克的乔治轻松完成了任务。当西西里的舰队于6月15日兵临的黎波里城下时，该城已经面临严重的内部秩序危机。此地总督是一个阿拉伯氏族的成员，名叫巴努·马特鲁（Banu Matruh），但他的统治已被推翻，取而代之的是一位来访的穆拉比特王朝的显贵。苦行禁欲的穆拉比特派素来以蒙面示人，对其他教派从不宽容，他们之前就已颠覆了摩洛哥和西班牙的穆斯林政权。这位穆拉比特显贵原本是在前往麦加朝觐的途中于的黎波里歇脚，现在突然发现他不仅要保卫这座城市不受近海上西西里舰队的攻击，同时还要镇压街头的叛乱。安条克的乔治看到敌方阵营混乱，预感己方将会轻松取胜，于是派出他的士兵竖起云梯，登上城头。"经过激烈的战斗，法兰克人凭借刀剑占领了这座城市。"伊本·阿西尔写道。战斗之后便是"一场屠杀，敌人掠夺妇女和财产"。[6]

由此，伊夫里奇亚的征服大业进展神速。市镇长官们不再忠于马赫迪耶的齐里王朝，转而投靠大海对岸的法兰克人。安条克的乔治则以武力胁迫那些抵抗的城镇屈服。很快，加贝斯（Gabès）[①]、苏塞（Susa）[②]和斯法克斯（Sfax）[③]都正式成为西西里的保护国。1148年，马赫迪耶也陷落了，齐里王朝的皇宫被洗劫一空，内藏财宝被运回巴勒莫。

225

---

① 突尼斯东部港口城市，位于地中海加贝斯湾西岸。

② 突尼斯第三大城市，被誉为"地中海的花园港"。始建于公元前9世纪，其城市博物馆藏有突尼斯民族艺术瑰宝——镶嵌画，年代最久的作品距今3500年。

③ 突尼斯东部港口城市，也是突尼斯第二大城市，位于地中海加贝斯湾北岸。

彼时，第二次十字军东征刚刚发起，遍布于整个西欧的布道者号召基督徒拿起武器对抗穆斯林大敌，一位基督教国王对穆斯林邻居发起征服和索取贡品的作战行动必然会引起各方注意，即便事件发生地点距离圣地还有数百英里之遥。当伊本·阿西尔于多年之后下笔写到西西里王国攻取伊夫里奇亚的战役时，他直接将这些事件都纳入了更为宏大的叙事框架中——法兰克人对埃德萨沦陷的反应。这是一个自然而然的结论。罗杰二世和安条克的乔治发起的这一系列进攻至少在表面上发展成了基督教的扩张运动，并且似乎于 1148 年得到了证实，教皇尤金三世在当时正式任命了一位非洲大主教。不出意料，伊夫里奇亚的很多穆斯林将被异教徒征服视为奇耻大辱：在加贝斯总督派出使节与罗杰二世谈判和平投降的条件后，他被嫌恶自己的对手绑架并惨遭折磨而死，最后因被割下的自己的阳物窒息而结束了生命（与此同时，总督的使者戴着镶满铃铛的尖顶帽子，被绑在一头骆驼上在马赫迪耶游街示众，然后被一群暴徒用石头砸死）。[7]

虽然如此，西西里的罗杰二世对伊夫里奇亚的攻击却与克莱尔沃的贝尔纳和教皇尤金三世关于十字军的说辞和理论貌合神离。一方面，罗杰二世自己并没有认真地将他的非洲野心置于十字军东征宣传运动的背景下，也没有亲自领取十字。他无疑记得在罗马教会分裂最严重的 12 世纪 30 年代，教皇英诺森二世就曾鼓吹向西西里王国和阿纳克莱图斯二世的其他支持者发动圣战，宣称讨逆者将获得十字军的特权。安条克的乔治的舰队启航时既没有升起十字军大旗，也没有怒吼着要将异教徒置于死地。他们不过秉承实用至上、专谋私利的政策，注重经济利益，并渴望将西西里的王权扩张到这个岛屿海岸之外的远方。

这一点在的黎波里本身表现得最为明显。城市沦陷后，西西里王国依照惯例让士兵在此地进行了一段时间的抢掠。但安条克的乔治很快就宣布大赦，承诺要保护市民财产，并邀请那些因担心生命安全而逃离的人返回城市。他在这里留下了一支西西里守军，加固了城墙并挖掘出一道护城河。然而，的黎波里既没有被完全占领也没有进行强制的基督教改宗活动。六个月后，巴努·马特鲁在承认罗杰二世的宗主权后重新上台，他同意的黎波里的穆斯林现在有义务向西西里国王缴纳与岛上穆斯林相同的税金：吉兹亚税以及一种土地税。[8]阿拉伯总督［或瓦利（wali）］从此将穿着直接从巴勒莫送来的官服；但由于当地人口的民族构成是一个敏感问题，故而西西里王国又通过任命一位柏柏尔人出身的首席法官（卡迪）以保障权力平衡。[9]一项积极的移民政策也被启动，西西里人和在罗杰二世统治下的其他民族受到鼓励，跨海移居伊夫里奇亚。因此，的黎波里虽然被一支基督教舰队占领并且遭受了相当大的伤亡，却很快又回到了穆斯林政府的统治之下，经济也开始蓬勃发展。"它迅速繁荣起来，百业兴旺。"伊本·阿西尔写道。[10]

因此，这里实行的是另外一种基督教扩张形式：拒绝将各民族简单粗暴地划分等级进行统治，甚至与第二次十字军东征所宣扬的背景旋律格格不入。这也许反映出罗杰二世和诺曼人统治下的西西里继承了复杂的文化遗产。虽然罗杰二世无疑是一名基督徒，与许多杰出的十字军战士有血缘关系，但他也深受阿拉伯和希腊文化的影响。他的王室披风——由巴勒莫的顶尖工坊制成，以庆祝他的加冕——就以一种引人注目的视觉形式展现出这种融合的文化传统。这是一件装饰着石榴石、珍珠、红宝石和蓝宝石的华丽绸衣，用金线刺绣着群狮攻击骆驼

227

的图案——象征着诺曼人对阿拉伯世界的胜利。[11]然而，这件漂亮的斗篷上还自豪地题写着古阿拉伯字母，以伊斯兰教的形式表明了其制作日期（528 年而不是 1133 或 1134 年）。当罗杰二世偶尔用拉丁语发布王室特许状（他更喜欢希腊语和阿拉伯语）时，他是"蒙天主洪恩"的国王。但在他统治期间铸造的钱币上宣告他"因安拉的恩典而强大"。在一幅当时的镶嵌画（不是别人，正是由安条克的乔治委托制作的）中——镶嵌在巴勒莫的海军元帅圣玛利亚（Santa Maria dell'Ammieraglio）教堂——罗杰二世被描绘成以基督教皇帝着装的形象从基督手里接过王冠。然而，他通常更喜欢把自己打扮得像埃及的哈里发：穿着阿拉伯服装，只在节日的时候露出他的面容，盛典游行时以金银装饰的马队在自己前面走过，并在自己头上撑着遮阳伞以表明君主的卓绝超群——这是一种与众不同的象征形式，极具法蒂玛王朝特色。[12]

受安条克的乔治辅佐，罗杰二世的天才之处在于他有能力将其统治下共存的所有文化元素组合成西西里的一种整体文化。伊本·阿西尔在这些征服事件发生后撰写史书时，仅是将罗杰二世看作一个贪得无厌的海盗式"法兰克人"，与其同类一样应该受到诅咒；但罗杰二世实际上与穆斯林头脑中十字军狂热分子的刻板印象相去甚远。事实上，在 12 世纪 40 年代，他与安条克的乔治将他们对伊斯兰世界的进攻范围限制在了能够为西西里经济服务的北非贸易站上，由此可见一斑。1147年中期，当参加第二次十字军东征的军队开始行军时，罗杰二世更想利用路易七世和康拉德三世进军君士坦丁堡所造成的破坏来掠夺拜占庭在亚得里亚海控制的岛群，而不是支持他们在圣地的冒险。

✝

正当罗杰二世集中精力将他的统治从西西里扩张到北非时，阿尔卑斯山以北的正牌十字军正向前往东方的出发地汇聚。1147 年 2 月初，在马恩河畔的沙隆（Châlons – sur – Marne）召开的一次大会上，法兰西和德意志的十字军领袖们决定他们将不会经由西西里行军（尤其是康拉德三世，他一点也不希望与视之为死敌的罗杰二世打交道）。既然教皇尤金三世已经号召信徒们效仿他们先辈的事迹，那么他们正好就追随父辈的足迹前行：沿着多瑙河通过匈牙利，然后横越巴尔干半岛到达君士坦丁堡，在东方皇帝曼努埃尔一世·科穆宁的支持下穿过小亚细亚，经安条克进入十字军国家。这条路线困难重重的恶名早已众所周知，为这趟旅程统筹规划、安排补给，以及在法兰西和德意志王国委任摄政的政治准备等工作占据了复活节前的数周时间。而复活节正是双方军队同意一起出发的象征性日期。

然而，就在法兰西和德意志十字军规划路线的同时，十字军东征运动又衍生出一个新的方向。在萨克森，十字军的一个派系会集于此，他们的动机论起自私自利毫不逊色于西西里的罗杰二世。他们也在离家乡更近的地方看到了机遇：不在犹太山群峰之间，也不在阿勒颇高原之上，而在濒临波罗的海的河间地域中。这里——如今是波兰北部和德国东北部地区——居住着被统称为（可能不太准确）文德人［或温德人（Wenden）］的斯拉夫部落群。文德人是异教徒。他们信仰的神灵不在天堂，而是自然界的一些表征之上，例如橡树、溪流和岩石。他们在木质结构的庙宇里祭拜天地，而不是石制教

229

堂。他们以牛为牺牲，崇拜诸如四头神兽斯万特维特〔Svantovit，又作斯韦托维德（Svetovid）〕之类的非人偶像，曾有传教士试图通过为他们施洗而使其归顺，但文德人的态度并不友好。在康拉德三世的一些臣民——他们人数虽少但地位重要——看来，文德人完全是理所当然的猎物。

与伊夫里奇亚的情况类似，在十字军东征发起之前，波罗的海地区的基督徒和非基督徒之间的争斗已经进行了很多年。自9世纪加洛林王朝（Carolingian）① 时代以来，由敬畏上帝的领主们领导的军队进行了向异教徒领土扩张的战争，并通过任命主教和建造教堂留下了他们的文化印记（这一做法在丹麦最为成功，那里的人民于10世纪60年代皈依基督教）。到了11世纪，基督教支配范围的东部边界大体上与易北河河道吻合。然后，在一段时间内，经常是传教士而非士兵越过这条边界进入文德人的国度。但是，到了12世纪初，通过武力进行殖民和强迫当地居民改宗基督教的愿望再次燃起。

1108年前后，一位为马格德堡大主教阿达尔戈德（Adalgod）工作的佛兰德教士撰写了一份名为《马格德堡来信》（Magdeburg Letter）的文件。该文内容慷慨激昂，为争取外部军事援助对抗文德人提出充分的理由，声称文德人对善良的基督徒犯下了滔天暴行。"我们在异教徒的手中饱受压迫，

---

① 公元8世纪中叶至10世纪统治法兰克王国的封建王朝，系由法兰克王国宫相查理·马特之子矮子丕平于公元751年在罗马教皇支持下废墨洛温王朝末王建立。他将意大利中部土地赠给教皇作为酬谢，又征服南部高卢。矮子丕平之子查理经过连年征战，控制了西欧大部分地区，建立庞大帝国，并于800年由罗马教皇加冕称帝，史称查理大帝。

横遭劫难，忍气吞声由来已久。"信中说道。

> 他们以邪神崇拜亵渎基督的教堂……他们频繁入侵我
> 们的土地，对我们的人民穷凶极恶、百般折磨，所到之处
> 尺椽片瓦、鸡犬不留。他们将活人斩首并以其头颅献祭他
> 们所信仰的恶魔……他们使一些平民承受绞刑之苦，其前
> 熬较之死亡更为悲惨……又施以渐次肢解之刑……他们在
> 很多人还活着的时候就将其剥皮，然后以剥下的头皮伪装
> 自己，闯入基督徒的领地。

230

接下来是令人毛骨悚然的饮血仪式，在述说完文德人的残忍行径之后，作者号召他"在全萨克森、法兰西、洛林和佛兰德最亲爱的兄弟们准备圣战……天赐良机，以救汝魂，如君有愿，膏腴之地，予取予求"。[13]他写道，这个国度隐约但无疑呼应了《圣经》中对应许之地的著名描述（《出埃及记》3：8），富产肉类、蜂蜜、玉米和禽鸟，"如果这片土地得到充分开垦，那么没有其他地方能与其物产的富足相比"。[14]然而在1108年，这一切都成为泡影，因为教皇帕斯卡尔二世拒绝批准对文德人发动圣战的请求。但将近40年过去后，事情有了转机。

12世纪40年代早期，大约十几个来自萨克森的基督教显贵家族开始自行兴兵向文德人的国度推进，通过开拓殖民地来充实自家财库。他们在被称为"萨克森界墙"（Saxon Limes）的边境地带大肆破坏，驱逐斯拉夫部族瓦格林人（Wagrian）和波拉布人（Polabian），构筑堡垒以标志自己掠夺的土地范围。紧随其后的是来此定居的基督教农民家庭和传教士队伍。

文德人的农奴被赶出他们的土地，他们的酋长则被迫屈膝于诸如勃兰登堡侯爵"大熊"阿尔贝特（Albert the Bear）这样的基督教贵族。[15]对文德人来说，这本身就是一个坏消息。随着圣战狂热在 1146～1147 年爆发，他们的境况更是雪上加霜。

231   1147 年 3 月，克莱尔沃的贝尔纳参加了一个在法兰克福召开的会议，旨在研究解决康拉德三世向圣地行军的安排部署。然而，萨克森贵族非但没有同意加入他们国王的军队，反而提出了留在国内与文德人作战的主张。"他们的邻居是一些被邪神崇拜的污秽所迷惑的部落，"弗赖辛的奥托回忆道，"于是他们为了向这些种族开战也领取了十字。"[16]在意识到这一做法极大地背离了尤金三世在听说赞吉攻占埃德萨的城墙时所设想的圣战使命后，萨克森人发明了一种加入十字军的新仪式："他们不单将十字标识缝在自己的衣服上，更是将十字大旗高举在一辆大车上"。[17]

这显然与正统的十字军理念背道而驰，但克莱尔沃的贝尔纳从来都不会在激进思想面前退缩。他欣然接受耳闻目睹的一切，并毫不犹豫地援笔支持萨克森人针对文德人而不是穆斯林发动圣战。在一封充斥《圣经》典故和夸大其词的末日论的信中，他声称，波罗的海的异教徒，就是因为存在于萨克森人打算殖民的土地，即已完全代表他们是上帝的敌人，"而基督教世界的力量对这些蛮夷已经忍受得太久了，如果我可以这么说的话"。[18]与此等鼠辈不必有任何停战或和平协议，他怒斥道，只有堂堂一战，直到他们"归化或灭绝"。[19]4 月 13 日，教皇尤金三世正式同意萨克森人的主张。他发布了一道名为《昭昭天命》（Divina dispensatione）的谕令，允许那些在波罗的海地区作战的基督徒享有与康拉德三世和路易七世麾下十字军战士同等的罪恶赎免和宗教权益。因此，从 1147 年 7 月开始，丹麦人和萨克森人的军队大张旗鼓地杀入文德人的领土，在数个月的时间内焚烧异教神庙，强迫战俘接受洗礼。然而，他们只取得了部分成功：被俘的斯拉夫人往往耸耸肩便接受了洗礼，随后便重归异教仪式，不再把基督教放在心上；文德人的部落联盟首领涅科劳特（Nyklot）① 最后同意纳贡求和，而这种交易恰恰为克莱尔沃的贝尔纳所不齿。尽管如此，十字军东征运动在 1147 年开辟了一条新的战线。在接下来的 40 年里，文德人将逐步被逼向归化或灭绝的命运，就如克莱尔沃的贝尔纳所号令的那样，而他们的土地则被合谋毁灭他们的各派基督教势力贪婪地瓜分。到了 12 世纪 80 年代，文德人实际上已经被消灭了。但打着十字军东征的幌子在波罗的海开拓基督教领土的欲望仍未餍足。日耳曼军队与异教徒部落和王国之间长达 300 年的战争就此拉开大幕。

✝

　　第二次十字军东征的最终目标并不在于齐里王朝和文德人的土地，埃德萨和耶路撒冷也绝非其止境。实际上，其终点在乎"路尽于此、地噬于斯（未知的大西洋海域）"的欧洲大陆最西端。那里就是葡萄牙王国。在这里，基督战士与异教徒之

---

① 领导文德人抗击基督教军事力量长达十多年的杰出领袖，他于 1147 年 6 月率部落联军突袭基督徒定居点，成为引发文德人十字军的诱因之一，在其后的战争中，他通过精湛的军事素养和高超的外交手腕屡屡击败十字军，最后于 1160 年战死。1167 年，涅科劳特的儿子普里比斯拉夫（Pribislav）被萨克森公爵立为梅克伦堡王公，成为萨克森封臣。1169 年后，征服和迫使文德人皈依基督教的斗争（不仅仅是依靠十字军）取得了成功。只有极少数文德人顽强地生存下来，生活在今天的德国。

间旷日持久的战争再一次取得重大进展。斗争的焦点是对里斯本的征服——1147 年 7 月，一支十字军大军开拔到这座不幸的城市之前，试图完成一项不朽的壮举。

自挪威国王西居尔于 12 世纪的第一个十年做客加利西亚以来，来自基督教世界北方和西北方的十字军战士便经常出没于伊比利亚半岛的边缘地带。所有从欧洲西北部到地中海东部的海上旅行者都将这一地区视为一个天然的停留点，既是简单的地理现实使然，也因为口渴的海员需要在驶往敌对的安达卢西亚海岸（由穆拉比特王朝控制）之前重新补给。1112 年，一支英格兰海盗兼朝圣者舰队在前往耶路撒冷的途中于加利西亚停留，随后便接受拉拢，参与了已故卡斯蒂利亚和莱昂国王阿方索六世的女儿乌拉卡与她的夫君阿拉贡国王"斗士"阿方索一世（Alfonso I 'the Battler'）的内战。

233　　然而，在 12 世纪 40 年代，圣战武士从拉丁基督教世界更寒冷地区来到此地的行动已成为一个军事规划而不是简单的偶然事件。他们的到来主要是受到了阿方索·恩里克斯（Afonso Henriques）的鼓励，这位精力充沛的葡萄牙伯国统治者先后将"大帝"、"创业者"和"征服者"等头衔加入自己的名号中。阿方索·恩里克斯的外公就是大名鼎鼎的阿方索六世，他的母亲特蕾莎（Theresa）是这位基督老将的一个私生女。[①]1129 年，年仅 20 岁左右的阿方索·恩里克斯继承父位，乾纲独断，他统治下的葡萄牙伯国由沿海城市波尔图（葡语为

---

①　阿方索的父亲勃艮第的亨利于 1093 年与特蕾莎结婚，作为嫁妆阿方索六世将如今的葡萄牙北部地区封给了勃艮第的亨利，亨利遂成为第一代葡萄牙伯爵。当阿方索六世于 1109 年去世后，勃艮第的亨利便逐步使葡萄牙脱离卡斯蒂利亚，为葡萄牙最终独立建国奠定了基础。

Oporto）周围呈扇形散开的大片领土组成。这里是最危险的前线国家——被北边的卡斯蒂利亚王国加利西亚地区和南边的穆拉比特王朝领土夹峙中间。阿方索志存高远，一方面打算开疆定边，另一方面想将葡萄牙升格为王国。而要完成这两项目标，非得有外界援助不可。

意志坚定的阿方索与穆斯林和基督教邻居频频交战，终于在1143年得偿所愿，他的王权得到了各方承认。当他于1139年7月25日摧毁了一支穆拉比特王朝的军队之后，麾下的士兵即称颂他为君主；通过1143年10月5日缔结的《萨莫拉条约》（Treaty of Zamora），他的堂兄弟，即莱昂国王阿方索七世及一位教廷代表接受了他称王的政治现实。[①] 然而，将葡萄牙从一张羊皮纸上承认的君主政体建设成一个稳定的王国是一件更加困难的事情，这在极大程度上有赖于迫使波尔图南部、由穆斯林统治的城市和据点屈服。

在这样一场战役行动中，里斯本，这座位于波尔图以南180英里（300千米）、塔霍河口内8英里（13千米），从而免受大西洋风浪侵害的繁荣港口，成了最大、最有利可图和战略意义最为重要的目标。这是一个守卫森严的港口城市，借海路通商西非各地，沿塔霍河流域连接内陆诸城。一位热情洋溢的盎格鲁－诺曼教士，后被推定为一位名叫劳尔（Raol）的牧师，为1147年的里斯本之战留下了翔实的记录，还记载了该城系由奥德修斯于古典时代创建的传说。劳尔在他那个时代即注意到里斯本的自然物产种类丰富：鱼类和贝类、大量的鸟

234

---

① 话虽如此，但应该承认的是，直到1179年，阿方索·恩里克斯的国王地位才得到教皇的正式认可。——原注

类、柑橘类水果和橄榄、盐和蜂蜜、葡萄和石榴，还有居住在那里的六万户家庭都吃不过来的无花果。每值早春时分，塔霍河便向两岸吐出金块，而商人们全年从非洲向这里运来的货物有增无减。在劳尔看来，里斯本堪称"整个非洲和欧洲大部分地区最富有的贸易型（城市）"。[20]

当十字军东征的号召于 1146 年发出时，很明显，伊比利亚与埃德萨和耶路撒冷一样，也必然需要被赋予一些内容。从乌尔班二世的时代起，教皇就屡下谕令，确认伊比利亚的十字军战士享有宗教权益。由加里斯都二世于 1123 年召开的第一次拉特兰大公会议，直截了当地声明伊比利亚的十字军运动与东方的圣战具有同样的价值。尤金三世也萧规曹随：1147 年 4 月，他批准了阿方索七世和热那亚人联合进攻位于半岛最东南部的阿尔梅里亚（Almería）① 的计划，并表达了无论在何处他都要打击异教徒的热情。[21] 这次进攻于当年夏天按计划进行。而对于葡萄牙境内和境外更远地方的十字军支持者来说，征服里斯本将是完全可以接受的对十字军号召的回应，权当是进行在埃德萨恢复基督教统治的主任务前的一道开胃菜。阿方索·恩里克斯早在 1142 年就曾试图夺取这座城市，尽管有"来自高卢地区"的 70 艘舰船（其最终目的地是耶路撒冷）的帮助，这次进攻还是失败了。[22] 然而，到了 1147 年，天时人和皆已具备。从摩洛哥传来消息，说穆拉比特王朝深陷重大危机，其军队已经被来自另一个柏柏尔部落、名为穆瓦希德王朝（Almohads）的兵马歼灭。而此时十字军运动的狂热正使整个

① 西班牙南部良港，原为腓尼基人所建古城，罗马帝国时名为马格纳斯港，8 世纪时被摩尔人占领，改为今名，并发展成繁荣的商港。

欧洲沸腾。阿方索·恩里克斯在运筹帷幄之后，算定现在正是他出击的时候。

随着圣战观念深入人心，成千上万想要成为朝圣者的战士于前一年在英格兰、苏格兰、莱茵兰、佛兰德和诺曼底被鼓动起来，他们的动机基于这样一种认识：与康拉德和路易的陆上行军路线相比，他们将选择一条截然不同但可能更有利可图的道路前往圣地。实际上，他们将效仿西居尔在1107～1109年的远征：乘船穿越西部地中海到达圣地，一路劫财夺宝。这些新十字军中的很多成员，尤其是那些来自英格兰的新兵，都不是高等贵族出身，而是期望离开这个被内战破坏殆尽的国度的中等阶层。这场内战持续了十多年，被称为无政府时代（Anarchy）①。只有少数几位英格兰领导者，比如阿切尔的撒赫尔（Saher of Archel）和亨利·德·格兰维尔（Henry de Glanvill），是贵族身份；其他的军官，例如多佛尔的西蒙（Simon of Dover）和南安普敦的维尔（Viel）兄弟，则都身份低微。这些人几乎没有什么财产可抵押给当地修道院来为自己的圣战筹集资金：沿路抢劫更吸引人，实际上这也是他们唯一的选择。[23]

于是，1147年5月23日，来自不列颠群岛和低地国家、人数多达一万人的朝圣大军从英格兰南海岸的达特茅斯搭乘一支由164艘船只组成的大舰队扬帆起航。启程前，他们在彼此之间商定了军规，旨在维持一支由说着多种语言、来自各个领域的成员组成的军队平稳运转。"他们认可了非常严厉的法

①　英格兰国王亨利一世于1135年去世后，他指定的女继承人玛蒂尔达与其表兄布卢瓦的斯蒂芬之间爆发了王位争夺战。

235

律，比如说，一命抵一命和以牙还牙，"劳尔写道，"他们严禁身着锦衣华服于军中招摇……他们规定妇女不得在公开场合露面……每艘船都应该有随船牧师……每个人每周都要进行忏悔，每个星期天都要领圣餐。"[24]在经历了一段惊心动魄的旅程之后——其间许多没有经验的水手以为他们能听到塞壬在召唤他们走向灭亡——他们于 6 月 16 日抵达波尔图，受到该城主教的迎接，因为阿方索·恩里克斯本人已经率领一支包括葡萄牙圣殿骑士团分队在内的军队先期向里斯本进发。主教向十字军战士们发表了激越昂扬的布道演说。他以教皇谕令《吾辈先烈》的内容为主题，并称赞他们将"鱼水情欢（和）软香温玉"抛诸身后，只留下"对故土的痛苦记忆"。[25]他说道，朝圣者战士的使命值得这所有的苦痛哀伤，因为他们终将"于断瓦残垣中重建伊比利亚的教堂，为她受玷污毁损的形象重披欢欣愉悦的外衣"。[26]

在海上颠簸数周之后，主教的这番话正好是这些十字军战士所需的精神食粮。在重新补给、振作精神后，他们启航向南，与阿方索·恩里克斯在里斯本会合。他们到达目的地时正逢天象出现征兆，只见头顶天空之中，隐隐间若有黑白二云阵交相缠斗。各船上下欢声雷动："看吧，上帝与我等同在！敌人的力量被摧毁了！"[27]

里斯本围城战始于 6 月底，双方从一开始就恶战连连，穆斯林驻军郊区，御敌于城墙之外，十字军则突入塔霍河，于一小水湾处抢滩登陆。战争持续了三个半月，在此期间，朝圣者战士们体验到了历代十字军战士所熟知的苦难。在正式的军事行动之前，十字军领袖们与阿方索·恩里克斯订立了一份契约，保证（如若城陷）在将城市移交给国王之前，他们有权在城内纵兵洗劫，并俘虏人质索要赎金。然后他们便上阵杀敌。7月1日，装备了投石索和弓箭的十字军步兵猛攻里斯本郊区，纵火焚毁房屋楼舍，平民们纷纷逃难。在十字军营地之内，围城工程师们——其中包括一名从比萨招募来的专家——开始制造被称为"猫楼"和"猪车"的攻城塔和防护掩体车，以及巨型投石机——这些武器一旦完成，能以每小时500发石弹的射速轰击城墙。[28] 工兵们则裂地破土、挖掘隧道，目的是摧毁城墙的地基。十字军将领认真考虑了在相互连接的船只上建造一个浮动堡垒的计划，这样可以凭借堡垒上的塔楼从河面上攻击城墙。他们还设立了一个夜间监守的轮班制度，以便昼夜不断地封锁各处城门。因此，潜行出城的信使均被抓获，他们的信件被没收，而那些士气低落、跑出来乞求怜悯和受洗的市民则被砍断双手，送回城内。

城内的处境每况愈下。穆拉比特王朝的覆亡和穆瓦希德王朝在摩洛哥的崛起意味着援军前来解救的希望非常渺茫，而阿方索国王要么派兵威胁，要么协商停火协议，确保所有邻近的城镇都置身事外。[29] 守军屡次派兵从里斯本的三座城门出击，意图破坏封锁，但每次都被逐回城内，损兵折将。烧毁攻城器械本是防守作战一大得力手段，但即使这一点也很难做到，因为工程师们竟将他们的塔楼打造得不惧火攻——用牛皮和其他阻燃材料覆盖其上。市民们唯一有效的武器似乎只剩下凌厉的嘴上功夫了。劳尔写道，从城墙上传来"他们的嘲笑声，千言万语，百般毒骂，如若我等已被判了一千种死法"。十字军战士们被骂得狗血淋头："他们奚落我们出门在外的时候家里将有无数的孩子出生，并挖苦道这样一来我们的妻子就不会担心自家丈夫死无葬身之地了，因为她们会有足够的私生子。"

圣母玛利亚遭到了粗鲁的诋毁，而基督的神性也成了恶意神学猜测的主题。"此外，他们还把十字架的象征讽刺性地摆在我们面前，"劳尔写道，"他们向它吐唾沫，用它擦去他们屁股上的污物，最后在它上面撒尿，把它当作肮脏的东西扔向我们。"[30]

可悲的是，对于里斯本的人民来说，攻城武器和石弹比言语的杀伤力更大。然而，最具有决定性的一点是，十字军在围城初期就占领了储藏有里斯本粮食的主要仓库。围城者们因此缴获了"大量的面包、酒和水果"，而在里斯本城内，唯一的食物来源是"从（十字军）船上扔出来的垃圾，然后被海浪卷到城墙下"。[31]随着秋季的到来，饥饿和绝望摧毁了里斯本军民的士气。10月下旬，十字军发动最后的总攻，工兵挖掘出的一条地道使城墙的一段坍塌了60米（200英尺），而一座攻城塔的操作者们成功地使吊桥搭在另一段城墙上。游戏结束了。10月23日，守军乞和。英格兰人、佛兰德人和葡萄牙人就如何掠夺发生了短暂的争吵，但问题很快就得以解决。一场狂热的劫城随之发生，在此期间发生了几起谋杀，其中就包括里斯本的莫扎勒布派主教，他被人割喉而死。然后，阿方索·恩里克斯在卫城城堡上空升起他的王旗，城中心的清真寺被祝圣为教堂。两天之内，大批难民匆匆离开该城，前往在穆斯林势力控制下伊比利亚半岛的其他地方寻求慰藉，并开启新生活。"这座城市终于被占领了，撒拉森人或是被杀死，或是被卖掉，要么就是被逐走，整座城市为之一空，一位（拉丁）主教被立为该城教会首领，教堂被建立起来，神职人员也得到任命。"一位后世的编年史家写道。[32]对于主要目标仍在2500英里（4000千米）之外的十字军来说，这是一个了不起的开端。

随着冬天的到来，继续前行已殊无可能，所以英格兰和佛兰德十字军在里斯本驻扎下来，等待春天的新鲜海风和友好的海况将他们带往圣地。他们此次旅程的前兆再好不过。在伊比利亚半岛的另一边，阿尔梅里亚在卡斯蒂利亚和莱昂国王阿方索七世与他的热那亚盟友的围攻下也几乎于同一时间陷落。在波罗的海，文德人感受到了新德意志十字军东征运动的第一轮"正义"打击。在北非，西西里舰队正在征服伊夫里奇亚的穆斯林。劳尔，这位里斯本编年史家，反思了基督的敌人所遭受的悲惨命运。"当我们看见这座城市一片废墟，城堡倾覆……当我们看到他们恸哭哀号，不禁同情起他们所遭遇的人世沧桑……并为上帝正义的鞭笞尚未结束而感到惋惜。"他写道。[33]但是，劳尔的声音无异于荒野低吟，他的悲天悯人也不过是暂时的。在其他地方，第二次十字军东征军正在意气风发地向埃德萨前进，心中除了全能上帝的复仇之外毫无他念。

第十六章 历史重演

然后响起一阵哭号，直冲云霄……

1147 年 12 月 1 日，安娜·科穆宁娜年届 64 岁。她在位于君士坦丁堡德芙特隆区（Deuteron）的圣母万福（Mother of God *Kecharitomene*）修道院度过了自己的生日。这座资金保障充足的女修院系由安娜的母后创建，高堂广厦，玉宇琼楼，正好适合拜占庭皇室的女性成员在此颐养天年。安娜在此居住的时间已经超过 25 年，父皇于 1118 年驾崩后，她因对弟弟约翰二世·科穆宁图谋不轨而被送到这里。尽管实际上处于居家软禁的状态，但安娜很好地利用了自己的修女时光，围绕自己建立了一个由研究基督教经文和古代哲学家著作的杰出学者组成的文化圈。她与其中任何一位相比都毫不逊色：她是一位卓有成就的历史学家，对语法和修辞学、玄学和医学有着浓厚的兴趣，涉猎柏拉图和亚里士多德的著作，并且将《圣经》与荷马作品中的大段内容都默记于心。

正是在这家修道院内，安娜于 12 世纪 40 年代中期开始创作她一生中最伟大的作品——《阿莱克修斯传》，以颂扬她父亲的丰功伟绩，其宏大的叙事笔法不禁令人联想起古代的希腊历史学家。为了编撰这一鸿篇巨制，安娜利用了她自己在阿莱
克修斯统治时期童年和青少年的记忆、与退伍老兵的访谈，以

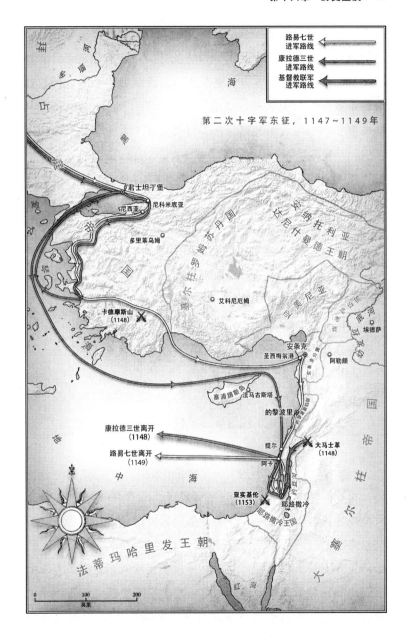

路易七世
进军路线

康拉德三世
进军路线

基督教联军
进军路线

第二次十字军东征，1147~1149年

多瑙河

黑海

君士坦丁堡

尼西亚

尼科米底亚

多里莱乌姆

塞尔柱罗姆苏丹国

达尼什曼德王朝

亚美尼亚

艾科尼厄姆

卡德摩斯山
(1148)

安条克

圣西梅翁港

阿勒颇

埃德萨

塞浦路斯岛

法马古斯塔

的黎波里

提尔

大马士革
(1148)

阿卡

康拉德三世离开
(1148)

路易七世离开
(1149)

亚实基伦
(1153)

耶路撒冷

耶路撒冷王国

地中海

法蒂玛哈里发王朝

红海

0   100   200
英里

及来源于帝国档案室的文件。[1]她写到了阿莱克修斯和自己的母后伊琳娜、罗贝尔·吉斯卡尔和塔兰托的博希蒙德、来自北方的佩切涅格人、来自东方的突厥人，以及从西方而来、四处打劫、野蛮成性的十字军。如此一来，她将一个风云时代的所有幽灵都唤回人间，而她则是这个时代留存于世上为数不多的人之一。

12世纪40年代晚期是撰写这部史书的最佳时机，这个时期，诚如一位希腊作家所言：

> 诺曼人、法兰西人、高卢各民族、生活于古罗马周围的民族、不列颠人、布列塔尼人以及整个西方阵营都被一个信手拈来的借口策动：他们将穿越欧洲前往亚洲，去与突厥人作战……重建巴勒斯坦的教堂并寻找圣地，但其真实目的是通过攻击和践踏他们前方的一切来攫取罗马人的土地。[2]

好像11世纪90年代的所有事件都在重演。[3]

✝

安娜的侄子，即29岁的拜占庭皇帝曼努埃尔一世·科穆宁小心翼翼地做好了应对新十字军到来的准备。尽管康拉德三世和路易七世的军队正沿着他们祖先走过的相同路线行军，目标是先直下君士坦丁堡，然后再穿过小亚细亚到达安条克，但他们的旅程与他们试图再现的第一次十字军东征之间有一个关键的区别。被安娜称为"凯尔特人"的第一代十字军之所以向东进军，很大程度上是因为阿莱克修斯的求援。而曼努埃尔·科穆宁在1147年并没有这类请求。第二次十字军东征部队不请自来，而过去和现在的经验都表明他们不值得信任。如若寻求证据的话，无须远顾，帝国西部边缘发生的事情足以证明。1147年秋，安条克的乔治正兴高采烈地率领着一支西西里舰队恐吓希腊诸岛：他占领了科孚岛，从伯罗奔尼撒半岛绑架贵族妇女并将她们贩卖为奴，同时还不忘在他的船上装满财宝和偷来的文物。

　　因此，曼努埃尔对康拉德三世和路易七世的计划反应谨慎也就不足为奇了。他大规模地修复了君士坦丁堡的古防御工事：建造年代可追溯至公元5世纪狄奥多西二世（Theodosius Ⅱ）时代的双层城墙得到了加固，护城河也被挖深。城墙上旌旗飘扬，宣扬着帝国的军事力量和无双威望。[4]使者们被派往帝国领土的各处边境，等待十字军的到来，并全程护送他们以确保将巴尔干半岛受到的扰动降到最小的程度。曼努埃尔写给路易七世的信中说道："听闻您将前来我国，本人备感欣喜，深表谢意。"[5]但是恭维的背后，他已经为最坏的情况做好了打算。

　　第一批到达的十字军是康拉德三世的部队。这位德意志国王先于路易七世出发，沿多瑙河顺流而下，于1147年晚夏进入拜占庭帝国的领土。他带来了一支庞大的军队，战斗人员总人数约达五万名，另有数千名朝圣者作为非战斗人员随军同行，由一群德意志精英贵族指挥，其中包括他的侄子施瓦本公爵腓特烈，也就是后来的腓特烈·巴巴罗萨（Frederick Barbarossa）。[6]一位名叫曼格尼奥斯·普罗德姆斯（Manganeios Prodomos）的拜占庭诗人表现出东方人对西方人固有的反感：道德蔑视加生理排斥。他将德意志人形容为

244

"加大拉的猪群"（Gadarene swine）①：肮脏邪恶、桀骜不驯、破坏成性。[7]

245　　　"加大拉的猪群"这一诗化称谓很快就被可怕的事实证明何其贴切。1147 年 9 月 7 日，德意志十字军被曼努埃尔的使者们催赶着穿过了帝国的西部地区，一路上只有零星的混乱产生。但是当他们在距离君士坦丁堡还有两日行程的幼猪原［Choirobacchoi②，又称为巴希斯（Bahsayis）平原］——该地经两条河流灌溉，水草肥美，为他们的马匹和驮畜提供了丰富的饲料——扎营时，悲剧发生了。是夜，猛烈的暴风雨使得幼猪原附近的河水漫过两岸，泛滥的洪流使十字军的人员、牲畜和辎重都遭受了惨重的损失。康拉德三世的异母兄弟、弗赖辛主教奥托描述了营地里的恐慌。"你可能会看到有些人在奋力游水，有些人紧抓马匹不放，有些人可耻地被绳子拖着逃命，"他写道，"很多人……被河水的急流冲走，被岩石撞伤，被漩涡吞没。"[8] 希腊编年史家约翰·金纳莫斯（John Kinnamos）毫不留情地得出结论："人们可以合理地猜测上帝对他们很生气。"[9]

　　曼努埃尔·科穆宁无意坐视康拉德三世的十字军在自己的家门口失败。毕竟他与德意志国王沾亲带故：康拉德的王后苏尔茨巴赫的格特鲁德（Gertrude of Sulzbach）是皇后伊琳娜的

---

① 在"加大拉的猪群"故事中（《马太福音》8：28～34、《马可福音》5：1～20、《路加福音》8：26～39），耶稣遇到了一个被群魔附体的人，于是便将这些魔鬼从人体中驱除，赶进大约 2000 头猪中，这些猪立刻狂奔进加利利海，自溺而死。——原注

② 原文 Choirobacchoi 为希腊语，意为小猪（piglets）。

长姐。① 然而，他同样不希望看到西方十字军的全部人马都在
君士坦丁堡的城门前扎营。所以，一俟康拉德三世的军队从洪
灾中脱困晾干后，他便迫不及待地催促他们渡过博斯普鲁斯海
峡进入小亚细亚。这正中康拉德下怀，他之前就雄心万丈地计
划快速行军，在来年春天就到达安条克。[10] 德意志国王将他的
军队一分为二，派他的同父异母兄弟奥托主教率领朝圣者沿着
蜿蜒的海岸道路通过以弗所（Ephesus），而他将率军直插东
南，追随第一次十字军东征先烈的足迹走古罗马大道，经尼西
亚，趋多里莱乌姆——十字军于 1097 年大胜基利杰·阿尔斯
兰的战场遗址。从那里他将直面（罗姆）苏丹的都城艾科尼
厄姆（科尼亚），然后穿过群山进入叙利亚北部。他们于 10
月 15 日前后出发。

自第一次十字军东征的时代以来，小亚细亚的恶劣环境丝
毫没有改善迹象。突厥人对前来冒险的西方人也丝毫没有心慈
手软。此时塞尔柱罗姆国的苏丹是基利杰·阿尔斯兰之子马苏
德一世（Mas'ud I）。在他漫长的统治期间（从 1116 年开始），
马苏德一世极大地强化了罗姆苏丹国对曾是部落酋长控制地区
的权威。[11] 突厥人的战术一如既往地极具毁灭性：先是部署轻
型弓骑兵进行"打了就跑"的袭扰，佯装撤退以消耗重骑兵
的体力，然后手执刀剑冲向人困马乏的对手。随着德意志人在
多里莱乌姆附近的乡间地区因鞍马劳顿，渐感不适，马苏德一
世已经准备好为其父在 50 年前的战败复仇了。还没等十字军
进入突厥人的领土，袭扰就已经开始了；十天之后，德意志人

①　皇后伊琳娜出生时名为苏尔茨巴赫的贝尔塔，于 1146 年嫁给曼努埃尔时
她的名字被改为更古典的希腊名字。——原注

246

损兵折将，以至于能否生存下去进行圣战都成了问题。他们的粮食也开始告罄。"死亡与杀戮交织于法兰克人之间，大量生命就此化为枯骨。"伊本·开拉尼希写道。[12]康拉德三世本人也写道，突厥人"无休止地攻击和屠杀普通步兵"。[13]国王本人也在突厥人的一次进攻中身负重伤；到了月底，他手下的贵族们说服他除了掉头回师拜占庭领土之外已别无选择，他在那里可以得到曼努埃尔·科穆宁的照料，并将他的剩余军队与路易七世的法兰西十字军合兵一处。于是，到了圣诞节的时候，德意志国王已经返回君士坦丁堡。

✝

路易七世和他的王后阿基坦的埃莉诺，以及法兰西十字军主力在德意志人出发数周后才姗姗上路，他们的启程日期之所以延迟是因为路易七世举办了一系列奢侈的仪式以昭告天下自己要离开王国。复活节期间，教皇尤金三世和克莱尔沃的贝尔纳也与路易一道参加了数次公开的盛会，包括 1147 年复活节当天的一次仪式，国王和教皇一起在圣德尼（St Denis）修道院礼拜，尤金三世赐予修道院一个华丽的新十字架，上面镶嵌着金银珠宝，这是金匠们耗费数年之久才打造出的一件宝物。6 月 11 日，国王访问了巴黎城门外的一家麻风病人隔离区，并按照传统为病人洗脚。当天晚些时候，回到圣德尼修道院的国王正式请出神圣的金色火焰军旗（oriflamme）——这面象征着法兰克王权的红色战旗，其历史可以追溯到查理大帝的时代。这场耗时甚久的政教结合大戏时间拖得太长，以至于埃莉诺在夏日的热浪中差点晕倒。但国王多少还是满意了。他"唤起了一片哀兵之心，并得到了每个人饱含最深切情感的祝福"。[14]他将王国托付给他最信任的大臣——圣德尼修道院院长叙热（Suger）①。然后，在埃莉诺的伴随下，他启程前往东方。

当路易七世的身影最终消失在欧洲内陆时，他的一些法兰西臣民可能会暗自松一口气，因为他的远征大业已经耗资不菲。法兰西正陷于一场长期的饥荒之中，很多人因而一贫如洗，而王室代理人却只想着如何为耶路撒冷王国筹钱。过高的要求已经摊派到国王治下那些更加富裕臣民的头上——尤其是那些在教会中身居要职的人——他们被要求捐献数百甚至数千银马克②。[15]那些希望加入十字军的虔诚个体和家庭变卖自己的传家宝，或是将他们的房屋、农场和地产抵押给犹太金融家或基督教修道院，以筹集足够的资金参加十字军东征，这类情形随处可见。即便是这样，在法兰西十字军还没到达匈牙利之前，路易七世就给修道院院长叙热写信，要求他送来更多的资金。很明显，十字军在出征时并没有做好充分的准备，他们低 248 估了旅途的艰险。

他们第一次看到传说中的"城中女王"是在10月4日。成功的外交斡旋——其中包括埃莉诺和皇后伊琳娜之间的往来通信——确保路易七世得到了"拜占庭皇帝的隆重接待"。[16]君士坦丁堡的城门深锁，严禁路易七世军队的普通士兵进入，但是国王本人被迎进布拉赫内宫，那里如此之多的

---

① 约1081~1151年，法兰西修道院院长、政治家和历史学家，最早赞助哥特式建筑的人之一，领导重建了圣德尼教堂（法兰西君主的埋葬地），辅佐两代法兰西国王（腓力一世和路易七世），有效地扩张了君主的权力，改进了王室行政系统。

② 马克是流行于西欧的重量单位，专用于测量金银，1马克最初相当于8盎司（249克），但在中世纪不断浮动。

大理石和黄金令人目瞪口呆，令德伊的厄德狂喜不已（"其外表之壮丽几乎无与伦比，但内部之华美胜过我所能用言语描述的一切……我不知是精美的艺术，还是极其贵重的材料，使其更美或更具有价值"）。[17]两位君主在公开场合通过翻译进行交谈，然后路易七世接受宴请，并由曼努埃尔亲自陪同，参观了君士坦丁堡的各处圣殿。然而，在其乐融融的表象之下，紧张气氛依然存在。德伊的厄德将希腊人描述为腐朽不堪且娘娘腔，"堕落已深，令人鄙视"，而他未及说出口的话则是"尽管拜占庭人想方设法地取悦我们，但他们既不会对我们守信，也不会对自己保持尊重"。[18]在与十字军交往的背后，曼努埃尔同意了一项与苏丹马苏德一世休战十年的协议。在很多人看来，这是拜占庭人天生就背信弃义的典型例子。但是，双方不可能在相互猜忌和因文化差异产生的误解中沉湎太久。小亚细亚传来的消息很快表明，十字军还有比这严重得多的问题。

路易七世征用往返船只将他的军队渡过博斯普鲁斯海峡，并说服他手下的贵族们宣誓忠于拜占庭皇帝，同意不去征服属于拜占庭帝国的任何城镇。在完成上述部署后，他可以考虑穿越小亚细亚的路线问题了。从多里莱乌姆的灾难中生还的德意志人衣衫褴褛、营养不良且浑身是血，这一惨象足以说服路易七世放弃走直线经艾科尼厄姆前往安条克的企图。当康拉德三世一瘸一拐地返回君士坦丁堡养伤时，他禁不住在私人交谈的时候向路易倾诉了自己的心声，哀叹自己居然狂妄到自以为能轻易洞穿突厥人的封锁线。路易七世同意将残余的德意志部队置于自己的指挥下，将他们带到东方，并决定率领这两支军队沿着蜿蜒的海岸道路通过士麦那和以弗所。这条路线同样凶险莫测，弗赖辛的奥托所率领的非武装德意志朝圣者曾试图走过这条道路，却被迫在大批人员丧生后返回。可是，眼下的选择少之又少。

直到圣诞节过后，路易七世的军队才小心翼翼地沿着海岸出发，离开拜占庭的领土。刚一行动，他们便遭到了敌人攻击。12 月 28 日和 29 日，突厥轻骑兵开始在迈安德河（Maeander）①谷频频袭扰十字军。法兰西骑士将这些折磨人的异教徒逐走，他们的队伍中出现了一个幽灵般的"白衣骑士"，他"在战斗中率先出击"，这一异象使士气为之一振。[19]这将成为十字军时代圣战武士打败非基督徒的一个可靠主题，法兰西人兴高采烈地庆祝他们的胜利。但这是他们最后一次享受天赐的好运。

✝

在法兰西各路纵队于 1148 年 1 月 3 日通过劳迪西亚后，埃莉诺那句著名的调侃——她的丈夫与其说是国王，不如说是修士——得到了证实。数周前，康拉德的兄弟奥托曾于此处短暂停留，最近被屠杀的朝圣者的鲜血喷洒在岩石和路边上，虽已干涸，但仍清晰可见。[20]劳迪西亚是拜占庭势力范围的极限，即使曼努埃尔希望全力支持法兰克人，他也无法做到。更糟糕的是，住在沿海道路边的居民都已经躲藏起来，拒绝向这支军队出售任何粮食。距离叙利亚仍有数周之久的行程，路易七世突然意识到步行到达那里是不可能的。于是，他决定直奔海岸

---

① 今土耳其西南部河流门德雷斯河，源出安纳托利亚高原，注入爱琴海。

250 城市阿达利亚（Adalia）①。这是一个孤立的拜占庭据点，被突厥人的领土包围，在那里可以找到市场，租船将一部分十字军通过海路送到安条克公国。

向阿达利亚的行军用去了 15 天的时间，而突厥人自始至终都在攻击十字军。最严重的一次发生在 1 月 6 日当天或前后，当时路易七世的军队正试图穿越卡德摩斯山［Mount Cadmus，又称霍马兹山（Homaz）］隆起的巨大山体，此处"山势险峻，怪石嶙峋"，其最高点横亘着"一道高耸的山脊，顶峰看起来似乎与天相接，向下望去，山谷中的溪流直泻地狱"。[21] 十字军的计划是在一天的时间内缓慢而又小心地翻越山口；如果行军步伐变快的话，人马就会从狭窄的隘路上滑下山谷，摔死在沟壑之中。法兰西军队所要做的就是坚定地抵抗突厥人的狙击，并且防止各部队行动脱节。

不幸的是，这两点他们都没有做到。打头阵的将领是路易七世的掌旗官若弗鲁瓦·德·朗孔（Geoffrey de Rancon），他作为塔耶堡（Taillebourg）的领主，是王后埃莉诺最资深的封臣之一。他奉命率领先锋部队当先翻越这座高山。王后与中军及辎重部队一起行进，而路易七世则骑马走在后卫部队之中。然而，山路行军中各部通信非常困难，而若弗鲁瓦又过于心急。在他的指挥下，先锋部队向前推进得太远，于是法兰西人的各路纵队很快就分开了。埋伏于路旁的突厥人看到机会出现后立刻猛扑上去。德伊的厄德当时在朝圣者纵队之中，记载了攻击者发动突袭时引发的恐慌：山坡上响起了恐怖的尖叫声。

---

①　土耳其南岸港市安塔利亚的旧称，始建于公元前 2 世纪，在东罗马帝国时期与奥斯曼帝国时期为东地中海重要港口。

"他们连刺带砍，毫无防备的人群要么逃跑，要么像羊一样倒下，"他写道，"然后响起一阵哭号，直冲云霄。"[22]受难者的呼号哀鸣竟日，直到突厥人撤退，留下法兰克人清点死亡人数，至少六名国王手下的高级贵族于此战中阵亡。路易七世自己也只是爬到一块大石顶部才免于被擒。曾经森严的军纪已荡然无存，国王被迫将军事指挥权移交给一个由大约130名圣殿骑士组成的团队，他们自法兰西十字军离开巴黎以来一直随军同行。仅仅是在他们专业的军事指导下，由一位名为吉尔贝（Gilbert）的圣殿骑士团高级军官总领全军，十字军才于1月20日前后跌跌撞撞地进入阿达利亚。这是一幅令人黯然神伤的景象。

十字军战士们在阿达利亚城外宿营，凄惨地度过了两个月，忍受着风霜雨雪和突厥人的不定期袭击。城内的希腊人对他们鲜有同情；他们以高昂的价格将食物卖给国王，并且就海运一事讨价还价，他们的立场强硬，结果国王所能承担的费用无论如何都不足以将全军运送到十字军国家。一段时间过后，这支军队就解体了。3月初，国王和王后率领军队的核心部分乘船到达安条克。一些留在阿达利亚的十字军试图继续从陆地向安条克行进，结果被歼灭。数千人接受了安全通行的条件，穿过突厥人的领土返回君士坦丁堡。更多人死于营养不良和疾病。"法兰西之花未能结出果实便凋谢了。"德伊的厄德叹息道。[23]1148年3月19日，路易七世终于来到了安条克。在埃德萨沦陷将近两年半之后，第二次十字军东征军终于步履蹒跚地到达了目的地。以他们此时情形，究竟能取得何等战绩，现在尚未可知。

251

✝

十字军到达东方时，赞吉早已不在人世。实际上，他已经死去一段时间了。1146 年 9 月 14 日，这位狡诈的老阿塔贝格正领军围攻拉卡（Raqqa）① 附近的要塞卡拉特－贾巴尔（Qal'at Jabar），他的一个仆人——被伊本·开拉尼希称为"一个叫作雅兰卡什（Yaranqash）的法兰克混血儿"——潜入他的营帐并将其主人刺死。[24]雅兰卡什到底心怀何等怨怼已不为人知，但是赞吉在其一生中树敌无数，而他的马穆鲁克——作为私人卫队侍候阿塔贝格的奴隶士兵——在他被杀时只是将视线移到了另一边。赞吉几乎和伊尔加齐一样嗜酒如命，遇刺当天比平时醉得更厉害，因此根本无力反击。[25]雅兰卡什"将他残忍地杀死在床上"，然后逃之夭夭。赞吉的军队一时间群龙无首，他在摩苏尔和阿勒颇的支持者也陷入一片混乱。十字军国家的法兰克人为赞吉的暴毙额手相庆。提尔的威廉记述了一个拉丁人之间流传的笑话，拉丁人对这件事评论道，"一个以'血腥之王'（Sanguinus）② 这个血腥的称号为名的杀人凶手，已经被自己的鲜血染得浑身是血"。[26]但法兰克人并没有多少时间来玩欢快的双关把戏，因为赞吉刚一入土，一个更加危险的伊斯兰新领袖就在近东出现了。

赞吉的次子名为努尔丁（Nur al – Din）。他身形高大，肤色黝黑且几乎没有胡须，前额宽大，目光炯炯有神，其名意为"信仰之光"。伊本·阿西尔曾为努尔丁写过赞歌，称颂他举

---

① 叙利亚中北部城市，位于幼发拉底河北岸，距离阿勒颇 160 千米，历史悠久，始建于亚历山大大帝远征波斯渡过幼发拉底河时。

② 原文"Sanguinus"为拉丁语，意为"血腥"。

止谦逊、足智多谋且"勇冠三军",并特意写道他每逢战事必会携带两张弓和两筒箭驰骋沙场。[27]提尔的威廉也深有同感:努尔丁是"一位公正的君主,勇敢睿智,按照其民族传统是一个虔诚的教徒"。但威廉又阴郁地说道,他还是"一个基督威名和信仰的有力迫害者"。[28]

当赞吉的领土在其诸子之间被瓜分时,努尔丁得到了阿勒颇〔他的一个兄弟赛义夫丁(Saif al‐Din)① 则控制了摩苏尔,另一个兄弟库特卜丁·马乌杜德(Qutb al‐Din Mawdud)成了霍姆斯的埃米尔〕。出于地缘政治的考量,努尔丁对埃德萨密切关注。他可怕的统治方式立刻显露无遗。赞吉死后,被驱逐出都城的埃德萨伯爵若斯兰二世立刻纠集起一支军队试图重新夺回埃德萨,并鼓励仍居住在那里的亚美尼亚基督徒发动起义。努尔丁则以严酷程度不亚于其父的手段予以回应:他率兵从阿勒颇进军埃德萨,将若斯兰二世赶走,然后洗劫了这座城市,摧毁其防御工事,将亚美尼亚人屠杀殆尽,被俘的年轻女子或沦为奴隶,或成为他兄弟和朋友纵欲的玩物。[29]编年史家叙利亚的米海尔(Michael the Syrian)② 以一种夸张却不失生动的语言描述了埃德萨的命运,哀叹一座城市"黑云压城,血流成河"。[30]如果没有西方的援助,收复埃德萨的希望微乎其微。

一位北方领主尤其有理由希望法兰西十字军能成为有用的

① 其名意为"宗教之剑"。
② 1126～1199 年,也被称为伟大的米海尔、叙利亚人米海尔或者老米海尔,以区分他和他的侄子。他在公元 1166～1199 年是叙利亚东正教的牧首,用叙利亚语写就鸿篇巨制《编年史》,从创世一直写到他自己的时代,其中包括十字军东征等史实。

盟军。普瓦捷的雷蒙在 1136 年到达安条克后，通过娶博希蒙德二世的女儿康斯坦丝为妻而结束了该国长久的摄政时期，自此一直以安条克亲王的名义统治至今。如同安条克公国的历代亲王一样，雷蒙发现他自己在西部边境陷入了与拜占庭帝国永无止境的争端之中；埃德萨的陷落又急剧增加了东部边境的危险。因此，他的首要目标是击退赞吉和努尔丁的进犯，保障东部前线的安全，继而征服阿勒颇及其附近的城市，包括夏萨（Shaizar）、哈马和霍姆斯在内。在雷蒙看来，若要实现这一目标，一支十字军的援助将是最行之有效的方式——而一支法兰西十字军则再好不过，因为法兰西王后阿基坦的埃莉诺，恰巧就是他的侄女。

埃莉诺与雷蒙之间的交往将成为第二次十字军东征中最大的丑闻之一，也经受了各方穷根究底的审视。雷蒙曾"对王后的丈夫寄予厚望"，提尔的威廉写道。[31]当这对夫妇到达安条克后，亲王特意为他们举办了奢华的招待宴会，每一件物事都"装扮得极尽华丽"。[32]在一位关系如此密切的亲戚家做客，流连于充满异国情调的宫廷，浸润在芬芳馥郁的气息中，感受着东方都城的恬然安乐，这对埃莉诺而言犹如一股惬意舒适的源泉，而这里居住的男男女女恰恰来自她的家乡——法国西南部，讲着熟悉的欧西坦语（Occitan）①。[33]埃莉诺和路易七世以宾客的身份在雷蒙的宫廷盘桓了足足十天；这种款待之情与他们离开君士坦丁堡后一路上的风霜露宿形成了鲜明对比，而埃莉诺乐在其中。然而，很快，一切都变味了。

---

① 印欧语系罗曼语族的一种语言，主要通行于法国南部（特别是普罗旺斯及卢瓦尔河以南）、意大利的阿尔卑斯山谷，以及西班牙的加泰罗尼亚。

尽管有雷蒙慷慨招待，路易七世还是在到达安条克不久后便宣布他无意动用他的军队帮助亲王扩大安条克公国的北部疆域。尽管在离开自己的国家之前对法兰西的臣民横征暴敛，东方的征程仍使他实质上陷于破产状态，为了维持自己的十字军东征继续进行下去，他不得不向圣殿骑士团举借巨额贷款。与此同时，从更远的南方传来消息：康拉德三世最终登船前往阿卡，现已在路上。于是，路易七世告诉雷蒙，他根本不想耗尽军费在叙利亚北部发起一场征服行动，而是将离开此地前往耶路撒冷，以完成自己作为一个朝圣者的誓言。他将与康拉德三世在圣城会合，听取梅利桑德女王和她的儿子鲍德温三世的建议，然后再制订行动计划。

雷蒙暴跳如雷。"由于野心勃勃的计划受挫，他开始憎恨国王的行事方式；他公然谋划反对路易七世，并且无所不用其极以求给国王带来伤害。"提尔的威廉写道。[34] 为了达到这一目的，他利用了他与埃莉诺的关系。正如埃莉诺后来的人生经历所证明的那样，她是一位富有主见的女性，在王室关系中绝非其丈夫可以肆意践踏的受气对象。雷蒙现在极力游说埃莉诺支持他而不是其夫君——而她则一一照办。当国王启程前往耶路撒冷时，埃莉诺仍留在北方，她与叔父的关系很快成为流言蜚语的话题。"她悖逆了自己的王室尊严，也无视自己的婚姻誓言，对她丈夫做出了不忠的举动。"提尔的威廉写道——这句话此后被用来暗示埃莉诺和雷蒙开始了一段乱伦之恋。实际上，几乎可以肯定，威廉指的是女不从夫的家庭背叛，他和像他一样顽固的教会人士认为这种行为与奸情无异，同为一种罪恶。不管怎样，雷蒙的策略失败了，埃莉诺的声誉也被玷污，而对于路易七世来说，安条克

254

的丑闻证明最后一幕已经开始——无论是他的婚姻还是他的
十字军东征事业。

✝

255　　　事实证明，第二次十字军东征的主要军事行动相比之前无
其长进，计划不周，执行不力。1148 年复活节前夕，一支由
三列桨座战船组成的舰队驶入阿卡城壮丽的港湾中，将康拉德
三世送到圣地，这支舰队由慷慨大方的曼努埃尔·科穆宁提
供，由拜占庭一流的海军军官担任舰队司令。[35]康拉德三世很
快就表明他与路易七世一样，对于在叙利亚北部发动战争毫无
兴趣。康拉德三世在君士坦丁堡受到了优厚的待遇，曼努埃尔
在竞技场举办市民游戏以博其欢娱，为他找来最好的医生以帮
助他恢复健康。故而，他对任何直接干涉拜占庭利益的政策都
十分谨慎——安条克亲王的计划自然包括在内。帮助雷蒙和与
曼努埃尔反目之间根本没得选。所以德意志国王并没有前往安
条克或埃德萨附近，而是赶赴耶路撒冷观瞻圣墓教堂，并驻跸
曾为阿克萨清真寺旧址的圣殿骑士团总部。在那里，经与圣殿
骑士团大团长埃弗拉尔·德·巴尔（Everard des Barres）① 一
番商议之后，他炮制出一个与第二次十字军东征的初衷风马牛
不相及的计划。十字军既不会收复埃德萨，也不会攻击努尔
丁，而是锁定了一个全然不同的对象。6 月底，一个于棕榈区
召开的正式会议确定了十字军的进攻目标。所有利益相关方均
列席会议：鲍德温三世、路易七世、康拉德三世、耶路撒冷宗

---

① 此处原文有误，当时的圣殿骑士团大团长为罗贝尔·德·克拉翁，埃弗
拉尔·德·巴尔在当时任圣殿骑士团法兰西分团团长，在前者于 1149 年
去世后才当选为大团长。

主教昂古莱姆的富歇（Fulcher of Angoulême）、圣殿骑士团大团长埃弗拉尔，以及十字军和耶路撒冷王国几乎所有主要的贵族和主教。"所有人一致同意，围攻大马士革这座对我们威胁很大的城市，将是最好的选择。"提尔的威廉写道。于是，骰子已经掷下。①

随后开始于 1148 年 7 月 24 日的大马士革围攻战简直就是一场惨败。自从 12 世纪 20 年代晚期一番你来我往的交战之后，大马士革的政权已与拉丁国家化敌为友，双方更多的是结盟对抗赞吉。尽管努尔丁摸索着通过外交方式来维护自己在这座城市的权力，但多年来的种种事例已经表明——并让人领会到——占领一座如此骄傲的通都大邑是何其困难。虽然如此，十字军在第一天还是在城市西郊的大型果园中杀出一条血路，一路上不断与大马士革总督穆因丁·乌努尔（Mu'in al - Din Unur）部署的民兵团和正规军接战。康拉德三世表现神勇：以日耳曼武士的风格徒步力战，而非端坐于马背之上，"据说他以最耀眼的方式斩杀了一位奋勇抵抗的突厥骑士。只一剑，他便砍下了包括敌人的头部、颈部、带着手臂的左肩和这一侧身体的部分躯体"。[36]悲哀的是，对于十字军来说，这已经是最好的战果了。他们穿过果园，开始用攻城武器破坏西面的城墙。但在 7 月 27 日，要么是由于指挥不力，要么是由于背信弃义（两者后来都成为指控的罪名），十字军领袖们突然决定放弃现有阵地，转移到城市的另一边，据说那里的防御工事更容易突破。他们的气势立刻衰竭。守军得以重新组织起来，

256

———————

① 原为恺撒在渡过卢比孔河发动罗马内战时的名言"Alea iacta est"，意为无法反悔，必须全力以赴。

"而经过艰苦努力且付出人员伤亡夺得的阵地就这样被放弃了"。[37] 在从果园阵地——他们之前在此掠夺以补充军粮——撤退后，十字军的补给线开始崩溃。而在城内，穆因丁·乌努尔分别向努尔丁和赛义夫丁求援，请他们帮助自己驱逐异教徒。他向城外的十字军营地散布消息，说这两位危险的兄弟正率领他们的阿沙克尔（askars）部队快速逼近。乌努尔传信说，援军将在两周内到达，如果十字军再不离开，他就把这座城市永远地交给他们。

　　十字军的目标及战略的荒唐愚蠢至此暴露无遗。伊本·开拉尼希写道，这个消息让他们大为震惊——

　　　　穆斯林军队的推进如此神速，他们马上就要被卷入伊斯兰圣战的汪洋大海中……他们开始相信自己必将毁灭，而灾难就在眼前。彼此商议之后，他们发现自己已是自投罗网，自坠深渊，无路可逃。[38]

257

唯一的选择就是乱哄哄地撤走。7月29日拂晓，十字军拔营而逃。他们的这场战争——无数男女为其跋涉千里，栉风沐雨，耗尽生机，直至寄灵上帝——最终不过五天便虎头蛇尾地结束了。他们为其展示的一切，便是不计其数的尸体，散发出如此恶臭，伊本·开拉尼希对此不无满意地写道，"以至于（它们）几乎熏毙空中的飞鸟"。[39]

✝

　　无论路易七世还是康拉德三世都无意久留，再图征服之举。鲍德温三世和耶路撒冷宫廷的贵族们已将注意力从努尔丁和叙利亚移开，转而考虑亚实基伦的战略价值，这是最后一座由埃及法蒂玛王朝据守的海岸城市。如果这座城市陷落，根据他们的推断，向埃及的扩张将指日可待。但康拉德三世和路易七世都不想染手此事。康拉德三世只在耶路撒冷逗留了一小段时间，便于 9 月初从阿卡离开。他在这个十字军王国待了不到六个月，除了履行朝圣的誓言之外，他几乎什么也没做成。路易七世又多待了一段时间，沉湎于其真正的心愿：不是攻打尘土飞扬的城市（此事他似知非知，似懂非懂），而是观摩圣殿、礼赞基督。1149 年复活节，他与埃莉诺——在王后于安条克背叛亲夫之后——微妙地和解了。然后，他们也离开圣地，返回故国，尽管乘坐的是不同的船只。在一次横渡海峡的危险过程中，他们的座船分开，路易七世被卷入了罗杰二世和曼努埃尔·科穆宁两方舰队的海战中，但最后两人都到达了西西里。埃莉诺在航行中罹患重病，而且她的心情可能也不会有所改善，因为安条克传来消息，她的叔父雷蒙在伊纳布战役（Battle of Inab）中与努尔丁的部队作战时被生擒。他对阿勒颇的野心以最奇特的方式失败了。努尔丁下令将他斩首，并将他的头颅置于一个银盒中，作为礼物送给巴格达的哈里发。

　　路易七世和埃莉诺从西西里再度出发，这回仍然是分船而行，直到这对夫妇最终在教皇尤金三世位于图斯库鲁姆[Tusculum，又称弗拉斯卡蒂（Frascati）]——罗马东南 12 英里（20 千米）处的别墅中重聚：即便心隔千里，至少人面咫尺。尤金三世做出了一些徒劳的尝试，试图让他们重归于好，为国王和王后提供了一张铺挂着他最精美织物的婚床。结果百无一用。当年 11 月，他们回到法国，此后不到 18 个月，他们的婚姻就被宣告无效。埃莉诺随后嫁入另一个十字军家族，她

258

的第二任丈夫就是亨利·菲茨安普莱斯（Henry Fitzempress），耶路撒冷国王富尔克的孙子，日后的英格兰国王亨利二世（Henry Ⅱ）。他们的后代中，有一位在所有时代都堪称最著名的十字军国王之一。"一介愚妇"这一判词出自提尔的威廉，这不过是典型的厌女论而已。[40]但无论威廉做何感想，真相却是埃莉诺曾被更愚蠢的男人围绕。第二次十字军东征远远没有达到复制第一次十字军东征成就的预期，只是成功地证明了发生在1096～1099年的一系列事件是多么异乎寻常，也许不可复制。1147～1149年的这一代十字军非但没有阻止基督的敌人死灰复燃，反而于事实上加速了他们宣称要加以崇拜的王国的崩溃。"这就是蛮族人乐在其中的妄自尊大。"安娜·科穆宁娜写道，她于1153年去世前不久完成了她的大作《阿莱克修斯传》。[41]她所书写的事件发生于半个世纪前，但她的评语完全适用于当下。

第十七章　竞逐埃及

利欲熏心，万恶之首！

埃及法蒂玛王朝第20代哈里发扎菲尔（al‑Zafir），年仅 259
25岁就被他的情人谋杀于开罗铸剑师市场附近的一座房屋里。
这位情人名为纳斯尔·伊本·阿拔斯（Nasr ibn 'Abbas），与
哈里发同岁，是一个风华绝代而又寡廉鲜耻的男子。这两个青
年男子喜欢夜里在开罗的街道上纵情狂欢，他们微服乔装，这
样一来，扎菲尔，这位伊斯玛仪什叶派的最高宗教领袖就不会
被人认出来。他们如胶似漆，据说很少分开一个小时，而且扎
菲尔还赠予纳斯尔大量奢侈礼物：数千枚银第纳尔、成群的骆
驼和骡子，以及奢靡艳丽的服饰。可悲的是，哈里发得到的回
报只有忘恩负义和残暴不仁：1154年4月15日的晚上，他被
相好从寝宫里引诱出来，本想一品良宵夜宴之乐，却在爱侣的
卧室惨遭分尸，然后和他的非洲黑人男仆一起被扔进一口水
井里。[1]

杀害扎菲尔的第二天早上，纳斯尔和他的父亲，即法蒂玛
王朝的维齐尔阿拔斯一同前往哈里发的宫殿，两人发动了一场
惨烈的政变。在武装卫队的支持下，他们宣布扎菲尔的兄弟犯
下了谋杀哈里发的罪行，并将扎菲尔的五岁儿子法伊兹（al‑
Faiz）立为傀儡，冲龄继位的后者将不会对阿拔斯的权威造成 260
任何挑战。骚乱随即爆发。"宫里1000名剑士虎视眈眈，随时

可以拔剑出鞘。"既为学者又是战士的乌萨马·伊本·蒙基德（Usama ibn Munqidh）写道，他是这些可怕事件的目击者。[2]一时间人头落地，肚破肠流。哈里发的兄弟们被草草处决。宫殿里的其他服侍人员、看守太监和非洲护卫也伏尸剑下，他们的鲜血喷溅在宫内精致的地毯、大理石地板和华丽的窗帘上，阿拔斯将幼小的法伊兹抗于肩膀，绕金制御座而行，趾高气扬，好不得意。然后他与纳斯尔及其心腹掠夺了大量"金银珠宝和贵重物品"以中饱私囊，留下的"只是不值一文的物事"。[3]一时之间，无人敢阻挠他们独揽帝国大权。然而，他们的罪行注定了帝国最终崩溃的命运。

✝

到 12 世纪 50 年代为止，法蒂玛哈里发帝国已经衰落了数十年之久。在 10 世纪末的全盛之日，法蒂玛王朝的势力范围从北非的大西洋海岸一直延伸到巴格达。[4]法蒂玛哈里发是麦加、麦地那和耶路撒冷的守护者，法蒂玛海军控制了红海和地中海东部，而法蒂玛的工坊生产的布料、水晶、珠宝和陶瓷制品远销西方世界，广受追捧。于 973 年 6 月成为帝国都城的开罗［穆伊兹凯旋之都（al‑Qahira al‑Mu'izziyya）[①]］得天独厚，城内有宏伟的爱资哈尔（al‑Azhar）大学[②]、令人目眩神迷的皇家宫殿群，以及一些跻身世界之最的伟大图书馆和熙熙

---

① 穆伊兹为法蒂玛王朝第四代哈里发，在其统治时期内征服埃及，建立新都开罗，故将其称为穆伊兹凯旋之都。

② 伊斯兰世界规模最大、地位最高、享有盛名的宗教大学。其前身为法蒂玛王朝将领昭海尔建于 972 年的开罗清真大寺，后为纪念穆罕默德之女法蒂玛·宰赫拉（Fatimah al‑Zahra'，意为"佳丽"法蒂玛）而易名为爱资哈尔。

攘攘的集贸市场——来自地中海、红海、跨撒哈拉商业路线和上埃及肥沃的尼罗河洪泛平原的商人在这里交易。一位作家曾在法蒂玛势力鼎盛时期路过埃及，他把埃及称为"世界的飞翼"之一，而开罗是"伊斯兰教的光荣……全人类的市场……西方仓库，东方枢纽"。然而，纵有荣光闪耀，也有危险暗伏。还是同一位作家，在其作品中警示道，"灾难不断地降临在人民身上"。[5]

261

　　来到 12 世纪 50 年代，此时的帝国在各个方向上都受到挤压。非洲西北部，穆瓦希德王朝在那里称雄。伊夫里奇亚——法蒂玛王朝的龙兴之地——已经数易其主：先是齐里王朝，然后是西西里王国；到了 12 世纪 60 年代则落到了穆瓦希德王朝的手中。塞尔柱帝国的历代苏丹及其属下的埃米尔以逊尼派和阿拔斯王朝哈里发的名义将法蒂玛势力逐出叙利亚内陆。十字军则将帝国军队从耶路撒冷、巴勒斯坦和黎巴嫩的沿海城市赶出。1153 年，法蒂玛王朝在巴勒斯坦沿海的最后一个海军基地也失去了，鲍德温三世率领一支法兰克大军进攻亚实基伦：由耶路撒冷王国、圣殿骑士团、医院骑士团和当年春天乘船到达的数百名朝圣者组成的联合部队成功地完成了一场围攻战。对于十字军来说，攻下亚实基伦使他们夙愿以偿：通过关闭港口封锁了埃及的海运，并为奔袭埃及东北部和尼罗河三角洲提供了可能的桥头堡。对于法蒂玛王朝而言，这是近一个世纪以来一系列打击中的又一次失利，整个伊斯兰世界都为这次失利感到"悲哀和伤痛"。[6]

　　丢城失地并非困扰法蒂玛王朝的唯一问题，因为这个哈里发帝国还长期处于宗教世界瓦解的过程中，交织在一起的政治继承争端与神学争论（关于伊斯玛仪什叶派群体尽忠的教义和对象）导致帝国内部派系纷争。自 12 世纪 30 年代起法蒂玛帝国已经分裂成三个互相敌视的团体：埃及的哈菲兹派（Hafizis，得名于扎菲尔的父亲哈菲兹）、波斯的尼扎里派"阿萨辛"团体，以及一个在也门割据、名为塔伊布派（Tayyibis）的团体。这种不断扩大的分裂不可避免地削弱了哈里发的尊严和权威，甚至在扎菲尔遇害之前法蒂玛王朝的哈里发就已经沦为摆设，在香雾弥漫的寝宫里娇生惯养，而政府和军队指挥的真正事务则被他们的维齐尔一手包办。到了 1154 年，正是这群维齐尔一时间心血来潮，认为杀掉哈里发并无不妥，这种现象虽令人震惊，但并不奇怪。

262

而随后于 1154 年间走马灯似的权力更迭也就不足为奇，阿拔斯和纳斯尔在攫取权力后没过六周就被赶出开罗。扎菲尔死后的数日之内，他的姐妹们和一个宫廷太监的派系（他们对前任主人的死怒不可遏）之间就形成了一个联盟。宫里的女人们剪掉她们的头发，与信件一起寄给法蒂玛军队中的一位高级军官，召他火速前来开罗。这位将领名为塔拉伊·伊本·鲁齐克（Tala'i Ibn Ruzzik），是一位发已斑白的什叶派亚美尼亚后裔，当时正驻扎在上埃及。伊本·鲁齐克集结部队，顺流直下埃及都城，正赶上开罗的普通士兵爆发了一场大规模叛乱，公共秩序随即崩坏。阿拔斯和纳斯尔的支持者根本无法踏出家门一步，因为围在外面的妇女们对其嘲讽怒骂，从房屋的窗户向他们投掷石块。到了 5 月末，阿拔斯断定他已经无法安全地待在这个国度，于是与儿子一同逃奔叙利亚。在逃亡途中，他被一队法兰克袭击者杀掉，而纳斯尔则被圣殿骑士团抓住——最终被赎回开罗，宫中的贵妇们因他的谋逆大罪而对他行刑，她们用鞋子将他活活打死，而后将其悬尸城门。与此同时，伊本·鲁齐克率军进入开罗。他本人和他的军队士兵从头到脚都穿着黑色的服饰，在他们的队伍上方悬挂着黑色的旗帜。表面上，他们这么做是为了哀悼被谋杀的哈里发。但世人并没有忽视，黑色也是帝国对手——定都巴格达的阿拔斯王朝哈里发的御用颜色。至此，曾经是地中海世界最强大势力之一的法蒂玛哈里发帝国开始陷入死亡旋涡。扎菲尔葬身水井16年后，其世系断绝，埃及将落入外人之手。唯一的问题是落入何人之手？

✝

1163年，安茹的富尔克和梅利桑德女王的次子——雅法和亚实基伦伯爵阿马尔里克加冕为耶路撒冷国王。他的长兄鲍德温三世于当年2月10日去世。提尔的威廉对阿马尔里克知之甚深，根据前者的记载，新国王冷淡、严肃、刚柔相济、记忆过人，虽然受教程度并不出众，但"闻史之心甚切，喜好历史胜于其他所有类阅读"。[7]纵有一头金发，无奈发际后移；纵然饮食节制，难阻身材发福。阿马尔里克对于彬彬有礼的寒暄毫无天赋，并因轻微的言语障碍而致其演讲让人无法恭维。然而，他强悍的政治本能、对于物质和神性世界的好奇心，以及他大笑的方式——当他被逗乐的时候，笑得如此厉害以至于全身摇晃——使他对人产生了一种奇怪的吸引力。提尔的威廉写道，他唯一的恶习就是勾引已婚妇女并且对金钱抱有难以克制的执念。[8]

阿马尔里克加冕之时正值27岁盛年，他几乎是立即就将注意力转向了埃及。它看起来丰满成熟，任君采摘；或者，就如一位作家所言，有如"俏美新娘，于侍女导引下款款而出”，只待英雄抱得美人归。[9]自伊本·鲁齐克进军开罗七年以来，法蒂玛政权危若累卵，步步惊心。担任维齐尔的伊本·鲁齐克平息了1154年的紧迫危机，并且煞费苦心地向包括提尔和贝鲁特在内的法兰克城市发动航运突袭战。但他最终还是死于最初将他引入宫中的同一暴力团伙之手。当年幼的法伊兹于1160年罹病而亡时，鲁齐克精心安排了另一位少年哈里发即位——九岁的阿迪德（al-Adid），并将自己的女儿嫁给哈里发。一位维齐尔为一己之私进行政治运作，这种做法再常见不过了，并得到了一个再常见不过的回应：1161年9月，伊本·鲁齐克在宫中遭到法蒂玛军队中非洲黑人军团的攻击，这支被称为苏丹军团（Sudan）①的部队受命于哈里发的一位姑母，执行了这项任务。伊本·鲁齐克受了致命伤，当他被转移到安全场所时，他的私人卫队和苏丹军团爆发了一场大规模冲突。战斗中有50人被杀，图谋杀害伊本·鲁齐克的公主则被人用她自己的面纱勒死。阿迪德仍是哈里发，但在接下来的两年里，维齐尔一职辗转三人之手：先是伊本·鲁齐克的儿子，然后是一位叫作沙瓦尔·伊本·穆吉尔·萨迪（Shawar ibn Mujir al Sa'di，或简称为沙瓦尔）的库尔德军官，最后是一位侍臣兼宫内总管，名为迪尔加姆（Dirgham）。每一次的权力更迭之交，成为维齐尔的那个人都对法蒂玛军队中的假想敌进行致命的清洗，"为自己肃清竞争对手"。[10]而每一次大清洗都

①苏丹一词源于阿拉伯语里的 al-Sudan，意指热带非洲的"黑人"。但是，这个词语不应与现代的苏丹和南苏丹共和国混淆。19世纪，埃及人，包括后来的英国人，开始将尼罗河上游地区称为"苏丹"，该地区1956年独立的一个苏丹共和国和2011年该国南部地区独立建国的南苏丹共和国，都沿用了"苏丹"这一名称。

进一步削弱了统治阶级。埃及陷入了岌岌可危的状态。

耶路撒冷国王阿马尔里克深知政治秩序的突然重组会对一个王国产生何等压力。十年前，他亲眼看见自己的母亲和兄长使耶路撒冷王国陷入内战，因为已达到法定成年年龄的鲍德温三世要求作为唯一的国王统治该国，而君权显赫的梅利桑德则拒绝移交统治权力。母子之间的争吵严重到鲍德温三世一度将自己的亲生母亲围困在耶路撒冷卫城城堡里。在经历了一段曲折的内乱和王国的短暂分裂之后，这个问题才得以解决。梅利桑德和他的儿子（鲍德温三世）一样，现已作古。① 但是阿马尔里克已经吸取了他们争吵的教训，由此认识到此刻正是对四分五裂、派系林立的埃及哈里发帝国发动进攻的大好时机。在阿马尔里克继位后的第一年，埃及维齐尔迪尔加姆决定不再向耶路撒冷王国缴纳贡金——这本是亚实基伦陷落后双方达成的和平协议所规定的。于是，国王准备发动一场全面入侵。

✝

阿马尔里克并不是唯一觊觎埃及事务的统治者。在叙利亚，努尔丁在 12 世纪 50 年代重建他的父亲赞吉所纠合的塞尔柱埃米尔大联盟，并进一步将其发扬光大，其进展之神速，令人瞠目结舌。到 1151 年为止，他已经在埃德萨公国永远地扑灭了十字军抵抗运动的余烬——双目失明、孤立无援的末代伯爵若斯兰二世在 1159 年死于阿勒颇的一个监狱里。与此同时，

265

---

① 梅利桑德于 1161 年去世，遗体葬在耶路撒冷城墙外、建于圣母玛利亚坟墓上的教堂之内。——原注

在安条克，努尔丁于 1149 年在伊纳布战役中擒杀安条克亲王普瓦捷的雷蒙，继而夺取了这个公国北部和东部大约一半的领土，使其缩为奥龙特斯河与地中海海岸之间的一片狭长地带（伊纳布战役之后，努尔丁悠闲地沐浴在地中海里，以此来公然展示他在这一地区无人能敌）。[11]在塞尔柱帝国内部，努尔丁已经将阿勒颇——他从赞吉继承而来的遗产——与幼弟的摩苏尔埃米尔国合并，他在 12 世纪 50 年代就已申明自己作为摩苏尔宗主的权力主张，并最终于 1170 年直接将其兼并。然后，他终究在 1154 年为其王冠添加了一颗最耀眼的明珠——大马士革。他先是通过经济封锁，然后组织短暂的军事围城，罢黜了该城平庸的统治者穆吉尔丁（Mujir al-Din），于 4 月 25 日星期日进入该城。大马士革的市民们箪食壶浆，以迎王师。伊本·开拉尼希早已厌倦了"饥荒导致的痛苦、粮食物价的高涨和法兰克异教徒围城带来的恐惧"，以称许的口吻记述了努尔丁的到来，赞扬新统治者"公正和仁善的声誉"，并高度评价他取消对瓜类和蔬菜收税的决定。[12]

努尔丁连战连捷的势头并没有就此终止。12 世纪 50 年代末，他与曼努埃尔·科穆宁达成一项和平协议，以阻止拜占庭皇帝帮助十字军守卫安条克公国的边境，并于 1160 年活捉了普瓦捷的雷蒙的继任者——好勇斗狠、富有传奇色彩的冒险者沙蒂永的雷纳尔（Reynald of Châtillon），将后者一囚就是 16 年。到了 1160 年，努尔丁所控制的叙利亚土地已经超过了人们记忆中的任何一位统治者，而且达成此项成就的时机再为完美不过，因为在 1157 年，长时间统治的——也是最后一位——大塞尔柱帝国苏丹艾哈迈德·桑贾尔（Ahmad Sanjar）驾崩，偌大帝国随即分崩离析，不可收拾。没有苏丹约束的努尔丁由此在帝国的西部边疆卓越超群，无人能撼。他已经消灭了十字军国家埃德萨伯国，并且虎视眈眈，准备将同样的命运施诸安条克公国。他驻军大马士革，将耶路撒冷王国和的黎波里伯国一并纳入其打击范围之内。作为战略大师和虔诚战士，他声望之隆，无人能出其右。显然，他在12世纪50年代两次从严重的疾病中奇迹般地康复，这使他个人对圣战（jihad）①矢志不渝，让他相信，以伊斯兰的名义收复被十字军占领的土地是真主的旨意。在其后的政治生涯中，努尔丁将着力推广对异教徒发动统一的伊斯兰圣战的思想理念，为他在叙利亚和其他地区尽可能扩张领土和权力的政策赋予合法性——同时也在对逊尼派穆斯林发动战争时利用这种理论来分散舆论压力。一座在他的命令下于12世纪60年代建造的敏拜尔（minbar，即讲经坛）上刻有铭文，将他描述为"践行真主之路的圣战斗士，护教抗敌的英雄，公正之王……伊斯兰教和穆斯林之砥柱，在压迫者面前为受害者伸张正义"。[13]努尔丁正确地估算，如果他能将自己的势力向南拓展到埃及，就能以自己的领地完全包围法兰克人的领土。在这种态势下，把异教徒从叙利亚和巴勒斯坦一劳永逸地驱逐出去的梦想就有望实现。所以，正如阿马尔里克将目光瞄准了腐朽的法蒂玛哈里发帝国一样，努尔丁也盯上了埃及。事态在接下来的十年里将最终演变成一场争夺埃及的竞赛。这是一场任何一方都输不起的比赛。

---

① 吉哈德（jihad），伊斯兰教宗教学概念，常被宗教极端主义者以偏概全地利用并引申为"圣战"，其法学定义是以言语、财产和生命为主道奋斗；为捍卫宗教信仰、生命财产、反抗侵略而努力奋斗。译者在本书中根据语境将其译为"圣战"。

✝

267 　　从一开始，争夺埃及的斗争就蓄势待发。努尔丁手下自有征服工具供其驱策：一群野心勃勃的库尔德裔埃米尔在他的军队中形成了一个派系，竭力请求努尔丁让他们在开罗和尼罗河流域放手一搏，他们看到了在那里为自己开拓出有利可图的封地的巨大潜力。努尔丁也正在伊斯兰近东更广阔的世界里塑造自己的个人地位：他于 1161 年前往麦加［阿拉伯半岛上毗邻红海的汉志（Hijaz）地区］朝圣，证明自己的政权是这一地区最虔诚的穆斯林势力。麦加在理论上处于法蒂玛哈里发帝国的监护之下，但就像很多时候一样，真正的权力在于行动和观念，而不是法理细节。在阿拉伯半岛逗留期间，努尔丁下令重建麦地那的城墙；借此，他向世人彰显了自己迅速增长的权势。[14]

　　对于阿马尔里克来说，他几乎不可能对埃及的穆斯林宣称自己有宗教监护权，而他对法蒂玛王朝的意图总体上是为了物质回报而非正义，即便是打着"十字军"的旗号也绝非其最宽泛的含义。但由于亚实基伦掌握在他的手中，沿海大道（Via Maris）①——从大叙利亚通往埃及的主要道路——也就落入了他的控制之下，因而耶路撒冷王国成为距法蒂玛王朝最近且最明显的军事威胁。1163 年 9 月，随着酷暑的高温开始消退，阿马尔里克就开始证明这一点。他"统率大军如神兵天降般杀入埃及"，与迪尔加姆率领的一支军队在沙漠中发生

①　古代中东世界从美索不达米亚经加利利海西岸和地中海海岸到达埃及的国际贸易路线，可追溯至青铜时代，在《圣经·创世记》中就有记载，被称为非利士人之路，得名自《以赛亚书》9：1。

了一场遭遇战，并迫使这位维齐尔退到比勒拜斯（Bilbays 或
Bilbeis）。这是一座位于开罗东北 35 英里（60 千米）的要塞
城市，伊本·鲁齐克先前就预料到十字军国王将经由此地进攻
埃及都城，因此专门加固了要塞的防御工事。现在，埃及人惊
慌失措，担心阿马尔里克"可能会决定引兵攻向更远的国
土"，提尔的威廉写道。[15]他们转而诉诸最后也是最具有自然威
力的防御手段：扒开尼罗河岸边的农业灌溉堤坝。决堤产生的
洪水淹没了乡间地区，制造出一条巨大的天然护城河，切断了
十字军攻往开罗的路线。阿马尔里克被迫撤军。但他还会卷土
重来。

268

✝

与此同时，在叙利亚，努尔丁也正准备挥军攻向埃及。沙
瓦尔，这位在阿马尔里克入侵前被迪尔加姆罢黜的维齐尔，在
逃出生天后于 1163 年夏来到叙利亚，前往大马士革并乞求努
尔丁帮助他恢复权位。提尔的威廉将沙瓦尔形容为"精明能
干……尤其富有远见"。毫无疑问，他是一个慷慨承诺的大
师，对任何人都会信誓旦旦，只要他认为能够促进其事业，而
通常不太关心自己是否能兑现诺言。因此，他在 1163 年向努
尔丁承诺，只要后者支持他，他就会奉上埃及财政收入的三分
之一，以及左右哈里发政策的自由支配权。努尔丁对于面前的
这种人不抱丝毫幻想，故而举棋不定。但他很快就做出决定，
与沙瓦尔几乎必然食言而肥相比，埃及的潜在收益更重要。他
派遣自己手下一位最能干且最残忍的将军护送沙瓦尔重返埃
及，这位库尔德埃米尔名为阿萨德丁·谢尔库赫（Asad al-
Din Shirkuh）。谢尔库赫与沙瓦尔之间的关系终将决定法蒂玛

王朝的命运。

又矮又胖、年事已高、一只眼睛因白内障而混浊的谢尔库赫与其名字（阿萨德）所示之意——狮子并不相像。但在伊本·阿西尔的笔下，他是"这个国家最伟大最勇敢的埃米尔……他所具备的勇气和决心使他无所畏惧"。[16]谢尔库赫也对埃及的财富向往已高，而在未来数年内，他将会一再催促努尔丁允许他在争夺埃及控制权的斗争中自行其是，争论道埃及人早已"沉溺于酒池肉林，对战争科学一无所知"，对于他的刀剑来说不过小菜一碟。[17]1164 年 4 月，谢尔库赫率军开拔出叙利亚，绕过法兰克人的领地，快速穿越埃及国土，直奔开罗。迪尔加姆在率领一支军队出城迎战时被杀，一支从己方部队中射出的箭矢将他击倒，他躺在倒下的地方熬了两日后一命呜呼。5 月 24 日，谢尔库赫将维齐尔的官服送给沙瓦尔。作为回报，沙瓦尔将努尔丁所担心的事情做得分毫不差：他果然背信弃义了。他非但没有将法蒂玛王朝的统治权交给谢尔库赫和他的叙利亚宗主，反而礼貌却不失坚决地请他们全部打道回府。当谢尔库赫拒绝这一要求，引兵前往比勒拜斯并在那里扎营时，恬不知耻的维齐尔便派使者向耶路撒冷国王阿马尔里克求助，以一大笔酬金换取军事援助。

这种朝秦暮楚而毫无愧疚之心的意愿将成为沙瓦尔的标志性行径，因为他知道埃及对十字军和叙利亚人来说举足轻重，于是他也见机行事、玩弄手腕。收到埃及的求援后，阿马尔里克——沙瓦尔知道他定会如此——派出一支大军南下，将库尔德大将围困在比勒拜斯。谢尔库赫即便是在十字军中也名头响亮，因为他"在困境下仍然表现出极大的忍耐力"，能"以坦然之心忍受住饥饿和口渴，在当时实属罕见"。[18]他在封锁之下坚持了三个月之久，直到双方达成停战协议。心系国内事务的阿马尔里克让步了，谢尔库赫的军队整然有序地撤回叙利亚。当他们离开的时候，大腹便便的库尔德老将骑马走在殿后部队里，挑衅般地手执铁斧。当被问及是否害怕法兰克人会趁其撤退伏击他时，他回答道："我倒希望他们如此，这样你们就能看到我将会怎么做了。以真主之名，我将挥舞着我的剑，而我们任何一个士兵不宰掉几个（敌人）是不会倒下的……我们将夺走他们的土地，不留一个活口。"[19]

✝

然而，他不得不等待一段时间，因为其他前线的任务占据了优先位置。努尔丁要考虑的不只是埃及，阿马尔里克也一样。当十字军国王在比勒拜斯被拖住手脚时，努尔丁正在更远的北方猛烈地打击敌人，歼灭了一支由法兰克人、拜占庭部队和亚美尼亚人组成的漫无纪律的盟军。在哈里姆（Harim，阿尔塔赫附近，位于安条克和阿勒颇之间）战役中，这支盟军被"敌军的刀剑杀得溃不成军"。安条克亲王博希蒙德三世、的黎波里伯爵雷蒙三世、埃德萨末代伯爵之子若斯兰三世、亚美尼亚亲王索罗斯二世（Thoros II）和奇里乞亚的拜占庭统治者君士坦丁·卡拉马诺斯（Constantine Kalamanos）全都被生擒回阿勒颇，"像最卑微的奴隶一样被铁链锁住"，打入大牢，他们在那里成为"异教徒的戏耍对象"。[20]随后不久努尔丁又突袭了巴尼亚斯，一个位于大马士革与十字军城市阿卡和提尔交界处的重要防御据点。"这些巨大的变化和可怕的灾难严重影响了基督徒的处境，他们几乎被逼到了绝境，"提尔的威廉写道，"现在一线希望都没有了。"[21]

270

✝

十字军元勋老兵（先后四次参加前往东方的远征，在西方堪称史无前例，他的第一次远征是在 1139 年）佛兰德伯爵蒂里（Thierry）抵达耶路撒冷，以及支援安条克公国和的黎波里伯国的军事努力使阿马尔里克无暇顾及埃及事务。与此同时，努尔丁专注于北方的事务，这意味着谢尔库赫在请求得到返回南方所需要的资源之前不得不等待时机。然而，到了 1166 年末，谢尔库赫的执着说服了努尔丁，努尔丁同意这位库尔德老将继续开展征服埃及的行动。在他主公的祝福下，谢尔库赫集结了 2000 名骑兵和更多的步兵，于 1167 年 1 月再一次进入法蒂玛王朝的领土，兵临开罗城墙外，在狮身人面像和吉萨大金字塔的阴影下安营扎寨。这一次，与他一同前来的库尔德随从中有一位冉冉升起的新星：他 29 岁的侄子，一位来自大马士革的前任治安官，名为优素福·伊本·阿尤布。

271

随着危险迫近，沙瓦尔又一次向敌人的敌人寻求帮助。与往常一样，十字军的支持是有代价的，或者至少是象征性的。沙瓦尔向阿马尔里克承诺，将以 40 万金第纳尔（相当于 1776 千克或 3900 磅黄金）的天价作为帮助的酬劳。为了让这一离谱的提议有一点可信的样子，沙瓦尔邀请两位法兰克特使——凯撒里亚的于格（Hugh of Caesarea）和颇有名望、名叫若弗鲁瓦·富歇（Geoffrey Fulcher）的圣殿骑士——前往开罗觐见哈里发阿迪德本人。法兰克特使们发现这位年轻人——年已 18 但仍是一张娃娃脸，只有一缕轻垂的毛发从下巴上长出——安居于一个满是奇禽异兽的宫殿里，身边簇拥着一群太监和奴才。在这里，阿迪德端坐在他的金王座上，被一席镶满珍珠和金线的帘子遮住身影。[22]阿迪德在沙瓦尔的操控下大吹法螺，他保证，只要法兰克人能把他从逊尼派的威胁中拯救出来，就一定会得到他们的赏金。因此，在当年早春时节，阿马尔里克率领一支法兰克军队浩浩荡荡开进埃及，追击库尔德人，他们顶着狂风暴雨，有时不得不下马在沙漠中挖洞求生。埃及各地都爆发了激烈的战斗，两军在位于开罗南部偏远的比尔贝恩［al‐Bilbayn，又称贝拜因（el‐Babein）］展开厮杀，并在尼罗河三角洲上的亚历山大港进行了一场艰苦的围城与反围城战，领导城防的正是优素福·伊本·阿尤布。

1167 年，双方又一次在战场上陷入了僵持阶段。尽管两军于 8 月双双撤出战斗，但阿马尔里克有更明显的理由感到高兴，因为他在开罗留下了军事顾问和一支法兰克部队作为卫戍军，并至少从阿迪德的财库里拿到了贡金的第一笔款项。但事情还没有完。

1161 年，当鲁齐克由于遇刺受伤而垂死之际，这位老维齐尔哀叹道，他将永远不会再有机会利用比勒拜斯这个前进基地作为进攻法兰克人的跳板了。1168 年 10 月，他的担忧最终得到了证实，因为一心想要征服埃及的阿马尔里克从十字军王国各地征召了一支庞大的军队，向这座要塞城镇推进。这是一个战略上的重大转变，耶路撒冷王国从一个制造麻烦的邻国转变为直接的侵略者。在前一年，阿马尔里克与曼努埃尔一世·科穆宁的女儿玛丽亚·科穆宁娜（Maria Komnene）订立婚约，现在有了理论上可为其所用的拜占庭海军力量，他准备抛弃他对盟友沙瓦尔的义务，完成将法蒂玛王朝统治下的埃及转变为一个十字军保护国的大业。在他的王国里，并不是所有人都同

272

意他的决定——其中以圣殿骑士团尤为突出，他们谴责这种毫无借口就放弃条约义务的愚蠢行为。但是他们的反对不足以撼动国王的决定。11 月 4 日，阿马尔里克的军队到达比勒拜斯，发现指挥守军的是沙瓦尔的儿子塔伊（Tayy）。"您以为比勒拜斯是可以食用的奶酪吗？"他语带轻佻地向阿马尔里克问道。"没错，"阿马尔里克回答道，"而埃及就是黄油。"²³他的军队突破埃及守军的防御，蜂拥而入，无情地洗劫了这座城镇。"大多数市民都成为剑下亡魂，无问年龄或性别，"提尔的威廉写道，"如果他们侥幸逃脱了死亡，他们也会失去自由，并被奴役在悲惨的枷锁之下。"²⁴然后法兰克人继续向开罗进军。

一路败退的沙瓦尔试图阻止阿马尔里克四处劫掠的部队，现在被迫铤而走险。他放火烧毁了开罗主城墙外的旧城区——福斯塔特区（al-Fustat）①。根据伊本·阿西尔的记载，大火连续燃烧了 54 天。但是这一徒劳而且自残的举动并没有使阿马尔里克望而却步。他迅速将开罗全面包围，并给沙瓦尔开出了一个让其自食苦果的条件。他告诉沙瓦尔，只有付给他 100 万金第纳尔（4400 千克或 9700 磅黄金），他才会解除围城。沙瓦尔几乎别无选择，只能同意。尽管和往常一样，他无意遵守协议，更何况在那些本有能力助他筹集到这笔巨款的纳税人中，很多人眼睁睁地看着自己在福斯塔特的房屋被烧成一片白地。阿马尔里克被获取巨大财富的前景蒙蔽了双眼，而不管这件事有多么不现实，于是他从开罗城下退兵，就近扎营，坐等

273

----

① 位于开罗南郊，在 7~10 世纪是埃及的商业和制陶中心，曾大量出土包括唐三彩在内的中国瓷器。

自己的金钱送上门来。

这种顿兵坚城之下的做法被证明是致命的。沙瓦尔作为一个彻头彻尾的两面派，现在玩弄起他最后的花招。他写信给努尔丁，乞求他将谢尔库赫派来，将异教徒从他的城门前逐走。尽管这一请求颇为大胆，但他无须提出第二遍。努尔丁也意识到比赛的终点即将来临。他从自己的常备军中抽调出 2000 名骑兵拨给谢尔库赫，为其装备了一支庞大的步兵部队，此外，他还送给后者 20 万第纳尔用于招募雇佣兵。优素福·伊本·阿尤布再一次与他的叔父一同南下，尽管他这次走得不情不愿，因为他对自己在阿勒颇的高官厚禄心满意足，而且他在那里成为努尔丁最心爱的马球搭档。

1168 年 12 月，谢尔库赫、优素福·伊本·阿尤布和他们率领的庞大军队踏入埃及领土，对阿马尔里克形成包抄之势并向开罗挺进。一开始，十字军国王倾向于与谢尔库赫和优素福·伊本·阿尤布进行正面会战。但在圣诞节这一天，他的侦察兵传报了敌方军队的庞大规模。阿马尔里克原本是作为征服者来到这里的，但他被空洞的财富承诺收买了，没有推动决定性的军事打击。他现在不可能指望沙瓦尔会支持他，而开罗人民自身也不可能在一支由异教徒组成的军队和一支主要由穆斯林（无论逊尼派与否）组成的军队之间选择支持前者。耶路撒冷国王突然发现，他的百万第纳尔之约将不会兑现了；而"突厥人就在眼前，我们必须撤退"。[25]到了 1 月 2 日，他的军队已经走在回师耶路撒冷的路上。

远道而来的谢尔库赫已不是第一次踏上埃及的土地，现在他开始了比赛的终局。在法兰克人离开后，他宿营于开罗城外，并且在 1 月的最初两周与沙瓦尔举行了一系列友好会谈，就稳定埃及局势的计划进行磋商。他们会谈的语调一直亲切友善：当沙瓦尔对他之前的承诺——将埃及三分之一的收入分给努尔丁——搪塞推诿、闪烁其词时，谢尔库赫仍然保持着耐心。但在 1 月 18 日，当沙瓦尔出现在谢尔库赫的营地，打算继续他们之间的会议时，他遇见了骑在马上的优素福·伊本·阿尤布和另一位名叫伊兹丁·朱迪克（Izz al – Din Jurdik）的埃米尔。他们邀请他玩一场赌博游戏，然后把他从马背上摔下来，俘虏了他。沙瓦尔的运气，在经过这么多年的挥霍后，终于耗尽了。他在当天就被斩首，谢尔库赫下令将他的首级送到哈里发的奢华宫殿里，作为礼物呈献给坐在那镶满珍珠金线的帘子后面的阿迪德本人。哈里发则回赠一套维齐尔的官服以表谢意。在宫外，一群暴民将沙瓦尔的府邸拆毁。回到耶路撒冷的阿马尔里克则只能黯然计算自己失败的代价。"利欲熏心，万恶之首！"提尔的威廉悲叹道，"贪心不足，利令智昏！"[26]竞逐埃及的比赛结束了，这场战略大博弈的胜果终归努尔丁及他的库尔德代理人所有。十字军国家之所以开创基业并壮大繁荣，都是得益于伊斯兰近东世界逊尼派与什叶派、叙利亚与埃及之间的宗派对立和政治分裂。现在，大一统之路已经开辟，一位领袖将叙利亚和埃及团结到逊尼派的统治之下，并且在圣战的大旗下完成了这一伟业：这是一种强大的，甚至比拉丁基督教十字军运动更为持久的圣战意识形态。

✝

谢尔库赫还未及尽享自己的胜利果实便乐极生悲。实际上，作为埃及法蒂玛王朝的维齐尔，他统治的时间甚至比鱼龙混杂的前任维齐尔中任何一人都要短暂——伊本·鲁齐克、沙瓦尔和迪尔加姆。1169 年 3 月 22 日，在他夺取开罗仅仅两个月零五天后，谢尔库赫开始了他周期性的饕餮狂欢，狼吞虎咽地吞吃肥肉。通常，这种行为使他患有慢性消化不良；而这一次，暴饮暴食引起扁桃体后的脓肿发炎，结果使他丧命。上帝似乎并没有对志得意满或贪食好吃之人微笑。"他们因自己所受的赏赐而狂喜的时候，我忽然惩治他们。"伊木·阿西尔引用《古兰经》的原文写道。[27]对于谢尔库赫来说，这种离开人世的方式虽突然，但并非完全出人意料。

谢尔库赫留下的遗产很奇怪。他帮助主公征服了伊斯兰最著名的帝国之一，给耶路撒冷王国的安全施加了毁灭性的打击，并一路颂扬努尔丁的大名。但最重要的是，他的冒险事业使一个人崭露头角，其毕生功绩以及他在穆斯林和十字军中的声望，将使谢尔库赫自己、努尔丁和赞吉加起来都黯然失色。此人便是他的侄子——库尔德裔埃米尔优素福·伊本·阿尤布，他很快就成为埃及和叙利亚的苏丹、法蒂玛王朝的毁灭者、赞吉王朝的劲敌、法兰克人的灾星，几乎仅凭一人之力就使成千上万的十字军战士欲将其除之而后快。他将给自己的时代投下一道长长的阴影，而他的绰号将流芳百世——实际上，是数百年之久——即便他的事迹早已消逝在历史长河中。优素福·伊本·阿尤布更广为人知的名字是萨拉赫·丁（Salah al-Din），这个绰号意为"信仰的正义"，但历史和传说将其缩简并神化为萨拉丁。

第十八章　吾罪之故

吾国之邻，

皆成一人之天下……

　　阿迪德，这位法蒂玛王朝的最后一代哈里发，在十天里竟死了两回。他的第一次死亡于 1171 年 9 月 3 日发生在开罗的一个清真寺里，彼时那里正在做星期五的祷告。每一个星期五，按照正确的伊斯兰教习俗，一位布道者将会登上讲经坛（敏拜尔）进行宣讲［又称为呼图白（khutbah）］，在布道词中，他赞颂真主，祝福先知，传授教义，并奉当时统治者之名祷告。但是在 9 月 3 日的开罗，这一仪式被粗暴地打断了。还未等布道者开始宣讲，一位来访的波斯人缘梯登台，自行祷告起来，此人名为穆罕默德·伊本·穆瓦法克（Muhammad ibn-Muwaffaq），更为知名的称号是"学者埃米尔"，以他自认为合法的哈里发之名祈求真主降福。[1]本应出现在祷告词中的是阿迪德。然而，从"学者埃米尔"口中说出的名字是穆斯塔迪（al-Mustadi）——巴格达的阿拔斯王朝哈里发。

　　在埃及近两个世纪的历史中，这还是伊斯玛仪什叶派哈里发的名字第一次被一位逊尼派哈里发取代，这种大逆不道的举动本应将埃及搅个天翻地覆，因为在星期五祈祷时被提名的权利（就像铸造硬币的权利一样）是一位哈里发和国家元首独有的特权。提到另外一个哈里发的名字不仅仅是亵渎神明，更是叛国。然而在 9 月 3 日这一天，当阿拔斯的名号公然代替了法蒂玛时，聚集在现场的信徒们对此视若无睹，波澜不惊。"没有一人站出来表示反对。"伊本·阿西尔写道。[2]于是在下一个星期五，也就是 9 月 10 日，埃及的维齐尔萨拉丁下令，开罗的每一座清真寺在进行宗教活动时都要诵读穆斯塔迪的名字。又一次，伊本·阿西尔写道，"信徒们无动于衷"。[3]一周后，阿迪德的名字在埃及的每一座清真寺的宣讲词中都被换掉。在全国各地，祝福声如雨点般洒落在 800 英里（1300 千米）之外、身在巴格达的阿拔斯哈里发的名字上。按理说，阿迪德本应怒不可遏。但是他已经不在乎了。9 月 13 日，在经历了一场短促又严重的，而且据说是恰逢其时的急病之后，阿迪德在离他 21 岁生日还有十天的时候去世了。[4]因此，他的肉体死亡正好与他在法理上的消失同时发生，而随着他的死去，法蒂玛王朝在埃及的统治也走到了终点。

　　阿迪德死后，萨拉丁与他的一个副手，一位名叫卡拉库什（Qaraqush）的埃米尔，将阿迪德的家族成员召集于哈里发的宫殿中。他们告诉阿迪德的长子达乌德（Da'ud），因为他的父亲去世时没有明确指定他为继承人，所以他无法继位成为哈里发。他和他的男性亲属都被软禁于家中度过余生，并且他们无法接触女眷，以确保这些人无法生育任何男性后代。他们的仆人和奴隶要么被解雇，要么被出售。萨拉丁查封并清点了哈里发的财库，里面的宝物让他称奇道绝：装满了巨大珍珠和红宝石的坛坛罐罐，一把镶嵌着翡翠的华丽剑柄，各种罕见而有趣的古物，例如巨大的鱼骨，取自一些早已死去的深海巨兽；还有一面可以治愈肠内气体积压的药鼓，能使任何让其发声的人放出屁来。[5]他在开罗的街道上组织了一场库尔德和叙利亚部队的阅兵式，以抵消公众可能伴随阿迪德葬礼而产生的沮丧情绪。他本人则高调地在公开场合哀悼。然后他继续他的头等大事，这是一项已进行了两年的工程——将忠于法蒂玛王朝的人士从埃及军队和官僚系统中清洗出去，并将埃及打造成大本营，从这里出发，他和他的支持者们将发起一项大胆的事业：将圣地及其周围的一切掌握在手中。

✝

萨拉赫·丁·优素福·伊本·阿尤布于 1137 年（另一种说法是 1138 年）出生在提克里特（Tikrit）的一个城堡里，这座城市位于底格里斯河上游河岸，距巴格达 110 英里（180 千米）。[6] 他的父亲阿尤布，也就是谢尔库赫的兄长，是一个来自亚美尼亚古城德芬（Dvin）① 的库尔德人，被伊本·开拉尼希形容为"一个意志坚定、才智过人且精通各类事务的人"。[7] 阿尤布以其卓越的才能先是为塞尔柱苏丹，然后为赞吉和努尔丁效力。他在自己的总督属地摩苏尔和巴勒贝克（Baalbek）② 将自己的儿子们抚养成人：沙汗沙（Shahanshah）③、图兰沙（Turan-Shah）、萨拉丁、阿迪勒［al-Adil，又名赛义夫丁或萨法丁（Safadin）］、布里（Buri）和图格特金（Tughtekin）。凭借他出色的服务，阿尤布最终在赞吉王朝的军队指挥层中身居高位，深受尊重，以至于他据说是唯一一个被允许在努尔丁面前安坐的人。阿尤布确保萨拉丁和他的兄弟们都按照自己的足

---

① 亚美尼亚重要的商业城市，中世纪早期曾为亚美尼亚都城。始建于亚美尼亚国王库思老三世在位的公元 335 年。

② 黎巴嫩中部贝卡谷地中的城市，其名字含义为"太阳城"。

③ 意为"万王之王"。

迹成长；萨拉丁早年是一位弓马娴熟的骑士、能干的管理者、圆滑的朝臣和虔诚的穆斯林——勤于祷告，以每日听人朗读《古兰经》和《穆罕默德言行录》（Hadith）为乐。在他20多岁的时候，萨拉丁展现出他的军事能力，在埃及与谢尔库赫和后来被称为阿尤布家族的其他成员一起战斗；这些成员中包括阿尤布本人和赛义夫丁。1167年，他被委以重任，守卫亚历山大，抵抗耶路撒冷国王阿马尔里克的进攻，这是他声望上升的标志。

拜萨拉丁的非凡成就和他自我推销的天赋所赐，很多笔触生动却严重歪曲史实的特写作品在他的时代被创作出来。其中最肉麻的一位作者当数摩苏尔律师和学者巴哈丁·伊本·沙达德（Baha al-Din Ibn Shaddad），他于12世纪80年代末开始为萨拉丁服务，担任军队中的法官（卡迪），在萨拉丁的权力达到巅峰时为他的主公撰写了一部英雄传记。伊本·沙达德的著作被赋名为《世所罕见丰功伟业之萨拉丁史》（*The Rare and Excellent History of Saladin*），本意就是投其主子所好：自觉地塑造出萨拉丁是圣战者（mujahid）的光鲜形象，即被真主选中用于鞭笞可恶的法兰克人。在一部介绍其作品的长篇赞歌中，伊本·沙达德对萨拉丁的个人美德推崇备至：他虔诚且慷慨，无可挑剔；严格恪守斋月戒律；超乎常人地勤奋；善待儿童；"温文尔雅，宅心仁厚，锄强扶弱"，而且英勇绝伦，令敌人心惊胆战。"萨拉丁是最伟大的英雄之一，气吞山河，勇猛刚强，坚定不移，无所畏惧，"伊本·沙达德写道，"我从未见过他高估敌人数量或低估敌人实力的情况。"[8]最重要的是，他写道，萨拉丁是正义圣战者（jihadi）的化身：

280

> 圣战就是他的爱与激情所在，已经牢牢掌控了他的身
> 心，以至于他不论旁事，心无旁骛，一心追求所爱，关注
> 之事唯有投入人力几何，相善之人唯有言及和鼓励圣战
> 之人。[9]

从伊本·沙达德及其同类［其他倾向于阿尤布的作家包括波斯学者、萨拉丁的大臣伊马德丁·伊斯法哈尼（Imad al-Din al-Isfahani），以及后来定居于大马士革的阿布·沙马（Abu Shama）］的甜言蜜语中梳理出萨拉丁的生平殊非易事。毫无疑问，当伊本·沙达德于 12 世纪 80 年代写作的时候，萨拉丁对十字军事业的打击似乎比他之前的任何人都要沉重。在那个时候，甚至对于基督教观察家来说，他似乎是上天狂怒的化身，被派来"倾泻怒火并消灭十字军国家中那些冥顽不灵的凡人"。[10]然而，对萨拉丁的生涯有着敏锐洞察力的分析家总是能够辨别出一个更加暧昧的现实。萨拉丁在与基督徒作战的同时也不放过其他逊尼派穆斯林，与二者战斗的频率不分高下。他在战斗中的败绩也与他取胜的次数平分秋色。他所拼凑起来的帝国在其去世后不到 20 年就分崩离析。传说与其本人并不相符。而同样毫无疑问的是，在 12 世纪 70 年代，当萨拉丁和阿尤布家族在谋划摧毁法蒂玛王朝在埃及的统治并寻求崛起之路时，这一事业的前景——以萨拉丁作为反十字军至尊（ne plus ultra）的声望——并不那么明朗。

✝

最开始，努尔丁授予萨拉丁在埃及行事的广泛权力。1169年夏，他没有反对这位维齐尔采取行动扫除那些威胁到阿尤布

统治的派系：刺杀宫廷总管穆塔明·希拉法（Mu'tamin al-Khilafa），然后对人数达 50000 之众的苏丹军团进行大清洗，经过两天的可怕战斗解决了这些黑人战士，在此过程中，不少建筑物被希腊火烧毁，死难者的尸体成为乌鸦啄食的对象。[11] 努尔丁在 1169 年秋天还派兵支援萨拉丁，当时阿尤布家族正在抵御一支法兰克军队和拜占庭海军舰队对达米埃塔（Damietta）发动的联合进攻。1171 年，当阿迪德的死讯传到巴格达时，该城的民众在大街上载歌载舞。哈里发在听闻自己的异端对手暴死后心花怒放，向萨拉丁和努尔丁送去黑色的阿拔斯旗帜以示庆祝，并口授书信表示感谢，信中尽是溢美之词。穆斯塔迪在得知以下情况后无疑会很欣慰：自萨拉丁在两年半之前接受维齐尔的职务之后，他加倍精力投入宗教礼仪中，放弃饮酒并且衣着保守。

此时，努尔丁自视为萨拉丁权力的唯一保障者，得意扬扬地吹嘘道"突厥人的箭是抵御法兰克人长矛的唯一利器"。[12]但是，随着萨拉丁于 12 世纪 70 年代初稳固了他在开罗的地位——将法蒂玛王朝的哈里发赶下台，将自己的军官如卡拉库什等人派遣到上尼罗河、也门、伊夫里奇亚和马格里布以掌控跨撒哈拉的奴隶贸易和黄金商队路线，通过减税政策讨好开罗的普通民众，并且通过将农地［名为伊克塔（iqta）］慷慨赐予士兵和埃米尔来收买改革后的埃及军队——努尔丁开始对他的库尔德新贵顾虑重重。[13]同样，随着萨拉丁的权势日长，他也越来越担心自己的权力有朝一日会被夺走。

努尔丁与萨拉丁之间的相互猜忌终于图穷匕见，在法蒂玛哈里发阿迪德死后的数月之内，萨拉丁取消了对巴勒斯坦南部法兰克人据点的一次叙利亚－阿尤布联合进攻。他意识到，对

282

耶路撒冷王国的任何征服都将使他在实质上更接近努尔丁在叙利亚领土的陆地边界。经过一番推演，他断定在埃及和叙利亚之间保持一个法兰克缓冲区对他更有利，直至他足够安全，可以随心所欲地服从或忽视努尔丁的命令。[14]这肯定不是一个坚决的反基督教圣战者的行为。同样，就这件事而言，这也不是一个有可能将穆斯林团结置于个人政治野心之上的人所做出的行为。

1174 年 5 月 15 日，努尔丁在大马士革去世，他在一场马球比赛上大发脾气，然后开始发烧，并拒绝了医生给他放血的要求。伊马德丁创作了努尔丁的葬礼挽歌，悲叹他的死亡不啻伊斯兰教的一场灾难："圣教不幸陷于暗淡，因为英雄之光不在……让伊斯兰为其人民的保卫者哀悼，让叙利亚为其王国和边境的保护者悲痛。"[15]萨拉丁写道，这是一场"地震般的冲击"——此言令人格外伤感，因为就在四年前，叙利亚的大部分地区被其历史上最大的地震严重破坏。[16]当然，这是一篇典型的富有诗意的讣告，却源于事实。努尔丁的虔诚无可指摘。他几乎单凭一己之力就复兴了抗击法兰克人与圣战之间的联系，在其统治的 28 年间，在推动圣地的穆斯林团结一致和提高其军事声望方面，他所做的工作比任何人做的都要多。甚至提尔的威廉都无法否认他的成就或诋毁他的人格。他的成就令后世难以望其项背。然而，尽管努尔丁拥有种种至高无上的美德，他仍是一个凡人。而且当他死后，留下的继承人是 11 岁的儿子萨利赫（al-Salih），这使得他的帝国前途未卜。

使形势变得更为复杂的是，努尔丁死后不到两个月，耶路撒冷国王阿马尔里克在罹患急性痢疾后也撒手人寰，留下的也是未成年的继承人：一位 13 岁的国王，加冕后的称号为鲍德温四世。萨拉丁对十字军王国以礼相待，但要比他对萨利赫的礼遇冷淡得多，而且私下里他对阿马尔里克之死幸灾乐祸："愿真主诅咒他，抛弃他，使他受到痛苦的惩罚。"[17]他完全有理由庆祝。鲍德温四世——阿马尔里克与他第一个妻子库特奈的阿格尼丝（Agnes of Courtenay）之子——聪明伶俐，精力旺盛，"性情讨喜"，而且他走路和说话的方式很奇怪地让人想起他父亲。[18]但这对父子有一个关键的区别。随着新国王逐渐长大成人，他明显患上了一种难以治愈、使人日渐衰弱的麻风病，病情严重到提尔的威廉误以为是象皮病。[19]鲍德温羽翼未丰，恶疾缠身，再加上那些在他周围的成年人争夺权力的丑劣行为，最终将使这个十字军国家沦丧敌手。

✝

鉴于以上情况，萨拉丁需要在 1174 年做出抉择。赞吉王朝和拉丁基督徒在近东的势力都在突然之间受到削弱，而他在埃及的地位却愈发稳固。如果他想将自己确立为新一代伊斯兰教的合法捍卫者，他就必须决定是否将目标直接对准巴勒斯坦的异教徒，还是集中精力进行努尔丁未竟的事业——将叙利亚和埃及团结到自己不容争议的号令之下。他选择了后者。在接下来的十年里，萨拉丁并没有竭尽全力去摧毁那些十字军国家，而是迫使与其毗邻的埃米尔国接受自己作为他们的统治者：大马士革、阿勒颇、贾兹拉（Jazira，上美索不达米亚）①

284

---

① 大致相当于现代伊拉克的西北部、叙利亚东北部和土耳其南部。"贾兹拉"在阿拉伯语里的字面意思是"岛"，意指幼发拉底河和底格里斯河将该地区与外界隔开，使之几乎成为一个岛。

和摩苏尔。在此期间，他并没有全然忽视与基督徒的战争：
1174 年夏，他在尼罗河三角洲取得一场海战大捷，彻底击败
了西西里新国王威廉二世（William Ⅱ）派来进攻亚历山大港
的舰队；1177 年，他出兵耶路撒冷王国，遭遇了一支规模较
小但组织力和作战意志更胜一筹的十字军部队（其中包括大
批圣殿骑士），结果不敌惨败。1179 年，他成功地阻止了十字
军在位于阿卡与大马士革之间、处于沿海大道路线上的雅各浅
滩（Jacob's Ford）修建一座圣殿骑士团城堡的企图，劳工尸
体鲜血淋漓、横七竖八地倒在独轮车旁。1183 年，他试图通
过挑衅来刺激耶路撒冷王国倾举国之力与他决战，但以失败告
终。这些都是大规模的冲突。但总体而言，在他事业期的前半
段，萨拉丁更愿意与那些十字军国家媾和，以便腾出手来去折
磨他在叙利亚的教友们。他的主要关注点不在于圣战，而在于
一个道德上是非难辨的任务，那就是在叙利亚地图上将旧主努
尔丁所属的赞吉家族的亲属和后代彻底抹除。

萨拉丁开始逐渐拼凑起一个帝国。他于 1174 年进入大马
士革，最开始打出的旗号是代表萨利赫执政的阿塔贝格。在接
下来的两年里，他两次击败阿勒颇（萨利赫在其父去世后被
带到那里）和摩苏尔（由努尔丁的一个侄子统治）的联军。
1175 年，他占领霍姆斯。1176 年，阿勒颇总督同意奉他为己
方宗主；萨拉丁于 1183 年正式吞并了这座城市，时值萨利赫
夭折后两年（这位少主死时年仅 18 岁）。摩苏尔则一直坚持
到了 1186 年，但是在经过一次漫长的围城战后，其统治者也
不得不屈从于萨拉丁的意志。彼时，阿拔斯王朝的哈里发已经
授予他自称为埃及和叙利亚苏丹的权利。这可不是一个有名无
实的虚衔。

285

　　然而，受封苏丹并不是对萨拉丁打击真主之敌的赏赐，而是对他打击自己敌人的奖励。从努尔丁去世到摩苏尔屈服的12年间，这位先是维齐尔后为苏丹的统治者用于对付法兰克人的时间总计13个月左右，而对其他穆斯林采取积极军事行动的时间则将近33个月。[20]对他的崛起最严重的威胁来自尼扎里派（他们两次差点得手），以及他于1185年对摩苏尔进行的战役行动中患上的一种可能是疟疾的重病——这几乎使他的医生对于能否保住他性命感到绝望。他只是在发烧和疼痛中勉强活了下来，变得消瘦和虚弱。尽管如此，他仍然活着，而且作为伊斯兰近东世界实际上的军事统治者，他的威望达到了顶峰。从高烧中恢复过来后，萨拉丁心中充满了一种渴望，要转而完成他拖延已久的任务：摧毁异教徒在耶路撒冷、的黎波里和安条克的王国。

✝

　　提尔的威廉在12世纪80年代撰写的史书中，已经认识到萨拉丁在叙利亚的征服行动给耶路撒冷王国带来了极大的危险。"从前的时代，几乎每一个（穆斯林）城市都有自己的统治者，"威廉写道，"他们互不依靠；他们很少为相同的动机所驱使，而事实上，他们的出发点往往截然相反……但是现在，既然上帝旨意如此，吾国之邻，皆成一人之天下。"[21]苏丹已经在拉丁诸国周围打造出一个穆斯林包围圈，拉丁诸国唯一可逃的出路就是海上。

　　更糟糕的是，十字军诸国并不仅仅是被外敌包围，他们因派系斗争而分裂。而且，自从第二次十字军东征军溃败之后，西方世界已经失去了向天主圣墓发起大规模十字军东征的兴趣，这一点也让十字军诸国深受其害。每年春天都有一船又一船的朝圣者和武士到来，这倒是事实。随着保卫边疆和圣地要塞的职责不断加重，军事修会所吸纳的成员和享受的资助也在不断增加。而大领主们也会时不时地来到东方，发起私人性质的小型十字军东征，例如佛兰德伯爵阿尔萨斯的腓力（Philip of Alsace），他于1177年来到东方，为自己的罪恶赎罪：他把自己不贞的妻子伊丽莎白的奸头用狼牙棒打死，然后将尸体头朝下扔进厕所。[22]但所有这些犹如杯水车薪，只能勉强维系十字军国家的生存，而且即便如此，法兰克人的领土仍不时地缩减。

尽管在尤金三世和克莱尔沃的圣贝尔纳于1153年去世后，继任教皇屡屡宣布大兴十字军，但十字军运动的力量似乎流向了其他方向。在西班牙，教廷分别于1153、1157和1175年授权发动十字军征战，而且同一时期至少六个军事修会创立，并得到教皇的允许在伊比利亚半岛运作，其中包括卡拉特拉瓦骑士团（Order of Calatrava，创立于1158年）、圣地亚哥骑士团（Order of Santiago，创立于1170年）和阿尔坎塔拉骑士团（Order of Alcántara，创立于1175年前后）。1171～1172年，教皇亚历山大三世（Alexander III）在一道名为《灵魂改造无小事》（Non parum animus noster）的谕令中授权对欧洲东北部的异教徒进一步发动十字军东征，明确了在欧洲打击异教徒将被视为一项与在巴勒斯坦和叙利亚打击穆斯林同等重要的事业。[23]

阿马尔里克在生前曾无数次写信给年迈的法兰西国王路易七世，恳请他率领另一支十字军重返东方，收复被努尔丁占领的失地。"很明显，你的王国足够强大，可以受恩于上帝，从异教徒手中夺回失地。"他写道。六个月后，他实际上近乎乞求法兰西国王回到东方："我们如同您头巾上的流苏，我们向陛下鞠躬……请不要犹豫，现在就出发，基督的土地现在需求甚广，问题诚多。"²⁴他并非唯一的求援者：耶路撒冷宗主教希 287拉克略（Eraclius）在12世纪80年代给所有的大主教、主教、修道院院长、副院长、国王、公爵、伯爵，以及"所有读到此信的神圣教会的子孙"写信，警告说"灾难和不幸无疑会迫使我们逃离并放弃耶路撒冷"。²⁵但是，尽管有这些反复的警告，复兴12世纪40年代——遑论11世纪90年代——的十字军精神似乎从未得到进一步推动。正如第二次十字军东征所证明的那样，只有一场惊天动地的灾难，才能激起西方强国向圣地发起大规模的联合远征，并心甘情愿地承担其所带来的代价、痛苦和不确定性。

实际上，希拉克略在其1184～1185年的欧洲之旅中处处碰壁一事，已经象征着东方事务正在成为明日黄花。他此行随身带着圣墓教堂、耶路撒冷城和大卫之塔的钥匙，准备邀请一位大人物来到耶路撒冷，一如安茹的富尔克之往事，待鲍德温四世死后将其选举为继业者。1月29日，这位宗主教将上述三把钥匙呈放在亨利二世的脚下，这位英格兰金雀花王朝国王、诺曼底公爵、安茹伯爵是富尔克国王的孙子、鲍德温三世和阿马尔里克的侄子，还是十字军王后阿基坦的埃莉诺的丈夫（尽管这对夫妻现已感情疏远）。① 亨利二世同意考虑希拉克略

① 在与亨利二世的婚姻中，阿基坦的埃莉诺是出了名的不安分：尽管他们一共生育了七个成年子女（其中的五个成了国王或王后），埃莉诺还是在1173～1174年的一场内战中反叛亨利，随后被软禁了15年以作为惩罚。

请他继承祖父王冠的提议，但是在咨询他手下所有的贵族和主教之后，得出结论：比起千里跋涉寻求"保护那些东方人"，他自己的王国更需要他。[26]他承诺提供金钱和人力，但仅此而已；希拉克略不得不收拾行李准备离开，他一边走一边抱怨道，耶路撒冷更需要的是领袖，而不是财富。[27]

✝

288 　　亨利二世拒绝接受继承耶路撒冷王位的提议，使得这个十字军王国的政治方向晦暗不明，军事资源匮乏。十字军国家并不缺乏收入——阿卡等港口本就是繁荣的商业中心，而在1183年，在当局的连劝带哄之下，民众多少有些不情不愿地为王国的防御工程缴纳了税款。真正缺失的是一场全面十字军东征所能提供的大规模人力和不容置疑的权威（后一点至关重要）。阿马尔里克的统治给耶路撒冷王国留下了相互对立的王室分支，每个分支都在宫廷中拉帮结派，争权夺势。野心勃勃的贵族们聚集在阿马尔里克的第一位妻子库特奈的阿格尼丝（阿马尔里克在加冕后以近亲通婚的理由抛弃了她）周围，她以自己的儿子鲍德温四世国王和女儿西比拉（Sibylla）公主而母凭子贵，她的新婚丈夫——聪慧文雅但面目可憎的西顿领主雷金纳德（Reginald）也形成了自己的小圈子，与这些贵族引为朋党。其他贵族则投靠阿马尔里克的第二任妻子和王后，即拜占庭公主玛丽亚·科穆宁娜，她为国王诞下女儿伊莎贝拉（Isabella），玛丽亚在阿马尔里克故去后嫁给了权势煊赫的伊贝林的贝里昂（Balian of Ibelin）。与这些党派的政治路线之争交织缠绕的是一群高级贵族的相互攻讦：的黎波里伯爵雷蒙三世；库特奈的若斯兰三世（阿格尼丝的兄弟以及沦亡的埃德萨伯国的推定继承人）；沙蒂永的雷纳德，在阿勒颇监狱度过的 16 年囚徒岁月使他对穆斯林怀有的敌意几近病态，并留下了许多恩怨亟待了断；西比拉公主乏味无趣且命途多舛的丈夫——吕西尼昂的居伊（Guy of Lusignan）；以及专横跋扈的宗教狂热分子——圣殿骑士团大团长热拉尔·德·雷德福尔（Gerard of Ridefort）。这些贵族男女之间的仇恨是如此根深蒂固，以至于在 1186 年，的黎波里伯爵雷蒙三世宁愿与萨拉丁签订互不侵犯条约，对抗耶路撒冷的王权，也不愿与他在法兰克人中的对手化解仇怨，同舟共济。这些人的野心、婚姻、偏见、个性和血仇纠缠在一起，形成一张盘根错节的大网，这种情况在中世纪的法兰克国家中并不罕见。但在 12 世纪，几乎每一个建立于君主政体和军事力量基础之上的王国都会在某些时刻出现如此状况：长时期的王权衰弱最终会促使这种政体自我毁灭。

　　鲍德温四世即位后的年代正是典型的王权孱弱期。鲍德温四世统治了不到 11 年就于 1185 年 3 月 16 日死于麻风病。他临终时的情景凄惨可怜：双目已盲，不成人形，病痛无止，并且虚弱到只能躺在一张担架上巡视王国。继他之后登上王位的是其姐姐西比拉之子——只有八岁的鲍德温五世。[①] 这位幼王的结局同样悲惨，在位仅一年便早夭。随后登基的是他的母亲西比拉女王和居伊国王，这对夫妇在 1186 年末一场乌烟瘴气的选举后共同加冕。自阿马尔里克撒手人寰后，耶路撒冷的王位传承便一直如此，风雨飘摇：先是麻风病人，然后是幼童，

289

---

　　① 鲍德温五世在鲍德温四世生前就于 1183 年被加冕为共治国王，并在麻风病国王死后独自成为国王。——原注

再然后是一个女人，她的丈夫则是一个饱受嘲讽的庸才。西比拉和居伊的加冕深化了派系矛盾，使得十字军国家跟跟跄跄地步向内战的深渊，一旦爆发则其严重程度将远超 12 世纪 50 年代初梅利桑德和鲍德温三世之间的小打小闹。唯一阻止这场战争爆发的原因是一个更大的危机正在迫近，那就是萨拉丁。

萨拉丁与耶路撒冷王国的最后一次休战协定于 1187 年 4 月 5 日期满。现在，用儒雅的西班牙穆斯林旅行家伊本·朱巴伊尔（Ibn Jubayr）① 的话来说，苏丹全身都充满了"对真主的敌人发动圣战的激情"。[28]他无意再续和约，而且有充足的理由发动战争，其终极目标是尽可能占领所有的法兰克城堡和城市。沙蒂永的雷纳德以最便利的形式将开战借口送上门来，这位前安条克亲王在 1176 年从努尔丁的监狱中重获自由后受封于卡拉克（Kerak），这片从耶路撒冷穿过约旦河的地区被称为外约旦。1186 年的晚些时候，正是在卡拉克，雷纳德对一支从埃及前往大马士革的富有商队实施了一次愚蠢至极的抢劫行动，当时这支商队正在缓慢经过他居城的城墙。萨拉丁早就对雷纳德深恶痛绝，这个好战分子在 1182 ~ 1183 年派遣五艘桨帆船在红海沿岸大肆劫掠，这支小舰队俘获或击沉商船和朝

290

---

① 1145 ~ 1217 年，阿拉伯地理学家、旅行家、探险家和诗人，出生于西班牙的巴伦西亚，曾在格拉纳达学习法律和文学，后来成为该市市长的秘书。在这个时期，他创作了很多诗篇。1182 年，他决定去麦加朝圣，以完成巴伦西亚总督交给他的使命，经过这次长途跋涉，伊本·朱巴伊尔对旅行着了迷。在从麦加返回的途中，他游历了埃及、伊拉克、叙利亚和西西里，并于 1185 年回到了西班牙。1189 ~ 1191 年，伊本·朱巴伊尔又回到东方。1217 年，在他最后一次返回东方时，他病逝于亚历山大城。他在《游记》一书中对所去各地的地理人文情况做了详细的描述。这本书还是一部关于朝圣故事的杰出作品，里面有很多真实的描述，比如如何与穆斯林和遵循基督教体统的官员们打交道。

圣者的船只，据说其目标是奇袭麦地那，偷走穆罕默德的遗体。[29]可恶的雷纳德在卡拉克的所作所为使萨拉丁的复仇行动师出有名。

✝

萨拉丁入侵耶路撒冷王国后，第一次大规模冲突发生在休战期满后不到一个月，地点位于拿撒勒附近一个名为克莱松泉［springs of Cresson，又称艾因·戈齐（Ain Gozeh）］的绿洲处。1187 年 5 月 1 日，一群由大约 140 名基督教骑士——大多数是圣殿骑士和医院骑士——组成的小部队，向一支由萨拉丁之子阿夫达尔（al-Afdal）领导、由 7000 名穆斯林战士组成的兵团发起冲锋。结果是一边倒的屠杀，基督徒一方除了热拉尔·德·雷德福尔和他的几个同伴之外，无一幸存。"医院骑士团大团长人头落地，圣殿骑士团的所有骑士也遭此厄运。"一位编年史家写道。[30]这才只是开始。

彻底让整个基督教世界为之震惊的灾难于 7 月初发生在哈丁之角（Horns of Hattin）：距离太巴列四英里（六千米）左右，位于加利利地区的一座双峰死火山。在酷热的盛夏，萨拉丁将一支基督教军队引入决战，这支军队由所有三个十字军国家几乎全部的军事力量组成，另外还包括克莱松泉之战后剩余的圣殿骑士和医院骑士。这支基督教大军是根据名为"征召动员令"（arrière-ban）的紧急条例集结起来的。根据这一条例，每一个身强力壮的战士都从他所在的城镇或城堡里被召唤出来保卫王国。这支军队——人数可能达到两万，包含了被称为土科波利尔、由叙利亚基督徒组成的雇佣兵部队——的数量是否足够与萨拉丁的部队匹敌尚不清楚。一位记录者在战役刚结束后写道，萨拉丁拥有"一支兵员不可胜数的军队"。[31]他的军队从埃及、上尼罗河、大马士革、阿勒颇、摩苏尔、伊拉克和贾兹拉等地征召而来。苏丹"渴望为伊斯兰而战，求胜心切"。[32]就十字军而言，他们在居伊国王的领导下勉强地达成和解，后者颇费了一番周折之后，说服在这一地区权势仅次于他的的黎波里伯爵雷蒙三世摈弃他之前与萨拉丁签订的和约，以十字架的名义而战。为了从精神上强化这支人心不和的军队，圣殿骑士团从耶路撒冷带出了通常保存在圣墓教堂里的圣物真十字架，按照惯例，在每一次重要出征时这一圣物都要由重兵守卫，置于十字军队列的前方。它象征着 90 多年前十字军的前辈们为之辛苦付出的一切。这一点，加之神秘莫测的上帝旨意，将决定会战当日的命运。

萨拉丁充分利用了法兰克领袖们之间的分歧和居伊国王的优柔寡断。居伊在过去因处理阿尤布王朝的威胁时不够坚定而广受批评，因而在这一次反应过于鲁莽。7 月 3 日星期五，萨拉丁引诱十字军离开赛佛瑞亚（Saffuriya）追击己方军队，对方果然中计，进入荒野，直奔哈丁双峰间的旱地而来。一待十字军开始行动，苏丹便派遣部队尾随十字军后卫部队并切断了他们的水源供应，迫使居伊的军队在炙热的环境中度过了一天一夜，由于口渴而愈发狂躁。然后，为了使他们加倍痛苦，萨拉丁的士兵点燃了一堆堆易燃的木柴和干草，空气中顿时充满了令人窒息目眩的滚滚浓烟，这不仅让异教徒困苦难安，更让他们感受到正在等待他们的地狱的滋味。伊本·沙达德描述了十字军走入陷阱时的情景："他们被紧紧地困在套索里，然而他们还在向前行进，如同被驱赶着走向自己看得见的死亡，确信自己已经厄运当头、行将毁灭，并意识到第二天就是他们走进自己的坟墓之日。"[33]

　　7月4日星期六的早上，全面战斗打响了。尽管英勇作战，口渴的十字军还是陷入重围之中，被萨拉丁以数量优势慢慢击溃。每一位后来写到这场战役的作者都同意，战斗过程异常激烈，从黎明到下午3时，持续了大约八个小时。阿尤布军队利用他们的人数优势逐渐将居伊的各个分队逼入绝地，从熊熊燃烧的木柴后穿过烟雾向十字军倾泻箭雨，并以协调一致的冲锋遏制住了法兰克骑兵想要洞穿包围圈的努力。穆斯林稳扎稳打，随着战斗的进行，法兰克人受到挤压向后退去，分散后惨遭屠戮，最后只剩下一群骑士围在火山山坡上居伊国王的鲜红色帐篷周围，王室旗帜飘扬在真十字架的上方。筋疲力尽的法兰克骑士孤注一掷，从那里拼命地发起一波又一波的冲锋，试图用猛烈攻击打开他们通往自由的道路。

　　萨拉丁的儿子阿夫达尔在数年后回忆了自己当时在父亲身旁观看哈丁战役的最后几分钟时的场景：萨拉丁在法兰克人每次发动冲锋时都紧张地揪扯着自己的胡子，催促自己的手下上前迎击敌人，并且大喊道："让恶魔化为谎言！"[34]当阿夫达尔过早地预测穆斯林取胜时，苏丹气急败坏地让他闭嘴。但是过了一会儿，这两人看到居伊国王的红色帐篷倒下，旁边的国王本人也投降了。真十字架落入穆斯林之手。萨拉丁翻身下马，匍匐于地，赞美真主，喜极而泣。后来，他写信给巴格达的阿拔斯王朝哈里发，向后者讲述他是如何——这已不是第一次——粉碎了叙利亚和真主的敌人。对于法兰克人来说，这场战役可谓一败涂地。"在鼓角争鸣和人喊马嘶声中，"一封寄往德意志报告此战结果的信中如此写道，"上帝让他的人民成为剑下亡魂。"[35]

293

✝

发生在哈丁之角的屠杀与投降使得十字军诸国的大门赫然洞开，城堡无人把守，保卫城镇的只有牧师和妇女，萨拉丁得以长驱直入，风卷残云。十字军中没有被杀的士兵们被铁链锁在一起，排成长队，然后在市场上被卖作奴隶。身陷囹圄等待赎回的十字军领袖们包括居伊国王、他的兄弟艾默里（Aimery）、热拉尔·德·雷德福尔，以及主要的贵族们：蒙费拉侯爵（marquis of Montferrat）威廉、托罗的汉弗莱（Humphrey of Toro）、贾巴拉的于格和吉贝莱特（Gibelet）① 的于格。沙蒂永的雷纳德也沦为战俘，被带到萨拉丁面前，后者用自己的弯刀亲手处决了雷纳德。200 名圣殿骑士团和医院骑士团的骑士被萨拉丁的宗教和神职随行人员在公开的仪式上斩首。"呜呼！灾难何其深重，损失不可胜数！如此大劫，皆是吾罪之故，以致天怒。"特里克斯（Terricus）写道，他是少数几个逃离战场的圣殿骑士团指挥官之一，这种行为恰恰违反了其修会要求所有弟兄战斗至死的规定。[36]

特里克斯接着描述，哈丁战役之后，萨拉丁的军队"如蚁群般浩浩荡荡，布满了从提尔到耶路撒冷的整个地表，甚至远及加沙"。[37]从 7 月到 9 月，萨拉丁的军队攻下了吉贝莱特、贝鲁特、西顿、阿卡、太巴列、拿撒勒、纳布卢斯（Nablus）②、海

---

① 现为黎巴嫩城市比布鲁斯（Byblos），是世界上最古老的居民点之一，位于黎巴嫩首都贝鲁特以北约 40 千米。贾巴拉（即贾伯莱）是吉贝莱特的阿拉伯语译名，此两地与前文出现的朱拜勒、比布鲁斯（希腊语）为同一个地方。

② 巴勒斯坦中部城市，位于耶路撒冷以北 30 千米。

法、凯撒里亚、阿苏夫、雅法、亚实基伦、卢德（Lydda）①、伊贝林、托罗、伯利恒和希伯伦。³⁸9 月 20 日，萨拉丁兵临耶路撒冷城下。

担负起这座城市守卫重任的是伊贝林的贝里昂，即王太后玛丽亚·科穆宁娜的丈夫。贝里昂是一个意志顽强而又颇具影 294响力的贵族，他体相异于常人：通休毛发如此厚重，以至于看上去像熊一样。在耶路撒冷，他指挥的守军部队数量不过区区数十名有经验的士兵而已。而在城外聚集的敌军则成千上万。阿尤布军队从 9 月 25 日开始围攻圣城，动用了云梯、攻城武器、挖掘设备和抛石弩炮等重型机械，在当日下午的晚些时候集中全力向西侧城墙发起进攻，当时落日的耀眼光芒使得城墙上的守军睁不开眼，然后他们又转移至脆弱的北侧城墙，那里正是第一次十字军东征军在 1099 年破城而入的地方。

在耶路撒冷城内，基督教妇女将孩子的头发剃光，修士们赤脚进行忏悔，在绝望中祈求上帝拯救他们。这些行为于事无补，一位拉丁编年史家说道，因为"恶臭糜烂的通奸、令人作呕的奢侈和有违天性的罪恶让他们的祈祷无法上达天听"。³⁹在历经八天的狂轰滥炸之后，伊贝林的贝里昂意识到形势已经无可挽救，于是便向萨拉丁请求停火，双方同意基督徒可以在 50 天内为自己赎身，然后性命不受伤害地离开。10 月 2 日星期五——苏丹认为这一天是先知于公元 621 年夜行到耶路撒冷的周年纪念日——圣城的钥匙被交付给穆斯林，难民们开始从城门中鱼贯而出。萨拉丁在"真主至大"的欢呼声中进入耶路撒冷。圆顶清真寺前竖立的巨大十字架被推倒，士兵们立即

---

① 现为以色列中部城市。

开始净化被基督教仪式玷污的清真寺。一周后，在 10 月 9 日星期五的祷告集会上，萨拉丁于圆顶清真寺进行礼拜。一位学识渊博、名为穆希丁·伊本·扎基（Muhyi al-Din ibn al-Zaki）的大马士革布道者发表宣教演说（呼图白），他盛赞萨拉丁，将其誉为世界与圣教的光复者，并且为阿拔斯王朝的哈里发祈祷。[40]

至此，萨拉丁大获全胜。

第三部

稼穑已成①

---

① 原文 The Harvest of the Earth 典故出自《启示录》第 14 章 15 节:"又有一位天使从殿中出来,向那坐在云上的大声喊着说:'伸出你的镰刀来收割!因为收割的时候已经到了,地上的庄稼已经熟透了(for the harvest of the earth is ripe)。'"意指人已恶贯满盈,末日审判即将开始。

第十九章　母狮子与狮心王

死法有快有慢，

但所有亡者的命运都殊途同归……

当萨拉丁于 1187 年 9 月下旬挥军围攻耶路撒冷时，一位 英格兰女子身着借来的甲衣，将一口锅用作头盔，协助守军保卫城墙。12 世纪中叶，贝弗利的玛格丽特（Margaret of Beverley）出生在这个十字军王国，当时她的父母正在圣地进行朝圣之旅，但她在英格兰北部长大成人，帮助父母抚养一个年纪比她小得多的弟弟托马斯，她的幼弟最后成为一位熙笃会修士。后来，玛格丽特在 20 多岁的时候回到耶路撒冷朝圣。此地远非一片净土，而时乖命蹇的玛格丽特发现自己被杀来的阿尤布大军困在圣城里。往后的岁月里，她常常会回忆起围城时的恐怖情景，在缺少身强力壮的士兵的情况下，市民们不得不诉诸一切防御手段苦战到底。

"尽管我是一个女子，"玛格丽特在回忆录中写道，"但看起来像一个战士。"[1]她用投石索向城墙下方的萨拉丁军队发射弹丸，并在街道与城墙之间往返奔波，为战友取水——自始至终都在克制自己的恐惧。有一回，一块磨石般大小的石弹被萨拉丁的一门弩炮抛入城中，差一点就砸中她。她被石弹坠地时 的碎片击中，伤口如此之深，以至于留下疤痕。[2]迅速的医疗救治确保了她的伤势没有生命危险，但是当耶路撒冷陷落时玛格丽特沦为战俘,与她的基督教友一样被迫用钱赎买她的自由。按照萨拉丁与伊贝林的贝里昂的休战协议规定,一位女子赎取自由的价格是五第纳尔。

玛格丽特在耶路撒冷围城期间的遭遇与十字军时代许许多多女性的经历颇有相似之处——她的故事之所以不同寻常,主要在于其人其事以文字的形式被记述下来。战斗也许本为男子之天职,但法兰克女子可以不受约束,甚至被期待身体力行——或杀人见血。[3]对于玛格丽特来说不幸的是,女性在战争期间也特别脆弱:容易被物化为赏赐,或是被迫结婚,或是被判处为性奴隶。玛格丽特刚刚支付了自己的赎金,就在拉齐斯〔Lachis,拉吉(Lachish)——距离雅法门仅一英里(两千米)〕附近被抓住,再次沦为俘虏。这一回就没那么容易逃脱了。她被驱使着去砍伐木材,收集石块,忍受着殴打、威吓和辛苦劳作的折磨,熬过了整整两个严冬。"如果敢说一个不字,我就会被棍棒毒打,"她回忆道,"我的锁链被自己的泪水浸透生锈。"在经历了 15 个月的非人虐待后,玛格丽特被卖给一个来自提尔的富人,提尔是为数不多成功抵挡住萨拉丁进攻的十字军城市之一。[4]玛格丽特的买主在提尔给予她自由,作为一种虔诚的行为来庆祝他一个儿子的出生。但她的苦难远远没有结束。她身无分文,衣不蔽体,流浪在一片基督教权威业已崩溃的土地上。上帝已经抛弃了法兰克人——而玛格丽特所遭受的痛苦不亚于其中任何一人。

✝

299　　耶路撒冷的陷落震惊了基督教世界。甚至在对法兰克人并不总是抱有同情感的拜占庭,这一消息也激起一片惊恐。"谁

能不从他的内心和灵魂深处哀悼这样一场灾难呢？"塞浦路斯
隐修者圣尼奥菲托斯（St Neophytos the Recluse）问道，"圣地
里的神圣羊群被驱逐，至圣之物被交与恶犬。"[5]据说教皇乌尔
班三世在得知这座城市的命运后当场倒地身亡。[6]短命的继承者
格列高利八世①将这个可怕的消息传达给西方的王公和人民。
10 月 29 日，格列高利八世发布了　道教皇谕令［名为《闻讯
战栗》（Audita tremendi）］，号召所有人作为基督的士兵履行
他们的责任，团结起来保卫东方。[7]

> （教皇）写信给基督教世界的所有大人物——皇帝、
> 国王、伯爵和侯爵——以及骑士和普通士兵，告诉他们，
> 对于那些加入十字军并前去收复应许之地的人，他将以一
> 己之身承担起他们所有的罪恶，并在上帝面前宣告他们
> 无罪。[8]

这一回不可能再有任何推三阻四了。十字军国家也许是历史上
第一次真正且毫无争议地面临覆亡的威胁。正如教皇格列高利
八世所言："任何一个心智健全的人，如果对于如此催人泪下
的事由无动于衷的话，那么他即使不是在身体上，至少也是在
内心里，似乎不仅忘记了他的基督教信仰……甚至忘记了他的
人性。"[9]教廷对于个体十字军战士的奖励是按照惯例赦免他们
已坦白的所有罪过，由教会保护十字军战士的家庭和财产，并
且免除他们的所有法律诉讼以及在参加十字军东征期间产生的

---

① 格列高利八世于 1187 年 10 月 21 日当选为教皇，并于同年 12 月 20 日逝
　世。继承他的是克雷芒三世。——原注

债务利息。[10]

300　　从 1187 年秋开始，第三次十字军东征的准备工作拉开帷幕。在德意志，65 岁的神圣罗马帝国皇帝腓特烈一世·"巴巴罗萨"（红胡子）——以他的金发红须得此绰号——重申了 40 年前他追随叔叔康拉德三世参加第二次十字军东征时许下的誓言。腓特烈与教皇的冲突持续了将近四分之一个世纪之久，但到了 1187 年，他已经与罗马教廷握手言和，激情万丈地接受这一神圣的使命。阿尔巴诺（Albano）枢机主教亨利（他也是一位熙笃会修士）被派往德意志鼓动民众，他在那里请求信徒反躬自省，为何上帝"竟会允许异教徒运走十字架的木材，除非是为了再次被钉于十字架之上"。[11]响应号召的军队人数据估计在 3 万到 60 万（不太可信）之间。[12]他们于 1189 年 5 月 10 日前后从雷根斯堡（Regensburg）出发，顺多瑙河而下，目标是匈牙利、巴尔干和君士坦丁堡。率领这支军队的领导层令人印象深刻，其成员来自巴伐利亚、萨克森、施瓦本、奥地利和其他地区的贵族阶层。"英勇无比的武士心中燃烧着光荣之火，他们渴望与那些入侵圣城和耶和华最神圣的墓地的恶徒堂堂一战，"一位编年史家写道，"所有人心中似乎别无杂念，除了'生为基督，死亦有得'的想法之外。"[13]

✝

　　当腓特烈和他的帝国军队动员集结时，英格兰国王亨利二世——曾因贪恋自己的西方王冠而拒绝担当起统领耶路撒冷王国的重任——现在终于羞愧地领取了十字。在与年轻的法兰西国王腓力二世·"奥古斯都"（Philip Ⅱ 'Augustus'，于 1180 年继承其父亲路易七世的王位）媾和后，他在 1188 年 1 月兑

现了自己的诺言。这两位国王——一直在进行无休止的战
争——同意停止攻击对方的领地，并且向他们的臣民征收一种
名为"萨拉丁什一税"、税率为 10% 的所得税，用以筹集援助
基督教会的资金。亨利二世的儿子普瓦图伯爵理查精力充沛，
穷兵黩武，很快就将以"狮心王"的绰号而家喻户晓，他早
就领取了十字，后在 1187 年 11 月，也就是他听说耶路撒冷陷
落后的那一天立下誓言。后来的历史进程表明，正是理查成为
第三次十字军东征中英格兰军团的领导者，因为亨利二世在
1189 年 7 月 6 日于希农堡（Chinon Castle）辞世。

　　与他的绰号及其举世闻名的父母相称的是，理查自有一番
气吞山河之势。一位作家在理查死后撰写了名为《理查国王
东征记》（*Itinerarium Peregrinorum*）① 的编年史，他以浪漫的
笔法描述了理查，理查"身材高大，玉树临风；发色介乎金
红之间；他的四肢笔直而又灵活。他的手臂很长，特别擅长拔
剑挥舞"。同一位作者还写道，理查总是骑马走在军队队列之
前，头戴一顶漂亮的佛兰德式红帽，身着一件玫瑰色锦缎束腰
外衣，外披一袭绣满银色半月和发光太阳的斗篷。"一见此
人，顿生赏心悦目之感。"[14] 没有这么浮想联翩的作者注意到，
理查实际上脸色苍白，赘肉过多，并且经常饱受溃疡和发烧之
苦。[15] 然而，所有人都一致同意的是，理查极其好战，并且在
这方面也确有天赋，他从少年时就投身戎马生涯，直至生命的
最后一天。威尔士的杰拉尔德写道，他的身体因紧张兴奋而发
抖，"而他的颤抖使整个世界为之战战兢兢，栗栗危惧"。[16] 历

---

　　① 此书全名为 *Itinerarium Peregrinorum et Gesta Regis Ricardi*，译者根据字面意
　　　义将其译作《理查国王东征记》。

史在正确的时刻呼唤他加入十字军，而理查也倾其所有地回应了这一呼唤。

理查于9月3日加冕为国王，然后立刻开始廉价出售公职和王室财产以筹集十字军东征的资金。与此同时，王室官员们疯狂地储备长途行军所需的物资：成千上万的腌制整猪，数量302惊人的奶酪、豆子、饼干、装在酒囊和桶里的麦芽酒、马食草料、马蹄铁和钉子、箭头和弩箭。[17]十字军布道者走遍不列颠群岛，寻找最有天赋的战士加入军队：坎特伯雷大主教福登的鲍德温在威尔士的一次布道巡游中就招募了3000名士兵。[18]

理查迫切折磨异教徒的急躁心态迅速感染了英国民众，导致了长达数月的反对英格兰犹太人的骚乱，这场骚乱始于理查的加冕日，于1190年3月在约克达到高潮，几百名犹太人被一群暴徒活活烧死，据说他们当时在这座城市的城堡里受到王室的保护。约克的本尼迪克特（Benedict of York）被一群暴民穿街走巷地追赶，受到殴打并被拖到教堂强迫受洗，他的遭遇在受害者中非常普遍。[19]"（人们）把他们的吸血鬼残忍地送到地狱。"编年史家迪韦齐斯的理查（Richard of Devizes）写道。[20]

这种对十字军东征的暴力且偏执的反应，虽然可怕，却符合时代的潮流。攻击性行径、仇恨以及以狂欢的形式展现个人或公众的残暴行为，与虔诚一样，很容易就与壮大十字军的力量联系在一起。而在1190年，基督之城的沦陷所激发出的圣战本能，像热浪一般席卷了所有的西方王国。据记载，修士们抛弃了他们的斗篷，逃离修道院跑去参军。普通信徒们互相激励对方应征入伍。"许多男人互送羊毛和纺纱杆，暗示如果有人没能参加这项军事任务，那么他们就只适合娘们儿的工作，"《理查国王东征记》的作者写道，"新娘催促自己的丈夫，母亲勉励自己的儿子，唯一的悲哀就是，由于她们的性别弱点，不能和男子们一起出发。"[21]最后一幅景象——柔弱的女人向她们勇敢的男人挥手告别——是夸张而非事实，正如贝弗利的玛格丽特的经历所证明的那样。但这是一个强有力的比喻，而且通俗易懂。一位十字军战士因目睹那些悲痛地离开家园和爱人参加圣战的人而心碎，一首同时代的歌曲描述了他的情感：

> 仁慈的主啊，如果我为您
>
> 远离家乡，告别所爱，
>
> 请将永恒的快乐，赐予升入天堂的我们，
>
> 您的怜悯，就是爱人与我的福泽，
>
> 请赐予她爱我的力量，
>
> 让她将我牢记在心，即使我长年在外。[22]

303

1190 年夏，这种珍贵的告别时刻来临了，因为英格兰舰队的第一分队从达特茅斯扬帆起航。他们的国王早已在大陆上与法兰西国王腓力在一起。7 月 4 日——哈丁战役三周年——这两位国王和他们的军队从里昂启程，分开行军但都是向南挺进。与神圣罗马帝国皇帝不一样的是，理查和腓力已经决定从海路前往圣地。法兰西军队直奔热那亚，而理查率军向马赛进发。他们同意率领他们的海军在西西里重新会合。当两支军队行进时，大地在颤抖。[23]

✝

在西西里，亨利二世最小的女儿琼（Joanna）已经有十多

年没有见到自己的哥哥理查了。他从小就生活在法兰西和英格兰的金雀花家族领地，成长为一个统治者；而她自幼（11 岁）就远嫁西西里国王"好人"威廉二世，成长为一位王后。威廉二世的父亲威廉一世黑须虬髯，不怒自威，他的前臂天生神力，以至于能将两副马蹄铁掰直。相比之下，威廉二世既非身强力壮之人，也非能征善战之士——但他是十字军事业的热心支持者。[24]在 12 世纪 70 年代，威廉二世派遣船队向萨拉丁在亚历山大和伊夫里奇亚的领地发动攻击；每年夏天，他都整备桨帆船舰队，派其在海上航道巡逻，以确保朝圣船只的安全；在耶路撒冷陷落后，他指示自己的海军总司令布林迪西的玛格利特斯（Margaritus of Brindisi，在精神上与安条克的乔治，即罗杰二世的海军大元帅一脉相承）率领一支舰队前去支援法兰克人，帮助巴勒斯坦海岸上的孤立城市（如提尔和的黎波里）坚守下去。[25]

当理查于 1190 年抵达西西里时，威廉二世国王已经于前一年秋天在帕勒莫离开人世。他与琼并无子嗣存活，于是当威廉二世死后，王国权力被他的堂弟——罗杰二世国王的一个私生孙子坦克雷德攫取。坦克雷德被一位盎格鲁-诺曼观察家颂扬为"精明"或"富有远见"，却受到意大利雄辩家埃博利的彼得（Peter of Eboli）的诽谤，后者渲染了他身材矮小和相貌平平的特点，称他是一个"不幸的怪胎和可憎的怪物"、"自然界的笑柄"、一位猴子国王和"一个看起来像是流产儿的男人"。[26]当坦克雷德夺取了琼已故丈夫的王冠时，对威廉二世的遗孀做出了大不敬的举动：没收了她在蒙特圣安杰洛（Monte Sant'Angelo）的领地——这是先王赐予琼的一块富饶土地，以为其提供个人收入——连同她父亲送来的各式各样的贵重礼物，包括一张长达 4 米（12 英尺）的金制餐桌、一顶巨大的餐厅帐篷、24 个金制餐盘和一队战船。对于这位猴子国王来说不幸的是，琼的哥哥理查可不会轻易放过偷窃其家族物事的盗贼。

理查于 9 月 23 日渡过墨西拿海峡，以盛大的军容进抵墨西拿城外。"整个海面上密布着桨帆船，船上满载着精干的人员和武士，面露悍勇之色"，（长矛上的）三角旗和军旗猎猎飘动，编年史家安布鲁瓦兹（Ambroise）写道。[27] 这些途经伊比利亚半岛来到西西里的十字军战士的呼吸中早已带有血腥的味道，他们在半路上帮助葡萄牙国王桑乔一世（Sancho I）① 打击穆瓦希德王朝的势力，随后却洗劫了基督教城市里斯本。以所谓墨西拿的"狮鹫"——讲希腊语的市民，他们对无法无天的十字军深恶痛绝——聚众闹事为借口，理查让他的军队大开杀戒。10 月 4 日，他升起了自己的战旗——一面巨大的军旗，上面绘有一条龙的图案——然后向这座城市进军，用攻城锤将城门撞成碎片，纵兵杀入街道。几个小时之内，理查的士兵就"攻克了城内所有的防御工事，直逼坦克雷德的宫殿门前"，把住在附近驿所的法兰西国王腓力（他先于理查到达西西里）吓了一大跳。坦克雷德和腓力只能无助地看着英格兰旗帜在墨西拿的城墙上升起，而城门外的工程师开始修建一座木质堡垒，士兵们将其戏称为"狮鹫虐打者"。[28]

面对着这样一位"攻城夺寨即拿手好戏"的国王，及其赤裸裸的武力炫耀，坦克雷德很快就忏悔了自己的罪行。琼与她的兄长团聚，理查将她送往卡拉布里亚暂住，而他则与坦克

305

---

① 葡萄牙开国君主阿方索一世·恩里克斯的儿子。

雷德谈判，要求归还她的合法财产。最后，坦克雷德支付了567千克（2万盎司）的黄金，作为他所掠夺的土地和财富的补偿，并被允许保留他的王位。到了圣诞节，西西里重享太平，理查可以在"狮鹫虐打者"的大厅里举行庆祝宴会了。当他在西西里过冬时，一则神谕告诉他，他命中注定要打败萨拉丁，将穆斯林赶出圣地。于是他迫不及待地要进行春季航行了。

✝

理查和琼于1191年4月10日离开墨西拿，继续他们前往"饱受摧残的天主之地"的旅程。[29]他们乘坐的是一支经过冬季修整后焕然一新的大舰队。"太阳从未在如此富有的舰队上升起过。"安布鲁瓦兹写道，但并不是所有人都如此开心。[30]十天之前，法兰西国王腓力·奥古斯都怒气冲冲地离开了西西里。他本就被理查在墨西拿的专横行为扰得坐卧不安，而当他听到英格兰国王已经决定取消与他的妹妹阿丽克斯（Alix）的婚约时，不禁怒火更旺。这对男女本来在孩童时代就已订婚，但理查现在改变了主意，经过一番安排计划娶伊比利亚公主纳瓦拉的贝伦加丽娅（Berengaria of Navarre）为妻，这位公主是伟大的收复失地运动战士、卡斯蒂利亚和莱昂国王阿方索六世的后代。贝伦加丽娅由德高望重的王太后阿基坦的埃莉诺亲自送到西西里，后者对一个年轻的新娘参加十字军东征时的感受再清楚不过。在与阿丽克斯撇清关系的过程中，理查提出了耸人听闻的指控，称这个女孩在由英国王室监护期间与他的父亲亨利二世发生了性关系。除了默然接受事实和愤愤不平之外，法兰西国王再一次无能为力。但随着十字军东征战事的展开，这些风花雪月和政治侮辱的后果将变得可怕而明显。

在离开西西里后，海上风暴将英格兰舰队吹散，而不久之后琼发现自己又引发了另一场冲突。她与贝伦加丽娅乘坐着一种名为"巴士"的运输船向东航行。在海上漂泊了大约两周后，她们驶进了塞浦路斯岛的莱梅索斯港（Limassol），却发现那里早已战火连绵，战斗的一方是英格兰船员，英格兰的船只要么在那里停泊以获取补给品，要么在海岸附近失事。琼和贝伦加丽娅对于离船登岸一事慎之又慎，因为她们唯恐自己被塞浦路斯的统治者伊萨克·科穆宁（Isaac Komnenos）俘虏。

她们的谨慎并非毫无根据。伊萨克被一位英格兰编年史家形容成一个"暴君""所有恶人中最坏的一个"，其"不忠不义较之犹大有过之而无不及"，据说与萨拉丁互相饮下对方的血后订立了友好盟约。[31] 这不仅仅是一贯诋毁希腊人的拉丁作者的一家之言。在曼努埃尔·科穆宁于 1180 年驾崩、其 14 岁的儿子阿莱克修斯二世继位后，拜占庭帝国陷入了一个多灾多难的时期，内有争权夺位、政变与反政变，外有强敌入侵，烽火从巴尔干燃到小亚细亚。伊萨克利用乱局在塞浦路斯割据自立，并开始作为独裁者统治这个岛屿，恣意地折磨和残害自己的人民。甚至连拜占庭的编年史家都谴责他的见风使舵和残忍无道，将他形容为一个"暴躁易怒的无耻之徒"，"面目可憎、遭受天谴的色中饿鬼"，"每个时辰都毫无正当理由地"犯下"谋杀的罪行"。[32]

当理查于 5 月 6 日在莱梅索斯登陆时，发现他麾下的十字军战士正与伊萨克的部队杀得难解难分，而他的妹妹和准新娘则在她们的船上瑟瑟发抖。他没有浪费时间，当即冲上海岸，开始了一场为期 15 天的闪电战，岛上所有的主要城市和数座

307

城堡均落入他的控制之下，就连伊萨克和他最宠爱的女儿也成了阶下囚。这位塞浦路斯的暴君戴着银制镣铐（这倒与他僭越皇帝者的身份相称）被关进监狱并在那里度过了余生。[33]这场战役进行得如此顺利，以至于理查在中途还有闲暇暂停战事，与纳瓦拉的贝伦加丽娅完婚。但婚礼的庆祝活动很简短。理查之所以立下参加十字军的誓言，并不是为了在塞浦路斯岛上操办宴会。他制订计划，将这座岛屿卖给了圣殿骑士团（他们随后又转手将塞浦路斯卖给了流亡中的吕西尼昂的居伊，也就是那位在哈丁战败的国王）。然后，1191 年 6 月 7 日，英格兰国王在法马古斯塔（Famagusta）登上一艘桨帆船，启航驶向圣地。琼和贝伦加丽娅也又一次当先登上了运输船。他们此次十字军东征的第一个目标仅有三天的航程之遥。他们的目的地是正在被围攻的阿卡。

✝

当理查从塞浦路斯扬帆起航时，阿卡——在哈丁战役后落入萨拉丁之手——已经被十字军部队围困了将近两年的时间。作为巴勒斯坦海岸上最重要的商业城市、迄今为止意大利商人和法兰克朝圣者前往十字军国家以及近东商队路线的转运口岸，阿卡是仅次于耶路撒冷的重要目标，由超过 3000 人之众的阿尤布军队把守，守军指挥官就是萨拉丁麾下的元勋副手卡拉库什。而在该城以东几英里外一座名为手掌山（Tell al-Ayyadiyya）的山丘上扎下营盘的，则是苏丹本人。萨拉丁麾下的军队实力令人难以捉摸，其规模取决于他在任一时刻能在战场上保留多少士兵。横阻于卡拉库什与萨拉丁之间，试图维持对阿卡的陆地封锁，希望通过饥饿迫使这座城市屈服的是吕西尼昂的居伊和他的军队，这支军队包括哈丁战役的幸存者、从的黎波里伯国和安条克公国调集来的部队，以及第三次十字军东征的第一批响应者，另有一支热那亚舰队在北部的狭长海岸上占据着滩头阵地。在哈丁战役中被俘的居伊缴纳赎金后幸运地被萨拉丁释放①，但他不幸地失去了自己的妻子——西比拉王后在围城战期间染上了营地热病，于 1190 年离开人世。他也不知道如何在这么早就陷入僵局的围城战中取得突破，因而一筹莫展。他既无法将萨拉丁的援军从其阵地逐走，也无法维持全面的海上封锁，迫使阿卡因饥饿而屈服。而在萨拉丁这一方，他无法集结起足够的力量驱散围城军队，因为这支军队定期地得到增援：一船又一船的志愿者从欧洲各地赶来，包括比萨人、佛兰德人、德意志人、布列塔尼人、丹麦人、威尔士人和康沃尔人（Cornish）。然而，尽管这些增援部队的到来使十字军的人数膨胀到大约三万人之众，围城军队仍然缺乏足够的人手在保卫己方阵地的同时摧毁阿卡厚实的城墙。唯有王者降临，才能打破僵局。

　　第一个加入战局的拉丁基督教君主是腓特烈·巴巴罗萨。他的德意志军队在得到数千名匈牙利生力军的增援后，沿着穿越拜占庭领土的陆路进展神速，在与罗姆塞尔柱人的苏丹基利杰·阿尔斯兰二世的对战中取得重大胜利，于 1190 年 5 月 18 日攻占并洗劫了苏丹的都城艾科尼厄姆。[34] 然而，仅仅三周以后，

309

---

　　① 居伊能重获自由真是再幸运不过了。萨拉丁决定在哈丁战役后释放他是一种低劣的政治奸计而非高尚的骑士风度。在盘算到不得人心的居伊得到自由之身将会比被关在阿勒颇监狱给法兰克人制造出更大的麻烦后，萨拉丁在居伊做出不再攻击任何穆斯林的承诺后将其放归国土。不过居伊几乎立刻就违背了自己的诺言。——原注

灾难于 6 月 10 日降临。腓特烈在萨列法河〔River Seleph，又称格克苏河（Göksu）〕中游泳时溺亡——明显是因为心脏病发作或中风而无法动弹，然后被他衣服的重量拖到水面以下。"每个人的心中都萦绕着令人震惊的悲痛和哀伤，鉴于亡者是这样一位伟大的君主，这种伤恸理所应当。"一位德意志编年史家写道。[35]腓特烈的军队已成惊弓之鸟，只是在其儿子施瓦本公爵腓特烈六世的约束下才继续向安条克行进。然而，灾难随后再次降临，因为"一种前所未有的恶病和瘟疫将每一个人都彻底击倒……死法有快有慢，但所有亡者的命运都殊途同归"。施瓦本公爵腓特烈六世也在逝者当中。德意志军队仿佛消散于风中一般瓦解。经过将近一年的作战后，几乎没有多少德意志人能到达阿卡。于是围城战的僵局仍在继续。

✝

1191 年 4 月 20 日，在春季先期离开西西里，而且避开塞浦路斯岛上纠葛的腓力·奥古斯都于理查之前抵达阿卡。他带来了六艘船只，随行的还有无数骁勇善战的法兰西贵族，其中还包括十字军老将佛兰德伯爵腓力和勃艮第公爵格。他们的到来受到城墙外这支师老兵疲的军队最热烈的欢迎。根据一位法兰西作者的记载，腓力被尊为"上帝的一位天使"。[36]而且，他立即就为围城军队注入了活力：他的工程师们建起一支庞大的炮兵集群，昼夜不停地向阿卡投射石弹；法兰西工兵开始在城墙下方挖掘地道，而普通的朝圣者则开始用碎石填满阿卡的护城河，为云梯和攻城塔铺平道路。其中最著名的劳工是一位女基督徒，可悲的是，她的姓名在史料中并未被记载下来，

"她一刻不停地劳作……一边干活一边鼓励他人"。根据《理 310
查国王东征史》的作者戏剧化的夸张描述：

> 当这位女子正忙着把她运来的泥土放下时，一个突厥
> 狙击手用飞镖（即一支弩箭）射中了她，她倒在地上，
> 痛苦地扭动着身体。当她躺在地上痛苦地呻吟时，她的丈
> 夫和其他许多人跑到她身边，她哭着用微弱的声音请求
> （他们）为她了却一桩心愿。

她要求在她死去之后，朝圣者将她的尸体和其他填压物一起扔
进护城河，"这样我就能感觉到自己有所成就"。[37]

理查和英格兰十字军于 6 月 8 日来到阿卡，岸上一片欢声
雷动，较之他们迎接腓力时的场面更加热闹——腓力暂时将礼
节置于个人怨恨之上，帮助贝伦加丽娅王后登岸。十字军的普
通士兵吹响喇叭、号角、风笛和短号，纵酒放歌。篝火熊熊，
全军共庆。"所有人都充满希望。"编年史家安布鲁瓦兹写
道。[38]而且他们的希望底气十足。理查带来了 25 艘桨帆船、数
千名战士和大笔财富，他慷慨地将这些财富分发给围城者。甚
至就在他登陆阿卡之前，他的舰队就已击沉了一艘阿尤布巨
舰，这艘运输船意图冲破海上封锁，结果中途被毁，将近
1000 名步兵和七位埃米尔命丧大海，一同损失的还有一大箱
武器、100 头骆驼和 200 条打算用作生物武器的毒蛇。"这位
国王凭借他的勇武、狡诈、坚毅和耐心成为他那个时代的佼佼
者，"伊本·阿西尔写道，"在他身上，穆斯林遇到了空前的
灾难性考验。"[39]伊本·沙达德也深有同感：理查是"一个勇往
直前的伟大武士，不达目的绝不善罢甘休"。[40]

　　理查和腓力都于 6 月中旬因营地热病而卧床不起，英格兰
军队的势头才稍稍减弱，这两位君主的症状是一种奇怪的、类
311　似坏血病的情况，叫作"阿纳尔迪亚病"（arnaldia），这种怪
病使人的头发和指甲脱落，牙齿松动。萨拉丁在听说此事之
后，颇具骑士风度地每天都派人将冰块和新鲜水果送到十字军
营地。但他的慷慨并没有得到回报。整个 6 月，一场轰轰烈烈
的炮战在持续进行，两架巨大的十字军弩炮——绰号为"恶
邻人"和"上帝之投石手"——与城市守军操作的绰号为
"坏表弟"的弩炮对轰。工兵们继续城墙下方的挖掘作业，目
标是一座名为诅咒之塔（Cursed Tower）的大型防御工事。城
墙上的守军用希腊火焚毁攻城器械。在这段时间里，双方继续
像往常一样互相侮辱，用小型武器互相攻击，在这种情况下，
再小的胜利也值得庆祝一番。伊本·沙达德不无高兴地记录
了一条喜讯：琼的两位西西里仆人——他们像西西里宫殿里
的许多太监一样，是伊斯兰教的秘密信仰者——当了逃兵并
跑到萨拉丁的营地。他还记录道，苏丹惊愕地收到了一个战
利品——从一位十字军女战士那里缴获的一把木制十字弩，
这位巾帼英雄以身披一件醒目的绿色斗篷而在两军之中名声
大噪。在一次击退萨拉丁的军队突袭围城者营地的战斗中，
她用自己的箭矢接连射伤数名苏丹的士兵，直到她被制服后
遇害。[41]

　　然而，渐渐地，阿尤布军队所能庆祝的也只有这些小胜利
了，因为腓力和理查的到来意味着围城战的结局已经近在眼
前。在严密的海上封锁之下，阿卡开始陷入饥饿状态。围城者
筑起深沟坚垒，栅栏、战壕、土木工事和武装卫兵一应俱全，
萨拉丁根本没有希望将他们赶走。7 月 3 日，十字军工兵使阿

卡的一大段城墙垮塌，守军于次日求和。在经过八天火药味十足的谈判之后——其间巨石继续飞天坠地，隆隆作响，工兵们在诅咒之塔（7月11日崩塌）下方的挖土声也时有耳闻——双方就条款达成一致。阿卡将被交付给十字军，真十字架也会被归还给基督徒，双方互换几千名战俘，而苏丹则将向理查和腓力支付20万枚拜占特。协议被送往萨拉丁处等待他的批准。与此同时，这座城市的钥匙也被制作出来。十字军战士们高唱赞歌，满心欢喜地拥入城中。

312

✛

　　阿卡于1191年7月的陷落原本可能是第三次十字军东征的终点；事实上，对许多法兰克人领袖来说的确如此。瓜分这座城市的战利品并重新恢复许多利益团体——热那亚人、比萨人、威尼斯人、圣殿骑士团、医院骑士团和其他团体——的财产、控制区域、税务减免和商业特权是一项艰难繁重的任务。军队内部各派系之间都发生了争吵。奥地利公爵利奥波德（Leopold）在经历德意志十字军的九死一生后仍来到阿卡助战，但收到的回报甚微，这让他尤为愤恨不平。在看见他的一面旗帜被踩在泥里之后——这明显是理查的一个追随者干的好事——他离开阿卡返回故乡，一路上对英格兰国王咒骂不已。

　　继他之后离开的是腓力·奥古斯都。法兰西国王的满腹怨恨在阿卡围城战期间变得更加强烈。他公开抨击理查飞扬跋扈，并且随意施舍以收买人心；两人在战略上也存在分歧，而且理查偏向吕西尼昂的居伊对耶路撒冷王位的主张，打压腓力自己的盟友和候选人——提尔的统治者蒙费拉的康拉德

（Conrad of Montferrat）①。以上的种种让腓力受够了：随着阿卡陷落，腓力做出决定，他已经超额完成了自己的十字军誓言，现在到了离开此地返回法兰西的时候了，他计划处理国内事务，并在理查的西部领土上挑起事端。"离开的时候，他受到的诅咒多于祝福。"安布鲁瓦兹写道。尽管他手下的战士中有很多人留下，但腓力对于征战东方已经兴致索然了。

✝

理查并没有抛弃阿卡。他对于自己的十字军义务有着更广大的愿景，开始筹划发起下一场战役，利用阿卡得胜的势头继续推进，收复耶路撒冷王国全境。8 月 20 日，他已经厌倦了等待萨拉丁归还真十字架、支付赎金并且批准十字军与阿卡守军达成的和平协议，理查将 2600 名手无寸铁、捆绑结实的战俘押往阿卡城前的平原并将他们全部处决——这是一种惨无人道的卑劣罪行，甚至以当时的标准而言都过分残忍，即使严格地按照当时的事实来说合法，也被史家描述为战争罪。[42]然而，暴行一直是 12 世纪战争的组成部分。萨拉丁和他的许多前辈都把俘虏卖为奴隶，并下令大规模屠杀囚犯。双方都没有宝贵的时间思考人权问题。

在阿卡的屠杀之后，理查和他修整后的军队开拔出阿卡，沿着海岸的道路向南，兵锋直指雅法，以及更远的耶路撒冷。在接下来的三个星期里，他们沿着海岸缓慢前进了 75 英里

---

① 蒙费拉的康拉德抵达圣地的时候正逢萨拉丁于哈丁战役取胜后横扫十字军王国，当时提尔已准备向萨拉丁投降，蒙费拉的康拉德接管了提尔的防务，成功地抵御了萨拉丁的两次进攻，对于保住提尔功不可没。之后康拉德娶了西比拉的妹妹伊莎贝拉为妻，借此对耶路撒冷王位提出主张权。

十字军的世界 /

一幅典型的 13 世纪世界地图，将耶路撒冷标示为世界中心。作为传道、殉道和复□舌之地，没有任何地方比耶路撒冷更能影响中世纪基督徒的想象力。将耶路撒冷从□泉斯林的统治下解放出来是第一次十字军东征的终极目标。

/ 阿莱克修斯·科穆宁 /

在图中，拜占庭皇帝阿莱克修斯·科穆宁与皇后伊琳娜·杜卡伊娜和儿子约翰在一起。阿莱克修斯寻求西方援助以对抗突厥敌人的决定是引发第一次十字军东征的因素之一。没有出现在这幅家庭肖像画中的人物是阿莱克修斯的聪慧女儿——安娜·科穆宁娜，《阿莱克修斯传》的作者。

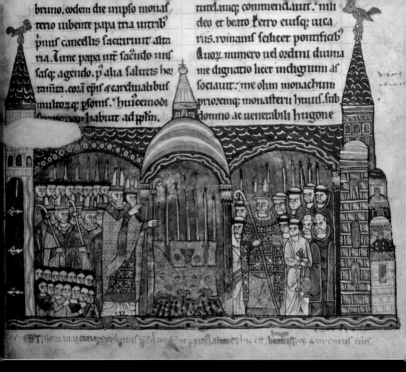

教皇乌尔班二世 /

和基督之敌作战就有可能实现宗教救赎——乌尔班二世将这种观点与当时的重大政治考

量结合在一起，于 1095 年发动了第一次十字军东征。乌尔班曾是克吕尼修道院的修士，

图中是他于十字军巡回布道中在克吕尼修道院的祭坛做祈祷。

apeladı
Belgraue

/ 隐士彼得 /

这位富有魅力的布道者是十字军的第一批领导人之一。他的追随者先是在莱茵河地区，

后是在拜占庭帝国境内闹得鸡犬不宁。根据安娜·科穆宁娜的记载，君士坦丁堡的居民

给他起了一个可鄙的绰号——"布谷鸟彼得"。

十字军的大屠杀 /

十字军好战的意识形态给欧洲的犹太人带来了深重灾难。在第一次十字军东征过程中，包括沃尔姆斯和美因茨在内的城市都发生了对犹太人的大屠杀。令人震惊的大屠杀还发生在约一个世纪后的英格兰，当时正在为第三次十字军东征做准备。

多里莱乌姆之战 /

尽管第一次十字军东征的部队吃尽了苦头，由西方王公率领的主力军还是赢得了一系列重大战役。这些胜绩中最著名的一次是 1097 年 7 月 1 日发生在小亚细亚的多里莱乌姆之战。十字军在此战中击溃了基利杰·阿尔斯兰一世·阿尔斯兰的军队。

/ 圣墓教堂 /

圣墓教堂一直是耶路撒冷的重要地标。自 4 世纪以来，这座教堂就存在于此城，其地域覆盖了基督被钉死的髑髅地和他从中复活的空墓。在圣墓教堂中礼拜是无数中世纪朝圣者的终极目标。

卡斯蒂利亚和莱昂联合王国国王阿方索六世 /

十字军运动从未局限于地中海东部。基督教与伊斯兰教统治者在伊比利亚半岛的争雄为基督教的这种忏悔性战争提供了另外一个舞台。以"勇者"著称的阿方索六世是后来被称为收复失地运动的早期领导者之一。

ΡΟΓΕΡΙΟΣ ΡΗΞ   ΙС̄   Χ̄

西西里国王罗杰二世 /

西西里王国第一位加冕国王（这是他在巴勒莫一幅镶嵌画中的人物形象），在他统治的领土上，阿拉伯、希腊和拉丁基督教的文化影响融为一体。一位穆斯林编年史家（可疑地）认定罗杰的父亲为第一个提议向耶路撒冷发起十字军东征的人

le patriarche

Jauques conte danion melisient

pres le roy bau si comme sen veult entend

/ 安茹的富尔克与梅利桑德成婚 /

在鲍德温二世去世后，耶路撒冷王国从西欧寻来安茹伯爵富尔克
继承王位。中世纪后期的一幅插图中再现了他与鲍德温的女儿梅
利桑德的婚礼。这段婚姻起初龃龉不断，因为梅利桑德拒绝被她
的丈夫排挤出政治舞台。

/ 骑士堡 /

由医院骑士团在的黎波里伯国建造的骑士堡拱卫着叙利亚城市霍姆斯通往十字军国家的必经之路，其厚重的城墙和宏伟的规模使其成为十字军防御体系中难以撼动的一环。这座城堡可以容纳数千兵员。骑士堡于 1271 年被马穆鲁克攻占。

/ 努尔丁的讲经坛 /

这座用于宗教仪式的讲经坛，或称敏拜尔，是努尔丁下令在阿勒颇打造的，后来又被萨拉丁置于耶路撒冷的阿克萨清真寺。努尔丁讲经坛是中世纪伊斯兰艺术的杰作，上面刻有阿拉伯书法和复杂的几何图案。原讲经坛在20世纪60年代遭人纵火焚毁，不过后来又被重建。

阿基坦的埃莉诺 /

这张合成图表现了（左）阿基坦的埃莉诺于 1137 年嫁给法兰西国王路易七世和（右）路易在十干后离开法兰西投身十字军运动的情景。埃莉诺与她的丈夫一道经陆路前往东方，经历了艰难险阻文段旅途最后以丑闻和军事失败告终。他们的婚姻在回国后不久就被教廷宣告无效

/ 穆斯林统治下的西班牙 /

塞维利亚的黄金塔始建于 13 世纪 20 年代，当时这座城市由穆瓦希德
王朝统治。这是一座铁索塔，使塞维利亚的总督可以阻断通过瓜达尔基
维尔河进入城市的通道。塔楼的上部建筑元素是塞维利亚于收复失地运
动晚期落入基督徒之手后被添加的。

/ 真十字架 /

这个装饰华丽的圣髑盒里据说存放着真十字架的一块碎片，基督即死于真十字架上。十字军时代有许多类似的十字架圣物，其中最著名的当数保存在圣墓教堂里的真十字架，后来在哈丁战役中被萨拉丁夺走，永远消失了。

/ 萨拉丁 /

在如流星般璀璨的人生中，萨拉丁从相对默默无闻的地位崛起，成了埃及和叙利亚的苏丹。他热衷于圣战事业，在 1187 年取得了对圣地十字军的最大胜利，他在哈丁战役中歼灭了一支法兰克军队，使耶路撒冷重归穆斯林统治。

/ 狮心王理查 /

作为第三次十字军东征中最杰出的领袖之一，嗜战的英格兰国王理查一世于
1191 年抵达十字军王国，并使萨拉丁在之前取得的许多成果化为乌有。他
从未夺回耶路撒冷，但仍在十字军历史和传说中留下了不可磨灭的印记。

/ 阿卡围攻战 /

在耶路撒冷陷落后，阿卡成为十字军王国的都城。这幅图描绘了十字军在1189~1191年将其从萨拉丁手中解放的围攻战：部署在城墙外的攻城机器是一架配重式投石机或巨型弩炮，能够远距离投掷巨石和其他投射物。

HERMANNVS DE SALTZA.
ORDINIS MILITIÆ TEVTONICORVM MAGISTER.
PRIMVS
SACRÆ DOMVS VEXILLA
IN BRVSSIAM VICTOR TRADVXIT.

/ 赫尔曼·冯·萨尔察 /

与圣殿骑士团和医院骑士团比肩的条顿骑士团是一个重要的军事修会，由乐于为十字军事业殉道的宗教武士组成。这幅图中的人物是赫尔曼·冯·萨尔察，他是条顿骑士团最成功的领袖之一：在政治上精明无比，同时又是一位不知疲倦的外交家，与数位教皇和神圣罗马帝国皇帝都保持了良好的关系。

INNOCENTIVS EPS SERVVS SERVORV DI. OILECTIS FILI
SPECV BEATI BENEDICTI REGLARE VITA SERVANTIBVS IN

英诺森三世 /

在英诺森三世作为教皇秉政的年代里，十字军的矛头指向罗马教会所认定的敌人，无论这些敌人身在何处。法兰西境内的异端分子、波罗的海的异教徒和拜占庭帝国境内的希腊基督徒均成为打击目标。在对十字军运动的塑造上，英诺森三世比乌尔班二世以来的任何一位教皇都做得更多。

/ 攻陷君士坦丁堡 /

1204 年，威尼斯和法兰西十字军纵火焚烧并洗劫了拜占庭帝国的都城君士坦丁堡。这一悲惨结局令教皇尴尬不已，对圣地的十字军事业也毫无帮助。拜占庭帝国自此再未恢复元气。

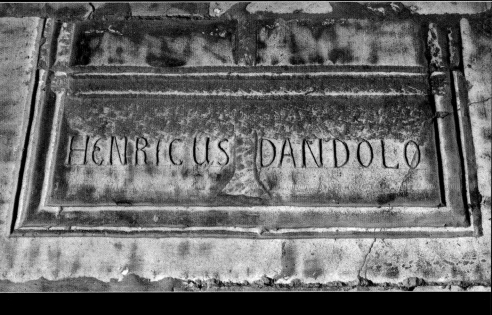

/ 恩里科 · 丹多洛 /

这位威尼斯总督在成为第四次十字军东征的领袖之一时双目已盲，约90岁。他被葬在君士坦丁堡的圣索菲亚大教堂。

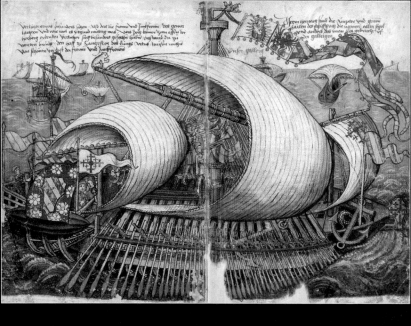

/ 威尼斯海权 /

威尼斯在十字军时代崛起为西方世界的强权之一，这在很大程度上要归功于威尼斯城造船厂所建造的桨帆船。以风帆和船桨为动力，这些桨帆船可以在地中海上运输货物、钱币和军队。

达米埃塔 /

马修·帕里斯的编年史中的这幅细节图表现了第五次十字军东征期间骑士们在达米埃塔的战斗。帕里斯通过十字军显贵向英格兰王室定期发送的最新信息来了解尼罗河三角洲的事件。

/ 腓特烈·霍亨施陶芬和卡米勒 /

由于腓特烈对阿拉伯文化和科学研究的广泛兴趣，这位神圣罗马帝国的皇帝与埃及的苏丹保持着密切的外交关系。他们通过谈判达成了一项和平协议，使耶路撒冷在 1229 ～ 1244 年重新回到基督徒手中。

路易九世 /

这位被教会封为圣徒的法兰西国王是一位热情的十字军战士,即使他败多胜少。1249 年,他在尼罗河上游的十字军东征作战以灾难告终,他本人于撤退过程中被俘,后被赎回。1270 年,他在自己发动的第二场十字军东征中死于北非。路易九世曾试图与蒙古人结盟来对抗马穆鲁克,但这一努力也无果而终。

/ 蒙古人 /

13 世纪中期，蒙古人从东方杀来，这对十字军世界来说不啻晴天霹雳。西方世界动员了数支十字军，试图阻止蒙古人深入东欧；但蒙古人也被当作圣地的潜在盟友来争取。这幅图所表现的是 1258 年进攻巴格达的蒙古武士。

/ 蒙古人与马穆鲁克 /

马穆鲁克是一个奴隶武士集团，在 1250 年崛起，控制了埃及。他们与蒙古人的对抗在 1260 年的阿音扎鲁特之战中达到了高潮。马穆鲁克击溃了蒙古军队，然后开始入侵并肢解十字军国家

/ 阿卡的城墙 /

这幅浪漫的画作表现了阿卡于 1291 年被一支马穆鲁克军队攻陷的场景。在后世看来，阿卡的陷落标志着十字军国家在叙利亚和巴勒斯坦统治的终结。难以为继、一败涂地的十字军在付出大量伤亡后撤离阿卡，退守到塞浦路斯岛上，沦为一个势单力薄的王国。

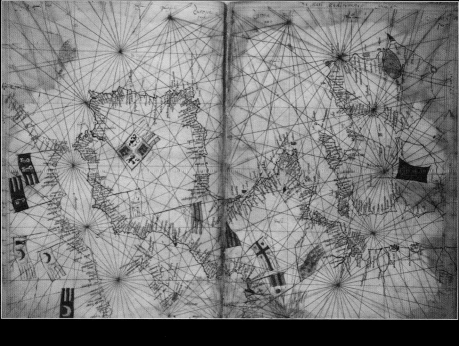

/ 复兴十字军 /

14 世纪涌现出无数计划，目的是重返圣地、光复沦亡的十字军国家。
这幅由彼得罗·维斯孔特绘制的地图就是一个类似计划的附属品，这个
计划出自"长者"马里诺·萨努多。

/ 布锡考特 /

让二世·曼格尔，又名布锡考特，自诩为这个时代最伟大的骑士，参加了条顿骑士团与异教徒作战的十字军运动，并前往耶路撒冷进行了虔诚的朝圣。在他的时代，参加十字军运动已成为贵族表现虔诚之心和骑士精神这一更广泛文化中的要素。

（120 千米），右翼由己方舰队保护并提供给养，一路上躲避本土的野生动物，包括攻击性十足的狼蛛和食肉鳄鱼，同时还要抵御在左翼跟踪他们的萨拉丁军队所发动的反复突袭和攻击。在他们的前方，穆斯林守军放弃城堡和市镇，并夷平防御设施，使其在军事上毫无用处，即便修复也代价高昂。在路线的中点处附近，两军在 9 月 7 日炎热的上午，于阿苏夫爆发了一场激战，被一位编年史家形容为"痛苦的磨难"。萨拉丁投入包括非洲黑人军团和贝都因人在内的所有部队，猛烈攻击理查的阵线，希望能将十字军冲散并迫使他们无秩序地撤退。[43] 但在理查坚定的指挥之下，通过一系列时间点把握完美的重骑兵冲锋，十字军赢得了一次酣畅淋漓的大胜。三天之后，他们解放了雅法，随即开始了休战谈判。

　　尽管这场漫长的战役在酷热且艰苦的环境下进行，在十字军阵营里也并不是每一个人都赞成通过谈判来达成和平——尤其是琼，当雅法被征服后，她乘船从阿卡来到这座城市。在谈判的早期阶段，理查与萨拉丁的兄弟阿迪勒（萨法丁）一道用餐，亲自讨论了相关事宜，后者给他留下了深刻印象。数日之后，国王提出了一项交易：耶路撒冷将继续由阿尤布王朝控制，但必须对基督徒自由开放，他们可以在指定的圣殿和教堂做礼拜，而其他的巴勒斯坦沿海城镇将交还给十字军。条约将以阿迪勒与琼成婚的方式确定下来。[44] 很难说理查的这一提议是否完全认真，但这让琼大为震惊。而阿迪勒和萨拉丁只是付之一笑。经过六个星期的讨论，这个计划被搁置一边，和平谈判也随之破裂。

　　理查随后率领一支十字军两度进击耶路撒冷：1191 年 12 月，圣城已进入他的视线之内，而 1192 年的春季这一幕再度上

314

演，结果这两次行动都前功尽弃，因为他缺少足够的人力，无法以武力攻占这座城市，复制 1099 年的成功。更为甚者，法兰克人之间的政治形势正变得杀机四伏——事实也是如此。东方出生的拉丁贵族进行选举，任命一位新的耶路撒冷国王以替代吕西尼昂的居伊，结果是蒙费拉的康拉德当选，他已经娶了前代国王阿马尔里克唯一活在人世的孩子伊莎贝拉为妻。康拉德素来与吕西尼昂的居伊水火不容——而理查选择支持后者恢复王位——而且很多人都目睹英格兰国王插手他们的纷争。在康拉德当选后的数日，这位意大利人在夜里遭到伏击并被拉希德·丁·锡南（Rashid al-Din Sinan）派出的两名刺客暗杀，后者是尼扎里派伊斯玛仪刺客团体的头领，人送绰号"山中老人"。

到了 1192 年的夏天，理查在东方的日子即将接近尾声。他已经离开自己的王国超过两年的时间，而西方传来的消息表明他的不肖幼弟正在与法王腓力狼狈为奸，图谋对自己不利。回家的时候到了。在雅法海滩的战斗中最后一次战胜萨拉丁的军队之后，双方于 8 月 8 日敲定了停火协议，在这一协议的框架下，雅法与阿卡之间的沿海城市重归法兰克人的统治之下，而基督教朝圣者也获准进入圣城进行礼拜。十字军王国的新都城被定为阿卡。经济现实由此压倒了宗教理想主义：这是一项在东方的敌对领土上生存下去的可持续策略，但这个决定将永远改变十字军王国的性质。理查并没有赢回十字军失去的所有领土，而且他也没能通过王朝联姻的方式将阿尤布家族与金雀花家族联系在一起——但他在第三次十字军东征中的干预仍然是决定性的。其他暂且不论，在后来的岁月里，穆斯林母亲们会用可怕的威胁来吓唬不守规矩的孩子：如果他们胡作非为，理查国王就会来抓他们。

✛

　　在返回英格兰的途中，理查在十字军国家犯下的失误最终反作用于他的身上。在乘坐的船只于巴尔干附近失事后，他试图隐瞒身份经陆路回国，但是被奥地利公爵利奥波德抓住，后者仍然对阿卡的旧怨怀恨在心。利奥波德将理查交给新当选的神圣罗马帝国皇帝亨利六世。然后，1194 年，在度过一年多的囚徒生活之后，英格兰国王被十万镑银币的天价巨款赎出牢狱，重归他的人民中间。刚一被释放，理查立刻就将他统治生涯的剩余时间中的大部分用来与腓力·奥古斯都作战。作为相邻国土的统治者，他们之间本就存在着与生俱来的竞争关系，现在这一矛盾又因在西西里和阿卡生根发芽的私人恩怨而激化。

　　对于琼和贝伦加丽娅来说幸运的是，理查派遣单独的船只送她们返回西方。这对妯娌在 1192 年底前安全抵达布林迪西，并在罗马拜访新教皇塞莱斯廷三世（Celestine Ⅲ）时才得知理查被囚禁的消息。紧随她们脚步之后的是另一位来自东方的退伍老兵：贝弗利的玛格丽特，她头顶炖锅与萨拉丁的军队作战，在那些更有名望的女士甚至还没有梦想来到东方战斗之前就完成了这一壮举。理查介入阿卡围城战并恢复了基督徒进入圣地的权利，使玛格丽特得以完成她漫长的朝圣之旅，随一船英国朝圣者从被解放的阿卡返回西方。她继续自己的虔诚之旅，游历了罗马和圣地亚哥 – 德孔波斯特拉，然后在离加来（Calais）不远的弗鲁瓦蒙（Froidmont）找到了自己的幼弟托马斯。当时他正在自己的修道院里，她讲述了自己非凡的冒险经历来逗他开心，并且静下心来沉思自己的一生，后来进入蒙

316

特勒伊（Montreuil）的熙笃会修道院成为一名修女，这家修道院后来以保有圣韦罗妮卡（St Veronica）的神圣面纱而闻名于世。

贝伦加丽娅比理查长寿，而且在他们婚姻的剩余时间里几乎没有与他见过几面，她没有为理查生下子女，成年后的大部分时间都用于资助勒芒的宗教建筑项目。与此同时，拒绝嫁给阿迪勒的琼则失去了成为一位苏丹后的机会：当萨拉丁于1193 年 3 月 4 日去世后，阿迪勒最终继承了他兄长的帝位，成了叙利亚和埃及的统治者。[45] 也许琼并没有完全懊悔，她留在西方，嫁给了图卢兹伯爵雷蒙六世，这位伯爵与那位家喻户晓、一手创立的黎波里伯国的第一代十字军战士同名，是后者的曾孙。他们短暂的婚姻造就了一个未来的伯爵（雷蒙七世），并摩擦出不少激情的火花。琼从她与兄长的十字军征战经历中受教良多，1197 年，就在自己的儿子出生后不久，她便指挥兵马围攻一座城堡，当时这座城堡被反抗其夫君的叛乱分子占据。

但这并非她冒险生涯的终点。理查于 1199 年春在围攻沙吕 - 沙布罗尔（Châlus-Chabrol）城堡时因被弩箭射中肩膀而血液中毒，在他因此身故后，再一次身怀六甲的琼下令将这一致命箭伤的始作俑者活活剥皮而死。这是她以一种典型的金雀花家族方式来表达对兄长的挚爱。而这也是琼最后一次重大的政治行动。这位金雀花公主本人于同年 9 月死于产床上，她的遗体被葬在理查旁边——安茹的丰泰夫罗修道院，金雀花家族的陵墓中。

第二十章　烈火焚身

如此伟业，自创世以来，尚无人成就。

恩里科·丹多洛（Enrico Dandolo）于 1192 年 6 月成为威
尼斯总督，当时他已年届 87 岁。丹多洛双目已盲，而且多年
以来一直如此。有传闻说，他是在 12 世纪 70 年代访问君士坦
丁堡时，因触犯了拜占庭皇帝曼努埃尔·科穆宁而失明的；根
据这些传言，拜占庭皇帝将丹多洛五花大绑，然后用磨光玻璃
反射的阳光灼伤了他的视网膜。尽管听起来令人毛骨悚然——
考虑到各种人为发明出来的酷刑在君士坦丁堡的帝国宫廷中风
靡一时，这种说法似乎有其合理性——但这个故事并不是真实
的。在他为威尼斯共和国服务的漫长职业生涯中，丹多洛肯定
与多位皇帝打过交道。但夺走他视力的并不是曼努埃尔·科穆
宁。[1]确切地说，正如丹多洛告诉法兰西骑士兼编年史家若弗鲁
瓦·德·维尔阿杜安（Geoffrey de Villehardouin）的那样，他
的后脑在 1175 年遭受了一次重击，导致他的视力在一年多的
时间内持续恶化。[2]这一缺陷给他带来了极大的不便，意味着他
外出办事骑在马上时必须由向导牵引而行，但这种状况对于一
位老人的事业而言并非致命的障碍。[3]尽管已是风烛残年且身有
不便，在当选为总督后，丹多洛仍将会发挥领袖作用，为亚得
里亚海最具雄心壮志的航海共和国鞠躬尽瘁十余载——作为一
个权力掮客，将皇帝与国王的命运玩弄于股掌之间。

威尼斯如同气泡一般在公元 6 世纪前后从亚得里亚海北端的潟湖①中崭露头角。到了丹多洛的时代它已经是一个骄傲、虔诚和富有的贵族制共和国，由一位通过选举上任的总督和议事会统治，并在其势力范围内受到其他强权的尊重和小心对待：罗马教廷、拜占庭帝国和神圣罗马帝国。其城市人口达到六万余人，居住在以里亚尔托（Rialto）为中心、交织成网状的岛群上，市区被大运河（Grand Canal）一分为二，美轮美奂的圣马可（St Mark）大教堂遥遥在望。这座建于 11 世纪晚期的巴西利卡式教堂以君士坦丁堡的圣使徒（Holy Apostles）大教堂为原型。威尼斯最伟大的财富则非圣马可本人的遗体莫属——有胆有识的威尼斯商人在公元 828 年将其从埃及城市亚历山大盗出，藏在一桶猪肉里躲过了穆斯林海关官员的查验。

威尼斯在最早的阶段以食盐加工、农业和渔业立国，但在 11 世纪和 12 世纪通过掌握海权经历了辉煌的繁荣期。威尼斯船只——轻快敏捷、线条流畅的战斗型桨帆船装备有凶狠的船头撞角，由肌肉发达的划桨手组成的团队操纵自如；以及体宽腹大、桅杆高企的航运型帆船，将商品和钱币从一个港口转运至另一个港口——在地中海随处可见。如同意大利北部其他的海洋国家，如比萨和热那亚，威尼斯在公开市场上拍卖本国的军事力量，用海上武力交换商业利益。在 11 世纪 80 年代，阿莱克修斯一世·科穆宁与共和国达成协议，威尼斯战船将目标对准诺曼人的船只，而拜占庭的港口和市场将向威尼斯商人免税开放。[4]在 12 世纪，威尼斯舰队则以十字军国王的名义在黎

---

① 潟湖是一种因为海湾被沙洲封闭而演变成的湖泊，所以一直都在海边。这些湖本来都是海湾，后来在海湾的出海口泥沙沉积，因此形成了沙洲，从而将海湾与海洋分隔，遂成为湖泊。

凡特海岸往复巡逻；1124 年，来自威尼斯的十字军战士帮忙攻下了提尔，并且得到了在东方法兰克王国的每一座城市里建立独立的商业殖民地的权利。[5]随之而来的财富和声望将威尼斯推到了欧洲政坛的前列，其地位在 1177 年 7 月得到列强的公认，当时这座城市作为东道主为腓特烈·巴巴罗萨和教皇亚历山大三世举办了一场盛大的和平会议，众目睽睽之下，火红头发的神圣罗马帝国皇帝在圣马可大教堂里鞠躬弯腰，亲吻教皇的脚趾。巴巴罗萨将威尼斯推荐为举办这场盛会的合适地点，因为它"仅受上帝支配"。[6]

321

丹多洛家族与共和国一同崛起，他们的成功体现在他们位于里亚尔托中心、从大运河河岸向外延伸的豪华建筑群上。到了恩里科的时代，这个家族已经为这座城市服务了近两个世纪，这是一个引人注目的成绩。多梅尼科·丹多洛（Domenico Dandolo）在 11 世纪早期通过与拜占庭帝国进行的一系列贸易任务使这个家族在共和国声名鹊起，其中就包括他在一次出使中为威尼斯获取了圣塔拉西奥斯（St Tarasios）的遗物。恩里科的父亲维塔莱·丹多洛（Vitale Dandolo）曾是总督维塔莱二世·米基耶利（Vitale Ⅱ Michiel，任期为 1155 ~ 1172 年）和塞巴斯蒂亚诺·齐亚尼（Sebastiano Ziani，任期为 1172 ~ 1178 年）的亲密顾问和法官。他的叔父，另一位恩里科，是格拉多（Grado）宗主教，作为威尼斯的杰出教士，积极推动威尼斯教会的改革。维塔莱和老恩里科都参加过十字军，也参与了 1124 年对提尔的作战行动。

小恩里科则以外交官身份成名。他于 1171 年作为一支远征军的成员出使拜占庭，这次军事行动的目的是索取赔偿，因为曼努埃尔·科穆宁取消了威尼斯人的贸易特权并囚禁了一万

名商人。这次远征注定命途多舛，最终以威尼斯水手染上瘟疫
而灾难性地告终；远征军成员满身是病，步履蹒跚地回到威尼
斯，民众极其愤怒，在街上刺死了当时的总督。然而，丹多洛
却毫发无损。1174～1175 年，他又出使埃及，先是试图面见
西西里国王威廉二世，然后又探索与萨拉丁达成贸易协议的可
能性。12 世纪 80 年代，他又一次出现在君士坦丁堡，处理
"拉丁人大屠杀"的政治余波：那里爆发了针对富有的西方人
322　的暴乱，数千人被谋杀，一位教廷使节的头被暴乱分子砍下来
系在了一条狗的尾巴上。恩里科在当选威尼斯总督时可能目不
视物，老态龙钟，但丰富的阅历和他精明的算计、务实的举措
正好满足共和国的需要。在就职誓言中，他承诺"要以一片
赤诚之心，清白无私地为威尼斯人的荣誉和利益谋划、经营和
工作"。[7]

✝

　　丹多洛在他统治的前九年里公务繁忙，因为总督的职责涉
及方方面面：审判法律案件、制定经济政策、监管外交政策和
与教会的关系，凡此种种，不一而足。但是，他即使已年过
90，仍然精力充沛地履行了这些职责。他推动通过了限制新的
商人移民进入共和国的严格法律。他监督改进了威尼斯复杂的
法律法规。他彻底改革了威尼斯的货币制度，引入一种名为格
罗索（grosso）的新钱币——由纯度高达 98% 的白银制成。①

---

① 在那个时代，地中海世界其他地方铸造的钱币——从西方的各个王国到
　拜占庭帝国和阿尤布帝国——中的贵金属含量急剧下降，格罗索的引入
　是经济上的天才之举，使威尼斯货币成为国际贸易中最可靠、最受欢迎
　的货币。——原注

他与连续数代的拜占庭皇帝维持了稳固的外交通信渠道，试图恢复几十年前就已经存在的合作关系。随着12世纪接近尾声，丹多洛可以对他掌舵威尼斯的任期感到些许满意了。商业欣欣向荣，共和国蓬勃发展。然而，在1201年初，六位来自法兰西的特使出现在阿尔卑斯山下的关口，造访总督的官府，并向总督提出了一个终生难遇的交易。突然之间，一切都变了。

1201年2月诣见丹多洛的特使们代表着法兰西三位最有 323 权势的贵族：香槟伯爵特奥巴尔德、布洛瓦伯爵路易，以及佛兰德伯爵鲍德温。若弗鲁瓦·德·维尔阿杜安就是其中的一位特使，他以自己的才干被选为香槟的元帅，并对这次谈判进行了生动的记述。按照特使们的说法，他们的领主受到教廷布道教士的激励，决心发起一次新的十字军东征，以完成第三次十字军东征未竟的事业，收复圣墓和耶路撒冷。这三位诸侯都是年轻人：特奥巴尔德时年21岁，路易和鲍德温同为28岁。与他们所属阶层的大多数年轻人一样，他们心中充满了侠义骑士精神的抱负，这种理想在西欧的宫廷和舞厅大行其道，在真实与虚幻交织的英雄主义民间歌谣中广为传颂，这些歌谣的取材范围从亚瑟王一直延续到第一代十字军战士。[8]这三位诸侯都来自以在东方冒险而名扬天下的世家，其治下领土都是钱粮兵源充足之地。特奥巴尔德甚至可以凭借兄弟关系对耶路撒冷王位提出权利主张：他的长兄亨利参加了十字军东征，在1192年与阿马尔里克国王最小的女儿伊莎贝拉结为连理，并成为耶路撒冷的共治国王，直至他于1197年从阿卡王室宫殿的一扇窗户上坠下身亡。[9]

让特奥巴尔德、路易、鲍德温以及他们的同时代人如此激情澎湃的十字军布道活动由另外一位年轻的统治者一手策划：

教皇英诺森三世（Innocent Ⅲ），他年仅 37 岁便于 1198 年当选。英诺森三世名为罗塔里奥·德·康提·迪·塞尼（Lotario dei Conti di Segni），是一位独断专行的贵族，鼻梁高挺，下面留着整齐浓密的小胡子。他既是一位才华横溢的律师，也是一位很有天分的神学家兼哲学家。最重要的是，他拥有说服别人的天赋——无论是甜言蜜语还是高谈阔论——而在 1198 年，他用这种才能说服了像特奥巴尔德、路易和鲍德温这样的战士，让他们相信自己应当领导这一代人向圣地发起新的进攻。

在当选教皇后仅仅七个月，他就发布了一篇堪称大师级别的谕令，名为《悲伤之后》（Post miserabile），以令人熟悉的语调哀叹"耶路撒冷悲惨的陷落……基督曾经立足之地被侵吞霸占，人神共愤……孕育出生命的十字架被可耻地移除"。[10] 他以精准的法学语言，条分缕析地阐述了十字军运动在世俗和精神上大有神益。最煽动人心的是，他的主旨虽是号召十字军东征，表达出来的语言却是高尚的骑士精神，他将耶路撒冷的沦陷视为穆斯林将个人侮辱施加于所有英姿勃发的年轻基督教战士的名誉和荣耀之上。英诺森三世以想象的笔法勾画出阿尤布王公们大肆庆祝其得胜的场面，令人发指的污蔑之语必定滔滔不绝：

> 他们说道："你们的上帝哪里去了？既没能将你们救出我们的掌心，也救不了自己。看吧！现在我们已经亵渎了你们的圣殿。看吧！现在我们已经把手伸向了你们最珍爱之物……基督徒已经不堪一击，高卢人长矛尽碎，英格兰人徒劳无功，德意志人武功全废，而且……就连傲慢的西班牙人也俯首称臣……你们的上帝这时候在哪里呢？"[11]

虽然这些话可能是虚构的，但这番完美的说教对世纪之交的西欧骑士阶级极具吸引力。教皇的号召完美地契合了 13 世纪早期武士们的普遍心态和痴想。

✝

当特奥巴尔德、路易和鲍德温的特使团抵达威尼斯的时候，发起第四次十字军东征的声势在英诺森三世的号召下愈加浩大。在普通民众中流传着这样一种说法：魔鬼已经降生在巴比伦——意为开罗——如果不采取任何措施，世界很快就会走向灭亡。[12]在法兰西，布道者更加激发了这种气氛，比如讷伊的富尔克（Fulk of Neuilly），这位贪吃得异乎寻常的牧师以其公开演讲和创造奇迹的天赋在巴黎周围名声大噪，或是熙笃会修道院院长巴里斯的马丁（Martin of Pairis），他于 1200 年 5 月 3 日在阿尔萨斯地区巴塞尔市（Basel）的圣玛丽大教堂发表了一场著名的布道演说，痛斥"一伙野蛮残暴的异教徒"占领了圣墓。[13]包括特奥巴尔德和路易在内，其他人则在决斗场上立下了他们的十字军誓言。1199 年 11 月 28 日，特奥巴尔德在他的埃克里（Écry）城堡周围的田野上举办了一场骑士比武大赛。① 宣誓参加十字军的贵族还包括布列讷（Brienne）、亚眠、圣波勒（St Pol）和佩尔什（Perche）等地

———————

① 尽管教会对其中普遍存在的暴力和对世俗虚荣的颂扬表示了强烈不满，骑士比武大赛仍是 13 世纪初骑士文化的一种重要表现方式。当时的骑士比武大赛蕴含浪漫的元素，是热闹的社交场合，但也很危险：在一场血气方刚的模拟战斗中，大队骑士在绵延数英里的开阔乡村中展开厮杀，骨折有时甚至丧命。参见 Barber, Richard and Barker, Juliet, *Tournaments*：*Jousts*，*Chivalry and Pageants in the Middle Ages*（Woodbridge, 2000），pp. 13 - 27。——原注

的伯爵，苏瓦松（Soissons）主教以及数十位贵族子弟，热爱冒险的骑士和数百名来自更低阶层的人物。由贵族和牧师组成的团队也开始在神圣罗马帝国境内掀起波澜，尽管一支德意志十字军在 1197～1198 年帮助收复了贝鲁特和西顿，却最终在一片混乱中草草收场。而神圣罗马帝国皇帝亨利六世在试图自立为西西里国王时死亡（他因娶了先代国王罗杰二世的女儿康斯坦丝为妻而主张自己有统治西西里的权利），使德意志及其邻国陷入一场需要数十年才能解决的继承危机。

然而，正当参加十字军的热情在各地沸腾时，参加十字军的贵族们遇到了严重的后勤挑战。没有一位西方君主愿意屈尊以自己的名义支持这一运动：腓力·奥古斯都不愿重蹈过去十年的覆辙；在狮心王理查身故后继承英格兰王位的幼弟约翰①，为了保护自己在大陆上的领地免遭腓力的掠夺而焦头烂额，无暇顾及耶路撒冷国民的困境；而德意志人在十字军的征途上前后失去两位统治者后，正为了谁应称王而争吵不休。没有了王室提供的资源，贵族们需要另一个富有的欧洲强国来支持他们的东征大业——最理想的选择是既有以往的十字军征战经验，又有所需的资金在地中海地区运输军队和物资。他们需要船只和军事顾问，这就是他们遣使面见丹多洛的原因。正如维尔阿杜安所言："在威尼斯，他们可能会发现比其他港口更多的船只。"14

特使们的到来让丹多洛思虑良久，斟酌再三。他们提出的

---

① 即约翰一世，1199～1216 年在位，英国历史上最不得人心的国王之一，素有"失地王"之称，他与法兰西交战，丢掉了金雀花王朝在法国的大部分领地；又与教皇发生冲突，被迫妥协；屡遭失败后，于 1215 年被迫与贵族签订历史上著名的《大宪章》。

建议不乏诱人之处，却也暗藏着风险。威尼斯共和国和丹多洛家族都很可能从一场十字军东征运动中获益良多：胜利后的掠夺、商业利益和宗教虔诚的声誉。但当总督开始与特使们谈判时，他们提出的数字令人难以想象。维尔阿杜安和他的同伴提及十字军领袖们计划征召一支由超过三万名战士组成的军队。这就意味着租用上百艘船只——50艘桨帆船和三倍于此的运输船——大多数船只都要在威尼斯的船坞，也就是大兵工厂（Arsenal）从头开始建造。而要为这样一支舰队配齐船员的话，就意味着要召集共和国半数体格健全的男子。这将是威尼斯历史上最大的军事合同，丹多洛告诉特使们，这不是他一时心血来潮就可以同意的。但他兴趣十足地将十字军的请求提交到议事会上讨论。一连八天，能够左右威尼斯大政方针的权要们退出其他管理事务，专心讨论此事的利弊。最后他们做出了决定。如果威尼斯人民同意的话，他们将按照十字军特使请求的程度提供帮助。

当月月底，一万名威尼斯公民聚集于圣马可大教堂内外，在听完弥撒后，声援总督和议事会。他们同意，威尼斯应当建造这支庞大的舰队并为其配备船员、提供食物及必需品，使其足以将3.35万名十字军战士和4500匹马运往东方。他们将为这项事业付出一年的时间，不仅仅是大兵工厂的船坞，而且几乎是整个城市的资源都将被占用。他们将用抽签的方式在总人口中从每两个人中选出一个人在船上服役。作为回报，十字军承诺支付8.5万马克——这个数字相当于整个法兰西王国年收入的两倍——并将他们在此次战役行动中夺取的所有财富和地盘的一半分给威尼斯。[15]合同中的秘密条款将十字军的第一个目的地设定为位于尼罗河三角洲的亚历山大，因为计划制订者们都认为这座富裕的城市将是一个容易下手的目标——埃及正苦于尼罗河连续五年的洪水泛滥所造成的饥荒和粮食不足——而且在战略上也不失为明智之举，可以作为向东北杀入巴勒斯坦的先手棋。① 双方商定，1202 年春天将是整支大军在威尼斯集结的期限。

　　这对双方来说都是一场非同寻常的豪赌。法兰西特使们不惜重金雇用了西方最精良的海军力量，并以圣物为誓召集一支大军来充实他们所租用的舰队。丹多洛和威尼斯人同意为单独一场军事行动调用共和国所有的资源，要么这将是自 1124 年征服提尔以来最有利可图的一次远征，要么共和国就会陷入倾家荡产、血本无归的境地。双方都知道赌注有多大，风险有多高。当协议被批准后，人们的情绪高涨。"许多人出于悲天悯人之心而怆然涕下，"维尔阿杜安写道，"使者们立刻被派往罗马觐见教皇英诺森三世，希望他能批准这个盟约——后者欣然首肯。"16 与此同时，威尼斯人开始埋头苦干。第四次十字军东征已经处于进行之中。

✝

　　在大兵工厂历经一年的日夜捶打、切锯、刨平和填补船缝等工作之后，威尼斯人建造出"有史以来最精良的舰队"，由大约 200 艘桨帆船、战舰和运输船组成。在意大利的市场上对

---

　　① 通过征服埃及开辟通往耶路撒冷的道路是一项由狮心王理查提出但未能由其实现的政策。十字军还必须考虑到这样一个事实，那就是耶路撒冷王国已经与阿尤布帝国签订了一项长期休战协议，从技术上排除了对耶路撒冷进行直接攻击的可能性，但十字军对埃及的进攻并不包括在内。——原注

酒水、肉类、奶酪和马匹饲料进行的大宗采购，使运输船队的必需供应品一应俱全。然而，当十字军在 1202 年夏天陆续抵达威尼斯并开始在名为利多（Lido）的长沙滩上扎营时，这支军队的规模并没有达到当初自信满满的特使们所承诺的程度。先是香槟伯爵特奥巴尔德在 1201 年 5 月因为发烧去世。群龙无首之际，一个中年北意大利人——蒙费拉侯爵博尼法斯（Boniface）接受了十字军贵族向他抛出的橄榄枝，取代特奥巴尔德成为全军总指挥，只是他等了好几个月之后才加入十字军。而到达威尼斯的军队只是曾经设想的庞大军队中的一小部分。整个法国北部地区曾掀起一片参军浪潮，男男女女踊跃戴上十字架的标志，储备物品和武器，抵押土地，向当地宗教机构进献礼品好为自己即将开始的漫长而不确定的旅程祈福。[17]但所有这些参军活动中的人数加起来，即使粗略计算也无法与当初特使们对威尼斯做出的大胆预测相一致。非但征兵人数没有达到预期的庞大数字，而且许多选择加入十字军的人认为，当他们可以前往马赛、热那亚或意大利南部，并从那里定期驶往阿卡的春季水运航船上找到一个舱位时，穿越阿尔卑斯山到潟湖集合就变成了一件不必要的差事。丹多洛把赌注压在十字军会遵守他们在契约中的义务。[18]结果他们没做到，因为他们没有能力做到。出现在威尼斯的十字军战士连预先承诺人数的三分之一都没有达到，威尼斯船员的人数比他们多出两倍。最糟糕的是，十字军的领袖无法支付合同中约定的 8.5 万马克全款，而这是威尼斯人因付出的辛劳而应得的报酬。他们能拿出的款项只有 5 万马克多一点。

这无异于一场危机。威尼斯人忙碌了一年，代价不菲，现在却面临着竹篮打水一场空的局面。丹多洛不得不有所作为。

他敏锐地意识到当下必须找到正确的行动路线，将他的同胞从迫在眉睫的金融灾难前拯救出来，同时也要至少离开港口，让十字军保留些许颜面。于是他提出了一个大胆的解决方案：作为他们征程的第一站，十字军将在距离威尼斯不到 200 英里（320 千米）的地方下船，劫掠扎拉港（Zara）。

对于丹多洛和他的威尼斯同胞来说，他们有充分理由认为采取这种行动名正言顺。扎拉［又称扎达尔（Zadar）］位于达尔马提亚海岸上，曾一度向共和国称臣纳贡，但自 12 世纪 80 年代叛离以来，其领袖声称这座城市处于匈牙利基督教国王埃默里克（Emeric）的统治之下。丹多洛争辩道，这种公然背叛的行为应当受到惩罚。但对于法国军团的贵族们来说，例如西蒙·德·蒙福尔（Simon of Montfort），偏离十字军东征的原定目标如此之远有违初衷——更不用说埃默里克是一位服膺罗马教廷的基督教国王，他本人也立下了十字军誓言。英诺森三世早就疑心丹多洛会在某个时候试图动用十字军舰队来惩罚扎拉，并特意警告他不要妄想这么做。而总督此时的提议直接忤逆了教皇的训示。夏季的几个月——原本计划对亚历山大发动光荣的进攻，然后，如果上帝保佑的话，光复耶路撒冷——就在军队上下的辩论、异议和无所事事中过去了。最终，在 10 月的第一个星期，也就是海况变得波涛汹涌不再适航之前最后一个可能的出航日期，军队领袖们意识到他们不能再拖延了。要么驶向扎拉，要么打道回府。他们只能两害相权取其轻。总督在一大群教众面前宣誓加入十字军，他把十字标识别在自己的帽子上，而不是缝在肩上。过了一段时间之后，在锣鼓喧天、号角齐鸣中，他的大舰队，由 50 艘大型运输船、60 艘战斗型桨帆船、100 艘马匹运输船和其他许多被拖曳在大船后方的轻型船只组成，驶离威尼斯，进入公海。[19]丹多洛的座舰装饰着红布亮银，最后一个离开。他再也没回到家乡。

✚

1202 年 11 月 10 日至 11 日，当这支舰队从威尼斯抵达扎拉港外时，这座城市的市民们在城墙上展开十字大旗，提醒威尼斯人和法兰西人，他们也是十字军一方。丹多洛视若不见。他不顾自己的十字军主顾的大声抗议，下令向扎拉发动攻击。威尼斯的舰船冲破了保护城市港口的铁链。部队登上滩头，用弩炮进行狂轰滥炸，并部署工兵破坏城墙。在扎拉城内，市民们陷入恐慌。三天后，他们乞求议和，并最终在免于屠城的条件下打开了城门。虽然几乎没有人流血，但当威尼斯人和法兰西人入城后，他们肆意掠夺，然后各自占据了半个城市，并在那里过冬。丹多洛后来为自己在扎拉的行为辩解，声称这是完全合法的。作家巴里斯的冈瑟（Gunther of Pairis）将其斥为"蝇营狗苟，令人生厌"。[20]

很多人都同意他的观点。当十字军背离其使命的消息传到英诺森三世的耳中时，他不由地大发雷霆。盛怒之下，他采用了他能想到的最可怕的判决：将所有参与此事的人开除教籍。此举颇具苦涩的讽刺意味。每一个加入十字军的人都以为他们这么做就会赎免自己的罪过；而现在，如果他们死在征途中，他们将被直接打入地狱。十字军领袖们尽其所能地封锁教皇绝罚的消息，因为这会引起普通士兵发动兵变。特使们火速奔回教廷，乞求英诺森三世重新考虑这一决定，理由是"必要性是一个情有可原的因素"。[21]最后，英诺森三世极不情愿地收回成命，但向十字军下达了此等恶劣行径不得重犯的严厉指令。

他在谕令中写道，十字军从此以后"不得以任何方式侵犯或亵渎基督徒的土地"。[22]但是丹多洛和威尼斯人对此毫不在意。当他们于1203年春离开扎拉时，将城墙推倒，并且纵火将教堂以外的所有建筑物都烧成平地。然后他们启程向东。然而，这支大舰队驶往的并非阿卡，甚至也不是亚历山大。令人难以置信的是，目标居然是君士坦丁堡。

拜占庭的事务，自十字军运动源起时就与其紧密相关，在12世纪90年代已经变得血腥残暴、令人忧心。狮心王理查在1191年前往阿卡的途中曾于塞浦路斯下船登岸，目睹了科穆宁皇族之间同室操戈带来的混乱蔓延到帝国各地。十年后，拜占庭一如既往地麻烦不断。1185年，伊萨克二世·安格洛斯（Isaac Ⅱ Angelos），一个和蔼可亲、心存善意的小王公攫取了拜占庭的帝位，但他最广为人知的特点是其沉迷于奢华的建筑工程、香水浴和昂贵的服饰。十年来，这位"花花公子好似一只雄孔雀一般在宫里大摇大摆，穿衣从来没有重样"，一直把持着权力，但在1195年3月，他在一次政变中被他的长兄阿莱克修斯三世·安格洛斯（Alexios Ⅲ Angelos）推翻，后者将伊萨克二世双眼刺瞎，终身囚禁，并且只提供面包和酒维系他的生命。[23]

阿莱克修斯三世很快就有理由为夺取帝位感到后悔，因为他的统治陷入了一系列危机之中，帝国在各个方面都遭到了攻击：安纳托利亚的塞尔柱人、匈牙利人、保加利亚人和名为瓦拉几人（Vlachs）①的巴尔干民族。正当这些进攻让他应接不暇时，伊萨克二世十几岁的儿子（也叫作阿莱克修斯）则紧

_____

① 又译弗拉赫人，欧洲中世纪罗马尼亚人的一支，曾建立瓦拉几亚大公国。

锣密鼓地图谋报复这位篡位逆臣。1201 年，这个男孩乔装改扮逃离拜占庭帝国，奔往西方，寄留在德意志国王——施瓦本公爵腓力的宫廷中，他的姐姐伊琳娜·安格莉娜（Irene Angelina）嫁了腓力。小阿莱克修斯在进入腓力和伊琳娜的宫廷圈子时还不满 19 岁，几乎每一个见过他的人都认为他幼稚得无可救药，他很快就变得举止轻浮，酗酒无度。不管怎样，他在德意志有了一个可以密谋策划其伯父倒台的机会，并且利用了这个机会。1201 年，他在施瓦本公爵腓力的宫廷与十字军领袖蒙费拉的博尼法斯见面，并种下了一颗可怕的种子。

当威尼斯人和法兰西十字军于 1202 ~ 1203 年在扎拉过冬时，他们接待了阿莱克修斯王子派来的使者，后者提出了一项令人难以置信的交易。使者们说道，如果他们帮助这位年轻人夺回他父亲的皇位，那么这位阿莱克修斯王子将让整个拜占庭帝国都听命于罗马教皇，支付 20 万银马克的巨款，以个人名义加入十字军或是派出一万名士兵加入最终向亚历山大进发的队伍，并且在他余生都供养 500 名骑士（大致相当于圣殿骑士团在东方所能部署的全部兵力）来保卫耶路撒冷王国。[24] 这一石破天惊的提议不仅能一举解决十字军的财政难题，更展现出一种概率很大的可能性：在一代人的时间里摧毁阿尤布王朝。年轻的阿莱克修斯王子承诺，这些条件"已经是最好的条件了，他从未向其他人如此承诺过"。[25]

如同所有看起来美好得令人难以置信的提议一样，小阿莱克修斯的交易是一个由空话和谎言紧密包裹起来的一揽子方案。在整个十字军军队中，看出这一点的人和看不出这一点的人发生了激烈的争吵。在十字军中头脑比较清醒的人——包括西蒙·德·蒙福尔和蒙米拉伊的雷诺（Renaud of Montmirail）在内——在厌恶中抛弃了这支十字军军队，自行前往叙利亚。"在他们看来，这一小撮朝圣者愚不可及，误入歧途……放弃神圣的朝圣之旅，不顾一定危险的存在，就向这样一个固若金汤、人口众多的城市宣战，仅仅是为了迎合一个陌生人，"巴里斯的冈瑟写道，"除非一方出现大量伤亡，或者，很可能两方都损失惨重，否则这种战争不会结束。"[26] 但是蒙费拉的博尼法斯、佛兰德的鲍德温、布洛瓦的路易和圣波勒的于格均接受了王子的提议，寄望于他们能依靠普通十字军战士单纯的反希腊偏见：这些人一直被灌输这样一种观念，即拜占庭人的背叛是过去十字军失败的根源，而且东方的基督徒都是一帮娘娘腔，堕落成"人渣中的人渣"。[27] 重要的是，丹多洛也做出了承诺，因为他的困境几乎没有改观。他已经使共和国的国运深深地介入这场灾难当中，除了继续下去，他别无选择。

1203 年 4 月 25 日——圣马可的节日——阿莱克修斯王子抵达扎拉，加入十字军。初夏，他随同舰队拔锚起航，抢劫了科孚岛，绕过伯罗奔尼撒半岛，直奔达达尼尔海峡。当他们接近君士坦丁堡时，与两艘满载着"朝圣者、骑士和军士"的船只擦肩而过。这两艘船从马赛而不是威尼斯出发，在耶路撒冷王国征战一年后，已经完成了他们的誓言，正在返乡的途中。"当他们看到我们的舰队如此富足且装备精良时，他们感到羞愧而不敢露面。"维尔阿杜安写道。但是他的话听起来非常空洞。[28]

6 月 23 日，舰队抵达了君士坦丁堡的视野之内，这座城市的壮丽景色一如往昔。惊奇不已的维尔阿杜安对"高耸的城墙、坚固的塔楼……富丽堂皇的宫殿和宏伟的教堂"大为赞叹。[29]"城中女王"在安格洛斯兄弟的庸政统治下管理不善，但仍是巴格达以西规模最大、守卫最为森严的大都市，同时也是罗马以东最神圣的城市，城内众多的教堂里供奉着近 500 位基督教圣徒的遗物。[30]维尔阿杜安意识到十字军之前同意的事所带来的后果将会有多么严重。"在场没有一个人能如此刚强，抑制住自己的血肉不再颤抖，"他写道，"这也不足为奇，因为如此伟业，自创世以来，尚无人成就。"[31]

✝

在进抵君士坦丁堡之后，丹多洛建议十字军不要立即发动　334
进攻，而是先等待一段时间并掠夺附近的岛屿以补充给养。他们听从了他的建议，于是接下来的两周时间以"假战争"（phony war）[①] 的形式流逝。但在 7 月 10 日，十字军的皇图霸业开始了，他们先是从博斯普鲁斯海峡进行两栖登陆，然后攻向加拉塔（Galata）郊区，那里有一座堡垒，控制着封锁金角湾的巨大铁链。只要拿下金角湾，就可以由此入口通向君士坦丁堡海基城墙的东段以及从布拉赫内宫向南延伸出来的陆上防御工事。拜占庭皇帝阿莱克修斯三世派出希腊部队进行武装抵抗，但很快就被瓦解。在海面上，威尼斯战舰横扫一支由三列桨座战船组成的希腊舰队，与此同时，大队上岸的步兵和骑兵发起强攻，杀入加拉塔区，放下铁链，使整支舰队得以进入金角湾。年轻的皇位挑战者小阿莱克修斯被请到战阵前方大张声势，好奇的市民们从君士坦丁堡的城墙上向下观望。对于他的

---

　① 该典故源自第二次世界大战初期，从 1939 年 9 月当德军进攻波兰时到 1940 年 5 月德国真正进攻法国之间，西线几乎没有发生什么战事，后来西方就用 phony war 形容战争时期并未真正交战的战争形式。

到来，绝大多数人的反应是不屑一顾。

　　在接下来的一周里，十字军陆续下船，安营扎寨并制造攻城器械，然后，在 7 月 17 日，他们开始了一场"骇人的战斗……双方死伤者之声不绝于耳"。[32]法兰西人使用攻城槌猛烈撞击巍峨的布拉赫内宫周围的城墙，与希腊本土士兵、比萨雇佣兵以及手持战斧的瓦兰吉卫队成员短兵相接。威尼斯人则从水路向城市发起进攻。当战事正酣时，他们为后世留下了十字军历史上最著名的场景之一。随着战争号角吹响，年迈的盲者丹多洛站在其红色旗舰的船头，身后绘有圣马可带翼狮兽的威尼斯大旗迎风招展。随后威尼斯舰船纷纷靠岸，投放船员，向海岸线发起攻击。

　　与此同时，更大的运输船——船身覆盖着牛皮以抵御希腊火的伤害——尽其所能地驶近海基防御工事；抛出抓钩紧紧咬住城墙，然后用绞车把云梯从桅杆吊起，搭在城墙上。这些高仰的云梯组成了摇摇晃晃的"飞架桥"，那些想要登高进攻的战士可以沿着这种桥梁奔跑并爬上城防塔楼。凭借这些攻城利器，威尼斯和法兰西士兵"冲上塔楼与守军交战并轻而易举地击溃了他们"。[33]在一段城墙上巩固了阵地后，他们向下方的房屋纵火，大火烧毁了城市北部从布拉赫内宫一直到施恩者（Evergetes）修道院将近两英里（三千米）长的一大片地区。随着夜幕降临，君士坦丁堡城内大火熊熊，回响着民众的尖叫声和怒吼声，他们对阿莱克修斯三世未能保护他们感到无比愤慨。然而，此时的阿莱克修斯三世决定他已经受够了。当夜色已深，他搜罗了 1000 磅的黄金以及他的仆人们能带上的所有财宝，然后逃之夭夭。第二天早晨，阿莱克修斯三世双目失明的弟弟伊萨克二世被带出监狱，重新登上了他八年前失去的宝座。12 天后，8 月 1 日，十字军将伊萨克的儿子小阿莱克修斯送入城中，他被加冕为共治皇帝，采用的帝号是阿莱克修斯四世。

君士坦丁堡的陷落被十字军欢呼为奇迹。尽管困难重重，尽管他们之间意见不合且自我怀疑，但上帝还是向他们微笑了。圣波勒伯爵于格此时依旧沉湎于英诺森三世在五年前以骑士精神勉励其参加十字军的话语中，给家人写信夸耀自己的成就。"如果有人想侍奉上帝……并梦想出人头地，获得'骑士'这一荣耀头衔的话，"他写道，"就让他加入十字军、追随上帝吧，让他参加上帝的比武大赛，他将获得上帝本人的邀请。"[34]但于格的高昂情绪很快就会消失。这次十字军东征远未结束。

✝

两个直接问题摆在两位共治皇帝和将他们重新扶上皇位的十字军面前。首先，君士坦丁堡的市民已经接近叛乱的边缘。 336 其次，帝国国库里并没有年轻的阿莱克修斯四世许诺的 20 万银马克。没过多久，麻烦再一次处于酝酿之中。伊萨克父子不顾一切地搜刮教堂里的宗教圣像和装饰品，并将其熔化以向十字军支付欠款，这种政策终于激起了民怨。1203 年 8 月 19 日，城内爆发了针对拉丁人的骚乱。作为报复，一部分由威尼斯人率领的西方人攻击了君士坦丁堡内一座为穆斯林服务的清真寺，尽管这座清真寺受到拜占庭皇室庇护。很快，骚乱就演变成街头战斗，十字军再一次祭出火攻，作为他们最好的防御手段。一场更大的烈火在被点燃后席卷了整座城市，"从海的一边烧到另一边"，摧毁了超过 400 英亩（1.6 平方千米）的土地，无数古老的神庙、宫殿、房屋、公共纪念碑、市场和法院被火海吞噬，圣索菲亚大教堂和大竞技场也受到了火舌威胁。尼西塔斯·科尼阿特斯（Niketas Choniates）[①] 写道，这场大火简直是"惊心动魄"。[35]

　　同样步步惊心的还有新登基的皇帝阿莱克修斯四世，他发现自己仍然身陷困境。他无法支付十字军的费用，却照旧有求于他们的军事援助，因为他要向君士坦丁堡周围的地区进击，将色雷斯和更广阔的帝国领土置于自己的权威之下，于是便又与他们签订契约，让十字军驻扎在博斯普鲁斯海峡，听候他的调遣，直到 1204 年 4 月。但是，随着时日渐久，他对十字军毫无回报，使他们愈发群情激愤。随着冬日降临，支付给法兰西人和威尼斯人的资金早已枯竭，双方之间的关系也就完全破裂了。1203 年 12 月，丹多洛与阿莱克修斯四世在港口会晤，现场气氛火药味十足，威尼斯总督警告拜占庭皇帝，他的忘恩负义和两面三刀使他们全都进退维谷。阿莱克修斯四世试图将他打发走，丹多洛勃然大怒。"我们既然能把你从粪堆里拖出来，就能将你扔回去！"他怒吼道。[36]这可不是在开玩笑。

337　　局势急转直下。1204 年新年当日，希腊人试图火烧在金角湾停泊的威尼斯舰队，此举公然表明开战在所难免。与此同时，城内反对两位共治皇帝的声浪此起彼伏，民众认定他们是将门口的野蛮人引来的罪魁祸首，屡屡暴动，破坏公共秩序。皇宫之内，一个包括瓦兰吉卫队成员在内的反对派系开始聚集在一位贵族——"连眉者"阿莱克修斯·杜卡斯（Alexios

---

　　①　约 1155～1217 年，拜占庭史学家，著有记载 1118～1207 年拜占庭历史的著作，其中最有史料价值的是对 1204 年十字军占领君士坦丁堡的记述。

Doukas'Mourtzouphlos')的周围，此人的绰号意指他的眉毛以古怪的方式悬垂下来。1月底，当老皇帝伊萨克二世很可能是出于自然原因去世时，杜卡斯抓住了时机。他和他的支持者们逮捕了阿莱克修斯四世，并把他扔进了宫殿的地牢里，将镣铐捆在他的脚踝上。由丹多洛领导的十字军频频发出信息，怒发欲狂，要求释放这个任性的盟友并让他履行其义务——账本上仍未偿付的10万马克，尽管这一数字不切实际。作为回应，在2月8日至9日的夜晚，杜卡斯将阿莱克修斯四世勒死，并且——根据十字军阵营中佛兰德伯爵鲍德温所听到的传言——他亲自用一把铁钩将这个年轻人开膛破肚。他将皇位据为己有，号称阿莱克修斯五世·杜卡斯，并给十字军传去了一个直白的口信。如果十字军在一周之内没有"离开并撤出他的土地"，他就会"将他们所有人杀光"。[37]

登基为帝之后，由于意识到战争迫在眉睫，杜卡斯采取紧急措施修复和改善了君士坦丁堡业已可观的防御工事。双方都在大斋节（Lent）[①]期间内加紧备战，并且都深信己方必然胜利。双方都毫无回旋余地：随着阿莱克修斯四世的死亡，十字军只能用致命的武力榨取他在扎拉承诺的报酬；杜卡斯只有证明自己有能力保卫帝都，才能保住皇位。

战斗开始于1204年4月9日星期五。威尼斯人立即尝试重演用飞架桥攀上城墙和塔楼的把戏，但是这一任务并不像前一年那么容易。塔楼已经得到加固，他们的船只处于逆风之

---

①　亦称"封斋节"，是基督教的斋戒节期。据《圣经》载，耶稣于开始传教前在旷野守斋祈祷40个昼夜。教会为表示纪念，规定棕枝主日前的40天为此节期。大斋首日是基督教节期大斋节的第一日，根据每年复活节日期的变化，该日在2月4日至3月11日之间。

中，而城内的弩炮投射出密集的希腊火和巨石。他们似乎无法找到一条突破的路径。十字军被迫撤退并重新部署。周末，布道者们在营地内向十字军战士们保证这项事业是正义的。但在城墙上，拜占庭守军"开始高声大笑，引吭嘲骂"，脱下裤头，轻蔑地摇摆自己的屁股。[38]

对于这些光着屁股的人来说，乐极生悲的事在 4 月 12 日下午发生了，风向忽变，他们的叫骂声也戛然而止。现在，威尼斯水手们成功地使己方船只直接抵靠城墙。两艘舰船——"天堂"号和"朝圣者"号——被绑定在一起，飞架桥从它们巨大的桅杆上伸出。最后，十字军战士们蜂拥而上。一个威尼斯战士当先登上城头，却被瓦兰吉卫队的战斧砍成肉酱。但在他身后拥来的攻击者数量太多，使得拜占庭人抵挡不住。随着法兰西和威尼斯的旗帜在塔楼上升起，下方城墙上一扇被砖块封死的小门也被凿出洞来。城陷已成定局。当夜幕降临时，君士坦丁堡正处于崩溃的边缘。

此时，拜占庭皇帝逃走了，这已经不是第一次有拜占庭皇帝弃守都城。趁着夜深人静，阿莱克修斯五世乘坐一艘渔船渡过博斯普鲁斯海峡，将君士坦丁堡抛之身后，任其自生自灭。破晓时分，当剩下的贵族和军事指挥官们在意识到已经发生的事情后，他们派出城里最高级的神职人员请求和平投降。他们的举动徒劳无功。十字军正是为了寻求财富才来到君士坦丁堡的。他们已经在城墙外驻扎了将近一年的时间，正是因为他们所做的一切终将会有回报的希望。现在，他们要抓住这个机会，掠夺西方最富有的城市。

在 4 月 13 日沦陷后的几天里，威尼斯人和法兰西人对君士坦丁堡造成了可怕的破坏，巴里斯的冈瑟却对此盛赞不已，他写道：

　　　　入城！入城！主之战士正荣光，　　　　　　　　　339

　　　　天赐雄城莫彷徨。

　　　　君可见，耶稣骑驴温文至，①

　　　　展颜带路和平王。

　　　　主之圣战君来斗，主之大仇君担当。

　　　　基督自能裁而断，圣意先于武功强。[39]

这种豪放的文笔无疑让他的读者心潮澎湃。但另一位编年史家——骄傲的希腊人尼西塔斯·科尼阿特斯目睹了自己的城市的陷落，烧杀掳掠中的平庸之恶让他撕心裂肺。没有神圣的预兆，他写道，没有血腥雨丝或炽热燃石从天而降。那里只有无穷无尽的罪恶。"在城市沦陷的那一天，掠夺者们占据了四通八达的房屋，把里面的所有东西都抢走，盘问房屋主人隐藏的财宝在哪里。他们对一些人动手殴打，对许多人温言相劝，但所有人都受到了威胁。"[40]强奸、偷窃、纵火和亵渎圣物已是家常便饭。数百件圣物，包括曾覆盖耶稣遗体的裹尸布、保存完好的耶稣兄弟的头骨和圣母玛利亚的长袍，都被作为战利品掳走。[41]在威尼斯强盗夺取的宝物中，有四尊精美的青铜骏马雕像，制作于公元2世纪或3世纪，在大竞技场被盗后运回威尼斯，迄今仍被威尼斯人自豪地陈列于圣马可大教堂之前。科尼阿特斯看到他人生尽毁的邻居们站在周围，"他们面色苍白，

---

　　① 典故出自《圣经·马太福音》第21章：耶稣光荣进入耶路撒冷，"要对锡安的居民说：'看哪，你的王来到你这里，是温柔的，又骑驴，就是骑着驴驹子。'"

脸如僵尸，眼内布满血丝，流出的血多过眼泪"。[42]在圣索菲亚大教堂内，一个来自十字军营地的妓女坐在牧首的宝座上，围着祭坛跳舞。拜占庭的都城已经陷落，希腊帝国本身也随之灭亡。

✝

阿莱克修斯五世在逃离自己的都城之后并没有活多久：340 1204 年的秋天，他被活捉，刺瞎双眼，然后被带回君士坦丁堡。作为对叛徒的惩罚，十字军将他从古罗马广场上的狄奥多西之柱（Column of Theodosios）上扔了下去。当时，一位新的皇帝已经被推选出来：佛兰德伯爵鲍德温成为鲍德温一世，也是君士坦丁堡的第一位拉丁皇帝。鲍德温是在恩里科·丹多洛谢绝这一显位后当选的，他自己也很谦虚地拒绝了这一任命。但他还是在 5 月 16 日被加冕为皇帝。这绝非他在四年前第一次领取十字时所能预料的结果，但是上帝以神秘的方式操纵着命运。

丹多洛在拒绝加冕后仍担任着威尼斯总督一职，他于1205 年写信给英诺森三世，讲述他对于这一系列事件的看法。英诺森三世纵然恼羞成怒，却也无可奈何，只好赦免了十字军的罪行。但是，丹多洛深知教皇对此事闷闷不悦：他发起的十字军东征在宣传时被包装为针对异教徒的比武较量，最终却演变成对基督教友的迫害。英诺森三世拒绝让威尼斯总督认为自己的十字军誓言已经完成。作为抗议，丹多洛告诉教皇，他早已成为一名十字军战士，为耶稣基督和罗马教会奋战，并宣称他所做的一切，从打造运送第四次十字军东征的舰队，到摧毁一个延续 800 多年的基督教帝国，都是为了这个目标服务。[43]他巧妙地淡化了威尼斯人在东方基督教世界的暴行中表现显眼这一事实。当掠夺君士坦丁堡的战利品被计算到账本上时，威尼斯终于收回了它的本钱。[44]

在回想 1203～1204 年发生在君士坦丁堡的恐怖与杀戮、大火与谋害等震惊世界的一系列事件时，尼西塔斯·科尼阿特斯将诸多责任归咎于丹多洛。他写道，这个威尼斯老贼是"一个狡诈的骗子，自称智者中的智者，追逐荣耀的疯狂无人能及，他宁愿死也不愿让罗马人逃脱惩罚，因为他的国民曾饱受其屈辱对待"。[45]科尼阿特斯认定，整个狂热事件是一个秘密计划，由丹多洛和一群在威尼斯潟湖的恶人阴谋策划，以报复 12 世纪 70 年代和 80 年代威尼斯人受到的侮辱——当时这一事件的许多参与者还是孩童。[46]

341

无论这种看法公平与否，人们最终还是艰难地将第四次十字军东征——由威尼斯共和国及其总督丹多洛打造并促成——定性为一场灾难，十字军运动的每一项原则都被其歪曲：在基督教的领土上生生分裂出一个新的拉丁国家，对基督教世界最伟大的一座城市做出惊人的破坏，让十字军运动名声扫地，非但没有削弱阿尤布帝国，反而使其更加富足。随着君士坦丁堡付之一炬，亚历山大完好无损，根据穆斯林编年史家阿布·沙马的记载，由于从君士坦丁堡掠夺而来的大理石被卖给叙利亚和埃及市场上的穆斯林商人，大马士革变得光彩夺目。[47]确实，十字军现在拥有了一个向叙利亚海岸线发动袭击的桥头堡。但是，尽管他们付出了流血牺牲，挥霍了大量金钱，但他们甚至都没有威胁到埃及，更不用说耶路撒冷了。

✝

在君士坦丁堡陷落一年后，恩里科·丹多洛仍然滞留在新生的拉丁帝国，这个帝国遭到了来自各个方向的攻击（这可能早在预料之中）。个性使然，他策划了更多的阴谋：用蒙费拉侯爵博尼法斯无法偿还的坏账换购征服克里特岛的权利，在第四次十字军东征军瓦解后瓜分拜占庭领土的过程中为威尼斯获得可观的份额。在分割中，威尼斯沿着拜占庭的海岸，从都拉佐（Durazzo）① 到伯罗奔尼撒半岛，包括科孚岛和凯法利尼亚岛在内，索取了价值不菲的财产。丹多洛本人则得到了一个奇怪却并不准确的头衔——"八分之三个罗马帝国的领主"。

当他于 98 岁高龄去世时，仍在忙于保卫这个八分之三帝国，并协助鲍德温弹压愤怒的和流亡的希腊人。他的死亡是一个痛苦的过程：作战的严酷条件使他患上了疝气，部分肠子脱落并留在了他的腹股沟，造成了致命的感染。他被葬在君士坦丁堡的圣索菲亚大教堂，是唯一一个在那里安息的人。年迈的总督确保他和威尼斯的名字在十字军东征的历史和伟大的基督教东方帝国的事务中永远被铭记。他勇敢地与自己的身体残疾和衰老抗争，他务实的领导和无畏的个人勇气也毋庸置疑。然而，丹多洛最终还是将他的才干引向一个完全不光彩的结局，在一场可怕的事件中扮演了首恶角色，即使按照十字军时代的残酷标准，也完全配得上科尼阿特斯对他的蔑称："罪大恶极"。[48]

342

---

① 即前文中的都拉基乌姆，今阿尔巴尼亚的都拉斯。

第二十一章　内部公敌

膏药无愈之伤，

当以刀切放血为善……

在距离战火纷飞、天怒人怨的君士坦丁堡遥远的地方，在
波罗的海 1205～1206 年阴冷的冬天里，里加主教阿尔贝特下
令上演一部神秘剧（mystery play）。作为一种在基督教世界的
普通民众中传播福音的媒介，神秘剧行之有效。演员们扮演
《圣经》故事中的角色，并在旁白解说或歌曲伴奏下重现历史
上的神迹。对于目不识丁的平民大众来说，神秘剧以一种丰富
多彩的、富有戏剧性的方式帮助他们理解《圣经》中的事件
和信息，在整个欧洲都大受欢迎。但是阿尔贝特主教——一个
野心勃勃却生性贪婪的高级教士，对外交和治国的本能比对灵
魂的关怀更强烈——在他新建立的里加（Riga，波罗的海边境
国家的一个古老贸易港口）主教辖区内看到了神秘剧的特殊
用途：不仅要娱乐和教育信徒，更要吸引那些从一开始就没有
听说过或关心过基督之道的人。

阿尔贝特在 1205～1206 年安排上演的神秘剧专门面向一
个名为利弗人（Livs）的异教民族。利弗人是一个芬兰人大型
部落群的一部分，他们居住在波罗的海东北部里加湾附近一个
名为利沃尼亚（Livonia）的地区（大致相当于现代的拉脱维
亚）。根据一位基督教诗人兼编年史家的记载，利弗人是"夜

郎自大的异教徒",他们人生的伟大目标就是"夺取基督徒的生命和财产"。[1]但在另一位编年史家吕贝克的阿诺尔德（Arnold of Lübeck）笔下，利沃尼亚被描述成"膏腴之地"，并且"从不缺少基督的仆人和新教会的创立者"。这片未被基督教化的土地位于德意志领主和东正教基督徒罗斯人的领土之间——包括现代的爱沙尼亚、拉脱维亚和立陶宛——肥沃富饶，盛产毛皮、蜡物、木材、鱼类和琥珀，对富有开拓精神的商人和志在扩大自己教区的神职人员也极具吸引力。唯一的问题就是居住在那里的民族。利弗人和他们邻近的部落——北方的拉脱维亚人（Letts）和爱沙尼亚人（Estonians），南方的瑟罗尼亚人（Selonians）、斯米迦利亚人（Semgallians）和立陶宛人——对于接受上帝的福音、服膺罗马教会并向其缴纳税赋，充其量也就是不温不火的态度。在胁迫之下，他们可能会皈依基督教，如果这意味着他们可以保命或者与基督教民兵达成短期协议来攻击其敌对部落的话。即使在这种情况下，利弗人通常也会一有机会就放弃对基督的信仰，跳到最近的河里洗掉受洗的污点。因此，阿尔贝特主教决心让利弗人看到自己所缺失的东西。

不幸的是，阿尔贝特的神秘剧出师不利，遭遇了冷场。根据编年史家利沃尼亚的亨利（Henry of Livonia）——这位传教士在几十年后写下了他对发生在波罗的海的历史事件的看法——的记载，阿尔贝特的演员们所表演的故事，对于异教徒观众的品位来说过于粗鄙了。多年以来，利弗人忍受着来自德意志和斯堪的纳维亚的基督武士对他们领地年复一年的侵袭，后者试图用刀剑逼迫他们改变信仰。他们知道那些推行基督教化的人同时也在掠夺、屠杀、赶走牛群、焚烧庄稼和拆毁房屋。而且，

波罗的海地区的异教徒部落，
约1100年

尽管他们如同攻击者一样凶猛地反击，这种经历无疑给他们留下了心理创伤。近年来，这些侵袭者由一些粗暴蛮横的人领头，他们来自一个新成立的军事修会——利沃尼亚的基督兄弟骑士团（Brotherhood of the Knighthood of Christ in Livonia），或简称为宝剑骑士团（Swordbrothers）。这个军事修会是由阿尔贝特家族的骑士在 1202 年创建的。宝剑骑士团的成员穿着模仿圣殿骑士团的制服——白色披风上绣有一个红十字和一把宝剑的纹章。他们过着同样简朴的生活，住在漏风的营房里，以卷心菜为食，在其一生中奉献给祈祷和杀戮的时间大致等同。[2]一位对其不以为然的作者认为宝剑骑士团是一群罪犯，"希望在没有法律和王权管束的情况下独立生活"。[3]他们的主要目的是确保利弗人和其他异教民族转变信仰，否则就将其斩草除根，并且将德维纳河［Dvina，又称道加瓦河（Daugava），在里加注入大海］流域置于基督教的法统之下。宝剑骑士团血腥而又高效地执行着他们的任务，沿着德维纳河流域一英里一英里地推进，所到之处或是欺凌或是贿赂，并建起山堡和瞭望塔楼以待紧随其后的基督教殖民者、熙笃会修士和传教士。

故而，那些被劝说观看阿尔贝特主教的神秘剧的利弗人早已对其内容无甚好感。他们尤其不喜欢剧中基甸（Gideon）率军与米甸人（Midianites）战斗[①]的情节，这种血腥的场面被神秘剧刻画得淋漓尽致。[4]这一刀剑碰撞的情景系由编剧受《旧约》中《士师记》的故事启发而创造，而主

[①] 基甸是《圣经·旧约》中以色列的著名英雄和士师，曾率领 300 人打败十几万米甸敌军，使以色列人太平了 40 年。

教的剧团以过于强烈的兴致对这一故事进行了再创造。对于聚集于舞台前的利弗人来说，300 名圣战士以上帝之名滥砍滥杀，这一幕使他们不禁想起现实生活中经历过的痛苦往事。就在最近，从更远的南方传来的谣言说，50 名立陶宛妇女在她们的丈夫被基督徒杀害后绝望地上吊自杀。[5]恐慌的情绪在人群中传播，还未等这部神秘剧演完，观众就已经四散逃走。

✝

在罗马，教皇英诺森三世对神秘剧和利弗人的具体细节一无所知。但他了若指掌的事实是，在欧洲东北部寒冷的边缘地带，一场针对异教徒的圣战正在展开，而他对此也全心全意地认可。当然，日光之下无新事。自 1147 年发动对文德人的进攻以来，德意志北部的准十字军战士们就得到教廷允许，与家乡附近的异教徒作战，以代替在巴勒斯坦、埃及或西班牙与穆斯林作战的艰难旅程——只要他们声称自己是在保护皈依的基督徒不受压迫。

这一番神学上的强词夺理向来站不住脚，但是 60 年来的军事行动已经足以基于传统的力量为这种十字军运动正名。英诺森三世在当选为教皇后采取的首批行动之一就是确保这一传统继续下去。在其上台的第一年他就确认，任何为保护新近皈依的利沃尼亚基督徒而进行朝圣之旅的人都可以将自己视为十字军战士，并可享受伴随而来的所有宗教利益。他于 1204 年再度确认了这一教令，并将会在 1215 年第三次这么做，当时他鼓励波罗的海的基督徒向南挺进，"为基督信仰的新家园与蛮族人作战"。[6]1209 年，他写信给丹麦国王瓦尔德马二世

347

（Waldemar Ⅱ）①，敦促后者"用他们的圣像战胜异教徒的污秽，像一名活跃的基督骑士一样勇敢且坚强地战斗"。[7]英诺森三世对波罗的海十字军运动热情洋溢的支持有助于在当地助长一种流行的信念，即利沃尼亚在某种程度上代表了应许之地，并且受到圣母玛利亚的特意庇佑和保护。[8]很快，从清理、殖民异教徒土地和使异教徒归化的战斗前线上逐渐传回奇迹显现的报道。死者尸体停止了腐烂，瘸子也重新学会了走路。

从某种意义上说，在德意志、丹麦和其他斯堪的纳维亚领主为了扩大势力而向波罗的海非基督徒土地进行的长期攻势中，利沃尼亚十字军运动以及随后对爱沙尼亚和其他异教徒民族的远征行动只不过是其中的一小部分而已，这种努力经常会导致罗斯人和东方的其他势力成为他们的贸易竞争对手。但在英诺森三世主政教廷的背景下，像阿尔贝特主教统领下的利沃尼亚宝剑骑士团成员这样的战士被反复授予十字军的身份，代表着一些与以往不同的、更具野心的意义。因为在英诺森三世的领导下，十字军运动不仅是为了保卫拉丁基督教世界与伊斯兰世界之间的辽阔边界，更是成了迫使世界各地的世俗统治者服从教皇命令的政治工具。在他18年的教皇执政生涯中，英诺森三世总共宣布了六次十字军东征，并且激发了第七次。这些十字军中没有一支部队能到达耶路撒冷。[9]实际上，英诺森三世发动的历次十字军东征中，最臭名昭著的一次（在第四次十字军东征军转向君士坦丁堡而告失败后）并没有发生在距

---

① 1170～1241年，丹麦历史上著名的国王，号称胜利者瓦尔德马或征服者瓦尔德马，参加了对爱沙尼亚异教徒的十字军东征，其建造的要塞是现代爱沙尼亚首都塔林城的前身，塔林在爱沙尼亚语中即"丹麦人之城"的意思。

离罗马数千英里之遥的地方，而是在大法兰西王国，教会资源对准了一个名为阿尔比派（Albigensians）或清洁派（Cathars）的教派，基督教武士们也受教廷鼓动对这一教派群起而攻之。

✝

清洁派信徒与利弗人或爱沙尼亚人截然不同，他们不是异教徒。准确地说，他们是异端分子，在教会的眼中，他们偏离了基督的教导，接受了一套在世界起源和神性本质上愚蠢而又扭曲的歪理邪说。清洁派是一种基督教二元论信仰体系，认为除了一个仁慈的上帝之外，还有另一个邪恶的造物主，与撒旦或《旧约》中的上帝有关。虽然仁慈的上帝负责所有属灵的事务，但残酷和罪恶的物质世界是撒旦的杰作。清洁派的学说部分源自鲍格米勒派（Bogomil）① 的教义，后者在 10 世纪出现于拜占庭帝国的巴尔干地区，并在 12 世纪 40～60 年代向莱茵兰、法兰西南部和意大利派出传教士。但清洁派并不仅仅是流亡中的鲍格米勒派。当这一异端邪说在西方基督教世界的土地扎根时，它已经成为一种独特的现象。

清洁派（其教派名源于希腊词语 katharos，意为"纯洁"或"清净"）认为，被邪恶的上帝从天堂盗走的堕落天使受困于腐化的肉体中，若要将其释放出来，可行的方式只有通过严格遵守清洁派教义，并最终参加一个名为"慰灵礼"（consolamentum）的正式仪式，这种仪式是一种成人洗礼的形式，在此之后参加仪

349

---

① 该教派名源于其创始人——一位名叫鲍格米勒的东正教神父，在古斯拉夫语里意为"爱上帝者"或"上帝之友"。

式的信徒才被认定其灵魂获得了自由，继而成为教士阶层的一员，被称为"纯全信徒"［perfecti，女信徒则被称为"纯全信女"（perfectae）］。普通的清洁派信徒（credentes）则被期望生活在像罗马教会一样等级森严的清洁派教会的仪式和教导下，维护类似主教一样的长老及侍从（被称为年长之子和年幼之子）的权威，遵守诸如忏悔、谢饭、布道和祈祷这样的教会仪式。大多数信徒直到临近死亡时才参加"慰灵礼"，因为"纯全信徒"和"纯全信女"过着严苛且不切实际的苦行生活，至少和熙笃会最严格的修士一样虐待自己。他们用食不多，秉承严格的素食主义；他们戒绝一切性接触，憎恶怀孕和分娩。在这种意义上，他们是 12 世纪和 13 世纪之交一场更广泛的宗教运动的一部分，脱胎于这一运动的修会生活专心于极度贫困、布道和自我否定。这一宗教领域的其他派别还包括瓦勒度派（Waldensians），由里昂的彼得·瓦尔多（Peter Waldo）的追随者组成，被教廷宣布为异端并遭到恶意迫害；谦抑派（humiliati），由意大利北部一群清贫的牧师组成，教会当局用怀疑的目光审视这个派别，但并没有镇压他们；方济各会（Franciscans），该修会的成员以虔诚的商人之子阿西西的圣方济各为榜样云游四方，在 1209 年后受到教会的热情接纳。

　　在清洁派信仰体系中居于核心地位的是对肉体凡胎的一种制度化厌恶。这一神学暗示使一个清洁派信徒不可能相信耶稣基督可能是仁慈上帝在人间的化身，这也使其信徒不可能接受圣餐。这可能是清洁派最离经叛道之处——该派信徒甚至因为毫不掩饰地蔑视罗马教会的世俗、贪婪和腐败而与基督教的主流渐行渐远，而罗马教会禁止将包括《通俗拉丁文本圣经》

（Vulgate Bible）① 在内的宗教典籍从拉丁文翻译成地方语言的倾向也疏远了清洁派。然而，清洁派并不是一个秘密教派：该派公然践行他们的错误教义，为"纯全信徒"提供住所，将普通信徒分成学习和礼拜的团体，为逝者提供墓地。[10]

在第三次拉特兰大公会议上——1179 年在罗马召开的一次普世教会代表会议——清洁派被形容为"可憎的异端"、"邪恶"、"大错特错"且"罪行累累"。[11]但无论是官方的抹黑辱骂，还是熙笃会修士们的布道使命，都未能阻止清洁派信仰在西欧普通民众中生根发芽，尤其是在那些世俗权力处于竞争或弱势的地区；清洁派的心脏地带位于法国的南部 - 比利牛斯（Midi-Pyrénées）和朗格多克 - 鲁西永（Languedoc-Roussillon）地区，在图卢兹、卡尔卡松（Carcassonne）和阿尔比（Albi，"阿尔比派"即得名于此）等城市内部及其周围地区开枝散叶。

英诺森三世作为教皇的首要任务之一就是击退清洁派和其他异端教派的浪潮，恢复天主教会的统一和正统。在他执政的最初五年内，他对西方的高阶主教们进行了无情的抨击，因为他认为他们在嗅探异端分子方面行动迟缓，这些离经叛道之辈"用他们的圈套缠住无数的人民……用不实之词的酵母腐化受害者"。[12]当这一举措并未产生令人满意的效果时，英诺森三世决定动用武士阶层作为强硬手段。他在 1207 年写信给法兰西国王腓力二世，告诉他"异端分子悖谬乖戾……滋生丑类恶物，未有中断……乃至作奸犯科之徒层出不穷"。英诺森三世

---

① 通称"武加大译本"，是天主教拉丁文《圣经》的通俗版本，公元 405 年由圣经学者哲罗姆主持编订完成，一向被天主教奉为最佳古本拉丁文《圣经》，是中世纪学习拉丁文的必修课本。

说道，他尝试过规劝异端分子。但是"膏药无愈之伤，当以刀切放血为善"。[13]

✠

351　英诺森三世对于异端分子的怒火，以及周围似乎没有与他感同身受之人而带来的沮丧情绪，可以在他写给意大利中部城市维泰博市民（他们于 1205 年将数名清洁派信徒选入市议会）的信中体会到：

> 唯愿大地突起将尔等翻覆，天上群星揭发尔等罪状，将尔等劣迹公之于世……如此，非但人类，更兼自然要素本身也将合为一体，毁灭尔曹，将尔等鼠辈抹除于地表……即便如此严刑也不足以惩戒尔等。尔等在罪恶中糜烂，好似孳畜于粪便中腐臭……我们相信上帝本人也会感到恶心。[14]

他给图卢兹伯爵雷蒙六世（在东方一手创立的黎波里伯国的第一代十字军著名领袖的曾孙）发去了一封措辞格外严厉的信函，在信中痛骂伯爵纵容异端分子在其领土发展壮大："何等骄傲使汝内心膨胀？何等妄念使汝入毒已深，已成害群之马？"[15]

然而，截至 1208 年，英诺森三世的大声疾呼看起来只是在充斥着异端分子的荒野上孤军奋战。尽管他向帮助裁决法国南部的清洁派和其他异端教派的骑士授予十字军特权，在由教廷直接统治的土地通过法律，下令拆除异端分子的房屋，没收他们所有的财物，但像图卢兹伯爵雷蒙六世这样的统治者顽固不化，使他的目的不可能达到。雷蒙六世本人并非清洁派信徒——他曾资助医院骑士团，并且是一个遵循罗马教会仪式的正统教徒。但构成图卢兹伯国封地体系的男爵家族中有很多人确实是清洁派的普通信徒，或是清洁派教会的赞助者，即使是雷蒙六世，甚至是在他于 1207 年和 1208 年两度被绝罚之后，也无法逆转这一趋势。即使雷蒙六世想这么做，他也不可能在图卢兹扑灭清洁派，何况他并不看好英诺森三世在信中及其从教廷中派出的使者想要迫使他采取的高压手段。

352

　　然后，在 1208 年的最初几天里，单是一次暴力事件就为教皇提供了他求之不得的机会。在 1 月 13 日这一天，教廷使节卡斯泰尔诺的彼得（Peter of Castelnau）在圣吉勒修道院与雷蒙伯爵会面，恳请伯爵听从教皇的安排。雷蒙如同往常一样漠不关心，于是两人大吵起来，在分开前互相辱骂对方。彼得在当天晚上启程回乡，在距离圣吉勒大约 10 英里（16 千米）处的罗讷河（River Rhône）岸宿营过夜。次日清晨，他刚听完弥撒，雷蒙六世的一位扈从骑士就出现了，用长矛刺穿他的后背，然后逃之夭夭，留下彼得死在河岸上。大约过了六个星期，这一野蛮行径的消息才传到罗马，英诺森三世在数日之内就依照英格兰大主教托马斯·贝克特被谋杀后的惯例宣布卡斯泰尔诺的彼得为殉道烈士。教皇将彼得的死直接归咎于雷蒙，他谴责雷蒙是魔鬼的仆人，"奸诈狡猾、反复无常"。[16] 从这一刻起，英诺森三世寄给西方各位大领主和诸侯、反对异端的信函才真正产生作用。他说，异端分子和他们的保护者已经表明了他们的真实意图。他们残暴不仁，背信弃义，比撒拉森人更危险。"悖逆吾等灵魂者，终将毁灭吾等血肉。"教皇怒叱道。基督的所有士兵都有责任与他一道消灭异端。

✝

1209 年 6 月，一支十字军部队在里昂集结。募兵工作由熙笃会的布道者们在卢瓦尔河上游的法国北部地区完成，此地在传统上就是十字军兵源富足之地，并且从地理、文化、语言和本地人的气质上都迥然异于讲着欧西坦语、经受烈日暴晒且民风追求感官愉悦的朗格多克地区。这支军队最初有 5000 名骑兵和两倍于此的其他许多兵种，其阵容包括很多参加过第三次和第四次十字军东征的老兵，以及各地领主，如勃艮第公爵奥多和讷韦尔（Nevers）伯爵亨利，尽管这两人互相都看不上彼此，但他们都是法国最有权势的贵族，并且都得到了法兰西国王腓力二世·奥古斯都的祝福。自从在 1191 年经历了第三次十字军东征的种种不愉快之后，返回国内的腓力二世就致力于将法兰西王权的力量强加于王国内部那些传统上王室统治薄弱的广大地区。1204 年，他将英格兰金雀花王朝的国王约翰逐出了后者在法国的几乎所有领地，从而重塑卡佩王室对诺曼底和布列塔尼公爵领地，安茹、曼恩、图赖讷伯爵领地，以及阿基坦公爵领地大部分地区的监管权。朗格多克，尤其是图卢兹伯国，在传统上是抵抗法兰西王室宗主权的另一座堡垒；通过暗中支持英诺森三世对雷蒙六世的十字军讨伐行动，腓力正确地估计，王国内的另一个麻烦地区可能会由此就范。

在加入这支十字军的法王封臣中，有一位贵族对此次征讨志在必得，不容有失，他就是西蒙·德·蒙福尔，巴黎附近伊夫林（Yvelines）森林中心地区一小块领地的统治者。[17] 1199 年，正是此人在香槟伯爵特奥巴尔德的埃克里城堡骑士比武大赛上宣誓加入第四次十字军东征，当十字军在扎拉改弦易辙时，他一怒之下离军出走，自行前往叙利亚与阿尤布军队战斗，完成了自己的圣战誓言。蒙福尔虔诚得近乎狂热，作为一位能力超群的军事领袖，他嗜血成性，激情澎湃，足以激励身后的士兵勇往直前。毫不夸张地说，他让敌人对上帝产生了恐惧。德沃塞尔奈（Vaux-de-Cernay）的彼得是一位对蒙福尔知之甚深的熙笃会修士，他加入了后者的十字军冒险行动。在他的笔下，蒙福尔被形容为"身材高大，一头秀发且眉目如画……肩膀宽阔，手臂肌肉发达……四肢敏捷灵巧，雷厉风行……能言善辩……忠贞无瑕……急于任事且乐此不疲，全身心投入侍奉天主的事业中"。[18] 没有像彼得那样被蒙福尔的明星光环迷住的观察者可能会补充说，蒙福尔固执己见、宁折不屈，既是一个狂热分子，又是一个冷酷无情的暴君，其严苛程度即便以当时的标准衡量也异乎寻常。蒙福尔还怀有一种贵族等级下的自卑情结：用德沃塞尔奈的彼得的话来说，尽管他"出身高贵"，但蒙福尔的领主权充其量不过是二流的祖传地产，他曾打算凭借其母亲的继承权在英格兰久负盛名的莱斯特（Leicester）伯爵领地分得一杯羹，但这一愿望在约翰国王统治期间英法纷争不断的情况下注定是镜花水月。① 因此，他的虔诚化为对地产和贵族头衔的渴望，他将利用自己在阿尔比十字军中的角色来满足这一心愿。

6 月 24 日，蒙福尔和其他十字军战士，包括教廷使节阿

① 蒙福尔是腓力·奥古斯都的一名封臣，而英格兰国王约翰正与法兰西国王进行着一场艰苦而又持久的战争。尽管蒙福尔在 1207 年短暂地继承了莱斯特伯爵领的许多土地，但这些地产几乎是立刻就被约翰没收了。约翰将这些土地及其带来的收入都据为己有。西蒙的儿子——小西蒙·德·蒙福尔也赫赫有名，在英格兰国王亨利三世统治期间取得了父亲的权利。——原注

354

诺·阿莫里（Arnaud Amaury）在内，从里昂出发，沿罗讷河顺流直下进入清洁派的地域，准备给图卢兹伯爵雷蒙六世以及他所包庇的异端分子一个严厉的教训。但他们在行军途中得知了雷蒙六世已经先发制人地与教皇讲和的消息，这让他们颇为尴尬。在圣吉勒修道院的一场仪式上，伯爵为他的错误道歉。他袒露后背，接受一位教廷使节的鞭打，然后在被谋杀的卡斯泰尔诺的彼得的棺材前游街示众。伯爵甘愿自取其辱的行为暂时阻止了十字军对其下手，他们决定转而进攻雷蒙24岁的侄子和邻居，即贝济耶（Béziers）和卡尔卡松子爵雷蒙－罗杰·特伦卡福尔（Raymond-Roger Trencavel）。

355

十字军对这两座城市的攻击行动于7月22日展开，表现出英诺森三世所激发的暴力情感具有何等的破坏力。在贝济耶，市民们听说十字军在逼近该城时将被怀疑为异端分子的男女就地烧死后，拒绝交出他们中间的清洁派信徒。于是在短暂的围城之后，城镇在十字军的猛攻下陷落，一场无差别的大屠杀随即发生，逃到城市教堂内的妇女、儿童和神职人员也被士兵们从藏身之处拉出来，惨遭杀害。阿诺·阿莫里在回禀英诺森三世的报告里说死亡人数高达两万人，其中的绝大多数显然不是清洁派教徒。后人将一句臭名昭著的话语归于这位教廷使节名下："吾等只需斩尽杀绝，上帝自然心中有数。"

将贝济耶烧成一片白地之后，十字军继续向卡尔卡松进发。雷蒙－罗杰子爵在仓促之间尽可能地完善一切防御措施：撤除郊区所有的磨坊，以防止十字军在围城期间制作面包维持生计；并且下令拆掉教堂的座位，将获取的木材制成路障。但他能做的也仅此而已。十字军于8月1日抵达并开始准备围城工作。鉴于抵抗无望，雷蒙－罗杰在 8 月 14 日命令市民们出城求饶，谦卑而又悔恨地穿着他们的内衣，而他本人也投降了。他被关押起来，并于三个月后死于监狱中，不是死于痢疾就是死于谋杀。[19]

✝

贝济耶浓烟滚滚，卡尔卡松被洗劫一空，十字军最终将英诺森三世在十年里对异端分子和清洁派信徒倾泻出的愤怒言辞付诸实践。但此次十字军征伐还没有结束。在卡尔卡松陷落、雷蒙－罗杰的领地被没收之后，十字军将西蒙·德·蒙福尔推选为该地统治者和此次十字军东征的世俗领导者。这两个职务之间的联系密不可分。从这时起，在朗格多克地区针对异端分子及其庇护者的行动即由蒙福尔的计划推动进行，主要包含两大要务。其一是尽可能地对那些偏离正道的人施加痛苦打击，使其震怖。其二是将他从已故的雷蒙－罗杰那里夺来的子爵领地置于自己的统治之下，然后再将自己的势力扩张到图卢兹伯国。

从 1209 年夏至 1211 年夏，蒙福尔一心专注于推动这两个目标实现。效率和残忍是他的座右铭，而一位才华横溢的围城工程师的加入更使他如虎添翼，这位名叫威廉的巴黎会吏长（archdeacon）① 以擅长制造弩炮而远近闻名。[20]1210 年夏，蒙福尔在米纳瓦（Minerve）动用一门弩炮猛轰城墙，其绰号恰好也为"恶邻人"——与腓力·奥古斯都在 1191 年围攻阿卡

356

---

① 在中世纪的天主教会中相当于总执事，由主教任命，协助主教处理事务。中世纪时，由于权力增大，时有妄用职权之弊，故在特伦多大公会议中被取消。

之际的投石机同名。当城墙崩塌后，蒙福尔的军队"烧死了大批异端分子——具有邪恶本质的疯男疯女在火焰中扭曲尖叫——随后将其抛尸荒野，覆以泥土，如此一来这些肮脏东西的臭味就不会影响到我们的外国军队"。[21]第二年春天，当蒙福尔攻占拉沃尔（Lavaur）城堡时，《清洁派战争之歌》（*The Song of the Cathar Wars*）的两位作者中的一位写道，"好一场腥风血雨，我相信人们会一直谈论到世界末日"。[22]城堡的女主人吉罗达（Girauda）是一位清洁派的"纯全信女"，她被扔进井里，上方乱石投下，直到她淹死井中。她的兄弟艾默里（Aimery）爵士则与麾下的 80 名骑士一同被吊死，400 名被怀疑为异端分子的市民被活活烧死在草地上。[23]同年 9 月，在卡斯泰尔诺达里（Castelnaudary），十字军击败了由图卢兹伯爵雷蒙六世（尽管在 1209 年进行了羞辱性的忏悔仪式，他还是再次被教皇施以绝罚）和富瓦（Foix）伯爵率领的一支联军。在接下来的一年里，朗格多克的所有城堡和市镇都投降了。

心狠手辣已经成为战争双方共有的特征：朗格多克的保卫者们成帮结伙地在道路上巡逻，绑架走失的十字军战士，挖出他们的眼睛或割掉他们的鼻子。一对同情清洁派事业的贵族夫妇——卡泽纳克（Cazenac）的贝尔纳和他的夫人埃利（Hélis），将有暗通蒙福尔嫌疑的人砍去手足，并割掉女子的乳头和拇指，使她们无法为敌军从事护理或手工工作。[24]但是，这些恐怖战术并没有使蒙福尔感到气馁。在他手下的十字军人数随着季节的变化而起起落落：他的部队有时缩减到不足 30 名骑士，依靠打家劫舍为生。虽然如此，他继续在图卢兹稳步推进，追捕异端分子，扩大其势力范围。他的部队在围城、纵火和轰击城墙时，通过歌唱《求造物主圣神降临》　（*Veni Creator Spiritus*）之类的圣歌来保持高昂的士气。德沃塞尔奈的彼得则忙于编纂神迹的记录，似乎对他们而言，这些神迹就是上帝恩准其行为的证明。

✝

至 1212 年末为止，英诺森三世已经开始对法兰西南部的事务有些厌倦了。尽管蒙福尔采取恐怖手段维护统治，并于当年 12 月颁布了《帕米耶法规》（Statutes of Pamiers）——由一系列法律组成，阐明了当前在他统治下生活的人民的权利，同时在被其征服的土地上将种族隔离制度化，将人民区分为异端分子和非异端分子并相应地对其进行治理——但清洁派并没有被他从地球上抹去。[25]教皇的注意力已经开始转移到其他十字军运动的舞台上。他永无休止的十字军布道活动带来了意想不到的后果，随着所谓的"儿童十字军"在当年夏天出现，这些后果已经变得很明显了。儿童十字军实际上由两股不同的群众运动组成，但两支队伍中都有大批年轻人。在莱茵兰地区，一个名叫科隆的尼古拉（Nicholas of Cologne）的牧羊人以他的魅力鼓动了成千上万的支持者，驱使他们跟随他南下越过阿尔卑斯山前往热那亚。他承诺，海水会在那里分开，允许他们到达埃及，这样他们就可以让穆斯林皈依基督教。与此同时，在法兰西，另一个年仅 12 岁的农村男孩，名为克卢瓦的斯蒂芬（Stephen of Cloyes），用展示神迹的行为聚起一群乌合之众，并许诺会带领他们前往耶路撒冷。最后，斯蒂芬只是勉强驱赶着他的追随者从巴黎来到马赛——毫无疑问，这是一段漫长的旅程，但并不是前往应许之地的旅程。同时，尼古拉率领

358

着将近 7000 人，他们跟随在一个 T 形十字架（tau）① 的后面来到热那亚，但令他感到困惑的是，地中海在他面前没有分开。他把一些德意志的"十字军战士"带到了教廷，英诺森三世在那里满足了他们觐见教皇的愿望，然后又将他们送回家乡。

在此期间，西班牙和葡萄牙的事务也占据了英诺森三世的心思，他在其执政的早期阶段就一直试图鼓励伊比利亚半岛的五位国王联合起来对抗穆瓦希德王朝——这个来自北非的柏柏尔部落厉行禁欲，以风卷残云之势取代穆拉比特王朝，统治了伊比利亚半岛南部的穆斯林地盘。1195 年 7 月 18 日，在卡拉特拉瓦（Calatrava）附近，大致位于托莱多和科尔多瓦的中间处，穆瓦希德王朝的哈里发阿布·优素福·雅各布·曼苏尔（Abu Yusuf Ya'qub al-Mansur）在被后世称为阿拉科斯的灾难（Disaster of Alarcos，阿拉伯语为 al-Arak）一役中击败了一支由卡斯蒂利亚骑士和伊比利亚军事修会圣地亚哥骑士团及埃武拉（Évora）骑士团成员组成的联军，让基督徒付出了惨痛的代价。穆瓦希德王朝的胜利不仅使收复失地运动有陷于停滞的风险，更带来逆转原有进程的威胁。用伊本·阿西尔的话来说，"基督教世界在彼时兵挫地削，而伊斯兰教在安达卢西亚的事业却变得强盛起来"。²⁶事实证明，让基督教的君主们认识到与基督的敌人战斗而不是彼此内斗的重要性出乎意料地困难，甚至当英诺森三世宣称所有加入这场斗争事业的人都享有十字军特权时也是如此。但在 1212 年，伊比利亚的十字军运

359

---

① 这种十字架的名字源自希腊文第 19 个字母 τ，同时也是希伯来文最后一个字母 Taw。

动终于取得了一次突破。7 月 16 日，在拉斯纳瓦斯－德托洛萨（Las Navas de Tolosa，阿拉伯语为 al-'Iqab）战役中，一支卡斯蒂利亚、阿拉贡、纳瓦拉和葡萄牙联军在法兰西志愿者和多个军事修会成员的支援下，奇袭并击溃了一支由柏柏尔武士组成的远征大军，这支军队由穆瓦希德王朝新登基的哈里发纳西尔（al-Nasir）统领。哈里发的帐篷和战旗均被缴获，并作为战利品呈送英诺森三世。纳西尔亡命狂奔，逃回马拉喀什，随后在那里被人谋杀。在这一成功的基础上，利用得胜势头发动第五次十字军东征成为教皇的主要目标，为此他起草了一个新的十字军法令，也就是后来被称为《何其多哉》（Quia major）的教皇谕令。

令人尴尬的是，蒙福尔现在反倒阻碍了十字军运动在传统方向上的复兴大潮：与穆瓦希德王朝的哈里发和阿尤布帝国的苏丹作战才是正道，他在法兰西南部的攻城拔地开始让十字军运动的潜在盟友——以阿拉贡国王佩德罗二世（Pedro Ⅱ）为首——备感恼火。蒙福尔一直渴望吞并那些被怀疑是异端教派的土地，他已经推翻了富瓦和科曼日（Comminges）的领主，而这些地区延伸到比利牛斯山脉，因此他们效忠的对象是佩德罗，而不是法兰西国王。阿拉贡国王（恰好还是雷蒙－罗杰的连襟）愤愤不平地向教皇抱怨，而英诺森三世也理所当然地试图约束蒙福尔听命于己，告诉他和教廷使节阿诺·阿莫里，"你们把贪婪的手伸向那些没有异端恶名的地方……在那些地方存在异端的说法看起来不足为信"。[27] 但是，蒙福尔一如既往地毫不妥协。1213 年 9 月 12 日，他与佩德罗二世在图卢兹郊区米雷（Muret）的战场上狭路相逢，后者兵败身亡。"损失何其惨重，灾难何其哀痛，"《清洁派战争之歌》的作者写道，"基督教为之蒙羞，全人类为之蒙羞。"[28] 但蒙福尔毫不在意。佩德罗二世已死，阿拉贡王国的继承人海梅一世（James I）还只是个蹒跚学步的孩子，他可以继续快乐地进行被中断的事业：迫害异端分子，蚕食图卢兹伯爵的领地，使自己成为法兰西南部首屈一指的贵族。此时已颁布《何其多哉》教令的英诺森三世已经把注意力放在了东方事务上，对此也无可奈何，只好默认既成事实。蒙福尔早就脱离了他的控制。

1215 年 11 月，英诺森三世组织召开了西方教会有史以来规模最大的宗教会议之一——第四次拉特兰大公会议。这次集会的主要目的是为第五次十字军东征做出部署，改革并提升拉丁教士的总体生活水准，压迫犹太人，下令教会的普通信徒接受圣餐礼并且每年至少进行一次忏悔。会议还千方百计地将异端分子逐出教会。但到了这个阶段，教皇本人对剿灭清洁派的直接兴趣已经从过去十年的狂热中冷却下来，而且阿尔比十字军的能量实际上已经完全被转移到蒙福尔自我扩张的行动中。就在这次会议召开前不久，蒙福尔吞并图卢兹伯国的大部分地区一事已成定局，并得到了英诺森三世的正式认可。1216 年，蒙福尔代表图卢兹向法王腓力·奥古斯都效忠，从而使法兰西南部最大的贵族领地臣服于法兰西王室之下，这在人们的现世记忆中尚属首次。正如蒙福尔的朋友德沃塞尔奈的彼得所承认的那样，这对腓力·奥古斯都和蒙福尔来说都是一场胜利，战胜的一方显然是通过圣战的彻底动员而胜券在握。"他的所有领土都是十字军从异端教派和他们的支持者手中夺取的。"[29]

1218 年 6 月 25 日，西蒙·德·蒙福尔在围攻图卢兹时死去，可谓死得其所，当时他正在探查城墙。这座城市被图卢兹伯爵雷蒙六世的儿子和继承者——也称作雷蒙（即后来的雷蒙七世）——占据，他不打算未经一战就将自己的继承权拱手让与他人。当蒙福尔正在瞭望防御工事时，城内的一群妇女正在操作一门巨大的弩炮，她们发射出幸运的一击，成功地将一块大石直接砸到蒙福尔的脑袋上。他当场就被砸死，然后被葬在卡尔卡松——他最早与清洁派教徒作战的地点之一。①

361

　　蒙福尔为教会取得的成就到底有多大，并不明朗——这与他所获取的地产和声名正好相反。他给法兰西南部留下的直接遗产是恐怖当道、暴力横行和社会动荡，以及一场内战，这场内战剥夺了图卢兹伯国长期的独立地位，并使其屈服于新近强势的法兰西王室。然而，朗格多克地区以及其他地区的异端教派问题并没有就此消失。实际上，在西蒙死后，由图卢兹的小雷蒙领导的抵抗运动立刻声势大涨，而腓力·奥古斯都的儿子和继承人"狮子"路易（他于1223年继位成为法兰西国王路易八世）对此弹压不力，导致被蒙福尔攻占的很多领地又被雷蒙七世重新夺回。经过整整20年的血腥动乱，法兰西南部这场漫长而痛苦的内战才于1229年结束。尽管如此，此后一个多世纪之中，关于清洁派腐蚀法兰西教会的抱怨声音仍在该地区回荡不已。只是由于宗教裁判所（Inquisition）② 在14世纪的不懈努力，这场异端教派运动才真正地销声匿迹。

　　从短期来看，从西蒙参与阿尔比十字军一事中受益最大的

---

① 数年之后他的遗体被移走，重新安葬在蒙福尔拉莫里（Montfort l' Amaury）。——原注

② 13～19世纪天主教会侦查和审判异端的机构。又译宗教裁判所审判所、宗教法庭。旨在消灭一切反教会的异端，以及有异端思想的人。

是他的儿子小西蒙·德·蒙福尔，他的一生与他父亲一样跌宕起伏。作为一位名声显著的十字军战士的后代，小西蒙颇得人望，成功地继承了莱斯特伯爵的爵位，并娶了英格兰国王亨利三世的妹妹埃莉诺为妻，然后他便在英格兰竖起反旗，在 13 世纪 60 年代领导了一场几乎将亨利三世废黜的起义。在反对英格兰王室的政治运动中，小西蒙照搬了十字军的服饰，让自己军队的士兵在制服缝上白色十字架标识。他在战场上被碎尸万段，断掉的睾丸挂在鼻子上，自己的一生就这样结束了。看来，残暴终以残暴终结。

362

✝

当蒙福尔在 1218 年被砸死时，他的恩主英诺森三世早已不在人世。教皇于 1216 年 7 月 16 日在佩鲁贾突然去世，享年 55 岁。自乌尔班二世以来，他对十字军东征的影响比任何一位教皇都深远，而且他广泛、多元化的圣战部署从根本上重塑了基督教世界的所有区域。在伊比利亚，他力促内讧不止的诸侯们向穆瓦希德王朝奋起反击。由于在拉斯纳瓦斯 - 德托洛萨一役中大败亏输，伊比利亚半岛上的穆斯林势力再也没能恢复元气，而收复失地运动则开始走上了一条缓慢却稳定的道路，终至大功告成。在法兰西，英诺森三世对清洁派发动的十字军讨伐促成了法国南部贵族与卡佩王室之间关系的彻底变革，同时也确保了对异端分子的追杀运动延续到 13 世纪。在波罗的海，英诺森三世对当地十字军运动毫无保留的支持，为德意志和丹麦领主对立陶宛、拉脱维亚和爱沙尼亚的征服行动提供了粉饰，使得异教徒被迫害到几至灭绝，尽管这项工作直到 15 世纪初才完成。拜英诺森三世的第四次十字军东征所赐，拜占庭帝国受到了致命削弱，其领土被君士坦丁堡的拉丁帝国和数个拜占庭人的国家分割，这几个拜占庭国家的首领们不断地谋求重建他们在 1204 年被夺走的帝国。而对于圣地，第五次十字军东征正在酝酿之中；在英诺森三世的继任者洪诺留三世（Honorius Ⅲ）的领导下，一场以耶路撒冷为目标的西方国家总动员即将开始。无论是好是坏，这一切都是在英诺森三世短短 18 年半的教皇任期内实现的，在此期间还发生了其他许多政治危机，引起了英诺森三世的关注。

尽管英诺森三世取得了如此丰功伟绩，他死后却未能尽享尊荣。1216 年 7 月，法兰西高阶教士、布道者和编年史家雅克·德·维特里（Jacques de Vitry）路经佩鲁贾，想要觐见英诺森三世，却发现教皇已经去世，其尸身平静地躺在城市的大教堂里。由于安保上的疏忽，英诺森三世的衣物和珠宝被盗墓者窃走，教会里最强大的君主就这样几乎赤身裸体躺在他的棺材里，处于腐烂的初期阶段。[30] 唯一的慰藉就是其他人的遭遇更差。图卢兹伯爵雷蒙六世死于 1222 年，直到死时也仍然处于绝罚的状态。由于他不能被下葬在祝圣过的土地上，于是他的尸体被保存在棺材里，置于医院骑士团图卢兹分部的房间内，上面覆着一层棺罩，就以这样的状态留在那里超过了一个世纪的时间，因为历任教皇都顽固地拒绝予以雷蒙六世死后赦免，直至最后他的肉体被老鼠啃烂，棺木被蛀虫蠹蚀。对于一个不幸的诸侯来说，这是一个凄凉的结局。在这场扰乱法兰西南部地区长达一代人时光的战争中，蒙福尔、英诺森三世、雷蒙六世，以及无数粉身碎骨的"异端分子"和十字军战士的命运表明，几乎没有能够用来宣扬加入十字军即有光明未来的事例。

第二十二章　天堂之河

世界为此地而战……

　　在弗里斯兰（Frisia，现代荷兰）① 的贝德姆（Bedum）城外，当布道者、学者科隆的奥利弗（Oliver of Cologne）召集城镇居民，向他们讲述东方即将爆发的大战时，只有夏日最柔和的微风吹拂着郊外绿茵上的青草。数千名男女齐集一处，在听完大弥撒之后，他们静静地坐在地上，聆听奥利弗的演讲。他在自己的布道词中借用了《加拉太书》（圣保罗致加拉太人的信）中的一个主题："但我断不以别的夸口，只夸我们主耶稣基督的十字架。"[1]

　　对于贝德姆的忠实信徒而言，此时的感觉如沐春风。奥利弗在 1214 年之夏大约 44 岁，博学多识，魅力超凡，他先是担任科隆宗教学校的校长，然后前往新兴崛起的巴黎大学进修。随着时间的推移，他凭借自己的才干晋升为帕德博恩（Paderborn）② 主教，并最终荣膺红衣主教之位。然而，奥利弗在 1214 年只是第五次十字军东征的一名征兵官。他泰然自若地执行着自己的任务，在欧洲西北部的城镇奔走忙碌，招纳

---

① 弗里斯兰是一个历史地区，在北海南岸，今天大部分在荷兰境内，小部分在德国境内。

② 位于今德国西北部的北莱茵－威斯特法伦州，为德国历史名城。

志愿者，为一项光荣使命募集捐款①。这项使命的目的，用英 368
诺森三世在《何其多哉》谕令中的话来说，就是将圣地从
"背信弃义的撒拉森人"手中解放出来。²

　　不能借助天象、预兆和奇迹的圣战布道者就不是一个称职
的布道者，而奥利弗之所以如此成功，一个原因就是无论他何
时布道，天地万物都仿佛为其所用。当他在贝德姆开始讲经布
道时，一朵奇形怪状的云出现在天际。奥利弗后来在给纳慕尔
（Namur）伯爵的一封信中记述了这一事件。他说道，云光闪
烁，"一个白色十字架赫然立于其上"。

> 　　然后飘来了另一个颜色和形状相同的十字架，接着在
> 这两者之间和上方出现了第三个巨大的十字架……上面若
> 有人形，看起来与男子等高，赤身裸体……他的头靠在肩
> 膀上，他的手臂并未伸直，而是向上高举。他的手足皆贯
> 穿着钉子，清晰可见。³

在第一批发现这朵神秘云体的人中有一个 11 岁的小女孩，在她
母亲和祖母的鼓励下，她带动周围之人进入了宗教狂喜的状态。
就连对参加十字军犹豫不决的市民，现在也满怀神圣的热情。
"一个当地人向我奔来……口中高呼'圣地现在已经被收复
了'，"奥利弗回忆道，"仿佛把这一现象当作对未来的确凿预
言。"⁴于是贝德姆的人民欣然投入第五次十字军东征的事业中。

---

① 英诺森三世对十字军运动发展做出的一大重要贡献就是在《何其多哉》
　谕令中为那些缺少资源或身体素质不足以加入十字军的人提供了备选方
　案，他们可以派人代替他们参军，或者直接向十字军的财务机构捐款，
　这两种方式都能让捐赠者获得亲自参与十字军东征的宗教利益。

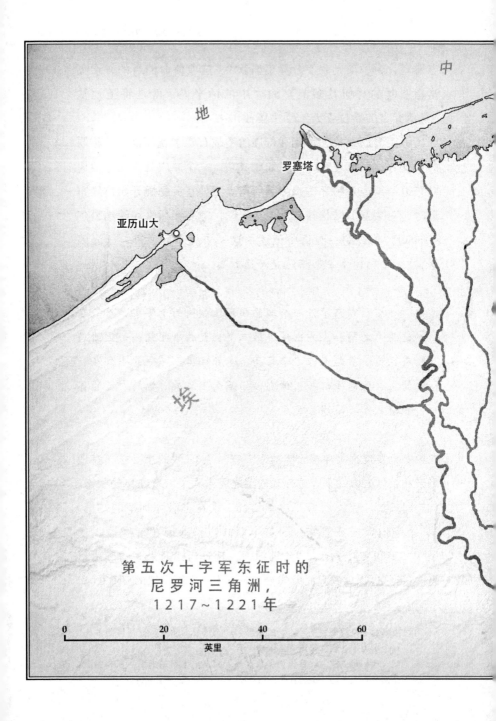

第五次十字军东征时的
尼罗河三角洲，
1217～1221年

海

达米埃塔（1218年5月
~1219年11月）

曼苏拉湖

沙拉穆萨赫

曼苏拉
（1221年8月
26~29日）

及

比勒拜斯

尼罗河

开罗

✛

369　　　　三年后，1217 年 5 月 29 日，来自莱茵兰和弗里斯兰的朝
圣者和武士们，包括那些在贝德姆出现神迹后领取十字的志愿
者，终于在荷兰南部的弗拉尔丁恩（Vlaardingen）拥挤着登上
了 300 艘运输船，准备启程前往东方。这支十字军的组建工作
已经进行了很长时间——如此之长，以至于教皇英诺森三世此
时已经作古。但是长时间的准备期一直是计划的一部分：为调
配补给、征集兵员和筹备物资提供足够的时间，而且从法兰西
和英格兰招募志愿者可能会遇到麻烦，因为前者的事务受到阿
尔比十字军的牵制，后者则由于约翰国王的支持者与贵族反叛
联盟的内战而陷入了经年累月的政治停滞和危机中。但是，即
便出发时间被拖延了格外之久，参战者的热情也丝毫没有减
弱，英格兰编年史家文多弗（Wendover）的罗杰将其称为
"一场由英勇好战的义士们发起的伟大运动"。[5]与之前几代佛
兰德人和其他北方朝圣者一样，他们沿着英吉利海峡航行，在
达特茅斯停留，收拢渴望逃离内战剧痛的英国志愿者，然后重
新横渡海峡，沿着欧洲大陆的大西洋海岸一直向南到达直布罗
陀海峡，他们将在那里进入地中海。

　　　　他们的这段旅程殊为艰辛，而且尽管大型船只尽量避免远
离海岸线、涉险进入开阔水域，船队仍然在恶劣的天气条件下
猛烈地颠簸。当他们绕过比斯开湾时，也许有十分之一的船只
被风暴吹散，或者在岩石上撞得粉碎。科隆的奥利弗回忆道，
为了继续前行，"战士们付出了极大的勇气"。[6]当这支舰队进
入基督教王国西班牙和葡萄牙的海岸水域时，船上的很多人都
不顾一切地要将这段旅程暂停一段时间。他们下船登岸，在圣

地亚哥－德孔波斯特拉的圣坛上祈祷，享受着脚下坚实陆地的感觉，尽管这种感觉转瞬即逝。

从欧洲西北部到圣地的航海之旅很少有能一蹴而就的，于是，随着夏末的临近，舰队在秋季的海上条件变得无法适航之前分散停泊到各处港口。大约三分之一的舰队，其中大多数是弗里斯兰船只，加紧进入地中海，以求在意大利西海岸过冬。其余的船只，大约180艘德意志船只，则留在伊比利亚半岛于葡萄牙海岸过冬，这样他们的船员就可免受与风浪搏击之苦，而可满足他们与异教徒作战的欲望，在那里，他们效仿了十字军前辈的先例——可以追溯到12世纪早期挪威国王西居尔和1147年的第二次十字军东征——向伊比利亚半岛南部的穆斯林挑起战斗。

他们的目标是穆瓦希德王朝的一个军事前哨站，名为萨尔堡（al-Qasr 或 Alcácer do Sal），是位于里斯本南部萨多河（River Sado）口的一个坚固要塞。这一目标是由里斯本和埃武拉的当地主教们选定的，他们满意地看到穆瓦希德王朝在拉斯纳瓦斯－德托洛萨战役后的困境，在那之后，穆瓦希德王朝的哈里发穆罕默德·纳西尔被人谋杀，继位的是他年仅十岁的儿子优素福二世。7月下旬，十字军在圣殿骑士团、医院骑士团和伊比利亚军事修会圣地亚哥骑士团［或圣雅各布宝剑骑士团（St James of the Sword）］成员的协助下，将萨尔堡团团围住。六周后，他们成功地打退了一支从塞维利亚和科尔多瓦派来的穆瓦希德援军。最后，1217年10月19日，他们接受了守军的投降。科隆的奥利弗不胜欢喜地记述了这次大捷："撒拉森人被神之力量降服；他们中的一位国王（埃米尔）被杀，一大批异教徒或是被杀，或是被俘。"[7]另一位记录者讲述道，

370

在战斗结束后，摩尔人的俘虏可怜兮兮地询问他们曾经看到的幻象，一个幽灵般的"战队，穿着红十字制服，光芒四射"，似乎大大提升了基督徒军队的战斗力。[8]继基督徒在拉斯纳瓦斯－德托洛萨战役取得大胜五年后，萨尔堡的陷落标志着穆瓦希德王朝统治伊比利亚半岛南部的时代即将结束。[9]这似乎也预示着新一代十字军东征的锦绣前程。

✝

371   1218 年早春，佛兰德和德意志十字军离开葡萄牙和意大利，向圣地进军。到了 4 月下旬，十字军舰船的巨大圆形船体开始出现在阿卡的海平面上，较小的舢板船将战士们摆渡上岸，耶路撒冷王国的都城任其探索。十字军通过保护良好的港湾来到繁荣的口岸区，雄伟壮观的圣殿骑士团总部宫殿在此拱卫，意大利商人各式各样的帐房和码头居高临下，这一景象总能给人留下深刻的印象，虽然未必都是正面的印象。法兰西神学家、阿卡主教雅克·德·维特里在当时将这座城市形容为"龙生九首，恶斗不休"，并且强烈地抱怨生活在那里的人们存在着种种流毒，其中包括基督徒割礼的错误行径、不正规的忏悔方式、用一根手指而不是三根手指画十字圣号、牧师留着奇怪的发型、妇女戴着面纱、通奸、家暴、非法交易毒药、卖淫，以及从动物粪便中制毒的制造商活动猖獗。[10]雅克还为王国的都城是阿卡而非耶路撒冷，以及如此多的神圣地点仍控制在穆斯林手中的事实哀叹不已。他写道，只要拉丁国家拥有4000 名优秀骑士，夺回耶路撒冷就轻而易举。

这不过是一厢情愿而已。而且，尽管雅克对城市卫生和公共风气抱怨不已，被掩盖的事实却是 1217 年的十字军国家在军事上——如果不是道德上——处于非常稳固的境地。十字军国家的版图与 12 世纪相比的确缩小了不少（耶路撒冷王国不再延伸到约旦河两岸，也不包括圣城本身），但现存的王国控制着一个紧凑且相对容易管理的沿海地区，从南部的雅法延伸到北部的贝鲁特，都城则定为阿卡。1218 年的国王是一个名为布列讷的约翰（John of Brienne）的鳏夫，他是一位来自香槟地区的小贵族，以他五岁的女儿伊莎贝拉二世的名义统治着这个国家。① 约翰在第五次东征时已经 40 多岁，他素怀大志，体格魁梧，弓马娴熟，不光如此，其文学修养使他足以通过谱写民谣歌词打发空闲时间。根据一位谄媚的编年史家记述，"撒拉森人在他面前闻风而逃，仿佛遇见魔鬼，又仿佛雄狮现身，要将他们生吞"。[11] 考虑到之前登基的君主中有麻风病人、儿童和女子的情况，耶路撒冷王国现在的状况算不上是一场灾难。

　　在十字军东征的空档期，约翰的王国领土主要由军事修会负责防守：圣殿骑士团、医院骑士团和一个新兴的德意志骑士团——于 1191 年阿卡围攻战时创建，名为条顿骑士团。在大批西方施主的赞助下，这些军事修会资金雄厚，每一个骑士团都可以召集大约 300 名纪律严明的骑士和数千名军士，并且在王国各处战略要地维持着建造技术最为先进的城堡。这些城堡中最引人注目的是医院骑士团在的黎波里和霍姆斯中间兴建的

372

----

　　① 布列讷的约翰于 1210 年来到东方，娶阿马尔里克一世的外孙女玛丽亚为妻。玛丽亚的父亲是蒙费拉的康拉德——在狮心王理查参加十字军东征的时期当选为耶路撒冷国王后被谋杀的那位贵族，母亲是阿马尔里克一世的女儿伊莎贝拉。玛丽亚于 1212 年生下女儿后不久便死去，约翰成为摄政王。——原注

巨型山顶军事建筑群——骑士堡，在厚重的同心圆式城墙内，其空间足够容纳 2000 人的部队。通过整合多方资源和精英式训练，军事修会为王国的日常守卫任务提供了完全充足的力量，尤其是考虑到阿尤布王朝的衰弱状态。在萨拉丁于 1193 年去世后，阿尤布苏丹国在他的兄弟子侄的统治下四分五裂。叙利亚和埃及旧态复萌：中央权威软弱无力，相邻的穆斯林埃米尔之间小规模争斗不断。而最终继承萨拉丁成为苏丹的阿迪勒（即萨法丁，萨拉丁的弟弟）则奉行与十字军为邻的政策，为达到这一目的，他通过一系列长期停战协议维持了和平，跨度为 1198 年至 1217 年，几乎没有中断。① 当英诺森三世发动第五次十字军东征时，他描绘了一幅基督教王国濒临绝境的危险景象，东方王国面临着"巨大需求"，数以千计的基督徒悲惨地身陷囹圄。第五次十字军东征的一大自相矛盾之处在于，尽管其使命刻不容缓，其号召雄辩有力，但比起耶路撒冷王国的实际政治和军事需求，这一运动更紧密地植根于英诺森三世通过大规模的赎罪式朝圣之行来改革教会的愿景。

① 北方的两个十字军国家的故事略有不同，的黎波里伯国和安条克公国卷入了一场漫长而曲折的内部争斗，名为安条克继承战争（Antiochene War of Succession）。在这场战争中，两国的国运（以及他们统治者的身份）与北方的另一个基督教王国纠缠不休：独立的东正教王国亚美尼亚奇里乞亚王国，这个王国在 12 世纪 70 年代摆脱了拜占庭帝国的统治，获得了独立。到了第五次十字军东征时，这场已经断断续续地持续了 16 年的冲突正在缓慢而艰难地走向结局。1219 年，的黎波里伯国和安条克公国统一归于独眼领主博希蒙德四世的统治之下，他比自己的主要对手亚美尼亚国王利奥二世（Leo Ⅱ）活得更为长久，并且在长时间内对后者保持常胜态势。——原注

✝

随着科隆的奥利弗和他的同伴们在阿卡上岸，他们了解到自己并非第一批到来的十字军。在前一年秋天，匈牙利国王安德拉什二世、奥地利公爵利奥波德六世和 23 岁的塞浦路斯国王吕西尼昂的于格大张旗鼓地驾临圣地，以十字军的身份造访阿卡，但他们随后取得的成就却不幸地与这份高调并不相称。尽管并不缺兵少将，这三位领导人——科隆的奥利弗冷嘲热讽地将他们比作东方三博士（Biblical Magi）①——却一味漫无目的地游斗。1217 年 11 月和 12 月，他们三次侵入敌国领土，但都一事无成：一次用来调查被穆斯林占领的神圣地点，一次是毫无成效地对塔博尔山（Mount Tabor）要塞发动进攻，而最后一次就干脆是为了觅食和抢劫。而大马士革埃米尔、阿尤布王朝在巴勒斯坦的实际统治者——阿迪勒之子穆阿扎姆（al-Mu'azzam）实在是提不起来兴趣与他们作战，地形和气候很快就使他们在冬季行动的荒唐愚蠢暴露无遗。行军本就艰难，而由于需要用骡子和骆驼驮运生病和无法行动的十字军战士，他们的速度变得更加缓慢。白天潮湿多风，黑夜寒冷刺骨，暴露在这种环境里的军队出现伤亡。不久，营地里疾病肆虐。1218 年初，匈牙利国王安德拉什二世宣布他因为生病而不得不放弃十字军东征。他于 1 月初离开，随行的还有塞浦路斯国王于格，结果后者没几天就病亡在路上。为他们效力的战

374

---

① 据《圣经·马太福音》记载，耶稣出生时，三位博士在东方看见伯利恒方向的天空上有一颗大星，于是便跟着它来到了耶稣基督的出生地。因为他们带来黄金、乳香、殁药，所以有人称他们为"东方三博士"，又称东方三贤士、三智者（Three Wise Men）。

士和朝圣者们剩下的任务就是协助圣殿骑士团，骑士团正在海法和凯撒里亚之间的阿特利特（'Atlit）海岸建造一个巨大的海军要塞。这座城堡被命名为朝圣者城堡（Château Pèlerin），是圣地有史以来建造的最好城堡之一，其完工后有效地消除了来自塔博尔山的威胁。除此之外，就再没有什么可庆祝的了。奥利弗写道，在这种时刻，明智的十字军战士只能在对全能上帝光荣的不可捉摸感中聊以自慰。"常人之眼，"他写道，"无法看透圣裁之深渊。"[12]

在上一路人马遭受接二连三的厄运之后抵达圣地的德意志和弗里斯兰十字军决定另辟蹊径。他们在阿卡城内只停留了一个月，补充钱粮辎重并修理船只，然后再次出发。1218 年 5 月 24 日，耶稣升天节（Ascension Day）①，他们展开船帆，一路向南：目标并不是耶路撒冷王国的另一个港口，而是埃及海岸。在一次战前会议上，布列讷的约翰、奥地利公爵利奥波德六世、科隆的奥利弗和其他人决定，直接进攻圣城是不可能的；用雅克·德·维特里的话来说，"因为缺少水源，所以在夏季围攻耶路撒冷不可行"。与会各方一致同意，阿尤布王朝力量的关键并不在于巴勒斯坦的据点，而在于其对埃及的控制。"撒拉森人从埃及获取力量，并因此得以维持他们的富足并占据我们的土地，"雅克·德·维特里解释道，"如果我们占领了那片土地，就可以轻而易举地复兴整个耶路撒冷王国。"[13]十字军的计划是在尼罗河三角洲登陆并攻占达米埃塔。

375

———————————

① 据《圣经·新约》记载，耶稣于"复活"后第 40 日"升天"。基督教会规定复活节后第 40 日（5 月 1 日和 6 月 4 日之间）为耶稣升天节。传说起源于耶路撒冷教会，约 4 世纪时开始举行。

✚

达米埃塔与西面的亚历山大、顺尼罗河直下125英里（200千米）处的开罗并列埃及三大城市。这座城市对于基督徒来说宗教意义微乎其微：有些人认为摩西来自这个"天堂之河岸卜"的港口，其他人则相信基督与其母亲一同去过那里。[14]更为重要的意义在于它是尼罗河一条东部主要支流上的门户城市，而且是一座富裕的贸易型城市：盛产谷物、酒类、油类、香脂、大宗香料和其他许多精美的物品。[15]

除了本身是一个令人垂涎的目标之外，达米埃塔也是一个格外难以接近的地方。甚至到达那里的旅程都惊心动魄。科隆的奥利弗从欧洲西北部出发以来，已经在海上颠簸了好几个月，他成功地在三天之内从阿卡跨海来到达米埃塔，但其他人在海上被一阵北风吹得颠来倒去，一些人遭遇了船毁人亡、葬身鱼腹的厄运，还有一些人在海上不见踪影长达一个月之久。当十字军终于在6月初抵达时，他们看到的是一座十字军东征史上罕有的易守难攻之城。这座城市的一侧由尼罗河保护，另一侧则是一个名为曼宰莱（Mansallah）的盐水潟湖。从陆地接近的话，就意味着要穿越三段城墙、数十座塔楼和一道深深的护城河。而在河中央的一个小岛上有一座铁索塔楼，控制着通往城市的水路。城市的周边地带还有鳄鱼在浅滩上晒着太阳。"他们隐迹潜踪，专等人马上钩，牙齿咬到什么就吞下去什么。"雅克·德·维特里写道。[16]为了避开所有这些危险，十字军的船只不得不在尼罗河西岸凸出的一小片土地上放下他们的部队，而从这里要越过水面才能看得到正在遭受远处投石机轰炸的达米埃塔。迎接他们到来的是一次月食，科隆的奥利弗将其解读为上帝

376

准备抛弃撒拉森人的征兆。[17]但很难想象这种事情将如何发生。

在制订攻击达米埃塔的军事行动计划的同时，十字军还不得不考虑自身的领导层问题。当奥利弗在四年前向弗里斯兰的善良市民们布道时，大多数人都认为第五次十字军东征的领袖将是年富力强、魅力超凡的腓特烈二世·霍亨施陶芬（Frederick Ⅱ Hohenstaufen）：德意志国王、西西里王国王位继承人和神圣罗马帝国皇位的首席候选人（皇帝人选的问题多年来一直是对立的德意志王朝家族之间激辩的话题）。腓特烈二世在 1215 年就领取了十字，并明确表示他想要参加十字军东征。但他把自己的加冕礼定为履行誓言的先决条件。只要英诺森三世的继任者洪诺留三世还在拖延此事，腓特烈二世就拒绝在达米埃塔以身涉险。结果双方陷入了僵局。于是，由于腓特烈二世缺席，十字军将布列讷的约翰选为全军总指挥。约翰在 1218 年的直接任务就是着手摧毁达米埃塔坚不可摧的防御工事。

当年夏末，布列讷的约翰在开局就来势汹汹，科隆的奥利弗也从旁鼎力相助。奥利弗不仅是一位布道者、神学家和业余占星家，还是一位很有本事的军事工程师。在达米埃塔城外的头几个月里，他设计出一种浮动要塞，与威尼斯人在 1204 年进攻君士坦丁堡的装置大同小异：两艘战船双体合一，在其桅杆顶部装备有旋转式的飞架桥。8 月 24 日，双方激战正酣，希腊火如雨点般飞腾燃灼，时值每年夏季洪水的高峰期，河面酷热难当，一支由德意志人、奥地利人和弗里斯兰人组成的精兵强将把这台水上攻城机器缓慢地移动到铁索塔楼旁边，放下飞架桥并将其伸展到足够将一支突击队送入塔内的长度。在那里，奥利弗后来回忆道，一个年轻的弗里斯兰人——可能就是布道者本人招募的——向塔楼守卫冲去，手中挥舞着一把通常用来击打谷物使之脱粒的农用连枷[1]。"他勇猛直进，左右挥舞，横扫竖劈，将一手持苏丹黄旗的士兵当头击倒，然后顺手夺旗……啊，上帝之爱，岂可言喻！啊，信众之乐，岂可言哉！"奥利弗写道。[18]雅克·德·维特里对这场战斗的演绎更加戏剧化。他写道，朝圣者在岸边祈祷，如泣如诉，求神助佑，一支由不过十名十字军战士组成的小队冒着"密集的火焰、刀剑、箭矢和石块"从船桅冲到塔楼，杀掉250名守军，并迫使剩下的112人投降。[19]不管怎样，塔楼陷落了，铁索也被放下，十字军舰船突入河中，并开始将士兵和弹药运送到达米埃塔城墙外的新阵地。一周后，更喜人的消息传来了。8月31日，苏丹阿迪勒在从叙利亚前往埃及解围的途中驾崩。突然之间，第五次十字军东征似乎吉星高照。

✝

一年之后，十字军仍在达米埃塔一筹莫展，士气也开始低落。尽管阿迪勒的死引发了科隆的奥利弗心满意足的嘲弄，他自鸣得意地欢呼道，苏丹"病痛缠身，年老体衰……一命呜呼，葬身地狱"，然而这种喜庆气氛并没有持续多久。[20]阿迪勒精明务实的儿子卡米勒（al-Kamil）继位成为苏丹，并且发现迄今为止还难以驾驭的叔伯兄弟们尽管在阿尤布王朝的势力范围内割据一方、各自为政，如今竟然罕见地一致支持自己。颇具讽刺意味的是，第五次十字军东征就是为了要利用阿尤布王朝的分裂态势，却最终促成近东的穆斯林势力形成一种自努尔

378

---

[1] 又称"梿枷"，由长柄和敲杆（木棒）连成，有点像放大版的"双节棍"。使用时挥动长柄，敲杆绕轴转动，敲打谷物脱粒。

丁和萨拉丁时代以来难得一见的团结精神。[21]

尽管十字军对达米埃塔的城墙反复进行两栖攻击，动用弩炮不分昼夜地轰炸，并且不时高举真十字架的一块新碎片（据说是从原本在哈丁战役丢失的圣物中保存下来的）游行以振奋人心，但在 1219 年的大部分时间里，十字军不大可能攻入达米埃塔。守军在尼罗河上凿沉船只以阻碍十字军舰队的航行，并向那些过于靠近外部城墙的舰船倾泻希腊火。在营地里，严冬带来了风暴、洪水和肆虐的疾病，其中一种恶劣的状况导致患者的牙龈腐烂，腿上长出可怕的黑疮。很多人因此丧命。一些人渐渐散去并返回家乡。新的十字军战士纷纷从英格兰、法兰西、德意志和意大利前来，轮番上阵——尽管未来的神圣罗马帝国皇帝腓特烈二世·霍亨施陶芬从未加入其中。反而是一位教廷使节，即红衣主教阿尔巴诺的贝拉基（Pelagius of Albano）代表教皇洪诺留三世来到这里，而且很快就激怒了十字军的众多世俗领袖，尤其是布列讷的约翰，他的权威受到主教大人的质疑和削弱。

然后，在 1219 年秋，令人震惊的消息从耶路撒冷传来。3 月下旬，该地的阿尤布王朝统治者——卡米勒的弟弟穆阿扎姆已经下令将城市所有的城墙和防御性塔楼拆除。这种显然是自残的举动实际上意味着即使拉丁军队设法攻占圣城，也没有希望将其守住。在经历了前一年秋天于铁索塔楼取胜的喜悦之后，达米埃塔围攻战现在看来只不过是一连串令人泄气的失败。十字军的全体官兵所能做的就是瑟瑟发抖，辛苦劳作，然后疲倦地等待敌人投降或饿死。

✝

在尼罗河的上游，苏丹卡米勒花了很长时间思索将法兰克人从他们不受欢迎的地方（他最重要的贸易港口之一）逐走的最好办法。1219 年夏，在十字军营地出现的一位特殊人物让他无动于衷的同时又觉得滑稽可笑——阿西西的方济各，一个富有的意大利商人的儿子，他放弃了自己的世俗财产，开始了云游布道的生活，后来得到教皇的正式许可，根据一种从严格、彻底地服从福音书的教义衍生而来的准则生活。方济各，也就是后来的圣方济各，创立了清贫修士（或托钵僧）的方济各会；他来到达米埃塔完全是出于自愿，声称他能通过使苏丹皈依基督教而带来和平。在寻求并获准觐见卡米勒之后，方济各提出要在火中行走以向苏丹证明基督的保护力量。卡米勒拒绝了，就像拒绝接受洗礼一样，然后把方济各打发走。这位圣人能够保住自己的头颅回到十字军营地，就已经很幸运了。

　　在方济各来访之后，卡米勒自己也提出了一个大胆的建议。1219 年 9 月，由于农业收成不佳，埃及的经济状况不断恶化，而达米埃塔的市民也濒临饿死，他向十字军发来一份提议——也许是有意为之——在他们内部引发了格外激烈的辩论。卡米勒的特使说，如果十字军放弃他们在尼罗河上的阵地，那么苏丹就会将耶路撒冷和巴勒斯坦的大部分地区割让给他们，只保留那些直接俯瞰贸易线路与连接大马士革、开罗和麦加的朝圣之路的城堡。这是一个诱人的提议。但十字军并没有达成共识，最后，教廷使节贝拉基说服其他领袖，说坚持在达米埃塔取得胜利会得到更大的利益。贝拉基得到了军事修会和威尼斯顾问的支持，参战的骑士团领袖看出守住耶路撒冷已无可能，其城墙已经化为一堆瓦砾；后者则看到了在尼罗河三角洲建立一个永久性基督教立足点的商业潜力。尽管围城过程备感艰辛，重获圣墓的控制权也具有极大的诱惑力，十字军仍在等待。

380

最终，他们的坚持得到了回报。在 18 个月的狂轰滥炸之后，伊本·阿西尔写道，"幸存的居民无法坚持下去，因为他们的人数实在是太少了，又无法获得食物"。[22]11 月 5 日，一座塔楼无人把守，一群机警的十字军战士发现了这处破绽，将一架云梯推到城墙边，并且打开了一扇城门，让其余的部队可以冲进去。

当十字军战士们攻入达米埃塔时，迎面望去的景象比他们所见过的还要可怕。一年半的物品匮乏和轰炸使这座城市变成了臭气熏天、疾病肆虐的墓地，遍地枯骨，鬼魂出没。"幸存的撒拉森人太少，无力埋葬横陈于地面之上的大量尸体，"雅克·德·维特里写道，"散发出的气味和被污染的空气让大多数人难以忍受。"这里几乎没有食物留存，只有华美却不可食用的金银饰物、丝绸和珠宝。[23]然而，即便这一景象让人震惊，却很少有人心存怜悯。很快，基督徒小偷们四处窜走，在正式开始分配战利品之前，将能拿走的东西全部带走。牧师们则抓住饥饿的穆斯林儿童，强迫他们接受洗礼。

与此同时，苏丹意识到他用圣墓换取埃及宝库的不义之财的策略失败了，于是率领他的军队沿尼罗河上游朝开罗的方向撤退了 37 英里（60 千米）。失去达米埃塔是一场重大失败，但这并非致命，而且卡米勒仍然有一个选择。如果他能诱使十字军逆尼罗河而上，届时他就可以挑动敌人打一场他们绝无战胜之理的战斗。这将是一场赌博，但也具备可行性——只要他能依靠敌人的无知、贪婪和分裂的领导层。

381

✝

在一首名为《巴勒斯坦之歌》（*Palästinalied*）的流行歌曲中——在第五次十字军东征时以中古高地德语（Middle High

German)谱写——抒情诗人瓦尔特·冯·德·福格尔魏德（Walther von der Vogelweide）将自己想象成一个第一次游历圣地的朝圣者。"基督徒、犹太人和异教徒/皆称此地是他们的遗产，"他写道，"世界为此地而战。"[24]然而，在1220年的达米埃塔，战争再一次平息下来。十字军占领了这座城市，圣殿骑士和医院骑士则出城在周边的乡村地区四处袭掠，搜寻食物。卡米勒在此地至开罗的尼罗河中点处附近的一个分岔口建起一座大型的军事营地，他后来将其命名为曼苏拉（al-Mansurah，意为胜利之城）。但任何一方都不急于攻击对方。苏丹刚刚看到攻占这座坚城所需付出的巨大努力。而在教廷使节贝拉基指挥下的十字军（原指挥者布列讷的约翰此前已返回阿卡治理耶路撒冷王国）深知，如要继续作战的话，非有大批生力军来援不可。新的军队准备参战的谣言从四面八方传来：据说，武士们正在东正教王国格鲁吉亚集结，一位神秘而又充满神话色彩的东方战士，名为祭司王约翰（Prester John）①，正以迅雷不及掩耳之势穿过亚洲大草原，将穆斯林的土地蹂躏成一片荒野；还有人说——这种说法最令人惊讶——腓特烈二世·霍亨施陶芬终于加冕为神圣罗马帝国皇帝并正在赶来接手直接指挥权。最后，援军在1221年春才姗姗

---

① "祭司王约翰"的传说极有可能源自西辽的耶律大石，他原来是辽国大将，在辽被金灭了之后，率众西走，于1124年建立西辽，甚至控制了丝绸之路要冲的撒马尔罕一带，人称"菊儿汗"（Gur-khan），经希伯来文、叙利亚文和拉丁文的多次转译，变成了Johannes或John。另外其宗教政策比较自由，国内有为数不少的景教徒（基督教聂斯托利派），因此西辽被渲染成基督教王国。耶律大石于1141年在卡特万之战中大破塞尔柱突厥人的消息传到了西方，欧洲人认为若能联合祭司王约翰，可出兵东西夹击伊斯兰教徒，夺回圣地耶路撒冷。

382 来到，布列讷的约翰返回埃及，而腓特烈二世的军事副手、巴伐利亚公爵路德维希也率领大约 5000 人马乘船赶到。

此时距达米埃塔陷落已经过去了 18 个月，尽管教廷使节贝拉基仍然确信十字军胜券在握——他之前在达米埃塔发现了一本奇怪的阿拉伯书籍，名为《克雷芒之书》，其中的内容似乎预言了一场伟大胜利——但科隆的奥利弗感到十字军的无所作为助长了自身的懒惰、邪恶和渎神。"无人能描述我们的军队在上帝赋予我们达米埃塔之后的腐化丑态，"他写道，"心慵意懒，毫无男子气概，这些人沾染了好色邪荡（即荒淫无度）和酗酒成性的习气，通奸乱伦，偷盗分赃。"[25]

1221 年 7 月 6 日，一支庞大的十字军部队终于从达米埃塔出发，留下一小队守军和大量朝圣者，逆流而上进攻卡米勒在曼苏拉的要塞化营地。他们沿着河流东岸进军，由数百艘船只组成的舰队在他们的右手边护航。科隆的奥利弗自豪地写道，这支军队规模如此之大以至于数不胜数："撒拉森人把他们比作蝗虫，因为他们占据了广袤的土地。"[26]出于必要，十字军每天只行进几英里，到了月底，他们才刚刚经过沙拉穆萨赫（Sharamshah），距离苏丹的阵地还有大半个星期的行程。尽管进展缓慢，而且侦察兵和间谍的不祥报告显示前方阿尤布军队的人数在增加，但行军的气氛一派轻松愉快。卡米勒的特使们骑马前来并提出了熟悉的条件：用达米埃塔交换耶路撒冷，然后上路回家。十字军对他们终将胜利的预言深信不疑，而且似乎无法理解即将发生在他们身上的事情，再次拒绝了。他们很快就会有严肃的理由对自己的鲁莽感到后悔莫及。

与往年一样，除了严重干旱时期之外，尼罗河在 8 月泛
383 滥。举世皆知，这条世界上最长的河流每年都会大水漫堤，释

放出数以千万升富含泥沙之水，正是这些洪水在法老时代之前就维系了伟大的农业文明。不知何故，无论是由于误算、自大和愚蠢，还是盲目地希望 1221 年将是荒芜无水的年份之一，十字军的领袖们忽略了这一基本的地理事实，继续向上游推进，仿佛尼罗河会对他们置之不理一般。他们正步入一个陷阱。

在他们的前方，卡米勒在曼苏拉的军事营地坐落于尼罗河两条支流之间的一个 V 形交汇处的对面。营地的选址尽得天时地利之便，易于防守。当河水上涨时，敌人无法抵近。在十字军后方，卡米勒的弟弟、大马士革统治者穆阿扎姆和贾兹拉总督阿什拉夫（al-Ashraf）已经率兵悄悄行进到十字军背后，占据有利阵地，封锁了十字军通过陆路或水路撤退的路线。到了 8 月的最后几天，十字军的船只已经无法通过翻腾上涨的河水。在河岸上，他们的军队也困在曼苏拉对面的河流交汇处。然后，在精准算计的时机下，苏丹于 8 月 26 日至 27 日的夜间下达了他准备已久的命令。

在当天夜里，尼罗河沿岸所有用来调节控制洪水的水闸、运河和灌溉渠全部打开，于是十字军立足的土地完全消失了，几个时辰之内，坚如磐石、烈日炙烤的土地就变成了一片深不见底、吞没生命的沼泽。那些酩酊大醉或者只是沉沉入睡的普通士兵被活活淹死在帐篷里。恐慌的朝圣者和步兵在惊醒后试图爬上船只逃命，结果因为过载而船覆人亡。运送武器、财宝和食物的骆驼和骡子也被大水冲走。有些地方的水位涨到齐腰高，十字军就这样被困住了，用圣殿骑士团大团长皮埃尔·蒙泰居（Peter Montagu）的话来说，"就像落网之鱼一样"。[27]

仅仅用了两天工夫，卡米勒的士兵们——半裸的埃塞俄比

384　亚黑人步兵和在急流中奋力振桨的桨帆船舰队——就说服已成瓮中之鳖、成为他们猎捕对象的十字军投降并乞求和平条件。当然，交换耶路撒冷的提议也就不复存在了。相反，贝拉基在8月28日收到的交易条件是：达米埃塔重归阿尤布王朝统治之下，释放所有在埃及、提尔和阿卡的穆斯林囚犯。作为交换，基督教军队将得到食物并被护送出埃及，不会受到虐待。耶路撒冷王国和苏丹达成了为期八年的休战协议，尽管这一协议明确地免除了对腓特烈二世·霍亨施陶芬的约束——基于这位伟大的君主可能有朝一日看准合适的时机出现在东方的认识。尘埃落定，如此而已。科隆的奥利弗在沮丧中略为高兴地注意到卡米勒同意归还萨拉丁在哈丁战役中缴获的、属于耶路撒冷王国那部分的真十字架。但卡米勒终究还是未能兑现这一诺言，很可能是因为这一圣物很久以前就已经遗失、被卖掉或者毁坏了。

✝

　　当留守在达米埃塔的十字军听闻自己同袍的厄运，并且发现他们要被驱逐出新家时，几乎难以置信。科隆的奥利弗除了对他们横加指责外别无他法。"如果要问为什么达米埃塔这么快就要归还给异教徒，那么答案显而易见，"他怒气冲冲地说道，"这是因为尔等骄奢淫逸，这是因为尔等狼子野心，这是因为尔等无法无天！此外，这是因为尔等对上帝和人类都极其忘恩负义！"[28]这种对于军事失败的解释方式可谓由来已久——吾罪之故——可以追溯至克莱尔沃的贝尔纳为第二次十字军东征失败所找的理由。所以这种言论即便不足为信，也早已源远流长。而奥利弗麻木且困惑的悲伤当然是可以理解的。他为一项大有希望的事业奉献了将近八年的时光，到头来却一事无成。

　　并不是所有在第五次十字军东征期间前往埃及的人都如此悲愤莫名：英格兰十字军战士达顿的杰弗里（Geoffrey of Dutton）曾与其领主切斯特伯爵雷纳夫（Ranulf）在达米埃塔战役的早期阶段参战，但在曼苏拉的灾难之前返回家乡，他从东方带回的圣物在半个世纪后还在当地修道院里用来医治盲人和哑巴。[29]但他只是幸运而已。对于像科隆的奥利弗这样的人来说，他们从第五次十字军东征伊始就不离不弃，伴随其走向潮湿、泥泞和悲苦的终点，能够活下来已经是最好的结果了，这要感谢苏丹的仁慈，还有达米埃塔居民的宽容，他们在十字军离开时克制自己不向他们寻求报复。"就这样，我们怀着极大的悲痛和哀伤离开了达米埃塔港口，"奥利弗写道，"就此分离，各归各国，忍辱偷生。"[30]

第二十三章　改造世界

> 皇帝的起居方式和穿着打扮与撒拉森人全然无异……

387 　　1221 年 9 月初，当落败的十字军情绪低落地沿尼罗河艰难跋涉、返回出发地时，一位中年骑士赫尔曼·冯·萨尔察 (Hermann von Salza，出身于德意志中部图林根一个小贵族家庭) 与另一位同伴接受任务，先于己方军队到达达米埃塔，确保这座城市向苏丹卡米勒投降。[1] 这是一个令人极其不快的任务，因为其内容包括将十字军一系列灾难性的误判以及之后屈辱的投降公之于众，然后告诉那些已经在这个得来不易的城市安居下来的战友，是时候收拾行李走人了。但是，没有人能更好地胜任这项工作。

　　冯·萨尔察是条顿骑士团 (为保卫十字军国家而最新成立的军事修会) 的大团长。这个小心谨慎、游历广泛的德意志人是十字军中最杰出的领袖之一，同时受到普通朝圣者和志愿者以及远征军其他高级领导人的尊敬。他是一位久经考验的战士和外交家，和蔼可亲、精明能干且值得信赖，他与条顿骑士团在十字军东征期间的优异表现得到了一致公认。与他一同前往达米埃塔执行此次任务的是圣殿骑士团大团长皮埃尔·蒙

388 泰居。蒙泰居在第五次十字军东征前就已经是高级领导人、教会军事力量的一位诸侯和最负盛名的军事修会的领袖。但现在，萨尔察已经与蒙泰居不分伯仲了。而且，正是由于他在一

场失败的事业中所扮演的主要角色，冯·萨尔察正在成为下一个十年里十字军历史上最有影响力的人物之一。

✝

冯·萨尔察所统领的条顿骑士团于 1190 年在阿卡城墙之外创立，当时正值第三次十字军东征期间。因此，它的成立要比耶路撒冷的医院骑士团晚一个世纪左右（后者在法蒂玛王朝统治时期于圣墓教堂附近开设了他们的朝圣者医院），比圣殿骑士团（创立于 1119 年）晚 70 年，其成员人数也比这两个资深的十字军组织少很多。第一批发起者是一队来自不来梅和吕贝克的德意志骑士，他们建立了一个小型战地医院，治疗许多在围城期间生病或受伤的朝圣者和战斗人员；第一任大团长是一位名叫海因里希·瓦普特（Heinrich Walpot）的莱茵兰富豪，他于阿卡陷落后在城墙内的市区得到一片地产。起初，条顿骑士团是一个纯粹的牧师关怀组织，其修士献身于拯救其他十字军战士的生命（或减轻他们死亡时的痛苦）——正如医院骑士团在创会伊始所做的那样。因为其成员都是德意志人，交流语言也是德语，这个组织很快就引起有权有势的德意志恩主的注意。其中一位就是腓特烈·巴巴罗萨的儿子施瓦本公爵腓特烈六世，他于 1190 年至 1191 年在阿卡的战地医院接受治疗。他在医院里死去，但在死前向自己的兄长、未来的神圣罗马帝国皇帝亨利六世推荐了这家护理水准出类拔萃的组织。作为回应，亨利六世向条顿骑士团提供财政支持。数年后，当他派出自己的十字军（于 1197 年至 1198 年在贝鲁特和西顿战斗的远征军）前往东方征战时，条顿骑士团在战场上提供了基本的医疗服务。英诺森三世也于 1199 年授予教廷的

389

认可及官方的团规，并且允许骑士团发展一个军事分支。不久，条顿骑士团成员拥有了自己的制服：他们的骑士身着饰有黑色十字架的白色披风。尽管他们的国际总部位于阿卡，但条顿骑士团喜欢自称为"耶路撒冷圣玛利亚医院德意志兄弟骑士团"（Hospital of St Mary of the Teutons in Jerusalem）。这显然是一种虚构的自吹自擂，而且只要耶路撒冷还在阿尤布王朝的手中，这种吹嘘就会持续下去。但这正强有力地表明了骑士团的意图。

冯·萨尔察于1210年或前后成为条顿骑士团的第四任大团长，当时他30多岁。骑士团的规模仍然很小：只能维持十几家医院，并且，根据编年史家杜伊斯堡的彼得记载，每次在战场上能够投入的骑士人数不超过十人。[2]然而，冯·萨尔察的当选标志着这家军事修会开始时来运转，一飞冲天。在耶路撒冷王国，条顿骑士团稳步地获得了足够的地产，得以在东方维持一个为德意志朝圣者服务的中心。作为回报，朝圣者在遗嘱中向骑士团捐赠金钱和财产。与此同时，冯·萨尔察努力缔结战略性的政治关系：1211年，他前往亚美尼亚参加国王利奥一世的加冕礼；同年，他派遣条顿骑士团成员前往匈牙利，帮助国王安德拉什二世在未开化的边疆地区——特兰西瓦尼亚（Transylvania）的布尔岑兰（Burzenland）——开拓殖民地，被称为库曼人的突厥部族对此地频频发动袭击，带来严重威胁。大团长可能出席了1215年的第四次拉特兰大公会议，英诺森三世在会上为第五次十字军东征擘画了详细的指导方针；当此次十字军的各路部队集结在一起时，萨尔察已经被公认为这支军队的领导人之一。

赫尔曼·冯·萨尔察及条顿骑士团在埃及的十字军征战中

发挥了重要作用并且广受赞誉，从 1217 年各方一致同意将目标定为达米埃塔的阿卡战前会议，到溯尼罗河而上的远征，他们自始至终，从未缺席。除去前往教廷带去战况报告而离开埃及的几个月之外，大团长经常与布列讷的约翰、红衣主教贝拉基、圣殿骑士团和医院骑士团的大团长以及其他高级指挥官一起讨论和决定战略。在达米埃塔围攻战期间，条顿骑士因其骁勇善战而引人注目，经常与阿尤布苏丹的军队发生小规模冲突。一路上他们遭受了严重的伤亡，但是，在一场由德意志战斗人员主导的战役中，他们并不缺乏志愿者来补充他们的队伍——或是立下宗教誓言的骑士－修道士，或是被称为"半兄弟"（confratres）的准成员（这些骑士继续过着世俗的生活，但在骑士团的旗帜下战斗）。这些骑士团成员中最有名气的一位骑士名叫利托（Litot），他在围城战初期帮助攻占了达米埃塔的铁索塔楼。尽管冯·萨尔察也拥护向曼苏拉灾难性进军的主张，但他并没有因这一决定的结果而蒙羞，这是他和他的骑士团在其他方面堪称典范的一个标志。相反，在 1221 年从达米埃塔撤退、回到西欧后，大团长的个人声誉完好无损，甚至有所提高。曾经远程监控十字军东征的教皇洪诺留三世授予条顿骑士团全面的财政特权，明确地将他们与圣殿骑士团和医院骑士团相提并论。教皇自豪地将冯·萨尔察的骑士团称作"为当今时代所青睐的新马加比人……上帝赖以将东方教会从异教徒的污秽中解放出来"。[3] 而教皇并不是唯一一个因为萨尔察在埃及的工作而对其欣赏有加的人。当大团长返回欧洲后，一位即将为十字军东征全力以赴的统治者把他网罗到麾下效力。这位君主就是神圣罗马帝国皇帝腓特烈二世·霍亨施陶芬：一位国王、皇帝和博物者，如此不同凡响，以至于仰慕者

390

将其称为人间奇迹（stupor mundi）和世界改造者（immutator mundi）。

✛

腓特烈二世实乃人中龙凤。他其貌不扬：大马士革布道者和历史学家西比特·伊本·贾兹（Sibt ibn al-Jawzi）形容他红脸、秃顶而且近视。"如果他是一个奴隶的话，连 200 迪拉姆（dirham）① 都不值。"伊本·贾兹大发牢骚。[4]尽管头发稀疏，目不及远，腓特烈二世却以其人格力量、渊博的知识和振兴帝国的雄心充分弥补了这些不足。

腓特烈二世于 1194 年 12 月 26 日出生在意大利东海岸的耶西（Iesi）。后世有谣言——这是无稽之谈，而不是真实的故事——称他 40 岁的母亲、西西里女王康斯坦丝为了打消人们对孩子是否她亲生的怀疑，选择在市镇广场上分娩。腓特烈二世与自己的父亲、神圣罗马帝国皇帝亨利六世素未谋面，事实上，他的双亲在其四岁生日前就去世了。② 但他终其一生都在追求实现亨利六世宏大的政治野心：将西西里王国与神圣罗马帝国统一于自己的号令之下。他的这一愿景让前后几任教皇如坐针毡，单是想到教皇国被一位统治者的领土南北包围就让他们厌恶不已——而这位统治者还是腓特烈二世之类的人物，

---

① 中世纪货币体系第纳尔中的货币名称，第纳尔体系最早源自罗马帝国，后来波斯萨珊帝国、东罗马帝国、阿拉伯倭马亚王朝、阿拔斯王朝等都用第纳尔作为官方货币，第纳尔也在欧洲的基督教国家广泛流通。该体系是由第纳尔（金币）、迪拉姆（银币）和法尔（铜币）共同构成的。一般的兑换标准是 1 第纳尔 = 20 迪拉姆 = 240 法尔。
② 亨利六世在 1197 年 9 月死于西西里。康斯坦丝死于 1198 年 11 月。——原注

这就更让他们恨之入骨了。

然而，在腓特烈童年的大部分时间里，除了他母亲的西西里岛以及与之相关的卡拉布里亚和阿普利亚地区之外，让他统治其他任何地方的想法的可能性都显得微乎其微。在亨利六世死后，神圣罗马帝国陷入了一场内战，两位成年候选人的支持者为了继承权大打出手，这两位竞争者分别是亨利六世的弟弟施瓦本公爵腓力，和巴伐利亚公爵、韦尔夫王朝的奥托四世，后者还是狮心王理查的侄子。当腓力于 1208 年在一场婚礼上遇刺后，奥托四世称帝。然而，到了 1215 年，奥托四世严重地冒犯了教皇英诺森三世和选举他为皇帝的德意志诸侯，在战场上又为法王腓力·奥古斯都所败。他被革除教籍、罢黜帝位并强制流放到他在不伦瑞克（Brunswick）的庄园里，三年后以罪人的身份悲惨地死去。此时已是西西里国王的腓特烈二世（时年 23 岁）见缝插针。1215 年 7 月 25 日，他在亚琛加冕为德意志国王，出乎所有在场教会人士的意料——无论是逢场作戏还是真心所为——他成为国王后的第一个动作就是领取十字。

伊本·贾兹在诋毁腓特烈二世的容貌时，还写道“他是一个唯物主义者，他所信仰的基督教对他来说不过儿戏”。[5] 这种评语是不公正的。腓特烈二世的确是一个虔诚的基督徒；他全心全意地选择在 1215 年投身十字军东征，他一生中的大部分时间都在积极地迫害自己领土内的异教徒，同时也压迫西西里的普通犹太人和穆斯林。然而与此同时——有时甚至自相矛盾——他对自然界怀有一种永不满足的好奇心，这种好奇心远远超出了基督教典籍的教义。这种被伊本·贾兹谴责为唯物主义的求知欲，与他在西西里——希腊、希伯来、阿拉伯和拉丁文化在那里的融合比世界上其他任何地方都更为顺畅——长大的事实结合在一起，意味着他忽视了传统文明的界限，导致他的行事方式让十字军东征中对立双方的顽固狂热分子都为之侧目。腓特烈二世如饥似渴地学习各种知识而不问其出处——用他自己的话来说就是"不知疲倦地吮吸着它的芳香"。他酷爱自然科学、占星术、逻辑学、修辞学、医学、法律、哲学和数学。他还是一名杰出的动物学家，在自己的动物园里圈养着从不同地域搜罗来的豹子、骆驼、大象、熊、一只长颈鹿和一只白孔雀，而且动笔写就一篇关于驯鹰术的权威文章，题为《猎鸟的艺术》（*De arte venandi cum avibus*）。腓特烈二世深受西班牙穆斯林学者伊本·路世德［Ibn Rushd，拉丁名为阿威罗伊（Averroës）］① 对亚里士多德评注的影响，而且他明白，既然上帝所创世界存在如此之多的奥秘，如果不参考非基督徒的学术成就，是不可能彻底弄懂的。腓特烈二世的身边围绕着拉丁人、希腊人、穆斯林和犹太人出身的导师、顾问、诗人、学者和官僚。成年后，他还聘请了一位私人的阿拉伯逻辑学导师，并与伊比利亚南部的犹太和阿拉伯学者通信。[6]他天生就熟悉并了解伊斯兰教，会说阿拉伯语，喜欢用穆斯林和基督徒都能理解的方式宣传自己的伟大之处：他不止一次宣称自己为"罗马伊玛目之信仰强化者"，从而以同情伊斯兰听众的方式

① 1126～1198 年，享誉世界的阿拉伯哲学家、教法学家、医学家及自然科学家，在伊斯兰教法、伊斯兰哲学、希腊哲学、阿拉伯文学、逻辑学等方面均有较深造诣。曾奉哈里发之命翻译并注释了亚里士多德的全部哲学著作，他将伊斯兰的传说与希腊哲学，特别是亚里士多德的哲学融合并形成了自己的哲学体系，是中世纪阿拉伯－伊斯兰哲学的集大成者，对西方世界的影响极大，仅流传后世的哲学、宗教方面的著作就多达118 本。

表达了一种坚定的基督教信念。[7]简而言之，腓特烈二世是一个惊世骇俗的自由主义知识分子和直率务实的统治者。然而，这些本能并非来自对信仰的矛盾心理，而是源于智慧、必要性、划分事务和模棱两可的能力，以及——从根本来说——西西里多元文化主义。伊本·瓦绥勒（Ibn Wasil），一位比伊本·贾兹更具有洞察力的作家，发现腓特烈二世"富有教养且学识精深"，"对穆斯林颇有好感，因为他最初就是在西西里岛长大……而且岛上的居民大多数都是穆斯林"。[8]与伊本·贾兹不同，伊本·瓦绥勒并不怀疑腓特烈二世信奉基督教或投身十字军运动的决心。

✝

赫尔曼·冯·萨尔察在离开埃及后于 1221 年进入了腓特烈二世的决策圈。后者缺席第五次十字军东征的行为——他与教皇洪诺留三世进行"消耗战"，以寻求将他加冕为神圣罗马帝国皇帝的条件——引起了很多人的不满，腓特烈二世意识到各方都期待他能履行诺言，此事宜速不宜缓。

但腓特烈二世若要离开欧洲还面临着诸多障碍：伴随他加冕为帝而来的各项承诺编织成一张复杂的大网，而将帝国的需求与西西里的统治结合起来困难重重，局势动荡不已，亟须他亲自关注。于是，冯·萨尔察的任务——他很快就开展起来——就是帮助腓特烈二世解决德意志在近期内战中遗留下来的各类争端，同时保障帝国与教廷之间的外交渠道平稳畅通。这些工作绝非易事，但正好可以让赫尔曼发挥个人才能，而且这也符合他的个人抱负，那就是确保从两个最重要的恩主——皇帝和教皇那里获取对条顿骑士团的持续支持。为此，他在

394

13 世纪 20 年代忙得不可开交。圣殿骑士团的创始人于格·德·帕英曾帮助激发了西方对大马士革发起十字军东征的热情，并在此过程中使他的修会发展壮大，赫尔曼现在也如出一辙，他把自己的精力都投入确保皇帝最终能够进军东方，继续第五次十字军东征未竟的事业。[9]

为了达到这一目的，赫尔曼耗费数年时间奔波于德意志各诸侯国和相邻外国宫廷之间，与心怀不满的臣民和帝国的对手谈判休战，试图从帝国封臣那里获取参加十字军的誓言，与雇佣兵签订合同并且委托制造运载部队的船只。这一过程磕磕绊绊：在第五次十字军东征之后，德意志境内到处弥漫着消极情绪，对与卡米勒继续作战一事漠不关心。但冯·萨尔察仍然对他的任务锲而不舍。他出访伦巴第和西西里，又向北远赴丹麦，以平息好斗成性的瓦尔德马二世的怒火。[①] 当腓特烈二世由于错过了 1222 年的出征日期，再一次将远征推迟到 1225 年时，冯·萨尔察往返于帝国宫廷和教廷两边以稳定情绪。然后在 1225 年，当腓特烈第三次请求将他的十字军东征延期时（这一次提出的原因是很难募集到足够多的高素质兵员），萨尔察又协助商讨解决问题的协议——《圣杰尔马诺条约》（treaty of San Germano），于是皇帝向洪诺留三世承诺（后者的耐心此刻已经快接近谷底了），如果他在 1227 年之前未能前往东部，他将被没收 2800 千克（100000 盎司）的黄金作为罚款，并被革除教籍。大约在这一时间段，由于冯·萨尔察的缺席，条顿骑士团的事务开始受到影响：到了 1224 年，在与匈牙利国

①　什末林伯爵因瓦尔德马二世强占其土地而于 1223 年绑架了这位丹麦国王，此事将北欧的所有国家都拖向战争边缘。

王安德拉什二世的关系破裂，而且冯·萨尔察无法亲自前往修复关系之后，驻扎在匈牙利的骑士团成员们已经开始考虑全部撤出这个王国。[10]1226 年，条顿骑士团已经离开了特兰西瓦尼亚。但大团长推断，从长远看，更大的机会在别的地方。 395

✝

在宣誓同意《圣杰尔马诺条约》的条款后不久，腓特烈二世于 1225 年 11 月与布列讷的约翰 13 岁的女儿伊莎贝拉成婚，他的新婚妻子更确切的头衔是耶路撒冷女王伊莎贝拉二世。这项婚姻协议也得到了赫尔曼·冯·萨尔察的认可。虽然这桩婚事是教皇的主意，但执行起来殊不简单，冯·萨尔察为此付出了两年的时间，他说服布列讷的约翰，称腓特烈二世将会允许他继续留在阿卡当耶路撒冷国王（从后来的历史进程看，这是一个赤裸裸的谎言），然后监督婚姻协议的谈判过程，最后派遣条顿骑士团的一名成员将新娘带往意大利成婚。当腓特烈二世和伊莎贝拉成婚后立刻就食言而肥，坚持要布列讷的约翰把国王的所有权力都让渡给他时，冯·萨尔察可能备感尴尬。[①] 但任何难堪和不快都在腓特烈二世和他年轻的新娘将圣地的头衔和地产慷慨地赠予条顿骑士团后烟消云散。腓特烈二世对布列讷的约翰的行为虽然粗鲁甚至可鄙，却也是在行使自己的合法权利。作为耶路撒冷国王，他肯定不能再拖延自己的十字军东征了。

---

① 失去耶路撒冷王位的布列讷的约翰后来得到了补偿，他于 1229 年被选为君士坦丁堡的拉丁皇帝。他于 1231 年来到拜占庭的旧都并在圣索菲亚大教堂加冕。约翰于 1237 年 3 月在这座城市去世，在最后一场大病中，他宣布自己成为圣方济各会的一名托钵修士。——原注

根据《圣杰尔马诺条约》的条款要求，腓特烈二世·霍亨施陶芬应于 1227 年 8 月 15 日启航前往阿卡。洪诺留三世未能等到他成行的那一天，因为教皇于 3 月 18 日去世。但他的继任者——狂热且毫不妥协的红衣主教乌戈利诺·迪孔蒂（Ugolino di Conti，称号为格列高利九世）像一只猎鹰一样关注着腓特烈二世。格列高利儿世有理由为皇帝在 1227 年夏天如约出发而高兴；但当腓特烈二世在出兵伊始就染上瘟疫时，他的喜悦变为恼羞成怒。腓特烈二世甚至还没有离开意大利海岸线，就再次取消了远征，只是要求冯·萨尔察和林堡（Limburg）公爵率领 20 艘桨帆船和一小部分战斗人员先于他赶赴阿卡，而自己则前往坎帕尼亚，在那不勒斯附近的波佐利（Pozzuoli）火山温泉疗养。

当腓特烈二世最新一次偏离正轨的消息传到格列高利九世的耳中时，教皇勃然大怒。这种推三阻四到了该结束的时候了。根据《圣杰尔马诺条约》，腓特烈二世理应被革除教籍，而新教皇没有浪费任何时间就通过了这一判决，谴责皇帝"对所有承诺都心怀蔑视"，并指控他"借故装病，无聊至极"。腓特烈二世也以牙还牙，指控格列高利九世"竭尽全力煽动世人对我们的仇恨"。[11] 当西方基督教世界两个最有权势的人在公开场合打起口水战的时候，赫尔曼·冯·萨尔察正在迅速跨海奔赴阿卡。他在旅途中无疑会忖度自己的所有努力是否会付诸东流——以及反复无常的皇帝是否会兑现从异教徒手中解放耶路撒冷的诸多诺言。

最后，腓特烈二世终于在 1228 年晚夏来到了他的耶路撒冷王国（现在偶尔被称为第六次十字军东征的过程），仍未恢复教籍却看起来镇定自若。他已从病中康复，尽管在数月前他痛失自己的年轻妻子伊莎贝拉，她在生下皇子康拉德之后就离开了人世。这一事实——使腓特烈二世对耶路撒冷的王权主张问题更加复杂——似乎没有让他感到任何不安。他在从意大利到巴勒斯坦的中途短暂驻留塞浦路斯，在那里与这一地区最有权势的东方贵族——在幼主吕西尼昂的亨利尚未成年时担任王室执政官（bailli，或摄政）的伊贝林的约翰①发生冲突并侮辱了后者。9月初，腓特烈二世驾临阿卡，准备投入重整王国防务的工作中。然而，尽管人们曾对他的出现期待已久，皇帝现在却普遍不受欢迎。一位绝罚在身的十字军战士本就自相矛盾，而在腓特烈二世停留东方期间，圣殿骑士团对他的敌意日趋激化，他们拒绝将自家军队部署在距离他的军队一英里以内的地方；而耶路撒冷宗主教洛桑的热罗尔德（Gerold of Lausanne）也对他视若仇雠，认为腓特烈二世是魔鬼的化身。

　　尽管反对霍亨施陶芬的言论甚嚣尘上，赫尔曼·冯·萨尔察仍然对他的主公忠贞不贰。在过去的一年里，大团长视察了条顿骑士团的新要塞蒙福尔的早期建造工作，这座巨大的城堡俯瞰阿卡，其规模堪与医院骑士团的骑士堡和圣殿骑士团的朝圣者城堡比肩。然而，在1228年秋，他已经与其他的十字军一同驻扎在雅法，因而得以为教皇格列高利九世撰写一份第一手的事件记录。"正当（雅法的防御）工作如火如荼地开展

① 约1179～1236年，也称"贝鲁特的老领主"，是十字军国家的一位强大诸侯，也是伊贝林家族最有名的成员之一，他的父亲是伊贝林的贝里昂，母亲是拜占庭公主、曾经的耶路撒冷王后玛丽亚·科穆宁娜（曾嫁给阿马里克国王）。他不到20岁就被任命为耶路撒冷王国的司厩长，并作为贝鲁特领主在萨拉丁征服之后重建了这座城市。作为耶路撒冷王国本地诸侯的重要领袖，他坚决抵制作为外来势力的腓特烈二世。晚年加入圣殿骑士团。

时，"赫尔曼写道，"使者频繁往来于巴比伦苏丹（卡米勒）和皇帝殿下之间，双方就和平的利益和相关协议进行磋商。"[12]这些谈判本着相互尊重的精神进行，这使双方阵营中的许多人都感到不安，并且达成了一个石破天惊的结果。卡米勒的弟弟穆阿扎姆刚于近期去世，苏丹迅速行动，夺得了巴勒斯坦南部穆斯林控制的大部分地区的统治权，其中包括耶路撒冷。然而，占据圣城并非卡米勒的首要事务，他更在意的是从穆阿扎姆年轻的儿子纳西尔（al-Nasir）手中夺取大马士革。一场司空见惯的阿尤布家族内部争斗就此爆发，苏丹无意与危险的法兰克人开启另一场边界争端，从而使问题复杂化。用编年史家阿布·菲达（Abu al-Fida）的话来说，神圣罗马帝国皇帝在东方的出现"有如使伤口上又中了一箭"。[13]这支箭必须小心地拔出来。

398　　　在个人层面上，苏丹与皇帝相知颇深，这种现象自狮心王理查和萨拉丁的时代以来在东方还从未出现过。他们之间的关系是通过一位代理人——法赫尔丁（Fakhr al-Din），卡米勒最信任的埃米尔之一——建立起来的，他此前前往西西里觐见过腓特烈二世，在那里他可以直接用阿拉伯语与皇帝交谈。现在，通过法赫尔丁，两位统治者交换了价值连城的礼物：腓特烈二世送给卡米勒一套他自己的盔甲，作为他和平意图的象征；苏丹则仁慈地允许皇帝提交一份数学难题清单，供阿尤布宫廷最优秀的学者思考破解。让宗主教热罗尔德的反感和愤慨永无止境的是，卡米勒竟然还把"唱歌和玩杂耍的舞女"送进皇帝的营地。[14]热罗尔德抱怨道："皇帝的起居方式和穿着打扮与撒拉森人全然无异，他大摆筵席，与这些舞女饮酒作乐……皇帝对撒拉森人过于慷慨，就好像他无法用武力或恐惧来换取和平，只好试图收买和平一样。"[15]实际上，宗主教被自己的厌恶蒙蔽了双眼，以至于他看不到武力和恐惧即使存在，也很少是腓特烈二世策略中的一部分。但就连他自己也无法否认，奉承和一点点文化交流最终取得了怎样的效果。1229年2月18日，苏丹卡米勒和耶路撒冷国王腓特烈二世同意了一项条约，其中的很多条款都是苏丹在1221年向第五次十字军东征的领袖们提出过（但也被拒绝过）的条件。耶路撒冷——"基督曾经踏足之城，真正的崇拜者敬爱天父之处"，正如腓特烈二世在给英格兰国王亨利三世的一封信中所描述的那样——将被交给基督徒统治。[16]伯利恒、拿撒勒以及耶路撒冷和阿卡之间的其他几个巴勒斯坦城市也是如此。双方要遵守一份为期十年的停战协定，而且，赫尔曼·冯·萨尔察在他对制定条约的记述中补充道："在达米埃塔陷落时被俘的所有囚犯都会得到交换。"关于基督徒是否有权利重建耶路撒冷城墙的条款存在一定程度上的含混不清，但是除此之外，冯·萨尔察写道，"几乎无法描述所有人对这一提案的喜悦之情"。[17]

事实上，他提到的"所有人"并没有欣喜若狂。对此深恶痛绝的大有人在，尤其是在阿尤布王朝这一边。尽管腓特烈二世同意穆斯林应该得到进出圣殿山（haram al-sharif）的控制权，以及在圆顶清真寺和阿克萨清真寺做礼拜的自由，但当伊本·贾兹谴责遗弃耶路撒冷的做法是一种耻辱时，他代表了许多人的心声。他在大马士革大清真寺的布道坛上抨击这项交易："啊！穆斯林统治者的耻辱！"他怒斥道："此事令人潸然泪下，心碎神伤，扼腕长叹，悲愤的情绪愈发高涨！"[18]伊本·阿西尔写道，"穆斯林群情激奋，他们发现此事骇人听闻而且使他们感受到难以形容的软弱和痛苦"。[19]宗主教热罗尔德急不可耐地指出所有没被归还给基督徒的地区，并且控诉腓特烈二世"大搞幕后交易……满口谎言，奸诈邪恶"。[20]但这些行事正派的人中无人能够阻止这笔交易。3 月 18 日，志得意满的腓特烈二世·霍亨施陶芬（仍然绝罚在身）进入圣墓教堂——他是自 1187 年哈丁战役前吕西尼昂的居伊以来第一个踏入该教堂的基督徒国王。耶路撒冷王国的王冠在崇高的祭坛上等候着他。他向英格兰国王亨利三世描述了这一事件："朕，作为天主教皇帝，戴上了全能上帝从国王的御座上为朕提供的王冠。"[21]他并没有补充一个事实：他自己从祭坛上将王冠取下来，放在自己的头上，并放弃了任何受膏和祝圣的仪式。然后他趾高气扬地走出教堂，留下冯·萨尔察代替他用拉丁语和德语演讲，历数腓特烈二世自 14 年前在亚琛立誓加入十字军后所取得的诸多丰功伟绩。拒绝出席仪式的宗主教热罗尔德在后来听说冯·萨尔察"免除皇帝的罪过并对其大加推崇，同时又大肆批评教会"。[22]无论这一说法是否准确，很难否认，腓特烈二世通过外交手段和极佳的运气，取得了几代十字军以来最伟大、流血最少的一场胜利。

✝

在光复耶路撒冷并下令重建其城墙后，腓特烈二世即刻返回西方。他于 3 月底离开耶路撒冷；5 月 1 日，他从阿卡扬帆起航，将耶路撒冷王国留给王室执政官治理。他虽然取得了辉煌的外交成果，却既没有时间也没有意愿在此逗留。沸沸扬扬的谣言称圣殿骑士团——圣殿山和阿克萨清真寺仍保留在穆斯林的手中，其具有历史意义的总部原址也就无从归还——密谋刺杀皇帝；他在阿卡的最后几个时辰里，伊贝林派系的支持者们（他在东方之旅的初期曾与伊贝林的约翰发生不快）站在街道两旁，向他投掷垃圾和屠夫的废料。更糟糕的消息从西方传来：对腓特烈二世毫不领情的教皇格列高利九世决心向他证明教皇的权力凌驾于皇帝和国王之上，已授权布列讷的约翰向西西里发动一次军事入侵。到了6月10日，他已经回到意大利南部。冯·萨尔察则紧跟在他身后不远的地方。

条顿骑士团大团长回到西方的第一个任务就是调停腓特烈二世与暴躁易怒的格列高利九世之间的矛盾，并促请教皇解除对皇帝的绝罚。然而，冯·萨尔察同时还要考虑条顿骑士团的未来发展问题。腓特烈二世将耶路撒冷王国的许多权利都慷慨地赐予这家军事修会，使他们在未来几年内有了一个稳定的发展基础。但他们仍要在东方与历史更悠久、地位更稳固的圣殿骑士团和医院骑士团竞争资源。真正的机会在离家更近的地方。

1226年，在条顿骑士团仓皇撤出特兰西瓦尼亚后，冯·萨尔察从腓特烈二世那里受领了一份额外的世俗授权书——《里米尼金玺诏书》（Golden Bull of Rimini）。这份诏书（因有金印而得名）准许条顿骑士团派遣部队帮助马佐夫舍（Masovia）①公爵康拉德，后者正在自己的领土边缘与普鲁士异教徒作战。根据金玺诏书上的条款，冯·萨尔察的军队有权占领并统治——不受监管且免除税务——他们在为公爵效力时所征服的任何领土。诏书中还特别赞扬了冯·萨尔察，"因为他言必信，行必果，必定会有力地开展并完成主的征服大业，

401

---

① 波兰国王"歪嘴的"波列斯瓦夫三世于1138年去世后，根据他的遗嘱波兰王国被划分为多个公国，分别由他的五个儿子继承，马佐夫舍就是其中的一个公国，位于王国东部。

尽管很多人在相同的事业中付出了更大的努力却收获了失败"。[23]金玺诏书为这家军事修会设定了一条远离圣地的新路线，而且对于此前在特兰西瓦尼亚殖民失败的骑士团适逢其时。条顿骑士团为在波罗的海建立一个新的十字军国家迈出了第一步，这个国家将一直延续到 16 世纪的欧洲宗教改革时期。

1230 年，教皇批准了与四年前的《里米尼金玺诏书》内容相同的特权，这是冯·萨尔察为调和腓特烈二世与格列高利九世这一艰难任务所开出的价码，或者至少是对他执行工作的回报。格列高利九世并没有令人失望。9 月 12 日，教皇发布谕令：他全力支持条顿骑士团进军普鲁士，他们将与生活在那里的异教徒开战，杀戮、转变他们的信仰并征服他们。格列高利九世重申了十字军有义务在波罗的海保护那些已经皈依基督教的异教徒的安全。但他也认为，上帝让异教徒存活于地球上，是为了让赫尔曼·冯·萨尔察的骑士-修士们及其同道之士可以通过杀死异教徒来拯救自己的灵魂，"这样他们可能就会有赎罪和救赎的方法"。[24]1231 年春，条顿骑士团开始在波罗的海对非基督徒发动一场持续不断的十字军东征，他们指挥着多明我会布道者在波兰的公爵领和邻近的德意志邦国所招募的志愿者，而最终，来自欧洲各地寻求冒险的骑士们也将会在每个作战季节加入这场圣战中。在一位骑士团资深成员赫尔曼·巴尔克（Hermann Balk）的领导下，他们从海乌姆诺［Chelmno（波兰语），德语为库尔姆（Kulm）］沿着维斯瓦河（River Vistula）流域一路奋战，建起木制（后来变为石制）要塞，征服或转化普鲁士部落。

在整个 13 世纪 30 年代，腓特烈二世与格列高利九世之间的关系依旧高度紧张，而每一次冯·萨尔察被传召去化解他们的争端时，他都带回来双方对他的更多让步，同意他的修会在波罗的海边缘地区进行新的冒险。普鲁士——就像北方的利沃尼亚、立陶宛和爱沙尼亚一样——是一片到处都是好战部族的土地，倾向条顿骑士团的作家，如杜伊斯堡的彼得，认为这些部落民"极其原始"，崇拜树木、天气和蟾蜍这些下等事物。[25]但普鲁士也是一片物产富饶之地，而且每一次冯·萨尔察从教皇那里设法获取的让步都增加了条顿骑士团可以从这片土地获得的潜在利益，与十字军东征——仍是通过沐浴在异教徒的鲜血中来洗刷一个人罪恶的一种方式——获得的宗教回报相比更胜一筹。

到了13世纪30年代中期，条顿骑士团已经在维斯瓦河流域扎稳根基。他们兴建的堡垒最远可至埃尔宾（Elbing）①，并接管了一片珍贵的真十字架碎片，这是腓特烈二世·霍亨施陶芬从威尼斯人那里得到的，作为礼物送给了冯·萨尔察。[26]条顿骑士团的圣战在德意志北部并非独此一家：1232年，不来梅大主教从罗马教廷得到了十字军的身份，开展军事行动以求制服一群由数千名农场工人组成的叛军团伙，这群因拒绝缴纳教会什一税而被贴上异教徒标签的乱党被称为斯德丁农民军（Stedingen Peasants），他们在1234年5月27日的阿尔滕尼施（Altenesch）战役中惨遭十字军屠杀。但在更远的东方，在普鲁士人之间，条顿骑士团的声势日益浩大：他们在异教徒的国度取得积极的成就，并将自我形象提升为一群"高贵之士，在这个世界生存日久，才智卓绝，知识渊博"。[27]格列高利九世于1234年宣布，普鲁士是"圣彼得的遗产"——暗示了这一

403

---

① 位于今波兰的北部，埃尔宾为德语名字，其波兰语名字为埃尔布隆格。

地区将永久成为十字军东征的对象。而圣彼得的精兵强将将由条顿骑士团引领。

条顿骑士团在普鲁士迅速提高的地位于 1237 年得到了进一步巩固，当时，利沃尼亚宝剑骑士团——这个由里加主教阿尔贝特在 30 年前从自己家臣中创立的组织——在尖锐的批评、丑闻和军事灾难中崩溃了。从一开始，宝剑骑士团就被人安上了马贼的恶名，而到了 1234 年，控诉之声直达教廷，他们被指控谋杀竞争对手，亵渎基督徒尸体，与分裂教派的罗斯人和异教徒合谋以扩大个人的封地，杀害数以百计的异教徒皈依者，攻击熙笃会修士，掠夺教堂财产，阻止异教徒接受洗礼以便将其奴役。[28]这个盗匪团伙——实际上面临着兵员和资金危机——在于 1236 年对立陶宛人和斯米迦利亚人的异教徒大军发动了一场灾难性的远征后，最终瓦解。宝剑骑士团团长福尔克温（Volkwin）当时正指挥着一支大约由 3000 人组成的志愿军，在苏勒河（River Saule）岸被击溃。第二年，幸存下来的宝剑骑士团成员就被吸纳进了条顿骑士团。大约在同一时间，条顿骑士团还吸收了另一个规模较小的当地军事修会——多布任波兰人骑士团（Polish Order of Dobrzyń）①。此时，条顿骑士团的地位扶摇直上。

✝

条顿骑士团的历史远比赫尔曼·冯·萨尔察、格列高利九世和腓特烈二世·霍亨施陶芬的寿命更长久。骑士团的发展断

----

① 1218 年由普鲁士第一任主教奥利在马佐夫舍和普鲁士之间的多布任创建，是波兰历史上唯一的骑士团。骑士团成立的目的是抵御普鲁士人的入侵。

断续续，有些时候，特别是在 13 世纪 40 年代和 60 年代，他们似乎要被基督教世界边境上无休无止的消耗战压垮了。困扰他们的不仅仅是异教徒敌人；骑士团的问题因其他基督教势力之间激烈而且经常演化为暴力的政治活动而更加严峻，这些势力将目光投向但泽与芬兰人的土地之间广阔的波罗的海地域。然而，骑士团还是一点一点地开拓出一个令人敬畏的十字军国家。到了 1283 年，他们几乎征服了普鲁士所有地区并建立了一个由骑士们享有主权的骑士团国，由强大的石制城堡保护。在接下来的半个世纪里，条顿骑士团又成了利沃尼亚和爱沙尼亚的主宰，并将他们的圣战矛头——通常是残忍无道地——对准了立陶宛的异教徒王国和信奉东正教的罗斯王公们。直到 16 世纪，条顿国家还以某种形式存在于普鲁士和利沃尼亚——在东方的十字军国家消亡后仍然坚持了很久。这是一项惊人的成就，而开基创业的功劳则属于赫尔曼·冯·萨尔察，这位皇帝与教皇的密友，同时也是他那个时代最深藏不露却卓有成效的十字军领导人之一。

冯·萨尔察于 1239 年 3 月 20 日（棕枝主日）逝世于萨莱诺——欧洲最先进的医术中心，他到此求医，却最终未能战胜病魔而撒手人寰。他曾形容自己是一个"珍视教会与帝国荣耀并为二者崛起而奋斗"的人。[29] 在他辞世后，他的这种能力让人们念念不忘。继冯·萨尔察后成为大团长的是贵族康拉德·冯·图林根（Conrad von Thüringen），在他的领导下，条顿骑士团抛弃了长久以来精心谋划、一以贯之的方针，即同时与皇帝和教皇保持良好的关系，而是利用自身的影响力支持腓特烈二世——这并不奇怪，因为康拉德·冯·图林根是皇帝的远房亲戚。这一政策转变给条顿骑士团在东方的事业带来了相当大的政治麻烦，在那里，只要一提到腓特烈二世的名字，就足以使十字军国家的半数男爵陷入暴怒之中。这也意味着，在冯·萨尔察死后，条顿骑士团被迫与一个被上帝抛弃的统治者并肩作战。就在冯·萨尔察去世当日，教皇格列高利九世再次发布了将皇帝逐出教会的判决，这一次是为了惩罚腓特烈二世在意大利北部的军事行动，因为他在那里派遣军队进攻所谓的伦巴第联盟（Lombard League）①。

这一回双方都没有平心静气地坐下来和解。皇帝在格列高利九世于1241年去世时仍是绝罚之身，并在他生命中剩下的九年时光里几乎一直在与教皇国作战。从1227年到1250年去世，腓特烈二世总计四次被逐出教会，而且教皇对他的仇恨在他死后并没有消解，反而延续到他的儿子和继承者康拉德四世身上。因此，这个几乎是单枪匹马从阿尤布王朝手中夺回耶路撒冷和圣墓的人在离世之际仍是一次十字军运动的明确目标，各地主教、多明我会和方济各会修士以及其他教廷代理人都不遗余力地鼓动信徒反抗他，其劲头丝毫不亚于过去那些针对远方异教徒的布道宣传。他的敌人在教皇的谕令下与他开战，并受到鼓励佩戴十字标识，教廷也允许他们留在西方打倒神圣罗马帝国皇帝，以此代替前往圣地作战的使命。很难想象还有什么比鼓吹一场反对——用腓特烈二世自己的话来说——"罗马伊玛目之信仰强化者"的战争更能歪曲十字军的制度和语言了。毫无疑问，腓特烈二世可能会惹人发怒，他专横跋扈且

①　12世纪形成于意大利北部的城市联盟，旨在对抗神圣罗马帝国皇帝。该联盟于1176年在莱尼亚诺战役中击败腓特烈·巴巴罗萨，迫使后者承认联盟中诸城市的独立地位。该联盟于1190年腓特烈·巴巴罗萨逝世后瓦解。1226年，由于腓特烈二世想要干预伦巴第事务，该联盟又重新成立。

自私自利。但是将他与利沃尼亚的异教徒、伊比利亚半岛的穆瓦希德王朝和近东的突厥人、库尔德人或阿拉伯人混为一谈，使其成为急于洗刷自己罪恶的基督教武士的目标时，十字军运动已经来到了一个奇怪的拐点。

　　但是，从某种意义上说，所有这些都已无关紧要，因为当腓特烈二世离开人世，被安葬在巴勒莫大教堂里的斑岩墓室时，一个更大的威胁出现了，不仅危及基督教世界，而且整个世界似乎都在劫难逃。从遥远的东方出现了一群野蛮的征服者，他们比现世记忆中的任何事物都要致命。他们就是蒙古人，他们进入十字军的世界后促使其发生了剧烈的转变，其程度甚至远远超出了光芒夺目的腓特烈二世·霍亨施陶芬和他精明可靠的密友赫尔曼·冯·萨尔察给十字军运动带来的变化。 406

第二十四章　东汗西王

猛兽成群，自东土奔来……

407　　　1241 年 4 月 9 日，浑身是血的蒙古武士们在波兰城市莱格尼察［Legnica（波兰语），德语为利格尼茨（Liegnitz）］的郊外扫荡战场，翻检敌人的尸体并割下死者的耳朵。这种简单的残肢行为可以帮助蒙古人统计他们的杀敌人数。当天的死亡人数足有数千人——被割下的耳朵足够装满九大麻袋——但这仅仅是死亡总数中最近的一批受害者，自从蒙古军阀铁木真在大约 25 年前崛起，被尊为成吉思汗（大致的意思为"伟大的领袖"）后，他东征西讨，伏尸百万。[1]在此期间，许多民族试图阻止蒙古大军的步伐，而更多的人干脆举手投降。对于那些仅凭一腔蛮勇就奋起抵抗的人来说，其下场就如现在这支躺在西里西亚土地上的基督教军队一样，全都化为无耳尸体：战败被杀，遗骸受辱。蒙古人任其腐烂，以此警告世人，对抗世界上最可怕的军事机器会遭受什么样的后果。

　　　莱格尼察战役是 13 世纪 40 年代初期中东欧各国孤注一掷进行的保卫战的一部分，当时蒙古人——或者，按照基督教编409 年史家对他们的称呼，鞑靼人（Tartars）①——从中亚倾巢而

---

① 这个名字似乎来源于蒙古人用来定义自身的一个词语，西方人认为这个散发着冷酷气息的名字恰如其分，因为它与源自希腊的拉丁词语 tartarus（地下世界）相似。——原注

出，大举西征（在过去 20 年中，他们不断征伐，已经稳步地
吞并了中亚）。他们的目标是基督教王国匈牙利——大草原的
最远端，这片大草原从据说是铁木真出生地的圣山不儿罕合勒
敦山（Burkhan Khaldun），几乎不间断地延伸了 3700 英里
（6000 千米），直至喀尔巴阡山（Carpathians）山麓。[2] 因此，
莱格尼察之战只是蒙古人的一次佯攻，目的是转移包括条顿骑
士团和圣殿骑士团分队在内的基督教武士们的注意力，从而阻
止他们参加第二天在特兰西瓦尼亚的莫希（Mohi）发生的武
装冲突，一支更大的蒙古军队在这场更加血腥的战役中击溃了
匈牙利国王贝拉四世（Bela Ⅳ）的军队。然而，即便是蒙古
人的一次佯攻，也让其他人感觉到这是一场全面进攻。莱格尼
察一战中，波兰军队的指挥官、西里西亚公爵“虔诚者”亨
利二世（Henry Ⅱ Pobozwy）① 并不仅仅失去了他的耳朵。他
在蒙古军大营中被斩首，头颅插在一根长矛的顶端，被蒙古人
带到最近的城镇炫耀（其乱刃交加的尸身只是在他的遗孀透
露他的左脚有六根脚趾的特征后才被辨认出来）。这一地区的
所有村庄和农场都被付之一炬。数十年之后，波兰编年史家
扬·德乌戈什（Jan Długosz）在书写这段历史时对纵横驰骋、
暴戾恣睢的蒙古人惊叹不已：“他们随心所欲地烧杀抢掠、残
民害物，因为无人胆敢反抗。”[3]

✝

　　西方世界多年来一直在关注蒙古人的崛起，首先是以好奇
的态度，然后变得忧虑不安，最后是惊恐万状。1220 ~ 1221 年，

---

① 原文 Pobozwy 为波兰语，意为“虔诚”。

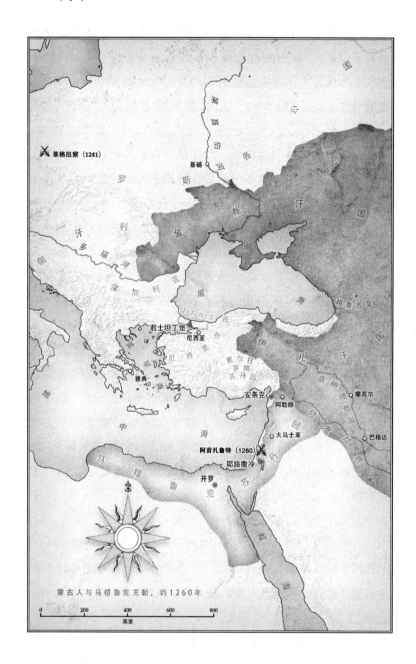

蒙古人与马穆鲁克王朝，约1260年

在第五次十字军东征期间，教廷使节贝拉基通过他在达米埃塔当地的关系听到了语焉不详的流言，得知一位名叫"大卫王"(King David) 的东方王公当时正在蹂躏波斯的大部分地区。贝拉基乐观地认为"大卫王"这个人物可能与长期以来非常流行的"祭司王约翰"的预言有关，后者是一个假想中的东方基督教武士国王，在第二次十字军东征时就被谣传在印度统治着一个极其富有的王国，一直以来，他朝思暮想，渴望出国征战，联合其他基督徒的力量打倒异教徒。[4]

贝拉基对"大卫王"的看法主要是出于一厢情愿。实际上，这位教廷使节听到的消息是西方关于成吉思汗征服阶段最初的报告。成吉思汗于 1207 年统一蒙古的各个游牧部落，然后四面出击，攻灭西夏，灭亡金朝，横扫中亚，并无情地向高加索突进。他麾下的将军们指挥着一支民族多元、信仰广泛且马术高超的骑兵大军，足有数十万之众，这些骑兵使用复合弓、标枪、战斧和长矛作战，能够在马鞍上生活并露宿野外达数月之久。蒙古军队训练有素，领导有方，不仅擅长围城和野战，更善于心理战以及通过屠杀来散播恐惧。蒙古人征服的方式是要求他们的敌人无条件投降，对方稍有异议便惨遭亡族灭种之祸。不过，他们对宗教持一种令人惊讶的宽容态度，允许在己方领土上的人民自由地信仰宗教，而且他们经常在到达被征服地区后的几年内入乡随俗，这标志着蒙古世界罕见的开明自由主义。成吉思汗在其生命的最后一年简洁地总结了他的战争哲学，当时，他在下令攻打一座违逆他的城镇时说道："尽杀勇猛敢战、气宇轩昂之士……纵兵掳掠平（民），尽其所能，多多益善！"[5]这种严酷的"二选一"策略——服从或死亡——往往一举奏效。当成吉思汗于 1227 年逝世时，蒙古大

410

411

军——骑兵们穿着长而实用的毛皮镶边长袍、生牛皮制成的甲胄和皮靴——的铁蹄声令整个亚洲为之战栗。基督教世界也开始瑟瑟发抖。

13世纪30年代，蒙古大军在成吉思汗之子窝阔台的领导下继续西进，席卷格鲁吉亚（他们于1223年第一次进攻此处），深入北方的罗斯各公国，并于1240年12月占领基辅。此时，远至苏格兰的西方各国对于这股他们正在打交道的力量已经有了清晰的认识，蒙古人征服的消息已是尽人皆知。[6]神圣罗马帝国皇帝腓特烈二世·霍亨施陶芬虽然对蒙古人的行径感到震惊，却不出意料地把他们当作一种自然现象而着迷，在莱格尼察之战的数月后将蒙古人形容为"狂野不羁，无法无天，对人类的法律一无所知……这些人身材矮小……但是结实、粗壮、刚毅、坚强又勇敢……他们生就大脸，面色阴沉，发出与其内心相称的可怕吼声"。[7]同年，腓特烈二世的死敌——教皇格列高利九世写信给西方各地的教会人士，警告他们蒙古人所造成的生存危机。"他们对所有落入其魔掌的人赶尽杀绝，以鲜血为其刀剑解渴"，他写道，他们"现在竭尽全力入侵波希米亚和日耳曼尼亚（即德意志诸邦国）的王国，渴望蹂躏基督徒的所有土地并摧毁他们的信仰"。[8]格列高利九世授权布道者们将十字军的地位赋予所有保卫家园、奋起抵抗野蛮人的战士。

格列高利九世在1241年宣布开展十字军运动抵抗蒙古人的决定合乎逻辑，因为——尽管对"祭司王约翰"的幻想依旧存在——蒙古大军看起来是在不可阻挡地向罗马教会的腹地推进。然而，各方争夺那些想要成为十字军战士的人的竞争非常激烈。在蒙古大军进犯的同时，至少还有六场其他的十字军圣战在欧洲大陆和地中海进行，竞相争抢关注、新兵和资源。

在伊比利亚半岛，穆瓦希德王朝已是江河日下，年轻的阿拉贡国王海梅一世（他的父亲就是那位在阿尔比十字军战争中不幸被西蒙·德·蒙福尔杀死的阿拉贡国王佩德罗二世）正在领导一场轰轰烈烈的战役，向即将覆亡的穆瓦希德帝国的各地穆斯林统治者发动攻势。1229～1231 年，在来自热那亚、比萨、马赛和其他地方的舰船及十字军战士的帮助下，他发起一场大规模两栖登陆作战，从巴利阿里群岛的穆斯林统治者阿布·叶海亚（Abu Yahya）手里夺走了马略卡岛。现在，海梅一世对巴伦西亚虎视眈眈；除此之外，半岛上的其他基督教君主也不甘人后，其中包括正在南部攻城略地的卡斯蒂利亚国王斐迪南三世，他每逢作战季节必能斩获新的城镇和领土，连倭马亚王朝的旧都科尔多瓦也于 1236 年被他攻克。在同一时期，十字军的作战对象还有波斯尼亚的异端分子、法兰西的清洁派教徒、普鲁士和利沃尼亚的异教徒，以及威胁君士坦丁堡拉丁帝国的突厥人。而腓特烈二世·霍亨施陶芬，这位最适合领导抵抗蒙古人行动的西方君主，恰恰是最不愿意采取行动的，因为格列高利九世已经将他革除教籍，并且就在一年前将教皇国对抗霍亨施陶芬王朝的战争抬升为十字军运动。从某种意义来说，十字军运动作为一种由教会批准、在基督教边界内外皆可调遣军事力量的手段，在 13 世纪 30 年代已经展示了其绝对成功之处。可是，随着十字军作战对象的范围扩大，其力量也被分摊得更为稀薄，呈现出本地化和正常化的特点。事实上，1241 年以后，匈牙利、波兰及两国西面的地域之所以能从蒙古大汗和他们麾下骑兵所带来的末日般浩劫中得救，并不是因为格列高利九世发出了将游牧部落阻挡于欧洲之外的十字军号召，而是拜天气和好运所赐。1241 年，匈牙利在经历了一个干旱的夏天之后，紧接着又迎来了极度严寒和暴雨滂沱的冬天，导致大面积的饥荒，使得骑兵几乎无法通过匈牙利平原。[9] 而在收到窝阔台于 1241 年 12 月去世的消息后，蒙古军队的很多高级领导人纷纷返回帝国都城哈拉和林（Karakorum）参加选举大会。这两项因素意味着蒙古大军在 1242 年的攻势突然中止，而欧洲，凭借上帝的眷顾——而不是因天主大军在十字架下英雄主义般地集结——被拯救了。然而，这场风暴只是暂时平息，它绝对没有结束——在 13 世纪剩下的时间里，蒙古人还将与十字军东征的大业纠缠不休。

✝

在东方拉丁世界的十字军国家中，人们对蒙古人的威胁明若观火，尽管他们直到 13 世纪 40 年代还没有亲身体验过蒙古人的厉害。确切地说，耶路撒冷王国、的黎波里伯国和安条克公国的统治者所面临的问题与过去 50 年一样——阿尤布王朝。苏丹卡米勒于 1238 年去世，一年后，他与腓特烈二世·霍亨施陶芬签订的停战协议到期。在接下来的五年里，耶路撒冷王国内外的事务因而受到卡米勒的两个亲属之间长期内战的影响，这两位阿尤布王公为家族所有领土的绝对统治权争斗不已：卡米勒的儿子、埃及统治者萨利赫·阿尤布（al-Salih Ayyub），和他的弟弟、大马士革统治者萨利赫·伊斯梅尔（al-Salih Isma'il）。在 13 世纪 40 年代的大部分时间里，阿尤布王公更关心彼此之间的战斗，而不是消灭基督教国家。但两大宗教势力之间的暴力事件仍然偶有发生，基督教一方则认真地引入了外部的十字军作为回应，在教皇格列高利九世于1234年11月颁布的一道十字军教令（*Rachel suum videns*）号召下，一支由法兰西和英格兰武士组成的大军前往东方。在这支军队中最杰出的领导人是英王亨利三世的弟弟、康沃尔伯爵理查，老西蒙·德·蒙福尔之子阿莫里·德·蒙福尔，以及香槟伯爵特奥巴尔德四世，最后一位还是颇有魅力的流行歌于（trouvère）　　法国南方游吟诗人（troubadour）的北方版本。特奥巴尔德的音乐作品包括高奏凯歌的圣战歌曲，号召他的基督教同胞以圣母玛利亚的名义拿起武器，奔赴叙利亚。据传，他的床上之欢还包括法兰西王后——路易八世的妻子卡斯蒂利亚的布朗歇（Blanche）①。

　　这次由地方领主们集体发动的远征被称为"贵族十字军"（Barons' Crusade），在最大程度上利用了阿尤布王朝内部的不和：在腓特烈二世·霍亨施陶芬于1229年从卡米勒那里得到的利益基础上，通过挑拨敌对统治者之间的冲突而渔翁得利。这一策略非常成功。到了1241年，耶路撒冷王国的边界得到显著扩张，十字军国家似乎比1187年哈丁战役以来的任何时

414

---

①　又译作布兰卡，卡斯蒂利亚国王阿方索八世之三女，英格兰金雀花王朝君主亨利二世和阿基坦的埃莉诺之外孙女，1223年成为法兰西王后。1226年其夫路易八世病逝，由其子路易九世年幼继位，她遂出任法兰西王国摄政十年。法国政局不安，野心勃勃的贵族图谋反抗王室，幸赖王太后调度有方，撤换不忠诚的贵族，亲自领兵讨伐叛乱，在全国各地建立护国民兵。她于1229年签署巴黎条约（包括路易九世的弟弟阿方斯与图卢兹伯爵之女联姻，从而得到了图卢兹伯爵的大部分领地），稳定了法国南部，结束阿尔比战争，法国从此进入稳定期。法国人不仅尊称她为"仁慈的布兰卡太后"，也称她为"贤母布兰卡"。她的敌人充满恶意地将香槟伯爵特奥巴尔德四世赞誉她美丽的诗信夸大为与其通奸的证据，这些缺乏实证的指控和传闻，对她的形象造成了一定的伤害。

候都更加稳固。尽管王国缺少一位国王——腓特烈二世·霍亨施陶芬的儿子康拉德四世远在欧洲身陷自身家族与教廷的战争而鞭长莫及，而且即使来到东方也不会受到当地贵族的热情欢迎——但耶路撒冷王国看起来还算运行有序。然后，灾难便于1244 年降临了。

✝

花剌子模突厥人是因蒙古人征服而被赶出家园的诸多民族之中的一支，其帝国疆域远远延伸出大波斯地区以外，东至喀布尔（现代阿富汗），西抵高加索。花剌子模帝国在成吉思汗的骑兵狂飙中覆亡：1220 年，帝国都城撒马尔罕（Samarkand，现代乌兹别克语为 Samarqand）陷落，在听闻蒙古人将熔化的金属灌入一位不幸的花剌子模领袖的眼睛、鼻子和嘴里的消息后，这座城市的总督及其市民的集体意志被削弱了。[10] 花剌子模帝国的灭亡不仅意味着中亚最大的政治实体之一在被扩张不止的蒙古世界吞并后毁灭；大厦倾颓，大量的花剌子模武士也随之风流云散。一群群居无定所的士兵向北方和东方流浪，寻找有收入的工作，他们往往给当地带来破坏。"猛兽成群，自东土奔来"，一位基督教作家悲叹道，他又随即补充道，逃难中的花剌子模人如同"被拖拽出巢穴的恶龙"。[11] 这些恶龙首先降临在美索不达米亚北部地区；没过多久，他们又在巴勒斯坦各地燃起兵火，给十字军带来了灾难性的后果。1244 年，一支受雇于埃及苏丹萨利赫·阿尤布的花剌子模军队突然之间将毁灭性的兵锋指向十字军据守的耶路撒冷以及他们的盟友——大马士革统治者伊斯梅尔。

当年夏天，苏丹萨利赫·阿尤布正在积极备战，打算将伊斯梅尔驱逐出大马士革。为此，他在加沙集结了一支军队并且招募了一万名花剌子模骑兵。在萨利赫·阿尤布的鼓励下，花剌子模人在向南行军的路上转向当时由伊斯梅尔的法兰克盟友控制的圣城。之前担任南特主教、此时是耶路撒冷宗主教的罗贝尔以悲凉的语调记述了这群野兽到来后的行径。"那些花剌子模异教徒向几乎没有防护的耶路撒冷频频发动攻击。"他写道，此处意指数十年前在阿尤布王朝统治下被拆毁、从未得到妥善重建的城墙毫无用处。花剌子模骑兵如入无人之境，横冲直撞，使得这座城市的部分市区永远都未能重现生机。

随着花剌子模人逐渐逼近，大约 6000 名基督教平民因预料到战争风暴的来临而仓皇出逃，但几乎所有人都在犹太山被追捕并惨遭屠戮。然后，8 月 23 日——

> 花剌子模人进入了几乎空无一人的以色列城市，并在天主的圣墓前将所有在教堂里避难的基督徒开膛破肚。他们将司铎斩首……他们将亵渎之手伸向我主复活的圣墓，极尽玷污之能事。[12]

基督圣墓周围的大理石不是被砸毁便是被拾走，在髑髅地附近安葬着耶路撒冷历代十字军国王的坟墓被一一撬开，诸王的骸骨被扔到一边。其他地方备受尊崇的基督教教堂和圣殿也落得同样的下场：锡安山（Mount Sion）的隐修院、约沙法山谷的圣母玛利亚之墓和伯利恒的圣诞教堂（Church of the Nativity）全都惨遭亵渎。但是，宗主教继续写道："这群花剌子模人仍不餍足，他们恨不得占领和毁灭所有土地。"[13]

这一妄想并没有完全实现，但十字军在耶路撒冷之劫后的惨败已经足够糟糕。1244 年 10 月 4 日，一支基督教军队从阿卡出征，耶路撒冷王国的几乎所有主要贵族和军事修会都加入其中，向花剌子模人和他们的埃及雇主复仇。大马士革统治者伊斯梅尔也派兵与他们一同参战，这一事实后来遭到大马士革布道者伊本·贾兹严词诘责，他将其斥为恬不知耻，堂堂穆斯林竟然在十字架下行军，他对此深恶痛绝。[14] 10月 17 日，基督徒和大马士革的联军在加沙附近与花剌子模人和埃及军队正面对阵，战役地点位于一个被十字军称为拉佛比（La Forbie，阿拉伯语为 al-Harbiyya）的地方。根据宗主教的记载，大马士革的兵马差不多在战斗一开始的时候就被打得落荒而逃，在此之后基督徒就像"上帝的运动员和天主信仰的捍卫者"一样英勇战斗，却仍然粉身碎骨。[15] 圣殿骑士团、医院骑士团和条顿骑士团几乎所有的骑士都在战场上殒命——德意志人只有三人幸存。成千上万的骑士、步兵、主教、修道院院长和司铎或是被杀，或是被俘；当宗主教从战斗中逃出生天，返回阿卡时，他发现整座城市都处于一种"哭天抢地且痛不欲生"的状态中，"各家各户哀悼亡者"。[16] 这是十字军自哈丁战役以来最具毁灭性的军事失败，于是，即便是在十字军的资源被分摊得日益稀薄且蒙古人仍然威胁东欧的情况下，这场惨败也引发了令人熟悉的回应。1245 年夏，在第一次里昂大公会议上——这次教会集会主要关注蒙古人在东面的威胁并试图正式废黜腓特烈二世·霍亨施陶芬——新近当选的教皇英诺森四世宣布发动第七次十字军东征，以为耶路撒冷和拉佛比的亡魂报仇雪恨。这次十字军东征的领导者将是一位法兰西国王：腓力二世的孙子、以虔诚著称并且堪称圣徒的路易九世，自腓力二世·奥古斯都于 1191 年在盛怒之下离

开阿卡以来第一位领导十字军东征的法兰西国王。他将面临巨
大挑战。

✠

路易九世自 1226 年 12 岁登基以来一直是法兰西国王。他的
父亲路易八世在当年参加阿尔比十字军作战时突然死去（国内流
言四起，谣传路易八世是被他妻子的情人、流行歌手和贵族十字
军领导人香槟伯爵特奥巴尔德四世毒害）。因此，小路易在令人敬
畏的母亲布朗歇的悉心看护和政治摄政下长大，她对自己的儿子
谆谆教诲、耳提面命，培养出一个心虔志诚、慈善为怀、知书达
礼、学识渊博的王者。他对法国王权的崇高和神圣充满了雄心壮
志，希望将法兰西打造成西方最伟大的基督教王国。

路易九世在国内兴建了许多宏伟的哥特式教堂，并且乐善
好施，接济穷苦民众。他时运亨通，在经济和政治事务上有着
同样明智的判断力，同时还是一位备受尊敬的国际外交家。为
了提升他自己的地位和法兰西王室的荣耀，他于 1238 年从拉
丁帝国皇帝鲍德温二世（这位皇帝已经一贫如洗）① 的债主那
里买下世界上最精美的圣物之一——基督的荆棘冠，鲍德温二
世将其抵押给威尼斯的商人。路易九世以惊人的高价赎回了这
一堪与君士坦丁堡或其他地方的圣物相比的宝物：费用高达一
万海佩伦（hyperpyra）② 金币，或相当于 13.5 万巴黎里弗

418

---

① 鲍德温二世曾是布列讷的约翰的共治皇帝，在约翰去世后成为拉丁帝国
　唯一的皇帝。当拜占庭军队于 1261 年收复君士坦丁堡时，他被赶出了这
　座城市，也因此成了这个由第四次十字军所建立的短命十字军国家的最
　后一位在位的拉丁皇帝。——原注
② 在拜占庭科穆宁王朝统治时期发行的一种金币。

(livres）银币，等同于王室岁入的一半。然后他又投入巨资建造了圣礼拜堂（Sainte Chapelle）来专门保存这一圣物。这一慷慨举动宣传了这样一个事实：路易九世在 1244 年已成为基督教世界首屈一指的统治者，他的名声早已超过了在教廷攻讦的重压下苦苦挣扎的腓特烈二世·霍亨施陶芬。

路易九世在 1244 年 12 月领取了十字，就在拉佛比灾难发生的数周之后。这一义举的直接动因是他从一场几乎夺走他性命的痢疾中奇迹般地康复。尽管路易九世的康复是一个奇迹，但当他的母亲布朗歇发现他所做的事情时仍然大吃一惊。根据茹安维尔的约翰（John of Joinville）——他在 14 世纪初期利用自己对国王的回忆，为路易九世撰写了一部详尽而生动的传记——的记载，布朗歇"惊恐万状"，看起来"宁愿看到自己的儿子死去也不愿他去冒险"。[17]然而，一旦国王已经拿定主意要进行十字军东征，谁也无法劝阻他。

教皇英诺森四世并没有料到路易九世这么快就履行了他的十字军誓言。实际上，教皇一直在思考如何解决拉丁教会在东方的麻烦，最佳办法不仅在于动员法兰西军队，更在于说服蒙古人，毕竟他们可以担当起假想的"祭司王约翰"的责任，骑马前来拯救，而不是摧毁基督教世界。1245 年 3 月，英诺森四世派出的一位使者——方济各会修士若望·柏朗嘉宾（Giovanni of Pian di Carpini）① 在蒙古找到新一代蒙古大汗贵由（Güyüg），并向后者递交书信，教皇在信中责备鞑靼人攻击基督徒的行为，并建议他们受洗接受基督信仰，在此基础

---

① 1180~1252 年，他是第一个到达蒙古宫廷的欧洲人，在其著作《蒙古行纪》中留下了西方对蒙古帝国统治下的中亚、罗斯等地的最早记录。

上，他们就有义务帮助十字军国家对抗阿尤布王朝和突厥人。　419

　　这封信本身并非全然荒谬，蒙古征服的一个可靠特征就是征服者愿意包容甚至接受被征服者的信仰。然而，教皇在写给一位统治者时盛气凌人的语调——尤其是当这位统治者的先祖已经使大半个欧亚大陆陷入恐惧的顺从状态时——使得贵由汗大为不悦，更没能说服他投身基督事业。蒙古大汗告诫英诺森四世，更好的做法是，"汝若领袖群伦，自当亲率诸王一齐来朝……于朕帐前尽职效忠。宣谕之词如此，尔等好自为之。若汝等不奉令行事，后事谁人能晓？惟长生天知之也"。[18] 因此，担负起拯救耶路撒冷重任的是路易九世，而不是贵由汗。

✝

　　路易九世远征埃及的过程与第五次十字军东征大体相似，至少在其战略目标和不幸结局上相差无几。1248 年夏，他于专为此次十字军东征而建的艾格莫尔特港（Aigues-Mortes）登船启航，舰队水手一边高唱古老的赞美诗《求造物主圣神降临》，一边将马匹运输船的舱门密封，神圣的法兰西王家军旗——金色火焰军旗在他的旗舰"蒙茹瓦"号（Montjoie）①上猎猎飘扬。在离开法兰西后，路易九世先行前往塞浦路斯的尼科西亚（Nicosia），在那里对东方的局势进行审度。一到岛上，各个方向都争相请求他提供援助：在叙利亚海岸，西顿刚刚在最近被阿尤布王公占领；在君士坦丁堡，鲍德温二世对这座城市的统治摇摇欲坠；在安条克，博希蒙德五世发现他的领

---

　　① 意为"欣悦之丘"，名称来自赴耶路撒冷朝圣者接近圣城时看到的第一处景物。

土受到蒙古人的直接威胁，他的邻居亚美尼亚国王赫托姆
（Hethum）一世和小亚细亚的塞尔柱突厥人也饱受惊吓。在所
420　有这些争夺资源的诉求之中，路易九世选择将他的精力集中在
尼罗河三角洲，那里仍然被认为是阿尤布政权跳动的心脏。因
此，在塞浦路斯过冬之后，他和他的军队（兵员至少两万人）
在晚春向南航行，并于 6 月 5 日星期六在达米埃塔进行了两栖
登陆。国王的管家约翰·萨拉赞（John Sarrasin）从达米埃塔
给家里写了一封生动的信，描述了法兰西军队到达埃及时的场
景。他在信中回忆，骑士们是如此急于同敌军交战，以至于他
们身着盔甲跳进海里，蹚着漫到腋窝处的水面，冒着密集的箭
雨一路杀到岸上："一项危险而艰巨的任务，非莫大勇气不能
完成。"萨拉赞说道，甚至路易九世本人都在齐腰深的水里与
守军搏杀，"这些穆斯林狂暴地攻击我们的战士，看起来肯定
要将他们撕成碎片"。[19]

　　开端大吉之后，此次征战接下来的进展也很顺利。与
1218 年的情况不同，路易九世的军队并没有在达米埃塔城外
坐等了一年之久（或更长的时间）才叩开城门，而是在周末
结束之前就攻入城内，因为达米埃塔的守军决定，他们宁愿重
演历史教训，也不愿饿死，于是把整个防区都让给了十字军，
按照由来已久的传统方式沿尼罗河向上游撤退。于是，十字军
战士们就这样轻松入城，萨拉赞写下了他们遇到的奇怪景象，
包括邂逅了"54 个基督徒奴隶，他们在那里待了 22 年之久"。
在重获自由的欢喜之余，他们告诉法兰西人"撒拉森人已经
逃走了……彼此告诉对方猪已经来了"。[20]根据一位穆斯林编年
史家马克里齐（al-Makrisi）的记载，苏丹萨利赫·阿尤布在
得知守军不战而逃之后勃然大怒，下令将 50 名士兵吊死作为

惩戒。[21]但萨拉赞注意到尼罗河即将进入洪汛期，对于法兰西人来说，这就意味着他们一时之间无法进一步扩大战果。路易九世卓有成效地利用了这段时间，将清真寺改造成教堂，着重加固了城墙，并等待水势退去。他的军队在城墙外挖掘壕沟，安排岗哨昼夜警卫，以抵御贝都因人的袭扰。这些偷袭基督徒的贝都因人砍下受害者头颅，以十个拜占特的价格卖给开罗的苏丹。

421

　　十字军最终于 11 月 20 日从达米埃塔出征，向开罗进军，而且几乎是立刻就得到了更令人兴奋的消息。苏丹萨利赫·阿尤布于 11 月 22 日在饱受多年顽疾——根据马克里齐的记载，是"一种瘘管和肺部的溃疡"[22]——的折磨后驾崩。他的儿子图兰沙（Turan-Shah）此前是贾兹拉一小块领地的总督，此时继位成为新的苏丹，但是要过三个月后才能来到埃及，而当他到达时，他在阿尤布世界和开罗宫廷里的权威都要低于在他之前的任何苏丹。图兰沙不在埃及的这段时间里，萨利赫·阿尤布的突厥妻子——苏丹后舍哲尔·杜尔（Shajar al-Durr）①一心想要垂帘听政，实际上她成了这个王朝的第一位女性统治者。与她一起密谋的是老苏丹的马穆鲁克（奴隶士兵）卫队中的一个派系，被称为巴赫利亚军团（al-Bahriyya）——由于他们驻防在开罗对面的尼罗河中一个岛屿上而得名，他们开始设想通过全面的军事政变来控制埃及。在敌人内外骚动且各类事件形同一团乱麻之际，路易九世认定无论过去十字军的经验教训如何都已无关紧要，在与他的三个弟弟——阿图瓦伯爵罗贝尔、普瓦捷伯爵阿方斯（Alphonse）和安茹伯爵查理——商

---

　　①　在阿拉伯语中意为"珍珠小枝"。

议之后，他下令十字军全军水陆并进，一路杀向尼罗河在曼苏拉的大分叉口。

在艰辛而迟缓的行军期间，一场强劲的逆风使得十字军补给船只几乎无法在河面上航行，给他们造成了很大阻碍，之后法兰西军队于 12 月初在曼苏拉的对面扎营，并开始一场围攻战。然而，曾经是一座军营的曼苏拉现在却是一个固若金汤的城镇；即使没有尼罗河泛滥，攻下这座城镇也不容易。与达米埃塔的情形不同，这里的守军没有不战而逃的想法。法兰西人也没能在后方建立安全的补给线，尽管路易的军事计划通常都

422 很周密。一场旷日持久且令人难以忍受的战役就此拉开序幕，双方以弩炮隔河互相轰炸，都曾试图在河上架桥奇袭敌营而未见成效，间谍们也在黑暗中斗智斗勇。在这场情报战中，一名勇敢的埃及游泳者在水面上头顶一个挖空的西瓜来伪装自己，成功地渡河并完成了刺探十字军营地的任务。他绑架了一名基督徒士兵，并把他拖回曼苏拉受审。[23] 流行病在十字军营地肆虐，因为双方都不约而同地把尸体扔进了入侵者捕鱼取食的水域。"全军都被一种骇人的疾病感染，我们腿部的血肉干枯得只剩骨头"，茹安维尔的约翰回忆道，并且补充道第二种症状是"由于以河鱼为食，口腔溃疡，牙龈腐烂并发出恶臭的口气。很少有人能逃过死神的这种攻击方式"。[24] 路易九世本人也饱受复发的痢疾折磨，这种恶病几乎让他在 1244 年丧命，痛苦如此之深，他被迫在内衣上剪了一个洞，以适应不可阻挡的排泄物。

法国人于 2 月 8 日看见了胜利的曙光，他们最终发现了一处可以渡河的浅滩，十字军骑兵奇袭了埃及军队营地的侧翼。但在最初阶段取得小胜之后，他们被穆斯林逐回并且损失了数

十人马，其中就包括国王的弟弟阿图瓦伯爵罗贝尔。在此之后，十字军便再没有取得任何胜利。图兰沙从叙利亚带来了援军。埃及军队对尼罗河下游的封锁切断了从达米埃塔向十字军营地输送的食物补给。肆虐的疾病、不断减少的物资供应，以及令人沮丧的军事僵局，这种局面一直持续到了复活节，国王准备认栽了。

4月5日，十字军沿尼罗河下游方向开始了一场秩序混乱的撤退，随着军队纪律荡然无存，撤退很快演变成了溃败，苏丹的部队和巴赫利亚军团的精锐一路上对他们穷追不舍，不留活口，除了最高级（最值钱）的俘虏以外。4月6日，已经虚弱到几乎无法站立的路易九世被迫向追兵投降，并且乞求停战，无论苏丹提出什么条件都可以满足。法兰西君主和其他人的赎金总价，包括他的弟弟安茹伯爵查理和贵族作家茹安维尔的约翰在内，被敲定为80万拜占特：这是一笔真正的国王的赎金，而第一笔款项只能请求路易军队中的圣殿骑士帮忙才能支付，后者被说服打开他们设在尼罗河三角洲上一支桨帆船里的财库，挪用他们为其他十字军部队存放在保险箱里的私家资金。他们愿意这样做表明形势已经何其严峻，以及这次十字军东征即将彻底失败。按照释放路易九世的协议条款规定，达米埃塔再次被让与穆斯林，而这一回这座城市仅仅在十字军手里保留了11个月。

到了5月6日，达米埃塔已经被交还给埃及的阿尤布政权，路易九世也被释放。他不久后便乘船前往阿卡，在圣地一直驻留至1254年，他在那里投入了大量时间和更多的资金来修整耶路撒冷王国余下最重要城市的防御设施，对阿卡和凯撒里亚的城墙更是大力修茸。然而，在推进甚至影响十字军国家的事业方面，他所能做的仅此而已。路易九世作为一个矢志投身圣战、即便自己的王国和生命蒙受风险也在所不惜的国王已经名扬天下，然而，在世人眼中，当十字军于达米埃塔再度折戟沉沙之后，西方的法兰克人在东地中海世界的地位越来越无足轻重，现在在那里叱咤风云的是蒙古人以及即将崭露头角的马穆鲁克巴赫利亚军团，正是这群奴隶士兵在尼罗河上摧毁了法兰西军队。

✝

就在路易九世支付了自己的赎金、从埃及牢笼中重获自由的四天之前，巴赫利亚军团的士兵谋杀了苏丹图兰沙。他们的动机仅仅出于自我保护：图兰沙从叙利亚带来了自己的马穆鲁克卫队，他们威胁要将巴赫利亚军团赶出自己的都城。但不管驱使他们的动机如何，他们确保苏丹的死法之残忍足以骇人听闻。刺客们先是试图用希腊火将苏丹活活烧死在自己的帐篷里，然后又用刀剑将他砍倒，挖出他的心脏并将他残缺不全的尸身扔进了河里。就这样，阿尤布王朝在享国80年、历经八代统治者后寿终正寝。唯一的问题是谁将取而代之。

在图兰沙的母亲、苏丹后舍哲尔·杜尔摄政的数月里，各方势力剑拔弩张、明争暗斗，巴赫利亚军团的一名高级指挥官艾伊贝克·图尔克马尼（Aybeg al-Turkmani）最终掌控了权力；为了稳固他在宫廷中的权力，他与舍哲尔·杜尔结婚。因此，在艾伊贝克和他的继承者的统治下，一个马穆鲁克苏丹国迅速建立起来，这个长久以来地位仅限于侍卫和突击队的奴隶士兵团体，强迫埃及和其他地区接受自己成为主导力量。当路易九世于1254年离开圣地时，马穆鲁克已经在开罗站稳脚跟并开始寻求进一步征服叙利亚。

在马穆鲁克军队中，一位出身钦察突厥人家庭的年轻武士追随前辈的脚步逐级晋升，他肤色白皙，一只眼睛中有一道明显的乳白色白翳，当他崛起为圣地十字军的致命天敌以及导致他们最终灭亡的总设计师时，这一特征将变得臭名昭著。他的名字就是鲁克丁·拜巴尔（Rukn al Din Baybars），他的支持者称他为"埃及狮王"；即便是他的诋毁者也知道他是一个"坚强且勇敢"的人，"对基督徒造成了巨大的伤害"。[25]而一位威望素著的蒙古汗王则对拜巴尔持怀疑态度，将其统领的军队称为"巴比伦狗盗鼠窃之辈"。[26]虽然表面上看这是一种侮辱，实则印证拜巴尔名下无虚：当蒙古大军开始染指近东的土地时，以拜巴尔为其中一员的马穆鲁克成功地击退了他们。

终其一生，拜巴尔将成就赞吉、努尔丁和萨拉丁合力都无法完成的功业，并永久地摧毁了叙利亚和巴勒斯坦的法兰克国家。他的权力崛起之路恰恰是由路易九世领导的一支基督教军队所铺就。而第七次十字军东征的原本目的是将耶路撒冷一劳永逸地交还给正义之人的手中，这是十字军国家在其衰败不堪的最后阶段中最具讽刺意味的一幕。

第二十五章　地狱宿敌

他们在圣战中

所向披靡……

　　1260 年夏，四名蒙古特使抵达开罗，他们此行携其主人旭烈兀（Hülagü）的命令函而来。旭烈兀五短身材，鼻头扁平，嗓音出了名地洪亮，他是蒙古大汗蒙哥（Mongkë）的弟弟，也是波斯和西亚征讨军的指挥官。他命使者携带的信件，虽然是用阿拉伯语写就，并以《古兰经》引文粉饰，却带有蒙古式最高层交流中典型的不容妥协的帝国风格。[1] 这些信件是写给埃及的马穆鲁克苏丹忽都斯（Qutuz）的，蒙古汗王在信中嘲笑他是个懦夫，并且威胁他，如果不识时务立刻屈膝投降的话，就只有死路一条。

　　旭烈兀写道：

　　　　你已经听说我们是如何征服了一个幅员辽阔的帝国，且将那些土地上丛生的乱象涤荡一空的。吾军军威恐怖，让你无路可逃。你能逃往何处？何路堪使，助你窜逃？吾军战马轻灵迅捷，吾军弓箭无坚不摧，吾军刀剑快如雷电破空，吾军心志坚如巍峨群山，吾军士兵多如漫天黄沙。 兵戈难敌，城堡无阻，纵使祷告真主，又能奈吾军如何。泪水打动不了我们，哀歌也感染不了我们。只有摇尾乞怜，才能饶你性命。

他告诉忽都斯，如不及时恭顺屈从，埃及将会沦陷，如同其他地区一样。"我们将会把你们的清真寺夷为平地，并将你们真主的赢弱不堪公之于世，然后我们将会杀光你们的男女老少。"旭烈兀警告道。[2]胆敢抵抗的话，整个埃及就会"大祸临头"。

有足够的证据表明，旭烈兀并不是在开玩笑，因为蒙古帝国在西亚的征服步伐看起来并没有放缓。1225 年，蒙古大军蹂躏安纳托利亚，粉碎了塞尔柱罗姆苏丹国最后残余的抵抗，他们已经与后者相互攻伐逾 15 年之久。1256 年 12 月，旭烈兀的兵马攻占阿拉穆特堡（Alamut）①，这座山顶要塞曾是恣意暗杀的什叶派阿萨辛组织在波斯的总部。然后在 1258 年，巴格达，这个逊尼派世界长久以来的宗教之都传出了举世震惊的消息。蒙古骑兵在 1 月兵临城下，大举围城，在不到 12 天的时间内就攻陷了这座城市，并在随后的洗劫中造成了不可弥补的损失：焚烧古建筑，亵渎清真寺，毁坏医院，掳掠被称为"智慧之屋"的伟大图书馆（馆内收藏着当时世界上数量最多、最精致考究的书籍）。成千上万堪称无价之宝的书册和手稿被投入底格里斯河中，以致据说河水油墨尽染、黑浪滔滔。巴格达的罹难总人数至少达到了十万人，其中包括阿拔斯王朝的哈里发本人：穆斯台绥木（Al-Musta'sim）被裹在一块地毯里，然后被乱马践踏而死，据说蒙古人这样做是为了不让地面

① 在波斯语中意为"鹰的巢穴"，位于今伊朗吉兰省内，在厄尔布尔士山脉的 3000 米高峰之上，距离德黑兰约 100 千米。

沾上他的皇室血迹。对他的无情处决标志着统领逊尼派世界长
429 达 500 多年的阿拔斯哈里发王朝就此灭亡。① 而巴格达，在编
年史家伊本·卡希尔（Ibn Kathir）的笔下，"这座世上曾经最
文明的城市，现在变成了一片废墟，只剩下为数不多的居民，
他们生活在恐惧、饥饿、贫穷和卑微之中"。³

在伊拉克大显神威之后，旭烈兀被部下尊为"伊儿可汗"
（Ilkhan），而他的辖地便顺理成章地被称为"伊儿汗国"
（Ilkhanate），他麾下的蒙古大军继续向叙利亚进发。② 1259
年，旭烈兀的大将怯的不花（Kitbugha）将兵锋指向阿尤布王
公统治下的阿勒颇、大马士革和贾兹拉诸邦国。怯的不花以武
力攻取阿勒颇，在此之后，哈马、霍姆斯和大马士革的统治者
便温顺地臣服于蒙古人的宗主权统治之下。对于该地区的十字
军国家，蒙古人则置之不理，只是对西顿进行一次突袭，摧毁
其城墙并俘虏了 300 人。尽管如此，安条克公国和的黎波里伯
国的基督教君主博希蒙德六世，和他的岳父亚美尼亚国王赫托
姆一世还是决定，小心驶得万年船，他们向蒙古人进贡和效忠
以换取和平的保证，从而避免被夷灭的风险。叙利亚似乎就将
这样悄声无息地落入蒙古人之手。心满意足的旭烈兀将注意力
转向他处，他率领麾下的主力部队向东前往阿塞拜疆，驻扎在
距离蒙古帝国都城较近的地方，当蒙哥汗于 1259 年去世后那
里正酝酿着一场继承危机。他没有充分的理由认为埃及苏丹忽

---

① 穆斯台绥木的叔叔穆斯坦绥尔二世（al-Mustansir Ⅱ）于 1261 年在开罗重
建了一个逊尼派哈里发王朝，很大程度上这是一个傀儡政权，由马穆鲁
克苏丹控制。——原注

② 在蒙古大汗蒙哥于 1259 年去世后，蒙古帝国逐渐分裂，伊儿汗国成了一个
独立的实体——虽然该汗国直到 1295 年才皈依了伊斯兰教。——原注

都斯将足够强大或愚蠢到拒绝他的要求。怯的不花和他的1.2万名骑兵仍然活跃在叙利亚，随时准备对任何胆敢露出反抗目光的对手发起打击。旭烈兀认为这已经足够了。

　　然而，在1260年夏，反抗正是忽都斯选择的道路，这在很大程度上要归功于拜巴尔的影响，这位眼中带有白翳的马穆鲁克战士是巴赫利亚精锐部队的领袖，在苏丹左右是主战派的代表。忽都斯与拜巴尔并不是天生一对的盟友。在马穆鲁克王朝统治埃及的第一个十年里，他们各自的派系在丑陋而暴力的政治角力中发生了激烈冲突。事实上，拜巴尔和巴赫利亚军团是在叙利亚度过了数年愤愤不平的流亡生活后，于最近才返回开罗的。尽管如此，当伊斯兰教政权在东部地中海的未来处于危难之际，拜巴尔与忽都斯讲和并且说服苏丹以刚克刚才是正道。于是，当蒙古使节们在1260年夏向苏丹递交旭烈兀以专横语气写就的末日威胁信函时，忽都斯以一个他认为伊儿可汗会理解的举动作为回应。他将旭烈兀的四位使臣投入大狱，然后公开处以腰斩并将其枭首。他们被砍下的头颅悬挂在开罗的祖韦拉城门（Zuwayla，阿拉伯语为Bab Zuwayla）①——此处一般是用来存放普通罪犯遗骸之地——上慢慢腐烂。旭烈兀曾认定忽都斯不过是一个"在吾军刀剑下窜逃的马穆鲁克之

430

---

　　①　与纳斯尔门（Bab al-Nasr）和福吐赫门（Bab al-Futuh）并列开罗三大城门，都是于11世纪由来自埃德萨的三位亚美尼亚基督徒建筑师设计。纳斯尔门的城楼呈方形，具有拜占庭建筑特色，装饰着许多剑、盾，寓意在于用武力抵御外敌袭击。福吐赫门的城楼呈半圆形，城门上的内拱角设计是波斯和美索不达米亚建筑文化的表现。祖韦拉门以北非的祖韦拉部落而命名，内壁采用北非常见的裂拱装饰；依照拜占庭建筑艺术，城楼之间由人字形楼顶相连接，城门下则依据东方建筑的古老传统修建有小货亭。

流"，然而在拜巴尔的催促下，苏丹已经公开表明自己准备好面对蒙古人的刀剑并试试自己的运气。

✝

十字军国家的领袖们对蒙古人和马穆鲁克人之间的军事决战拭目以待，对他们而言，这将是一个大有希望的转机。按照安条克亲王博希蒙德六世的推算，领土不断缩减的拉丁国家独力对抗旭烈兀的大军毫无胜算。教廷使节兼伯利恒主教托马斯·阿格尼（Thomas Agni）在 1260 年春从阿卡寄回教廷的信中写道，"鞑靼人"逼近拉丁国家的事实让当地大多数居民"一想到上帝雷鸣般的审判就吓得魂不附体"。[4]当有迹象表明蒙古军队正向阿卡前进时，惊慌失措的市民们在城市四周的果园里乱砍滥伐并将墓碑推倒以加固城墙。当怯的不花蹂躏大马士革时，管理耶路撒冷王国的贵族们和军事修会向蒙古大军提供补给，以便阻止他朝他们的方向进军。[5]但是这种绥靖策略并非长久之计。拉丁人算计到，如果马穆鲁克与蒙古人能够集中力量对决的话，十字军国家将会获益颇多。

因此，当忽都斯于 1260 年 7 月下旬率军从埃及出征、寻找蒙古人决战时，阿卡的基督教领袖们采取了一种故作姿态的中立政策。他们允许一支大约 1.2 万人的马穆鲁克军队在基督徒统治的领土上自由通行，这支军队还得到了由叙利亚逃往埃及以避开蒙古大军兵锋的阿尤布军队的支援。当他们经过阿卡时，市民们甚至向其提供补给物资。[6]不过他们还没有过分到提供军事援助、让法兰克部队在苏丹的旗帜下战斗的地步。但他们仍然默默地祈祷马穆鲁克能够取胜。

这种对埃及军队的机会主义支持在9月3日得到了丰厚的回报，忽都斯与拜巴尔的部队在当日与怯的不花的蒙古骑兵迎面相撞，后者得到了一群乌合之众的支持——由格鲁吉亚人、亚美尼亚人和两位阿尤布小王公的仆从军组成。战场位于一片名为阿音扎鲁特［'Ayn Jalut，意为歌利亚之泉（Springs of Goliath）］的绿洲附近的平原上，距离拿撒勒不远。两军在人数上大抵相当，但马穆鲁克的手中握有一张王牌：蹑足于怯的不花军队行伍之间的叙利亚间谍告知苏丹，如果他全力猛攻的话，届时就可以倚靠蒙古一方的两位阿尤布王公逃离战场的机遇，得到主动权。

当战斗打响后，战势的发展恰如以上情报所述。正如间谍向忽都斯与拜巴尔承诺的那样，与蒙古军队一同参战的阿尤布军队抛弃自己的主子临阵脱逃，使马穆鲁克军队得以包抄蒙古人。忽都斯英勇作战，将自己的头盔抛掷于地以便他的士兵能够看到他本人，并且大呼："啊，伊斯兰！啊，安拉！请相助 432
您的仆人打败蒙古人吧！"[7]安拉回应了他的请求。当战斗进行到最激烈的时候，怯的不花被砍倒，他的首级作为战利品被带走。

失去领袖的蒙古军顷刻瓦解，为了保全自己的性命夺路狂奔。在他们身后，拜巴尔率领巴赫利亚军团连续几天追亡逐北，将他们捉到的所有人都碎尸万段并放火烧田，将躲藏于芦苇之中的逃亡者活活烧死。当万事已毕，蒙古军阵亡者达1500人，这支被委以重任、以旭烈兀名义统治叙利亚的军队已经随风而散。大马士革和阿勒颇的蒙古总督都被轻松逐走。曾与旭烈兀合作的穆斯林官员皆遭处决。看起来，蒙古人最终棋逢对手。"撒拉森人突击的势头如此之猛烈，以至于鞑靼人无法抵挡。"以"提尔之圣殿骑士"（Templar of Tyre）留名于世的法兰克作者如此写道。[8]在所有势力中，偏偏是马穆鲁克拯救了法兰克人。但很快，十字军的救兵就变成其最大的恐慌来源。

忽都斯与拜巴尔缔结的联盟在 1260 年夏被事实证明是对抗蒙古人的威胁行之有效的工具。但这只是一种基于需要而非感情的伙伴关系。[9]而且还没等马穆鲁克军队离开叙利亚，他们的关系就破裂了。在他们从阿音扎鲁特返回埃及的路上，途经西奈半岛北部时，忽都斯和一群埃米尔决定从行军的主要路线改道去猎取野兔——这是忽都斯最喜爱的消遣之一。当他们与大军保持了一段安全距离时，拜巴尔亲吻了苏丹的手———一个预先安排好的信号，其他埃米尔开始用佩剑攻击忽都斯。这场政变既无情又高效。忽都斯颈部遇创，躯干受刺，最后死于一支利箭。拜巴尔搜刮苏丹的尸体，找到了他的皇家印玺，然后返回军营接受众人的欢呼并成为新的统帅。10 月 22 日，大军返回开罗，拜巴尔赫然位于入城队列之首。他接管了城中的卫城城堡，并自立为苏丹，宣称他是刚刚被他杀害的那个人的合法继承人。

根据拜巴尔的侍从兼个人秘书伊本·阿布德·查希尔（Ibn 'Abd al-Zahir）的记载，开罗的人民热烈欢迎他们的新苏丹："臣民们欢欣鼓舞，因为真主将他们的事务托付给一位将承担圣战责任的人，他将以仁慈和公正统领他们。"[10]这是一个弥天大谎。实际上，想到一个巴赫利亚军团出身的奴隶士兵可能会是一位暴君，人们普遍震怖不已，只是当拜巴尔承诺立即减税后，这种情绪才有所缓解。他花了好几个月的时间才稳定了开罗的局势，巩固他作为埃及苏丹的地位，并将叙利亚变成一个抵御蒙古人的立足点。然而，一旦当他做到这些时，就将给十字军国家的未来带来深远而痛苦的后果。

✝

　　截至 13 世纪 60 年代，法兰克人在东方的领地处于岌岌可危的境地。他们的领土已经缩减到一个不超过 10 英里（16 千米）宽的沿海走廊地带，位于南部的雅法和北部安条克的圣西梅翁港之间。边境的守卫工作几乎完全依赖于各大军事修会以及他们延伸到各地的要塞，诸如蒙福尔城堡、朝圣者城堡和骑士堡等。耶路撒冷王国此时在实际上已成为一个以阿卡为中心的王国，已经连续 30 年没有一个常驻的成人国王了。1260年，这个王国理论上的君主是腓特烈二世·霍亨施陶芬的八岁孙子康拉德（在理论上被称为耶路撒冷国王康拉德三世，更广为人知的名字是康拉丁），但他将永远不会来到圣地。摄政权落到了塞浦路斯的拉丁国王手里，而这并不是一个令人满意的局面。有时，这种制度简直是荒唐透顶，例如在 1258 年至1261 年，担任王室执政官（或摄政王）的塞浦路斯国王于格二世是一个比康拉丁年纪还小的男孩。当时，执掌权力的是于格二世的母亲，即王太后普莱桑斯（Plaisance），但她很快就与一位富有的武士兼法官、出身伊贝林家族的雅法领主约翰产生了一段风流韵事，后者为了她抛妻弃子也在所不惜，这种出格行为令王国上下为之蒙羞。

　　受这种长期统治危机的影响，拉丁人领土上的政体与其说是一个封建王国，更像是一个由自私自利的贵族管理的小城邦组成的联合体。由王室执政官与贵族议会协商组建的治理体系名为最高法院（haute cour），其职能根本无法取代 12 世纪时在鲍德温二世或阿马尔里克一世治下的全盛时期指导政府事务的国王之手（首相）。严重的政治分歧不可避免地出现，并在1256年演变成一场全面内战，这场冲突被称为"圣萨巴斯战争"（War of St Sabas）。在热那亚和威尼斯的商人群体之间关于阿卡城内土地所有权的纠纷升级为武装冲突之后，十字军国家的贵族、军事修会和首要的商人团体分裂成互相敌对的阵营。结果，威尼斯、比萨和热那亚的舰队之间爆发了激烈的海战，阿卡和提尔的街头也发生了巷战。热那亚人与威尼斯人兵戎相见，圣殿骑士团也与医院骑士团针锋相对，在王国的主要城市内，敌对派系都部署了巨大的攻城弩炮，对"双方都造成了巨大的损害，并且击毁了大量房屋"。[11]

在一片混乱和不幸之中，拜巴尔乘虚而入。在夺权成为苏丹后的次年夏天，他已自信巩固了自己在埃及的地位，因而将目光投向更远的地方，从安条克亲王博希蒙德六世开始下手，他从来没有忘记后者在阿音扎鲁特战役前与蒙古人结盟的冒失之举。1261年至1262年，一支马穆鲁克军队进入叙利亚执行威慑任务，在危险距离内耀武扬威地经过安条克城，然后扑向圣西梅翁港，根据拜巴尔的秘书伊本·阿布德·查希尔的记载，他们"奇袭港口，纵火烧毁那里的船只……在占领该港后劫杀敌人并活捉俘虏。他们在圣战中所向披靡"。[12]与此同时，拜巴尔向君士坦丁堡派出使臣，与那里的新皇帝米哈伊尔八世·帕列奥罗格（Michael VIII Palaiologos）缔结了一份新的商业协定和互不侵犯条约，这位拜占庭皇帝刚刚于1261年7月将最后一个在位的拉丁皇帝鲍德温二世逐出这座城市，重新建立起拜占庭人对这座古都的统治。因此，尽管博希蒙德六世在1261年仍然是理论上的统治者，但拜巴尔已经夺走了他的主要贸易港口，并采取措施切断了他与复兴的希腊帝国的联系。更糟糕的事还将接踵而来。

在安条克的南面，拜巴尔继承了埃及阿尤布王朝与耶路撒冷王国之间的一份长期停火协定。当这一协定于 1265 年到期时，他并不打算将其延长。旭烈兀已与包括教廷和十字军元勋路易九世在内的西方统治者进行了严肃认真的外交通信。1262年，旭烈兀给路易九世写信，长篇大论地贬损马穆鲁克，并且暗示一旦他腾出手来，就会重返叙利亚将其击溃。[13]伊儿汗国的蒙古人与全面动员的西方十字军联手向埃及和叙利亚发动进攻，是唯一能够真正吓到马穆鲁克的想法。因此，拜巴尔决定在可行的情况下尽快击败这个潜在的联盟中较弱的一方，令其出局，他在 1263 年表明了自己的意图：摧毁拿撒勒的圣母大教堂［天使报喜（Annunciation）① 的原址］，并动用其军队威胁阿卡的城墙。虽然他目前所能做的只有这些，但他正在为有朝一日能再图大举而紧锣密鼓地准备着。

在他的统治区域内，拜巴尔努力将自己打造成一个高尚且仁慈的穆斯林领袖，时刻不忘圣战还包括和平建设方面的工作：兴建图书馆、学校、医院和清真寺，改革法院，资助科学家，改善灌溉系统、海岸防御工事和基础设施，修复诸如耶路撒冷圆顶清真寺这样的标志性建筑，并下令开发一种新的邮政系统（barid），将开罗与大马士革之间的通信时间缩短到仅有四天。[14]1261 年，他恢复了逊尼派阿拔斯哈里发王朝的传承，在开罗举办光鲜的仪式，重立一位新的哈里发。新哈里发原是一个具有阿拔斯血统的小贵族，作为一个有用的傀儡绰绰有

436

---

① 在基督教典籍中指大天使加百列奉告圣母玛利亚她将诞下圣子耶稣一事。

余，他在开罗处于马穆鲁克的看守之下，徒具皇家威风而庸弱无能。然而，在国土之外，拜巴尔的首要形象俨然是一位以武立国的军事领袖。从 1261 年起，他建设了一支强大无比且装备精良的远征军，具备了在境外实施远程攻坚的能力，无论是针对蒙古人、阿尤布王公还是法兰克人。1265 年，当埃及与耶路撒冷王国的停战协议到期后，马穆鲁克苏丹已经准备好动用这支军队了。

✝

拜巴尔首先从巴勒斯坦南部向法兰克人发难，他从加沙向北行军绕过雅法，于 1265 年 2 月下旬进抵凯撒里亚城下。2 月 26 日至 27 日夜间，他的军队包围了这座城市，该城市民显然被他打了一个措手不及。城墙上的守军肝胆俱裂，立刻遁入凯撒里亚的卫城城堡，希望路易九世在 13 世纪 50 年代花费重金加固的巨型花岗岩防御工事和海墙能拒阻拜巴尔足够长的时间，拖到他失去攻城的兴趣。这种希望注定将会落空。马穆鲁克的弩炮对城堡狂轰滥炸，拜巴尔本人则爬到城内一座教堂塔楼的顶部，拈弓搭箭，随时准备射向任何冒头的守军。[15] 同时，他派出轻骑兵向乡间散开，拦截可能会来救援的基督教军队——尽管他们发现没有任何人可阻截。固守待援并不在法兰克人的选择之内，他们唯一可行的策略就是撤退。3 月 5 日，在被围困不到一周后，守军蜂拥挤上救援船只并从海路逃到阿卡。他们任凭这座城市自生自灭。对于拜巴尔来说，这一切都简单得令人惊诧。

在凯撒里亚投降后，拜巴尔命令他的士兵将城市和卫城城堡夷为平地。与 12 世纪 80 年代的萨拉丁的想法不同，拜巴尔

并不打算攻占法兰克人的城市后将其并入伊斯兰世界。自 12
世纪法蒂玛帝国崩溃以来，法兰克人拥有的最大军事优势就是
在地中海沿岸首屈一指的海军实力和他们星罗棋布的港口，因
此每年春天都有新的十字军战士从西方远航而来。[16]在摧毁凯
撒里亚一事上，拜巴尔表明他已经汲取了历史教训。他不仅意
图夺取十字军控制的城市，更想彻底消除十字军东征的可
能性。

　　凯撒里亚陷落后，邻近的海法也以几乎同样的方式投降。
两周后，拜巴尔的大军出现在圣殿骑士团的巨型要塞朝圣者城
堡的城外。此时若想攻占这座城堡是不可能的；但是，为了彰
显他对圣殿骑士团声望的不屑一顾，拜巴尔拆除了建在要塞城
墙外的房屋和其他建筑物。然后他又反身向后，朝雅法的方向
回师，并于 3 月 21 日兵临阿苏夫。此地由医院骑士团据守，
面对弩炮的轰击他们坚决抵抗，多次设法烧毁拜巴尔的攻城武
器。但他们无法将自己的胜利维持多久。到了 4 月末，攻城战
已告结束，医院骑士团的守军被押往埃及的监狱。然后，与凯
撒里亚和海法的遭遇一样，阿苏夫化为一堆碎石瓦砾。至 5 月
下旬，苏丹已经回到开罗。在不到六个月的时间里，他已经彻
底摧毁了阿卡以南三座最重要的法兰克城市。对他更为有利的
是，东方的蒙古势力在旭烈兀汗于 2 月驾崩后暂时陷入一片混
乱，而且波斯的伊儿汗国与黑海以北疆域广阔的蒙古汗国
（即金帐汗国）之间敌意渐长。因此，马穆鲁克在一段时间内
可以自由行动。

　　1265 年至 1271 年，拜巴尔几乎年年对十字军国家兴兵作
战，每次的战果都同样辉煌。1266 年晚春，他和手下的埃米
尔兵分数路，使阿苏夫的废墟到北面的加利利海之间的乡间地

区人心惶惶，他们对博希蒙德六世在的黎波里伯国的领地进行了重点关照，然后合兵一处，对位于阿卡与提尔之间的采法特（Safad）城堡发起大规模的全面进攻。这是一处重重设防的圣殿骑士团据点，被苏丹认为是"哽在伊斯兰喉咙里的一个肿块"。[17]当采法特城堡在历经六周的恶战后投降时，拜巴尔同意向 1500 名守军提供安全通行的便利。但是，当他们开始列队走出城堡时，他又改变了主意，在附近的一个山头上处决了所有俘虏，只留两人。由于不具备任何海军功能，采法特城堡被保留下来，由马穆鲁克部队重新驻守。

此时，十字军的苦难年复一年地堆积起来。1267 年夏，拜巴尔——从马上摔下时足部受伤，走起路来一瘸一拐，却比从前更加危险——烧毁了阿卡周边丰收的庄稼并砍倒了果园的树木，使得该城的居民只能依靠少量的食物配给度过了这个冬天。1268 年 3 月 8 日，他派兵进攻雅法，迫使该城在几个小时内就俯首就范，守军则一如既往地乘船逃跑。雅法的防御工事被拆除，原材料被运到开罗，用于虔诚的建筑项目，为穆斯林信徒造福。"他抢走了圣乔治的头颅并烧掉了圣克里斯蒂娜的遗体。"提尔之圣殿骑士抱怨道。[18]4 月，在他的督战下，博福特（Beaufort，由圣殿骑士团把守）围攻战以胜利告终。然后他挥军向北，再次惩罚安条克公国和的黎波里伯国的统治者博希蒙德六世。

1098 年，第一次十字军东征军用了七个半月的时间才将安条克从其塞尔柱总督亚吉·西延的手里夺下来；170 年后，拜巴尔仅用了两天就攻克了这座城市。5 月 18 日，苏丹的士兵用云梯登上城墙，而另一些士兵则封锁城门，阻止任何人逃出大屠杀。提尔之圣殿骑士写道，1.7 万人被杀，十万人沦为俘虏。随着叙利亚奴隶市场的价格崩盘，安条克被付之一炬：卫城城堡被点燃，大火吞噬了大部分市区。[19]就在火焰熊熊燃烧的时候，拜巴尔给博希蒙德六世寄去了一封扬扬自得的信，后者在围城时并不在城内。苏丹嘲笑他失去自称为"亲王"的权利，然后描述了降临在安条克的严酷惩罚。如果博希蒙德六世当时在场保卫自己的人民的话，拜巴尔说道：

> 那么你将会看到你的骑兵被扔在马的两腿之间（遭受胯下之辱），你的房屋遭到袭击抢掠……你的女人们以四人一组被卖到市场，然后从你自己的财产里出钱，以一个第纳尔的价格就可以买到手！你将会看到你的教堂里十字架被破坏得支离破碎，伪经被撕剥得书页尽散，宗主教们的坟墓被盗抢得惨不忍睹。你将会看到举行弥撒的圣地被你的穆斯林敌人践踏蹂躏，修士、牧师和执事在圣坛上被割喉献祭……你将会看到火海在你的殿宇中燃烧蔓延，死者的躯壳在坠入地狱之火前已被尘世烈焰烧尽……然后你将会说："我要是一抔尘土就好了，这样就没有信件能带给我如此悲惨的消息！"[20]

这封信绝非虚言恫吓。安条克作为叙利亚西北部一个首要大城的日子已经结束了。

✚

在此前数代人的时间里，这种十字军国家遭受一系列惨重损失的情况足以引起西方世界对生存危机的恐慌，而正是这种恐慌进而激发了第二次和第三次十字军东征。但到了 13 世纪

60 年代末，西方世界对东方十字军运动的兴趣衰减速度之快，几乎与十字军国家本身衰落的速度等同。当拜巴尔正在摧毁整个黎凡特的基督徒定居点和堡垒时，最活跃有力的十字军运动却发生在西西里岛，法兰西国王路易九世的弟弟安茹伯爵查理，1249 年至 1250 年达米埃塔战役的一员宿将，正在领导一场由教皇发起的任务，志在将腓特烈二世·霍亨施陶芬的最后一名后代逐出西西里王国。1266 年，查理率领一支十字军在贝内文托战役（Battle of Benevento）中击败并杀死了腓特烈二世的儿子曼弗雷德（Manfred）。两年后，查理又活捉了腓特烈二世的孙子康拉丁，即 16 岁的耶路撒冷名义国王和将来的西西里统治者。1268 年 10 月 28 日，康拉丁在那不勒斯被当众斩首，霍亨施陶芬王朝血脉就此断绝，西西里落入法兰西人之手，此事也标志着十字军东征在其理念被不断歪曲中进入了一个新的低潮，这还多亏了历代教皇出于仇恨而坚持不懈地推进反霍亨施陶芬运动。

当然，在西方也有一些诸侯试图自发集结起来保卫东方的拉丁国家，但他们的努力往往时乖命蹇，力不从心。1269 年，由两位王室诸侯率领的一小队阿拉贡武士乘船抵达阿卡，但这两位诸侯的国王却未能随他们前来，伟大的收复失地运动武士海梅一世由于坐船在途中遭遇海难而放弃了他的旅程。1270 年，法兰西国王路易九世振作精神，试图再次复兴圣地十字军运动，尽管他已于 1250 年至 1254 年的东方之旅中试图为十字军国家留下一个稳固的防御基础。但路易九世现年 56 岁，早已不复当年之勇。他的战略判断力本来就不是特别敏锐，现在变得更为迟钝。在他的弟弟查理已经被立为西西里国王的情况下，路易九世决定率领自己的小舰队通过伊夫里奇亚——现在掌握在被称为哈夫斯王朝（Hafsids）的逊尼派柏柏尔人后裔手中——驶往圣地并进攻突尼斯。这次远征演变成一场惨败，当路易九世驻军突尼斯城外时，流行病在军中肆虐。路易九世于1270年8月25日死于痢疾，据说临终口中还喃喃着"耶路撒冷"。他的十字军土崩瓦解，他的遗体被带回家乡安葬；在开罗，拜巴尔在收到这个消息后如释重负，喜出望外。路易在27年后被教会封圣——然而，即便他圣洁如斯，这位伟大的法兰西圣人国王最终对基督圣墓的安全所做出的贡献却微乎其微。

只有在1271年初夏，随着由英格兰王国金雀花王朝继承人爱德华王子（未来的"长腿"爱德华一世）——他年轻的妻子卡斯蒂利亚的埃莉诺也一同随行——率领的一支十字军分队抵达阿卡，十字军国家遭受的无尽苦难才似乎停止。爱德华王子身材魁梧，令人望而生畏，嗜杀成性，他早已在英格兰的一场毁灭性内战①中磨炼成老兵，并且将会成长为他那一代人里最优秀的武士和将军。他带来了大约1000名战士，其中四分之一是骑士。但就连他除了为十字军国家止血之外也无法再有更大作为。爱德华到达阿卡时，已来不及阻止东方最重要的一系列十字军城堡落入敌手。医院骑士团的掌上明珠骑士堡于1271年4月沦陷，条顿骑士团的蒙福尔城堡也随后于同年7月失守，这座伟大城堡此前一直作为赫尔曼·冯·萨尔察大团长那个黄金时代的纪念碑屹立不倒。[21] 爱德华王子驻军东方所带来的主要影响是拜巴尔于1271年秋决定批准与日渐窘迫的

441

---

① 即本书第二十一章中提及的13世纪60年代的反对亨利三世的内战。爱德华王子在伊夫舍姆战役中表现活跃，最终击败小西蒙·德·蒙福尔并终结了这场内战。

的黎波里伯国统治者博希蒙德六世之间的十年停战协议，这反过来使马穆鲁克苏丹得以集中全力应付蒙古人对叙利亚的威胁。爱德华王子则强烈反对这份停战协议，因此拜巴尔在1272年5月试图通过委托一名刺客来解决这位桀骜不驯的王子，这名阿萨辛派杀手潜入爱德华的卧室，用匕首偷袭他。①但刺客的企图被爱德华的反击挫败，英格兰太子挥拳正中刺客面部，将其摔在地上并一刀刺入其头部直至刺客毙命。[22] 爱德华王子一从自己的重伤中恢复过来，就得出结论，认为即便是他自己也已经看够了。1272年秋，他离开圣地，从此再也没有回来。

✝

442　　1277年6月30日，拜巴尔死于大马士革。几天前，他暴饮自己最喜爱的饮料——发酵马奶，宿醉导致了致命的发烧和急性腹泻。在将近17年史无前例的成功统治后，拜巴尔的急病（引起了他死于毒杀的猜疑）以及权力过渡到一位新苏丹手里所引发的剧变，意味着苟延残喘的十字军国家又得到了几年相对和平的时间。[23] 然而，甚至在拜巴尔去世之前世人就有一种感觉，那就是东方剩余的拉丁人正在为末日做准备。塞浦路斯国王于格三世在康拉丁被处决后当选为耶路撒冷国王于格一世，1276年，他将耶路撒冷的王廷永久性地迁往他的塞浦路斯领地。在他之后，不在东方的西西里国王——安茹伯爵查理的代表对阿卡的领导权提出质疑，查理也声称自己是这个拉

---

① 这个阿萨辛派刺客做出袭击爱德华的选择颇为耐人寻味：除了进攻十字军国家以外，拜巴尔还系统性地摧毁阿萨辛派刺客组织在叙利亚的剩余城堡，完成蒙古人在波斯开始的工作。——原注

丁王国的合法统治者。这种曲折的权力分裂，以及关于权力被剥夺与否的琐碎争吵，反映出法兰克人之间的真实状况。

拜巴尔去世 12 年后，终局由马穆鲁克苏丹嘉拉温（Qalawun）在 1289 年开启，他是巴赫利亚军团的一名老兵，从一开始就被卖到埃及，作为奴隶士兵在伟大的阿尤布苏丹卡米勒的宫廷内接受训练。1289 年，嘉拉温首先将目标瞄准了的黎波里城：虽有厚实的城墙守护，但其内部早已因热那亚人、比萨人、威尼斯人和医院骑士团的派系争斗而虚弱不堪。兵力不足、各自为政的的黎波里守军在面对嘉拉温的进攻时根本没有任何成功的机会。马穆鲁克军队一到，船只就开始驶离港口，将居民疏散到亚美尼亚。"最后，这座城镇被削弱得不堪一击，撒拉森人只发动了一次进攻就拿下了它，"提尔之圣殿骑士写道，"这里缺少足够的守卫者，他们一个又一个地放弃了防守岗位。"[24] 马穆鲁克士兵蜂拥而入，大肆抢劫、杀戮并毁坏建筑。善泳的士兵则被派往海边的一个小岛，岛上有一座献给圣托马斯的教堂，惊恐万状的平民家庭在那里避难。妇女儿童被抓作俘虏，男人们则被杀掉；他们的尸体被堆在一起任其腐烂，因此在接下来的几个星期里，"前往那里的人因为恶臭熏天而无法下船"。[25]

再一次，西方各国对失去一座拉丁重镇几乎视若不见。20艘威尼斯船只受教皇尼古拉四世委托来到东方，帮助保卫阿卡和提尔这两座仅存的城市，但他们带来的伤害却远大于益处。"受到地狱宿敌（即撒旦）的影响，本意是来修行善业、手执武器前来相助阿卡的十字军战士们，却导致其走向毁灭。"提尔之圣殿骑士写道。[26]1290 年，这些来访的战士对阿卡的一场暴乱负有责任，他们在这场暴乱中屠杀了几十名在市场上售卖小麦和其他商品的可怜穆斯林商贩。当浸透这些穆斯林鲜血的衣物被带给开罗的嘉拉温时，苏丹宣布他将惩罚阿卡的打算，并武装起一支远征军去占领这座城市。事实上，嘉拉温未能完成夙愿就于 1290 年 10 月驾崩。但他已将这一任务留给了他的继承者阿什拉夫·哈利勒（al-Ashraf Khalil），新苏丹将确保正义得到伸张。

✚

当阿什拉夫·哈利勒于 1291 年 4 月率军来到阿卡城门之前时，他的军队据说拥有七万名骑兵和 15 万名步兵。即使将惯常的虚张声势考虑在内，这也是一支庞大的军队。当特使们从阿卡出城，试图用礼物来平息他的愤怒时，他拒绝接受礼物，而是回敬一封信件，宣布他打算攻占并摧毁十字军的都城，并提醒他们他是"苏丹至尊，万王之王，天下共主……强大可畏的讨逆者，法兰克人、鞑靼人和亚美尼亚人的猎杀者，掠夺无耻之徒的城堡之人"。[27] 他于 4 月 5 日将自己的攻城武器投入阿卡围城战中，动用名为"狂怒"（Ghadban）和"胜利"（al-Mansuri）的投石机开始连续炮击，运输这些投石机的巨型部件足足动用了 100 辆马车，其投射的石弹每颗重达 50 千克（110 磅）。[28]

苏丹的军队是如此庞大，以至于可以完全包围城市的陆基城墙。马穆鲁克步兵搭建起临时掩体，并在上面覆盖着柳条编织成的屏障，在其后方分成四班昼夜不停地工作，以维持不间断的轰炸力度，而他们的工兵则在地下挖地道，直奔阿卡主要防御性塔楼的地基而去。一俟入夜，在其大团长纪尧姆·德·博热（William of Beaujeu）的率领下，圣殿骑士与其他各团体的骑士们一道出城突袭敌营，试图尽可能地破坏围城部队的营地。但他们总是寡不敌众，经常在遭受重大损失后被迫退入城中。这种拉锯战持续了数周，甚至当塞浦路斯国王于格①于5月4日率领援军乘船来到阿卡时，也无能为力。当时，阿卡双层城墙的外围已经被地道渗透；就在于格到来的几天后，阿卡最大的塔楼——诅咒之塔，或国王之塔——崩塌了。这是一个重大的突破口，从这一点来看，这座城市显然坚持不了多久。"每个人都彻底丧失了斗志，"提尔之圣殿骑士写道，当时他也身在阿卡，"并开始将他们的女人和孩子送到船上。"天气过于恶劣，海上的风浪也太大，导致阿卡军民无法快速撤离，但现在这显然是任何希望能从阿卡逃出生天的人唯一的途径。[29]

　　5月18日破晓前不久，阿卡全城在一轮沉重的鼓声中惊醒，鼓声"穿云裂石，震怖人心"。[30]马穆鲁克似乎将全部力量都投入向城墙的攻势中。在圣殿骑士团和医院骑士团大团长的领导下，市民们和城内所有体格健全的战士都匆忙穿上盔甲，向内城墙的各处城门跑去。但当他们到达城门时，敌军攻城槌早已撞破城门，第一批马穆鲁克入侵者蜂拥而入。

　　提尔之圣殿骑士亲眼看见了随后发生的事件，回忆说马穆鲁克向守军投掷出密集的希腊火土罐，到处浓烟滚滚，令人目眩。从毒烟油雾中飞出标枪和羽箭，从四面八方将人马射倒。外衣着火的骑士们东逃西窜，火焰烧化了他们的面部皮肤并将他们活活烤死。圣殿骑士团的大团长纪尧姆·德·博热在街头

445

---

① 原文如此，有误，此时的塞浦路斯与耶路撒冷国王应为于格一世的儿子亨利二世，于格一世已于1284年去世，亨利二世也是最后一位获得加冕的耶路撒冷国王。

骑马奋战，一柄标枪正好穿过他腋下盔甲的缺口处，深深地扎入他体侧，将其杀死。他的阵亡使他周围讲着不同语言的士兵陷入混乱。一队法兰西骑士——路易九世留下保卫阿卡的老兵团队——奋勇杀敌，但最终他们败下阵来，有"很多人负伤和战死"。[31]尽管阿卡的守军作战英勇，但他们在人数上处于一比十的劣势。随着马穆鲁克战士如同一股无尽的人流源源不断地从城门缺口处拥入时，这场保卫战进行得愈发绝望。十字军从一条街道被逐退到下一条街道，先是从城墙撤退，然后从名为蒙穆萨德（Montmusard）的郊区退出，直至在码头区进行最后的战斗。

于格国王①以及包括医院骑士团大团长在内的大批显要人物早在阿卡进行最后的抵抗之前就乘船遁走，弃城而逃。当他们驶出阿卡的港湾区，进入波涛汹涌的大海时，留在他们身后的是港口上"从街头奔逃出来的贵族小姐、市民百姓、未婚少女和其他平民，他们将孩子抱在怀里，哭声大作，绝望地跑向水手们，恳求他们将其从死亡中拯救出来"。[32]对于这么多绝望的难民来说，港口的泊位太少了，很快码头就变成了大屠杀的场所，马穆鲁克骑兵用长矛戳刺那些他们认为没有人质价值的平民，践踏婴儿和孕妇。"穆斯林进入阿卡，成为这里的主人。"阿布·马哈辛（Abu al-Mahasin）写道。[33]

阿卡的最后一战发生在圣殿骑士团位于码头区如宫殿般宏伟的总部，这是一处经过严密加固的建筑群，其中心塔楼上立着四座与原物一般大小的镀金狮像。数以千计的市民挤在总部城墙内，眼睁睁看着桨帆船船队将最后一批大人物、良善公民

---

① 应为亨利国王。

和幸运儿带往塞浦路斯、亚美尼亚和海岸上为数不多的安全避难处。随着最后一艘船只消失于天际，逃离的希望也随之消散。圣殿骑士团随后据守总部城堡的城门达十天之久。其间双方进行了零星的谈判并发生了一次血腥冲突，圣殿骑士们设法在他们的一处庭院里埋伏了一小队马穆鲁克骑兵，并将他们剁为肉泥。然而，马穆鲁克工兵在此期间已经将地道挖掘到城墙之下，并于 5 月 28 日弄塌部分城墙并且攻入总部城堡之内。阿卡的最后一战结束了，而近东十字军国家的命运也随之终结。

在阿卡陷落后的数周之内，黎凡特海岸剩余的法兰克人定居点悄无声息地疏散了。驻扎在西顿海边坚固城堡内的圣殿骑士团守军放弃了他们的岗位，乘船撤往塞浦路斯。不久之后，贝鲁特和提尔也进行了疏散。8 月，坐落在海法与凯撒里亚之间坚不可摧的朝圣者城堡，成了最后一个被放弃的地方。耶路撒冷王国现在成为一个塞浦路斯岛上的流亡王国。安条克和的黎波里被马穆鲁克从地图上抹去。"一切都失去了，"提尔之圣殿骑士写道，"所以基督徒在叙利亚连一掌的土地都不复拥有。"库尔德历史学家和地理学者阿布·菲达（Abu al-Fida）亲眼看见并详细记述了马穆鲁克苏丹对十字军进行的最后一系列战役，满意地看到此战大获全胜并注意到其历史意义。"通过这些征服行动，整个巴勒斯坦地区现在都落入穆斯林手中，"他写道，"这是一个从未有人敢希望或期待的结果。因此整个叙利亚和沿海地区的法兰克人都被一扫而空……赞美安拉！"[34]

447

第二十六章　破镜梦圆

> 你们这些被咒诅的人，离开我，进入那为魔鬼和他的使者所预备的永火里去。[1]

　　"长者"马里诺·萨努多（Marino Sanudo the Elder）是一个富有的威尼斯人，并且对世界充满了热情。1270 年前后，他出生于威尼斯市中心里亚尔托区一个富裕的贵族家庭，作为家中的五个男孩之一，父亲给他起了一个晦涩难懂的绰号"托尔塞洛"（Torsello）。[1]他在少时就开始游历地中海。他的宗祖们作为桨帆船船长，在威尼斯共和国的冒险史上出生入死，他们参与的行动既有流芳百世之义举，也有像第四次十字军东征时火烧君士坦丁堡这种遗臭万年之劣迹；他的一位先人嫁入了十字军战士、盲人总督恩里科·丹多洛的古老家族。因此，随着时间来到了 14 世纪初，萨努多家族的知名度竟然远超威尼斯本身，其家族业务则涵盖了商品交易、房地产管理、航运和放贷等领域。在马里诺的一生中，这些业务的方方面面使他足迹遍布天下：基克拉泽斯群岛（他的堂兄以"群岛公爵"的名号统治着这里）中的纳克索斯岛（Naxos）、内格罗蓬特［Negroponte，现代的哈尔基斯（Chalcis），位于雅典北部的埃维亚岛（Euboea）上］、巴勒莫、罗马、阿卡（在这座城市于

---

① 典出《圣经·马太福音》（25：41）。

1291 年被马穆鲁克攻陷之前）、君士坦丁堡、亚历山大、塞浦路斯、罗得岛和亚美尼亚，甚至远达欧洲北部的布鲁日和汉堡，而且他是气派非凡地乘坐威尼斯公务船到达那两座城市的。[2]他在旅行中缔造的人际关系网堪称当时最有权势的政治家和统治者的名人录：数位教皇，一位拜占庭皇帝，法兰西、英格兰和亚美尼亚的国工们，意大利和法兰西的公爵们，佛兰德伯爵们，以及无数的教廷使节、主教和红衣主教。[3]

450

萨努多不仅是一个无畏的旅行者和交际家，还是一个热心的读者和具有自我意识的知识分子。自小受到的良好教育使他在成长过程中掌握了拉丁语、意大利语、法语和希腊语，并且对诸子百家的作品产生了浓厚的兴趣：古代作家如亚里士多德、柏拉图、西塞罗和波伊提乌（Boethius）①，圣经注解家如比德和圣奥古斯丁，以及十字军国家的编年史家如提尔的威廉和雅克·德·维特里——他们对法兰克人在圣地的兴衰进行了生动而又激动人心的演绎，其中也不无毁谤之言。这是在萨努多的青年时代上演的一出风云激荡的大戏，让他不由心生壮志，也要在其中扮演重要角色。

1306 年，萨努多决心把他对世界的知识与自己的文学爱好结合起来，并开始撰写一部名为《十字架信徒的秘密之书》（*Liber Secretorum Fidelium Crucis*）的文稿。其形式半为手册半为宣言，内容夹杂着圣地的历史，另外还有一些萨努多对自己

---

① 480～524 年，欧洲中世纪所谓"黑暗时代"开始时一位罕见的百科全书式思想家，在逻辑学、哲学、神学、数学、文学和音乐等方面都做出了卓越的贡献，有"最后一位罗马哲学家""经院哲学第一人""圣奥古斯丁之后最伟大的拉丁教父"之称，其哲学著作《哲学的慰藉》被称为中世纪最有影响力的哲学著作。

广泛阅读量的炫耀。《秘密之书》在历经 15 年的探究、酝酿和写作之后才于 1321 年 9 月成书，萨努多将这本书的两部抄本——以亮丽的红黄色彩装饰的封面——赠送给身在阿维尼翁①教廷的教皇约翰二十二世。萨努多在此书中所涉及的主题足够宏大，完全值得花费漫长的时间写作并将其献给地位崇高之人：这是一个发动一场新十字军东征、为西方教会赢回耶路撒冷王国的计划。

✝

451　　收复圣地的计划在马穆鲁克征服十字军国家期间和之后的年代颇为流行。早在 1274 年，教皇格列高利十世就于里昂召开会议，他广开言路，邀请思想自由的学者和战略家建言献策，以图逆转基督徒对拜巴尔的颓势，"因为解放应许之地事关所有自称天主信仰之人"。[4]在阿卡于 1291 年陷落之后，教皇尼古拉四世重申了这一要求，在他之后的其他教皇也是如此。其结果是形成了一种由十字军计划组成的亚文学体裁：有些锐意进取，有些倒行逆施，有些则是彻头彻尾的愚蠢。马略卡数学家拉蒙·柳利（Ramon Lull）主张，在发动一场以军事修会为急先锋、针对特定目标开展的精英部队入侵行动之前，应当先行开设培养传教士的语言学校。医院骑士团大团长富尔克·德·维拉雷（Fulk of Villaret）建议发动一次"方式方法一如（教皇）乌尔班二世"的十字军东征，意即一场直接且具体地模仿第一次十字军东征的入侵行动。[5]一些作家，包括方济各会修士帕多瓦的菲登齐奥（Fidenzio of Padua），痛斥失败的十字

---

① 从 1309 年到 1376 年，教皇驻跸于阿维尼翁而非罗马。——原注

军国家中的法兰克人，认为他们除了像女人一样软弱并且诽谤成瘾之外一无是处；菲登齐奥提议，新一代的十字军战士应该研究马穆鲁克的战争方法和情报技术，将其中的精华窃为己用。[6]另一些人则倡导建立起一支新的基督教超级军队，通过彻底改革各个军事修会，并将其全部置于某个勇敢且充满活力的西方君主的管理之下，这位君主扮演的角色被拉蒙·柳利称为武士国王（bellator rex）。此事一向不乏聪明人之高见，尤以那些从未参与十字军东征并目睹现实挑战的人居多。

　　萨努多的计划并没有标新立异、语出惊人。实际上，他的构想从战略上讲直截了当：对小亚细亚、叙利亚、埃及、北非和伊比利亚南部的所有穆斯林港口实施经济封锁，由威尼斯战船负责巡防警戒，以此给对手造成巨大的商业损失，然后十字军大舰队将运载一支人数达 1.5 万人之众的军队入侵尼罗河三角洲，并将得到一个广泛的反伊斯兰势力联盟的支持，其中包括蒙古人和上尼罗河的努比亚基督徒。他们将一路勇往直前，席卷埃及和巴勒斯坦，直至收复耶路撒冷，圣地自此以后将"一片祥和安宁，礼赞上帝，沐浴在神圣罗马教会的荣光之中"。[7]最后，基督徒的舰船将梭巡于星辰大海，控制向东远至印度洋的贸易。在很大程度上，这是一个简单而乐观的计划。但萨努多计划的卖点并不在于军事想象力，而在于他对细节和现实性的痴迷。他在这部《秘密之书》中洋洋洒洒地写了十万字不止，精辟观点喷薄而出，历史案例详尽无遗（《圣经》典故与当代史实并重），对兵员数量、舰艇设计、武器采购和食品供应长篇大论，对各类成本条分缕析，其旁征博引、阐幽发微之处，远非其他任何作家的任何作品可比。萨努多还委托了出生于热那亚、立身于威尼斯的制图师彼得罗·维斯孔特

452

(Pietro Vesconte)① 为此书绘制了工致秀美、精细入微的地图，其中包括一幅壮观的世界地图（mappa mundi，整个地中海地区尽收图中）、五幅细密勾勒出欧洲和北非海岸线的海图与一幅圣地景观平面图。[8]这一宏伟蓝图的每一页都写满了他一生所虑唯有十字军东征及十字军战士的证据。他确保这些抄本不仅能传到教皇的手中，还能传到西欧每一位重要统治者的手中。

然而，尽管为此殚精竭虑，萨努多的计划还是付诸东流。虽然阿卡在 1291 年的陷落震惊了基督教世界，光复十字军国家的虔诚呼声直达教廷和欧洲的王室宫廷，但萨努多念兹在兹的远征行动——在他的文学著作中被称为"总路线"——从来未能实现。因为随着 14 世纪的到来，大规模十字军运动的吸引力迅速减弱。尽管圣地已经落入马穆鲁克手中，对于基督徒旅行者而言存在危险，但耶路撒冷并没有向朝圣者紧闭大门，因为他们入城朝拜圣殿时能够上缴税金，马穆鲁克就变得较为务实，而非一味固守教条。为此，圣墓教堂被交给方济各会修士照管，后者从 1335 年至 1336 年在圣城拥有自家的修道院，并得到了穆斯林统治者的官方允许。此外，虽然完全占有耶路撒冷的重要性仍然能够触动基督徒的心弦，但寻求忏悔性战争（或者实际上，任何形式的战争）的西方骑士们通常会发现在离自己家乡更近的地方就有机会。新的世俗利益冲突——如所谓的百年战争，这场发生于英格兰与法兰西之间，并且在不同的时间段将其邻国苏格兰、佛兰德、阿拉贡、卡斯蒂利亚和葡萄牙也拖入其中的战争——正濒临爆发。伊比利亚半岛上的收复失地运动仍在继续，教皇战争和欧洲北部反异教

453

———————

① 欧洲最早编绘独立地图，并在图上署名的职业地图学家之一。

徒的战争也比比皆是。十字军运动以及十字军战士们正朝其他的方向高歌猛进。

✝

甚至在萨努多开始写作这部著作之前的数十年里，十字军运动最活跃的地方就已经不在东方的拉丁世界，而是在地中海西部。在意大利半岛和西西里岛，教廷卷入与邻近势力的战争中已有数十年之久——其中最引人注目的是与霍亨施陶芬王朝的战争——十字军运动已成为该地区战争的必然特征，既不是为了表达大众的忏悔，也不是为了解放基督的遗产，而是作为教皇通过定期合同（支付方式是赦免信徒的忏悔苦修并宽恕他们的罪恶）集结军队的手段。此种做法在 12 世纪早有渊源，那时的教皇们毫不犹豫地挥舞着绝罚和禁行圣事令（Interdict）的宗教武器，试图威逼世俗统治者服从他们的法令。于是乎，到了 13 世纪晚期，十字军运动也变得高度政治化。从 13 世纪 50 年代开始，教廷不仅号召向蒙古人、马穆鲁克和希腊分裂教会者这些地中海东部的熟悉敌人发起十字军东征，同时也鼓动信徒向西方的教廷大敌发动圣战。这些西方的敌人包括腓特烈二世的后代——西西里国王康拉德四世、曼弗雷德和康拉丁；帕多瓦和维罗纳的统治者、拥护霍亨施陶芬王朝的兄弟俩——埃泽里诺（Ezzelino）和阿尔贝里科·达·罗马诺（Alberico da Romano）；位于意大利南部城市卢切拉（Lucera）的一个军事化穆斯林聚居区（被教廷的布道者形容为生活在"一个罪恶洞穴"中的"蛇群"），这些穆斯林原被逐出西西里岛，后来成为霍亨施陶芬王朝军队的仆从军；一群与教皇卜尼法斯八世（Boniface Ⅷ）闹翻的枢

454

机主教；甚至在 1309 年，威尼斯共和国也成了十字军征讨的
对象。[9]

　　这种漫无目标的十字军东征部署方式带来了许多荒谬之
处，尤其是在 1284 年至 1285 年，教皇马丁四世试图用这种方
式惩罚入侵西西里的阿拉贡国王佩德罗三世，因为后者侵犯了
法兰西诸侯瓦卢瓦的查理①的权利，后者可是教皇定下的西西
里王位人选。②马丁四世因此宣布向佩德罗三世发动一场十字
军东征，并拉拢法兰西国王来一起攻击后者。对佩德罗三世来
说，他本人最终成为十字军东征的目标，这有点讽刺和奇怪。
青年时代的他曾在父亲海梅一世麾下效力，为基督教世界夺回
穆斯林统治下的巴伦西亚。当他的父亲于 1276 年生命垂危时，
佩德罗三世在他的病榻前承诺，他将"把所有的摩尔人从巴
伦西亚王国赶出去，因为他们都是叛徒"。[10]1281 年，（作为入
侵西西里的先遣行动）他与伊夫里奇亚的穆斯林发生小规模
冲突。[11]然而，根据教皇马丁四世针对他颁布的教皇谕令，他
已不再是基督教世界的捍卫者，而是一个罪大恶极的教会敌
人，理应受到所有信徒的唾弃。[12]结果，针对阿拉贡国王佩德
455　罗三世的十字战争（从 1285 年起继续针对他的儿子海梅二
世③，后者继承了西西里的事业）失败了：根据 1302 年 8 月
签订的《卡尔塔贝洛塔和约》（Peace of Caltabellota），西西里

---

①　法兰西国王腓力三世之子，也是前文中积极参加十字军东征的法兰西国
　　王路易九世之孙。
②　在霍亨施陶芬王朝的男性血脉断绝后，争夺西西里的战争持续了 20 多年
　　之久，起源是一场于 1282 年复活节（星期一）在巴勒莫爆发的反对法兰
　　西统治的起义。这一系列战争通常被称为西西里晚祷战争（Sicilian
　　Vespers）。——原注
③　原文写作"Frederick"，与史实有出入。

岛仍归于阿拉贡国王治下，而王国在意大利本土的部分——此时被称为那不勒斯王国——则让渡给了瓦卢瓦的查理。但这并非重点。更为甚者，这并不是唯一一次一位法兰西出身的教皇与法兰西君主串通一气，攻击而不是支持他们认定危险且可以牺牲的基督徒，即便后者是矢志不渝的十字军战士。就这一点而言，在1291年大灾难之后，最令世人震惊的受害者就是圣殿骑士团。

✝

在阿卡陷落以及从十字军国家在沿海的最后一批要塞撤离之后，耶路撒冷王国的历代国王便被迫流亡到塞浦路斯。在这里，收复大陆失地的任务变得比在马穆鲁克的猛攻下守住城市更加艰巨，因为此时若要开展任何类型的军事行动，都要建立一个稳固的桥头堡，以供兵员、马匹、武器、食品和淡水补给被输送上岸，并确保海上供应链的畅通无阻。纵然有这等艰难险阻，在东方拉丁世界的残留领土上，仍有十字军战士相信任务有可能完成，为首的正是各大军事修会。

1300年，吕西尼昂的阿莫里（塞浦路斯－耶路撒冷王国国王亨利二世的弟弟）和以塞浦路斯为基地的圣殿骑士在原属于的黎波里伯国的托尔托萨（Tortosa）① 发起一场强行登陆作战，此地在被马穆鲁克攻陷之前曾被圣殿骑士团作为要塞

---

① 现为叙利亚西部地中海港口城市塔尔图斯，也是叙利亚的第二大港口，城市历史可以追溯到公元前2000年，腓尼基人在塔尔图斯西部的艾尔瓦德岛上建立殖民地，便称此地为"安塔拉德斯"（Antaradus），意为"面向艾尔瓦德岛的城镇"。拜占庭时期被称为"托尔托萨"。该地曾为十字军的一个重要的供应港口和军事基地。

据守了将近 140 年。在当年 11 月，阿莫里和圣殿骑士团大团长雅克·德·莫莱（James of Molay）率领一支 600 人的部队（其中四分之一是圣殿骑士）在托尔托萨登陆。尽管他们未能夺回那里的旧军事基地——伊儿汗国的蒙古人辜负了他们的期望，违背了支持这次作战的诺言——但他们成功地占领了托尔托萨近海的小岛鲁阿德岛（Ru'ad）。圣殿骑士团分兵驻守此岛达 18 个月，直至 1302 年夏，在岛上要塞里维持着超过 100 名骑士以及数千名雇佣兵和辅助人员的庞大部队。然而，这座要塞最终还是在一名来自格鲁吉亚的穆斯林皈依者领导的围攻战下陷落，这位马穆鲁克将军名为赛义夫丁·埃森代米尔（Sayf al-Din Esendemür）。岛上几乎所有的骑士团成员要么在战斗中被杀，要么被"不光彩地押往"埃及监禁或被卖为奴隶。[13]这是圣殿骑士团的一次英勇努力，但还远远不够。

四年后，圣殿骑士团大团长雅克·德·莫莱已经汲取了这次失败的教训。他从塞浦路斯返回西欧，将一个新十字军东征的计划呈递教廷，坚持认为那种已经在鲁阿德岛失败过一回的入侵行动既不完善，也并不是重返耶路撒冷的现实方法。"小规模的远征徒劳无益，只会给基督教界带来伤害和耻辱。"他写道。[14]正如威尼斯的马里诺·萨努多在后来所提出的观点一样，莫莱也认为任何新的十字军东征都必须以更大的规模来构思和计划。当然，莫莱也相信军事修会将在其中发挥核心作用。然而，随着历史进程的发展，军事修会的角色即将发生戏剧性的变化——对于圣殿骑士团来说，这种变化是致命的。

在 14 世纪初，很多复兴叙利亚和巴勒斯坦十字军运动的计划都仔细研究了军事修会在十字军国家的失败中所扮演的角色，并提出了改革计划，使其适合于新时代战争的目的。数位观察家得出结论，圣殿骑士团、医院骑士团和条顿骑士团作为单独的实体毫无意义，并争论道，将三者连同活跃于伊比利亚半岛上形形色色的独立骑士团合为一体，形成一个作为国际性打击力量的超级骑士团，如此才是更为明智的做法。马略卡数学家拉蒙·柳利就持有此种观点，他写道："所有骑士团都应 457 欢迎这一步……如果有任何人反对，他会被视作既不忠诚也不虔诚，那么他就应当考虑经受末日的审判，我主耶稣基督将在那时说道：'你们这些被咒诅的人，离开我，进入那为魔鬼和他的使者所预备的永火里去。'"[15]他的话将被证明是黑暗的预言。

雅克·德·莫莱于 1306 年前往觐见的这位教皇是另一个法兰西人：前任波尔多大主教戈特的贝特朗（Bertrand of Got），其教皇名号为克雷芒五世。克雷芒五世能当选为教皇在很大程度上要归功于法兰西国王"美男子"腓力四世所施加的政治压力，后者是一位高大英俊、冷酷无情且虔诚得近乎狂热的君主。腓力四世天生偏执，对那些被他怀疑与法兰西王室为敌的人充满了暴力迫害的欲望，这一点被他手下的大臣们急切地加以利用。当雅克·德·莫莱于 1306 年造访西方时，腓力四世在其廷臣，尤其是聪明却完全不讲道德原则的律师纪尧姆·德·诺加雷（William of Nogaret）的怂恿下，认定圣殿骑士团是一个邪恶腐化的组织，其成员秘密进行亵渎神明的仪式，应该受到彻底调查并被绳之以法。对于纪尧姆·德·诺加雷和他的同僚来说，其最终目的是为攫取圣殿骑士团在法兰西王国内的财产提供正当理由，并将这些财产收归长期遭受财政困难的法兰西王室。但至少在某种程度上，十字军运动也成了受害者。

这些法国人为圣殿骑士们被指称的罪行搜集罗织的所谓证据，不过是一纸歇斯底里、莫须有的荒诞卷宗，控告骑士团的成员们惯于向十字架吐口水和小便、否认基督之名、在下流的诱导性仪式中互相亲吻和性爱抚，并且崇拜雕像和偶像。这些指控毫无真实性可言，却无关紧要。1307 年 10 月 13 日星期五，法兰西国土上的每一位圣殿骑士——包括他们的大团长雅克·德·莫莱——根据王室命令被逮捕、监禁，很多人还经受严刑拷打以迫使他们承认被安上的"罪名"。教皇克雷芒五世对于法兰西王室这种独断专行的进攻只进行了软弱无力的回击，下发了一道谕令，要求此事最终要向教廷做出交代；他被迫对圣殿骑士团在基督教世界每一片领土上的罪行展开调查。这一决定导致了从爱尔兰到塞浦路斯的各个国家都对圣殿骑士团成员进行大规模逮捕和审讯，尽管时人对圣殿骑士团的罪行深表怀疑。

在经过一次漫长且痛苦的法律程序后——包括在法国的一起大规模火刑事件，数十位骑士团成员被当作故态复萌的异教徒送上火刑柱——在 1311～1312 年于维埃纳（Vienne）① 召开的一次教会会议上，骑士团在欧洲大陆上被正式取缔。其成员要么被强迫退出修会，被判长期囚禁，押送到非军事性修道院度过纯粹的修士生活，要么在极少数情况下——大多仅限于伊比利亚半岛上的几个王国里（圣殿骑士团在收复失地运动的后期阶段发挥了有效的作用）——被允许加入其他的军事

---

① 经常被人与维也纳混淆，其实是法国中西部位于里昂附近的一个城市。

修会，例如由葡萄牙国王迪尼什一世（Denis I)① 于 1319 年
创立的葡萄牙基督骑士团（Portuguese Order of Christ）。雅
克·德·莫莱于 1314 年 3 月在巴黎的火刑柱受刑，下令烧死
他的腓力四世于同年在一次狩猎事故中暴毙，被许多人认为是
上天实现了莫莱在烈火焚身时对其施加的诅咒。对于这样一个
大名鼎鼎的骑士团来说，如此结局令人惋惜，伟大的伊斯兰编
年史家伊本·阿西尔曾将其与医院骑士团相提并论，形容他们
是"所有法兰克人之中最为骁勇善战之士"。[16]一场变乱过后，
十字军运动中的一股力量就此风流云散，这股力量虽未尽善尽
美，但至少试图在 1291 年大败后的不利局势下力挽狂澜，在
最近一次联合行动中冲到了最前线。

✛

随着圣殿骑士团就此覆灭，曾作为保卫圣地之中流砥柱的
其他两大国际性军事修会，也被迫在一个正在变革的时代重新
确定他们的目标。而从耶路撒冷王国的残余领土中迁移出来，
成了这两大骑士团在转型过程中不约而同的选择。

医院骑士团是圣殿骑士团失势和灭亡的主要受益者之一。
在 1312 年的维埃纳宗教会议上，有人对医院骑士团成员的道
德品质颇有非议，认为他们更喜欢建造精美的大厅和宫殿，而
不是与上帝的敌人作战。尽管如此，圣殿骑士团大部分被没收
的财产还是被授予医院骑士团，因为在教皇克雷芒五世的眼
里，医院骑士团是"无畏的基督武士……矢志收复圣地，无

① 1279～1325 年在位，别称"耕耘者"（o Lavrador）、"诗人国王"（Rei
Trovador）和"三犁之王"，最后一个指在土地（农业）、语言（文化）、
海洋（海外贸易）三个领域的耕耘者。

视一切人间艰险……他们得到的供养越充足……骑士团和大团
长以及其成员的实力就会越雄厚"。[17]毋庸置疑,接收圣殿骑士
团在西方几乎每一个王国的大批地产和商业利益,使得医院骑
士团作为一个十字军组织又继续生存了数代人的时间。然而,
医院骑士团历史上一项比这更具决定性的行动也于同一时间段
展开:骑士团决定将大本营移往距离安纳托利亚西南海岸几英
里、位于多德卡尼斯群岛边缘的罗得岛。

严格地来说,当医院骑士团大团长富尔克·德·维拉雷决
定攻打罗得岛时,此地还属于拜占庭领土。然而,在实际上,
岛上群雄割据,既有被拜占庭下放权力的热那亚总督,又占
据该岛东部的土耳其海盗。[18]医院骑士团若想征服此岛殊非易
事:他们需要首先搭乘一支小舰队从塞浦路斯向西突袭,然后
对罗得岛北部的城镇发起一场围攻战,继而抵挡住拜占庭援军
发起的两轮攻势,最后在从西方来的一小批十字军战士的帮助
下对邻近的多德卡尼斯群岛岛屿上的残敌发起扫荡战。但他们
的一片苦心随着罗得岛的陷落终于得到了回报:这一事件短暂
地鼓舞了英格兰、法兰西北部和莱茵兰成千上万的普通朝圣者
和想要成为十字军战士的穷苦大众,他们开始将十字架标识缝
到自己的外衣上,行军上路,痛打犹太人并要求一些富裕的领
主为他们找到前往地中海的运输船,以便他们能参加圣战。他
们当中很少有人能到达罗得岛附近。但是医院骑士团已经有能
力将他们的国际总部从塞浦路斯永久性地移驻罗得岛,并且建
立起一个由他们自己统治的军事修会政体的国家。他们此时已
经拥有了一个接近小亚细亚和拜占庭海岸线的基地,将近300
名骑士、数千名军士以及雇佣军可以从那里向希腊或土耳其城
镇发起突袭,并从事海盗活动——在14世纪的历史进程中,

这种作战方式实际上已成为地中海十字军战争的主流形式。

在这段时间里，他们取得了一些著名的胜利，其中最抢眼的胜利当数他们与威尼斯共和国及塞浦路斯王国联手，于 1344 年攻占了土耳其海岸的士麦那 [今土耳其的伊兹密尔（Izmir）]，并坚守至 1402 年。罗得岛也成了朝圣者继续前往耶路撒冷的安全驿站。[19]同时，在更远的西方，医院骑士团继续在伊比利亚半岛上的收复失地运动中发挥有限的作用，一如他们数个世纪以来的做法。[20]他们在罗得岛上的根基坚如磐石，直到 1522 年，伟大的奥斯曼帝国苏丹苏莱曼大帝率领 400 艘舰船，耗时六个月才将他们逐走。之后医院骑士团又于马耳他岛东山再起，一直在当地统治到 1798 年拿破仑·波拿巴的到来。从此等意义来说，医院骑士团是十字军时代最伟大的幸存者之一：这个组织早在第一次十字军东征之前就存在于耶路撒冷，在基督教圣战中一直扮演着重要角色，直至中世纪结束很久以后依然雄风不减。可是，医院骑士团作战重点和范围的转变也标志着，随着重新夺回耶路撒冷王国的前景开始黯淡，十字军运动逐渐变得碎片化，并进入了低潮期。

✠

与医院骑士团一样，条顿骑士团也在 1291 年之后苦思冥想，为自家总部寻找比塞浦路斯更好的出路。在威尼斯蛰伏了一段短暂的时日之后，条顿骑士团决定一心一意地要完成波罗的海地区的基督教化，他们在 13 世纪的大部分时间里都集中精力完成这一任务。与罗得岛上的医院骑士团如出一辙，条顿骑士团有充分的动机夺得一方净土，这样既能与异教徒作战，又能在必要时保障自身安全，获得政治独立。在处理圣殿骑士

461

团的同时，教皇克雷芒五世也对条顿骑士团在利沃尼亚受指控的罪行展开了调查，据说他们在那里与异教徒勾结并虐待当地司铎。从 1309 年起，条顿骑士团从马林堡［Marienburg，今波兰的马尔堡（Malbork）］发号施令，这是一座在沃尔纳特河（River Volnat）畔依水而建的巨大城堡。这座城堡和其他许多类似的据点成为条顿骑上团的立国之本，他们建立起来的军事修会政体国家到了 14 世纪末已经从西南方的但泽［今波兰的格但斯克（Gdansk）］扩张到爱沙尼亚最北部。

这种殖民化过程脱胎于条顿骑士团在十字军东征中的参与，而他们的扩张主义政策仍然可以用大义名分加以掩饰：以基督的名义保卫基督徒并净化土地。但在 1386 年之后，他们的异教徒邻居却实实在在地消失了：雅盖沃（Jogaila），这位立陶宛王国末代异教大公，将他的领地与波兰王国合并，还皈依了天主教。1410 年，这位强悍的统治者［此时的基督教名字为瓦迪斯瓦夫二世·雅盖洛（Władysław II Jagiello）］在格伦瓦尔德战役［Battle of Grunwald，又名为坦嫩贝格之战（Battle of Tannenberg）］中重挫条顿骑士团，之后强加于骑士团的巨额赔款标志着他们的国家开始了漫长而又缓慢的衰落，最终于 16 世纪不复存在。尽管一些在格伦瓦尔德战役中与条顿骑士们并肩作战的新兵声称自己是十字军战士，但现实是，他们早已失去了任何严肃的十字军圣战目标。

来自东方拉丁世界残余部分的军事修会在 14 世纪的灭亡和转移意义重大，因为，当教皇把十字军用作对付自己政敌的武器而使这一运动的重要性大打折扣时，这一现象意味着最有能力对叙利亚和巴勒斯坦的穆斯林统治力量发动永久性、忏悔性战争的一批组织就此离开了十字军运动中最重要和最有象征意义的舞台。不言而喻，十字军东征至少从 12 世纪 20 年代（甚至可以说从一开始）起，在除了为耶路撒冷而战之外，还有其他诸多的表现形式。然而一旦令人振奋的核心目标被剥夺，十字军运动在大体上便开始失去所有剩余的整体凝聚力，也不再拥有使基督教西方世界的大国强权团结在一个单一、大同的目标之下的能力。在 14 世纪，基督教联盟与穆斯林或其他异教徒之间也会不时发生激动人心的冲突：威尼斯共和国、塞浦路斯王国与罗得岛的医院骑士团组成的所谓十字军联盟屡屡赢得海战胜利，还有塞浦路斯国王彼得一世于 1365 年率领一支大舰队洗劫了马穆鲁克王朝统治下的亚历山大。但与 12、13 世纪那些由西方首要君主或贵族作为统帅的大规模远征相比，14 世纪的十字军战争不过是小打小闹而已，对整个黎凡特地区影响甚微或者几乎没有影响。

　　真相就是，当耶路撒冷和拉丁十字军国家不再成为关注焦点之后，十字军运动就不可避免地分裂成一个个被动反应、互不相干的次要事件，虽然过往辉煌，但对国王和普通信徒的重要性都在减弱。随着这种趋势的演变，为了基督教世界的更大荣耀而发动大规模的多国军事行动来占领遥远的土地已不再现实。这种计划不过是堂吉诃德式的空想和白日梦罢了，而怀有这种执念的多是威尼斯的马里诺·萨努多这种用意良好却最终误入歧途之辈，作为一个文采四溢却全然虚无缥缈的军事行动的设计师，他的计划书还在写作之时就已是旧时代的遗物了。

463

第二十七章　勇敢新世界

但凡远征之举，

莫不以效命天主至为荣耀……

　　1390 年春，英格兰国王的堂弟、23 岁的亨利·博林布鲁克（Henry Bolingbroke）聚集了 100 个朋友和随从，渡过英吉利海峡前去参加一场骑士比武大赛。他们参加的这场比赛就在英格兰控制下的城镇加来之外一个名为圣安格勒韦尔（Saint-Inglevert）的地方举办。早在前一年秋天，传令官们就大张旗鼓地宣布了这一消息，刻意激发起贵族圈子里那些痴迷于地位的年轻人的心气和集体自豪感，博林布鲁克自然也在其中。大赛主办人是一位与博林布鲁克年龄几乎相当的法兰西骑士，名为让二世·曼格尔（Jean Ⅱ le Meingre），他自诩为一名模范骑士，其更为人熟知的名字则是"布锡考特"（Boucicaut）。大赛奖品堪称无价之宝：尊崇、光荣和"胆气无双之名"。[1]

　　单单用骑枪与布锡考特过招便是一种无上高贵的象征。从 12 岁起，这位法国骑士便在欧洲四处征战，在诺曼底与勃艮第人交手，在布列塔尼和加斯科涅（Gascony）与英格兰人争锋，以及在佛兰德镇压起义的佛兰德人。他还加入了波罗的海地区反复不断的十字军战争，同条顿骑士团并肩作战，与普鲁士的立陶宛人搏杀。他曾做客君士坦丁堡，并以一名朝圣者的

身份游历马穆鲁克控制下的耶路撒冷。他甚至还曾涉足大马士 466
革，同为朝圣者的法兰西王室宗亲厄镇（Eu）伯爵在那里被
扣押；在各方谈判伯爵的释放条件期间，布锡考特自愿作为人
质在那里被扣留了三个月。在一位对他赞赏不已的同时代传记
作家眼中，这个年轻人"相貌英俊，平易近人，豪迈开朗，
肤色略有些黝黑，红光满面，外表与其本心相得益彰"；他作
战如此勇猛，以至于他的扈从为其安全考虑不得不强行制止
他；他身体如此强壮，以至于他"可以全副武装不戴头盔地
空翻筋斗，并身着甲衣翩翩起舞"。[2]他在圣安格勒韦尔组织的
这场骑士比武大赛就是以胆气为特色。布锡考特和他两位最杰
出的朋友设置了一片场地，并用带有他们纹章的盾牌装饰一棵
参天榆树。他们发誓将与任何向这棵榆树驰骋而来的骑士战
斗，来者将通过用一件兵器击打一面盾牌来发出挑战。一旦挑
战被接受，每一位前来挑战的骑士可以用长枪与布锡考特或者
他两位伙伴中的一位较量五个回合。只有有本事打倒其中的任
何一个，才真正称得上是一个马上好手。

　　博林布鲁克前往圣安格勒韦尔与布锡考特的比武之旅——
由100多名英格兰骑士陪同——得到了他的父亲、西欧最富有
的豪强之一冈特的约翰（John of Gaunt）的首肯和资助。冈特
的约翰的大部分财富都源于继承：他是英格兰国王理查二世的
叔叔，作为兰开斯特公爵在英格兰拥有的土地仅次于国王本
人。然而，更多的财富都是从最近的一次军事行动中赢得的，
确切地说，是一次十字军征战。14世纪80年代，冈特的约翰
耗时四年在伊比利亚半岛东征西讨，意图以他第二任妻子康斯
坦丝——卡斯蒂利亚前国王"残酷者"佩德罗一世的长女和
女继承人——的名义夺取卡斯蒂利亚王冠。此次十字军远征的

收益正好被用来资助自己儿子的冒险。

467　　虽然冈特的约翰在这场所谓的十字军远征中的作战对象实为基督徒——他的王位竞争对手特拉斯塔马拉的胡安（John of Trastámara）的忠诚势力——而非伊比利亚的穆斯林，后者在伊比利亚半岛的统治区域不过是偏南部、领土仍在不断缩减的格拉纳达埃米尔国，但此事并不重要。在 14 世纪晚期，教廷处于分裂之中，而在 1378 年至 1417 年一直存在着两位（在某一时间有三位）对立教皇，分别以阿维尼翁和罗马为基地。这就意味着类似冈特的约翰所发动的这种战争很容易就被冠以十字军的称号，因为他是罗马教皇乌尔班六世的一名支持者，而特拉斯塔马拉的胡安则支持阿维尼翁的对立教皇克雷芒七世。与他的前任们一样，乌尔班六世也乐得为了教会政治的目的而将十字军当作武器使用。于是冈特的约翰便以十字军的大义名分为自己抢夺王冠，尽管他最后并未成功，而是于 1388 年签订一项协议，将自己的女儿凯瑟琳嫁给特拉斯塔马拉的胡安之子，但还是得到了大量的西班牙金币，足足动用 47 头骡子才把这些金币运回英格兰。[3]作为一名十字军战士，冈特的约翰名利双收，志得意满，因此决定让自己的儿子博林布鲁克也追随他的脚步。

冈特的约翰不仅资助爱子前去参加布锡考特的比武大赛，还提前写信要求博林布鲁克可以挑战十个回合而不是标准的五个回合，以便能从如此优秀的骑士那里尽可能地学习技巧。毫无疑问，他后来自豪地发现人们一致认为博林布鲁克表现出色。数位编年史家都特别提到，在所有参加大赛的英格兰骑士中，博林布鲁克的马上比武成绩最好。[4]更重要的是，他在比武中使用的是真正的骑枪，而非有时为了减少打斗中的伤害而允许使用的钝头骑枪，这为他下一阶段的远征做好了充分准备。因为在圣安格勒韦尔的比赛结束后，亨利·博林布鲁克做出决定，他将追寻父亲的足迹，通过参加十字军圣战来提高自己的骑士声誉。

✝

博林布鲁克最初选择的远征目的地是北非，法兰西国王的连襟波旁公爵路易二世——布锡考特本人的恩师——正在准备为了热那亚商人的利益向马赫迪耶的柏柏尔穆斯林海盗发起一次海上进攻行动。然而，由于英格兰与法兰西王室之间势同水火的关系，博林布鲁克未能得到后者的同意，无法安全通过法国领土到达马赛——他计划登船的地点。于是，他将注意力投向欧洲东北部的普鲁士。1390年夏，他前往波罗的海，再次由数十名激情洋溢的英格兰年轻健将陪同，找到条顿骑士团并且颇费了一段时日，与他们一起同异教徒立陶宛人作战。①

博林布鲁克在欧洲北部实现自己十字军抱负的一个主要障碍就是，正如前文所述，波罗的海地区的主要异教徒——立陶宛大公雅盖沃在四年前为了得到波兰王国的统治权已经皈依了基督教。因此，当他到达普鲁士的时候，博林布鲁克发现自己时运不济：加入了一场刚刚被剥夺了主要目标的十字军战争。这与当初的理想相距甚远，若是在早年，整个十字军作战行动可能就此终止。但对于像博林布鲁克这样14世纪晚期的冒险家来说，十字军圣战主要是一场光鲜体面的武装游行，尽管表

⁴⁶⁸

---

① 根据传统，与条顿骑士团合作的外国十字军战士在冬季和夏季与波罗的海的异教徒作战。这些作战行动被称为"旅行"（reysen，德语为Reisen）。——原注

现个人虔诚是一个重要因素，但敌人是谁在一定程度上无关紧要。对于这位年轻的英格兰贵族来说，幸运的是，条顿骑士团在 1390 年并未完全停止在立陶宛的作战。雅盖沃的亲戚之间就谁应当担任他的副王爆发了一场争斗，条顿骑士团也将自己卷入其中。以此作为政治幌子，十字军战争就可以像往常一样继续下去，因为还有许多普通的立陶宛人仍然坚持着他们古老的异教信仰和习俗，正好适合基督徒予以改造。这样一来，博林布鲁克和他的随从们终于可以尽兴了。他们加入条顿骑士团对维尔纽斯（Vilnius）的一次进攻行动中，该城是萨莫吉希亚（Samogitia，立陶宛语为 Zemaitija）地区守旧派异教徒的都城，这群英格兰人的服役期从 1390 年 8 月一直持续到 1391 年 3 月，他们杀得血流漂橹。根据英格兰 "威斯敏斯特" 编年史家收到的一封简讯，博林布鲁克和他的亲兵们在夏季的一场围城战中大显身手，并以 "火焰和兵器" 帮助十字军攻下了维尔纽斯，杀死或俘虏了 4000 名异教徒，在战场上 "鹤立鸡群"。[5]

战斗结束后，他们尽情欢庆了好一段日子。既然当年冬天还未寒冷到足以打仗的程度——被称为 "荒野" 的萨莫吉希亚沼泽地带还没有冻结到可以乘骑战马穿越的地步——他们就在黑暗寒冷的那几个月里在柯尼斯堡（Königsburg）饮酒、玩骰子并狂欢作乐，将冈特的约翰资助的大笔钱财花在异教徒战俘身上，因为博林布鲁克认为可以通过个人赞助使他们皈依基督教。[6]直到第二年 4 月他们才返回英格兰，吹嘘他们的成就，炫耀此行的战利品，其中包括猎捕到的漂亮奇禽、一只麋鹿和一头野熊，以及许多奇闻逸事——在随后将近 20 年的反复讲述中变得更加离奇古怪。

✝

　　1392 年，博林布鲁克重返普鲁士，意图再度与异教徒展开厮杀，但这一回他失望地发现那里真的没有参加十字军圣战的选择了。然而，他没有返回家乡，而是效仿布锡考特的先例·将自己的十字军冒险转变为一段朝圣之旅，将目光转到东方。在接下来的十个月里，他与一小群扈从和追随者［包括一个名为雅各布的捐客和一个叫作克拉基尔（Crakyll）的私人号手，他们每到一地，这个号手就大张旗鼓地宣布这个团队的到来］一路直穿中欧腹地来到威尼斯。[7]他们在这座城市从与博林布鲁克父亲有联系的金融家那里筹集资金、租借船只并且驶向医院骑士团控制下的罗得岛。然后他们又继续前往雅法——这座在一个多世纪前就被丢弃给马穆鲁克的城市，而后沿着古代朝圣者的路线穿过犹太山到达耶路撒冷。这样，有别于他的金雀花家族前辈中最著名的十字军战士狮心王理查，博林布鲁克实实在在地游历了一番圣墓教堂（现由方济各会修士照管）。在当地短暂停留之后，他沿原路折返，于 1393 年 7 月回到英格兰，这一次他所讲述的故事比其两年前从普鲁士带回的故事更加激动人心，除此之外，还有更具异国情调的动物：一只鸵鸟、一只鹦鹉和他在塞浦路斯岛上捕获的一头花豹。[8]

　　博林布鲁克在彼时已 26 岁，即使他并非那种传统观念上的十字军战士，他年纪轻轻就取得如此壮举，这意味着他现在是王国内经验最丰富、游历最广的骑士贵族之一，而且骑士名望无人能出其右。他经过奋斗而得来的英勇善战之名、高洁正直之品行以及对信仰的忠诚都使他获益匪浅。六年半后，一场

470

政治革命席卷了整个英格兰：博林布鲁克废黜了他的堂兄理查二世并取而代之，黄袍加身为亨利四世。尽管将他推上这一高位的一连串事件充满了暴力、纷争和创伤，但几乎没有人会否认，十字军战士博林布鲁克已经具备了国王的品性。

✠

当博林布鲁克在王位之路上披荆斩棘时，布锡考特也在自己的世界里乘风破浪。在圣安格勒韦尔的比武大赛结束后（他随后又转道巴黎，接受"女士们的宴请和尊崇"），他也前往普鲁士为条顿骑士团效力。[9]这实际是他第三次参与波罗的海的十字军征战，而法兰西宫廷也注意到了这一事实并对他颇为赞许。在创下这些"可钦可佩、广受赞扬的义举"之后，布锡考特被法王查理六世召唤到图尔觐见，被赐予法兰西元帅的头衔——王国内最高级别的两阶军衔之一。这是一项将伴随他余生的职责，不仅包括在断断续续、不时爆发的百年战争中与英格兰人作战，也包括在十字军战争中全力以赴。一场针对土耳其人的新战争正在召唤各方的仁人志士。1396 年，布锡考特同意参战。当年春天，他与其他许多"骑士和扈从……年轻的王亲贵胄，以及诸多希望避开无所事事、将时间和精力用于行侠仗义的男爵和贵族"前往东欧。根据布锡考特的同时代传记作者的说法，他们一致相信，"但凡远征之举，莫不以效命天主至为荣耀"。[10]尽管他们谁也不知道，他们加入的这支军队可能是中世纪西方基督教世界为对抗穆斯林势力所召集的最后一支十字军大军。

迎战他们的敌人是一股新生的突厥力量——即将崛起的奥斯曼帝国。以其第一代首领奥斯曼一世得名的奥斯曼部族是一群在 13 世纪 90 年代于小亚细亚开辟出一小块领土的土耳其人，当时正值塞尔柱帝国的统治在马穆鲁克和蒙古人的反复冲击下土崩瓦解之际；100 年后，奥斯曼人已经通过大举扩张成为小亚细亚的主宰。① 14 世纪 60 年代，他们渡过博斯普鲁斯海峡，开始在巴尔干半岛南征北战，迫使保加利亚沙皇称臣纳贡，并占领了塞尔维亚全境。

　　奥斯曼帝国势不可挡的崛起使得君士坦丁堡的拜占庭人陷入了四面楚歌的境地，只能依附于城外最贫瘠的土地苟延残喘，城墙外的土耳其部队则驻扎在半永久性的工事中对其虎视眈眈。奥斯曼人的扩张对匈牙利和波兰的领土完整也构成重大威胁。因此，匈牙利国王西吉斯蒙德（Sigismund）呼吁其他基督教势力施以援手，保卫他的边境。他与威尼斯和热那亚一拍即合，奥斯曼帝国对东地中海岛屿和港口的蚕食鲸吞使这两个国家都深感自身的贸易力量受到严重威胁。罗马教皇卜尼法斯九世将抵抗奥斯曼人的战争鼓吹为一场十字军圣战，阿维尼翁的对立教皇本笃十三世也如法炮制。在法兰西和英格兰，老兵兼作家梅济耶尔（Mézières）的腓力四处游说，倡导建立一个被他称为新受难骑士团（New Order of the Passion）的十字军骑士社团，并以他支持东方圣战的文章不断纠缠着欧洲的统治者们。[11] 所有这些十字军狂热情绪在一个恰当的时机汇聚成合力。百年战争暂时处于休战期，而法兰西则因查理六世疯癫发狂而政局大乱，对于布锡考特这样的骑士来说，这意味着此时正是众志成城、奋不顾身地捍卫基督教世界的时刻。[12] 骑士

472

---

　　① 蒙古人所建立的伊儿汗国在 13 世纪中叶宣称拥有对小亚细亚的宗主权，但到了 14 世纪 50 年代已经瓦解消亡。——原注

们对 1396 年的十字军布道一呼百应，这是 13 世纪以来最接近那种传统意义上的十字军东征"总路线"的一次运动。

然而，这场讨伐奥斯曼人的战役结果，也完全符合 13 世纪的传统。1396 年早春，一支大军在匈牙利集结，数百名西欧骑士和数以千计来自法兰西、勃艮第、波兰、波希米亚和德意志诸侯国的步兵加入。大约 1.5 万人的十字军从匈牙利都城布达启程，顺多瑙河而下，直趋保加利亚领土，奥斯曼帝国苏丹巴耶济德一世（Bayezid I）此前已在那里征服了许多城镇和要塞。十字军试图收复的要塞位于尼科波利斯［Nicopolis，又名为尼科波尔（Nikopol）］。9 月初，他们在要塞外扎下营盘，进行围城战并开始挖掘地道以破坏城墙。在起初两周多的时间里，一切看起来大有希望。然后，用布锡考特的传记作家的话来说，"命运之恶意"转而向十字军下手。[13]苏丹巴耶济德一世率领一支规模至少等同于基督徒的军队来援，并于 9 月 25 日在一场激战中将十字军彻底击溃。基督教联军中匈牙利与法兰西部队之间的分歧导致了战场上的混乱，而法国人的损失尤其惨重，一大批位高望重的贵族当场丧命，其中就包括法兰西元帅维埃纳的让（Jean of Vienne）。布锡考特被俘，并且被迫观看数千名地位较低的法兰西战士被扒光衣物，只剩内衫，然后被弯刀砍下头颅。他被囚禁在小亚细亚，直到 1397 年 6 月下旬，勃艮第公爵的使者来到这里，同意支付 20 万弗罗林的赎金，并由威尼斯银行家向苏丹预付款项。布锡考特虽被释放，但尼科波利斯战役对法兰西的骑士精神来说是奇耻大辱。编年史家让·傅华萨（Jean Froissart）将这次惨败与传说中的龙塞斯瓦列斯（Roncesvalles）之灾难相提并论：公元 778 年，法兰西 12 位伟大的贵族在查理大帝与穆斯林的鏖战中全部命丧比利牛斯山下。[14]"当巴黎所有教堂的钟声响起,人们为死者举行弥撒和祈祷时,时人闻之莫不生出悲天悯人之感,"布锡考特的传记作家写道,"并也纷纷随之祷告哀惜。"[15]

✝

一从奥斯曼的囹圄生活给他带来的创伤中恢复过来,布锡考特就立即重启他自勉自励的英雄主义事业,而与土耳其人和其他东地中海势力的战争仍然是其中的主旨。当他的同龄人亨利·博林布鲁克在 1399 年的剧变中君临英格兰时,布锡考特则试图保卫君士坦丁堡不受土耳其人的侵犯。第二年,他创立了绿盾白衣女骑士团(Order of the White Lady of the Green Shield),这是一个慈善性的比武协会,其成员发誓要为在尼科波利斯失去男人的寡妇和孤儿而战。在法兰西王国于 1401 年吞并热那亚后,布锡考特成为当地总督,在随后的九年里不加区分地与威尼斯人、奥斯曼人和马穆鲁克人在塞浦路斯周边、小亚细亚和叙利亚海岸厮杀。他于 1403 年洗劫贝鲁特,但他这次攻击的主要受害者是在该城内交易的威尼斯商人,他们损失了大批货物。1407 年,他试图组织兵力向埃及城市亚历山大发动进攻,但因为缺少塞浦路斯国王的政治支持而受阻。次年,他在热那亚和普罗旺斯之间的水域与四艘北非桨帆船进行了一场激动人心的海战。这位战士从不苟且偷安。

即便布锡考特的敌人中包括十字军传统战场上的穆斯林,布锡考特本人却很难称得上传统意义上的十字军战士。当对他钦佩不已的传记作家不厌其详地述说最能体现他虔诚之处的人格特征时,这位作家罗列的事例包括好善乐施、同情贫弱、勤做祷告、定期朝圣、遵守教会的斋戒日、拒绝使用污言秽语或

474

亵渎神灵的誓言，以及厉行戒绝赌博、烈性酒、辛辣食物和与妇女眉目传情。[16]以基督及其遗产的名义屠杀异教徒则不值一提。而且，也许恰好符合自身职务的是，布锡考特结束自己战斗生涯的地点并不在耶路撒冷，或是圣地其他的地点。1415年10月25日，他在阿金库尔战役中担任法军先锋的指挥官，这是另一场灾难性的溃败，他被英格兰人俘虏，并于1421年6月25日作为一名战俘在约克郡死去，享年56岁。也许最具讽刺意味的事实是，使他在人生最后阶段长期为囚的那个人正是英格兰人在阿金库尔战役中的总指挥，即于1413年在其父亲亨利·博林布鲁克逝世后继承英格兰王位的国王亨利五世。

✝

博林布鲁克和布锡考特那一代追求骑士理想的十字军战士的逝去并没有完全标志着十字军运动的终结。西方教会大分裂也没有结束，尽管在1417年随着教皇马丁五世的当选，教廷重新归于一统。最终由分裂衍生出的紧张和对抗关系在欧洲中部演变成波希米亚的一系列战争，在那里，教会改革者扬·胡斯（Jan Hus）的追随者们受到反改革联盟经年累月的追杀，这一变化不定的联盟由神圣罗马帝国的内外势力组成，包括条顿骑士团的成员，而在1427年，已故的亨利·博林布鲁克的一个同父异母弟弟——温彻斯特主教亨利·博福特（Henry Beaufort）也加入其中。但至少对于英格兰和法兰西十字军战士来说，15世纪无疑见证了十字军热情的显著衰弱，即使圣战的口号依旧响亮。进入16世纪，诸如英格兰国王亨利八世、法兰西国王弗朗索瓦一世，以及神圣罗马帝国皇帝、西班牙国王查理五世这样的君主，继续以虚华辞藻谈论募集基督教军队去讨伐背信弃义的土耳其人。但这种言论多半只是作秀而已，往往于这些交战不断的国家之间进行和平谈判时甚嚣尘上：一个老生常谈的计划，只是在理论上有力量团结基督教王公们，迫使他们停止互相攻击。而在现实中，民族国家的浮现和宗教改革运动产生的尖锐分歧，使得西方在这个时代关于十字军东征的言论变成了夸夸其谈和外交上的故作姿态，仅此而已。

　　在东欧，情况则有些不同，因为在这一地区，奥斯曼帝国的威胁在15世纪日甚一日。1402年，奥斯曼人在小亚细亚遭遇重挫，苏丹巴耶济德一世（尼科波利斯战役的胜利者）所统领的一支军队被跛子帖木儿（Timur the Lame、Tamerlane）的精兵悍将打垮，后者是一个在中亚复兴的蒙古帝国的领袖。然而，到了15世纪中叶，奥斯曼帝国重新成为从巴尔干到叙利亚北部广大地区的主宰。当时间来到1526年，他们又征服了马穆鲁克苏丹国，并将他们的统治扩张到叙利亚、巴勒斯坦、美索不达米亚、埃及和阿拉伯半岛西部的汉志地区。奥斯曼人在地中海东部的存在自然而然地使他们经常与该地区的基督教统治者发生冲突。1453年，在历经53天的围攻战后，奥斯曼军队终于征服君士坦丁堡，彻底灭亡拜占庭帝国，并杀死了最后一位拜占庭皇帝君士坦丁十一世·帕列奥罗格（Constantine XI Palaiologos）——这场胜利不出意料地引发了一场遍及基督教世界的良心危机，以及相应的十字军圣战宣言。来自匈牙利和塞尔维亚的十字军被迫组织起来，保卫贝尔格莱德不受奥斯曼帝国的侵略。多年之后，在地中海东部岛屿周围与奥斯曼水手作战的海军舰队也悬挂着十字军旗帜。在所难免的是，鉴于该地区的悠久历史传统，基督教和穆斯林势力之间在这一背景下的任何冲突必然都会自动地与十字军运动联

476

系起来。但在现实中，当耶路撒冷于 1517 年落入奥斯曼人手中之时——伟大的苏丹苏莱曼大帝在登基后的年代里以宏大的规模对其进行改造和重建——十字军东征已不再是一个严肃的现象，只不过是一个口号而已。

✛

如果说有一事件可称得上标志着十字军时代结束的话，那既非君士坦丁堡也非耶路撒冷的陷落。准确地说，这一事件于 1492 年 1 月 2 日发生在伊比利亚半岛南部的格拉纳达。自 1212 年沉重打击穆瓦希德帝国对伊比利亚统治的拉斯纳瓦斯-德托洛萨战役以来，半岛上的穆斯林势力一日不如一日，而到 13 世纪中叶为止，穆斯林势力在欧洲大陆上仅存的堡垒便是格拉纳达埃米尔国。曾经的西班牙哈里发国盛极一时，如今只留下这一丝残影，这里虽有内华达山脉（Sierra Navada）①天险保护，并且通过直布罗陀与北非的伊斯兰世界互通声息，但名为纳斯里（Nasrid）王朝的埃米尔国统治者们通常还是会向卡斯蒂利亚王国进贡以求后者对其不加干涉。

然而，在 15 世纪 80 年代，伊比利亚半岛上一股新兴的强大力量将严厉的目光投向纳斯里王朝治下的格拉纳达埃米尔国：阿拉贡国王斐迪南二世和卡斯蒂利亚女王伊莎贝拉一世的联合君主政体，也就是所谓的"天主教双王"，两人的婚姻使

---

① 位于西班牙东南部，山脚下就是格拉纳达市，靠近地中海沿岸。大致呈东西走向，长约 41 千米，有数座海拔 3000 米以上的山峰，其中最高峰穆拉森山海拔 3718 米，为伊比利亚半岛最高点。美国内华达山脉的名字即来源于此山，系由西班牙探险队于 1518 年命名。现已成为欧洲南部的滑雪胜地。

得伊比利亚半岛上两个基督教大国合为一体。将穆斯林统治的最后余孽赶出伊比利亚是斐迪南二世与伊莎贝拉一世共同的虔诚使命。经过十年征战，他们迫使格拉纳达埃米尔国屈膝投降，该国最后一代埃米尔穆罕默德十二世，即巴布狄尔（Boabdil），将阿尔罕布拉宫（Alhambra）① 的钥匙交给斐迪南一世和伊莎贝拉一世，然后在一声叹息中离开自己的王国，在摩洛哥度过流亡生活。在接下来的岁月里，西班牙军队蜂拥越过直布罗陀海峡来到北非，袭扰穆斯林诸城，征服对其有用的前哨基地，南至加那利群岛（Canary Islands）。收复失地运动至此结束。[17]

✝

在 1492 年 1 月 2 日这一天于阿尔罕布拉宫目睹大事件的人群中，有一位名叫克里斯托福罗·科隆博（Cristoforo Colombo）的热那亚探险家，也就是后来名留青史的克里斯托弗·哥伦布。"我看见国王和女王殿下的旗帜在阿尔罕布拉宫的塔楼上胜利升起，在卫城城堡的上空飘扬，摩尔人国王走出城门，亲吻殿下的双手。"他在后来呈递斐迪南二世和伊莎贝拉一世的信中写道。[18] 显然，这一场景震撼了他的内心。当月晚些时候，哥伦布从天主教双王那里得到了航行委任状，寻找一条将带他向西绕过地球到达远东的海上新航线，正如他所言，这是一个神圣使命，"观察印度的这些地区，以及这片土

478

---

① "阿尔罕布拉"意为"红色城堡"或"红宫"，是古代清真寺、宫殿和城堡建筑群，为伊斯兰教世俗建筑与园林建造技艺完美结合的建筑名作，是阿拉伯式宫殿庭院建筑的优秀代表，1984 年被选入联合国教科文组织世界文化遗产名录。

地上的君主和民族，并考虑让他们皈依的最好办法"。

尽管哥伦布对自己的目的直言不讳——他执行此番雄心勃勃的任务主要在乎获利——但他也明确表示这次航海之旅自有虔诚之因，这与十字军运动中孵化出的所有思维模式相吻合。即使在他为其王室赞助者们所堆砌的奉承辞藻中，也暗含着四个世纪以来的十字军狂热。"国王和女王殿下作为天主教君主和神圣基督信仰的虔诚传播者，自始至终就是穆罕默德之教派以及所有偶像崇拜和异端邪说的天敌……"[19]在1492年5月12日星期六这一天，阿尔罕布拉宫落入基督徒之手的五个月之后，哥伦布从格拉纳达扬帆起航，先是按照海图向南驶向加那利群岛，然后于8月3日毅然进入大西洋。

他在1493年3月4日这一天回来了，其麾下船只穿过一场"无情风暴"的最后一阵狂风后蹒跚返乡，扎进了位于里斯本附近塔霍河口的港口。他带回了陌生的种族、前所未见的异国物品和他所发现的土地（美洲）上蕴藏着巨大财富的传说。那里可供夺取的香料、黄金和奴隶的数量之多几乎让他无法描述，而他认为可以改信基督教的异教徒灵魂也是如此。他在写给斐迪南二世和伊莎贝拉一世的信里宣告了他的归来，并建议天主教双王——

> 应当举行盛大的庆祝活动，用庄严的祈祷向圣父、圣子和圣灵表达庄严的感谢，为如此之多的民族皈依我们的神圣信仰而将获得的巨大胜利，以及随之而来的世俗利益而表示感谢，因为不仅是西班牙，整个基督教世界都将得到鼓励和收益。[20]

毋庸赘言，哥伦布在 1492 年的航海之旅改变了世界。他的宣　479
言——新领土上到处都是可以交易或窃取的物品，到处都是可
以征服、使其皈依或杀害的民族——帮助开启了全球历史的一
个新阶段。哥伦布之后，欧洲的未来出路在于西方，而非东
方。渐渐地，随着基督徒冒险家们不遗余力地在与圣地相悖的
方向上斩波劈浪，激励前几代人冒险前往圣地的所有活力、兴
奋，还有冷酷、残忍和狂热都如洪水般涌回。虽然颇费时日，
但西方基督教世界的诸王国最终还是找到了他们的新耶路
撒冷。

　　成千上万的欧洲人漂洋过海前往那里，仿佛这是天主本尊
之意。

尾声　十字军 2.0

伊斯兰教及其人民，

与十字军及其追随者之间的战斗，是一场漫长的战争。

2019 年 3 月 15 日午时，一名持枪男子独自驱车前往位于新西兰克赖斯特彻奇（Christ-church）市里卡顿（Riccarton）社区的努尔（Al-Noor）清真寺。到达那里后，他离开自己的汽车，镇定自若地走进清真寺并开始射击。他使用的武器包括一支半自动霰弹枪和一支配有闪光灯的半自动步枪，头戴一顶装有摄像头的头盔，通过摄像头在脸书上直播自己的行动。在短短六分钟内，这名枪手杀害了 40 多人。然后，他返回自己的汽车，又行驶到市区另一边数英里外的林伍德伊斯兰中心（Linwood Islamic Centre）。在那里，他又杀害了七人，然后再度驾车逃走。最终，他在前往第三个穆斯林朝拜地点的途中被捕。在暴行被制止之前，他向网上的观众大声评论自己的表现。"我甚至连瞄准的时间都没有，"他说道，"目标如此之多。"

这名遭到逮捕并且被指控为克赖斯特彻奇清真寺枪击案主要嫌疑人的男子是一个 28 岁的澳大利亚人，名叫布伦顿·塔兰特（Brenton Tarrant）。在本书尚在写作中时，针对塔兰特的法律诉讼正在新西兰进行，但全世界数以百万计的人都看到了克赖斯特彻奇枪击案的照片，读到了一份显然是由塔兰特所写的声明，这份声明在袭击开始前不久被发布在各个网站上，并通过电子邮件发给了几十个收件人，其中就包括新西兰总理杰辛达·阿德恩（Jacinda Ardern）的办公室。

482

　　这份宣言题为《大替换》（The Great Replacement）①，作者自诩为"生态法西斯主义者"和"族群民族主义者"。他还把自己塑造成一名战士，参加了一场在基督徒和穆斯林之间延续数百年之久的战争。文中宣泄的白人至上主义极端情绪不胜枚举，枪击案则被称为"对 1300 年来伊斯兰教给西方人民带来的战争与毁灭的报复"。布伦顿·塔兰特提到了基督徒与穆斯林在巴尔干半岛以及其他地区的历史争端。这些冲突从 8 世纪一直延续到 19 世纪，有些是中世纪十字军东征中的战斗。在一盒步枪弹匣上，他涂上了"安条克亲王博希蒙德一世"的名字。另一个暗示第三次十字军东征的标语是"阿卡1189"。他将自己的一支步枪命名为"Turkofagos"，意为"突厥猎食者"。宣言称，一个名为"重生之圣殿骑士"的组织为此次袭击祈福，并且对极右翼杀人狂安德斯·贝林·布雷维克（Anders Behring Breivik）推崇备至，后者于 2011 年在挪威于特岛（Utøya）杀害了 77 人（布雷维克在受审时声称自己是一个业已复活的圣殿骑士团中的一员，他在其中的代号是西居尔——取自十字军国王"耶路撒冷旅行者"西居尔一世）。克赖斯特彻奇惨案的始作俑者在宣言书中的某处引用了乌尔班二世于 1095 年在克莱蒙发起第一次十字军东征时的布道辞。"问

---

① "大替换"论起源于法国右翼知识分子、身份主义运动的理论家之一雷诺·加缪（Renaud Camus）出版于 2011 年的同名书，被这名恐怖分子借用来命名自己的"宣言"。

问你们自己，教皇乌尔班将怎么做?"他写道。

尽管他没有使用这个词，但他明显地将自己视作一名21世纪的十字军战士。[1]

✝

几乎所有的历史学家都认为十字军东征已经结束了。至于483确切的结束时间，则是一个仍在讨论和争辩的历史问题。有些人认为其终点是在1291年夏天——阿卡陷落，巴勒斯坦和叙利亚的十字军国家也随之崩溃。其他人，一如我在本书中所写，认定十字军东征止于1492年收复失地运动大功告成。思路最开阔的人可能会将十字军的故事延长到1798年，拿破仑·波拿巴于当年在埃及远征行动中（他攻占了亚历山大）将圣约翰骑士团逐出马耳他岛。此事一向难以达成共识，而且其中任何一个日期都自有合理原因供人采用。但就总体而言，学者们已同意"真正的"十字军东征已成为过去的事物。天主教会以精神救赎的承诺积极招募军队去征服和杀害非基督徒的日子已经一去不复返了。我们的世界与布永的戈弗雷、狮心王理查、赞吉和萨拉丁这些人物的世界相比，迥异之大以至于前人的痕迹在今日无可辨识。中世纪的那些冲突不属于我们，那个世界早已消失。

然而，并非所有人都认同历史学家的理性意见。实际上，时至今日，依然有许多形形色色的极端主义分子存在——无论是基督徒还是穆斯林——他们认为十字军运动仍然是一个重要的概念，可以（或者应该）继续定义这两种信仰之间的现代关系。在他们看来，十字军东征不仅仅是一种比喻说法，或甚至是一种以令人毛骨悚然的形式重演历史的煽动性案例，而且是一种真实且仍在进行中的现象：一场从中东和北非到西方城市街头的战争，伦敦、纽约、巴黎、柏林、马德里、克赖斯特彻奇都概莫能外。

即便粗略一瞥21世纪最臭名昭著的恐怖袭击，也可证实这种态度仍然盛行。1998年2月，奥萨马·本·拉登，一个名为"基地"（al-Qaeda）的恐怖组织的领导人，与来自埃及、巴基斯坦和孟加拉国的数名激进分子一道，公开叫嚣要对"犹太人和十字军"发动圣战。按照他们的说法，后两者在阿拉伯半岛的"累累罪恶"，是"对安拉、安拉的使者和穆斯林赤裸裸的宣战行为"。[2]六个月后，美国在达累斯萨拉姆（坦桑尼亚）和内罗毕（肯尼亚）的大使馆遭到卡车炸弹袭击，逾200人死亡。2001年9月11日，一系列规模更大的恐怖袭击发生在纽约和华盛顿特区。世贸中心和五角大楼的一部分在被劫持的飞机撞击下毁于一旦，数以千计的生命就此消逝。

"9·11"暴行发生五天后，时任美国总统乔治·W.布什站在白宫的南草坪上，告诉美国人民和他们的盟友，"这场十字军东征，这场针对恐怖主义的战争，将会需要一段时日"。[3]这是一个灾难性的误判，尽管布什在其任期的剩余时间内小心翼翼，不再提及十字军东征，但他从来未能忘记这次失误。作为回应，本·拉登呼吁全世界的穆斯林保卫自己，反抗"美利坚十字军"，并且将布什称为"头号十字军分子……在十字大旗下耀武扬威"。[4]2003年，当美国与包括英国在内的盟友准备入侵伊拉克时，本·拉登重申了他的号召："十字军"正在开展一场"主要是针对伊斯兰人民的……十字军战争"。[5]2005年，他对布什的顾问迪克·切尼和唐纳德·拉姆斯菲尔德在此

484

前摧毁巴格达的行为严加批判，控诉其严重程度超过了蒙古统治者旭烈兀在 1258 年造成的破坏。

本·拉登死后，"基地"组织的分支"伊斯兰国"（IS）及其自命的"哈里发"阿布·巴克尔·巴格达迪（Abu Bakr al-Baghdadi）接手了国际伊斯兰恐怖分子活动的领导权，而且继续将西方的基督教政权称为"十字军"，将他们对西方目标的攻击描述为战争行为，是出于抵抗"十字军"侵略的正当必要性。布什的继任者奥巴马总统偶尔尝试用更微妙的历史解读予以回应；他在 2015 年的一次早餐祈祷会上指出，"在十字军东征和宗教审判的过程中，相关人等以基督的名义犯下了可怕的罪行"。[6]即便这样也无济于事。"伊斯兰国"的出版物，包括该组织的官方杂志《达比克》（*Dabiq*）①，简单地将奥巴马描述为新任十字军首领，并将诸如 2005 年 7 月 7 日伦敦地铁和公交车爆炸案等恐怖袭击中的受害者称为"十字军"。要找出原因并不难。把人们在现代世界中感知到的西方所有罪恶与九个世纪前法兰克人的所作所为联系起来，认为这是一场永恒的十字军东征，实在是太有宣传价值了。

✝

当然，"基地"组织和"伊斯兰国"在利用十字军的记忆来达到自己目的这一方面并非始作俑者。1898 年 10 月，德意志第二帝国皇帝威廉二世骑着一匹白马在耶路撒冷招摇过市，身着荒唐可笑、伪装成中世纪风格的服装，仿佛他就是 1229

---

① 得名自叙利亚西北部城镇达比克，即伊斯兰教末世论中穆斯林与基督徒决战并得胜之处。

年的腓特烈二世·霍亨施陶芬再世（后来，他又在大马士革
向萨拉丁的陵墓上敬献了一个巨大的青铜花圈，上面刻有浮夸
的阿拉伯语题词）。

　　将近 20 年后，1917 年 12 月，当第一次世界大战（这位
德意志皇帝在很大程度上要为此负责）接近尾声时，耶路撒
冷在大不列颠帝国军队的一次进攻下陷落。与威廉二世相反，
英国将军埃德蒙·艾伦比（Edmund Allenby）步行进入耶路撒
冷。他很可能并没有像媒体经常报道的那样说过这句话："今
天，十字军东征落下帷幕。"但奉行沙文主义的英国媒体立刻
替他说出了这句话。对于帝国境内生活着一亿穆斯林人口这一
事实非常敏感的大不列颠政府，早已严厉地警告"任何公开
发表的文章、段落或图片，如有暗示针对土耳其的军事行动在
某种意义上是一场圣战、一场现代十字军，或与宗教问题相
关，都是不可取的"，却徒劳无功。需要政府发布这样一个公
告的事实显然表明了此种态度是何其普遍。而就在耶路撒冷陷
落后不久，还是同一个政府，忽视了自己之前的警告，其信息
部委托制作了一部名为《新十字军》的宣传影片，鼓吹反对
奥斯曼土耳其的战争。[7]

　　若要回顾过去数百年里关于十字军记忆的种种利用和误
用，将会占去更大的篇幅。如果这么做，那么从 1914 年的坦
嫩贝格战役——在许多德国人眼里，这是对条顿骑士团于
1410 年在同一地区败于波兰人与立陶宛人之手的绝佳报
复——到 1944 年德怀特·D. 艾森豪威尔将军（后来成为美国
总统）坚持将他领导的把欧洲从纳粹统治下解放的行动称为
"一场伟大的十字军东征"，凡此种种，都将有必要一一道来。
凡是有关十字军一词的挪用，我们都需要一一分析：从已故的

486

美国福音传道者葛培理（Billy Graham）① 的"十字军东征"布道之旅，到英国前首相戴维·卡梅伦在 2015 年的一项愚蠢声明——"建设新家园的一场全国性十字军运动"。简而言之，这远远超出了本书的范围。

因此，我将以一件个人往事结束这本书。在克赖斯特彻奇两座清真寺遇袭一个多月后，在 2019 年复活节（4 月 21 日）那一天，斯里兰卡岛上的教堂和酒店发生多起炸弹引爆事件，造成 250 多人死亡，其中大多数是基督徒。当时我正和家人在斯里兰卡度假，已经完成了你现在所阅读的这本书的主要内容。除了对毁灭性的惨重伤亡感到非常不安之外，我们还震惊地获悉，我们曾计划下榻的一家酒店——科伦坡香格里拉酒店——遭到了自杀式炸弹袭击者的攻击，这名恐怖分子于早餐自助时间在酒店中的一个餐厅里引爆了一个威力巨大的装置。如果袭击发生在 24 小时之后，我们很可能会被炸死或致残，尽管与那些没有我们那么幸运的人的损失相比，那种侥幸脱险的不安觉算不上什么。

在随后的几天里，世界各地的新闻电台报道说，斯里兰卡的爆炸事件是由两个声称效忠于"伊斯兰国"的当地伊斯兰组织实施的。在读到这些组织发表的声明之前，我就知道他们会说些什么。果不其然，在对这些爆炸事件大包大揽的声明里，"伊斯兰国"解释说他们的特工人员将"十字军联盟中的公民所出没的教堂和酒店"设定为目标，并且"向那些正在

① 1918～2018 年，美国当代著名的基督教福音布道家，第二次世界大战以后福音派教会的代表人物之一。自杜鲁门总统以来，葛培理与前后 11 位总统交往，并担任艾森豪威尔总统之后的每一位美国总统的宗教顾问，在盖洛普 20 世纪名人列表中排名第七位。

庆祝异教节日的十字军引爆了自己的炸弹背心"。一段发给《亚洲时报》的视频扬扬得意，大吹大擂道："啊，十字军们……这血腥的一天便是我们对你们的奖赏。"⁸在我研究和写作这本书的所有时间里，我从来没有认真地想到我（更不用说我年幼的女儿们）竟然是一个十字军战士，或甚至是一个十字军公民。现在，我既突然而又戏剧性地发现，在某种意义上，我们成了这种人。

在斯里兰卡爆炸袭击后的一周，"伊斯兰国"领导人阿布·巴克尔·巴格达迪发布了一段宣传视频，这是他五年来第一次现身于公众面前。巴格达迪对科伦坡的大屠杀表示赞许，并鼓动恐怖分子在其他地方发动更多袭击。他再次回应了布什总统在 2001 年 9 月的讲话，说道："伊斯兰教及其人民，与十字军及其追随者之间的战斗，是一场漫长的战争。"

他说得既对也不对。十字军东征已经结束了。但只要世界上还有十字军——不管是真实的还是虚构的——战争就会一直持续下去。

附　录

附录 1：主要人物

阿黛莱德·德·瓦斯托，西西里摄政太后（逝于 1118 年）。西西里国王罗杰一世之妻，罗杰二世继位后成为摄政，并在嫁给耶路撒冷国王鲍德温一世后于短期内成为耶路撒冷王国的王后。

阿德马尔，勒皮主教（逝于 1098 年）。克莱蒙宗教会议上第一批领取十字的人士之一，在第一次十字军东征期间作为教廷使节代表教皇乌尔班二世。

阿方索·恩里克斯，葡萄牙国王（逝于 1185 年）。葡萄牙开国君主，在 1147 年征服里斯本的军事行动中得到了前往东方参加第二次十字军东征的十字军战士的帮助。

阿迪德（1151～1171）。法蒂玛王朝第 14 代且是最后一代哈里发，1160 年以九岁幼龄继位，在谢尔库赫和萨拉丁控制开罗后被废黜。

阿迪勒（1145～1218）。又被称为赛义夫丁或萨法丁。第三次十字军东征期间穆斯林一方为首的埃米尔之一，交战双方短暂地讨论过他与西西里的琼的婚姻安排。在自己的兄长萨拉丁故去后成为苏丹，并且继续维持库尔德裔阿尤布王朝对埃及和叙利亚的掌控。

阿什拉夫·哈利勒（逝于 1293 年）。马穆鲁克王朝苏丹，于 1291 年通过围城战成功地攻占阿卡，完成了摧毁近东十字军国家的任务。

卡米勒（逝于 1238 年）。埃及的阿尤布王朝苏丹。于
1218 年在父亲阿迪勒故去后继位，当时正值第五次十字军东
征肇始。他与神圣罗马帝国皇帝腓特烈二世·霍亨施陶芬保持
了友好的关系，并于 1229 年与后者达成协议，将耶路撒冷归
还给基督徒统治。

穆塔米德（逝于 1095 年）。塞维利亚泰法国第三代也是
最后一代国王。在自己的宫廷吟诗作对，恣意享乐。败于卡斯
蒂利亚和莱昂联合王国国王阿方索六世之后，他邀请摩洛哥的
穆拉比特王朝的援军进入自己的王国领土内，随后被后者
废黜。

萨利赫·阿尤布（1205 ~ 1249）。卡米勒之子。在路易九
世的第七次十字军进攻达米埃塔之初为埃及的阿尤布王朝苏
丹。在 1244 年的拉佛比战役中，与花剌子模突厥人联手摧毁
了十字军军队。

萨利赫·伊斯梅尔（逝于 1245 年）。卡米勒之弟，控制
大马士革的阿尤布家族埃米尔。在拉佛比战役中与十字军
结盟。

扎菲尔（1133 ~ 1154）。法蒂玛王朝哈里发，在一场宫廷
政变中被自己的同性爱人谋杀：这一悲剧破坏了埃及的稳定，
为阿尤布王朝入主埃及铺平了道路。

阿尔贝特，里加主教（逝于 1229 年）。波罗的海十字军
东征早期阶段的先驱教士，以自己家族的骑士为主体创建了一
个难以驾驭的军事修会，名为利沃尼亚宝剑骑士团。

阿莱克修斯一世·科穆宁（1048 ~ 1118）。拜占庭帝国皇
帝，在其漫长的统治期间，塞尔柱突厥人在小亚细亚、包括罗

贝尔·吉斯卡尔在内的诺曼人在巴尔干半岛向帝国发起进攻。他向西方统治者发出提供军事援助的呼吁是促成第一次十字军东征发起的一个主要因素。

阿莱克修斯四世·安格洛斯（逝于 1204 年）。拜占庭帝国皇帝，向第四次十字军东征军寻求援助，以求废黜自己的伯父阿莱克修斯三世，并将自己和父亲伊萨克二世·安格洛斯立为共治皇帝。在十字军进攻君士坦丁堡期间被人谋杀。

"勇者"阿方索六世（逝于 1109 年）。莱昂、卡斯蒂利亚和加利西亚的基督教国王；在收复失地运动早期对穆斯林泰法王国兴兵作战，以"双教之帝"自居。

阿马尔里克一世，耶路撒冷王国国王（1136～1174）。身材矮胖、性格粗暴但行事高效的耶路撒冷国王，在兄长鲍德温三世于 1163 年去世后继位。试图入侵并征服法蒂玛王朝统治下的埃及，却以失败告终。将耶路撒冷王国的王位留给了自己的麻风病儿子——鲍德温四世。

安娜·科穆宁娜（1083～1153）。阿莱克修斯一世·科穆宁之女。撰写了伟大的拜占庭历史著作《阿莱克修斯传》，在记叙阿莱克修斯一世·科穆宁作为拜占庭皇帝统治帝国的过程中为她的父亲百般辩护。严厉批判法兰克人，尤其对塔兰托的博希蒙德严加挞伐。

鲍德温二世，耶路撒冷王国国王（逝于 1131 年）。又被称作布尔克的鲍德温；先是成为埃德萨伯爵，而后又成为耶路撒冷国王。两次在战斗中被俘。将王位传给他的女儿梅利桑德及其丈夫安茹伯爵富尔克。

鲍德温三世，耶路撒冷王国国王（1130～1163）。嗜杀成性的耶路撒冷王国统治者，安茹的富尔克与王后梅利桑德之子。在 12 世纪 50 年代初期因为索取独立的统治权而与自己的生母开战。于 1153 年领导了夺取亚实基伦的军事行动。

鲍德温四世，耶路撒冷国王（1161 ~ 1185）。在父亲阿马尔里克一世亡故后继位成为耶路撒冷国王。罹患严重且逐渐恶化的麻风病，因病致残并最终死亡。

鲍德温九世，佛兰德伯爵（1172 ~ 1205）。第四次十字军东征的贵族领导人，在君士坦丁堡于 1204 年被法兰克人和威尼斯人攻陷后被选为拉丁帝国的第一代皇帝。

布洛涅的鲍德温（逝于 1118 年）。第一次十字军东征的诸侯领导人之一，与兄长布永的戈弗雷一同领取十字。于 1098 年创建埃德萨伯国。之后成为耶路撒冷王国第一代加冕国王，称鲍德温一世。

拜巴尔（逝于 1277 年）。又名为鲁克丁。令人生畏的马穆鲁克王朝苏丹，曾在阿音扎鲁特之战中大显身手，谋杀了他的前任忽都斯，并精心策划了针对十字军国家展开的军事行动。

克莱尔沃的贝尔纳（1095 ~ 1153）。熙笃会修道院院长，孜孜不倦地游说历代教皇和国王，在第二次十字军东征前的布道活动中扮演了重要角色。于 1129 年帮助制定了圣殿骑士团的规章制度。于 1174 年被教会封圣为圣贝尔纳。

塔兰托的博希蒙德（逝于 1111 年）。第一次十字军东征的诺曼领导人之一，成为第一代安条克亲王，终其一生都在与拜占庭帝国皇帝阿莱克修斯一世·科穆宁明争暗斗。

博希蒙德六世，安条克公国 - 的黎波里伯国统治者（1237 ~ 1275）。从 1251 年起就是安条克亲王和的黎波里伯爵。因与蒙古人结盟而遭到马穆鲁克军队的惩罚性进攻，失去了安条克城。

"布锡考特"（1366～1421）。又名为让二世·曼格尔。法兰西元帅，举世闻名的骑士。在中世纪晚期参加的十字军战斗不计其数。

康拉德三世，德意志国王（1093～1152）。第一代霍亨施陶芬王朝德意志国王（但从来未能加冕为神圣罗马帝国皇帝）。率领一支大军参加第二次十字军东征，为霍亨施陶芬王朝创立了一个参加十字军运动的传统。

丹伯特，比萨大主教（逝于 1105 年）。来自美因茨的教士，参加了伊比利亚半岛与东方的十字军战争。于第一次十字军东征后被任命为耶路撒冷宗主教，任期短暂。

多梅尼科·米基耶利（逝于 1129 年）。于 1118 年当选为威尼斯总督，直至任上去世。率领威尼斯远征军于 1124 年帮助十字军征服提尔，在十字军国家确立了牢固的威尼斯势力范围。

爱德华，王太子（1239～1307）。后来的英格兰国王爱德华一世。于 1271 年至 1272 年前往阿卡参加十字军战争。因十字军诸国与马穆鲁克王朝缔结停战协议而大受挫折，并勉强躲过一个阿萨辛派刺客的暗杀。

阿基坦的埃莉诺（1122 或 1124～1204）。在她的第一段婚姻里嫁给路易七世，成为法兰西王后。前往东方参加第二次十字军东征，在此次东征期间她与路易七世的婚姻关系破裂。有谣言称她与自己的叔叔——安条克亲王普瓦捷的雷蒙有不伦关系。后来与路易七世离婚并嫁给了英格兰国王亨利二世。

恩里科·丹多洛（逝于 1205 年）。双目失明、年事已高的威尼斯总督，第四次十字军东征的领导人之一。在很大程度上要为此次十字军攻占基督教城市扎拉和君士坦丁堡负责。

尤金三世，教皇（逝于 1153 年）。熙笃会修士，克莱尔沃的贝尔纳的门徒。于 1145 年成为教皇，并以谕令《吾辈先烈》号召发起第二次十字军东征。

斐迪南二世，阿拉贡国王（1452～1516）**和伊莎贝拉一世，卡斯蒂利亚女王**（1451～1504）。"天主教双王"，他们的婚姻实际上统一了由基督徒控制的西班牙。对格拉纳达最后一代埃米尔发动的战争在事实上完成了收复失地运动。资助了克里斯托弗·哥伦布在 1492 年发现新大陆的探险行动。

阿西西的方济各（逝于 1226 年）。意大利托钵修士，创立了方济各会，因简朴虔诚和信奉基督式的清贫乐道而广受敬仰。于第五次十字军东征期间出现在埃及，试图劝说苏丹卡米勒皈依基督教。

腓特烈二世·霍亨施陶芬（1194～1250）。将德意志、意大利北部和西西里归于一统的神圣罗马帝国皇帝。于 13 世纪 20 年代率领第六次十字军东征军前往圣地，但四次被教廷绝罚，并在他与教皇国的战争中无数次受到被教廷鼓动的十字军的攻击。

安茹的富尔克（1092～1143）。法兰西中部的强大领主，前往东方并通过与鲍德温二世长女梅利桑德的婚姻成为耶路撒冷国王。

成吉思汗（逝于 1227 年）。出生时得名铁木真，蒙古帝国的创建者。这一庞大帝国经过扩张后的领土包括远东、中亚和中东的广阔区域，并且威胁到东欧。去世后其汗位由三子窝阔台继承。

安条克的乔治（逝于 1151 或 1152 年）。西西里国王罗杰二世的海军司令和谋臣。原是叙利亚出生的东正教希腊基督徒，于 12 世纪 40 年代威震希腊诸岛和北非，当时正值第二次十字军东征期间。

布永的戈弗雷（1060～1100）。下洛林公爵，在第一次十字军东征的领袖们之间脱颖而出。当选为耶路撒冷拉丁王国的第一代统治者，但是拒绝了国王的头衔。去世后耶路撒冷王国的统治地位由他的弟弟布洛涅的鲍德温继承。

格列高利九世，教皇（逝于 1241 年）。于 1227 年当选为教皇；与腓特烈二世·霍亨施陶芬长期争斗，在后者抵达圣地之前将其开除教籍。为处理异端问题而创立了宗教裁判所。

吕西尼昂的居伊（逝于 1194 年）。娶阿马尔里克一世之女西比拉为妻，成为耶路撒冷国王。他率领的法兰克军队在哈丁战役中遭遇惨败。在西比拉死后从圣殿骑士团购得并接管塞浦路斯王国。

亨利·博林布鲁克（1367～1413）。后来的英格兰国王亨利四世，冈特的约翰之子。冈特的约翰在伊比利亚半岛的战争被可疑地界定为十字军战争。博林布鲁克在青年时期与条顿骑士团在普鲁士并肩作战，而后前往耶路撒冷朝圣。

亨利二世，英格兰国王（1133～1189）。英格兰金雀花王朝国王。娶阿基坦的埃莉诺——参加过十字军东征的法兰西王后——为妻。狮心王理查之父。在哈丁战役爆发前不久拒绝接受耶路撒冷王位。曾领取十字但未来得及兑现诺言便去世。

赫尔曼·冯·萨尔察（逝于 1239 年）。条顿骑士团大团长，老练的外交家。第五次十字军东征的领导人之一。于 1228 年至 1229 年陪同腓特烈二世·霍亨施陶芬前往圣地。精心策划了条顿骑士团进入波罗的海地区的行动。

洪诺留三世,教皇（1150～1227）。于 1216 年继英诺森三世故去后成为教皇,并且自始至终关切着第五次十字军东征的计划。试图鼓励曾受自己庇护的腓特烈二世·霍亨施陶芬领导十字军东征,但最终徒劳无功。

于格·德·帕英（逝于 1136 年）。圣殿骑士团第一任大团长。于 1119 年前后创建圣殿骑士团,而后成功地得到教廷和各位基督教君主的认可。为协助十字军于 1129 年向大马士革发动的攻势作战而开展募兵活动,但这次行动以失败告终。

旭烈兀汗（逝于 1265 年）。成吉思汗之孙,在波斯地区创建伊儿汗国。于 1258 年征服巴格达,并且通过与法兰西国王路易九世通信来探求和基督徒建立外交联盟的可能性。

伊本·阿西尔（1160～1233）。伊拉克学者和历史学家,其著作《历史大全》是伊斯兰史料中关于十字军东征最负盛名且最详细的编年史之一。

伊本·开拉尼希（逝于 1160 年）。穆斯林编年史家、诗人和大马士革的公务员。经历了第一次十字军东征并且耳闻目睹了随后发生的许多历史事件。著有《大马士革编年史续编》。

伊本·哈姆迪斯（逝于 1133 年）。西西里岛的阿拉伯诗人。在诺曼征服后逃离西西里岛,并在塞维利亚泰法国国王穆塔米德的宫廷中得到一席之地。在穆拉比特军队入侵该国后逃离塞维利亚,最后于马略卡岛逝世。

伊本·鲁齐克（逝于 1161 年）。在哈里发扎菲尔于 1154 年遇刺后成为开罗法蒂玛王朝的维齐尔（宰相）。

伊尔加齐（逝于 1122 年）。突厥将军、政治家和声名狼藉的酒鬼。原为塞尔柱帝国派驻耶路撒冷的总督,而后该城于

1098 年被法蒂玛王朝的军队攻占。于 1119 年在血地之战中对十字军取得一次名垂青史的大胜。

伊马德丁·赞吉（逝于 1146 年）。凶狠的突厥武士，摩苏尔和阿勒颇的阿塔贝格（摄政）。于 1144 年征服埃德萨，引发了第二次十字军东征。他的继承者，包括他的儿子努尔丁在内，被称为赞吉王朝。

英诺森三世，教皇（1161～1216）。极具权势与影响力的中世纪教皇，鼓动第四次和第五次十字军东征，并且使十字军的含义远远超出其传统范围。

伊萨克·科穆宁（1155～1195）。子孙繁多的拜占庭科穆宁家族中的一个流氓成员，在 12 世纪 80 年代攫取了塞浦路斯的统治权，独霸一方。但后来被狮心王理查废黜并囚禁。

伊丝玛·可敦（逝于 1142 年）。伊斯法罕的学者赞助人，阿拔斯王朝哈里发穆斯塔兹尔之妻。尤以睿智和果决闻名于世。

琼，西西里王后（1165～1199）。狮心王理查的幼妹，在第三次十字军东征的早期阶段被兄长营救。一度被狮心王理查提议为阿迪勒的潜在联姻对象，以图建立一个十字军－阿尤布王朝联盟。

布列讷的约翰（逝于 1237 年）。法兰西骑士，后以他女儿伊莎贝拉二世女王的名义成为耶路撒冷国王（1212～1225 年在位）。第五次十字军东征的领袖之一，而后成为君士坦丁堡的拉丁帝国皇帝（与鲍德温二世成为共治皇帝）。

若斯兰一世，埃德萨伯爵（逝于 1131 年）。又名为库特奈的若斯兰。土贝赛领主，而后成为埃德萨伯爵。在 12 世纪 10～20 年代参加了十字军与伊尔加齐和其他突厥埃米尔之间的战争。

埃德萨的若斯兰二世（逝于 1159 年）。第四代也是最后一代法兰克裔埃德萨伯爵，在自己的居城被赞吉攻陷后遭到驱逐。之后被努尔丁俘虏、刺瞎并沦为囚徒。

路易七世，法兰西国王（1120 ~ 1180）。行事有如修士般的法兰西国王，在第二次十字军东征期间率领一支主力军团参战。虽然满腔热情，但领导力欠佳，这一缺点在从君士坦丁堡出发穿越小亚细亚的行军途中暴露无遗。

路易九世，法兰西国王（1214 ~ 1270）。虔诚的法兰西国王，收集宗教圣物，资助包括圣礼拜堂在内的哥特式建筑工程，并且从 1248 年起领导了一场目标为达米埃塔和巴勒斯坦的十字军东征，结果以失败告终。试图与蒙古汗王们结盟。在另外一次于 1270 年发动的十字军东征期间于突尼斯附近去世。被教廷封圣为圣路易。

马利克沙一世（1055 ~ 1092）。大塞尔柱帝国的苏丹，一度与拜占庭帝国合作。他的去世引发了一场降临拜占庭帝国的危机，导致拜占庭人向西方求援，因而促成了第一次十字军东征。

曼努埃尔一世·科穆宁（1118 ~ 1180）。拜占庭帝国皇帝，阿莱克修斯一世·科穆宁之孙。允许第二次十字军东征军穿过自己的领土。

贝弗利的玛格丽特（逝于约 1215 年）。在萨拉丁围攻耶路撒冷时参战的英格兰朝圣者，随后被变卖为奴，后来重获自由，随第三次十字军东征的武士们离开圣地，返回西方。她的十字军经历回忆录对她的冒险经历进行了生动（虽然有些理想化）的描述。

梅利桑德，耶路撒冷女王（1105～1161）。耶路撒冷国王鲍德温二世之女和继承人，监造了耶路撒冷内外的宏大建筑工程。先后与她的丈夫富尔克和儿子鲍德温三世联合执政。但与两者的关系都不融洽。

努尔丁（1118～1174）。赞吉之子，十字军时代最可怕的伊斯兰领导人之一。将叙利亚的主要城市都统一在他的领导之下。将反对圣地法兰克人的斗争界定于圣战的表述框架之内，这一主题后来也被萨拉丁采用。

德伊的厄德（1110～1162）。路易七世在第二次十字军东征期间的随行牧师。他为路易的首席大臣、修道院院长叙热撰写的编年史，是记述法兰西王国对此次远征贡献的主要史料来源。

科隆的奥利弗（1170～1227）。又被称作帕德博恩主教奥利弗。高阶布道者和第五次十字军东征的领导人之一，负责招募新兵和设计军事器械。关于此次十字军东征著有一部详尽的编年史。

弗赖辛的奥托（1114～1158）。主教、编年史家和康拉德三世的同父异母兄弟。参加了第二次十字军东征，并从德意志人的角度对此次东征的各个事件进行了生动的记录。

贝拉基，主教（逝于1230年）。阿尔巴诺主教，第五次十字军东征期间的教廷使节，与贵族领导人意见对立，并且支持了1221年溯尼罗河而上行军的灾难性决定。

隐士彼得（逝于1115年）。来自法国北部城市亚眠的布道者，极富个人魅力。第一次十字军东征早期招募了注定会失败的民粹主义志愿军（"平民十字军"），此后一直是领导层的一员。

腓力二世·奥古斯都（1165～1223）。从 1180 年起继位成为法兰西国王，直至去世。参加了第三次十字军东征，协助十字军从萨拉丁手中收复阿卡。在与狮心王理查发生龃龉后，由于对后者的厌恶而中途离开。

基利杰一世·阿尔斯兰（1079～1107）。第一次十字军东征时期，小亚细亚塞尔柱罗姆苏丹国（疆域相对大塞尔柱帝国比较小）的苏丹。

忽都斯（逝于 1260 年）。埃及的马穆鲁克王朝苏丹，率领一支军队在阿音扎鲁特战役中战胜蒙古人。后被拜巴尔谋杀。

雷蒙四世，图卢兹伯爵（逝于 1105 年）。法兰西王国南部领主，又名为圣吉勒的雷蒙。在克莱蒙宗教会议上领取十字。第一次十字军东征的杰出领导人，随后成了第一代的黎波里伯爵。

雷蒙六世，图卢兹伯爵（1156～1222）。第一次十字军东征的领导人雷蒙四世的后代。在西西里王后琼从第三次十字军东征结束返回西方后娶她为妻。后来受到西蒙·德·蒙福尔和阿尔比十字军的进攻。

普瓦捷的雷蒙（逝于 1149 年）。从 1136 年起成为安条克亲王，直至在伊纳布战役中与忠于努尔丁的部队作战时战死。谣言称他在第二次十字军东征期间在自己的侄女——阿基坦的埃莉诺访问十字军国家时勾引了后者。

沙蒂永的雷纳德（逝于 1187 年）。好勇斗狠的法兰西骑士，参加了第二次十字军东征并成为安条克亲王，但被努尔丁囚禁了 16 年。后来发起奔袭红海港口和抢劫穆斯林商队的行动，引发了萨拉丁对耶路撒冷王国的惩罚性进攻。

狮心王理查（1157～1199）。从 1189 年起继位成为英格兰国王，直至去世。第三次十字军东征中最为耀眼的领袖，其间多次与腓力二世·奥古斯都发生冲突，并与萨拉丁在战场上争锋（多被后世塑造为神话）。

罗贝尔·吉斯卡尔（逝于 1085 年）。诺曼冒险家。征服了意大利南部部分地区并攻击巴尔干半岛的拜占庭领土。第一次十字军东征领袖、安条克亲王博希蒙德一世之父。

罗贝尔二世，佛兰德伯爵（逝于 1111 年）。第一次十字军东征的诸侯领袖之一。他的父亲罗贝尔一世在前往耶路撒冷朝圣途中，与阿莱克修斯一世·科穆宁会面并且为拜占庭帝国提供军事援助。他本人在第一次十字军东征的大多数重要军事行动中表现出众。

罗贝尔，诺曼底公爵（逝于 1134 年）。第一次十字军东征的诸侯领袖之一。英格兰诺曼王朝国王征服者威廉一世之子。他由于参加十字军东征而不在自己的领地内，从而失去了声索父亲王位的机会。绰号为"罗贝尔·柯索斯"。

西西里的罗杰一世（逝于 1101 年）。第一代诺曼裔西西里伯爵，罗贝尔·吉斯卡尔之弟，第一代西西里国王罗杰二世之父。在伊本·阿西尔绘声绘色地讲述的一则逸事（就是有些错乱）中，他被认定为首次建议基督徒征服耶路撒冷的始作俑者。

罗杰二世，西西里国王（1095～1154）。西西里王国第一代加冕国王。因母亲阿黛莱德·德·瓦斯托嫁给耶路撒冷国王鲍德温一世后遭遇了无礼对待，而对耶路撒冷王国的十字军持矛盾的态度。

萨拉丁（1137 或 1138～1193）。又名为萨拉赫·丁·优素福·伊本·阿尤布。从一介库尔德士兵崛起为统治叙利亚和埃及的苏丹。在哈丁战役（1187 年）中摧毁了一支法兰克军队并为伊斯兰教光复耶路撒冷。他的胜利引发了第三次十字军东征，并在穆斯林和基督徒之间都赢得了传奇般的声誉。

沙瓦尔（逝于 1169 年）。从 1162 年起成为埃及的维齐尔（宰相），直至丧命。曾试图收买耶路撒冷十字军王国以助他对抗努尔丁及其手下的库尔德将军——谢尔库赫和萨拉丁。事未成功，最后死于谢尔库赫和萨拉丁之手。

谢尔库赫（逝于 1169 年）。又名为阿萨德丁。为努尔丁效力的库尔德裔将军，贪吃暴食、沉着老练。精心策划了兼并法蒂玛王朝统治下的埃及的行动。萨拉丁的叔父。

西比拉，耶路撒冷女王（逝于 1190 年）。阿马尔里克一世之女。她的丈夫，吕西尼昂的居伊，通过与她的婚姻成为耶路撒冷国王并在哈丁战役败于萨拉丁。

挪威的西居尔一世（1090～1130）。挪威的维京国王；约 1107～1111 年造访耶路撒冷王国，并帮助鲍德温一世夺取西顿。后来得到了“耶路撒冷旅行者”西居尔的绰号。

西蒙·德·蒙福尔（逝于 1218 年）。参加第四次十字军东征的法兰西领主，但在扎拉弃威尼斯舰队而去。后来领导阿尔比十字军向法兰西西南部的清洁派教徒发动进攻。他的儿子小西蒙·德·蒙福尔是英格兰贵族，后来起兵反叛英格兰国王亨利三世。

斯蒂芬，布卢瓦伯爵（逝于 1102 年）。在第一次十字军东征中表现突出的领导人之一。从叙利亚写信给自己的妻子阿黛拉，内容生动。因为在安条克脱离十字军出走而受人鄙夷，在后来的十字军运动中重返东方并战死。

欧特维尔的坦克雷德（逝于 1112 年）。塔兰托的博希蒙德之侄，第一次十字军东征的诸侯领导人之一。当博希蒙德不在或身陷囹圄时担任安条克公国的摄政。卡昂的拉尔夫的著作《坦克雷德之壮举》（*Gesta Tancredi*）记述了他的十字军功绩。

坦克雷德，西西里国王（1138～1194）。西西里国王罗杰二世的私生子，在自己的堂兄弟威廉二世死后攫取了西西里王位。不公正地对待威廉二世的遗孀琼，结果遭到狮心王理查的严厉惩罚。绰号"猴子国王"。

图格塔金（逝于 1128 年）。大马士革的阿塔贝格（摄政），也是第一代十字军与叙利亚大城市埃米尔之间战争中的重要军事领导人。

图兰沙（逝于 1250 年）。萨利赫·阿尤布之子，短命的埃及阿尤布王朝末代苏丹。在一场宫廷政变中被马穆鲁克巴赫利亚军团谋杀。

乌尔班二世，教皇（逝于 1099 年）。出生时的俗家名字为拉杰利的奥多，初为克吕尼修道院的一名修士，随后成为改革派教皇格列高利七世的追随者。于 1095 年 11 月的克莱蒙宗教会议上发动第一次十字军东征，但在光复耶路撒冷的消息传回西方前去世。

提尔的威廉（逝于 1186 年）。出生在耶路撒冷的学者和历史学家。在西方接受教育，但返回十字军国家，成为提尔大主教。他的编年史《大海彼岸的历史往事》（*History of Deeds Done Beyond the Sea*）是一部记述拉丁东方世界在 12 世纪历史事件的主要史料来源。

亚吉·西延（逝于 1098 年）。在第一次十字军东征时期控制安条克的塞尔柱帝国埃米尔。于 1098 年放弃自己的居城，将其让给十字军，后在逃亡途中被人谋杀。

附录2：耶路撒冷王国诸王与王后

布永的戈弗雷① 1099～1100

鲍德温一世 1100～1118

鲍德温二世 1118～1131

富尔克与梅利桑德 1131～1143

鲍德温三世与梅利桑德 1143～1153

鲍德温三世 1153～1163

阿马尔里克一世 1163～1174

鲍德温四世 1174～1183

鲍德温四世与鲍德温五世 1183～1185

鲍德温五世 1185～1186

西比拉与吕西尼昂的居伊 1186～1190

吕西尼昂的居伊 1190～1192

伊莎贝拉一世与蒙费拉的康拉德 1192

伊莎贝拉一世与香槟的亨利 1192～1197

伊莎贝拉一世与阿马尔里克二世 1197～1205

玛丽亚一世 1205～1210

玛丽亚一世与布列讷的约翰 1210～1212

伊莎贝拉二世与布列讷的约翰 1212～1225

---

① 从未加冕，使用的头衔为"圣墓亲王与守护者"。——原注

伊莎贝拉二世与腓特烈二世·霍亨施陶芬　1225～1228

康拉德二世① 　1228～1254

康拉德三世（又名康拉丁）　 1254～1268

于格一世　1268～1284

约翰二世　1284～1285

亨利二世② 　1285～1324

---

① 　由腓特烈二世·霍亨施陶芬行使权力至1243年，后来又由其他摄政代为
执政。——原注

② 　从1291年起耶路撒冷国王只是一个有名无实的头衔。——原注

附录3：历代教皇

（对立教皇未被列入本表）

乌尔班二世　1088～1099

帕斯加尔二世　1099～1118

杰拉斯二世　1118～1119

加里斯都二世　1119～1124

洪诺留二世　1124～1130

英诺森二世　1130～1143

塞莱斯廷二世　1143～1144

卢修斯二世　1144～1145

尤金三世　1145～1153

阿纳斯塔修斯四世　1153～1154

阿德里安四世　1154～1159

亚历山大三世　1159～1181

卢修斯三世　1181～1185

乌尔班三世　1185～1187

格列高利八世　1187

克雷芒三世　1187～1191

塞莱斯廷三世　1191～1198

英诺森三世　1198～1216

洪诺留三世　　1216～1227

格列高利九世　　1227～1241

塞莱斯廷四世　　1241

英诺森四世　　1243～1254

亚历山大六世　　1254～1261

乌尔班四世　　1261～1264

克雷芒四世　　1265～1268

格列高利十世　　1271～1276

英诺森五世　　1276

阿德里安五世　　1276

约翰二十一世　　1276～1277

尼古拉三世　　1277～1280

马丁四世　　1281～1285

洪诺留四世　　1285～1287

尼古拉四世　　1288～1292

塞莱斯廷五世　　1294

卜尼法斯八世　　1294～1303

本笃九世　　1303～1304

克雷芒五世　　1305～1314

约翰二十二世　　1316～1334

附录4：历代皇帝

拜占庭帝国皇帝

阿莱克修斯一世·科穆宁　1081～1118

约翰二世·科穆宁　1118～1143

曼努埃尔一世·科穆宁　1143～1180

阿莱克修斯二世·科穆宁　1180～1183

安德罗尼柯一世·科穆宁　1183～1185

伊萨克二世·安格洛斯　1185～1195

阿莱克修斯三世·安格洛斯　1195～1203

伊萨克二世·安格洛斯与阿莱克修斯四世·安格洛斯
1203～1204

阿莱克修斯五世·杜卡斯"连眉者"　1204

君士坦丁堡的拉丁帝国皇帝

鲍德温一世　1204～1205

亨利一世　1206～1216

彼得一世　1217～1219

罗贝尔一世　1221～1228

约翰一世与鲍德温二世　1229～1237

鲍德温二世　1237～1261

拜占庭帝国皇帝（复国后）

米哈伊尔八世·帕列奥罗格　1261～1282

安德罗尼柯二世·帕列奥罗格　1282～1328

安德罗尼柯三世·帕列奥罗格　1328～1341

约翰五世·帕列奥罗格　1341～1376

约翰五世·帕列奥罗格与约翰六世·坎塔库泽努斯
1347～1354

安德罗尼柯四世·帕列奥罗格　1376～1379

约翰五世·帕列奥罗格（复位）　1379～1390

约翰七世·帕列奥罗格　1390

约翰五世·帕列奥罗格（复位）　1390～1391

曼努埃尔二世·帕列奥罗格　1391～1425

约翰五世·帕列奥罗格　1425～1448

君士坦丁十一世·帕列奥罗格　1449～1453

注　释

序　章

1. Wright, Thomas（ed.）*The Historical Works of Giraldus Cambrensis*
（London, 1894）, pp. 425 – 6.

2. Runciman, Steven, 'The Decline of the Crusading Ideal' in *The Sewanee
Review* 79（1971）, p. 513.

第一章　伯爵与伊玛目

1. Richards, D. S.（ed.）, *The Chronicle of Ibn al-Athir for the Crusading
Period from al-Kamil fi'l Ta'rikh*（Aldershot, 2006）, vol. I, p. 13.

2. Wolf, Kenneth Baxter（trans.）, *The Deeds of Count Roger of Calabria and
Sicily and of his Brother Duke Robert Guiscard: by Geoffrey Malaterra*（Ann
Arbor, Michigan, 2005）, pp. 66 – 7.

3. *Ibn al-Athir*, vol. I, p. 13.

4. Ibid.

5. 关于诺曼人的残忍无道，可参阅 Loud, G. A. *The Age of Robert
Guiscard: Southern Italy and the Norman Conquest*（Harlow, 2000）,
p. 114。

6. 与此相关的例子可参阅 Eric Christiansen（trans.）, *History of the
Normans/ Dudo of St Quentin*（Woodbridge, 1998）, p. 30。罗洛是第一
代诺曼底公爵和鲁昂伯爵，公元 911 年法兰克国王天真者查理
（Charles the Simple）赐予他封地。

7. Bishop Benzo of Alba, writing about the year 1090, quoted in ibid.

8. Hubert Houben, *Roger Ⅱ of Sicily: A Ruler between East and West*
（Cambridge, 2002）, p. 10.

9. Alex Metcalfe, *The Muslims of Medieval Italy* (Edinburgh, 2009), p. 88.

10. Wolf, *The Deeds of Count Roger of Calabria*, pp. 85 – 6.

11. Metcalfe, *The Muslims of Medieval Italy*, pp. 93 – 5.

12. Wolf, *The Deeds of Count Roger of Calabria*, p. 181.

13. Metcalfe, *The Muslims of Medieval Italy*, p. 106.

14. Houben, *Roger II of Sicily*, p. 18 – 19.

15. 读者可以在位于英国剑桥的菲茨威廉博物馆看到相关例子，该博物馆的网址是 http：//classic. fitzmuseum. cam. ac. uk/gallery/normans/chapters/Normans_ 3_ 2. htm。

16. Houben, *Roger II of Sicily*, p. 23.

17. Wolf, *The Deeds of Count Roger of Calabria*, p. 179.

18. *Ibn al-Athir*, vol. I, p. 13.

19. 在具体的西西里背景下对这一点的阐述，可参阅 Metcalfe, *The Muslims of Medieval Italy*, p. 88。

第二章　诗人与泰法王

1. 关于伊本·哈姆迪斯的诗集作品的主题和背景，可参阅 Granara, W. , 'Ibn Hamdis and the Poetry of Nostalgia' in Menocal, Maria Rosa, Scheindlin, Raymond P. and Sells, Michael A. (eds.) *The literature of Al-Andalus*, (Cambridge, 2000), pp. 388 – 403。关于"我被逐出天堂"相关诗句，可参阅 ibid. , p. 397。

2. Fletcher, Richard, *Moorish Spain* (New York, 1992), p. 87.

3. 关于穆塔米德诗句的英文版选录，可以在这部著作中找到：Franzen, Cola (trans.) *Poems of Arab Andalusia* (San Francisco, 1989), pp. 82 – 91。

4. Fletcher, *Moorish Spain*, p. 91.

5. Ibid. , pp. 86, 90.

6. Bishop Pelayo of Oviedo's *Chronicon Regum Legionensium*. 译文见 Barton, Simon and Fletcher, Richard (trans.), *The World of El Cid*: *Chronicles of the Spanish Reconquest* (Manchester, 2000), p. 85。

7. 这部五花八门的历史著作名为 *Historia Silense*。译文见 Barton and Fletcher,

The World of El Cid, p. 29。

8. Gerson, Paula, Shaver-Crandell, Annie and Stones, Alison, *The Pilgrim's Guide to Santiago de Compostela. A Gazetteer with 580 Illustrations* (London, 1995), p. 73.

9. Gerson et al., *The Pilgrim's Guide to Santiago de Compostela*, p. 67; Ryan, William Granger (trans.) and Duffy, Eamon (intro.), *Jacobus de Voragine, The Golden Legend: Readings on the Saints* (Princeton and Oxford, 2012), pp. 393 – 4.

10. 一封由教皇亚历山大二世在 1063～1064 年写给伊比利亚全体主教的信中提到了该地区 "所有开始反抗撒拉森人的人",并且赞扬了神职人员保护犹太人免遭国外骑士屠杀的行为。关于此事的讨论,可参阅 O'Callaghan, Joseph F., *Reconquest and Crusade in Medieval Spain* (Philadelphia, 2002), p. 25。

11. DeGayangos, Pascuel (trans.), *The History of the Mohammedan Dynasties in Spain/ by Ahmed ibn Mohammed al Makkari* (London, 1843), vol. II, pp. 266 – 7.

12. Tayyibi, Amin Tawfiq (trans.), *The Tibyan : memoirs of 'Abd Allāh B. Buluggīn, last Zīrid Amīr of Granada* (Leiden: 1986) p. 90.

13. Reilly, Bernard F., *The Contest of Christian and Muslim Spain 1031 – 1157* (Oxford, 1992), pp. 82 – 4.

14. Cobb, Paul, *The Race for Paradise: An Islamic History of the Crusades* (Oxford, 2014), pp. 68 – 70.

15. 引自诗人伊本·阿萨勒·亚舒比 (Ibn al-'Assal al-Yahsubi) 的作品,译文见 Melville, Charles and Ubaydli, Ahmad, *Christians and Moors in Spain* (Warminster, 1992), p. 91。

16. O'Callaghan, *Reconquest and Crusade in Medieval Spain*, p. 30.

17. Franzen, *Poems of Arab Andalusia*, p. 87.

18. Levtzion, N. and Hopkins, J. F. P. (eds.), *Corpus of Early Arabic Sources for West African History* (Princeton, 2000), p. 165.

19. 'Abd al-Wahid al Marrakushi, translation from Melville and Ubaydli, *Christians and Moors in Spain*, pp. 98 – 9.

20. O'Callaghan, Joseph F., *A History of Medieval Spain* (London: 1975),

p. 209.

21. Franzen, *Poems of Arab Andalusia*, pp. 88 – 9.

22. Ibid. , p. 90.

23. Granara, ' Ibn Hamdis and the Poetry of Nostalgia ', p. 389.

第三章　帝国受困

1. Sewter, E. R. A. (trans.) and Frankopan, Peter (intro.) *The Alexiad / Anna Komnene* (London, 2009), p. 167.

2. Ibid. , p. 188.

3. Ibid. , p. 85.

4. Theodore Prodoromos, quoted by Frankopan, Peter, ' The Literary, Cultural And Political Context For The Twelfth-Century Commentary On The Nicomachean Ethics ' in Barber, Charles and Jenkins, David (eds.), *Medieval Greek Commentaries on the Nicomachean Ethics* (Leiden and Boston, 2009), p. 47.

5. *Alexiad*, p. 7.

6. Cobb, *The Race for Paradise*, p. 70.

7. 引言的译文见 Hillenbrand, Caroline, *Turkish Myth and Muslim Symbol：The Battle of Manzikert* (Edinburgh, 2007), p. 147。

8. *Alexiad*, pp. 204 – 5.

9. Dostourian, Ara Edmond (trans.), *Armenia and the Crusades：Tenth to Twelfth Centuries：The Chronicle of Matthew of Edessa* (London, 1993), p. 44.

10. Ibid. , p. 263.

11. Ibid. , p. 226.

12. *Alexiad*, p. 111; Frankopan, Peter, *The First Crusade：The Call from the East* (Cambridge, MA, 2012), pp. 46 – 8, 54 – 5.

13. Frankopan, *The Call from the East*, p. 71.

14. 关于具体事例，可参阅 Bernold of St Blasien in Robinson, I. S. , *Eleventh-Century Germany：The Swabian Chronicles* (Manchester, 2008), p. 274。

15. *Alexiad*, p. 199.

16. 这封信的印刷本见 Hagenmeyer, Heinrich, *Epistulae et chartae ad historiam primi Belli Sacri spectantes quœ supersunt aevo aequales ac genuinae*（Innsbruck, 1901）, pp. 130 – 6。关于这封信的作者及可靠性（通常的观点是这封信是伪造的）, 可参阅 Frankopan, *The Call from the East*, pp. 60 – 1；另见 Joranson, Einar, 'The Problem of the Spurious Letter of Emperor Alexius to the Court of Flanders', *American Historical Review* 55（1950）, pp. 811 – 32, 以做比较。

17. *Alexiad*, pp. 274 – 5.

18. Ibid.

第四章　天主之意

1. Robinson, *Eleventh-Century Germany*, p. 292.

2. MacCulloch, Diarmaid, *A History of Christianity*（London, 2009）, pp. 365 – 7.

3. Mullins, Edwin, *In Search of Cluny: God's Lost Empire*（Oxford, 2006）, p. 235.

4. 关于乌尔班二世的意识形态框架, 可参阅 Chevenden, Paul E., 'Pope Urban II and the ideology of the crusades', in Boas, Adrian J.（ed.）*The Crusader World*（Abingdon, 2016）, *passim* but esp. pp. 15 – 20。

5. Smith, L. M., *The Early History of the Monastery of Cluny*（Oxford, 1920）, p. 130.

6. Ibid. , pp. 135 – 6.

7. MacCulloch, *A History of Christianity*, p. 367.

8. Williams, John, 'Cluny and Spain', *Gesta* 27（1988）, p. 93.

9. O'Callaghan, *Reconquest and Crusade in Medieval Spain*, p. 167.

10. 引言的译文见 Chevenden, 'Pope Urban II and the ideology of the crusades', pp. 13 – 14。

11. 若要了解关于这一实质性主题的更多内容, 可参阅 Morris, Colin, *The Papal Monarchy: The Western Church from 1050 to 1250*（Oxford, 1989）, p. 112 – 13。

12. Robinson, *Eleventh-Century Germany*, p. 296；Somerville, Robert, *Pope*

Urban II's Council of Piacenza: *March 1 – 7, 1095* (Oxford, 2011), p. 6.

13. Somerville, *Pope Urban II's Council of Piacenza*, p. 16.

14. Bernold of St Blasien in Robinson, *Eleventh-Century Germany*, p. 324.

15. Loud, G. A. *The Age of Robert Guiscard*: *Southern Italy and the Norman Conquest* (Harlow, 2000), p. 230.

16. Cowdrey, H. E. J., *The Register of Pope Gregory VII, 1073 – 1085 / An English translation* (Oxford, 2002), pp. 50 – 1.

17. 译文见 Joranson, 'The Problem of the Spurious Letter of Emperor Alexius', p. 815。

18. Ryan, Frances Rita (trans.) and Fink, Harold S. (ed.), *Fulcher of Chartres / A History of the Expedition to Jerusalem, 1095 – 1127* (Knoxville, 1969), pp. 65 – 6.

19. Sweetenham, Carol (trans.), *Robert the Monk's History of the First Crusade / Historia Iherosolimitana* (Abingdon, 2016), p. 81.

20. Ibid. , p. 82.

21. Kostick, Conor, *The Social Structure of the First Crusade* (Leiden, 2008), pp. 99 – 101.

22. Pertz, G. H. *Monumenta Germaniae Historica*, *Scriptores XVI* (Hanover, 1859), p. 101. 更广泛的材料可参阅 Rubenstein, Jay, *Nebuchadnezzar's Dream*: *The Crusades, Apocalyptic Prophecy, and the End of History* (New York, 2019)。

23. *Fulcher of Chartres*, p. 68.

第五章　布道者传奇

1. Riley-Smith, Jonathan and Riley-Smith, Louise (eds.), *The Crusades*: *Idea and Reality, 1095 – 1274* (London, 1981), p. 38.

2. 译文见 Riley-Smith, Jonathan (ed.) *The Atlas of the Crusades* (London, 1990), p. 28。

3. Levine, Robert (trans.) *The Deeds of God through the Franks*: *A Translation of Guibert de Nogent's ' Gesta Dei per Francos '* (Woodbridge,

1997）, pp. 47 - 8.

4. *Robert the Monk*, p. 83.

5. Riley-Smith, *The First Crusaders: 1095 - 1131*, p. 56. 作者以相当诙谐的口吻将彼得形容为"一个吹牛大王"。关于隐士彼得最初故事的矛盾之处，相关讨论可参阅 Blake, E. O. and Morris, C. , 'A Hermit Goes To War: Peter the Hermit and the Origins of the First Crusade', *Studies in Church History* 22（1985）。

6. Tyerman, Christopher, *God's War: A New History of the Crusades* (London, 2006), p. 79; Edgington, Susan (trans.), *Albert of Aachen: Historia Ierosolominitana / History of the Journey to Jerusalem* (Oxford, 2007), p. 59.

7. Matthew 5 - 7.

8. Exodus 21: 23 - 25, 31: 15; Deuteronomy 21: 18 - 21; Leviticus 20: 13.

9. 2 Maccabees 8: 3 - 4.

10. Ephesians 6: 17.

11. Revelation 11: 7 - 10.

12. Sinclair, T. A. (trans.) and Saunders, Trevor J. (ed.), *The Politics / Aristotle*, (London: 1992), 1333b37.

13. 关于具体事例，可参阅 Lane Fox, Robin, *Augustine: Conversions and Confessions* (London, 2015)。

14. Bettenson, Henry (trans.) and Evans, G. R. (intro.), City of God / Saint Augustine (London: 2003), XIX, ch. 7.

15. Riley-Smith, Jonathan, *The First Crusaders and the Idea of Crusading* (London, 1986) pp. 29 - 30.

16. Ekkehard of Aura, 译文见 Krey, August. C. , *The First Crusade: The Accounts of Eyewitnesses and Participants* (Princeton: 1921), p. 53。

17. Ibid.

18. *Albert of Aachen*, pp. 52 - 3.

19. Chazan, Robert, *God, Humanity and History: The First Crusade Narratives* (Berkeley and London, 2000), p. 24.

20. Chazan, Robert, *In the Year 1096: The First Crusade and the Jews* (Philadelphia, 1996), pp. 44 - 6.

21. 但是，关于相关史学材料和证据的讨论，可参阅 Malkiel, David, 'Destruction or Conversion: Intention and Reaction, Crusaders and Jews, in 1096', *Jewish History* 15 (2001), pp. 257 – 80。

22. *Albert of Aachen*, pp. 52 – 3.

23. Sweeney, James Ross, 'Hungary in the Crusades, 1169 – 1218', *The International History Review* 3 (1981), p. 468.

24. *Alexiad*, p. 276; *Albert of Aachen*, pp. 46 – 7.

25. France, John, *Victory in the East: A Military History of the First Crusade* (Cambridge, 1994), pp. 91 – 2.

26. *Alexiad*, pp. 274 – 5. 安娜·科穆宁娜与一些编年史家对隐士彼得在十字军东征的起源中所扮演的核心角色深信不疑，尽管她在这件事上的证言意在将招十字军前来君士坦丁堡的责难从她父亲身上转移得越远越好。

27. *Robert the Monk*, pp. 84 – 5.

28. *Albert of Aachen*, pp. 36 – 7. 数月后，沙特尔的富歇在经过战场时看到"许多被砍下的头颅和……被杀者的骸骨"。(*Fulcher of Chartres*, p. 80.)

第六章　诸侯出征

1. Chibnall, Marjorie (ed. and trans.), *The Ecclesiastical History of Orderic Vitalis* (Oxford, 1978), vol. VI, pp. 70 – 1.

2. Ibid.

3. Bachrach, Bernard S. and Bachrach, David S. (trans.), *The Gesta Tancredi of Ralph of Caen: A History of the Normans on the First Crusade* (Aldershot, 2005), p. 23.

4. Hill, Rosalind (ed.), *Gesta Francorum et Aliorum Hierosolimitanorum: The Deeds of the Franks and the Other Pilgrims to Jerusalem* (Oxford, 1962), pp. 7, 11.

5. Edgington, Susan B. and Sweetenham, Carol (trans.), *The 'Chanson d'Antioche': An Old French Account of the First Crusade* (Aldershot, 2011), p. 129.

6. *Alexiad*, pp. 293 – 4.

7. *Alexiad*, pp. 383 – 4.

8. *Gesta Francorum*, pp. 6 – 7.

9. *Albert of Aachen*, pp. 32 – 3, 强调了这一点：彼得"对这群愚昧叛逆的人民所说的话都白费了"。

10. *Gesta Francorum*, p. 7, and above, Chapter 1.

11. See Riley-Smith, Jonathan, *The First Crusaders and The Idea of Crusading*, pp. 34 – 49 and France, *Victory in the East*, pp. 10 – 16.

12. See *Ralph of Caen*, p. 23.

13. *Gesta Francorum*, p. 1："（教皇）慷慨陈词并且教谕说'若有人要想拯救自己的灵魂，就当心存谦卑，走主的路，不要犹豫'。"

14. *Robert the Monk*, p. 80.

15. *Orderic Vitalis*, vol. V, p. 170.

16. *Ralph of Caen*, p. 22.

17. *Gesta Francorum*, pp. 10 – 11; *Guibert de Nogent*, pp. 60 – 1.

18. *Alexiad*, pp. 277, 285.

19. *Gesta Francorum*, p. 10, *Guibert de Nogent*, p. 61, *Orderic Vitalis*, vol. V, pp. 46 – 7.

20. 关于阿莱克修斯与博希蒙德之间讲求实际的"特殊关系"，可参阅 Shephard, Jonathan, 'When Greek meets Greek：Alexius Comnenus and Bohemond in 1097 – 98 ', *Byzantine and Modern Greek Studies* 12 (1988), pp. 185 – 278。

21. *Alexiad*, p. 279.

22. 关于这些圣物，可参阅 Hill, John Hugh and Hill, Laurita L. (trans.), *Raymond d'Aguilers / Historia Francorum Qui Ceperunt Iherusalem* (Philadelphia, 1968), p. 75。

23. *Gesta Francorum*, p. 12.

24. Ibid., p. 12.

25. *Guibert de Nogent*, p. 60.

26. 关于弩炮的描述，可参阅 *Raymond D'Aguilers*, p. 25。

27. *Robert the Monk*, p. 106.

28. *Fulcher of Chartres*, p. 82.

29. *Robert the Monk*, p. 104.

30. *Gesta Francorum*, p. 15.

31. Ibid. , p. 16.

32. *Ralph of Caen*, p. 42 中提及了这座华丽的帐篷，因为欧特维尔的坦克雷德要求拜占庭皇帝将这座帐篷送给他，作为他宣誓效忠的馈赠——这令阿莱克修斯大为气恼。

33. *Robert the Monk*, p. 106.

34. *Ralph of Caen*, p. 39.

35. *Guibert de Nogent*, p. 65.

36. *Gesta Francorum*, p. 18.

37. Ibid. , pp. 19 – 20.

38. *Raymond D'Aguilers*, p. 28.

39. 2 Maccabees 10：30.

40. *Robert the Monk*, p. 114.

第七章　漫漫凛冬

1. 关于安纳托利亚的内陆地形和十字军可能的行军路线，可参阅 France, *Victory in the East*, pp. 185 – 7。

2. Hill, John Hugh and Hill, Laurita L. (trans.), *Peter Tudebode / Historia de Hierosolymitano Itinere* (Philadelphia, 1974), p. 38.

3. *Albert of Aachen*, pp. 138 – 41.

4. Ibid. , p. 143.

5. Ibid. , p. 145.

6. *Ralph of Caen*, p. 58.

7. *Ralph of Caen*, p. 73.

8. Barber, Malcolm and Bate, Keith (trans.), *Letters from the East: Crusaders, Pilgrims and Settlers in the 12th – 13th Centuries* (Farnham, 2010), p. 23.

9. *Albert of Aachen*, pp. 248 – 9, 286 – 7.

10. Gibb H. A. R. (trans.), *The Damascus Chronicle of the Crusades: Extracted and Translated from the Chronicle of Ibn Al-Qalanisi* (London,

1932）, p. 41.

11. Cobb, *The Race for Paradise*, p. 88.

12. *Gesta Francorum*, p. 28.

13. Cobb, *The Race for Paradise*, p. 90; *Ibn al-Qalanisi*, pp. 42 – 3.

14. 关于法兰克人的这一做法和围城战的进一步分析，可参阅 Asbridge, Thomas, *The Creation of the Principality of Antioch*, *1098 – 1130* (Woodbridge, 2000), pp. 25 – 42。

15. *Ibn al-Qalanisi*, p. 43.

16. *Gesta Francorum*, p. 28.

17. *Ibn al-Qalanisi*, p. 43.

18. 关于鲍德温的外表和性取向，可参阅 Babcock, Emily Atwater andKrey, A. C., *A History of Deeds Done Beyond The Sea / William of Tyre* (New York, 1943), vol. I, p. 416。

19. 关于在安条克建立海上联系的重要性，可参阅 France, *Victory in the East*, pp. 209 – 15。

20. Barber and Bate, *Letters from the East*, p. 23.

21. *Ralph of Caen*, p. 81.

22. *Ibn al-Athir*, vol. I, p. 14.

23. *Fulcher of Chartres*, p. 98.

24. *Gesta Francorum*, pp. 47 – 8.

25. *Ibn al-Athir*, vol. I, p. 15.

26. Ibid.

27. *Ibn al-Qalanisi*, p. 44.

28. *Albert of Aachen*, pp. 284 – 5.

29. 关于这支大军的组成，可参阅 France, *Victory in the East*, p. 261。文中引用的数字系由埃德萨的马修转述。

30. *Albert of Aachen*, pp. 314 – 15.

31. *Gesta Francorum*, p. 62.

32. *Ralph of Caen*, p. 102.

33. Ibid. , p. 55.

34. *Raymond d'Aguilers*, pp. 57 – 8.

35. Ibid. , pp. 101 – 3.

36. *Ibn al-Athir*, vol. I, p. 16.

37. *Raymond d'Aguilers*, p. 62.

38. *Chanson d'Antioche*, p. 201.

39. *Albert of Aachen*, p. 337.

40. *Raymond d'Aguilers*, p. 64.

第八章　耶路撒冷

1. 关于伊尔加齐性格的最新研讨成果，可参阅 Morton, Nicholas, 'Walter the Chancellor on Ilghazi and Tughtakin: a prisoner's perspective', *Journal of Medieval History* 44 (2018), pp. 170 – 86。

2. Matthew the Chancellor, 108 – 9; *Guibert de Nogent*, p. 165. Morton, 'Walter the Chancellor on Ilghazi and Tughtakin'.

3. *Ibn Al-Athir*, vol. I, p. 21.

4. 这一怀疑在伊本·阿西尔的著作中表述得最为明显，参阅 *Ibn Al-Athir*, vol. I, pp. 13 – 14。

5. 关于这些紧张关系的清晰总结可参阅 Cobb, *The Race for Paradise*, pp. 45 – 9, 77 – 88; Hillenbrand, Carole, *The Crusades: Islamic Perspectives* (Edinburgh, 1999), pp. 42 – 54。

6. Slane, William MacGuckin (trans.), *Ibn Khallikan's biographical dictionary* (Paris, 1871), vol. IV, pp. 612 – 14.

7. *Ibn al-Qalanisi*, pp. 44 – 5.

8. *Alexiad*, p. 321.

9. 关于安条克公国的创立、边界和国运，可参阅 Asbridge, Thomas S., *The Creation of the Principality of Antioch, 1098 – 1130* (Woodbridge, 2000) 和 Buck, Andrew D., *The Principality of Antioch and its Frontiers in the Twelfth Century* (Woodbridge, 2017)。

10. *Raymond D'Aguilers*, p. 75.

11. Thackston, W. M. (trans.), *Naser-e Khosraw's Book of travels (Safarnama) / translated from Persian* (Albany, 1986), p. 14.

12. *Raymond d'Aguilers*, p. 78.

13. Ibid. , p. 79.

14. *Gesta Francorum*, p. 80.

15. 译文见 Hillenbrand, *Turkish Myth and Muslim Symbol*, p. 151。

16. *Albert of Aachen*, pp. 388 – 9.

17. *Raymond of Aguilers*, p. 91.

18. Ibid. , p. 114.

19. *Ibn al-Qalanisi*, p. 47.

20. *Albert of Aachen*, pp. 392 – 3.

21. *Fulcher of Chartres*, p. 121.

22. *Ibn al-Qalanisi*, p. 47.

23. *Robert the Monk*, p. 213.

24. *Albert of Aachen*, pp. 422 – 3.

25. *Raymond of Aguilers*, pp. 121 – 2; *Albert of Aachen*, pp. 412 – 13.

26. *Albert of Aachen*, pp. 416 – 17.

27. Ibid. , pp. 424 – 5. France, *Victory in the East*, p. 351 估算，这座攻城塔的高度肯定达到了 15 ~ 17 米（50 ~ 55 英尺）——大致相当于一栋四层楼房的高度。

28. *Ralph of Caen*, p. 140; *Albert of Aachen*, pp. 422 – 3.

29. *Albert of Aachen*, pp. 424 – 5.

30. *Raymond of Aguilers*, p. 126.

31. Ibid. , p. 127.

32. *Ibn al-Athir*, vol. I, p. 21.

33. *Raymond of Aguilers*, p. 127.

34. *Ibn al-Qalanisi*, p. 48.

35. 关于实例，可参阅 *Raymond of Aguilers*, pp. 127 – 8 和 *Gesta Francorum*, p. 91。《启示录》第 14 章 20 节："那酒醡踹在城外，就有血从酒醡里流出来，高到马的嚼环，远有六百里。"

36. *Albert of Aachen*, pp. 432 – 3.

37. John, Simon, 'The "Feast of the Liberation of Jerusalem": Remembering and Reconstructing the First Crusade in the Holy City, 1099 – 1187 ', in Kedar, Benjamin Z. et al. , *Crusades*: *Volume* 3（Abingdon, 2004）, pp. 413 – 4.

38. *Albert of Aachen*, pp. 442 – 3.

39. *Gesta Francorum*, p. 92.

40. *Ibn al-Athir*, vol. I, p. 22.

41. Ibid. ，例如，伊比利亚旅行者伊本·阿拉比（Ibn al-Arabi）也同意这一观点，据此可见 Drory, Joseph, 'Some Observations During a Visit to Palestine by Ibn al-Arabi of Seville in 1092 – 1095 ', in Kedar et al. , *Crusades: Volume 3*, p. 120。

42. *Guibert de Nogent*, p. 132.

第九章　裂土封王

1. *Fulcher of Chartres*, pp. 130 – 1.

2. Ibid. , p. 132.

3. *Gesta Francorum*, p. 97.

4. Ibid. , p. 96.

5. 关于丹伯特作为教廷使节地位一事在史料上的不确定性，可参阅 Skinner, Patricia, 'From Pisa to the Patriarchate: Chapters in the Life of (Arch) bishop Daibert ', in Skinner, Patricia (ed.), *Challenging the Boundaries of Medieval History: The Legacy of Timothy Reuter* (Turnhout, 2009), p. 164。

6. *Albert of Aachen*, pp. 496 – 7.

7. *Fulcher of Chartres*, pp. 131 – 2.

8. *Alexiad*, p. 325.

9. Barber, Malcolm, *The Crusader States* (New Haven and London, 2012), pp. 56 – 7.

10. *Alexiad*, p. 324.

11. *Gesta Francorum*, pp. 64 – 5. See also Kostick, Conor, 'Courage and Cowardice on the First Crusade, 1096 – 1099 ', *War in History* 20 (2013), pp. 37 – 8.

12. Riley-Smith, Jonathan, *The First Crusaders: 1095 – 1131* (Cambridge, 1997), pp. 151 – 2.

13. Ibid. , pp. 169 – 88.

14. 具体事例可参阅 Hall, M. and Phillips, J. , *Caffaro, Genoa and the*

Twelfth-Century Crusades (Farnham, 2013), p. 50。

15. 关于当时意大利各城邦复杂而相互交织的动机, 可参阅 Marshall, Christopher J., 'The Crusading Motivations of the Italian City Republics in the Latin East, c. 1096 – 1104', *Rivista di Bizantinistica* 1 (1991), pp. 41 – 68。

16. 关于比萨人攻击马赫迪耶的最新研讨成果是 Grant, Alasdair C, 'Pisan Perspectives: The Carmen in victoriam and Holy War, c. 1000 – 1150' in *English Historical Review* (2016) pp. 983 – 1009, 其中包括一首英文转译的《比萨胜利之歌》。另见 Cowdrey, H. E. J., 'The Mahdia Campaign of 1087', *English Historical Review* (1977) pp. 1 – 29。

17. 这项特许状的文本被抄写在 Hagenmeyer, Heinrich, *Epistulae et chartae ad historiam primi belli sacri spectantes quae supersunt aevo aequales ac genvinae. Die Kreuzzugsbriefe aus den Jahren 1088 – 1100; eine Quellensammlung zur Geschichte des ersten Kreuzzuges. Mit Erläuterungen* (Innsbruck, 1901), pp. 155 – 6。

18. Houben, *Roger II of Sicily*, p. 24.

19. See de Ayala, Carlos, 'On the Origins of Crusading in the Peninsula: the Reign of Alfonso VI (1065 – 1109)', *Imago Temporis: Medium Aevum 7* (2013), p. 266.

20. 译文见 O'Callaghan, *Reconquest and Crusade in Medieval Spain*, p. 33。See also Erdmann, Carl, *The Origin of the Idea of Crusade* (Princeton, 1977), pp. 317 – 18.

21. Barber and Bate, *Letters from the East*, pp. 34 – 5.

22. Ibid.

第十章　行者无疆

1. Hollander, Lee M. (trans.), *Heimskringla: History of the Kings of Norway/Snorri Sturluson* (Austin, 1964), p. 700.

2. Ibid., p. 685.

3. Ibid., p. 687.

4. Ibid., p. 688.

5. *Albert of Aachen*, pp. 222 – 5. 数年后，斯文的同父异母弟，即丹麦国王埃里克一世（Erik I）和他的妻子博迪尔（Boedil）王后也开始了他们自己的耶路撒冷朝圣之旅。埃里克一世于 1103 年在从君士坦丁堡前往耶路撒冷的途中逝世，并被葬于塞浦路斯岛上的帕福斯（Paphos）。博迪尔王后则到达了圣城并在那里去世，遗体葬于约沙法山谷。

6. 反之亦然。在 921 年，巴格达使者伊本·法德兰（Ibn Fadlan）曾远航到伏尔加河上游，亲眼看见了斯堪的纳维亚人在船上举行的可怕葬礼和献祭仪式。Lunde, Paul and Stone, Caroline (trans.), *Ibn Fadlan and the Land of Darkness：Arab Travellers in the Far North* (London, 2012), pp. 50 – 4.

7. *Heimskringla*, p. 689.

8. 一个类似的例子可能是 11 世纪 40 年代于都柏林地区建造的斯库勒莱乌 2 号（Skuldelev 2）：它的残骸陈列在丹麦罗斯基勒（Roskilde）的维京战船博物馆，这艘船是建于 21 世纪的复制品，名为“格兰达洛的海马”（Havhingsten fra Glendalough）。

9. Giles, John Allen (trans.), *William of Malmesbury's Chronicle of the Kings of England* (London, 1847), p. 443.

10. Ibid., p. 444.

11. 关于西居尔前往耶路撒冷之旅中的西班牙经历，一份上佳的现代研究是 Doxey, Gary B., 'Norwegian Crusaders and the Balearic Islands', *Scandinavian Studies* 68 (1996), pp. 139 – 60。

12. *Heimskringla*, p. 690.

13. Ibid.

14. 译文见 Steffanson, J., 'The Vikings in Spain：from Arabic (Moorish) and Spanish Sources', *Saga Book for the Viking Club* 6 (1908 – 9), pp. 35 – 6。关于这次奔袭详情，可参阅 Christys, Ann, *Vikings In The South：Voyages to Iberia and the Mediterranean* (London, 2015), pp. 1 – 14。

15. *Heimskringla*, p. 691. 关于穆斯林对“维京人”的描述与皈依基督教的挪威人在文学上的反转，也可参阅 Christys, *Vikings In The South*, pp. 100 – 2。

16. Ibid., p. 692. Doxey, 'Norwegian Crusaders and the Balearic Islands', p. 147 推断，对这一洞穴位置的推测是基于合理性和当地的传说。

17. *Heimskringla*, p. 692.

18. Ibid, . p. 694.

19. Houben, *Roger II of Sicily*, p. 27.

20. 西伍尔夫的日记，可参阅 Wilkinson, John with Hill, Joyce and Ryan, W. F. (trans.), *Jerusalem Pilgrimage 1099 – 1185* (London, 1988), p. 94。

21. *Heimskringla*, p. 695 中说到西居尔穿越了"希腊海"，在我看来，这是指遵循西伍尔夫日记中所描述的紧贴陆地的标准航线；见 Wilkinson et al., *Jerusalem Pilgrimage*, pp. 95 – 8。

22. *Albert of Aachen*, pp. 800 – 1.

23. Ibid., pp. 798 – 801.

24. Ibid., pp. 804 – 5.

25. *Heimskringla*, p. 695.

26. 奥拉夫于 1164 年被教皇亚历山大三世封圣，而且至今在挪威和法罗群岛还是一个广受欢迎的圣徒。每年的 7 月 29 日当地都举行奥尔索克（Olsok）节日活动来纪念他。他死亡的方式是一个有争议的话题。

27. *Ibn al-Qalanisi*, pp. 106 – 7; *Albert of Aachen*, pp. 804 – 5.

28. *Ibn al-Qalanisi*, p. 107.

29. Ibid., p. 108.

30. *Heimskringla*, p. 696.

31. Ibid., p. 697.

32. Ibid., p. 699.

33. Ibid., p. 714.

34. 探讨了朝圣者与十字军在这一背景下的区别的经典论文是 Tyerman, C. J., 'Were There Any Crusades in the Twelfth Century?', *The English Historical Review* 110 (1995), pp. 553 – 77。

第十一章　血地之战

1. Toorawa, Shawkat M. (trans.), *Consorts of the Caliphs: Women and the*

Court of Baghdad / Ibn Al-sā'I (New York, 2017), p. 62.

2. *Ibn al-Athir*, vol. I, p. 155.

3. *Ibn al-Qalanisi*, p. 111.

4. Ibid.

5. *Ibn al-Athir*, vol. I, p. 154.

6. Ibid. , p. 155.

7. *Ibn al-Qalanisi*, p. 112.

8. *Fulcher of Chartres*, p. 150.

9. Wilkinson et al. , *Jerusalem Pilgrimage*, pp. 145, 149.

10. Ibid. , p. 101.

11. *Ibn al-Qalanisi*, p. 136.

12. 伊本·阿迪姆摘录和翻译的文本见 *Recueil des historiens des croisades：Historiens Orientaux* (Paris, 1884), vol. Ⅲ, p. 616。

13. *Ibn al-Qalanisi*, pp. 158 – 9.

14. Asbridge, Thomas S. and Edgington, Susan B. , *Walter the Chancellor's 'The Antiochene Wars'：A Translation and Commentary* (Aldershot, 1999), p. 127.

15. *Ibn al-Qalanisi*, p. 160.

16. *Walter the Chancellor*, pp. 132 – 6.

17. 关于伊尔加齐的邪恶声名，请参阅 Morton, 'Walter the Chancellor on Ilghazi', pp. 170 – 86。这部著作对大法官沃尔特等证人的叙述进行了筛滤。

18. Cobb, Paul (trans.), *Usama ibn Munqidh / The Book of Contemplation：Islam and the Crusades* (London, 2008), p. 131.

19. *Albert of Aachen*, pp. 868 – 9.

20. *William of Tyre*, vol. I, p. 514.

21. *William of Tyre*, vol. I, p. 522.

22. 关于这一时期的决定性本质，请参阅 Morton, Nicholas, *The Field of Blood：The Battle for Aleppo and the Remaking of the Medieval Middle East* (New York, 2018), pp. 8 – 9。

23. 译文见 Barber and Bate, *Letters from the East*, pp. 42 – 4。

24. Ibid.

25. Morton，*The Field of Blood*，p. 125.

26. *William of Tyre*，vol. I，p. 536.

27. *Willaim of Tyre*，vol. I，p. 540.

28. *Ibn al-Athir*，vol. I，p. 251.

29. 一份对这次所谓的威尼斯十字军东征的简明叙述是 Riley-Smith，Jonathan，'The Venetian Crusade of 1122 – 24' in Airaldi, Gabriella and Kedar, Benjamin Z. （eds.），*I Comuni Italiani nel Regno Crociato di Gerusalemme / The Italian communes in the Crusading Kingdom of Jerusalem* （Genoa, 1986），pp. 339 – 50。

30. *William of Tyre* ，vol. I，p. 549.

31. Ibid. pp. 554 – 5.

32. *Ibn al-Athir*，vol. I，p. 253.

33. Ibid. ，p. 254.

34. Ibid.

35. *Ibn al-Adim*，p. 647.

36. Ibid. ，p. 646.

第十二章　骑士谋新

1. 作家和学者穆卡达西记述了阿卡港口的建设工作，他的祖父就是当时的首席工程师。Collins, Basil （trans.），*The Best Divisions for Knowledge of the Regions*：*Ahsan al-Taqasim fi Ma'rifat al-Aqalim / Al-Muqaddasi* （Reading, 2001），pp. 138 – 9.

2. 关于阿卡在法兰克人占据时期第一个世纪内的发展，可参阅 Ehrlich, Michael，'Urban Landscape Development in Twelfth-Century Acre'，*Journal of the Royal Asiatic Society* 18 （2008），pp. 257 – 74。

3. Röhricht, Reinhold （ed），*Regesta Regni Hierosolymitani, 1097 – 1291* （Innsbruck, 1893），vol. I，p. 25.

4. 三位编年史家记述了圣殿骑士团的创建：提尔的威廉、叙利亚的米海尔和沃尔特·马普。关于这三部史料的相对价值和局限的讨论可参阅 Barber, Malcolm，*The New Knighthood*：*A History of the Order of the Temple* （Cambridge, 1994），pp. 6 – 9。

5. 这道授予医院骑士团这些特权的谕令，名为《虔诚之请》（*pie postulatio voluntatis*）。今天我们可以在瓦莱塔的马耳他国家博物馆看到这道谕令。

6. *William of Tyre*, vol. I, p. 525.

7. James, M. R. (trans.), Brooke, C. N. L. andMynors, R. A. B. (rev.), *Walter Map: De Nugis Curialium / Courtiers' Trifles* (Oxford, 1983), pp. 54 – 5.

8. Marquis d'Albon, *Cartulaire général de l'Ordre du Temple, 1119? – 1150* (Paris, 1913), vol. I, p. 1.

9. *William of Tyre*, vol. II, p. 40.

10. 关于于格为大马士革攻势作战所进行的募兵努力，可参阅 Phillips, Jonathan, 'Hugh of Payns and the 1129 Damascus Crusade', in Barber, Malcolm (ed.), *The Military Orders I: Fighting for the Faith and Caring for the Sick* (Aldershot, 1994), pp. 141 – 7。

11. *William of Tyre*, vol. II, p. 47.

12. Barber, *The New Knighthood*, p. 14.

13. Garmonsway, G. N. (trans.), *The Anglo-Saxon Chronicle* (London, 1953), p. 259.

14. Phillips, 'Hugh of Payns and the 1129 Damascus Crusade', p. 144.

15. 一份于近期对圣贝尔纳这封信函所作的英文译文见 Scott James, Bruno (trans.) and Kienzle, Beverly Mayne (intro.), *The Letters of St Bernard of Clairvaux* (Guildford, 1998)。

16. 在现代对圣殿骑士团这份规则进行汇编的最好版本是 Upton-Ward, J. M., *The Rule of the Templars: The French Text of the Rule of the Order of the Knights Templar* (Woodbridge, 1992)。

17. Greenia, M. Conrad (trans.) and Barber, Malcolm (intro.), *Bernard of Clairvaux / In Praise of the New Knighthood* (Trappist, Kentucky, 2000), pp. 33, 39.

18. Riley-Smith, *The First Crusaders: 1095 – 1131*, pp. 183 – 5.

19. *Anglo-Saxon Chronicle*, p. 259.

20. 关于图格塔金的死亡日期，见 *Ibn al-Athir*, vol. I, p. 274。

21. *Ibn al-Qalanisi*, p. 195.

22. *Al-Muqaddasi*, pp. 133 – 4.

23. *Ibn al-Athir*, vol. I, p. 278.

24. *Ibn al-Qalanisi*, pp. 192 – 3.

25. Acts 9：2 – 9.

26. *Ibn al-Qalanisi*, p. 197.

27. Ibid. , p. 198.

28. *William of Tyre*, vol. II, p. 42.

29. *Ibn al-Qalanisi*, pp. 199 – 200.

第十三章　圣地女王

1. *William of Tyre*, vol. II, p. 45.

2. 对于此事的经典分析可参阅 Mayer, Hans Eberhard, 'Studies in the History of Queen Melisende of Jerusalem', *Dumbarton Oaks Papers* 26 (1972), especially pp. 98 – 110。Cf. Hamilton, Bernard, 'Women in the Crusader States：The Queens of Jerusalem, 1100 – 1190', in Baker, Derek (ed.), *Medieval Women* (Oxford, 1978), p. 149, 这位作者对富尔克得到的提议中的原始条款持怀疑态度。

3. *Ibn al-Qalanisi*, p. 208.

4. Chibnall, *Orderic Vitalis*, vol. VI, pp. 390 – 3. 奥德里克的断言与以下这篇文章中提及的证据 (特许状) 相抵触：Mayer, Hans Eberhard, 'Angevins versus Normans：The New Men of King Fulk of Jerusalem', *Proceedings of the American Philosophical Society* 133 (1989), pp. 1 – 25。

5. *Ibn al-Athir*, vol. I, p. 382.

6. *William of Tyre*, vol. II, p. 44.

7. *Ibn al-Qalanisi*, p. 215.

8. *William of Tyre*, vol. II, 71.

9. Ibid. , p. 73.

10. Ibid. , p. 76.

11. 今天，《梅利桑德圣咏经》由大英图书馆收藏保存，编号为 Egerton MS 1139，可以通过数字化手稿网站观赏：http：//www. bl. uk/manuscripts/FullDisplay. aspx? ref = Egerton_ MS_ 1139。

12. Folda, Jaroslav, *Crusader Art*: *The Art of the Crusaders in the Holy Land*, *1099 – 1291* (Aldershot, 2008), p. 36. Also see Tranovich, Margaret, *Melisende of Jerusalem*: *The World of a Forgotten Crusader Queen* (London, 2011), pp. 126 – 9.

13. 今天，这一圣髑盒保存在斯图加特的符腾堡州立博物馆 (Württembergischen Landesmuseum)。与这一圣髑盒上相同类型的雕像在奥格斯堡、巴勒塔、沙伊恩和其他地方也都有发现，见 Boas, Adrian J., *Jerusalem in the Time of the Crusades*: *Society, Landscape and Art in the Holy City under Frankish Rule* (London, 2001), p. 198。

14. Tranovich, *Melisende of Jerusalem*, pp. xviii, 142 – 3.

15. Boas, *Jerusalem in the Time of the Crusades*, p. 147. 室内市场可追溯至梅利桑德权势最盛期的末期，例如约 1152 年。

16. *Ibn al-Athir*, vol. I, pp. 21 – 2.

17. 修道院院长丹尼尔描述了这一最初的教堂：Wilkinson, Hill and Ryan (eds), *Jerusalem Pilgrimage*, p. 133。Also see Pringle, Denys, *The Churches of the Crusader Kingdom of Jerusalem*: *A Corpus* (Cambridge, 1993), vol. I, pp. 123 – 37.

18. *William of Tyre*, vol. II, p. 133.

19. 这是我在 2018 年夏末与乔纳森·菲利普斯 (Jonathan Phillips) 教授的一次谈话中得出的结论。

20. Boas, *Jerusalem in the Time of the Crusades*, pp. 103 – 5.

21. *William of Tyre*, vol. II, p. 81.

22. Kennedy, Hugh, *Crusader Castles* (Cambridge, 1994), p. 32.

23. Cf. Riley-Smith, Jonathan, *Hospitallers*: *The History of the Order of St John* (London and Rio Grande, 1999)，他指出，医院骑士团直到 1160 年才成为一支完全成熟的军事力量。

24. 这一故事是提尔的威廉重述希腊史料中的记述，参阅 Browning, Robert, 'The Death of John II Comnenus', *Byzantion* 31 (1961), pp. 229 – 35。

25. *William of Tyre*, vol. II, p. 134.

26. *Letters of St Bernard*, nos. 273, 346.

27. *William of Tyre*, vol. II, pp. 139 – 40.

第十四章　父辈之剑

1. Mirot, Léon (ed.), *La Chronique de Morigny* (*1095 – 1152*) (Paris, 1909), pp. 82 – 3.

2. Ryan, William Granger (trans.) and Duffy, Eamon (intro.), *The Golden Legend: Readings on the Saints / Jacobus de Voraigne* (Princeton and Oxford, 2012), p. 35.

3. *William of Tyre*, vol. II, p. 143.

4. *Ibn al-Athir*, vol. I, p. 373.

5. *Chronique de Morigny*, p. 83.

6. 关于彼得和亨利的异端活动的史料来源，可参阅 Colish, Marcia L., ' Peter of Bruys, Henry of Lausanne, and the Façade of St. -Gilles ', *Traditio* 28 (1972), pp. 451 – 7。

7. Phillips, Jonathan, *The Second Crusade: Extending the Frontiers of Christendom* (New Haven and London, 2007), pp. 43 – 4.

8. *Letters of St Bernard*, p. 384.

9. See Ferzoco, George, ' The Origin of the Second Crusade ' in Gervers, Michael (ed.), *The Second Crusade and the Cistercians* (New York, 1992), pp. 91 – 9.

10. 《吾辈先烈》的英文译文见 Riley-Smith and Riley-Smith, *The Crusades: Idea and Reality*, pp. 57 – 9。

11. Paul, Nicholas L., *To Follow in their Footsteps: The Crusades and Family Memory in the High Middle Ages* (Ithaca and London, 2012), pp. 103 – 4. 其他类似的圣物和财宝也比比皆是：在诺曼底，由罗贝尔公爵带回的一块神奇的黄玉被视为传家宝而珍藏起来。北至苏格兰的法夫（Fife），圣安德鲁大教堂的修道院里保存着突厥人的臂章和 12 世纪第一个十年从东方带回的一匹阿拉伯马的精美马鞍。

12. 关于此事的记载，见 William of Newburgh. Stevenson, Joseph (trans.), *The History of William of Newburgh* (Felinfach, 1996), p. 442。

13. Berry, Virginia Gingerick (trans.), *Odo of Deuil: De Profectione Ludovici VII in Orientem* (New York, 1948), pp. 6 – 7.

14. Ibid.

15. Ibid. , pp. 8 – 9.

16. Ibid. , p. 11.

17. Bédier, J. and Aubry, P. (eds.), *Les Chansons de croisade avec leurs melodies* (Paris, 1909), pp. 8 – 10.

18. Ward, Benedicta, *Miracles and the Medieval Mind* (Aldershot, 1987), pp. 180, 182.

19. *Letters of St Bernard*, p. 461.

20. Ibid. , p. 464.

21. Ibid. , p. 465.

22. Eidelberg, Shlomo (trans.), *The Jews and the Crusaders: The Hebrew Chronicles of the First and Second Crusades* (Madison and London, 1977), p. 122.

23. Ibid. , p. 123.

24. *Letters of St Bernard*, p. 465.

25. Eidelberg, *The Jews and the Crusaders*, p. 127.

26. Mierow, Charles Christopher (trans.), *Otto of Freising and his continuator, Rahewin / The Deeds of Frederick Barbarossa* (Toronto, 1994), p. 75.

27. *Deeds of Frederick Barbarossa*, p. 75.

28. Ibid. , p. 76.

第十五章　顺昌逆亡

1. 这里对安条克的乔治的外形描述，依据的是在巴勒莫海军元帅圣玛利亚教堂的镶嵌画中找到的本人图像。这幅图像系由他本人委托制作，并且在他有生之年完成。

2. 关于安条克的乔治的生平总结，可参阅 Houben, *Roger II of Sicily*, pp. 33 – 4, 150; Metcalf, *The Muslims of Medieval Italy*, pp. 126 – 8。

3. Metcalf, *The Muslims of Medieval Italy*, p. 79

4. *Ibn al-Athir*, vol. II, pp. 16 – 17.

5. 参见本书第一章内容。

6. *Ibn al-Athir*, vol. I, p. 380.

7. *Ibn al-Athir*, vol. II, p. 14.

8. Houben, *Roger II of Sicily*, p. 79.

9. Metcalfe, *The Muslims of Medieval Italy*, p. 163.

10. *Ibn al-Athir*, vol. I, p. 380.

11. 这件令人称道的绸衣——形似一件教士长袍——得到了精心的保存，与神圣罗马帝国的其他许多宝物一同在维也纳的皇家珍宝馆（Kaiserliche Schatzkammer，又作帝国宝藏库）展示，编号为 Treasury, WS XⅢ 14。

12. Sanders, Paula, *Ritual, Politics and the City in Fatimid Cairo*（Albany, 1994）, pp. 25 - 6.

13. 译文见 Riley-Smith and Riley-Smith, *The Crusades: Idea and Reality*, pp. 75 - 7。

14. Ibid.; Dragnea, Mihai, 'Divine Vengeance and Human Justice in the Wendish Crusade of 1147', *Collegium Medievale* 29（2016）, p. 53.

15. Christiansen, Eric, *The Northern Crusades*, 2nd ed.（London, 1997）, p. 53.

16. *Deeds of Frederick Barbarossa*, p. 76.

17. Ibid.

18. *Letters of St Bernard*, pp. 466 - 7.

19. Ibid. 其中有"归化或灭绝"的字句。

20. David, Charles Wendell（trans.）, *The Conquest of Lisbon / De Expugnatione Lyxbonensi*, new ed.（New York, 2001）, pp. 90 - 3.

21. Phillips, *The Second Crusade*, pp. 255 - 6.

22. *The Conquest of Lisbon*, p. 16.

23. Bennett, Matthew, 'Military Aspects of theconquet of Lisbon, 1147', in Phillips, Jonathan and Hoch, Martin（eds.）, *The Second Crusade: Scope and Consequences*（Manchester, 2001）, p. 73.

24. *The Conquest of Lisbon*, pp. 56 - 7.

25. Ibid. , pp. 70 - 3.

26. Ibid. , pp. 78 - 81.

27. Ibid. , pp. 90 - 1.

28. Ibid. , pp. 128 – 9, 134 – 5, 142 – 3.

29. Ibid. , pp. 136 – 9.

30. Ibid. , pp. 132 – 3.

31. Ibid. , pp. 138 – 9, 144 – 5.

32. *Relatio de translatione S. Vincentii martyris*; 译文见 Constable, Giles, *Crusaders and Crusading in the Twelfth Century* (Farnham, 2008), p. 303。

33. *The Conquest of Lisbon*, pp. 182 – 3.

第十六章　历史重演

1. *Alexiad*, p. 422.

2. Brand, Charles M. (trans.), *Deeds of John and Manuel Comnenus / by John Kinnamos* (New York, 1976), p. 58.

3. Stephenson, P. , ' Anna Comnena's *Alexiad* as a source for the Second Crusade?', *Journal of Medieval History* 29 (2012), pp. 41 – 54 总结了关于《阿莱克修斯传》在第二次十字军东征背景下创作的文献。

4. Jeffreys, E. and Jeffreys, M. , ' The " Wild Beast from the West": Immediate Literary Reactions in Byzantium to the Second Crusade ', inLaiou, Angeliki and Mottahedeh, Roy P. (eds.), *The Crusades from the Perspective of Byzantium and the Muslim World* (Washington DC, 2001), p. 104.

5. Brial, Michel-Jean-Joseph (ed.), *Recueil des Historiens des Gaules et de la France* (Paris, 1878), vol. XVI, p. 9.

6. 约翰·金纳莫斯估计的 "90 万人之众" 简直是异想天开。*Deeds of John and Manuel Comnenus*, p. 60.

7. Jeffreys and Jeffreys, ' The " Wild Beast" from the West ', p. 109.

8. *Deeds of Frederick Barbarossa*, p. 81.

9. *Deeds of John and Manuel Comnenus*, p. 63.

10. 关于穿过安纳托利亚的实际进军速度, 见 Phillips, *The Second Crusade*, pp. 177 – 8。

11. Cobb, *The Race for Paradise*, pp. 138 – 9.

12. *Ibn al-Qalanisi*, p. 281.

13. 这封信写于 1148 年 2 月下旬，收信人是斯塔沃洛（Stavelot）与科维（Corvey）的修道院院长维贝尔德（Wibald）。译文见 Barber and Bate, *Letters from the East*, p. 45。

14. *Odo of Deuil*, p. 17.

15. 以弗勒里（Fleury）修道院为例，参阅 Constable, *Crusaders and Crusading in the Twelfth Century*, pp. 117 – 19。

16. *Deeds of John and Manuel Comnenus*, p. 69.

17. *Odo of Deuil*, pp. 64 – 5.

18. Ibid. , pp. 56 – 9.

19. Ibid. pp. 112 – 13. 相比之下，康拉德在多里莱乌姆的败绩，其预兆是一次可怕的日偏食，太阳长时间内形如"半条面包"，似乎是在象征着康拉德半生不熟的战场本领。

20. Ibid. , pp. 114 – 15.

21. Ibid. , pp. 116 – 17.

22. Ibid.

23. Ibid. , pp. 118 – 19.

24. *Ibn al-Qalanisi*, pp. 271 – 2.

25. *Ibn al-Athir*, vol. I, pp. 382 – 3.

26. 这是一个相当矫揉造作的双关语，依靠的是赞吉的名字（Zengi, Zangi）与拉丁词语"血"（sanguis, sanguinis）的相似性。见 *William of Tyre*, vol. II, p. 146。

27. *Ibn al-Athir*, vol. II, pp. 222 – 3.

28. *William of Tyre*, vol. II, pp. 394 – 5.

29. *Ibn al-Athir*, vol. II, p. 8, 讲述了一个年轻的埃德萨女孩两次沦为战利品的悲惨故事——第一次是因为赞吉，第二次是因为努尔丁；在这两次经历中，她都是被送给摩苏尔卫城城堡的守将扎因丁·阿里（Zayn al-Din Ali），在伊本·阿西尔的记述中他似乎强奸了她。

30. 译文见 Phillips, *The Second Crusade*, p. 210。

31. *William of Tyre*, vol. II, p. 179.

32. Ibid. , p. 180.

33. See Turner, Ralph V. , *Eleanor of Aquitaine*（New Haven and London,

2009），p. 87.

34. *William of Tyre*, vol. II, p. 180.

35. *Deeds of John and Manuel Comnenus*, p. 71.

36. *William of Tyre*, vol. II, pp. 189 – 90.

37. Ibid. , p. 191.

38. *Ibn al-Qalanisi*, p. 286.

39. Ibid. , p. 287.

40. *William of Tyre*, vol. II, p. 180.

41. *Alexiad*, p. 331.

第十七章　竞逐埃及

1. *Usama ibn Munqidh*, p. 29；*Ibn al-Athir*, vol. II, p. 67. 伊本·蒙基德称这个男仆的名字为萨义德·达瓦拉（Sa'id al-Dawla）。

2. *The Book of Contemplation*, p. 30.

3. *Ibn al-Athir*, vol. II, p. 68.

4. 关于法蒂玛王朝哈里发国的最新研究成果是 Brett, Michael, *The Fatimid Empire*（Edinburgh, 2017）。

5. *The Best Divisions For Knowledge of the Regions*, pp. 163 – 6.

6. *Ibn al-Qalanisi*, p. 317, 给出了大马士革方面的看法。

7. *William of Tyre*, vol. II, p. 296.

8. Ibid. , pp. 297 – 8.

9. Zaki al-Din Muhammad al-Wahrani, 译文出自 Lyons, Malcolm Cameron and Jackson, D. E. P. , *Saladin：The Politics of the Holy War*（Cambridge, 1982），p. 6。

10. *Ibn al-Athir*, vol. I, p. 138.

11. See Buck, *The Principality of Antioch*, pp. 38 – 44.

12. *Ibn al-Qalanisi*, pp. 319 – 21.

13. 关于这座讲经坛，请参阅 Hillenbrand, *The Crusades：Islamic Perspectives*, p. 152。

14. Tyerman, *God's War*, p. 345.

15. *William of Tyre*, vol. II, p. 302.

16. *Ibn al-Athir*, vol. II, p. 144.

17. *William of Tyre*, vol. II, p. 313.

18. Ibid. , pp. 303 – 4.

19. *Ibn al-Athir*, vol. II, p. 146.

20. *William of Tyre*, vol. II, p. 308.

21. Ibid.

22. Ibid. , pp. 319 – 20，其中基于目击者的证言对哈里发寝宫进行了极好的描述。

23. Abu Shama, 'The Book of the Two Gardens', 由 *Recueil des historiens des croisades*：*historiens orientaux*（Paris，1898），vol. IV，p. 137 转译而来。

24. Ibid. , p. 351.

25. Ibid. , p. 356.

26. Ibid. , p. 357.

27. *Ibn al-Athir*, vol. II, p. 175；*Qur'an*, vol. VI, p. 44.

第十八章　吾罪之故

1. *Ibn al-Athir*, vol. II, p. 196.

2. Ibid.

3. Ibid.

4. 一些史料来源，包括多位作者合著的《埃及教会牧首史》（*History of the Patriarchs of the Egyptian Church*），对阿迪德的死因给出了其他解释：他在得知萨拉丁之弟图兰沙意图谋杀他时自杀身亡；图兰沙确实是杀人凶手，在拷问阿迪德说出自己的财宝所在后将其杀害；萨拉丁和图兰沙诱使哈里发饮酒，然后宣布既然他已经犯下这等违逆伊斯兰教规的举动，便将他废黜。See Lev, Yaacov, *Saladin in Egypt*（Leiden，1998），pp. 82 – 3.

5. *Ibn al-Athir*, vol. II, p. 197.

6. Richards, D. S. （trans. ），*Baha al-Din Ibn Shaddad ∕ The Rare and Excellent History of Saladin*（Farnham，2002），p. 17.

7. *Ibn al-Qalanisi*, p. 273.

8. *Ibn Shaddad*, pp. 26 – 7.

9. Ibid. , p. 28.

10. Nicholson, Helen, *The Chronicle of the Third Crusade: The 'Itinerarium Peregrinorum et Gesta Regis Ricardi'* (Farnham, 1997), p. 23.

11. Imad al-Din, quoted by Abu Shama, *Recueil des historiens des croisades orientaux*, vol. IV, p. 147.

12. Ibid. , p. 153.

13. 关于卡拉库什在北非的冒险经历，可参阅 Baadj, Amar, 'Saladin and the Ayyubid Campaigns in the Maghrib', *Al-Qantara* 34 (2013)。

14. 在第一次十字军东征时期，这种以法兰克人的国家作为缓冲的务实诉求——当时是为了对抗大塞尔柱帝国——在法蒂玛统治下的埃及得到了许多人的认可。

15. 译文见 Hillenbrand, *The Crusades: Islamic Perspectives*, p. 166。

16. 关于萨拉丁使用地震这种意象，请参阅 Lyons and Jackson, *Saladin: The Politics of Holy War*, p. 74；关于 1170 年的地震，见 Guidoboni, Emanuela et al. , 'The large earthquake on 29 June 1170 (Syria, Lebanon, and central southern Turkey)', *Journal of Geophysical Research*, 109 (2004)。

17. Lyons and Jackson, *Saladin: The Politics of Holy War*, p. 75. 萨拉丁对阿马尔里克应受到"痛苦的惩罚"的评判是一个双关语，因为国王的名字和阿拉伯语单词 murr 有相似之处，murr 的意思是"痛苦"。

18. *William of Tyre*, vol. II, p. 398.

19. 关于鲍德温四世的病况，见 Lay, Stephen, 'A leper in purple: the coronation of Baldwin IV of Jerusalem', *Journal of Medieval History* 23 (1997), pp. 318 – 19。

20. Lyons and Jackson, *Saladin: The Politics of Holy War*, p. 239.

21. *William of Tyre*, vol. II, p. 407.

22. 关于阿尔萨斯的腓力，可参阅 Stubbs, William (ed.), *Radulfi de Diceto Decani Lundoniensis Opera Historica / The Historical Works of Master Ralph de Diceto* (London, 1876), vol. I, p. 402。在同一时期，其他以私人身份前来参加十字军东征的领主（尽管没有那么耸人听闻的原因）还包括巴勒莫大主教佩尔什（Perche）的斯蒂芬、讷韦

尔伯爵威廉、索恩（Saône）伯爵斯蒂芬和勃艮第公爵于格。See Barber, *The Crusader States*, pp. 252 – 3.

23. Christiansen, *The Northern Crusades*, p. 71.

24. Barber and Bate, *Letters from the East*, pp. 53 – 4.

25. Ibid. , p. 73.

26. *Ralph de Diceto*, vol. II, p. 34.

27. 关于这次会面的完整叙述可参阅 Warren W. L. , *Henry II*, new ed. (New Haven and London, 2000), pp. 604 – 5。

28. Broadhurst, Roland, *The Travels of Ibn Jubayr* (London, 1952), p. 311.

29. 最新的著作见 Lee, Jeffrey, *God's Wolf: The Life of the Most Notorious of All Crusaders, Reynald de Chatillon* (London, 2016), pp. 202 – 7。

30. Old French Continuation of William of Tyre in Edbury, Peter W. , *The Conquest of Jerusalem and the Third Crusade* (Farnham, 1998), p. 11.

31. Barber and Bate, *Letters from the East*, p. 76.

32. *Ibn Shaddad*, p. 72.

33. Ibid. , p. 73.

34. *Ibn al-Athir*, vol. II, p. 323.

35. Barber and Bate, *Letters from the East*, p. 77.

36. 《圣殿骑士团》规章的 419 条在理论上判决将一名"当黑白大旗（圣殿骑士团团旗）仍在飘扬时，因为畏惧撒拉森人而从战场上逃跑"的成员驱逐出骑士团。See Upton-Ward, *The Rule of the Templars*, p. 112.

37. Barber and Bate, *Letters from the East*, p. 79.

38. 宗主教希拉克略在 1187 年 9 月向教皇乌尔班三世的报告；ibid. , pp. 80 – 1。

39. Old French Continuation of William of Tyre in *The Conquest of Jerusalem and the Third Crusade*, p. 59.

40. 关于这位布道者的身份，参阅 *Ibn al-Athir*, vol. II, p. 334。关于穆希丁的布道演说英语版本，见 Slane, William MacGuckin (trans.), Ibn Khallikan's biographical dictionary (Paris, 1842), vol. II, pp. 634 – 41。

第十九章 母狮子与狮心王

1. 该文本的最新拉丁文学术版本名为 *Hodoeporicon et percale Margarite Iherosolimitane*,见 Schmidt, Paul Gerhard, 'Peregrinatio periculosa': Thomas of Froidmont über die Jerusalemfahrten seiner Schwester Margareta', in Munari et al. , *Kontinuität und Wandel. Lateinische Poesie von Naevius bis Baudelaire* (Hildesheim, 1986), pp. 476 – 85。法语译本见 Michaud, M. , *Bibliothèque des Croisades: Troisième partie* (Paris, 1829), pp. 369 – 75。关于玛格丽特作者身份的问题还未解决,这一作品的构思显然是为了强调她的苦难,以此与殉道类比。作品内在的证据表明,玛格丽特是有文化的;但同样有可能的是,她的叙述是由她的兄弟弗鲁瓦蒙的托马斯代笔。

2. Ibid.

3. 关于聚焦十字军东征期间妇女角色的新兴文学作品,可参阅 Edgington, Susan B. and Lambert, Sarah, *Gendering the Crusades* (Cardiff, 2001); Hamilton, Bernard, 'Women in the crusader states: the queens of Jerusalem 1100 – 90', in Baker, Derek (ed.), *Medieval Women* (Oxford, 1978), pp. 143 – 74; Nicholson, Helen, 'Women's involvement in the crusades', in Boas (ed.), *The Crusader World*, pp. 54 – 67; Hodgson, Natasha, *Women, Crusading and the Holy Land in Historical Narrative* (Woodbridge, 2007); Maier, Christoph T. , 'The Roles of women in the crusade movement: a survey', *Journal of Medieval History* 30 (2004), pp. 61 – 82; 而这种背景尤为浓厚的作品则是 Nicholson, Helen, 'Women on the Third Crusade', *Journal of Medieval History* 23 (1997), pp. 335 – 49。

4. 提尔之所以能够生存下来,在很大程度上要归功于其坚不可摧的防御工事和蒙费拉的康拉德的领导力,这位意大利贵族被公认为"人中魔鬼,擅长组织和防守,是一个英勇无畏的人"。Ibn al-Athir, vol. II, p. 329. 的黎波里和安条克也坚守下来。

5. Galatariotou, Catia, *The Making of a Saint: The Life, Times and Sanctification of Neophytos the Recluse* (Cambridge, 1991), pp. 206 – 7; Angold, Michael, 'The fall of Jerusalem (1187) as viewed from

Byzantium', in Boas, *The Crusader World*, p. 296.

6. 乌尔班三世的教皇任期从 1180 年 11 月 25 日持续到他于 1187 年 10 月 20 日去世——很明显，在他有可能得知耶路撒冷陷落的 18 天之前就已经去世。英格兰编年史家纽堡的威廉（William of Newburgh）记述，就连关于哈丁战役的消息（7 月 4 日）也只是在乌尔班三世死后几天才传到意大利的。Edbury（trans.），*The Conquest of Jerusalem and the Third Crusade*, p. 75; *William of Newburgh*, p. 542.

7. 关于这道谕令的英文译本，请参阅 Riley-Smith and Riley-Smith, *The Crusades, Idea and Reality*, pp. 63 – 7。

8. *The Conquest of Jerusalem and the Third Crusade*, p. 75.

9. Riley-Smith and Riley-Smith, *The Crusades, Idea and Reality*, p. 65.

10. 《闻讯战栗》谕令中规定了这些奖励措施; ibid. , p. 67。

11. Loud, G. A. (trans.), *The Crusade of Frederick Barbarossa: The History of the Expedition of the Emperor Frederick and Related Texts* (Farnham, 2010), p. 41.

12. 前者是更为可信的数字。See ibid. , pp. 19 and 32n66.

13. Ibid. , p. 45.

14. *Itinerarium Peregrinorum*, pp. 146, 190.

15. See Gillingham, John, *Richard I* (New Haven and London, 1999), pp. 266 – 7.

16. 译文见 ibid。

17. Tyerman, Christopher, *How to Plan a Crusade: Reason and Religious War in the High Middle Ages* (London, 2015), p. 263.

18. 见上文序章中的内容。

19. *William of Newburgh*, p. 556.

20. Appleby, John T. , *The Chronicle of Richard of Devizes of the Time of King Richard the First* (London, 1963), p. 4.

21. *Itinerarium Peregrinorum*, p. 48.

22. Bédier and Aubry, *Les Chansons de croisade avec leurs melodies*, pp. 283 – 5; 译文见 Riley-Smith and Riley-Smith, *The Crusades: Idea and Reality*, pp. 157 – 9。

23. Ailes, Marianne and Barber, Malcolm (eds. and trans.), *The History of*

the Holy War: Ambroise's *Estoire De La Guerre Sainte* (Woodbridge, 2003), vol. II, p. 34.

24. 关于威廉一世的胡须和神力等逸事，以及史料中关于他儿子的逸事记载相对乏善可陈一事，请参阅 Matthew, Donald, *The Norman Kingdom of Sicily* (Cambridge, 1992), p. 167。

25. Ibid., p. 280.

26. 此处比较了 Ambroise's *Estoire De La Guerre Sainte*, vol. II, p. 44, 与埃博利的彼得的作品译本，后者见 Wolsing, Ivo, "看吧，天降半人！" 见埃博利的彼得关于剥夺莱切的坦克雷德之合法性的著作 *Liber ad honorem Augusti*', *Al-Masaq* (2018), p. 6 (and commentary, ibid., pp. 1 – 15)。

27. Ambroise's *Estoire De La Guerre Sainte*, vol. II, p. 39.

28. 'Mategrifon'; Appleby, Richard of Devizes, pp. 24 – 5 出现了"狮鹫虐打者"。

29. Ambroise's *Estoire De La Guerre Sainte*, vol. II, p. 48.

30. Ibid.

31. *Itinerarium Peregrinorum*, p. 179.

32. Magoulias, Harry J., *O City of Byzantium*, Annals of Niketas Choniates (Detroit, 1984), p. 161.

33. 关于银制镣铐，见 *Itinerarium Peregrinorum*, p. 194。伊萨克最后被人从监狱里释放出来，但不久后便于 1195 年去世。

34. 具体描述见 The Crusade of Frederick Barbarossa, p. 111。

35. Ibid., p. 115.

36. Rigord of St Denis; 译文来自 Hosler, John D., *The Siege of Acre*: 1189 – 1191 (New Haven and London, 2018), p. 109。

37. *Itinerarium Peregrinorum*, p. 106.

38. Ambroise's *Estoire De La Guerre Sainte*, vol. II, p. 66.

39. *Ibn al-Athir*, vol. II, p. 387.

40. *Ibn Shaddad*, p. 146.

41. Ibid., p. 158.

42. 关于此事合法性的讨论，以及将萨拉丁自己的行为——在哈丁战役后特意屠杀了 200 名圣殿骑士团和医院骑士团成员——与理查三世的做法进行简要的比较，可参阅 Hosler, *The Siege of Acre*, pp. 154 - 5。

43. *Itinerarium Peregrinorum*, p. 249.

44. *Ibn Shaddad*, pp. 195 - 6.

45. 在萨拉丁去世后，阿尤布王朝内部爆发了一场严重的权力斗争；阿迪勒直到 1200 年才巩固了他作为自己兄长继承人的地位。

第二十章　烈火焚身

1. 丹多洛在君士坦丁堡的一次街头斗殴中视力受到伤害这一说法也并非事实。See Runciman, Steven, *A History of the Crusades：Volume 3, The Kingdom of Acre and the Later Crusades* (Cambridge, 1954), p. 97. 关于对丹多洛失明原因各种说法的讨论和他的笔迹逐渐恶化的例子，可参阅 Madden, Thomas F., *Enrico Dandolo and the Rise of Venice* (Baltimore, 2003), pp. 65 - 8。

2. Marzials, Frank Thomas (trans.), *Chronicles of the Crusades by Villehardouin and De Joinville* (London, 1908), p. 17.

3. *Ibn al-Athir*, vol. III, p. 76 记录了丹多洛需要骑在马背上受人引导的事。

4. *Alexiad*, pp. 162 - 3.

5. 见前文第十一章内容。

6. Madden, *Enrico Dandolo and the Rise of Venice*, p. 71.

7. 丹多洛誓词的全文——也是第一份留存于世的威尼斯总督就职誓词——已被译成英文，见 ibid., pp. 96 - 8。

8. Edgington, Susan B. and Sweetenham Carol (trans.) *The Chanson d'Antioche：An Old French Account of the First Crusade* (Farnham, 2011).

9. *The Conquest of Jerusalem and the Third Crusade*, p. 143 还断言，如果他宠爱的侏儒没有一同摔下并压在他的身上，亨利就会活下来。

10. 《悲伤之后》的英译本见 Bird et al. (eds.), *Crusade and Christendom：Annotated Documents in Translation from Innocent III to the Fall of Acre, 1187 - 1291* (Philadelphia, 2013), pp. 31 - 7。

11. Ibid., p. 32.

12. Moore, John C., *Pope Innocent Ⅲ (1160/1 - 1216): To Root Up and to Plant* (*Leiden*, 2003), p. 103.

13. 长期以来，讷伊的富尔克被认为在埃克里发挥了中心作用，现在这一观点已不足采信。关于对他布道活动的总体效果进行重新评估的近期研究，可参阅 Jones, Andrew W., 'Fulk of Neuilly, Innocent Ⅲ, and the Preaching of the Fourth Crusade', *Comitatus: A Journal of Medieval and Renaissance Studies* 41 (2010), pp. 119 - 48。关于巴里斯的马丁，可参阅 Andrea, Alfred J. (trans.), *The Capture of Constantinople: The 'Hystoria Constantinopolitana' of Gunther of Pairis* (Philadelphia, 1997), pp. 69 - 70。

14. *Villehardouin and De Joinville*, p. 5.

15. Phillips, *The Fourth Crusade*, p. 66.

16. *Villehardouin and De Joinville*, p. 8.

17. 关于向当地宗教机构进献礼品的事例，可参阅这部著作中罗列的特许状：Viard of Prés and Simon de Malesnes in Slack, Corliss Konwiser (ed.), *Crusade Charters: 1178 - 1270* (Tempe, 2001), pp. 132 - 3, 140 - 1。

18. *Robert of Clari*, ch7 in Stone, Edward N. (ed.), Three Old French Chronicles of the Crusades (Seattle, 1939).

19. Madden, *Enrico Dandolo and the Rise of Venice*, p. 141.

20. *The Capture of Constantinople*, p. 79.

21. Ibid., p. 80.

22. Andrea, A. J., *Contemporary Sources for the Fourth Crusade* (Leiden, 2000), p. 48.

23. *Annals of Niketas Choniates*, pp. 242, 248.

24. *Villehardouin and De Joinville*, p. 23.

25. Ibid.

26. *The Capture of Constantinople*, p. 83.

27. Ibid., p. 89.

28. Ibid., p. 30.

29. *Villehardouin and De Joinville*, p. 31.

30. Harris, Jonathan, *Constantinople: Capital of Byzantium*, 2nd ed.

（London, 2017), p. 6.

31. *Villehardouin and De Joinville*, p. 31.

32. *Annals of Niketas Choniates*, p. 298.

33. Ibid.

34. 关于原话的译文以及骑士精神与十字军东征之间关系的讨论，请参阅 Hodgson, Natasha, ' Honour, Shame and the Fourth Crusade ', *Journal of Medieval History* 39 (2013), pp. 220 – 39。

35. *Annals of Niketas Choniates*, p. 304.

36. *Robert of Clari*, p. 59.

37. Ibid. , p. 62

38. Ibid. , p. 71.

39. *The Capture of Constantinople*, pp. 105 – 6.

40. *Annals of Niketas Choniates*, p. 322.

41. Phillips, *The Fourth Crusade*, p. 263.

42. *Annals of Niketas Choniates*, p. 323.

43. 关于丹多洛在 1205 年为自己的辩护，见 Queller, Donald E. and Katele, Irene B. , ' Attitudes Towards the Venetians in the Fourth Crusade: The Western Sources ', *The International History Review* 4 (1982), pp. 2 – 3。

44. 关于虔诚和金钱之间的动机平衡，见 Neocleous, Savvas, ' Financial, chivalric or religious? The motives of the Fourth Crusaders reconsidered ', *Journal of Medieval History* 38 (2012), pp. 183 – 206。

45. *Annals of Niketas Choniates*, p. 295.

46. 关于威尼斯和丹多洛对第四次十字军东征的罪责的争论并没有随着时间的推移而完全消失，参阅这份研究的有趣介绍：Madden, Thomas F. , ' Outside and Inside the Fourth Crusade ', *The International History Review* 17 (1995), pp. 726 – 7。

47. 关于穆斯林对第四次十字军东征的观点，包括阿布·沙马的断言，参阅 el-Azhari, Taef, ' Muslim Chroniclers and the Fourth Crusade ', *Crusades* 6 (2007), pp. 107 – 16 (quotation p. 109)。

48. *Annals of Niketas Choniates*, p. 316.

第二十一章 内部公敌

1. Smith, Jerry C. and Urban, William L. , *The Livonian Rhymed Chronicle* (London, 2007), p. 3.

2. Christiansen, *The Northern Crusades*, p. 80.

3. *Chronica Alberti monachi trium fontium*, translated in ibid. , p. 99.

4. Brundage, James A. (trans.), *The Chronicle of Henry of Livonia / Henricus Lettus*, new ed. (New York, 2004), p. 53. 利沃尼亚的亨利提到了"非利士人",但他肯定提到了《士师记》第七章第七节,其中描述了基甸和300圣战士大胜米甸人的故事。

5. Ibid. , p. 52.

6. See Fonnesberg-Schmidt, Iben, *The Popes and the Baltic Crusades 1147 – 1254* (Leiden, 2007), pp. 92 – 3.

7. Riley-Smith and Riley-Smith, *The Crusades*: *Idea and Reality*, p. 78.

8. 关于此事,参阅 Tamm, Marek, 'How to justify a crusade? The conquest of Livonia and new crusade rhetoric in the early thirteenth century', *Journal of Medieval History* 39 (2013), pp. 446 – 7。

9. Dickson, Gary, *The Children's Crusade*: *Medieval History*, *Modern Mythistory* (London, 2008), p. 31.

10. Tyerman, *God's War*, p. 572.

11. 第三次拉特兰大公会议第27条教规。为便于读者,这一文本的英文译文见 http://www. papalencyclicals. net/councils/ecum11. htm。

12. 译文采用 Moore, *Pope Innocent III*, p. 149。

13. Riley-Smith and Riley-Smith, *The Crusades*: *Idea and Reality*, pp. 78 – 9.

14. Ibid. , p. 156.

15. Ibid. , p. 167.

16. Riley-Smith and Riley-Smith, *The Crusades*: *Idea and Reality*, p. 81.

17. Lippiatt, G. E. M. , *Simon V of Montfort & Baronial Government* (Oxford, 2017), p. 99.

18. Sibly, W. A. and Sibly, M. D. , *The History of the Albigensian Crusade*: *Peter of les Vaux-de-Cernay's 'Historia Albigensis'* (Woodbridge, 1998), p. 56. 类似但不那么夸张的赞语可参阅 Shirley, Janet (trans.), *The*

Song of the Cathar Wars：*A History of the Albigensian Crusade*（Aldershot，1996），p. 27。

19. *The History of the Albigensian Crusade*, p. 69；cf. *The Song of the Cathar Wars*, p. 29.

20. *The History of the Albigensian Crusade*, pp. 93 – 4.

21. *The Song of the Cathar Wars*, p. 33.

22. Ibid. , p. 41.

23. Ibid.

24. *The History of the Albigensian Crusade*, p. 238. 贝尔纳和埃利的可怕恶行在他们邻近多尔多涅（Dordogne）的城堡于 1214 年被攻占后被发现。

25. 《帕米耶法规》的英文译文见 *The History of the Albigensian Crusade*, pp. 321 – 9。关于异端分子的权利，见法规第 10、11、14、15、24、25 条。

26. *Ibn al-Athir*, vol. Ⅲ , p. 21.

27. *The History of the Albigensian Crusade*, p. 310.

28. *The Song of the Cathar Wars*, p. 71.

29. *The History of the Albigensian Crusade*, p. 256.

30. Moore, *Pope Innocent Ⅲ* , p. 288.

第二十二章　天堂之河

1. *Galatians* 6：14.

2. 《何其多哉》谕令的文本见 Riley-Smith and Riley-Smith, *The Crusades：Idea and Reality*, pp. 118 – 24。关于奥利弗的事业生涯，见 Smith, Thomas W. , ' Oliver of Cologne's *Historia Damiatina*：A new manuscript witness in Dublin, Trinity College Library MS 496 ', *Hermathena* 194（2013），pp. 37 – 9。

3. 这封信的译文见 Riley-Smith and Riley-Smith, *The Crusades：Idea and Reality*, pp. 135 – 6。

4. Ibid. 在动员第五次十字军东征的布道活动中，还有许多与之类似的神迹：在同一封信中奥利弗记述了彩虹色的十字架在天空中跳舞。英格兰编年史家文多弗的罗杰也反复记载了奥利弗的说法，并补充了其他天降十字架以鼓励信徒参加十字军的事例。Peters, Edward (ed.), *Christian Society and the Crusades 1198 – 1229* (Philadelphia, 1971), pp. 48 – 9. (Hereafter *Oliver of Cologne.*)

5. *Oliver of Cologne*, pp. 48 – 9.

6. Ibid. p. 59.

7. Ibid. p. 60.

8. *Gesta crucigerorum Rhenanorum* (*Deeds of the Rhenish crusaders*); translation from Bird et al. (eds.), *Crusade and Christendom*, p. 157.

9. O'Callaghan, *A History of Medieval Spain*, pp. 336 – 7.

10. 关于雅克·德·维特里来信的译文，见 Barber and Bate, *Letters from the East*, pp. 98 – 108。

11. See Perry, Guy, *John of Brienne: King of Jerusalem, Emperor of Constantinople, c. 1175 – 1237* (Cambridge, 2013), p. 30.

12. Ibid. , p. 55. See also Powell, James M. , *Anatomy of a Crusade: 1213 – 1221* (Philadelphia, 1986), pp. 130 – 1.

13. Barber and Bate, *Letters from the East*, p. 112.

14. Cassidy-Welch, Megan, ' "O Damietta": war memory and crusade in thirteenth-century Egypt', *Journal of Medieval History* 40 (2014); Barber and Bate, *Letters from the East*, p. 110.

15. *Oliver of Cologne*, p. 102.

16. Barber and Bate, *Letters from the East*, p. 113.

17. *Oliver of Cologne*, pp. 62 – 3.

18. Ibid. , p. 67.

19. Barber and Bate, *Letters from the East*, p. 114.

20. *Oliver of Cologne*, p. 70.

21. Cobb, *The Race for Paradise*, p. 208.

22. *Ibn al-Athir*, vol. Ⅲ, p. 178.

23. Barber and Bate, *Letters from the East*, p. 120.

24. Pfeiffer, Franz (ed.), *Deutsche Classiker Des Mittelalters* (Leipzig, 1864), vol. I, pp. 155 – 8.

25. *Oliver of Cologne*, p. 106.

26. Ibid. , p. 114.

27. Barber and Bate, *Letters from the East*, p. 125.

28. *Oliver of Cologne*, p. 134.

29. Hurlock, Kathryn, 'A Transformed Life? Geoffrey of Dutton, the Fifth Crusade, and the Holy Cross of Norton', *Northern History* 54 (2017), pp. 18 – 19.

30. *Oliver of Cologne*, p. 139.

第二十三章　改造世界

1. 关于冯·萨尔察的背景和在 1221 年时可能的年龄，请参阅 Urban, William: *The Teutonic Knights: A Military History* (London, 2003), p. 23 – 4。

2. Peter of Dursburg in Hirsch, Theodor et al. (eds.), *Scriptores rerum Prussicarum: Die Geschichtsquellen der Preussischen Vorzeit bis zum Untergange der Ordensherrschaft* (Leipzig, 1861), vol. I, p. 31. 杜伊斯堡的彼得很可能是在夸大骑士团的军事弱点，以强调其崛起的突然性。

3. 关于条顿骑士团在 1217 年至 1221 年行动的引用材料和总结，见 Morton, Nicholas, *The Teutonic Knights in the Holy Land, 1190 – 1291* (Woodbridge, 2009), pp. 32 – 8。

4. 译文见 Bird et al. (eds.), *Crusade and Christendom*, p. 260。

5. Ibid.

6. Van Cleve, Thomas Curtis, *The Emperor Frederick II of Hohenstaufen: Immutator Mundi* (Oxford, 1972), pp. 304 – 5.

7. Sharon, Moshe and Schrager, Ami, 'Frederick II's Arabic Inscription from Jaffa (1229)', *Crusades* 11 (2012), pp. 145 – 6.

8. Ibid. , p. 154.

9. Morton, *The Teutonic Knights in the Holy Land*, p. 47.

10. Ibid. , pp. 47 – 8.

11. 译文见 Van Cleve, *The Emperor Frederick II of Hohenstaufen*, pp. 198 – 9。

12. Barber and Bate, *Letters from the East*, p. 126.

13. *Recueil des historiens des croisades：Historiens Orientaux*（Paris，1872），vol. I，p. 103.

14. Barber and Bate，*Letters from the East*，p. 129.

15. Ibid.

16. Giles，J. A.（trans.），*Roger of Wendover's Flowers of History*（London，1849），vol. I，pp. 522 - 3.

17. Barber and Bate，*Letters from the East*，p. 127.

18. Bird et al.（eds.），*Crusade and Christendom*，p. 259.

19. *Ibn al-Athir*，vol. Ⅲ，p. 294.

20. Barber and Bate，*Letters from the East*，p. 131.

21. *Roger of Wendover's Flowers of History*，vol. I，p. 524.

22. Barber and Bate，*Letters from the East*，p. 132.

23. 原始文本见 Huillard-Bréholles，Jean Louis Alphonse，*Historia diplomatica Friderici secundi*（Paris，1855），vol. II.1，pp. 549 - 52。

24. Christiansen，*The Northern Crusades*，p. 123.

25. Urban，*The Teutonic Knights*，p. 44

26. Fonnesberg-Schmidt，*The Popes and the Baltic Crusades*，pp. 195 - 6.

27. 此处依据的是条顿骑士团成员哈特曼·冯·黑尔德龙根（Hartmann von Heldrungen）的记载，译文见 *The Livonian Rhymed Chronicle*，p. 145。

28. Christiansen，*The Northern Crusades*，p. 128.

29. 译文见 Morton，*The Teutonic Knights in the Holy Land*，p. 82。

第二十四章　东汗西王

1. Michael，Maurice（trans.），*The Annals of Jan Długosz：Annales seu cronicae incliti regni Poloniae*（Chichester，1997），p. 180. 扬·德乌戈什还补充了一个有趣的细节：蒙古人展开了一种原始形式的生物战，使用一面饰有一个巨大的 X 形字体和一个络腮胡须的头像的旗帜；当这面大旗摇动时，便释放出一阵"带有难闻气味的云状物"，将波兰军队笼罩其中，使他们昏厥。（ibid.）

2. Büngten，Ulf and Di Cosmo，Nicola，'Climatic and environmental aspects

of the Mongol withdrawal from Hungary in 1242 CE', *Scientific Reports* 6 (2016), p. 1.

3. *The Annals of Jan Długosz*, p. 181.

4. 祭司王约翰的传说由于一封 1165 年的伪造信件而愈发沸沸扬扬，这封信件是寄给拜占庭皇帝曼努埃尔一世·科穆宁的，并且被一位历史学家明确地描述为"充斥着毫无节制的夸张和孩子气的夸耀"。Helleiner, Karl F., 'Prester John's Letter: A Mediaeval Utopia', *Phoenix* 13 (1959), p. 48. 关于这封信件的一个早期版本的译文，请参阅 Uebel, Michael, *Ecstatic Transformation: On the Uses of Alterity in the Middle Ages* (New York and Basingstoke, 2005), pp. 155 – 60。也可参阅 de Rachewiltz, Igor, *Papal Envoys to the Great Khans* (London, 1971), pp. 34 – 40。

5. 这些不幸的受害者是西夏的唐兀人。DeRachewiltz, Igor (trans.), *The Secret History of the Mongols: A Mongolian Epic Chronicle of the Thirteenth Century* (Leiden, 2006), vol. I, p. 198.

6. Jackson, Peter, *The Mongols and the West, 1221 – 1410* (Abingdon, 2014), p. 60.

7. Bird et al. (eds.), *Crusade and Christendom*, p. 316.

8. Ibid., p. 322.

9. 这一基于树木年代学得出的结论，见于 Büngten and Di Cosmo, 'Climatic and environmental aspects of the Mongol withdrawal from Hungary', p. 6。See also Jackson, *The Mongols and the West*, pp. 72 – 3。

10. Jackson, Peter, *The Mongols and the Islamic World: From Conquest to Conversion* (New Haven and London, 2017), p. 78.

11. 关于耶路撒冷宗主教罗贝尔，见 Barber and Bate, *Letters from the East*, pp. 142 – 3。

12. Ibid., pp. 143 – 4.

13. Ibid., p. 144.

14. Hillenbrand, *The Crusades: Islamic Perspectives*, p. 222.

15. Barber and Bate, *Letters from the East*, p. 145.

16. Ibid.

17. *Chronicles of the Crusades: Being contemporary narratives of the Crusade of*

Richard Coeur de Lion / *by Richard of Devizes and Geoffrey de Vinsauf*; *and of the Crusade of Saint Louis* / *by Lord John de Joinville* (London, 1848), p. 379.

18. De Rachewiltz, *Papal Envoys to the Great Khans*, p. 214.

19. 关于约翰·萨拉赞信件的译文，请参阅 Bird et al (eds.), *Crusade and Christendom*, pp. 354 - 60。

20. Ibid.

21. Al-Makrisi, in *Chronicles of the Crusades*：*Being contemporary narratives*, p. 544.

22. Ibid. , p. 545.

23. Ibid. , p. 547.

24. Ibid. , p. 432.

25. Crawford, Paul (ed.), *The 'Templar of Tyre'*：*Part III of the 'Deeds of the Cypriots'* (Aldershot, 2003), pp. 37 - 8.

26. 关于旭烈兀汗致路易九世的信函译文，请参阅 Barber and Bate, *Letters from the East*, p. 145。

第二十五章　地狱宿敌

1. Amitai-Preiss, Reuven, *Mongols and Mamluks*：*The Mamluk-Ilkhanid War, 1260 - 1281* (Cambridge, 1995), p. 36.

2. 关于旭烈兀汗致忽都斯的信函译文，见 Lewis, Bernard, *Islam*：*From the Prophet Muhammad to the Capture of Constantinople* (New York, 1974), vol. I, pp. 84 - 5。

3. Ibid. , p. 84.

4. Barber and Bate, *Letters from the East*, p. 155. 然而，值得注意的是彼得·杰克森的论点：实际上，法兰克人低估了蒙古人的谨慎，他们不敢进攻明显脆弱的拉丁国家，因为他们担心这会引发一场新的十字军东征，从而使他们在基督教土地上失败的预言成真。Jackson, Peter, 'The Crisis in the Holy Land in 1260 ', *English Historical Review* 95 (1980), pp. 496 - 9.

5. Amitai-Preiss, *Mongols and Mamluks*, p. 33.

6. 关于这一中立政策（其细节相当粗糙）的相关证据的讨论，请参阅 Jackson, 'The Crisis in the Holy Land in 1260', p. 503。

7. Amitai-Preiss, *Mongols and Mamluks*, p. 41; Lewis, *Islam: From the Prophet Muhammad to the Capture of Constantinople*, vol. I, p. 87.

8. 'Templar of Tyre', p. 38. 实际上，这位作者——为《塞浦路斯人的事迹》提供了大段叙述——很可能不是一名圣殿骑士，而仅仅是曾为圣殿骑士团大团长纪尧姆·德·博热服务过一段时间的文书。

9. See Khowaiter, Abdul-Aziz, *Baibars the First: His Endeavours and Achievements* (London, 1978), p. 24.

10. *Ibn 'Abd al-Zahir* in Fatima, *Baybars I of Egypt*, p. 98.

11. 'Templar of Tyre', p. 24.

12. *Ibn 'Abd al-Zahir* in Fatima, *Baybars I of Egypt*, p. 151.

13. Barber and Bate, *Letters from the East*, p. 159.

14. Thorau, Peter, *The Lion of Egypt: Sultan Baybars I & the Near East in the Thirteenth Century* (London and New York, 1992), pp. 98 – 104.

15. Ibid. , p. 160.

16. Humphreys, R. Stephen, 'Ayyubids, Mamluks, and the Latin East in the Thirteenth Century', *Mamluk Studies Review* 2 (1998), pp. 11 – 13.

17. Thorau, *The Lion of Egypt*, p. 168.

18. 'Templar of Tyre', p. 59.

19. Ibid. See also Thorau, *The Lion of Egypt*, pp. 191 – 2.

20. *Ibn 'Abd al-Zahir*；译文见 Gabrieli, Francesco, *Arab Historians of the Crusades* (Berkeley and Los Angeles, 1969), p. 311。

21. 关于拜巴尔在这些年里的非凡活力，请参阅 Irwin, Robert, *The Middle East in the Middle Ages: The Early Mamluk Sultanate, 1250 – 1382* (Beckenham, 1986), p. 46。

22. 这个故事被记载于 'Templar of Tyre', p. 69。

23. 关于拜巴尔是被毒杀的指控的讨论，可参阅 Thorau, *The Lion of Egypt*, pp. 241 – 3。

24. 'Templar of Tyre', p. 100.

25. Abu al-Fida；译文见 Gabrieli, *Arab Historians of the Crusades*, p. 342。

26. 'Templar of Tyre', pp. 101 – 2.

27. Ibid. , p. 104.

28. Abu al-Fida；译文见 Gabrieli, *Arab Historians of the Crusades*, p. 345。

29. '*Templar of Tyre*', p. 109.

30. Abu al-Mahasin；译文见 Gabrieli, *Arab Historians of the Crusades*, p. 347。

31. '*Templar of Tyre*', p. 113.

32. Ibid.

33. Abu al-Mahasin；译文见 Gabrieli, *Arab Historians of the Crusades*, p. 347。

34. Abu al-Fida；译文见 Gabrieli, *Arab Historians of the Crusades*, p. 346。

第二十六章　破镜梦圆

1. "托尔塞洛"这个绰号的起源现在已经不太清楚了。

2. 关于马里诺·萨努多的家庭背景和阅读习惯，可参阅 Lock, Peter（trans.），*Marino Sanudo Torsello, the Book of the Secrets of the Faithful of the Cross / Liber secretorum fidelium crucis*（Farnham, 2011），pp. 1–8。我依靠这一卷里的传记信息和文本翻译创作了本章内容。

3. Tyerman, C. J. , '*Marino Sanudo Torsello and the Lost Crusade*：Lobbying in the Fourteenth Century', *Transactions of the Royal Historical Society* 32（1982）, p. 65.

4. 译文见 Housley, Norman（ed.）, *Documents on the Later Crusades：1274 – 1580*（Basingstoke, 1996）, p. 17。

5. Ibid. , p. 41.

6. 关于菲登齐奥的讨论，请参阅 Schein, Sylvia, *Fideles Crucis：The Papacy, The West and the Recovery of the Holy Land 1274 – 1314*（Oxford, 1991）, pp. 93 – 102。关于收复计划的文章总体类型，请参阅 Leopold, Antony, *How to Recover the Holy Land：The Crusade Proposals of the Late Thirteenth and Early Fourteenth Centuries*（Aldershot, 2000）。

7. Lock（ed.）, *Book of the Secrets of the Faithful of the Cross*, p. 154.

8. 这些地图保存在大英图书馆，编号为 Add. MS 27376，已经被数字化并且可以通过 www. bl. uk. 观看。

9. 关于西西里穆斯林在卢切拉的殖民地，请参阅 Maier, Christoph T., 'Crusade and rhetoric against the Muslim colony of Lucera: Eudes of Châteauroux's Sermones de Rebellione Sarracenorum Lucherie in Apulia', *Journal of Medieval History* 21 (1995), especially p. 366 and appendices。

10. Smith, Damian J. and Buffery, Helena, *The Book of the Deeds of James I of Aragon / A Translation of the Medieval CatalanLlibre dels Fets* (Farnham, 2003), pp. 379 – 80.

11. See Strayer, J. R., 'The Crusade against Aragon', *Speculum* 28 (1953), p. 104.

12. 这道针对阿拉贡国王佩德罗三世的谕令的拉丁文本，见 Fontemoing, Albert, *Les Registres de Martin IV (1281 – 1285)* (Paris, 1901), pp. 107 – 14。

13. 引自 'The Templar of Tyre', p. 164。也可参阅 Barber, Malcolm, *The New Knighthood: A History of the Order of the Temple* (Cambridge, 1994), p. 294。

14. 关于莫莱的十字军东征计划的英文译文见 Barber, Malcolm and Bate, Keith (eds.), *The Templars: Selected Sources* (Manchester, 2002), pp. 105 – 9。

15. 译文见 Housley, *Documents on the Later Crusades*, pp. 36 – 7。

16. *Ibn al-Athir*, vol. II, p. 324.

17. 教皇谕令《预见》；译文来自 Barber and Bate, *The Templars: Selected Sources*, p. 320。医院骑士团并未得到圣殿骑士在西班牙或葡萄牙的地产，这些地产被教皇分配给其他修会。

18. Nicholson, Helen, *The Knights Hospitaller* (Woodbridge, 2001), pp. 46 – 7.

19. Dupuy, Mark, '"An Island Called Rhodes" and the "Way" to Jerusalem: Change and Continuity in Hospitaller Exordia in the Later Middle Ages', in Nicholson, Helen (ed.), *The Military Orders 2: Welfare and Warfare* (Farnham, 1998), pp. 346 – 7.

20. See Luttrell, Anthony, 'The Aragonese Crown and the Knights Hospitallers of Rhodes: 1291 – 1350', *English Historical Review* 76 (1961), pp. 1 – 19.

第二十七章 勇敢新世界

1. Taylor, Craig and Taylor, Jane H. M. (trans.), *The Chivalric Biography of Boucicaut*, *Jean II Le Meingre* (Woodbridge, 2016), p. 49.

2. Taylor and Taylor, *The Chivalric Biography of Boucicaut*, pp. 25, 30.

3. Given Wilson, Chris, *Henry IV* (New Haven and London, 2016), p. 61.

4. Ibid., p. 62.

5. Hector, L. C. and Harvey, Barbara F., *The Westminster Chronicle, 1381 – 1394* (Oxford, 1982), pp. 446 – 9.

6. Given Wilson, *Henry IV*, p. 69.

7. Toulmin Smith, Lucy (ed.), *Expeditions to Prussia and the Holy Land made by Henry, Earl of Derby in the years 1390 – 1 and 1392 – 3 : being the accounts kept by his Treasurer during two years* (London, 1894), p. liv.

8. Given Wilson, *Henry IV*, p. 73.

9. Taylor and Taylor, *The Chivalric Biography of Boucicaut*, p. 52.

10. Ibid., p. 59.

11. 具体事例可参阅 Coopland, G. W. (trans.), *Letter to King Richard II : a plea made in 1395 for peace between England and France : original text and English version of Epistre au Roi Richart / Philippe de Mézières* (Liverpool, 1975)。

12. 用克里斯托夫·布拉赫曼的话来说，尼科波利斯战役是一场"相当有趣的十字军战争和骑士之旅，为保卫匈牙利王国而向土耳其人发动进攻"。见 Brachmann, Christoph, 'The Crusade of Nicopolis, Burgundy and the Entombment of Christ at Pont-à-Mousson', *Journal of the Warburg and Courtauld Institutes* 74 (2011), p. 183。

13. Taylor and Taylor, *The Chivalric Biography of Boucicaut*, p. 63.

14. Macaulay G. C. (ed.), *The Chronicles of Froissart* (London, 1904), p. 444.

15. Taylor and Taylor, *The Chivalric Biography of Boucicaut*, p. 72.

16. Ibid., pp. 187 – 98.

17. 关于格拉纳达陷落的最新著作为 Drayson, Elizabeth, *The Moor's Last Stand : How Seven Centuries of Muslim Rule in Spain Came to an End*

（London，2017）。

18. 根据历史学家巴托洛梅·德·拉斯·卡萨斯（Bartolomé de las Casas）对他的第一次航行的航海日志（现已遗失）的整理而来。引自 Cohen, J. M. （trans.）, *The Four Voyages of Christopher Columbus*（London，1969）, p. 37。

19. Ibid.

20. Ibid.

尾声　十字军 2.0

1. 与许多媒体机构一样，新西兰的首席审查官也决定禁止散播与此次攻击有关的材料，我决定不在这里添加描述此次事件的视频或罪犯宣言文本的链接。两者都能在网上很容易找到，但不用说，它们都是极端且令人不快的。

2. World Islamic Front statement, archived at https：//fas. org/irp/ world/ para/docs/980223 – fatwa. htm.

3. 白宫档案室，可以从以下网址找到：https：//georgewbush – white – house. archives. gov/news/releases/2001/09/20010916 – 2. html。关于本·拉登对布什使用"十字军"一词的明确回应，参见 'Transcript of Bin Laden's October Interview', CNN. com, 5 February 2002, http：// edition. cnn. com/2002/WORLD/asiapcf/south/02/05/binladen. transcript/。

4. 'Bin Laden war on "crusaders"', *Daily Telegraph*, 25 September 2001.

5. Bin Laden broadcast on Al Jazeera, 15 February 2003.

6. Eilperin, Juliet, 'Critics pounce after Obama talks Crusades, slavery at prayer breakfast', *Washington Post*, 5 February 2015.

7. Bar-Yosef, Eitan, 'The Last Crusade? British Propaganda and the Palestine Campaign, 1917 – 18', *Journal of Contemporary History* 36（2001）.

8. 'ISIS Sri Lanka claim mixes Tamil, Arabic', *Asia Times*, 22 April 2019.

参考文献

原始资料

Academie des inscriptions et belles-lettres, *Recueil des historiens des croisades: Historiens Orientaux*, 5 vols, Paris: Imprimerie Nationale, 1872–1906.

Ailes, Marianne and Barber, Malcolm (eds. and trans.), *The History of the Holy War: Ambroise's 'Estoire De La Guerre Sainte'*, 2 vols, Woodbridge: Boydell Press, 2003.

Andrea, Alfred J. (trans.), *The Capture of Constantinople: The 'Hystoria Constantinopolitana' of Gunther of Pairis*, Philadelphia: University of Pennsylvania Press, 1997.

—— *Contemporary Sources for the Fourth Crusade*, Leiden: Brill, 2000.

Anon (trans.), *Chronicles of the Crusades: being contemporary narratives of the Crusade of Richard Coeur de Lion / by Richard of Devizes and Geoffrey de Vinsauf; and of the Crusade of Saint Louis / by Lord John de Joinville*, London: Henry G. Bohn, 1848.

Appleby, John T. (trans.), *The Chronicle of Richard of Devizes of the Time of King Richard the First*, London: Thomas Nelson & Sons, 1963.

Asbridge, Thomas S. and Edgington, Susan B. (trans.), *Walter the Chancellor's 'The Antiochene Wars': A Translation and Commentary*, Aldershot: Ashgate, 1999.

Babcock, Emily Atwater and Krey, A. C. (trans.), *A History of Deeds Done Beyond The Sea / William of Tyre*, 2 vols, New York: Columbia University Press, 1943.

Bachrach, Bernard S. and Bachrach, David S. (trans.) *The Gesta Tancredi of Ralph of Caen: A History of the Normans on the First Crusade* (Aldershot: Ashgate, 2005)

Barber, Malcolm and Bate, Keith (eds.), *The Templars: Selected Sources*, Manchester: Manchester University Press, 2002.

Barber, Malcolm and Bate, Keith (trans.), *Letters from the East: Crusaders, Pilgrims and Settlers in the 12th–13th Centuries*, Farnham: Ashgate, 2010.

Barton, Simon and Fletcher, Richard (trans.), *The World of El Cid: Chronicles of the Spanish Reconquest*, Manchester: Manchester University Press, 2000.

Bédier, J. and Aubry, P. (eds.), *Les chansons de croisade avec leurs melodies*, Paris: Champion, 1909.

Berry, Virginia Gingerick (trans.), *Odo of Deuil: De Profectione Ludovici VII in Orientem*, New York: W. W. Norton, 1948.

Bettenson, Henry (trans.) and Evans, G. R. (intro.), *City of God / Saint Augustine*, London: Penguin, 2003.

Biddlecombe, Steven (trans.), *The Historia ierosolimitana of Baldric of Bourgueil*, Woodbridge: Boydell Press, 2014.

Bird, Jessalynn, Peters, Edward and Powell, James M. (eds.), *Crusade and Christendom: Annotated Documents in Translation from Innocent III to the Fall of Acre, 1187–1291*, Philadelphia: University of Pennsylvania Press, 2013.

Bouquet, Martin et al. (eds.), *Recueil des historiens des Gaules et de la France*, 24 vols, Paris: Imprimerie Impériale, 1737–1904.

Brand, Charles M. (trans.), *Deeds of John and Manuel Comnenus / by John Kinnamos*, New York: Columbia University Press, 1976.

Broadhurst, Roland (trans.), *The Travels of Ibn Jubayr*, London: Jonathan Cape, 1952.

Chazan, Robert (ed.), *God, Humanity and History: The First Crusade Narratives*, Berkeley and London: University of California Press, 2000.

Chibnall, Marjorie (ed. and trans.), *The Ecclesiastical History of Orderic Vitalis*, 6 vols, Oxford: Clarendon Press, 1969–78.

Christiansen, Eric (trans.), *History of the Normans / Dudo of St. Quentin*, Woodbridge: Boydell Press, 1998.

Cohen, J. M. (trans.), *The Four Voyages of Christopher Columbus*, London: Penguin, 1969.

Collins, Basil (trans.), *The Best Divisions for Knowledge of the Regions: Ahsan al-Taqasim fi Ma'rifat al-Aqalim / Al-Muqaddasi*, Reading: Garnet Publishing, 2001.

Constable, Olivia Remie (ed.), *Medieval Iberia: Readings from Christian, Muslim, and Jewish Sources*, 2nd ed., Philiadephia: University of Pennsylvania Press, 2012.

Coopland G. W. (trans.), *Letter to King Richard II: A plea made in 1395 for peace between England and France: original text and English version of Epistre au Roi Richart / Philippe de Mézières*, Liverpool: Liverpool University Press, 1975.

Crawford, Paul (ed.), *The Templar of Tyre: Part III of the 'Deeds of the Cypriots'*, Aldershot: Ashgate, 2003.

David, Charles Wendell (trans.), *The Conquest of Lisbon / De Expugnatione Lyxbonensi* (new ed.), New York: Columbia University Press, 2001.

De Gayangos, Pascuel (trans.), *The History of the Mohammedan Dynasties in Spain: Extracted from the Nafhu-t-tib min ghosni-l-Andalusi-r-rattib wa tarikh Lisanu-d-Din Ibni-l-Khattib / by Ahmed ibn Mohammed al-Makkari*, 2 vols, London: Allen, 1840–3.

De Rachewiltz, Igor (trans.), *The Secret History of the Mongols: A Mongolian Epic Chronicle of the Thirteenth Century*, 2 vols, Leiden: Brill, 2006.

Dostourian, Ara Edmond (trans.), *Armenia and the Crusades: Tenth to Twelfth Centuries: The Chronicle of Matthew of Edessa*, London: University Press of America, 1993.

Edgington, Susan (trans.), *Albert of Aachen: Historia Ierosolominitana / History of the Journey to Jerusalem*, Oxford: Clarendon Press, 2007.

Edgington, Susan B. and Sweetenham, Carol (trans.), *The 'Chanson d'Antioche': An Old French Account of the First Crusade*, Farnham: Ashgate, 2011.

Eidelberg, Shlomo (trans.), *The Jews and the Crusaders: The Hebrew Chronicles of the First and Second Crusades*, Madison and London: University of Wisconsin Press, 1977.

Fontemoing, Albert (ed.), *Les Registres de Martin IV (1281–1285)*, Paris: Thorin et Fils, 1901.

Franzen, Cola (trans.), *Poems of Arab Andalusia*, San Francisco: City Lights Books, 1989.

Gabrieli, Francesco, *Arab Historians of the Crusades*, Berkeley and Los Angeles: University of California Press, 1969.

Garmonsway, G. N. (trans.), *The Anglo-Saxon Chronicle*, London: J. M. Dent, 1953.

Gerson, Paula, Shaver-Crandell, Annie and Stones, Alison, *The Pilgrim's Guide to Santiago de Compostela. A Gazetteer with 580 Illustrations*, London: Harvey Miller, 1995.

Gibb, H. A. R. (trans.), *The Damascus Chronicle of the Crusades: Extracted and translated from the chronicle of Ibn Al-Qalanisi*, London: Luzac, 1932.

Giles, John Allen (trans.), *William of Malmesbury's Chronicle of the Kings of England*, London: Henry G. Bohn, 1847.

Giles, J. A. (trans.), *Roger of Wendover's Flowers of History*, 2 vols, London: Henry G. Bohn, 1849.

Giles, J. A. (trans.), *Matthew Paris's English History from the Year 1235 to 1273*, 3 vols, London: Henry G. Bohn, 1852-4.

Greenia, M. Conrad (trans.) and Barber, Malcolm (intro.), *Bernard of Clairvaux / In Praise of the New Knighthood*, Trappist, Kentucky: Cistercian Publications, 2000.

Hagenmeyer, Heinrich (ed.), *Epistulae et chartae ad historiam primi Belli Sacri spectantes quæ supersunt aevo aequales ac genuinae*, Innsbruck, 1901.

Hall, M. and Phillips, J., *Caffaro, Genoa and the Twelfth-Century Crusades*, Farnham: Ashgate, 2013.

Hector, L. C. and Harvey, Barbara F. (trans.), *The Westminster Chronicle, 1381-1394*, Oxford: Clarendon Press, 1982.

Hill, John Hugh and Hill, Laurita L. (trans.), *Raymond d'Aguilers / Historia Francorum Qui Ceperunt Iherusalem*, Philadelphia: American Philosophical Society, 1968.

Hill, John Hugh and Hill, Laurita L. (trans.), *Peter Tudebode / Historia de Hierosolymitano Itinere*, Philadelphia: American Philosophical Society, 1974.

Hill, Rosalind (ed.), *Gesta Francorum et Aliorum Hierosolimitanorum: The Deeds of the Franks and the other Pilgrims to Jerusalem*, Oxford: Clarendon Press, 1962.

Hirsch, Theodor et al. (eds.), *Scriptores rerum Prussicarum: Die Geschichtsquellen der Preussischen Vorzeit bis zum Untergange der Ordensherrschaft*, 6 vols, Leipzig: Verlag von S. Hirzel, 1861-1965.

Hollander, Lee M. (trans.), *Heimskringla: History of the Kings of Norway / Snorri Sturluson*, Austin: University of Texas Press, 1964.

Housley, Norman (ed.), *Documents on the Later Crusades: 1274-1580*, Basingstoke: Macmillan, 1996.

Huici Miranda, A. (trans.), *Kitab al-mu'yib fi taljis ajbar al Magrib*, Tetuán, 1955.

Huillard-Bréholles, Jean Louis Alphonse (ed.), *Historia diplomatica Friderici secundi*, 12 vols, Paris: Henri Plon, 1852-61.

Krey, August. C. *The First Crusade: The Accounts of Eyewitnesses and Participants*, Princeton: Princeton University Press, 1921.

Levine, Robert (trans.), *The Deeds of God through the Franks: A Translation of Guibert de Nogent's 'Gesta Dei per Francos'*, Woodbridge: Boydell Press, 1997.

Levtzion, N. and Hopkins, J. F. P. (eds.), *Corpus of Early Arabic Sources for West African History*, Princeton: Markus Wiener Publishers, 2000.

Lewis, Bernard, *Islam: From the Prophet Muhammad to the Capture of Constantinople*, 2 vols, New York: Harper & Row, 1974.

Lock, Peter (trans.), *Marino Sanudo Torsello, the Book of the Secrets of the Faithful of the Cross / Liber secretorum fidelium crucis*, Farnham: Ashgate, 2011.

Loud, G. A. (trans.), *The Crusade of Frederick Barbarossa: The History of the Expedition of the Emperor Frederick and Related Texts*, Farnham: Ashgate, 2010.

Luard, Henry Richards (ed.), *Annales Monastici*, 4 vols, London: Longman, Green, Longman, Roberts and Green, 1865.

Lunde, Paul and Stone, Caroline (trans.), *Ibn Fadlan and the Land of Darkness: Arab Travellers in the Far North*, London: Penguin, 2012.

Macaulay G. C. (ed.), *The Chronicles of Froissart*, London: Macmillan, 1904.

Magoulias, Harry J. (trans.), *O City of Byzantium, Annals of Niketas Choniates*, Detroit: Wayne State University Press, 1984.

Marquis d'Albon, *Cartulaire général de l'Ordre du Temple, 1119?-1150*, 2 parts, Paris: Librarie Ancienne, 1913-22.

Melville, Charles and Ubaydli, Ahmad (eds.), *Christians and Moors in Spain, vol. 3, Arabic Sources (711-1501)*, Warminster: Aris & Phillips, 1992.

Michael, Maurice (trans.), *The Annals of Jan Długosz: Annales seu cronicae incliti regni Poloniae*, Chichester: IM Publications, 1997.

Mierow, Charles Christopher (trans.), *Otto of Freising and his Continuator, Rahewin / The Deeds of Frederick Barbarossa*, Toronto: University of Toronto Press, 1994.

Mirot, Léon (ed.), *La Chronique de Morigny (1095–1152)*, Paris: Librairie Alphonse Picard et Fils, 1909.

Nicholson, Helen (trans.), *The Chronicle of the Third Crusade: The 'Itinerarium Peregrinorum et Gesta Regis Ricardi'*, Farnham: Ashgate, 1997.

Pertz, G. H. (ed.), *Monumenta Germaniae Historica, Scriptores XVI*, Hanover: Deutsches Institut für Erforschung des Mittelalters, 1859.

Peters, Edward (ed.), *Christian Society and the Crusades 1198–1229*, Philadelphia: University of Pennsylvania Press, 1971.

Pfeiffer, Franz (ed.), *Deutsche Classiker Des Mittelalters*, 12 vols, Leipzig: F. A. Brockhaus, 1864–72.

Richard, D. S. (trans.), *Baha al-Din Ibn Shaddad / The Rare and Excellent History of Saladin*, Farnham: Ashgate, 2002.

Richard, D. S. (trans.), *The Chronicle of Ibn al-Athir for the Crusading Period from al-Kamil fi'l Ta'rikh*, 3 vols, Farnham: Ashgate, 2010.

Riley-Smith, Jonathan and Riley-Smith, Louise (eds.), *The Crusades: Idea and Reality, 1095–1274*, London: Edward Arnold, 1981.

Robinson, I. S. (trans.), *Eleventh-Century Germany: The Swabian Chronicles*, Manchester: Manchester University Press, 2008.

Röhricht, Reinhold (ed.), *Regesta Regni Hierosolymitani, 1097–1291*, 2 vols, Innsbruck, 1893–1904.

Ryan, Frances Rita (trans.) and Fink, Harold S. (ed.), *Fulcher of Chartres / A History of the Expedition to Jerusalem, 1095–1127*, Knoxville: University of Tennessee Press, 1969.

Ryan, William Granger (trans.) and Duffy, Eamon (intro.), *The Golden Legend: Readings on the Saints / Jacobus de Voraigne*, Princeton and Oxford: Princeton University Press, 2012.

Scott James, Bruno (trans.) and Kienzle, Beverly Mayne (intro.), *The Letters of St Bernard of Clairvaux*, Guildford: Sutton Publishing, 1998.

Sewter, E. R. A. (trans.) and Frankopan, Peter (intro.), *The Alexiad / Anna Komnene* (rev. ed.), London: Penguin, 2009.

Shirley, Janet (trans.), *The Song of the Cathar Wars: A History of the Albigensian Crusade*, Aldershot: Ashgate, 1996.

Sibly, W. A. and Sibly, M. D. (trans.), *The History of the Albigensian Crusade: Peter of les Vaux-de-Cernay's 'Historia Albigensis'*, Woodbridge: Boydell Press, 1998.

Sinclair, T. A. (trans.) and Saunders, Trevor J. (ed.), *The Politics / Aristotle*, London: Penguin, 1992.

Slack, Corliss Konwiser (ed.), *Crusade Charters: 1178–1270*, Tempe: Arizona Center for Medieval and Renaissance Studies, 2001.

Slane, William MacGuckin (trans.), *Ibn Khallikan's biographical dictionary*, 4 vols, Paris, 1842–71.

Smith, Damian J. and Buffery, Helena (eds.), *The Book of the Deeds of James I of Aragon / A Translation of the Medieval Catalan 'Libre dels Fets'*, Farnham: Ashgate, 2003.

Smith, Dulcie Lawrence (trans.), *The Poems of Mu'tamid King of Seville*, London: John Murray, 1915.

Smith, Jerry C. and Urban, William L. (trans.), *The Livonian Rhymed Chronicle*, London: Routledge Curzon, 2007.

Stevenson, Joseph (trans.), *The History of William of Newburgh*, Felinfach: Llanerch, 1996.

Stone, Edward N. (ed.), *Three Old French Chronicles of the Crusades*, Seattle: University of Washington Publications, 1939.

Stubbs, William (ed.), *Radulfi de Diceto Decani Lundoniensis Opera Historica / The Historical Works of Master Ralph de Diceto*, 2 vols, London: Longman, 1876.

Sweetenham, Carol (trans.), *Robert the Monk's History of the First Crusade / Historia Iherosolimitana*, Abingdon: Routledge, 2016.

Taylor, Craig and Taylor, Jane H. M. (trans.), *The Chivalric Biography of Boucicaut, Jean II Le Meingre*, Woodbridge: Boydell Press, 2016.

Thackston, W. M. (trans.), *Naser-e Khosraw's Book of Travels (Safarnama) / translated from Persian*, Albany: Bibliotheca Persica, 1986.

Tibi, Amin T. (trans.), *The Tibyān: memoirs of 'Abd Allāh B. Buluggīn, last Zīrid Amīr of Granada / 'Abd Allah ibn Buluggin*, Leiden: Brill, 1986.

Toorawa, Shawkat M. (trans.), *Consorts of the Caliphs: women and the court of Baghdad / Ibn Al-sā'ī*, New York: New York University Press, 2017.

Toulmin Smith, Lucy (ed.), *Expeditions to Prussia and the Holy Land made by Henry, Earl of Derby in the years 1390–1 and 1392–3: Being the accounts kept by his Treasurer during two years*, London: Camden Society, 1894.

Upton-Ward, J. M., *The Rule of the Templars: The French Text of the Rule of the Order of the Knights Templar*, Woodbridge: Boydell and Brewer, 1992.

Vause, Corrine J. and Gardiner, Frank C. (trans.), *Innocent III / Between Man and God: Six Sermons on the Priestly Office*, Washington DC: Catholic University of America Press, 2004.

Wilkinson, John with Hill, Joyce and Ryan, W. F. (eds.), *Jerusalem Pilgrimage 1099–1185*, London: Hakluyt Society, 1988.

Wolf, Kenneth Baxter (trans.), *The Deeds of Count Roger of Calabria and Sicily and of his Brother Duke Robert Guiscard: by Geoffrey Malaterra*, Ann Arbor, Michigan: University of Michigan Press, 2005.

Wright, Thomas (ed.), *The Historical Works of Giraldus Cambrensis*, London: George Bell & Sons, 1894.

二手资料：专著

Airaldi, Gabriella and Kedar, Benjamin Z. (eds.), *I Comuni Italiani nel Regno Crociato di Gerusalemme / The Italian communes in the Crusading Kingdom of Jerusalem*, Genoa: Istituto di Medievistica, 1986.

Allen S. J. and Amt, Emilie, *The Crusades: A Reader*, Ontario: University of Toronto Press, 2010.

Amitai-Preiss, Reuven, *Mongols and Mamluks: The Mamluk-Ilkhanid War, 1260–1281*, Cambridge: Cambridge University Press, 1995.

Angold, Michael, *The Fourth Crusade: Event and Context*, Harlow: Pearson, 2003.

Asbridge, Thomas S., *The Creation of the Principality of Antioch, 1098–1130*, Woodbridge: Boydell Press, 2000.

Baker, Derek (ed.), *Medieval Women*, Oxford: Basil Blackwell, 1978.

Barber, Malcolm, *The New Knighthood: A History of the Order of the Temple*, Cambridge: Cambridge University Press, 1994.

——*The Crusader States*, New Haven and London: Yale University Press, 2012.

Barber, Malcolm (ed.), *The Military Orders I: Fighting for the Faith and Caring for the Sick*, Aldershot: Variorum, 1994.

Becker, Alfons, *Papst Urban II (1088–1099)*, 3 vols, Stuttgart: Hiersemann, 1964–2012.

Boas, Adrian J., *Jerusalem in the Time of the Crusades: Society, Landscape and Art in the Holy City under Frankish Rule*, London: Routledge, 2001.

——*The Crusader World*, London and New York: Routledge, 2016.

Boas, Adrian J. (ed.), *The Crusader World*, Abingdon: Routledge, 2016.

Boyle, J. A., *The Cambridge History of Iran, vol. 5. The Saljuq and Mongol Periods*, Cambridge: Cambridge University Press, 1968.

Brett, Michael, *The Fatimid Empire*, Edinburgh: Edinburgh University Press, 2017.

Brink, Stefan and Price, Neil (eds.), *The Viking World*, London: Routledge, 2008.

Buck, Andrew D., *The Principality of Antioch and its Frontiers in the Twelfth Century*, Woodbridge: Boydell Press, 2017.

Chazan, Robert, *In the Year 1096: The First Crusade and the Jews*, Philadelphia: Jewish Publication Society, 1996.

Christiansen, Eric, *The Northern Crusades*, 2nd ed., London: Penguin, 1997.

Christys, Ann, *Vikings in the South: Voyages to Iberia and the Mediterranean*, London: Bloomsbury Academic, 2015.

Cobb, Paul M., *The Race for Paradise: An Islamic History of the Crusades*, Oxford: Oxford University Press, 2014.

Collins, Roger, *The Arab Conquest of Spain, 710–797*, Oxford: Basil Blackwell, 1989.

Constable, Giles, *Crusaders and Crusading in the Twelfth Century*, Farnham: Ashgate, 2008.

De Rachewiltz, Igor, *Papal Envoys to the Great Khans*, London: Faber, 1971.

Dickson, Gary, *The Children's Crusade: Medieval History, Modern Mythistory*, London, Palgrave Macmillan, 2008.

Drayson, Elizabeth, *The Moor's Last Stand : How Seven Centuries of Muslim Rule in Spain Came to an End*, London: Profile, 2017.

Edbury, Peter W., *Crusade and Settlement: Papers read the First Conference of the Society for the Study of the Crusades and the Latin East and presented to R. C. Smail*, Cardiff: University College Cardiff Press, 1985.

Edgington, Susan B. and Lambert, Sarah, *Gendering the Crusades*, Cardiff: University of Wales Press, 2001.

Erdmann, Carl, *The Origin of the Idea of Crusade / Translated from the German by Marshall W. Baldwin and Walter Goffart*, Princeton: Princeton University Press, 1977.

Fletcher, Richard, *Moorish Spain*, New York: Henry Holt and Company, 1992.

Folda, Jaroslav, *Crusader Art: The Art of the Crusaders in the Holy Land, 1099–1291*, Aldershot: Lund Humphries, 2008.

Fonnesberg-Schmidt, Iben, *The Popes and the Baltic Crusades 1147–1254*, Leiden: Brill, 2007.

Fouracre, Paul, *The Age of Charles Martel*, Harlow: Longman, 2000.

France, John, *Victory in the East: A Military History of the First Crusade*, Cambridge: Cambridge University Press, 1994.

Frankopan, Peter, *The First Crusade: The Call from the East*, Cambridge, Massachussetts: The Belknap Press of Harvard University Press, 2012.

Galatariotou, Catia, *The Making of a Saint: The Life, Times and Sanctification of Neophytos the Recluse*, Cambridge: Cambridge University Press, 1991.

Gervers, Michael (ed.), *The Second Crusade and the Cistercians*, New York: St Martin's Press, 1992.

Gillingham, John, *Richard I*, New Haven and London: Yale University Press, 1999.

Given Wilson, Chris, *Henry IV*, New Haven and London: Yale University Press, 2016.

Glasse, Cyril, *The New Encyclopedia of Islam*, 4th ed., London: Horizons Editions, 2013.

Harris, Jonathan, *Constantinople: Capital of Byzantium*, 2nd ed., London: Bloomsbury Academic, 2017.

Hillenbrand, Carole, *The Crusades: Islamic Perspectives*, Edinburgh: Edinburgh University Press, 1999.

Hodgson, Natasha R., *Women, Crusading and the Holy Land in Historical Narrative*, Woodbridge: Boydell Press, 2007.

Hosler, John D., *The Siege of Acre: 1189–1191*, New Haven and London: Yale University Press, 2018.

Houben, Hubert, *Roger II of Sicily: A Ruler between East and West*, Cambridge: Cambridge University Press, 2002.

Irwin, Robert, *The Middle East in the Middle Ages: The Early Mamluk Sultanate, 1250–1382*, Beckenham: Croom Helm, 1986.

Jackson, Peter, *The Mongols and the West, 1221–1410*, Abingdon: Routledge, 2014.

——*The Mongols and the Islamic World: From Conquest to Conversion*, New Haven and London: Yale University Press, 2017.

Kedar, B. Z. (ed.), *The Horns of Hattin*, London: Variorum, 1992.

Kedar, Benjamin Z. and Riley-Smith, Jonathan S. C. with Nicholson, Helen J. and Evans, Michael, *Crusades: Volume 3*, Abingdon: Routledge, 2004.

Kedar, Benjamin Z., Phillips, Jonathan and Riley-Smith, Jonathan, *Crusades: Volume 11*, Abingdon: Routledge, 2012.

Kennedy, Hugh, *Crusader Castles*, Cambridge: Cambridge University Press, 1994.

Khowaiter, Abdul-Aziz, *Baibars the First: His Endeavours and Achievements*, London: Green Mountain Press, 1978.

Kostick, Conor, *The Social Structure of the First Crusade*, Leiden: Brill, 2008.

Laiou, Angeliki and Mottahedeh, Roy P. (eds.), *The Crusades from the Perspective of Byzantium and the Muslim World*, Washington DC: Dumbarton Oaks Research Library and Collection, 2001.

Lane Fox, Robin, *Augustine: Conversions and Confessions*, London: Allen Lane, 2015.

Lee, Jeffrey, *God's Wolf: The Life of the Most Notorious of All Crusaders, Reynald de Chatillon*, London: Atlantic Books, 2016.

Leopold, Antony, *How to Recover the Holy Land: The Crusade Proposals of the Late Thirteenth and Early Fourteenth Centuries*, Aldershot: Ashgate, 2000.

Lev, Yaacov, *State and Society in Fatimid Egypt*, Leiden: Brill, 1991.

——*Saladin in Egypt*, Leiden: Brill, 1998.

Lippiatt, G. E. M., *Simon V of Montfort and Baronial Government*, Oxford: Oxford University Press, 2017.

Loud, G. A., *The Age of Robert Guiscard: Southern Italy and the Norman Conquest*, Harlow: Longman, 2000.

Lyons, Malcolm Cameron and Jackson, D. E. P., *Saladin: The Politics of the Holy War*, Cambridge: Cambridge University Press, 1982.

MacCullough, Diarmaid, *A History of Christianity*, London: Allen Lane, 2009.

Madden, Thomas F., *Enrico Dandolo and the Rise of Venice*, Baltimore: Johns Hopkins University Press, 2003.

Mango, Cyril, *The Oxford History of Byzantium*, Oxford: Oxford University Press, 2002.

Matthew, Donald, *The Norman Kingdom of Sicily*, Cambridge: Cambridge University Press, 1992.

Menocal, Maria Rosa, Scheindlin, Raymond P. and Sells, Michael A. (eds.), *The Literature of Al-Andalus*, Cambridge: Cambridge University Press, 2000.

Metcalfe, Alex, *The Muslims of Medieval Sicily*, Edinburgh: Edinburgh University Press, 2009.

Michaud, M., *Bibliothèque des Croisades: Troisième partie*, Paris, 1829.

Moore, John C., *Pope Innocent III (1160/1–1216): To Root Up and to Plant*, Leiden: Brill, 2003.

Morris, Colin, *The Papal Monarchy: The Western Church from 1050 to 1250*, Oxford: Clarendon, 1989.

Morton, Nicholas, *The Teutonic Knights in the Holy Land, 1190–1291*, Woodbridge: Boydell Press, 2009.

——*The Field of Blood: The Battle for Aleppo and the Remaking of the Medieval Middle East*, New York: Basic Books, 2018.

Mullins, Edwin, *In Search of Cluny: God's Lost Empire*, Oxford: Signal Books, 2006.

Munari, Franco, Stache, Ulrich Justus, Maaz, Wolfgang and Wagner, Fritz *Kontinuität und Wandel. Lateinische Poesie von Naevius bis Baudelaire*, Hildesheim: Weidmann, 1986.

Nicholson, Helen, *The Knights Hospitaller*, Woodbridge: Boydell Press, 2001.

Nicholson, Helen (ed.), *The Military Orders 2: Welfare and Warfare*, Farnham: Ashgate, 1998.

O'Callaghan, Joseph F., *A History of Medieval Spain*, London: Cornell University Press, 1975.

——*Reconquest and Crusade in Medieval Spain*, Philadelphia: University of Pennsylvania Press, 2002.

Paul, Nicholas L., *To Follow in their Footsteps: The Crusades and Family Memory in the High Middle Ages*, Ithaca and London: Cornell University Press, 2012.

Phillips, Jonathan and Hoch, Martin (eds.), *The Second Crusade: Scope and Consequences*, Manchester: Manchester University Press, 2001.

Powell, James M., *Anatomy of a Crusade: 1213–1221*, Philadelphia: University of Pennsylvania Press, 1986.

Pringle, Denys, *The Churches of the Crusader Kingdom of Jerusalem: A Corpus*, 4 vols, Cambridge: Cambridge University Press, 1993–2009.

Reilly, Bernard F., *The Contest of Christian and Muslim Spain 1031–1157*, Oxford: Blackwell, 1992.

Riley-Smith, Jonathan, *The First Crusaders and the Idea of Crusading*, London: Athlone Press, 1986.

——*The First Crusaders: 1095–1131*, Cambridge: Cambridge University Press, 1997.

——*Hospitallers: The History of the Order of St John*, London and Rio Grande: Hambledon Press, 1999.

Robinson, I. S., *The Papacy 1073–1198: Continuity and Innovation*, Cambridge: Cambridge University Press, 1990.

Rubenstein, Jay, *Nebuchadnezzar's Dream: The Crusades, Apocalyptic Prophecy, and the End of History*, New York: OUP, 2019.

Runciman, Steven, *A History of the Crusades*, 3 vols, Cambridge: Cambridge University Press, 1951–4.

Sadeque, S. Fatima, *Baybars I of Egypt*, Dacca: Oxford University Press, 1956.

Sanders, Paula, *Ritual, Politics and the City in Fatimid Cairo*, Albany: State University of New York Press, 1994.

Schein, Sylvia, *Fideles Crucis: The Papacy, The West and the Recovery of the Holy Land 1274–1314*, Oxford: Oxford University Press, 1991.

Skinner, Patricia (ed.), *Challenging the Boundaries of Medieval History: The Legacy of Timothy Reuter*, Turnhout: Brepols, 2009.

Smith, L. M., *The Early History of the Monastery of Cluny*, Oxford: Oxford University Press, 1920.

Somerville, Robert, *Pope Urban II's Council of Piacenza: March 1–7, 1095*, Oxford: Oxford University Press, 2011.

Thorau, Peter, *The Lion of Egypt: Sultan Baybars I & the Near East in the Thirteenth Century*, London and New York: Longman, 1992.

Tranovich, Margaret, *Melisende of Jerusalem: The World of a Forgotten Crusader Queen*, London: East & West Publishing, 2011.

Turner, Ralph V., *Eleanor of Aquitaine*, New Haven and London: Yale University Press, 2009.

Tyerman, Christopher, *God's War: A New History of the Crusades*, London: Allen Lane, 2006.

——*How to Plan a Crusade: Reason and Religious War in the High Middle Ages*, London: Allen Lane, 2015.

Uebel, Michael, *Ecstatic Transformation: On the Uses of Alterity in the Middle Ages*, New York and Basingstoke: Palgrave Macmillan, 2005.

Urban, William, *The Teutonic Knights: A Military History*, London: Greenhill Books, 2003.

Van Cleve, Thomas Curtis, *The Emperor Frederick II of Hohenstaufen: Immutator Mundi*, Oxford: Clarendon Press, 1972.

Ward, Benedicta, *Miracles and the Medieval Mind*, rev. ed., Aldershot: Wildwood House, 1987.

Warren W. L., *Henry II*, new ed., New Haven and London: Yale University Press, 2000.

二手资料：期刊文章和论文

Azhari, Taef, 'Muslim Chroniclers and the Fourth Crusade', *Crusades* 6, 2007.

Baadj, Amar, 'Saladin and the Ayyubid Campaigns in the Maghrib', *Al-Qantara* 34, 2013.

Blake, E. O. and Morris, C., 'A Hermit Goes To War: Peter the Hermit and the Origins of the First Crusade', *Studies in Church History 22: Monks, Hermits and the Ascetic Tradition*, 1985.

Brachmann, Christoph, 'The Crusade of Nicopolis, Burgundy and the Entombment of Christ at Pont-à-Mousson', *Journal of the Warburg and Courtauld Institutes* 74, 2011.

Brett, Michael, 'Ifriqiya as a Market for Saharan Trade from the Tenth to the Twelfth Century AD', *Journal of African History* 10, 1969.

Browning, Robert, 'The Death of John II Comnenus', *Byzantion* 31, 1961.

Büngten, Ulf and Di Cosmo, Nicola, 'Climatic and Environmental Aspects of the Mongol Withdrawal from Hungary in 1242 CE', *Scientific Reports* 6, 2016.

Cassidy-Welch, Megan, '"O Damietta": War, Memory and Crusade in Thirteenth-Century Egypt', *Journal of Medieval History* 40, 2014.

Chevedden, Paul E., 'The View of the Crusades from Rome and Damascus: The Geo-Strategic and Historical Perspectives of Pope Urban II and ʿAlī ibn Ṭāhir al-Sulamī', *Oriens* 39, 2011.

Colish, Marcia L. 'Peter of Bruys, Henry of Lausanne, and the Façade of St.-Gilles', *Traditio* 28, 1972.

Cowdrey, H. E. J., 'Pope Urban II's Preaching of the First Crusade', *History* 55, 1970.

——'The Mahdia Campaign of 1087', *English Historical Review* 92, 1977.

De Ayala, Carlos, 'On the Origins of Crusading in the Peninsula: The Reign of Alfonso VI (1065–1109)', *Medium Aevum* 7, 2013.

De Vivo, Filippo, 'Historical Justifications of Venetian Power in the Adriatic', *Journal of the History of Ideas* 64, 2003.

Doxey, Gary B., 'Norwegian Crusaders and the Balearic Islands', *Scandinavian Studies* 68, 1996.

Dragnea, Mihai, 'Divine Vengeance and Human Justice in the Wendish Crusade of 1147', *Collegium Medievale* 29, 2016.

Ehrlich, Michael, 'Urban Landscape Development in Twelfth-Century Acre', *Journal of the Royal Asiatic Society* 18, 2008.

Folda, Jaroslav, 'Images of Queen Melisende in Manuscripts of William of Tyre's *History of Outremer*: 1250–1300', *Gesta* 32, 1993.

Gaposchkin, M. Cecilia, 'The Echoes of Victory: Liturgical and Para-Liturgical Commemorations of the Capture of Jerusalem in the West', *Journal of Medieval History* 40, 2014.

Grant, Alasdair C., 'Pisan Perspectives: The *Carmen in victoriam* and Holy War, c.1000–1150', *English Historical Review* 131, 2016.

Guidoboni, Emanuela, Bernadini, Filippo, Comastri, Alberto and Boschi, Enzo, 'The Large Earthquake on 29 June 1170 (Syria, Lebanon, and Central Southern Turkey)', *Journal of Geophysical Research* 109, 2004.

Hodgson, Natasha, 'Honour, Shame and the Fourth Crusade', *Journal of Medieval History* 39, 2013.

Humphreys, R. Stephen, 'Ayyubids, Mamluks, and the Latin East in the Thirteenth Century', *Mamluk Studies Review* 2, 1998.

Hurlock, Kathryn, 'A Transformed Life? Geoffrey of Dutton, the Fifth Crusade, and the Holy Cross of Norton', *Northern History* 54, 2017.

Jackson, Peter, 'The Crisis in the Holy Land in 1260', *English Historical Review* 95, 1980.

John, Simon, 'The "Feast of the Liberation of Jerusalem": Remembering and Reconstructing the First Crusade in the Holy City, 1099–1187', *Journal of Medieval History* 41, 2015.

Jones, Andrew W., 'Fulk of Neuilly, Innocent III, and the Preaching of the Fourth Crusade', *Comitatus: A Journal of Medieval and Renaissance Studies* 41, 2010.

Joranson, Einar, 'The Problem of the Spurious Letter of Emperor Alexius to the Court of Flanders', *American Historical Review* 55, 1950.

Kostick, Conor, 'Courage and Cowardice on the First Crusade, 1096–1099', *War in History* 20, 2013.

Lay, Stephen, 'A Leper in Purple: The Coronation of Baldwin IV of Jerusalem', *Journal of Medieval History* 23, 1997.

Leighton, Gregory, 'Did the Teutonic Order Create a Sacred Landscape in Thirteenth-Century Prussia?', *Journal of Medieval History* 44, 2018.

Luttrell, Anthony, 'The Aragonese Crown and the Knights Hospitallers of Rhodes: 1291–1350', *English Historical Review* 76, 1961.

Madden, Thomas F., 'Outside and Inside the Fourth Crusade', *International History Review* 17, 1995.

Maier, Christoph T., 'Crusade and Rhetoric against the Muslim Colony of Lucera: Eudes of Châteauroux's *Sermones de Rebellione Sarracenorum Lucherie in Apulia*', *Journal of Medieval History* 21, 1995.

——'The Roles of Women in the Crusade Movement: A Survey', *Journal of Medieval History* 30, 2004.

Malkiel, David, 'Destruction or Conversion: Intention and Reaction, Crusaders and Jews, in 1096', *Jewish History* 15, 2001.

Marshall, Christopher J., 'The Crusading Motivations of the Italian City Republics in the Latin East, c.1096–1104', *Rivista di Bizantinistica* 1, 1991.

Mayer, Hans Eberhard, 'Studies in the History of Queen Melisende of Jerusalem', *Dumbarton Oaks Papers* 26, 1972.

——'Angevins versus Normans: The New Men of King Fulk of Jerusalem', *Proceedings of the American Philosophical Society* 133, 1989.

Morton, Nicholas, 'Walter the Chancellor on Ilghazi and Tughtakin: A Prisoner's Perspective', *Journal of Medieval History* 44, 2018.

Nicholson, Helen, 'Women on the Third Crusade', *Journal of Medieval History* 23, 1997.

Powell, James M., 'Honorius III and the Leadership of the Crusade', *Catholic Historical Review* 63, 1977.

Power, Rosemary, 'The Death of Magnus Barelegs', *Scottish Historical Review* 73, 1994.

Queller, Donald E. and Katele, Irene B., 'Attitudes Towards the Venetians in the Fourth Crusade: The Western Sources', *International History Review* 4, 1982.

Roach, Daniel, 'Orderic Vitalis and the First Crusade', *Journal of Medieval History* 42, 2016.

Runciman, Steven, 'The Decline of the Crusading Ideal', *The Sewanee Review* 79, 1971.

Salvadó, Sebastián, 'Rewriting the Latin liturgy of the Holy Sepulchre: Text, Ritual and Devotion for 1149', *Journal of Medieval History* 43, 2017.

Shepard, Jonathan, 'When Greek meets Greek: Alexius Comnenus and Bohemond in 1097–98', *Byzantine and Modern Greek Studies* 12, 1988.

Smith, Thomas W., 'Oliver of Cologne's *Historia Damiatina*: A New Manuscript Witness in Dublin, Trinity College Library MS 49', *Hermathena* 194, 2013.

Stephenson, P., 'Anna Comnena's *Alexiad* as a Source for the Second Crusade', *Journal of Medieval History* 29, 2003.

Strayer, J. R., 'The Crusade against Aragon', *Speculum* 28, 1953.

Sweeney, James Ross, 'Hungary in the Crusades, 1169–1218', *International History Review* 3, 1981.

Tamm, Marek, 'How to Justify a Crusade? The Conquest of Livonia and New Crusade Rhetoric in the Early Thirteenth Century', *Journal of Medieval History* 39, 2013.

Tyerman, C. J., 'Marino Sanudo Torsello and the Lost Crusade: Lobbying in the Fourteenth Century', *Transactions of the Royal Historical Society* 32, 1982.

——'Were There Any Crusades in the Twelfth Century?', *English Historical Review* 110, 1995.

Williams, John, 'Cluny and Spain', *Gesta* 27, 1988.

Wolsing, Ivo, '"Look, there comes the half-man!" Delegitimising Tancred of Lecce in Peter of Eboli's *Liber ad honorem Augusti*', *Al-Masaq* (online), 2018.

Yewdale, Ralph Bailey, 'Bohemond I, Prince of Antioch', PhD dissertation, Princeton University, 1917.

图片出处

1. 中世纪的《世界地图》，约 1265 年 / DEA Picture Library / Getty Images。

2. 拜占庭皇帝阿莱克修斯一世·科穆宁加冕礼（11 世纪）/ DEA Picture Library /Getty Images。

3. 教皇乌尔班二世于 1095 年为克吕尼修道院祝圣，约 1189 年/ Universal Images Group / Getty Images。

4. 隐士彼得，埃格顿手抄本（13 世纪）的缩影 / DEA Picture Library / Getty Images。

5. 一部法语版《圣经》的手抄本插图，约 1250 年 /Granger Historical Picture Archive /Alamy Stock Photo。

6. 多里莱乌姆之战，法国手抄本插图（14 世纪）/ Granger Historical Picture Archive / Alamy Stock Photo。

7. 圣墓教堂，2014 年 / FrédéricSoltan / Getty Images。

8. 卡斯蒂利亚和莱昂联合王国国王阿方索六世/ The Picture Art Collection /Alamy Stock Photo。

9. 西西里国王罗杰二世/ Public domain。

10. 安茹伯爵富尔克与梅利桑德女王的婚礼 / Bibliothèque National, Paris / Bridgeman Images。

11. 骑士堡，叙利亚/ Public domain。

12. 木制讲经坛，努尔丁清真寺，哈马，叙利亚 / B. O'Kane /

Alamy Stock Photo。

13. 阿基坦的埃莉诺与路易七世在 1137 年的婚礼,《圣德尼编年史》/ Universal History Archive / Bridgeman Images。

14. 西班牙黄金塔,塞维利亚 / Public Domain。

15. 真十字架的圣髑盒/ Werner Forman / Getty Images。

16. 苏丹萨拉丁的肖像画,克里斯多法诺·德尔·阿尔蒂西莫,1556 ~ 1558 年/ Heritage Images / Getty Images。

17. 狮心王理查的陵墓/ Brian Harris /Alamy Stock Photo。

18. 阿卡围攻战/ Pictures from History /akg-images。

19. 赫尔曼·冯·萨尔察(17 ~ 18 世纪)/ The Picture Art Collection / Alamy Stock Photo。

20. 教皇英诺森三世的肖像画,约 1219 年,苏比亚科修道院,意大利 / Leemage / Getty Images。

21. 君士坦丁堡围攻战,大卫·奥伯特(15 世纪)/ Public Domain。

22. 恩里科·丹多洛的墓碑,圣索菲亚大教堂,伊斯坦布尔 / Public Domain。

23. 一艘威尼斯桨帆船,康拉德·格鲁嫩贝格(15 世纪)/ Public Domain。

24. 达米埃塔围攻战,马修·帕里斯(13 世纪)/ TopFoto。

25. 腓特烈二世与耶路撒冷的苏丹,《乔瓦尼·维拉尼编年史》,意大利(14 世纪)/ De Agostini Picture Library / Bridgeman Images。

26. 路易九世的肖像画,圣路易版《圣经》(13 世纪)/ Public Domain。

27. 蒙古人围攻巴格达,约 1303 年 / The Picture Art Collection /

Alamy Stock Photo。

28. 卡兹纳达尔山谷的战斗（14 世纪）/ Universal History Archive / Bridgeman Images。

29. 纪尧姆·德·克莱蒙保卫阿卡，多米尼克·路易·帕佩蒂，1845 年/ Chateau de Versailles, France / Bridgeman Images。

30. 西欧和地中海的波特兰海图，彼得罗·维斯孔特，约 1320 ~ 1325 年 / British Library / ©British Library Board / Bridgeman Images。

31. 布锡考特元帅和圣凯瑟琳，时光大师（15 世纪）/ De Agostini Picture Library / Bridgeman Images。

索　引

(以下页码为原书页码，即本书页边码)

图书在版编目（CIP）数据

十字军：一部争夺圣地的战争史诗／（英）丹·琼斯（Dan Jones）著；谭琦译 . -- 北京：社会科学文献出版社，2022.5

书名原文：Crusaders：An Epic History of the Wars for the Holy Lands

ISBN 978 - 7 - 5201 - 9595 - 9

Ⅰ . ①十… Ⅱ . ①丹… ②谭… Ⅲ . ①十字军东侵 - 史料 Ⅳ . ①K560.6

中国版本图书馆 CIP 数据核字（2021）第 278226 号

地图审图号：GS（2022）第 00893 号（书中地图系原文插图）

十字军
—— 一部争夺圣地的战争史诗

著　　者／〔英〕丹·琼斯（Dan Joncs）
译　　者／谭　琦

出 版 人／王利民
组稿编辑／董风云
责任编辑／张　骋　成　琳
责任印制／王京美

出　　　版／社会科学文献出版社·甲骨文工作室（分社）（010）59366527
　　　　　　地址：北京市北三环中路甲 29 号院华龙大厦　邮编：100029
　　　　　　网址：www.ssap.com.cn
发　　　行／社会科学文献出版社（010）59367028
印　　装／南京爱德印刷有限公司

规　　格／开　本：889mm × 1194mm　1/32
　　　　　　印　张：21.25　插　页：1　字　数：477 千字
版　　次／2022 年 5 月第 1 版　2022 年 5 月第 1 次印刷
书　　号／ISBN 978 - 7 - 5201 - 9595 - 9
著作权合同
登 记 号／图字 01 - 2022 - 1094 号
定　　价／118.00 元

读者服务电话：4008918866